Dec. 2006

To Leidi —

With mucho love,
   Marilyn

May this book help
in your understanding
of our Savior, Jesus Christ!

Al encuentro del Nuevo Testamento

Al encuentro del Nuevo Testamento

Un panorama histórico y teológico

Walter A. Elwell

y Robert W. Yarbrough

© 1999 Editorial Caribe, Inc.
E-mail: caribe@editorialcaribe.com
www.editorialcaribe.com

Título del original inglés:
Encountering the New Testament: a historial and theological survey
Derechos del libro © 1998 Walter A. Elwell and Robert W. Yarbrough
Derechos del diseño © Angus Hudson Ltd/Tim Dowley & Peter Wyart a nombre de Three's Company 1997

ISBN 0-89922-504-7

Traducido por Ricardo Acosta

Diseñado por Peter Wyart, Three's Company

Coedición mundial organizada y producida por
Angus Hudson Ltd.,
Concorde House, Grenville Place,
Mill Hill, London NW7 3SA, Inglaterra
Tel + 44 181 959 3668

Impreso en Singapore

A menos que se haya indicado otra cosa, las citas bíblica han sido tomada de la versión Reina/Valera 1960, © 1960 Sociedad Bíblica en América Latina.

Reservados todos los derechos. Prohibida la reproducción total o parcial de esta obra sin la debida autorización por escrito de los editores.

Las ilustraciones y las fotos fueron producidas o proporcionadas por las siguientes personas e instituciones:

Ilustraciones
Todos los mapas por Jeremy Gower
James Macdonald: p. 139
Alan Parry: pp. 199, 216, 231

Fotografías
Ancient Art and Architecture: pp. 28, 210, 214, 218, 228, 265, 282, 300, 369, 375, 377, 379
Jon Arnold: pp. 72, 100
Bible Scene Tours: 321, 240
Billy Graham Evangelistic Organization: pp. 387, 389
British Museum: 101, 197, 204
Tim Dowley: pp. 3, 21, 24, 39, 43, 51, 53, 55, 63, 71, 79, 81, 83, 87, 89, 91, 113, 121, 122, 123, 128, 129, 141, 143, 164, 181, 186, 191, 192, 200, 209, 213, 224, 237, 238, 245, 252, 253, 258, 267, 281, 283, 299, 307, 309, 329, 337, 346, 347, 349, 353, 361, 367
Mary Evans Picture Library: pp. 157, 159, 170, 183, 275
Zed Radovan: pp. 31, 77, 78, 79, 162, 175, 192, 193, 198, 202, 291, 311, 364
National Tourist Office of Greece: p. 315
Clifford Shirley: pp. 30, 147
Jamie Simson: pp. 256, 289, 293, 295, 313
Peter Wyart: pp. 19, 26, 37, 38, 58, 60, 92, 93, 97, 98, 102, 107, 111, 113, 117, 118, 126, 131, 160, 168, 198, 201, 227, 229, 232, 243, 254, 261, 273, 275, 277, 312, 345, 355, 363

Resumen del Contenido

Prefacio de los editores 11
Prefacio de la editorial 12
Para el professor 15
Para el estudiante 17
Abreviaturas 18

1. ¿Por qué estudiar el Nuevo Testamento? 19

PARTE 1
Al encuentro de Jesús y los Evangelios

2. El Medio Oriente en los días de Jesús 39
3. El evangelio y los cuatro Evangelios 69
4. **El Evangelio de Mateo:** ¡El Mesías ha venido! 77
5. **El Evangelio de Marcos:** Hijo de Dios, siervo de todos 87
6. **El Evangelio de Lucas:** Un salvador para todos 97
7. **El Evangelio de Juan:** Vida eterna a través de su nombre 107
8. **El hombre de Galilea:** La vida de Jesucristo 117
9. **Enséñanos Señor:** El ministerio de enseñanza de Jescristo 137
10. **Enfoques modernos al Nuevo Testamento:** Hermenéutica y crítica histórica 153
11. **El estudio modero de los Evangelios** 169
12. **La búsqueda moderna de Jesús** 181

PARTE 2
Al encuentro de Hechos y la iglesia primitiva

13. El mundo y la identidad de la iglesia primitiva 193
14. **Hechos 1–7:** Los primeros días de la Iglesia 209
15. **Hechos 8–12:** Salvación para judíos y gentiles 223
16. **Hechos 13–28:** La luz de Cristo hasta lo último de la tierra 237

PARTE 3
Al encuentro de Pablo y sus epístolas

17. **Todo para todos:** Vida y enseñanzas del apóstol Pablo 253
18. **Romanos:** A bien con Dios 273
19. **Corintios y Gálatas:** Consejo apostólico para iglesias confundidas 287
20. **Efesios, Colosenses, Filipenses y Filemón:** Cartas de la prisión 307
21. **Tesalonicenses, Timoteo y Tito:** Un legado de fidelidad 327

PARTE 4
Al encuentro de las epístolas generales y Apocalipsis

22. **Hebreos and Santiago:** Mantener un total compromiso con Cristo 347
23. **Pedro, Juan y Judas:** Un llamado a la fe, la esperanza, y el amor 361
24. **Apocalipsis:** ¡Dios tiene el control! 375

Epílogo: Una mensaje final 387

Glosario 395
Respuestas a las preguntas de repaso 407
Notas 409
Índice de temas 421
Índice de textos bíblicos 427
Índice de nombres 445

Contenido

Prefacio de los editorres 11
Prefacio de la editorial 12
Para el professor 15
Para el etudiante 17
Abreviaturas 18

1. ¿Por qué estudiar el Nuevo Testamento? 19
Bosquejo
Objetivos
La Bilia: Un libro de gran interés
Antiguo y Nuevo Testamentos
¿Por qué estudiar el Nuevo Testamento?
- Trasmite la presencia de Dios, y con ella, la verdad
- Es de suprema importancia personal
- Es fundamental en la educación cultural

¿Por qué *estos* veintisiete libros?
- Precedente del AT para un canon
- La autoría divina del NT: inspiración
- Reconocimiento del canon en la Iglesia

La integridad del texto neotestamentario
- Riqueza de evidencias
- Breve lapso
- Versiones y padres

¿Por qué *estudiar* el Nuevo Testamento?
- Para evitar la tiranía de la opinión personal preconcebida
- Evitar una equivocada dependencia en el Espíritu Santo
- Para facilitar la interpretación histórico-teológica

Resumen
Términos clave
Personajes y lugares clave
Preguntas de repaso
Preguntas de estudio
Lecturas relacionadas

PARTE 1
AL ENCUENTRO DE JESÚS Y LOS EVANGELIOS

2. El Medio Oriente en los días de Jesús 39
Bosquejo
Objetivos
La tierra de Palestina
Historia de Palestina desde el retorno hasta la destrucción de Jerusalén
- Período de los macabeos y los asmoneos (166-63 a.C.)
- Dominio de Roma (63 a.C.-70 d.C.)
  ○ *Gobierno de Herodes el Grande (37-4 a.C)*
  ○ *Gobierno de los descendientes de Herodes (4 a.C.- 66 d.C.)*
    Arquelao (4 a.C.-6 d.C.)
    Felipe (4 a.C.-34 d.C.)
    Antipas (4 a.C.-39 d.C.)
    Herodes Agripa I and II (37 d.C–66 d.C.)
- La guerra judía y la destrucción de Jerusalén (66-70 d.C.)

Religión judía en la época de Jesús
- Factores de unificación del judaísmo
- Grupos religiosos
  ○ *Fariseos*
  ○ *Saduceos*
  ○ *Esenios*
  ○ *Zelotes*
  ○ *El movimiento apocalíptico*
  ○ *Otros grupos en Palestina*
- Los samaritanos
- La literatura de los judíos
  ○ *El Antiguo Testamento*
  ○ *Los apócrifos del AT*
  ○ *Los seudoepígrafos del AT*
  ○ *Los rollos del Mar Muerto*
  ○ *Escritos rabínicos*
  ○ *Otros escritos*

Conclusión
Resumen
Términos clave
Personajes y lugares clave
Preguntas de repaso
Preguntas de estudio
Lecturas relacionadas

3. El evangelio y los Cuatro Evangelios 69
Bosquejo
Objetivos
El contenido del mensaje
El creciente conjunto de material
La forma característica de los Evangelios
Por qué se escribieron los Evangelios
Veracidad de los Evangelios
Resumen
Términos clave
Personaje clave
Preguntas de repaso
Preguntas de estudio
Lecturas relacionadas

4. El Evangelio de Mateo: ¡El Mesías ha venido! 77
Bosquejo
Objetivos
Autor
Fecha
Dónde se escribió
Bosquejo
Propósito y Características
Jesús, el cumplimiento del propósito de Dios
Jesús, el Salvador de Israel y del mundo
Jesús, la autoridad suprema
Jesús, el maestro, predicador y sanador
Los seguidores de Jesús y la Iglesia
Conclusión
Resumen
Término clave
Personajes y lugares clave
Preguntas de repaso
Preguntas de estudio
Lecturas relacionadas

5. El Evangelio de Marcos: Hijo de Dios, siervo de todos 87
Bosquejo
Objetivos
Autor
Fecha
Dónde se escribió
Bosquejo
Propósito y características
Naturaleza sobrenatural de Jesús
- El misterio revelado de la divinidad de Jesús
- Confirmación por la reacción de las personas

Muerte y resurrección de Jesús
Ministerio de Jesús como siervo
¡Calla!
Conclusión
Resumen
Términos clave
Personajes y lugares clave
Preguntas de repaso
Preguntas de estudio
Lecturas relacionadas

6. El Evangelio de Lucas: Un Salvador para *todos* 97
Bosquejo
Objetivos
Autor
Fecha
Dónde se escribió
Bosquejo
Propósito y características
La obra universal de Dios
Jesús como salvador del mundo
Sucesos de la vida temprana de Jesús
Papel de la mujer en el ministerio de Jesús
Ministerio del Espíritu Santo
Conclusión
Resumen
Personajes y lugares clave
Preguntas de repaso
Preguntas de estudio
Lecturas relacionadas

7. El Evangelio de Juan: Vida eterna a través de su nombre 107
Bosquejo
Objetivos
Autor
Fecha y lugar en que se escribió
Bosquejo
Propósito y características
En el principio era el Verbo
- Esencia y cualidades divinas de Jesús
- Jesús como único mensajero divino
- Cumplimiento en Jesús de todas las esperanzas y necesidades de Israel y toda la humanidad

El Verbo se hizo carne
El principio de fe
Otros temas en Juan
Conclusión
Resumen
Términos clave
Personajes y lugares clave
Preguntas de repaso
Preguntas de estudio
Lecturas relacionadas

8. El hombre de Galilea: La vida de Jesucristo 117
Bosquejo
Objetivos
Los Evangelios y la vida de Jesús
Bosquejo de la vida de Jesús
Nacimiento y juventud de Jesús (6 a.C.–26 d.C.)
Comienzo del ministerio público de Jesús (26-27 d.C)
Ministerio en Galilea (27-29 d.C.)
Viajes de Jesús fuera de Galilea (29 d.C.)
Ministerio pereano judáico (29-30 d.C.)
Últimos días de Jesús en la tierra y crucifixión (abril 30 d.C.)
Resurrección y ascensión de Jesús (abril–junio 30 d.C.)
El verdadero significado de Jesús de Nazaret
Resumen
Términos clave
Personajes y lugares clave
Preguntas de repaso
Preguntas de estudio
Lecturas relacionadas

9. Enséñanos Señor: El ministerio de enseñanza de Jesucristo 137
Bosquejo
Objetivos
Cómo entender a Jesús
Jesús el predicador
- Cómo usó Jesús el lenguaje
- La forma del mensaje de Jesús
- Jesús y su mensaje

La enseñanza de Jesús
- Dios, el Reino de Dios y la relación de Jesús con el Reino
- La exclusividad de Jesús
  ◦ La relación especial de Jesús con Dios
  ◦ La relación especial de Jesús con los demás seres humanos
  ◦ Sentido de misión en Jesús

Vida humana, pecaminosidad humana, y Dios
El fin del mundo, la Segunda Venida y la vida futura
Resumen
Términos clave
Preguntas de repaso
Preguntas de estudio
Lecturas relacionadas

10. Enfoques modernos al Nuevo Testamento: Hermenéutica y crítica histórica 153
Bosquejo
Objetivos
Dos maneras de leer el Nuevo Testamento
La necesidad de crítica
Raíces de la crítica histórica
Contribución y limitaciones de la crítica histórica
La promesa de la hermenéutica
- Condiciones
- Métodos
- Propósitos

Invitación a un estudio hermenéutico adicional
Resumen
Términos clave
Lugar clave
Preguntas de repaso
Preguntas de estudio
Lecturas relacionadas

11. El estudio moderno de los Evangelios 169
Bosquejo
Objetivos
Surge la crítica de la fuente
Surge la crítica de la forma
Surge la crítica de la redacción
Situación actual
Resumen
Términos clave
Personajes clave
Preguntas de repaso
Preguntas de estudio
Lecturas relacionadas

12. La búsqueda moderna de Jesús 181
Bosquejo
Objetivos
La búsqueda del verdadero Jesús
- Una breve historia de la búsqueda
- La situación actual

La búsqueda de las palabras verdaderas de Jesús
- Un breve vistazo de la búsqueda
- Criterios utilizados para encontrar las palabras reales de Jesús
- Un enfoque positivo al problema

Resumen
Términos clave
Preguntas de repaso
Preguntas de estudio
Lecturas relacionadas

PART 2
AL ENCUENTRO DE HECHOS Y LA IGLESIA PRIMITIVA

13. El mundo y la identidad de la iglesia primitiva 193
Bosquejo
Objetivos
La realidad del Imperio
La civilización helénica
Religiones y filosofías
Nuevas criaturas en Cristo
- Cómo se veían a sí mismos los primeros cristianos
- Lo que creían los primeros cristianos
  ◦ La singularidad de Jesús
  ◦ El hecho decisivo de la muerte y resurrección de Jesús

Conclusión
Resumen
Términos clave
Personajes y lugares clave
Preguntas de repaso
Preguntas de estudio
Lecturas relacionadas

14. Hechos 1–7: Los primeros días de la Iglesia 209
Bosquejo
Objetivos
Hechos: Volumen 2 de Lucas
- Autor y propósito
- Fecha
- Título
- Características e importancia
- Estructura y rasgos literarios
- Cómo interpretar Hechos

Bosquejo de Hechos 1–7
Primeros testigos de Cristo en Jerusalén y sus alrededores (1.1–2.47)
- El legado de Jesús (1.1-11)
- El primer Pentecostés cristiano (1.12–2.47)
  ◦ Días de preparación
  ◦ Mensaje directo, respuesta dramática
  ◦ Vida común

Expansión del evangelio y crecimiento de la oposición (3.1–7.60)
- Milagros y mensaje
- Comunidad cristiana
- Conflicto

Resumen
Término clave
Personajes clave
Preguntas de repaso
Preguntas de estudio
Lecturas relacionadas

15. Hechos 8–12: Salvación judíos y gentiles 223
Bosquejo
Objetivos
Bosquejo de Hechos 8–12
Perspectiva de Hechos 8–12
Personajes secundarios: Diez más que creyeron
- Felipe (8.5–13,26–40)
- El eunuco etíope (8.26–40)
- Ananías (9.10–19)
- Eneas (9.33–35)
- Tabita (9.36–42)
- Simón el curtidor (9.43; 10.6, 17,32)
- Cornelio (10.1–11.18)
- Bernabé (11.22–30)
- Ágabo (11.28)
- Jacobo el hermano de Juan (12.2)

Dos que no creyeron
- Simón el mago (8.9–25)
- Herodes Agripa I (12.1–23)

Figuras principales
- Juan (8.14–25)
- Pedro (8.14–25; 9.32–43; 10.1–11.18; 12.3–18)
- Saulo (8.1–3; 9.1–31; 11.25–30; 12.25)

Resumen
Términos clave
Personajes y lugares clave
Preguntas de repaso
Preguntas de estudio
Lecturas relacionadas

16. Hechos 13–28: La luz de Cristo hasta lo último de la tierra 237
Bosquejo
Objetivos
Bosquejo de Hechos 13–28
Primer viaje misionero (13.1–14.28)
El Concilio de Jerusalén (15.1–35)
Segundo viaje misionero (15.36–18.22)
Tercer viaje misionero (18.23–21.15)
Arresto en Jerusalén y prisión en Cesarea (21.15–26.32)
Viaje a Roma (27.1–28.10

Ministerio en Roma
(28.11–31)
Conclusión
Resumen
Término clave
Personajes y lugares clave
Preguntas de repaso
Preguntas de estudio
Lecturas relacionadas

PARTE 3
AL ENCUENTRO DE PABLO Y SUS EPÍSTOLAS

17. Todo para todos: Vida y enseñanzas del apóstol Pablo 253
Bosquejo
Objetivos
Breve perspectiva de la vida de Pablo
Viajes mioneros y Epístolas de Pablo
¿Qué cartas escribió Pablo?
Pablo y Jesús
Enseñanza de Pablo acerca de Dios
El mal y el dilema humano
Pablo y la ley
Hijo de Abraham e hijos de Dios: Perspectiva de Pablo acerca del pueblo de Dios
La revelación y las Escrituras
Mesías
Redención
La cruz
Resurrección
La Iglesia
Ética
Las últimas cosas
Conclusión
Resumen
Términos clave
Personajes y lugares clave
Preguntas de repaso
Preguntas de estudio
Lecturas relacionadas

18. Romanos: A bien con Dios 273
Bosquejo
Objetivos
Evangelios, Hechos y Epístolas
¿Por qué vadiar Romanos
La ciudad de Roma y el cristianismo
Motivo y propósito de Romanos
Bosquejo
El argumento de Romanos
- Introducción (1.1–18)
- Diagnóstico (1.19–3.20)
- Prognóstico I: Justificados por fe en Cristo Jesús (3.21–8.17)
- Prognóstico II: Redimidos por gracia (8.18–11.36)
- Prescripción (12.1–15.13)
- Conclusión (15.14–16.27)

La importancia de Romanos
Aspectos críticos
Resumen
Términos clave
Lugares clave
Preguntas de repaso
Preguntas de estudio
Lecturas relacionadas

19. Corintios y Gálatas: Consejo apostólico para iglesias confundidas 287
Bosquejo
Objetivos
1 y 2 Corintios
- La ciudad de Corinto
- Llega el cristianismo a Corinto
- Cartas a Corinto y desde Corinto
- 1 Corintios
  ◦ *Escritor, fecha y lugar en que se escribió*
  ◦ *Por qué escribió Pablo*
  ◦ *Bosquejo*
  ◦ *Mensaje*
  ◦ *Aspectos específicos*
  ◦ *Aspectos críticos*
- 2 Corintios
  ◦ *Trasfondo y propósito*
  ◦ *Bosquejo*
  ◦ *Mensaje*
  ◦ *Autoridad apostólica*
  ◦ *La ofrenda de Jerusalén*
  ◦ *Aspectos críticos*

Gálatas
- ¿Norte o sur de Galacia?
- Bosquejo
- Propósito
- Evangelio verdadero y falso
- Liderazgo equivocado
- La gracia y la ley
- Ética positiva
- Aspectos críticos

Resumen
Términos clave
Personajes y lugares clave
Preguntas de repaso
Preguntas de estudio
Lecturas relacionadas

20. Efesios Colosenses, Filipenses y Filemón: Cartas de la prisión 307
Bosquejo
Objetivos
Efesios
- Introducción
- La ciudad de Éfeso
- Bosquejo
- Propósito
- Declaraciones y exhortaciones
- Aspectos críticos

Filipenses
- Introducción
- El pueblo de Filipos
- Bosquejo
- Propósito
- Enemigos del evangelio
- Cristología
- Aspectos críticos

Colosenses
- Introducción
- El pueblo de Colosas
- Bosquejo
- Trasfondo y propósito
- Mensaje
- Implicaciones de la supremacía de Cristo
- Aspectos críticos

Filemón
- Introducción
- Bosquejo
- Propósito
- Aspectos literarios e históricos
- Lecciones prácticas

Resumen
Términos clave
Personajes y lugares clave
Preguntas de repaso

21. Tesalonicenses, Timoteo y Tito: Un legado de fidelidad   327
Bosquejo
Objetivos
1 y 2 Tesalonicenses
- Introducción
- La ciudad de Tesalónica
- Origen de 1 y 2 Tesalonicenses
- 1 Tesalonicenses
  - *Bosquejo*
  - *Propósito y mensaje*
  - *Autoestima en Tesalónica*
- 2 Tesalonicenses
  - *Bosquejo*
  - *Propósito y mensaje*
  - *Aspectos críticos*

1 Timoteo, 2 Timoteo y Tito
- Cuarto viaje misionero y autoría
- 1 Timoteo
  - *Bosquejo*
  - *Razón para escribir y mensaje*
- 2 Timoteo
  - *Bosquejo*
  - *Razón para escribir y mensaje*
- Tito
  - *Bosquejo*
  - *Razón para escribir y mensaje*

Sabiduría de las Epístolas Pastorales
Aspectos críticos
Resumen
Términos clave
Personajes y lugares clave
Preguntas de repaso
Preguntas de estudio
Lecturas relacionadas

Parte 4
Al encuentro de las Epístolas Generales y Apocalipsis

22. Hebreos Y Santiago: Mantener un total compromiso con Cristo   347
Bosquejo
Objetivos
Epístolas Generales
Hebreos: Epístola sermónica
- El misterio de la autoría de Hebreos
- Fecha, destinatario, propósito y género
- Bosquejo
- Puntos centrales
- ¿Abajo con el Antiguo Testamento?
- Exhortación
- Aspectos críticos

Santiago: ¿Epístola de paja?
- Autor, fecha, destinatarios y propósito
- Bosquejo
- Sabiduría profética de Santiago
- Santiago y Jesús
- Aspectos críticos

Resumen
Términos clave
Personajes y lugares clave
Preguntas de repaso
Preguntas de estudio
Lecturas relacionadas

23. Pedro, Juan y Judas Un llamado a la fe, la esperanza y el amor   361
Bosquejo
Objetivos
Las cartas de Pedro
- 1 Peter
  - *Bosquejo*
  - *Consuelo y estímulo que da Cristo*
  - *La gloria de la salvación*
  - *El creyente como peregrino*
  - *Seguir a Cristo*
- 2 Pedro
  - *Bosquejo*
  - *Propósito y enseñanza*

Las epístolas de Juan
- Autor
- 1 Juan
  - *Bosquejo*
  - *Propósito y enseñanza*
- 2 Juan
  - *Bosquejo*
  - *Propósito y enseñanza*
- 3 Juan
  - *Bosquejo*
  - *Propósito y enseñanza*

Judas
- Bosquejo
- Propósito y enseñanza

Resumen
Términos clave
Personajes y lugares clave
Preguntas de repaso
Preguntas de estudio
Lecturas relacionadas

24. Apocalipsis: ¡Dios tiene el control!   375
Bosquejo
Objetivos
Escritor y fecha
Bosquejo
Teorías de interpretación
Las enseñanzas de Apocalipsis
- Dios
- El Hijo de Dios
- El pueblo de Dios
- Escatología

Resumen
Términos clave
Personajes y lugares clave
Preguntas de repaso
Preguntas de estudio
Lecturas relacionadas

Epílogo: Un mensaje final   387
Bosquejo
Objetivos
La historia del NT: Cumplida pero no concluida
El legado de la era apostólica
- Raíces en el AT
- Visión equilibrada
- Ejemplo autorizado
- Bases para reflexión y acción

Tarea inconclusa
- Contextualización
- Iglesia y cultura
- Evangelio y sociedad
- Mantener una fe viva
- ¿Gran avivamiento?

Resumen
Preguntas de repaso
Preguntas de estudio

Glosario   395
Respuestas a las preguntas de repaso   407
Notas   409
Índice de temas   421
Índice de textos bíblicos   427
Índice de nombres   445

Prefacio de los editores

La fortaleza de la Iglesia y la vitalidad de la vida cristiana individual están directamente relacionadas con el papel de las Escrituras en ellas. Los cristianos primitivos conocían la importancia de esto y pasaban tiempo en comunión, oración y estudio de la Palabra de Dios. El paso de dos mil años no ha cambiado la necesidad, pero sí la accesibilidad, de muchos de los conceptos bíblicos. El tiempo nos ha distanciado de esos días, y con frecuencia necesitamos una guía para retroceder al mundo del Antiguo y el Nuevo Testamento.

A ese fin, Editorial Caribe ha traducido el primer libro de dos series de libros de texto sobre la Biblia que están apareciendo en inglés. La intención de estas nuevas series es llevarnos al mundo del texto bíblico para entenderlo como lo entendían aquellos primeros creyentes, verlo también desde nuestros días, y facilitar así la aplicación de estas verdades a nuestra situación actual.

La serie *Al encuentro de la Biblia*, que consiste de libros de texto a nivel universitario, tiene como base dos panoramas del Antiguo y el Nuevo Testamento. Los dos panoramas están acompañados de dos tomos de lecturas que iluminan el mundo que rodea el texto bíblico.

Una serie afín, *Emprendamos estudios bíblicos*, ofrece cursos de introducción bíblica y teología a nivel de posgrado. Quizás un día ambas estarán en castellano.

Para complementar ambos niveles de libros de texto Editorial Caribe ofrece libros de referencia que pueden consultarse para buscar respuesta a cuestiones específicas o realizar un estudio más profundo de los conceptos bíblicos. Entre ellos están el *Nuevo Diccionario Ilustrado de la Biblia*, el *Diccionario evangélico de teología bíblica*, y el *Diccionario expositivo de palabras de la BIblia*.

Los libros que aquí hemos mencionado están escritos desde un punto de vista evangélico, en la firme convicción de que la Biblia es absolutamente cierta y nunca nos engaña. Es la base sólida sobre la que podemos edificar nuestra fe y nuestra vida porque inerrantemente guía hasta Jesucristo al lector dispuesto.

Los editores

Prefacio de la editorial

Principios guías

Al encuentro del Nuevo Testamento: Un panorama histórico y teológico es el primer volumen publicado en el nivel universitario de la serie *El desafío del estudio bíblico*. Como parte del proceso de desarrollo de este libro, los directores de la serie, los escritores y la editorial establecieron los siguientes principios para este texto de nivel básico universitario:

1. Debe reflejar un alto grado de erudición evangélica.
2. Debe estar escrito de manera que puedan entenderlo la mayoría de los principiantes universitarios de hoy. Aunque este nivel no debe ser tan bajo que haga del texto una «nimiedad», debe estar al alcance de la mayoría de estudiantes.
3. Debe ser pedagógicamente sólido. Esto no solo abarca los asuntos tradicionales como preguntas de estudio para cada capítulo sino también el orden y la manera en que se presenta el material.
4. Debe reconocer que a la mayoría de los estudiantes modernos se les orienta más hacia lo visual que hacia lo verbal, por lo tanto el texto debe sacar ventaja de esta realidad con fotografías, mapas, cuadros y gráficos.
5. Debe ser realista en cuanto el nivel de conocimiento bíblico característico de la mayoría de los principiantes universitarios.
6. Debe atraer al estudiante, en parte al enfocarse en enseñanzas bíblicas relacionadas con doctrinas cruciales y asuntos éticos.

Objetivos

Los objetivos de *Al encuentro del Nuevo Testamento* caen en dos categorías: intelectual y de actitud. Los intelectuales son (1) exponer el contenido real de cada libro del Nuevo Testamento, (2) presentar antecedentes históricos, geográficos y culturales, (3) dar una idea general de los principales principios hermenéuticos, (4) mencionar asuntos fundamentales (p.ej. por qué algunas personas leen la Biblia de manera diferente) y (5) confirmar la fe cristiana.

Los objetivos de actitud también son cinco: (1) ayudar a que la Biblia sea parte de la vida de los estudiantes, (2) inculcar en los alumnos el amor por las Escrituras, (3) lograr que sean mejores personas, (4) aumentar su piedad y (5) estimular su amor por Dios. En resumen, se lograrán los objetivos de los escritores y editores si este texto levanta las bases para una vida de encuentro con Dios a través del estudio bíblico.

Temas sobresalientes

Al encuentro del Nuevo Testamento tiene tres temas teológicos esenciales: Dios, el pueblo y el evangelio relacionado con los individuos. En el texto se ha entretejido el concepto de que Dios es una persona (uno en tres) y un ser trascendente e inmanente. Además, este Dios creó seres a su imagen que cayeron y sin embargo se mantienen como objetivos de su amor redentor. El evangelio es el medio, el poder personal activo que Dios utiliza, para rescatar de la oscuridad y la muerte. Pero el evangelio no solo rescata sino que restaura. Confiere a pecadores sin esperanza la determinación y fortaleza para vivir como le agrada a Dios, debido a que caminan en el amor que viene de Él.

Características

El propósito del editor ha sido suministrar una fuente que por un lado es única, pero que por el otro no es solo una moda. Entre las características distintivas, que esperamos sean útiles al profesor e inspiradoras al estudiante, se encuentran:

- Abundantes y coloridas ilustraciones, fotografías, figuras, mapas y cuadros.
- Cuadros explicativos que ofrecen dos clases de material. Los cuadros amarillos examinan brevemente los asuntos

éticos y teológicos de interés y los relaciona con los de los estudiantes modernos; y los azules enseñan importantes recursos de material, entre los que se incluyen textos bíblicos y extrabíblicos.
- Cuadros de enfoques, que separan asuntos claves y hace adecuadas aplicaciones.
- Glosario presentado al final del libro.
- Bosquejo y objetivos al principio de cada capítulo.
- Preguntas de estudio, temas de repaso, bibliografía y resumen al final de cada capítulo. Las respuestas a las preguntas de repaso se dan al final del libro.

El editor también está convencido de que el texto debe ser tan sólido pedagógicamente como sea posible y de que debe reflejar las mejores percepciones de la sicología educativa. La doctora y asesora en educación, Janet Merrill, trajo su experiencia para enseñar, y mejoró de manera significativa este proyecto. El editor agradece sinceramente a la doctora Merrill por su competencia en la preparación del manual del instructor, asuntos de exámenes, transparencias, bosquejos y objetivos de capítulos, secciones de enfoque, preguntas de repaso y resúmenes de capítulos.

El editor cree que es esencial obtener abundante información de profesores que enseñan cursos de introducción al Nuevo Testamento en instituciones teológicas. Por eso ha hecho una encuesta entre profesores de aproximadamente cincuenta escuelas. Los resultados de estas encuestas fueron compilados y los fuimos consultando continuamente durante el proceso de concebir, escribir y producir este libro de texto.

Algunos de los profesores que participaron en esta encuesta accedieron a servir como miembros de la junta consultiva. El editor desea agradecer a los siguientes miembros sus extraordinariamente útiles consejos que dieron forma a *Al encuentro del Nuevo Testamento*.

Daniel L. Akin
Criswell College

Donald Blosser
Goshen College

William E. Brown
Bryan College

Raymond W. Clark
Covenant College

Daniel Doriani
Covenant Theological Seminary

Hobert Farrell
LeTourneau College

Bruce N. Fisk
Briercrest Bible College

Michael Holmes
Bethel College

David K. Johnson
Northwestern College

David Rightmire
Asbury College

Walt Russell
Talbot School of Theology

James B. Shelton
Oral Roberts University

Melvin M. Shoemaker
Azusa Pacific University

Ronald G. Stansell
George Fox College

Herbert Swartz
Eastern Mennonite College

Frank Thielman
The Beeson Divinity School

Leonard S. Wallmark
Simpson Graduate School

Wesley E. Vanderhoof
Roberts Wesleyan College

Para el profesor

Examinar el Nuevo Testamento en un libro relativamente corto es, como dijo alguien en otra comparación, algo así como tratar de silbar una ópera de Wagner. Los escritores establecen por anticipado el diseño de lo que es y de lo que no es este análisis particular del Nuevo Testamento.

Al igual que muchos análisis, este no es un sustituto para la lectura seria y repetida del Nuevo Testamento. Es a lo sumo una ayuda y aliento para llevar a cabo dicha lectura.

El propósito de este libro no ha sido producir una breve exposición bíblica. En otras palabras, este no es un comentario. Al contrario, queremos proporcionar la suficiente discusión teológica y temática para hacer justicia a la mayoría de temas del Nuevo Testamento, sin que sea necesario generar una discusión de versículo por versículo ni tampoco explicar capítulo por capítulo.

El tratamiento temático de las enseñanzas de personajes importantes como Jesús y Pablo se resumió en capítulos dedicados a sintetizar sus perspectivas. Los capítulos que tratan individualmente los Evangelios, o las epístolas de Pablo, omiten a menudo o tocan a la ligera temas importantes, dejándolos para los capítulos de resumen.

Los capítulos sobre críticas históricas, hermenéutica y estudio moderno de Jesús y los Evangelios se colocaron después del tratamiento de los Evangelios y de Jesús. Esto refleja un par de convicciones. Una es que el conocimiento básico del contenido del Nuevo Testamento es necesario para considerar de modo inteligente la deliberación crítica y teórica sobre cómo interpretar ese contenido. Una analogía es que antes de ahondar profundamente en una crítica literaria de Shakespeare debemos haber leído sus obras. Algunos de los que leen este análisis quizás nunca han leído mucho del Nuevo Testamento.

Otra convicción es que el mensaje básico del Nuevo Testamento es fácil de entender para el lector común que no conoce los complicados debates sobre estudios técnicos neotestamentarios del Progresismo. La crítica histórica es importante, y la mostraremos en su debido momento. Sin embargo, existen peligros al dar la impresión de que el conocimiento de debates secundarios es igual, o aun superior, a conocer las fuentes primarias. Queremos ayudar al lector a analizar el Nuevo Testamento antes de entrar a debatirlo.

Algunos podrían encontrar este volumen adecuado para utilizarlo en el salón de clases. Como autores del libro hemos enseñado muchas veces a analizar el Nuevo Testamento en varios niveles y apreciamos los libros que facilitan nuestro trabajo. Confiamos en que este probará ser uno de tales libros. De muchas maneras hemos tratado de ayudar al atareado maestro en el nivel universitario básico (o en el avanzado).

Por ejemplo, este libro no pretende reemplazar al maestro. Al contrario, dejamos mucho espacio para que los maestros desarrollen temas, doctrinas o cuestiones que puedan observar. Damos mucho más cimientos que superestructuras acabadas. Creemos que a nivel de análisis se debe dar libertad a los maestros para que desarrollen sus propias opiniones. Es una lástima que se gaste mucho tiempo de clases corrigiendo o discrepando de un libro de texto cuyas equivocaciones son demasiado específicas, técnicas y detalladas.

La abundancia de ilustraciones, mapas, cuadros y otras ayudas visuales incluidas debería asimismo ser útil para la tarea del maestro. Su inherente valor amerita de por sí el considerable espacio dedicado a ellos. También dividen el texto, haciéndolo más ameno. Aunque solo un hábil diseño no puede garantizar que se lea un libro, un mal diseño sí puede garantizar que no se lea. Hemos tratado de mejorar la presentación monótona y aburrida de los textos que lamentablemente utilizamos en el pasado.

Teniendo al instructor en mente y con modificaciones muy ligeras, nos esforzamos por seguir el orden canónico. Así lo prefieren muchos maestros; son los que no se sienten libres de asignar diferente orden a los capítulos. Sin embargo, creemos que la preferencia de muchos maestros, combinada con el peso de la venerable práctica eclesiástica, señala hacia la lógica profunda y el buen sentido de empezar con Mateo y continuar hasta el Apocalipsis. Es más, este es el orden en que la mayoría de lectores supieron del Nuevo Testamento y lo continuarán viendo en sus Biblias el resto de sus vidas. Hemos seguido el orden establecido ante la falta de buenas razones convincentes para seguir otro orden.

Además, escribimos el libro pensando en el lector joven o en el adulto no especializado. Esperamos que el nivel de prosa refleje esto. Un glosario define las expresiones que tal vez necesiten explicación. Las observaciones en algunos capítulos señalan la importancia contemporánea de pasajes seleccionados del Nuevo Testamento. Aunque evitamos la simple tendencia o la novelería, esperamos haber producido un esfuerzo que no ahuyente al lector con demasiada jerga o con un elevado nivel de prosa más adecuada para una audiencia docta o profesional. Por otra parte, hemos resistido la presión de la «nimiedad». El Nuevo Testamento mismo representa algunos retos intelectuales inevitables. Dentro de la razón, es justo que un análisis sea adecuado.

Por último, las preguntas de estudio, los temas de repaso y los libros seleccionados cuidadosamente en la sección «Lecturas relacionadas» después de cada capítulo pueden generar útiles discusiones en clase, proporcionar tareas en casa o temas para examinar, y facilitar los esfuerzos de los estudiantes en hacer lecturas autodirigidas.

Los bosquejos de cada libro del Nuevo Testamento se tomaron (con ligeras modificaciones ocasionales) del *Evangelical Commentary on the Bible* [Comentario evangélico sobre la Biblia], ed. Walter Elwell, Grand Rapids, Baker, 1989. Los lectores que busquen comentarios versículo por versículo, que no da este análisis, pueden referirse a dicho volumen para ampliar su estudio.

La escritura de este volumen fue un esfuerzo mancomunado. Sin embargo, reconocemos que tal vez los profesores deseen saber quién escribió los capítulos. Walter A. Elwell escribió los capítulos 2–9, 11–12, 23–24; Robert W. Yarbrough, 1, 10, 13–22. El capítulo 25 es un esfuerzo común.

Para el estudiante

Temas éticos y teológicos

Material de fuente primaria

Cuadros de enfoque: temas clave y aplicaciones relevantes

Palabras, personajes y lugares clave

Preguntas de repaso

Preguntas de estudio

Lecturas relacionadas

Ir al encuentro del Nuevo Testamento de manera sistemática por primera vez es una experiencia emocionante. También puede ser abrumadora, porque hay mucho para aprender. Usted debe aprender no solo el contenido del Nuevo Testamento sino también mucho acerca del mundo grecorromano en los días de Jesús y de Pablo.

El propósito de este texto es hacer que ese encuentro sea menos desalentador. Para lograrlo se incorporaron al texto varias ayudas de aprendizaje. Le sugerimos que se prepare para utilizar de manera eficaz este libro al leer el siguiente material introducctorio, que explica lo que encontrará en estas ayudas de aprendizaje.

Observaciones especiales

El material en las secciones coloreadas en amarillo separa temas contemporáneos de incumbencia y muestra qué dice el Nuevo Testamento a estos asuntos éticos y teológicos. El material en las secciones coloreadas en azul contiene citas originales de varios escritores, antiguos o modernos, cuyos pensamientos irradiaron luz sobre el material neotestamentario en estudio.

Cuadros de enfoque

Cada capítulo tiene un cuadro de enfoque. Estos agregan interés e importancia al texto porque dan aplicaciones prácticas o pensamientos devocionales.

Bosquejo de capítulos

Al principio de cada capítulo hay un breve bosquejo del contenido del capítulo. *Sugerencia*: Antes de leer el capítulo, tome unos minutos para leer el bosquejo. Piense en él como si fuera un mapa de carreteras y recuerde que es más fácil alcanzar su destino si sabe a dónde va.

Objetivos de capítulos

Se ha colocado una lista de objetivos al comienzo de cada capítulo. Esta presenta las tareas que usted podría desarrollar después de leer el capítulo. *Sugerencia*: Lea cuidadosamente los objetivos antes de empezar a leer el texto. Mientras lo lee, recuerde esos objetivos y tome notas para ayudarle a recordar lo que ha leído. Después de leer el capítulo, regrese a los objetivos y vea si puede desarrollar las tareas.

Resumen

Al final de cada capítulo se puede encontrar una lista de declaraciones resumidas de su contenido. *Sugerencia*: Utilice esta lista de resumen para hacer una revisión inmediata de lo que acaba de leer.

Términos claves y glosario

Los términos claves han identificado en todo el texto mediante el uso de negritas. Esto le indicará palabras o frases importantes que quizás no le sean muy conocidas. Al final del libro aparecerá una definición de estas palabras en un glosario alfabético. *Sugerencia*: Cuando encuentre un término clave en el texto, deténgase y lea la definición antes de continuar la lectura del capítulo.

Personajes y lugares clave

Mientras usted estudia el Nuevo Testamento se encuentra con muchos nombres y lugares. Se han colocado los más significantes en PEQUEÑAS MAYÚSCULAS. *Sugerencia*: A medida que lee el texto ponga especial atención a los personajes y lugares clave. Al estudiar para un examen, dé un vistazo al texto y deténgase en cada expresión EN MAYÚSCULA para ver si conoce su importancia para el Nuevo Testamento.

Preguntas de repaso

En cada capítulo hay un pequeño grupo de preguntas con espacios para llenar. Estas pueden servir como una pequeña revisión después de leer el capítulo o como estudio para exámenes. Las preguntas se dan la final del libro. *Sugerencia*: Después de leer cada capítulo y la lista de resumen, llene las respuestas a las preguntas de repaso como medio para revisar su conocimiento del contenido. Utilícelos también para revisar un grupo de capítulos, con el fin de examinarlos.

Preguntas de estudio

Al final de cada capítulo se dan algunas preguntas de análisis que se pueden utilizar como revisión para exámenes. *Sugerencia*: Escriba respuestas adecuadas a las preguntas de estudio en preparación para exámenes.

Lecturas relacionadas

Como conclusión de cada capítulo se da una pequeña bibliografía de lecturas suplementarias. *Sugerencia*: Use la lista sugerida para explorar áreas de interés específico.

Ayudas visuales

En este libro de texto se ha incluido un grupo de ilustraciones en forma de fotografías, mapas y cuadros. Cada una se ha seleccionado cuidadosamente y su intención no solo es hacer el texto más agradable estéticamente sino también más técnico.

¡Que su encuentro con el Nuevo Testamento sea una aventura emocionante!

Abreviaturas

Antiguo Testamento	AT
Nuevo Testamento	NT

Antiguo Testamento

Génesis	Gn
Éxodo	Éx
Levítico	Lv
Números	Nm
Deuteronomio	Dt
Josué	Jos
Jueces	Jue
Rut	Rt
1 Samuel	1 S
2 Samuel	2 S
1 Reyes	1 R
2 Reyes	2 R
1 Crónicas	1 Cr
2 Crónicas	2 Cr
Esdras	Esd
Nehemías	Neh
Ester	Est
Job	Job
Salmos	Sal
Proverbios	Pr
Eclesiastés	Ec
Cantares	Cnt
Isaías	Is
Jeremías	Jer
Lamentaciones	Lm
Ezequiel	Ez
Daniel	Dn
Oseas	Os
Joel	Jl
Amos	Am
Abdías	Abd
Jonás	Jon
Miqueas	Miq
Nahum	Nah
Habacuc	Hab
Sofonías	Sof
Hageo	Hag
Zacarías	Zac
Malaquías	Mal

Libros Apócrifos del Antiguo Testamento

Tobit	Tob
Judit	Jdt
Sabiduría	Sab
Baruc	Bar
Sirac	Sir
1 Macabeos	1 Mac
2 Macabeos	2 Mac

Nuevo Testamento

Mateo	Mt
Marcos	Mc
Luas	Lc
Juan	Jn
Hechos de los apóstoles	Hch
Romanos	Ro
1 Corintios	1 Co
2 Corintios	2 Co
Gálatas	Gl
Efesios	Ef
Filipenses	Flp
Colosenses	Col
1 Tesalonicenses	1 Ts
2 Tesalonicenses	2 Ts
1 Timoteo	1 Ti
2 Timoteo	2 Ti
Tito	Tit
Filemón	Flm
Hebreos	Heb
Santiago	Stg
1 Pedro	1 P
2 Pedro	2 P
1 Juan	1 Jn
2 Juan	2 Jn
3 Juan	3 Jn
Judas	Jud
Apocalipsis	Ap

1 ¿Por qué estudiar el Nuevo Testamento?

Bosquejo

- **La Biblia: Un libro de gran interés**
- **Antiguo y Nuevo Testamentos**
- **¿Por qué estudiar el NT?**
  Transmite la presencia de Dios... y con ella, la verdad
  Es de suprema trascendencia personal
  Es fundamental en la educación cultural
- **¿Por qué *estos* veintisiete libros?**
  Precedente del Antiguo Testamento para un canon
  La autoría divina del Nuevo Testamento: Inspiración
  Reconocimiento del canon en la Iglesia
- **Integridad del texto neotestamentario**
  Riqueza de evidencias
  Breve lapso
  Versiones y padres
- **¿Por qué *estudiar* el Nuevo Testamento?**
  Para evitar la tiranía de la opinión personal preconcebida
  Para evitar una equivocada dependencia en el Espíritu Santo
  Para facilitar la interpretación histórico-teológica

Objetivos

Después de leer este capítulo, usted podrá

- Explicar cómo el Nuevo Testamento difiere del Antiguo
- Justificar el estudio del Nuevo Testamento
- Enumerar y clasificar los libros del Nuevo Testamento
- Explicar por qué se considera confiable el canon del Nuevo Testamento
- Dar razones que confirman la integridad del texto neotestamentario
- Discutir las razones para estudiar el Nuevo Testamento

Corán

Escrituras

Torá

Los Escritos

La Biblia: Un libro de gran interés

En los siglos que siguieron a la muerte y resurrección de Cristo, algunos cristianos murieron por no ceder la Biblia a autoridades hostiles.[1] Los creyentes occidentales del siglo veinte se arriesgan mucho al contrabandear biblias para ansiosos lectores detrás de la Cortina de Hierro, a veces sufriendo duras consecuencias por hacerlo.

Aun hoy, en tierras musulmanas se persigue y se mata a los cristianos que se apegan a las palabras bíblicas en lugar de al **Corán**. Millones de cristianos del continente chino anhelan fervientemente una copia de la Biblia; las restricciones de imprenta y de importación del gobierno limitan su disponibilidad. Ningún misionero al África o a Latinoamérica puede llevar suficientes Biblias para satisfacer las demandas que encontrarán allá. Aun en naciones como Canadá y Estados Unidos, en donde no hay escasez de Biblias, se venden cada año más que cualquier otro libro publicado, incluyendo éxitos de librería. Nuevas traducciones aparecen con más regularidad que las estaciones.[2] *Se han impreso más copias de la Biblia que de cualquier otro libro en la historia de la humanidad.*

¿Por qué tanto furor por un libro? Cómo es que un tomo que uno puede agarrar en una mano haya sido decisivo en el surgimiento y caída de naciones, en la vida y la muerte de civilizaciones y, según la creencia de los cristianos, en la salvación o maldición de multitudes de almas?

Responder a esas preguntas llenaría las horas de un trimestre de un curso a nivel universitario, llamado quizás «Las **Escrituras** cristianas en la historia del mundo». Aquí no podemos resumir esa historia.[3] Pero podemos decir que es una de las razones por las que lee estas palabras. La Biblia, compuesta de Antiguo y Nuevo Testamentos, ha formado el mundo en que usted vive. Puede que usted haya o no leído mucho de ella. Puede que cada semana en la iglesia haya o no escuchado un sermón basado en ella. No importa. Nadie en el mundo moderno está libre de la influencia directa o indirecta que han ejercido las Escrituras cristianas, tanto el Antiguo como el Nuevo Testamentos.

Antiguo y Nuevo Testamentos

El Antiguo Testamento (AT) son las Escrituras que Dios entregó, a través de muchos siglos, a un pueblo antiguo con quien trató de un modo único (Dt 7.7). (En este libro nos referiremos mucho a pasajes bíblicos. Es sabio buscarlos mientras lee. La clave de las abreviaturas, como «Dt» arriba, está en las primeras hojas de este libro.) A este pueblo antiguo primero los llamaron hebreos o israelitas, y luego judíos. Personas como Moisés, David e Isaías fueron movidas por el Espíritu de Dios a expresar verdades divinas en palabras humanas. Sus escritos después se dividieron en tres secciones. La primera es la **Torá** (guía, enseñanza, ley), los cinco libros de Moisés. La segunda es la de los profetas, con obras extensas como Isaías y otras muy breves como Joel y Abdías. La tercera se llamaba simplemente **los Escritos** y consistía de documentos históricos, Salmos, Proverbios y otras obras. Juntas forman lo que se llegó a llamar el AT.

Son el «testamento» (declaración solemne) de Dios de su creación del mundo y la humanidad, la caída en el pecado y la obra redentora de Dios a través de los siglos para deshacer sus desastrosas consecuencias. Estos libros se refieren a uno que salvaría de sus pecados a la humanidad, restaurando su inocencia y justicia. Apuntan hacia un salvador. Pero el AT termina con muchos que le anhelan ansiosamente. Pone la mirada en su futuro cumplimiento.

El Nuevo Testamento (NT) nos narra el cumplimiento de lo que el AT prometió. Es el «testamento» de la obra redentora de Dios en tiempos más recientes. El salvador, Jesucristo, nace de la virgen María (Is 7.14) en Belén (Miq 5.2). Un profeta llamado Juan anuncia su venida (Is 40.3; Mt 3.3). Jesús predica en Galilea tal como Isaías lo predijo (Is 9.1-2). Él atrae a muchos seguidores y efectúa milagros (Mt 12.15-21; vea Is 42.1-14). Su mensaje sigue siendo un misterio para muchos (Mt 13.13-15), como lo anticipara el AT (Is 6.9-10). Puesto que su mensaje y su misma persona constituían una gran afrenta (Mt 15.3-9, vea Is 29.13), se tomaron pasos para silenciarlo. Jesús veía que esto se acercaba. Dijo a sus seguidores que aun ellos lo negarían, según lo preveía

¿Por qué estudiar el Nuevo Testamento?

Aunque es un perenne éxito de librería en Occidente, a menudo la Biblia escasea en otras partes del mundo.

el AT (Mt 26.31; vea Zac 13.7). Pero también predijo que se levantaría de los muertos (Mt 26.32). Tanto su muerte como su resurrección fueron anunciadas en las Escrituras del AT (Lc 24.45-46). También fue anunciada la Iglesia y el ministerio de predicar la salvación a través de Jesucristo (Lc 24.47).

Entonces, el NT anuncia la llegada del Salvador que el AT esperaba. Ambos apuntan a un precepto eterno más allá del mundo nuestro, un mundo de gloria eterna para quienes buscan a Dios, pero de juicio eterno para los que permanecieron centrados en sí mismos. Ambos testamentos juntos constituyen lo que llamamos la Biblia. Al estudiar el NT, nos referiremos a menudo al AT, porque ambos van juntos. Pero el NT será nuestro enfoque principal.

Apócrifos del Antiguo Testamento

Las iglesias católicas romanas y algunas ortodoxas orientales reconocen los escritos siguientes como parte de las Escrituras. Los protestantes reconocen su valor literario e importancia histórica, pero no creen que tengan autoridad espiritual.

El resto de Ester	Judit	Oración de Manasés
Baruc	Epístola de Jeremías	Salmo 151
Bel y el dragón	1 Macabeos	Canto de los tres santos macabeos
Eclesiástico (Sabiduría de Jesús, hijo de Sirac)	2 Macabeos	Susana
	3 Macabeos	Tobías
1 Esdras	4 Macabeos	Sabiduría de Salomón
2 Esdras	Oración de Azarías	

Algunas Biblias modernas incluyen otra sección, los libros apócrifos y deuterocanónicos del AT, escritos después del último profeta (Malaquías, alrededor de 430 años a.C.) y principalmente entre el año 200 a.C. y 100 d.C. Estos contienen valiosa información histórica y religiosa. Pero a través de la historia los protestantes han sostenido que carecen de las señales de autoría divina que distinguen a los libros reconocidos del Antiguo y Nuevo Testamentos. Ni Jesús ni los apóstoles los citan como Escrituras. Al mencionar los libros apócrifos, reconocemos su importancia para nuestro conocimiento de la época, sin catalogarlos como Escrituras inspiradas.

¿Por qué estudiar el Nuevo Testamento?

El NT ha conmovido al mundo entero y también a su propia vida, lo cual es una buena razón para estudiarlo. Este libro le ayudará a lograrlo. Sin embargo, consideremos algunas otras razones de por qué vale la pena estudiar el NT.

Transmite la presencia de Dios, y con ella, la verdad

Reunidos en solemne adoración, con frecuencia se oyen a los cristianos cantar himnos con poemas como este:

> Nuestro Dios es un Dios formidable.
> Él reina en los cielos
> Con sabiduría, poder y amor.
> Nuestro Dios es un Dios formidable.

Estas palabras combinadas con el evocador tono del himno pueden hacer que la presencia de Dios parezca real. ¿Y por qué no? «Aunque ciertamente no está lejos de cada uno de nosotros» (Hch 17.27). Los himnos llegan a ser muy queridos, ya que a través de su mensaje y poder emocional de algún modo conducen a la presencia de Dios.

El NT es amado por la misma razón. Dios está presente en él y a través de él. Las palabras bíblicas son el mensaje de Dios. Mediante su presencia personal y espiritual, Dios utilizó a varios escritores de la antigüedad para observar acontecimientos, registrar impresiones y transmitir verdades. Según escribió un seguidor personal de Jesús: «Ninguna profecía de la Biblia se origina en interpretación personal, porque nunca la profecía se produjo por voluntad humana sino por santos hombres de Dios que hablaron siendo inspirados por el Espíritu Santo» (2 P 1.20-21, traducción del autor). Esto quiere decir que es útil estudiar el NT porque es la Palabra de Dios. En un mundo desconcertante de cambio social, complejidad política, flujo económico y confusión moral, hay algo firme a lo cual sostenerse. Hay una luz para el camino que tenemos por delante. Hay sentido. Hay verdad mucho más allá de lo que los simples mortales puedan comprender.

Es de suprema importancia personal

Una segunda buena razón para estudiar el NT emana de la primera. Aunque las Escrituras son de origen divino, tienen también trascendencia personal. Son individualmente importantes para nosotros. La dirección que tome toda la vida depende de cuánto abrazamos o rechazamos, o incluso distorsionamos, la Palabra de Dios. Aunque podamos ser jóvenes aún y no pensemos mucho en la muerte, el NT también tiene factores de peso para hablarnos del final de la vida: «Está establecido para los hombres que mueran una sola vez, y después de esto el juicio» (Heb 9.27). Respecto a la vida y a la muerte, el NT tiene un prestigio con el que ningún otro libro puede competir.

El NT es importante para la persona porque es el medio que Dios usa para sanar las almas que buscan. Todos sabemos lo que es buscar. Experimentamos épocas que parecen insoportables. El futuro es incierto y el presente poco atractivo. Hay preocupaciones desconcertantes que nos doblegan y preguntas que nos aplastan. ¿Quién soy? ¿Por qué vivo? ¿Alguien realmente me ama? ¿Qué significa la vida? ¿Por qué hay tanta maldad y sufrimiento? ¿Qué le espera al pobre y contaminado Planeta Tierra? ¿Cuál es el destino de la especie humana? ¿Cuál es mi destino? ¿Por qué hago lo que sé que es malo? ¿Hay forma de tratar con mis sentimientos de culpa? ¿Hay forma de limpiar mi vida de modo que yo pueda ser parte de la edificación de un mundo mejor?

Son preguntas agudas. El NT las presenta. Una noche, un desesperado carcelero que estaba a punto de suicidarse dijo de pronto: «¿Qué debo hacer para ser salvo?» (Hch 16.30). Encontró la respuesta que buscaba. No era ni simplista ni superficial; el NT es la Palabra de Dios, no un panfleto con tres pasos de autoayuda. Pero

¿Es todo relativo?

En su libro de gran éxito *The Closing of the American Mind* [El cierre de la mentalidad estadounidense], el finado profesor de la Universidad de Chicago, Allan Bloom, escribió: «Hay algo de lo que puede estar seguro un profesor: casi todos los estudiantes que ingresan a la universidad creen, o dicen creer, que la verdad es relativa». Hoy día es común el uso de la palabra *relativo* cuando se habla de asuntos éticos, morales o religiosos.

El conocimiento total de la verdad pertenece solo a Dios (Ro 11.33-34). Pero aunque hay muchas cosas que los simples mortales no pueden discernir, existen también muchas que Dios les ha revelado (Dt 29.29). Si aceptamos la Biblia como inspiración de Dios y palabra verdadera, entonces hay al menos algo en este mundo que no es relativo: las Escrituras.

Al igual que Pablo (2 Ti 3.16) y otros escritores bíblicos, Pedro tiene un alto concepto de las Escrituras. Esto no significa que ellos pensaban que lo conocían todo. Sin embargo, estaban convencidos de que conocían algo porque Dios lo había revelado. Como lo afirma Pedro, La Biblia nos llega de Dios porque sus santos hombres «*hablaron siendo inspirados por el Espíritu Santo*» (2 P 1.21).

Si Dios ha hablado de una manera fidedigna y autoritativa, y Jesucristo así lo sostiene (Jn 10.35; 17.17), entonces no todo es relativo. Existe una norma final. Podemos estar seguros de algunas cosas, porque Dios nos lo ha dicho.

Debemos admitir que hay una medida de «relatividad» en nuestra percepción de lo que dice la Biblia. No siempre podemos determinar con seguridad y no siempre estamos de acuerdo. Pero no significa que todo cae bajo la duda. A través de los siglos surgió una amplia y común convicción sobre las enseñanzas centrales de las Escrituras. Solo en la época moderna tenemos pensadores, autodenominados cristianos, que enseñan que debemos dudar de lo que dice la Biblia (vea cap. 10).

También debemos recordar que es al Todopoderoso Dios a quien adoramos a través de su Hijo Jesucristo y no las páginas de un libro. No obstante, Dios utiliza la Biblia para hacernos sabios «*para la salvación por la fe que es en Cristo Jesús*» (2 Ti 3.15). Jesús pregunta a los escépticos: «*Si no creéis a sus escritos [de Moisés], ¿cómo creeréis a mis palabras?*» (Jn 5.47).

Aun en nuestra época relativista, los discípulos de Jesucristo pueden edificarse en base a lo que dijo el Maestro: «*El cielo y la tierra pasarán, pero mis palabras no pasarán*» (Mt 24.35).

---

es poderoso. Llega hasta las profundidades del corazón. Nos saca de nuestra desidia, duda y desdicha, o quizás de nuestra indiferencia y engreída confianza en nosotros mismos y nos pone delante de quien escucha, entiende, redarguye y sana.

Vale la pena estudiar el NT porque es lo que llamamos un medio de gracia. Leerlo, no con la condescendencia soberbia del escéptico presumido sino con el hambre de curiosidad del pecador necesitado, significa abrirnos a ricas profundidades de desafío, misericordia, pureza y gozo. Significa recorrer un camino de transformación personal profunda y deseable. Significa formar parte del pueblo de Dios, con todos los privilegios y responsabilidades que implica. Significa estar preparado debidamente y al máximo para la vida en este mundo, así como para el mundo por venir.

Es fundamental en la educación cultural

Aunque el finado profesor de la Universidad de Chicago, Allan Bloom, no era cristiano, habló con entusiasmo de la importancia de la Biblia en la vida de sus abuelos:

> Según nuestras normas, mis abuelos eran muy ignorantes, y mi abuelo solo hacía trabajos humildes. Pero su hogar era espiritualmente rico porque todo lo que allí se hacía ... se basaba en la Biblia, en sus explicaciones de las historias y comentarios bíblicos y sus contrapartidas imaginativas en las acciones de miles de héroes ejemplares.[4]

Bloom continúa y dice más acerca de la importancia que la Biblia tiene para una actividad intelectual vivaz e instruida:

Rollos del Mar Muerto

Quiero decir ... que una vida basada en el Libro está más cerca de la verdad, que provee el material para una indagación más profunda y acceso a la real naturaleza de las cosas. Sin las grandes revelaciones, épicas y filosofías como parte de nuestra visión natural, no queda nada que ver fuera y a la larga queda muy poco dentro. La Biblia no es el único medio para formar la mente, pero esta quedaría incompleta sin un libro de similar trascendencia que se lea con la seriedad del creyente potencial.[5]

Ya nos hemos referido a la importancia de la Biblia en relación a los asuntos espirituales. Bloom nos recuerda también su importancia para la vida de la mente. El NT (al igual que el Antiguo) ha ocupado a los grandes pensadores del mundo desde que surgió. El que quiera participar en el pensamiento serio en el mundo moderno le conviene estar bien familiarizado con su mensaje y todos sus detalles.

Pero los estudios revelan que la sociedad moderna es bíblicamente inculta. Aun cuando se dice que la Biblia es importante, muchos no la han leído y la mayoría no posee ni siquiera el más mínimo conocimiento, incluso en relación a verdades básicas. Si parte de la decadencia de la civilización occidental durante las recientes décadas se debe a haber fallado en apropiarse de los logros de las generaciones anteriores, la ignorancia bíblica constituye uno de los mayores pecados. Si queremos construir un mejor mañana, debemos poner las bases de una mayor comprensión del NT de la que actualmente poseemos.

El asunto es la educación cultural. Con esto nos referimos al conocimiento de por lo menos los aspectos básico sobre ciencia, humanidades y bellas artes. También nos referimos a la familiaridad con las creencias, organización social y rasgos morales de una sociedad. El conocimiento comunitario de cualquier sociedad influirá en el modo en que se verá dicha sociedad. Se podría discutir sobre el hecho de que hubo una época en que algunas enseñanzas del NT tenían más influencia en nuestra sociedad, tales como el amor a los demás (en vez de la violencia), decir la verdad (en vez de engañar y robar), pureza sexual y respeto al matrimonio (en vez de libertinaje sexual y divorcio fácil), y una vida de autosacrificio (en vez de exterminio de los no nacidos y abandono de niños en interés de la autogratificación de los adultos). Es verdad que no hay un ayer dorado al cual podamos volver. Pero muchos coinciden en que a pesar de lo baja que haya sido la cultura antes de la revolución cultural de las décadas recientes, la actual es inferior. Y muchos coinciden en que una renovada atención al NT podría ser un elemento im-

La herencia de una sociedad se expresa y se transmite de varias maneras. La Biblia y sus enseñanzas son aspectos importantes de la cultura occidental.

Antigua devoción por las Escrituras del Antiguo Testamento

Casi doscientos años antes del nacimiento de la Iglesia, las comunidades judías mostraban el mismo celo por las enseñanzas y mandamientos del Antiguo Testamento que mostraron Jesús y la iglesia primitiva. Estos pasajes de apócrifos del Antiguo Testamento dramatizan ese celo. El hostil «rey» es Antíoco IV Epífanes, cacique sirio de Jerusalén entre 175-163 a.C.

... el rey envió a un senador ateniense [a Jerusalén], para obligar a los judíos a que abandonaran a las leyes paternas y a que dejaran de vivir según las leyes de Dios; tenía también órdenes de profanar el templo en Jerusalén, dedicándolo a Júpiter Olímpico ... Esta violencia fue terrible e insoportable para todos, pues el templo se vio lleno de lujuria y de orgías de los paganos, que banqueteaban allí con las prostitutas y fornicaban con las mujeres en los atrios sagrados ... Siete hermanos arrestados junto con su madre fueron forzados por el rey a comer carne de cerdo prohibida por la ley, y fueron azotados con látigos y nervios de toro. Uno de ellos dijo en nombre de todos: «¿Qué quieres sacar de nosotros? Estamos dispuestos a morir antes de quebrantar las leyes patrias».

El rey, enfurecido, mandó poner al fuego sartenes y calderos y, cuando estaban al rojo vivo, mandó cortar la lengua del que había hablado en nombre de todos, arrancarle la piel de la cabeza y cortarle pies y manos en presencia de sus hermanos y su madre. Enteramente mutilado, mandó echarlo al fuego y freírlo vivo. Mientras el olor de la sartén se extendía por todas partes, la madre y los hermanos se exhortaban a morir generosamente, diciendo: «Dios lo ve todo y tendrá piedad de nosotros, como dice Moisés».

(2 Mac 6.1-2a, 3-4a; 7.1-6a)

portante para un mejor mañana.

Sin duda los cristianos que han llegado a conocer a Dios a través de sus páginas, y que han tenido un cambio de vida por la orientación que estas le han impartido, estarán ansiosos de aprender todo lo que les sea posible acerca del NT. Sin embargo, todos deberían comunicar este anhelo de difundir las Escrituras que impactó a las generaciones pasadas durante siglos en diversas culturas alrededor del mundo. Ninguna persona letrada y culta puede desentenderse de las opiniones profundas que el NT ofrece a la condición humana. Es más, nadie debería ignorar el deseo de un Dios personal y soberano, que todo lo conoce, de transformar la oscuridad en luz.

«A pesar de lo que alguien pueda pensar acerca de Él, Jesús de Nazaret ha sido la figura dominante en la historia de la cultura occidental durante casi veinte siglos».[6] La principal fuente de información acerca de esta dominante figura es el NT.

¿Por qué *estos* veintisiete libros?

El NT consta de cuatro libros llamados Evangelios, un libro (Hechos) que describe el nacimiento y expansión de la iglesia primitiva, veintiuna epístolas y un libro profético. ¿Qué hace tan únicos a estos veintisiete documentos?

Precedente del AT para un canon

En el tiempo de Jesús (primer siglo d.C.), el AT constaba de los mismos escritos que hoy conocemos. Nadie sabe todos los detalles o cronología del proceso con el que estos obtuvieron reconocimiento; los puntos más sutiles son temas de debates eruditos actuales. Pero las fuentes del primer siglo tales como el NT, así como las fuentes extras del NT como los rollos del Mar Muerto y el historiador Judío Josefo (vea el próximo capítulo), confirman que existió un conjunto unificado y reconocido de escritos. Hubo un convenio generalizado entre las autoridades judías, de que en ciertos escritos Dios había revelado su voluntad a su pueblo, y realmente al mundo entero. Esta revelación se ha preservado en los documentos que ya hemos mencionado: el Torá, los Profetas y los Escritos.

canon

2 Macabeos

Estos tratados llegaron a ser la norma de la fe y la vida entre quienes amaban y temían a Dios. Llegaron a ser un **canon,** una colección autorizada de documentos. Los judíos lo usaron como base para sus vidas personales y para su existencia colectiva. Un escrito judío llamado **2 Macabeos** narra sobre la tortura de siete hijos y el asesinato de la madre, debido a su negativa a romper la ley de Moisés durante el régimen tirano de Antíoco Epífanes (ca. 170 a.C.). La raíz de su negativa a traicionar su fe era su creencia de que Dios había dado a conocer su voluntad eterna en la ley de Moisés. Su valiente confianza en las Escrituras es el símbolo de la elevada consideración que los judíos tenían a la revelación escrita de Dios, aun cuando no pudieran interpretarlas todas en la misma forma.[7]

Hablando como un judío, Jesús dijo: «Vosotros adoráis lo que no sabéis; nosotros adoramos lo que sabemos; porque la salvación viene de los judíos» (Jn 4.22). La comunidad que Jesús fundó, la Iglesia, reconoció las Escrituras judías, el AT, como base de la existencia en sí. Pero al igual que el mismo Jesús cumplió el AT, la comunidad que Él levantó dio origen a más de dos docenas de escritos que en importancia y autoridad permanecen junto al AT. Estos escritos, elaborados por seguidores cercanos a Jesús, se llamaron más tarde NT.

En otras palabras, el canon del AT sirvió como precedente y analogía para el canon del NT. Era de esperarse que si el pueblo de Dios había encontrado vida y alimento a través de escritos inspirados que señalaban a un salvador, recibirían también escritos inspirados que, a ellos mismos y al mundo entero, explicarían a ese salvador después de que hubiera aparecido. Como eminente erudito y traductor del NT, Bruce M. Metzger escribe: «La creencia en una regla escrita de fe era primitiva (es decir que existió desde los primerísimos días de la Iglesia) y apostólica».[8] Es justo que como resultado tratemos a los escritos del NT con particular cuidado y reverencia.

La autoría divina del NT: Inspiración

Otorgamos una cuidadosa atención a la colección de los veintisiete libros llamados NT por una segunda razón: Son escritos inspirados (soplados) por Dios.

Jesús escogió al comienzo de su ministerio a doce hombres, discípulos señalados por Él que, a excepción de uno, llevarían su legado después de que hubiera ascendido a los cielos. Una noche Judas Iscariote lo traicionó, pero a los once hombres restantes Jesús entregó varias piezas importantes de información sobre el papel que desempeñarían en el futuro. Después de su muerte y resurrección, el Espíritu de Jesús, enviado por el Padre, vendría sobre ellos para impartirles sabiduría. En palabras de Jesús:

> El Consolador, el Espíritu Santo, a quien el Padre enviará en mi nombre, Él os enseñará todas las cosas, y os recordará todo lo que yo os he dicho (Jn 14.26).

> Cuando venga el Consolador, a quien yo os enviaré del Padre, el Espíritu de verdad, el cual procede del Padre, Él dará testimonio acerca de mí. Y vosotros daréis testimonio también, porque habéis estado conmigo desde el principio (Jn 15.26-27).

> Aun tengo muchas cosas que deciros, pero ahora no las podéis sobrellevar. Pero cuando venga el Espíritu de verdad, Él os guiará a toda verdad; porque no hablará por su propia cuenta, sino que hablará todo lo que oyere y os hará saber las cosas que habrán de venir. Él me glorificará; porque tomará de lo mío, y os lo hará saber (Jn 16.12-14).

Recalquemos dos aspectos en relación a las declaraciones de Jesús. Primero, luego de su partida, el Espíritu Santo enseñaría y recordaría a los discípulos todo lo que Jesús les había dicho. Sobre esta base, tes-

Los cristianos dan mucha honra a la Santa Biblia debido a su origen divino.

Los veintisiete libros del Nuevo Testamento

No debería haber dudas para estipular de nuevo los [libros] del Nuevo Testamento; porque son: Cuatro evangelios: según Mateo, según Marcos, según Lucas y según Juan. Además están: Los Hechos de los Apóstoles y las siete epístolas universales de los apóstoles, que son: Una de Santiago, dos de Pedro, tres de Juan y, después de estas, una de Judas. También hay catorce epístolas del apóstol Pablo en el siguiente orden: La primera a los Romanos, luego dos a los Corintios y después a los Gálatas y a los Efesios; más adelante están las epístolas a los Filipenses, a los Colosenses, dos a los Tesalonicenses y una a los Hebreos. A continuación hay dos cartas a Timoteo, una a Tito y la última a Filemón. Además, también el Apocalipsis de Juan.

—Atanasio (ca. 296-373 d.C.)

evangelio

inspiración

concurso

tificarían de Cristo. El Espíritu los ayudaría y guiaría «a toda verdad» y les diría «las cosas que habrían de venir». Estas palabras establecen un nexo único entre Jesús y este selecto grupo, sus primeros seguidores. A través de ellos, Jesús decidió revelar información sobre sí mismo a las futuras generaciones. Después de que muriera, el Espíritu Santo confirmaría entre ellos la verdad acerca de quién era Jesús y lo que había hecho. Sus seguidores ya tenían la instrucción en las enseñanzas de Jesús y habían presenciado sus obras milagrosas. Pero a través del Espíritu, y a la luz de la resurrección y ascensión de Cristo, tuvieron el poder para obtener relatos únicos y autorizados sobre las buenas nuevas de Jesucristo: el **evangelio**. Supongamos que la intención de Cristo era que su historia y sus mandamientos quedaran preservados en el testimonio y más tarde en los escritos de sus seguidores íntimos. Un resultado directo de la promesa de Jesús puede verse hoy día en los escritos que llamamos el NT.[9]

Segundo, resaltemos que las palabras de Jesús se refirieron a lo que los teólogos llaman **inspiración**. El Espíritu obró junto con las mentes y los corazones de los seguidores de Jesús para producir comprensión fidedigna, memorias y finalmente los escritos. La combinación de elementos divinos y humanos a veces se llama **concurso**, la interrelación complementaria de trabajo entre Dios y los escritores humanos en la composición de la Biblia. Según lo escribió Gerhard Maier:

> La revelación, formada a través del Espíritu puesta por escrito por personas, nos llega como algo unificado y completo ... Al tomar forma la Biblia, la palabra divina y la humana en esencia se entretejieron: Así quiso hablar Dios: a través de agentes humanos (2 P 1.21). Así como Jesucristo es a la vez Dios y hombre, pero no es divisible en dos personas, sino que permanece como el Hijo de Dios, las Escrituras son al mismo tiempo Palabra de Dios y palabra de hombre, que tampoco pueden dividirse en dos «palabras». Permanece final y definitivamente como la Palabra de Dios.[10]

Todo esto señala una segunda y mayor razón de por qué honramos los escritos del NT o canon: Está inspirado por Dios. En este sentido las afirmaciones de Pablo se aplican igualmente al Nuevo y al Antiguo Testamento: «Toda la Escritura es inspirada por Dios» (2 Ti 3.16).[11]

Reconocimiento del canon en la Iglesia

Una tercera razón por la que reconocemos la importancia de los escritos del NT reposa en el papel preeminente que llegaron a desempeñar en la iglesia primitiva. Desde el siglo segundo y hasta el noveno d.C., se decía de numerosos escritos que eran obra de los seguidores apostólicos de Jesús. Tales trabajos incluían a los así llamados evangelios, hechos, epístolas e incluso libros que en ciertos aspectos se asemejaban al Apocalipsis. Hubo gran debate acerca de estos libros. Los cristianos, que podían haber sufrido persecución por esconder los escritos inspirados, deseaban saber quiénes estaban dispuestos a dar sus vidas por esta causa. Pastores y teólogos buscaron los documentos más confiables que

manuscrito

papiro

uncial

Relieve romano de un escriba.

cínico es un engaño histórico. «Los debates acerca del canon eran tan vigorosos, que antes de Trento en el siglo dieciséis ningún concilio eclesiástico llegó a una decisión al respecto».[13] La iglesia primitiva no impuso el canon a miembros desprevenidos. «En el sentido más elemental, ni los individuos ni los concilios crearon el canon; por el contrario, llegaron a comprender y reconocer la calidad auténtica y propia de estos escritos, que se impusieron a sí mismos como canónicos de la Iglesia».[14] Al erudito cínico actual se le podría decir que rechazar el canon es ponerse a sí mismo bajo la autoridad del espíritu moderno de incredulidad en Jesucristo y en su autoridad para con la Iglesia a través de las Escrituras.

les fue posible, a fin de informarse acerca de la fe que consideraban valiosa. El canon como hoy lo conocemos apareció en un lapso de casi tres siglos. Abarcaba la norma por medio de la cual se juzgarían todos los demás escritos. Los libros del canon poseían señales de autoría apostólica (es decir redactados por los seguidores escogidos por mano de Jesús: los apóstoles o sus ayudantes más cercanos). Estos libros tenían evidencia de su origen del primer siglo. (Algunos escritos no canónicos fueron redactados casi al principio. Solo unos pocos pueden fecharse en el siglo segundo y con certeza quizá ninguno del primero.) Además contenían el verdadero mensaje apostólico de Jesucristo.

Estos veintisiete escritos del NT son los que se ganaron el reconocimiento de los cristianos primitivos, como inspirados por Dios y entregados a la Iglesia «para enseñar, para redargüir, para corregir y para instruir en justicia» (2 Ti 3.16). Por tanto, no es ingenuidad honrar el mismo canon hoy día sino que es un sensato reconocimiento de la obra del Espíritu Santo, así como una humilde aceptación de la provisión de Dios para que se conociera su voluntad entre los cristianos a través de todas las edades.

Hace unos años, un erudito que rechazaba el lugar de importancia del canon del NT observaba que aceptarlo era como ponerse bajo la autoridad de los obispos del segundo al cuarto siglo.[12] Este comentario

Integridad del texto neotestamentario

La prensa no se inventó sino hasta el siglo quince. Antes de esto, los escritos debían copiarse a mano. Una copia escrita a mano se denomina manuscrito. Todos los documentos del NT se transmitieron a través de los siglos en forma manuscrita. Las modernas traducciones son efectuadas por eruditos que consultan dichos manuscritos y que producen versiones en base a estos.

Pero al igual que cualquiera que trata de copiar algo a mano (tal vez una cita periodística o una receta), descubre que es muy fácil equivocarse. Si los escritos del NT, una copia tras otra, se han transmitido a lo largo de más de mil años, ¿podemos estar seguros de que nuestras traducciones en español reflejan lo que Pablo, Pedro o Lucas escribieron originalmente en griego?

Riqueza de evidencias

Felizmente, la respuesta es un resonante sí. Una mayor razón para esto es la riqueza de evidencias disponible. *El NT es por mucho el más autenticado documento de la antigüedad clásica.* Se catalogaron 1989 de entre más de cinco mil manuscritos que contenían al menos un fragmento del NT. Los primeros se escribieron en **papiro**, un papel hecho de un tipo de junco. Alrededor de trescientos se denominan **unciales**; es decir que grababan el NT en letras mayúsculas, generalmente sobre un tipo

Manuscritos griegos de parte o de todo el NT

Papiros catalogados	96
Manuscritos estilo uncial catalogados	299
Manuscritos minúsculos catalogados	2.812
Leccionarios catalogados	2.281
Total	5.488

(Las estadísticas se derivan de Kurt Aland y Barbara Aland.)

leccionarios

de superficie de cuero. El grupo más grande consistía de minúsculas. Estas exhibían un tipo de letra cursiva que se desarrolló en BIZANCIO alrededor del siglo noveno. Por último tenemos a los **leccionarios**, libros utilizados en la adoración de la iglesia, que incluían porciones de las Escrituras. También son testimonios importantes del texto neotestamentario, ya que se transmitieron a través de los siglos.

Breve lapso

Otra razón para confiar en nuestro conocimiento de lo que Mateo, Pablo y otros escritores escribieron originalmente, es la brevedad de tiempo entre la fecha en que los documentos se escribieron y la fecha de las primeras copias que poseemos. No es raro que en una brecha de mil años o más se haya separado un trabajo antiguo de su última copia conocida. Las cosas son distintas en el caso del NT, pues «varios manuscritos de papiro ... se han copiado en el lapso de un siglo, más o menos, después de la composición de los documentos originales».[15] Un fragmento de papiro del Evangelio de Juan encontrado en EGIPTO data del año 125 d.C. Se trata apenas de una generación posterior del año 90 d.C., que según la opinión de muchos eruditos es la época en que se escribió originalmente. ¡Un estudio reciente fecha al manuscrito del Evangelio de Mateo al año 60 d.C aproximadamente![16]

Versiones y padres

Otra razón más de optimismo sobre el conocimiento del texto original del NT viene de su amplia distribución desde fechas muy remotas. Nos referimos a lo que los eruditos llaman versiones antiguas. Cuando el evangelio se propagó a tierras que no hablaban griego, el NT se tradujo a lenguas como siriaco, latín y copto. ¡Solo en latín existen más de ocho mil manuscritos! Por lo general son menos importantes para el conocimiento del texto griego clásico que los mismos manuscritos griegos. Pero en ciertos aspectos son importantes, y en general muestran que el NT se reprodujo fielmente cuando se pasó de un escriba a otro e incluso de una a otra lengua. La transmisión no fue perfecta, pero fue más que suficientemente confiable como para no tener duda alguna de lo que escribieron primero los autores.

Los escritos de los primeros padres de la Iglesia constituyen otro testimonio importante en la conformación del texto griego original. Docenas de líderes de la Iglesia como CLEMENTE DE ROMA (95 d.C.), el JUSTINO MÁRTIR (150 d.C.), IRENEO (170 d.C.) y Orígenes (250 d.C.) citan al NT en escritos que todavía existen. El estudio cuidadoso de sus citas y comentarios provee discernimiento acerca del tipo de texto neotestamentario que se utilizaba en las diferentes ciudades y pueblos en los cuales se dispersaron los primeros padres.

Podríamos concluir entonces de que no existen razones para dudar de nuestro conocimiento sobre lo que contenían los manuscritos originales. Es cierto que en algunos puntos individuales los eruditos debaten con precisión lo que dice el original. ¿Envió Jesús a la cosecha a setenta y dos o a setenta obreros (Lc 10.1)? Respecto a esto existe confusión entre varios manuscritos. ¿Contiene la copia original a Mateo 12.47? Algunos antiguos manuscritos importantes lo omiten. ¿Qué se podría decir acerca de la mujer acusada de adulterio (Jn 7.53–8.11)? Las traducciones modernas ponen este relato entre paréntesis o lo separan del resto del Evangelio de Juan por otros medios. Hay sin duda puntos de investigación concernientes a la redacción precisa de los escritos originales del NT. (A estas investigaciones de los eruditos se les denomina crítica textual; al final de este capítulo se registran los libros que tratan sus métodos y descubrimientos.)

Pero los cálculos del grado de certeza en el conocimiento del texto neotestamentrio invariablemente se encuentran cerca del cien por ciento. Los expertos concuerdan en que ninguno de los puntos de discusión afectan el mensaje del evangelio y ni siquiera una sola de las doctrinas cristianas. A medida que nos enfrascamos en cómo interpretar el NT y tomemos como un desafío aplicar lo que interpretamos, nos libraremos de dudas sobre la integridad del texto.

¿Por qué *estudiar* el Nuevo Testamento?

Hemos mencionado buenas razones para prestar seria y prolongada atención al NT y los aspectos relacionados con él. Sin embargo, ¿hay realmente alguna necesidad de estudiar lo que este dice? Si está inspirado por Dios y su texto es razonablemente seguro, ¿entonces por qué es necesario gastar energías para ponderar lo que dice; aprender nombres antiguos y fechas; resumir varias de sus enseñanzas; explorar diferentes escritos y sus contenidos? ¿Por qué no solo confesar fe en él, aprender un resumen (como el catecismo) acerca de lo que trata y continuar con otros asuntos?

Para evitar la tiranía de la opinión personal preconcebida

Una razón obvia para el estudio se relaciona con lo que ya hemos dicho: El NT es un libro inmensamente importante, con mucho que ofrecer al lector receptivo. A fin de obtener los beneficios de su totalidad se debe pagar el precio de dominar varias partes. Sin embargo, vayamos un paso adelante.

El NT es un libro de contenido religioso, leído por individuos que por naturaleza son religiosos. Esta puede ser una combinación estupenda: El lector tiene sed religiosa; el NT la satisface. ¿Qué puede haber de malo en esto?

La respuesta es: Mucho. Todos estamos en peligro de ver en la Biblia, o en cualquier otro lado, solo aquellas cosas que nuestras experiencias o convicciones previas nos inclinen a ver. Para algunos es aquí donde el estudio del NT se le hace casi imposible. Ellos ya tienen sus mentes acondicionadas a sus obligaciones religiosas, y por tanto al NT también. Quizá lo leerán para reforzar más lo que ya piensan. Pero no son receptivos a una profundidad y a un modo de estudio que ponga en duda la perspectiva que se han fijado. Aunque es bueno (e inevitable) acercarnos con convicciones a cualquier libro, incluyendo la Biblia, es peligroso que aquellas convicciones funcionen como críticas del mensaje que el texto nos da.

En cierta ocasión un ministro predicaba sobre un texto que contenía Hechos 17.26:

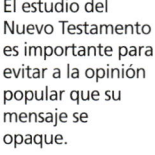
El estudio del Nuevo Testamento es importante para evitar a la opinión popular que su mensaje se opaque.

¿Por qué estudiar el Nuevo Testamento?

La arqueología enriquece continuamente nuestro conocimiento del mundo de la Biblia.

rabínico

«De una sangre ha hecho todo el linaje de los hombres para que habiten sobre toda la faz de la tierra; y les ha prefijado el orden de los tiempos, y los límites de su habitación». Para el asombro de algunos oyentes, resaltó con ira el punto de que le disgustaba ver relaciones y matrimonios mixtos entre caucásicos y afroamericanos. «¡Me hierve la sangre!», declaró. Explicó que Hechos 17.26 lo prohibía, pues Dios «había prefijado ... los límites de su habitación». Esto significaba para el ministro que negros y blancos deberían estar separados y permanecer en cualquier rincón en que hubieran nacido. Para llegar a esta conclusión tan solo pasó por alto las palabras que inician el mismo versículo: «De una sangre ha hecho todo el linaje». Puesto que Adán y Eva son los primeros padres de todos, según enseña la Biblia, compartimos un origen común que descarta todas las teorías racistas.

Parece que en este punto el ministro no había estudiado muy bien la Biblia sino que simplemente la leyó con los prejuicios que ya tenía antes de llegar a este texto particular. Por desgracia, todos tendemos a hacer lo mismo con las Escrituras, a menos que obtengamos sabiduría y autocontrol en la manera de manejarla. «No toma placer el necio en la inteligencia» (Pr 18.2). Un estudio cuidadoso puede ayudarnos a evitar malas interpretaciones y, en lugar de lo que pensamos, veremos lo que realmente Dios tiene que decirnos.

Evitar una equivocada dependencia en el Espíritu Santo

A este respecto, un peligro y enemigo del estudio es la idea de que puesto que el Espíritu Santo influye en nuestras vidas, de alguna manera nos llenará del conocimiento de la verdad del NT sin que debamos hacer nada para dominarlo nosotros mismos. Aunque no debemos minimizar la dependencia del Espíritu de Dios para entender de manera correcta la Biblia, es un error sustituir la sola influencia espiritual por los medios esenciales de gracia que Dios nos ha dado en forma de Escrituras. Sin un sólido entendimiento de la auto-revelación de Dios en su Palabra, ¿cómo podemos estar seguros de que la influencia espiritual que sentimos viene en realidad de Dios? ¡La pauta fundamental para hacer esa determinación tiene que ser finalmente las Escrituras!

A Martin Niemöller, líder cristiano heroico y prisionero de guerra en la Alemania nazi, le manifestó un joven ministro alemán que en lugar de estudiar, para sus sermones él confiaba en el Espíritu. Un colega superior comentó: «En lo que a mí respecta, el Santo Espíritu nunca me habla en el púlpito. Sí, recuerdo una ocasión que me habló. Cuando iba bajando las gradas del púlpito luego de un mal sermón. Solo dijo cuatro palabras: "Heinrich, ¡eres un vago!"» En otras palabras: «El Espíritu Santo tiene cosas más importantes que hacer que reemplazar la indolencia humana».[17]

Basados en los Evangelios vemos que Jesús aprendió, dominó y se sometió a las Escrituras. Sus discípulos también fueron estudiantes serios de ellas, a pesar de la ventaja de tener instrucción personal a los pies de Jesús. Pablo tuvo un entrenamiento formal extenso en la interpretación rabínica y después de su conversión continuó desarrollando su comprensión del AT. Sí, todas estas personas confiaron en Dios y recibieron el poder del Espíritu Santo. Pero Él actualizó los frutos de sus oraciones y de su estudio; no lo reemplazó. Si para ellos el estudio de las Es-

Enfoque 1: Los libros apócrifos del Antiguo Testamento

Los apócrifos son aproximadamente catorce o quince documentos que la iglesia protestante no ha reconocido como parte del canon. Estos incluyen libros o partes de libros que aparecieron en los siglos anteriores a Cristo y el primer siglo después de su nacimiento. Aunque muchos de estos documentos ayudan a comprender las condiciones religiosas, políticas y sociales de este período, no alcanzan a llenar los criterios de una escritura inspirada que reflejan otros documentos bíblicos.

La siguiente historia se extrajo de un breve texto apócrifo titulado: «Historia de la destrucción de Bel y el dragón», que algunos consideran una añadidura al libro de Daniel. El pasaje demuestra cómo los apócrifos se combinan con historias e ideas del canon del Antiguo Testamento.

23 Había también un gran dragón al que los babilonios veneraban.
24 El rey dijo a Daniel: De este no dirás que es de bronce; mira, está vivo y come y bebe; no negarás que es un dios vivo. Así que adóralo.
25 Yo adoro al Señor mi Dios porque Él si es el Dios viviente.
26 Y si tú, oh rey, me lo permites, yo mataré a ese dragón sin espada ni lanza. El rey respondió: Te lo permito.
27 Entonces Daniel tomó resina, grasa y pelos, los coció, hizo unas bolas y las echó en las fauces del dragón, el cual al comerlas reventó. Y Daniel dijo: Ahí tienen lo que adoran.
28 Al enterarse los babilonios de lo sucedido, se indignaron muchísimo y se amotinaron contra el rey diciendo:
El rey se ha hecho judío: ha permitido destruir a Bel, ha dejado matar al dragón y ha hecho ejecutar a los sacerdotes
29 Se presentaron, pues, al rey y le dijeron: Entréganos a Daniel o de lo contrario te mataremos a ti y a toda tu familia.
30 El rey, entonces, al sentirse tan seriamente amenazado, no tuvo más remedio que entregarles a Daniel.
31 Ellos lo arrojaron a la fosa de los leones donde permaneció seis días.
32 Había en la fosa siete leones a los que todos los días se alimentaba con los cuerpos de dos ajusticiados y con dos ovejas. Pero en aquella ocasión no se les dio nada, para que devoraran a Daniel.

crituras era vital en sus vidas, es probable que también lo sea para nosotros.

Para facilitar la interpretación histórico-teológica

Una razón final para estudiar el NT es que da la dimensión histórica mediante la cual se debe informar la aplicación y el entendimiento teológicos.

Dios ha querido usar medios históricos para revelarse y llevar a cabo su obra redentora. El evangelio no es la proclamación de una experiencia mística del otro mundo. No es una intuición enigmática ni una teoría filosófica que se obtiene por meditación especializada o razonamiento sutil. Es el mensaje de que en Cristo, Dios se manifestó con amor y misericordia en los asuntos del mundo, sobre el que es Señor. Es el buen mensaje de como Dios se mueve y comunica a través de toda la gama de la vida humana en su sentido más amplio. Es Dios que renueva la vida humana, dándole calidad celestial y esperanza en la historia (mensaje que incluye aquí el espectro total del mundo natural y de la civilización humana).

Ya hemos demostrado que las Escrituras son fundamentalmente divinas en su carácter. Es la Palabra de Dios. Pero llega a nosotros en traje terrenal y a través de agentes humanos. Para darnos cuenta del significado teológico es esencial comprender los componentes terrenales y humanos (historia). Estos componentes incluyen elementos de geografía, historia política y militar (israelita, egipcia, asiria, babilónica, persa, griega, romana, etc.), literatura y varios lenguajes. Una interpretación bien fundada del NT puede involucrar campos modernos de estudio tan variados como arqueología, ciencias sociales, economía, lingüística, musicología y muchas otras.

Estos componentes sugieren que para una interpretación más básica y responsable es necesario el estudio del NT. Una interpretación devocional podría leer al NT sin considerar sus aspectos históricos, en busca de una palabra de aliento u orientación mística. Una interpretación literaria examinaría la trama y la estructura como características formales que ayudan a entender el mensaje del libro. Una interpretación política buscaría injusticias que la Biblia parece sancionar o ideas sobre buen gobierno que el NT podría contener.

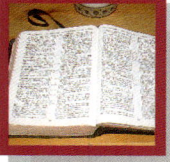

Resumen

1. La Biblia ha moldeado el mundo en que vivimos, y nadie está libre de su influencia.

2. El AT habla de la creación del mundo por Dios, de la caída de la humanidad en pecado y de redención de Dios por sobre las consecuencias del pecado. Se divide en tres partes: la Torá, los Profetas y los Escritos.

3. El NT es el legado de la obra redentora de Dios en tiempos más recientes y anuncia al Salvador que espera el Antiguo Testamento.

4. Es importante el estudio del NT porque transmite la presencia de Dios, porque es de suprema trascendencia personal y porque es fundamental en la educación cultural.

5. Los veintisiete libros del NT incluyen cuatro llamados Evangelios, uno que narra el nacimiento de la iglesia primitiva (Hechos), veintiuna epístolas o cartas y un libro de profecía.

6. Los escritos del N.T. son inspirados por Dios. El Espíritu obró juntamente con los corazones y mentes de los seguidores de Jesús para producir estos escritos dignos de confianza.

7. El canon del NT es una colección autorizada de escritos que juntos abarcan tres siglos. Se le dio a la Iglesia para enseñar, redargüir, corregir e instruir en justicia (2 Ti 3.16).

8. Los manuscritos del N.T. se escribieron primero en papiro y después en cuero. Son de varias clases: papiro, unciales, minúsculos y leccionarios.

9. El texto del N.T. que tenemos es confiable porque hay gran cantidad de evidencia que lo apoya; los autores los escribieron en las dos primeras generaciones de historia cristiana y las versiones antiguas del texto se distribuyeron profusamente.

10. Los cristianos deben estudiar el N.T. para evitar interpretaciones erróneas basadas en ideas preconcebidas, para evitar equivocadas dependencias en el Espíritu Santo y para tener los cimientos históricos adecuados con el fin de entender y aplicar sus enseñanzas.

Términos clave

canon
concurso
Rollos del Mar Muerto
evangelio
inspiración
Corán
leccionarios
manuscrito
papiro
rabínico
Escrituras
Torá
2 Macabeos
unciales
los Escritos

Personajes y lugares clave

Antíoco Epífanes
Bizancio
Clemente de Roma
Egipto
Ireneo
Josefo
Justino Mártir

las Escrituras. La interpretación histórico-teológica (comprender el mensaje redentor de la Biblia a personas de *entonces* como un medio de recibir y compartir *ahora* el mensaje) es quizás la manera más rudimentaria y agotadora, pero al final fructífera, de enfocar el NT. Implica aprender y procesar gran cantidad de información que en un principio podría parecer extraña y algo inútil. Demanda esfuerzo. A veces requiere una respuesta personal (en ocasiones humillante), a medida que una comprensión creciente del NT provoca convicción de necesidad y reverencia de la grandeza divina. Requerirá, en el sentido a veces desalentador de la palabra, *estudio*.

Pero los autores de este libro, habiendo obtenido un poco más de amor por Dios y por su Libro mediante su *estudio*, desean ayudar al lector a lo largo del camino que hemos recorrido (y que aún recorremos). El camino es apasionante y placentero. Y aun si a veces las cosas llegaran a ponerse algo escabrosas, polvorientas y sofocantes, confiamos en que usted lo encuentre provechoso al seguir andando.

Pero lo básico en las interpretaciones es la comprensión de la Biblia que con más claridad se aproxime al propósito por el cual Dios la inspiró. Los intereses devotos, literarios o políticos tienen valor en sí, pero son subordinados a (pues dependen de la voluntad y actividad divinas que crearon

Preguntas de repaso

1. Se han impreso más copias de la _____ que de cualquier otro libro.
2. A los cinco libros de Moisés se les llama el _____.
3. La palabra que significa declaración solemne es _____.
4. Los libros que proporcionan información histórica útil y religiosa, pero que no son inspirados, se llaman _____.
5. Además de las razones espirituales, la Biblia también es importante para la _____.
6. Los cuatro libros que se conocen como los Evangelios son _____, _____, _____ y _____.
7. El historiador judío que confirmó un cuerpo unificado y reconocido de escritos que se conoce como el Antiguo Testamento es _____.
8. A una colección autorizada de documentos se le llama _____.
9. Al trabajo de Dios juntamente con los escritores humanos en la composición de la Biblia se le llama _____.
10. Los manuscritos más antiguos del Nuevo Testamento se escribieron en _____.

Preguntas de estudio

1. ¿Qué significa la palabra «testamento» en los títulos del Antiguo y del Nuevo Testamento?
2. ¿Qué relación hay entre el Antiguo y el Nuevo Testamento?
3. ¿Qué es la educación cultural? ¿Qué papel juega el NT en su adquisición?
4. ¿Qué es un canon? ¿Cuáles son las divisiones antiguas de canon del Antiguo Testamento?
5. Dé tres razones para el estudio especial del canon neotestamentario.
6. ¿Cuáles son las bases de nuestro elevado nivel de seguridad en el texto del Nuevo Testamento?
7. ¿Qué otros temas cree usted que sean necesarios para estudiar con el fin de especializarse? ¿Qué diferencias hay entre estudiar esos temas y estudiar el Nuevo Testamento?

Lecturas relacionadas

Alvin E Bell, *El libro de los libros*, Casa de Publicaciones, Rt. 1, Box 561, New Braunfels, TX, 78130. Práctico para iniciarse en las Escrituras. Explica someramente cada uno de sus 66 libros.

José Silva Delgado, *El libro siempre nuevo*, Editorial Vida, Miami, FL, 1983. Completa introducción a la Palabra de Dios, con un sencillo esquema de introducciones. Útil para todo estudiante bíblico.

Keller Werner, *Y la Biblia tenía razón*, Ediciones Omega, S.A. Barcelona, España, 1956. Comprobación histórica de la veracidad de la Biblia por medio de investigaciones arqueológicas. Este texto nos muestra la exactitud de las aseveraciones tanto del Antiguo como del Nuevo Testamento.

Ralph Earle, *Cómo nos llegó la Biblia*, Casa Nazarena de Publicaciones, Kansas City, MO. Sencillo pero gran trabajo que nos explica cómo fue el origen, la preservación, la transmisión, la traducción y la propagación de las Escrituras.

John R. Stott, *Cómo comprender la Biblia*, Ediciones Certeza, Unión Bíblica Buenos Aires, Argentina, 1977. Investigación de los propósitos de la Biblia y del contexto histórico que rodea su desarrollo, mensaje, interpretación y uso que podemos darle.

W.T. Purkiser, *Explorando el A.T.*, Casa Nazarena de Publicaciones, Kansas City, MO, 1984. Texto en forma de manual. Analiza con profundidad variados tópicos referidos al A.T.

Gunther Bornkamm, *Estudios sobre el Nuevo Testamento*, Ediciones Sígueme, Salamanca, España, 1983. Estudio basado en los Evangelios, las epístolas paulinas y los Hechos de los Apóstoles sobre el mensaje neotestamentario.

Will Marxsen, *Introducción al Nuevo Testamento*, Ediciones Sígueme, Salamanca, España, 1983. Texto técnico sobre los problemas presentados en el N.T. y la forma en que los escritores los explican.

Ch. Rochedieu, *Los tesoros del Nuevo Testamento*, Editorial la Aurora, Buenos Aires, Argentina. Comentario exegético libro por libro del N.T. diseñado para el uso de amantes de las Escrituras. Recorre en forma práctica y sencilla las páginas de los veintisiete libros neotestamentarios.

Parte 1

Al encuentro de Jesús y los Evangelios

2 El Medio Oriente en los días de Jesús

Bosquejo

- **La tierra de Palestina**
- **Historia de Palestina desde el retorno hasta la destrucción de Jerusalén**
  - Período de los macabeos y asmoneos (166-63 a.C.)
  - Dominio de Roma (63 a.C al 70 d.C.)
    - Gobierno de Herodes el Grande (37-4 a.C.)
    - Gobierno de los descendientes de Herodes (4 a.C. al 66 d.C.)
      - Arquelao (4 a.C. al 6 d.C.)
      - Felipe (4 a.C. al 34 d.C.)
      - Antipas (4 a.C al 39 d.C.)
      - Herodes Agripa I y II (37-66 d.C.)
    - La guerra judía y la destrucción de Jerusalén (66–70 d.C.)
- **Religión judía en la época de Jesús**
  - Factores de unificación en el judaísmo
  - Grupos religiosos
    - Fariseos
    - Saduceos
    - Esenios
    - Zelotes
    - El movimiento apocalíptico
    - Otros grupos en Palestina
  - Los samaritanos
  - La literatura de los judíos
    - El Antiguo Testamento (AT)
    - Los apócrifos del AT
    - Los pseudoepígrafos del AT
    - Los rollos del Mar Muerto
    - Los escritos rabínicos
    - Otros escritos
- **Conclusión**

Objetivos

Después de leer este capítulo, usted podrá

- Describir las características geográficas esenciales de Palestina
- Señalar a grandes rasgos los principales acontecimientos ocurridos en Palestina del año 539 a.C. al 70 d.C.
- Explicar los diversos factores que unieron al judaísmo
- Reconocer la diferencia entre los grupos religiosos más importantes de este período histórico
- Comparar los escritos del Antiguo Testamento, los apócrifos y los pseudoepígrafos
- Enumerar los diferentes materiales rabínicos y sus enseñanzas

praeparatio evangelium

Vivimos en una era de comunicación impersonal impulsada por el consumismo. De modo silencioso las vallas vierten semillas de descontento en las mentes de los motoristas. El planeta está bañado por hondas radiales que no se dirigen a nadie en particular. Los periódicos apenas dan tiempo a que uno los lea antes de ir a parar a las plantas de reciclaje o basureros, y sus grandes cantidades son prueba de una enorme labor de propagación. Y ahora la cibernética espacial perfora otro conducto hasta nuestros hogares y negocios, a través del cual se ha hecho posible un flujo sin precedente de comunicación impersonal. Por supuesto, todas estas formas de comunicación están diseñadas para atraer a varios sectores del mercado, y con tal propósito imitan el toque personal; sin embargo todos sabemos cuán insultante es recibir un formato de carta «personal» en el que nuestro nombre está mal escrito.

Como cristianos, esto no deja de afectarnos. Es difícil recoger las Sagradas Escrituras, especialmente si vienen lujosamente equipadas con las últimas y mejores ayudas para el estudio, y evadir la sensación de que no es sino otro tipo de comunicación impersonal disfrazada de comunicación personal. Pero nada puede estar más lejos de la verdad. Aunque apelan a los seres humanos en general, los documentos bíblicos son particulares en naturaleza. Es decir, que se originan en la historia, en espacios y épocas reales. En verdad, el flujo redentor de la historia no se puede separar de las Escrituras que la documentan. Antes de fluir hacia lo general, la Palabra de Dios habla de modo particular, exactamente todo lo contrario de mucha de la comunicación en una sociedad basada en el consumo.

En especial, el NT obra en tono personal. De veintisiete documentos, veinticuatro son cartas personales[1] y las tres restantes son relatos personales de la vida y obra de Jesucristo.

Juan empieza su evangelio diciéndonos que la eterna Palabra de Dios, Jesucristo «fue hecho carne, y habitó entre nosotros» (Jn 1.14); en su primera epístola dice que él y los otros apóstoles lo vieron con sus ojos y lo tocaron con sus manos (1 Jn 1.1-2). La doctrina de la encarnación sostiene que el Hijo de Dios se hizo hombre y compartió su vida humana con nosotros. Claro, esto significa que Él debía aparecer en un tiempo y lugar precisos. Entrar en la historia significa que Cristo llegó a ser alguien en particular: Jesús de Nazaret; en un tiempo particular, durante el reinado de Augusto (27 a.C. al 14 d.C.) y Tiberio César (14-37 d.C.); en un sitio particular, Palestina, en el Mar Mediterráneo. Cuando Pablo habló a los filósofos en Atenas, describió la historia como un preludio para luego adentrarse en la venida de Cristo, ante quien algún día todos compareceremos (Hch 17.22-31). Esta idea hizo que algunos de los primeros padres de la Iglesia hablaran de la historia antes de Cristo como ***praeparatio evangelium*** (preparación del evangelio) y que algunos teólogos contemporáneos hablaran del «escándalo de la particularidad»: el hecho de que Jesús está disponible para todos, pero que solo puede encontrarse en un lugar. Todo esto es importante para los estudiantes del NT, porque trata de la importancia de la historia particular de la que Jesús fue parte y del lugar que desempeñó en ella.

Es por esto que cualquier estudio del NT debe comenzar con un vistazo, aunque breve, de las circunstancias que condujeron y rodearon los sucesos principales que constituyeron el comienzo de la fe cristiana. Sin ello, sería difícil conseguir una descripción clara de Jesús, de los apóstoles o de la iglesia primitiva.

La tierra de Palestina

La tierra de Palestina siempre ha sido muy importante para los judíos y en general para el Medio Oriente.[2] Su superficie es casi un tercio de Illinois, aproximadamente 70 kilómetros de ancho (oriente-occidente) y 230 de largo (norte-sur). La región como un todo se divide básicamente en cinco zonas longitudinales,[3] con varias subregiones de variada importancia. Las zonas principales, yendo de occidente a oriente, son la llanura costera, la Sefela o las estribaciones, la extensión montañosa central, el desierto de Judea y el valle del Jordán, y la extensión montañosa oriental. La sorprendente aspereza del territorio produce cambios marcados de clima de un lugar a otro, de modo que mientras en un sitio puede haber nieve, a pocos kilómetros podemos encontrar sol y

Gentiles

palmeras. El siguiente mapa muestra algo de este contraste al hacer un corte del terreno más o menos de oriente a occidente a través de Jerusalén. Al observarlo, imagínese que está parado en el desierto al sur de Jerusalén, mirando hacia el norte.

También es reveladora una mirada al terreno de norte a sur, que muestra lo casi intransitable que es, a excepción de la Llanura de Esdraelón que separa el este del oeste entre Samaria y Galilea. En el cuadro de la página 42 usted está parado en el lado oriental del Río Jordán, mirando al oeste. El nivel del mar es la línea recta que parte horizontalmente el terreno.

En la época de Jesús, esta tierra consistía de varios distritos administrativos gobernados por los romanos. En la ladera occidental del Río Jordán habían tres: Galilea, Samaria y Judea. Del oriente del Jordán al norte había una colección de distritos menores, gobernados por Felipe, hijo de Herodes. Otro distrito llamado Decápolis era un área extendida de diez ciudades con grado considerable de autogobierno. Al sur se encontraba Betania, un área gobernada junto con Galilea por Herodes Antipas. Demos un vistazo a estos distritos.

El distrito de Galilea hacia el norte, donde creció Jesús, es de gran diversidad física: un área de algo más de 50 km de ancho y 96 de largo (norte-sur), limitado por Fenicia al noroeste, Siria al norte, el Valle del Jordán con el Mar de Galilea al este y la Llanura de Esdraelón al sur; es decir, Galilea rodeada por **gentiles** (Mt 4.13-16)[4]. El Mar de Galilea, que Jesús conocía muy bien, no es realmente un mar del todo sino un lago de tamaño mediano de casi 19 km de ancho. Suplía a la región con abundancia de pescado. Al borde noroccidental se encontraba la llanura de Genesaret, que producía frutas y vegetales casi todo el año, incluso durante lo más crudo del invierno. Esto era posible por encontrarse sobre 180 m bajo el nivel del mar y no estar sujeta a las severidades de altitudes mayores.

Samaria se encuentra entre Galilea y Judea. Limita al norte con la Llanura de Esdraelón. Al occidente está el Mar Mediterráneo y al oriente el Río Jordán, que se une al sur con Judea. Los límites exactos han sido siempre algo inciertos, por lo que se hace difícil medirlos con exactitud. Samaria era un área montañosa rodeada de colinas y fértiles planicies, donde prosperaba la agricultura con granos y frutos de todo tipo. Grandes rebaños de ovejas y cabras también encontraban pastizales en sus colinas, y así ha permanecido hasta tiempos modernos. Según lo observó William Thomas hace mucho: «Es inevitable sentirse entusiasmado con este hermoso valle de Nablus, salpicado con fuentes y ríos, y el verdor de alamedas de olivo y huertos de higos; esparcido de nueces, manzanas, dátiles, membrillos y otros árboles y arbustos».[5]

Judea está directamente al sur de Samaria. Se extiende desde el Mar Mediterráneo al oeste hasta el río Jordán y el Mar Muerto al este abajo hasta el desierto del sur, incluyendo la vieja área de Edom o Idumea, como se llamaba en tiempos del NT. Por supuesto, su principal cuidad era Jerusalén, pero también incluía muchas otras ciudades santas.

Los rasgos físicos de Judea muestran con

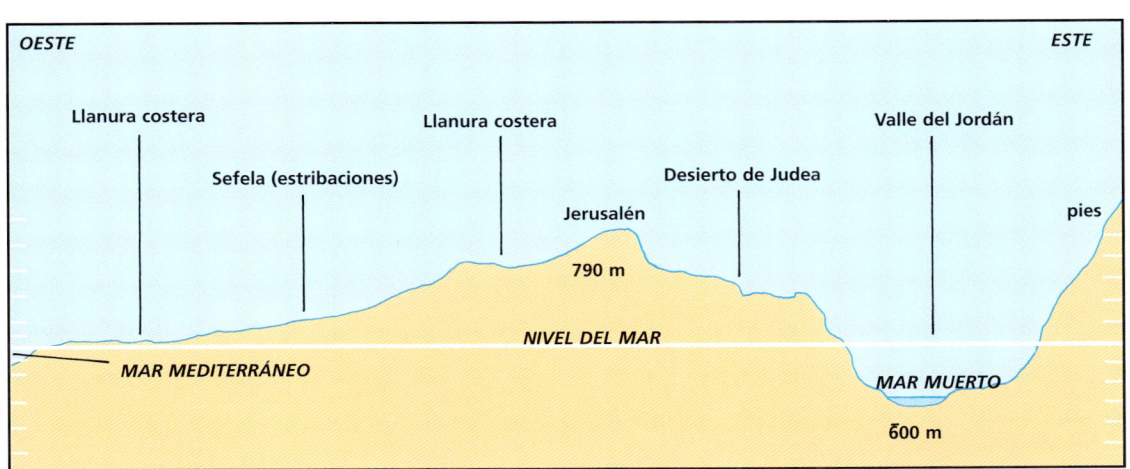

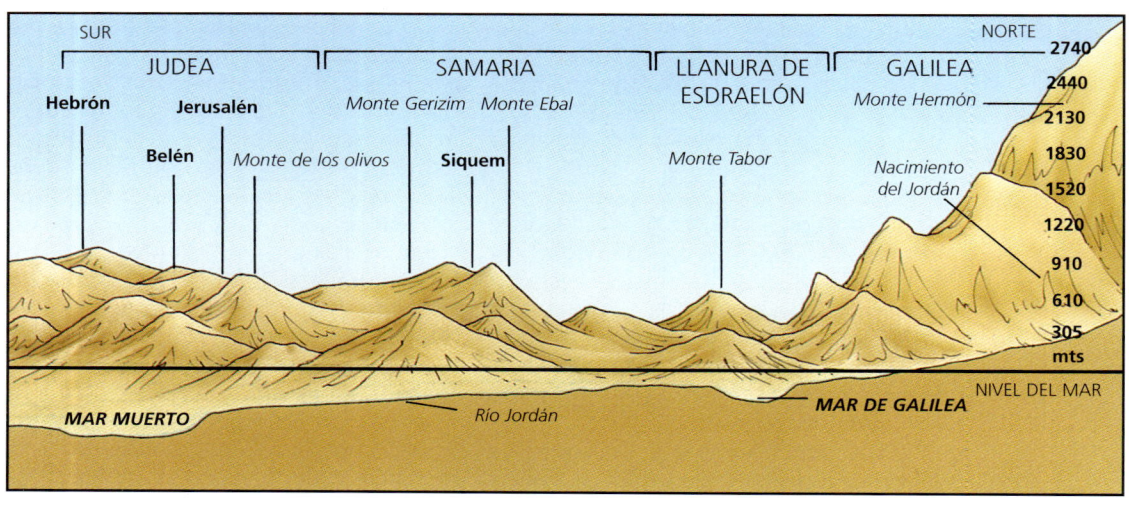

Esenios

más claridad las divisiones básicas del terreno. La llanura costera y las estribaciones fueron conocidas por sus cosechas y pastizales. Los vientos occidentales que soplan del mar proveen suficiente humedad para que todo crezca bien. A través de la historia estas regiones han sido muy productivas. Arriba en los collados pueden darse olivas e higos, pero el terreno áspero y pedregoso dificulta la labranza. Abundan también manadas de ovejas y cabras. Al oriente de las montañas se encuentra el desierto, un área silvestre y árida, completamente desolada, donde no hay más que escorpiones, chacales y bandoleros. Fue aquí donde Satanás tentó a Jesús.

El límite oriental tanto de Samaria como de Judea es el río Jordán. En muchas maneras es una región en sí misma. Nace en las montañas del norte, pasa a lo largo del Mar de Galilea y fluye por densos matorrales a lo largo de aproximadamente 100 kilómetros. Termina en el Mar Muerto, llamado así debido a que es tan salado por la evaporación del agua que nada vive allí. JERICÓ y su fértil llanura se encuentran cerca, en fuerte contraste con la aridez que la rodea. El Mar Muerto es el lugar natural más bajo de la tierra (más de 400 m bajo el nivel del mar) y está rodeado por desierto. Cuando los romanos atacaron en el 66 d.C., un grupo monástico llamado los **esenios** levantó aquí una comunidad para alejarse de la civilización y esconder en cuevas su preciosa biblioteca. Estos documentos se encontraron a mediados del siglo veinte y se llamaron los rollos del Mar Muerto.

El área al noreste del Mar de Galilea fue gobernada por Herodes Felipe (4 a.C. al 34 d.C.). Consistía de algunos distritos menores que incluían Betania, Traconite, Auranítide, Gaulanítide y el territorio que rodea a Paneas, ciudad que Felipe reconstruyó y llamó CESAREA DE FILIPO. Toda el área era excelente para cultivos y ganadería. Jesús no la visitó con frecuencia, pero sí la cruzó más de una vez. Se recuerda bien la extraordinaria autorrevelación de la divinidad de Jesús y su misión mesiánica de sufrimiento y muerte en Cesarea de Filipo (Mt 16.13-28). BETSAIDA se encontraba también en el territorio de Felipe y fue aquí donde Jesús efectuó algunos de sus más grandes milagros (Mt 11.21-22).

Decápolis era un área grande, en su mayoría al lado oriental del río Jordán, con 10 ciudades griegas y sus regiones circundantes. Probablemente estaban organizadas cuando POMPEYO invadió Palestina (66-64 a.C.). El área era rica en cultivos y ganado, y es renombrada en la antigüedad por sus productos lácteos. Jesús no hizo viajes extensos en la zona pero sí la cruzó en una ocasión (Mc 7.31). Personas de Decápolis fueron a escuchar las prédicas de Jesús en Galilea (Mt 4.25). La memorable curación de un proscripto endemoniado ocurrió en Decápolis, al oriente del Mar de Galilea. Los cerdos que se lanzaron al mar son evidencia de que había población gentil en la región (Mc 5.1-20).

Perea era más bien un área grande al oriente del río Jordán y el Mar Muerto, gobernada junto con Galilea por Herodes Antipas. JOSEFO, un escritor judío del primer siglo, del que hablaremos más cerca del final de este capítulo, la describe así:

> «La mayor parte es desierto y escabroso, no muy apto para la producción de frutos de clima templado; sin embargo, en otras partes hay un suelo húmedo que produce todo tipo de frutas y sus llanuras están plantadas con árboles de toda clase, aunque todavía se cultivan allí principalmente el olivo, la vid y el árbol de palma. El área está suficientemente irrigada por torrentes que bajan de las montañas y con manantiales que nunca dejan de fluir, aun cuando los torrentes se sequen, como ocurría en el período de calor fuerte» (Josefo, *La guerra* 3.3.3).

Había una gran población en Betania y muchos judíos de Galilea preferían desviarse por ella cuando viajaban a Jerusalén, en lugar de pasar por Samaria. Juan el Bautista predicó y bautizó en Betania (Jn 1.28; 10.40), y Jesús viajó mucho por allí en los seis meses antes de su muerte y resurrección. Con probabilidad, Jesús envió a los setenta y dos discípulos a Betania a predicar sobre el Reino venidero de Dios (Lc 10.1-17). MAQUERONTE era una fortaleza importante de Betania. Fue aquí donde Antipas tuvo su palacio regional y donde apresaron a Juan el Bautista, y según Josefo, lo ejecutaron por denunciar el matrimonio ilegal de Herodes (Josefo, *Antigüedades* 18.5.2., vea también Mc 6.17-29).

En general Palestina es una tierra pequeña, pero ha tenido gran valor histórico debido a su estratégica ubicación como tierra de conexión entre las naciones poderosas que la rodean. Se ha peleado por ella a través de la historia. Pero su importancia no es solo geográfica. Para los cristianos es la tierra de la promesa a Abraham y la tierra del cumplimiento del Señor Jesucristo. Fue aquí donde Dios decidió llevar a cabo su gran plan de salvación por medio de la encarnación, muerte y resurrección de su unigénito Hijo.

Historia de Palestina desde el retorno hasta la destrucción de Jerusalén

Cuando CIRO fue rey de Persia en el año 559 a.C., su vasto imperio se extendió desde Grecia hasta la India y desde el Cáucaso hasta Egipto. Su brillante política permitía a los pueblos cautivos regresar a sus tierras nativas a reestablecerse como unidades semiautónomas bajo su benevolente liderazgo. Numerosos judíos que vivían en el cautiverio en Babilonia desde la caída de Jerusalén en el año 587 a.C. tenían ansias de regresar a su terruño. Muchos regresaron a Palestina para empezar de nuevo en una serie de emigraciones. Este fue el «tiempo de restauración», según comúnmente se le llama en estudios del NT. La

El desierto de Judea es una región árida y estéril.

El Medio Oriente and los días de Jesús

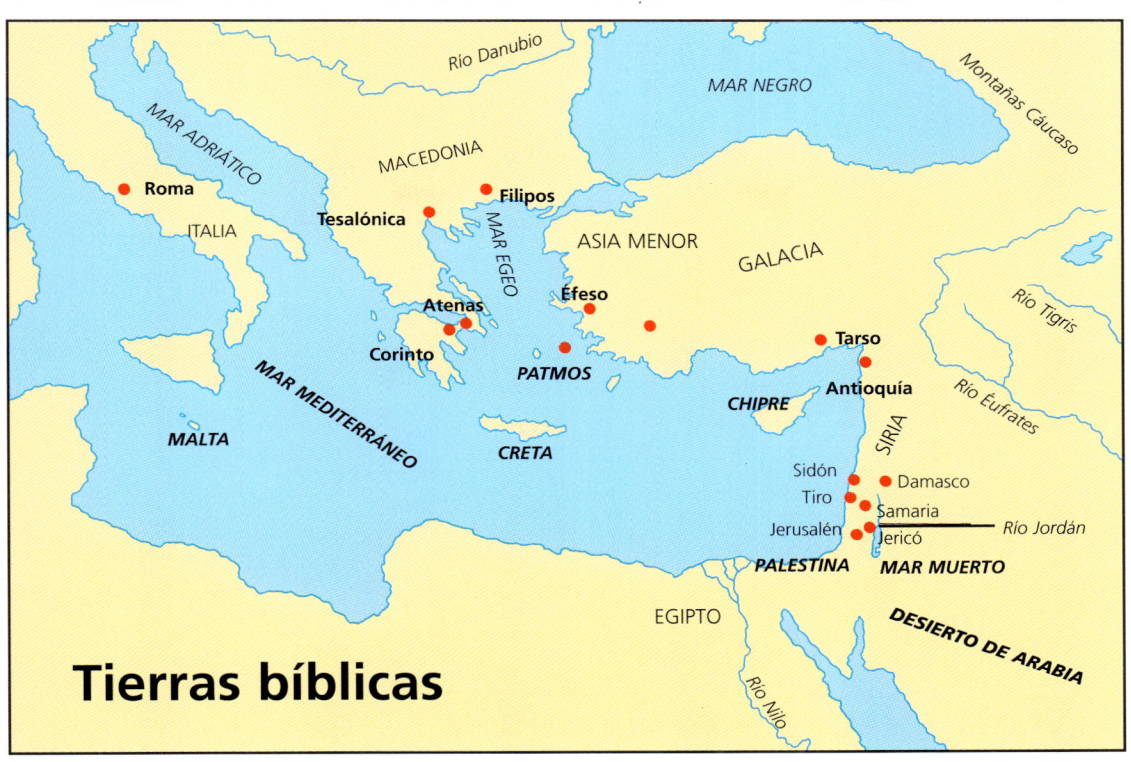

Tierras bíblicas

diádoco

vida estuvo muy lejos de ser fácil para los que volvieron, y a medida que transcurrían las décadas era difícil no desanimarse. Pero a su tiempo se reconstruyeron los muros de Jerusalén, el templo se reedificó, se establecieron casas y empezó una vida difícil. Los judíos habían llegado a darse cuenta de que ya no estaban a cargo de su propio destino sino que eran parte de la gran escena mundial, sujetos a las cambiantes fortunas de las grandes naciones que los rodeaban.

Durante el siglo cuarto a.C. el Imperio Persa de Ciro comenzó a tambalear y por primera vez en la historia del Medio Oriente se sintió la fuerza europea. Llegó en la forma de ALEJANDRO MAGNO. Un siglo antes, los persas habían intentado extender sus límites hasta Grecia. Quemaron y saquearon Atenas, que parecía invencible. Pero una desastrosa derrota naval en el mar de Salamis en el año 480 a.C. les obligó a regresar al Asia Menor. Para vengar la profanación del templo de Atenas, Alejandro prosiguió hacia el oriente a fin de establecer el dominio de la civilización griega en lo que antes había sido propiedad persa. Él murió en el año 323 a.C. y dejó a sus sucesores militares, llamados **diádocos**, la dura lucha de repartirse su imperio. Antígono el Cíclope tomó toda el Asia Menor, incluyendo a Siria y Palestina; TOLOMEO tomó Egipto y el norte de África y SELEUCO NICATOR tomó el enorme territorio que va desde Mesopotamia al oriente hasta la India; otros tomaron porciones más pequeñas e insignificantes. Antígono fue derrotado en la batalla de Ipso (301 a.C.) y su territorio fue añadido básicamente al de Seleuco, quien fundó la ciudad de ANTIOQUÍA en Siria el a 300 a.C. y la hizo su capital. Mientras tanto, Tolomeo había ganado control de la tierra santa al sur de Siria. Esto montó el escenario para las cruentas batallas sobre Palestina, que hicieron estragos hasta que el ejército romano pudo hacer sentir su presencia un siglo más tarde.

El 198 a.C. Antíoco III EL GRANDE, gobernador del Imperio Sirio (seléucidas) derrotó a su rival tolomeico en la batalla de Paneas y añadió Palestina a su territorio. Más tarde en Magnesia, Grecia, Antíoco fue derrotado por Escipión de Roma. Los siguientes quinientos años el destino de la región pasó a manos romanas. El ANTÍOCO IV, Epífanes, tuvo la autoriza-

Hasidim

Asmoneos

Fiesta de la dedicación

Niños judíos iluminan la lámpara Hanukah para el festival que celebra la purificación del templo en quisleu 25, 164 a.C.

ción de Roma para ser el gobernador del Imperio Seléucida en el año 175 a.C. Se puso a helenizar (la fuerza griega estaba encima) su territorio. Esto incluía la adoración al dios griego Zeus (el Júpiter romano). Una serie de afrentas durante más de dos años, que incluían crímenes, traiciones, el saqueo de Jerusalén y la creación de una ciudadela pagana llamada ACRA, culminaron en el establecimiento de un altar a Zeus en el templo. En diciembre del 167 a.C. se ofreció carne de cerdo (1 Mac 1.54,59; 2 Mac 6.2). Daniel mencionó este sacrilegio en su profecía (Dn 11.31; cf. con Mt 24.15).

Período de los macabeos y asmoneos (166-63 a.C.)

En el pequeño pueblo de MODEIN, como diecisiete kilómetros al noroccidente de Jerusalén, un anciano sacerdote de nombre MATATÍAS resistió el intento de Antíoco de forzar un culto pagano en todo Israel, matando al representante del rey (1 Mac 2.19-26). Luego huyó a los montes con sus cinco hijos: Juan, SIMÓN, Judas, Eleazar y JONATÁN. Desde allí y con la ayuda de los **hasidim**, guerreros religiosos, hicieron guerra contra los sirios. Esta familia, llamada los **asmoneos**, ejerció el dominio por los siguientes 103 años hasta que Pompeyo conquistó Jerusalén el 63 a.C.

Matatías murió poco después de empezar la sublevación. Su hijo JUDAS (de apodo «Macabeo», que probablemente quería decir «el Martillo» tomó el liderazgo de la revolución. Después de derrotar a los sirios en EMAÚS (166/65 a.C.) y BET-SUR (165/64 a.C.), el monte del templo fue limpiado y rededicado en el mes de kisleu 25, 164 a.C., tres años después de que había sido profanado por Antíoco. La celebración duró ocho días y llegó a conocerse como la **Fiesta de la Dedicación** o de las Luces (el actual Hanuká), porque las lámparas del templo se volvían a encender (vea Jn 10.22). Judas obtuvo otra victoria decisiva contra el general sirio Nicanor en el 161 a.C., pero luego fue asesinado por el sirio Báquides ese mismo año en la batalla cerca de Elasar.

Báquides volvió a Siria y reinó una inquieta paz, a pesar del esporádico desorden civil. Jonatán, el hermano de Judas, asumió el liderazgo y extendió su autoridad a numerosas áreas de Palestina. Este tuvo suficiente inteligencia para restablecer relaciones con Roma, pero al final cometió el error de confiar en el general sirio llamado Trifón, quien masacró a miles de sus insospechadas tropas y por último al mismo Jonatán el año 142 a.C. (1 Mac 12.46-48; 13.20-24).

Simón siguió a Jonatán como líder y hubo relativa calma desde el 142 a.C. hasta su muerte en 135/34 a.C. «Restableció la paz en el país e Israel se llenó de alegría. Cada uno se sentaba bajo su parra y su higuera sin que nadie lo molestara. Desaparecieron los enemigos en el país, en sus días los reyes fueron derrotados. Defendió a los humildes de su pueblo, defendió siempre la ley y desterró a los impíos y malvados» (1 Mac 14.11-14). El pueblo estaba tan agradecido de Simón que a él y a

Fariseos

su familia le confirieron el sumo sacerdocio a perpetuidad. Así se fundó la dinastía asmónea sacerdotal. Además, Simón renovó su alianza con Roma, que sin vacilar fortaleció su posición contra el ataque sirio.

El hijo de Simón, JUAN HIRCANO I, gobernó la región desde 135/34 a.C. hasta el 104 a.C. Aseguró su posición pidiendo ayuda a Roma, pero también pagó a un ejército mercenario profesional en lugar de apoyarse en la fuerza voluntaria de agricultores y comerciantes. Puesto que era un buen general (y el poder de Siria decaía) Hircano, mediante una serie de victorias, extendió su territorio a través de Samaria al norte e Idumea al sur, hasta gobernar sobre un reino casi tan grande como el de David y Salomón. Hircano tuvo una pelea con los **fariseos** (descendientes de los hasidim ya mencionados). Pero a su reinado se le recordó como una época de paz y prosperidad. Josefo dice que «vivió feliz y administró el gobierno de la mejor manera posible durante treinta y un años ... Dios lo valoró por tres privilegios: el gobierno de su nación, la dignidad de su sumo sacerdocio y la profecía, porque Dios estaba con él (*Ant.* 13.10.7).

El desastroso reinado del hijo de Hircano, Aristóbulo, solo duró un año (104-103 a.C.) y fue seguido por veintisiete años turbulentos de ALEJANDRO JANNEO, su hermano. Este se enredaba constantemente en guerras, disturbios y contiendas políticas internas. Era inescrupuloso y despiadado y se dice que para entretenerse y entretener a sus concubinas hacía crucificar durante una fiesta a cientos de prisioneros en el centro de la ciudad. La riña que el padre de Alejandro, Hircano, tuvo con los fariseos se convirtió en una franca hostilidad durante el reinado de Alejandro. Por su manera de actuar lo consideraban totalmente indigno de ser el sumo sacerdote. Una vez Alejandro mató a seis mil judíos porque lo ridiculizaron cuando estaba oficiando como sumo sacerdote (Josefo, *Ant.* 13.3.5).

Cuando Alejandro murió en el 76 a.C. su viuda, Alejandra, se convirtió en reina. El pueblo la quería, pero en ese entonces los fariseos básicamente dominaban el país. Después de la muerte de Alejandra el 67 a.C. estalló una guerra entre sus dos hijos, HIRCÁNO II y ARISTÓBULO II. Este último se mantuvo en el poder hasta el 63 a.C., cuando el general romano Pompeyo, que para entonces había conquistado casi todo el territorio en Asia Menor hasta Siria, llegó y conquistó Jerusalén. De este modo, el nuevo poder que dominaría el área por siglos estableció su dominio dando comienzo a una nueva era.

Dominio de Roma (63 a.C. – 70 d.C.)

Después de conquistar Jerusalén, Pompeyo designó a Hircano II como sumo sacerdote, pero sin ningún título real, y envió como prisionero a Aristóbulo II a Roma. Los años de Hircano II, de dominio religioso limitado, estuvieron llenos de intrigas, altibajos políticos y finalmente humillación. Los partos lo tomaron prisionero, le mutilaron las orejas a fin de descalificarlo para el sumo sacerdocio y lo reemplazaron por el ineficiente hijo de Aristóbulo, ANTÍGONO II, en el año 40 a.C. Antígono permaneció solo tres turbulentos años, hasta que los romanos confirmaron a Herodes como gobernador en el 37 a.C., después de una serie de victorias militares, aun llamándole rey.

Gobierno de Herodes el Grande (37–4 a.C.)

Como vemos, cuando Pompeyo capturó a Jerusalén el 63 a.C., las fortunas de Palestina se unieron con las de Roma. Durante esos años inciertos se levantó una nueva dinastía en la persona de ANTÍPATRO, un idumeo (del antiguo reino de Edom, justo al sur de Judea) que fue lo suficientemente astuto para apoyar a JULIO CÉSAR cuando necesitó ayuda en Alejandría, Egipto, en el 48 a.C. Por tanto, Antípatro fue recompensado cuando lo proclamaron **etnarca** (gobernador local o príncipe) de Palestina. El 47 a.C. Antípatro nombró a su hijo Fasael como gobernador de Jerusalén y a otro de sus hijos, Herodes, como gobernador de Galilea. El asesinato de César en los Idus de Marzo (15 de marzo) a.C. causó disturbio en el Medio Oriente. Dos bandos se peleaban el poder: Casio y Bruto contra Antonio y Octavio (más tarde CÉSAR AUGUSTO). Luego de la derrota de Casio y Bruto, Antonio y Octavio pelearon por la supremacía, y quien ganó fue Octavio.

> ## Cronología del gobierno de Herodes el Grande
>
> | a.C. | |
> |---|---|
> | 37 | Herodes conquista Jerusalén
Ejecuciones |
> | 31 | Terremoto en Palestina
Herodes derrota a los nabateos |
> | 30 | Ejecución de Hircano II
Octavio confirma a Herodes como rey |
> | 29 | Ejecución de Mariamne |
> | ca. 29 | Ejecución de Alejandra |
> | ca. 25 | Herodes reconstruye Samaria y la llama Sebaste. Hambruna y pestes |
> | ca. 22 | Herodes inicia la construcción de Cesarea |
> | 19 | Herodes inicia la construcción del templo |
> | 14 | Caen los hijos de Herodes, Alejandro y Aristóbulo |
> | 12 | Augusto soluciona la pelea entre los hijos de Herodes |
> | 10 | Dedicación de Cesarea. Aumenta la discordia en la familia de Herodes |
> | ca. 7 | Ejecutados Alejandro y Aristóbulo en Sebaste. Antípater todopoderoso en la corte de Herodes |
> | 5 | Antípater es juzgado por conspirar
Herodes enferma |
> | 4 | Herodes sofoca la sublevación dirigida por los rabinos Judas y Matatías
Se deteriora la salud de Herodes
Ejecución de Antípater
Herodes nombra rey a Arquelao y tetrarcas a Antipas y Felipe
Herodes muere cinco días después de la ejecución de Antípater |

Herodes se casó con MARIAMNE, nieta de Hircano II, para legitimizar su pretensión de realeza, pero además estaba profundamente enamorado de ella. Los celos le llevaron a escuchar chismorreos de corte iniciados por su hermana. Por último ejecutó a Mariamne y a su madre Alejandra. Ya había mandado matar a Aristóbulo II e Hircano II. Después de este mal aconsejado asesinato a Mariamne (ella era inocente), se deterioró la condición mental de Herodes, que no era del todo estable. Su reinado estuvo lleno de intrigas políticas, conspiraciones, asesinatos, guerras y brutalidad hasta abril del 4 a.C.

A pesar de los muchos y obvios desaciertos, Herodes consiguió algunos beneficios para su territorio. Era muy generoso cuando la ocasión lo ameritaba. A veces era sensible a los sentimientos religiosos de los judíos y era un experto constructor de ciudades. Reconstruyó el templo de Jerusalén, construyó un puerto en la ciudad de Cesarea, embelleció y refortificó otras ciudades importantes y mantuvo satisfecha a Roma, proveyendo a Israel de una estabilidad que de otro modo no habría conocido.

Herodes tuvo una muerte agonizante, tal vez cáncer de colon, y nadie lo lloró. Fue «un hombre de gran crueldad contra todo y un esclavo de sus pasiones» (Josefo, *Ant.* 17.8.1). Es irónico que durante el reinado de este gobernador brutal e inhumano naciera el Príncipe de Paz.

Gobierno de los descendientes de Herodes (4 a.C. – 66 d.C.)
Inmediatamente después de la muerte de Herodes estallaron alborotos en Jerusalén, que debían aplacarse a la fuerza. Los desórdenes continuaron mientras tres de los hijos de Herodes, ARQUELAO, Felipe y Antipas se dirigían a Roma para presentar su caso ante Augusto César. Cada uno deseaba ser el único gobernante. Después de mucha intriga, Augusto dividió la tierra en tres partes. A Arquelao entregó Idumea, Judea y Samaria y el título de etnarca en lugar de rey (Josefo, *Ant.* 17.13.5). Antipas recibió Galilea y Perea y el título de tetrarca (gobernante local). Felipe recibió Batania, Traconítide y Auranitis, así como otros territorios al noreste y también lo nombró tetrarca. Cesaron todas las revueltas que se estaban produciendo en el país; se destruyó Séforis en Galilea, se quemó y saqueó

ethnarch

Los partos habían hecho gobernador de Palestina a Antígono II el 40 a.C., pero el mismo año el senado romano hizo a Herodes rey de Judea. Luego siguió una guerra y después de una defensa tenaz, Jerusalén fue tomada por los romanos el 37 a.C.; Herodes era entonces el único gobernador del territorio. Cuando Octavio se convirtió en el supremo gobernante (César) del mundo romano, después de derrotar a Antonio en la batalla de Accio en septiembre 2 del 31 a.C., Herodes cambió su lealtad con Octavio, que lo había aceptado como individuo real el 30 a.C y lo nombró rey de Judea.

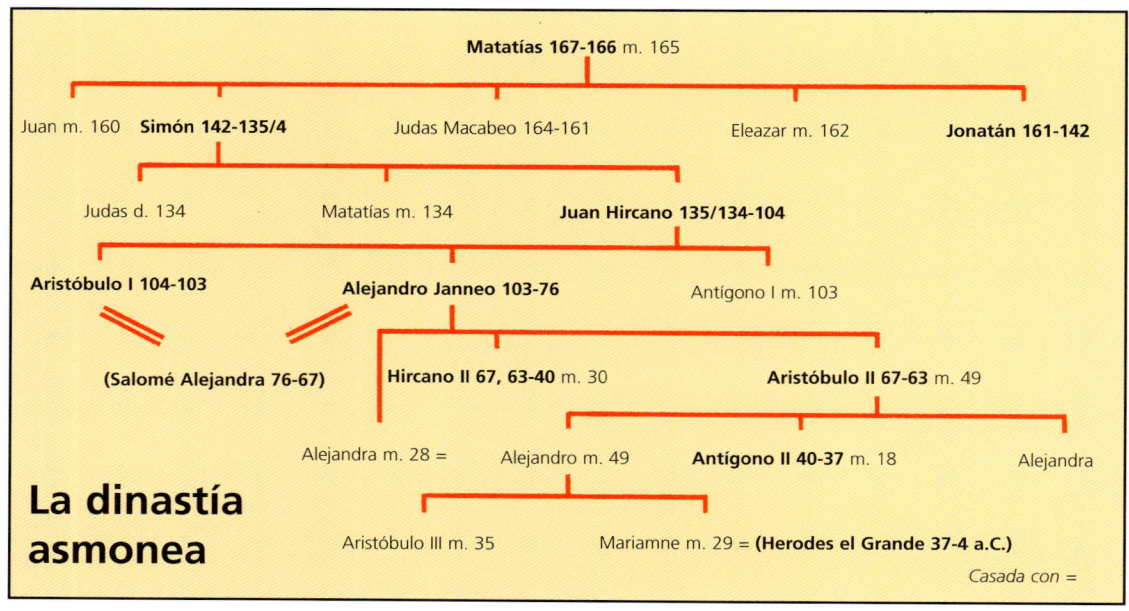

La dinastía asmonea

Casada con =

Arquelao (4 a.C.– 6 d.C.)

El gobierno de Arquelao fue «brutal y tiránico» (*Ant.* 17.13.2) y tuvo gran resistencia desde su inicio mismo. Su malvada reputación obligaron a José y María a llevar a Jesús de regreso a Nazaret, en lugar de retornar a Belén, que se encontraba en el territorio de Arquelao (Mt 2.22-23). Interfirió constantemente con los asuntos sacerdotales, causó gran ofensa por su matrimonio ilegal con la viuda de su hermano y trataba sus juicios con dureza. Cuando los judíos ya no pudieron soportar más todo esto mandaron una delegación a Roma, con graves quejas por su desgobierno. Arquelao fue convocado a Roma y el 6 d.C. fue desterrado a Viena en Galia, donde murió.

El territorio de Arquelao fue puesto bajo el dominio directo de Roma y duró desde el 6 al 41 d.C., cuando la nación fue unificada bajo Agripa I. Durante aquel entonces hubo seis o siete gobernantes romanos, comúnmente llamados procuradores, pero solo el quinto tiene importancia en los estudios del NT: Poncio Pilato, que estuvo en control desde el 26 al 36 d.C. Como procurador debía residir en Cesarea. Sin embargo visitaba Jerusalén en las fiestas y acontecimientos notables. Fue un gobernador duro e insensible, con muy poca consideración por sus súbditos. Hasta el fin su comportamiento fue desmesurado y cruel. Fue destituido y exiliado por Tiberio César en el 36 d.C.

Felipe (4 a.C. – 34 d.C.)

Sabemos poco acerca del régimen de Felipe, a excepción de que fue aclamado universalmente. Limitó la ambición personal y mantuvo al mínimo las edificaciones extravagantes. Reconstruyó la antigua ciudad de Paneas al norte del Mar de Galilea, renombrándola como Cesarea de Filipo, en honor al mismo César. Fue aquí donde Pedro hizo su gran confesión sobre el papel mesiánico de Jesús. También aquí, Jesús explicó cómo debía ir a Jerusalén para morir y luego resucitar (Mt 16.13-27). Betsaida, hacia la costa nororiental del Mar de Galilea, también fue remodelada y renombrada como Julia en honor a la hija de Augusto César. Felipe murió de muerte natural (extraño dentro de la familia Herodes) el 34 d.C., después de gobernar treinta y siete años. Josefo describe su régimen de esta manera:

> En su modo de vida y de gobierno se mostró moderado y sosegado. La región donde vivió estuvo constantemente sujeta a él; desarrolló su progreso con pocos amigos escogidos. Además el tribunal en el que se sentaba para

Pico parecido a un volcán que fue la ciudadela del palacio fortificado de Herodes el Grande en la colina del suroeste (la Herodiana) de Jerusalén.

juzgar también lo siguió en su progreso. Era solicito en atender a quien lo buscaba en busca de ayuda. Hacía que el tribunal tomara resoluciones de inmediato, tratárase de lo que fuera. Se sentaba y escuchaba la queja: luego ordenaba que el culpable convicto fuera castigado y absolvía a quienes habían sido acusados injustamente (*Ant.* 18.4.6).

Antipas (4 a.C. – 39 d.C.)

Herodes Antipas recibió los territorios de Galilea y Perea, y gobernó en las dos regiones en que Jesús ministró exhaustivamente. Fue vano y arrogante, pero inseguro en épocas de crisis moral. Se casó con la hija de Aretas, el rey nabateo, pero se enamoró de HERODÍAS, su sobrina, que en ese tiempo era la esposa de su hermano Felipe. Ideó planes para casarse con ella. Aretas se encolerizó y le declaró la guerra a Antipas, derrotándolo contundentemente. Herodías ingenió la muerte de Juan el Bautista, que denunció el matrimonio como ilegal (Mc 6.17-29). Juan fue encarcelado en Maqueronte de Perea, al oriente del Mar Muerto (*Ant.* 18.5.2). Los judíos atribuyeron la derrota de Herodes en la batalla al juicio de Dios por permitir que Juan, a quien consideraban profeta, fuera ejecutado.

Fue a este Herodes, mientras se encontraba en Jerusalén en la Fiesta de la Pascua, a quien Pilato envió a Jesús antes de su crucifixión (Lc 23.6-12). Parece que Herodes tuvo alguna sensibilidad espiritual (Mt 14.9; Mc 6.20, pero le interesaba más las ostentaciones espectaculares que la materia espiritual. La brecha entre Herodes y Pilato, ocasionada quizás porque Pilato asesinara algunos ciudadanos galileos (Lc 13.1), se restableció de manera extraña al condenar en común a Jesús (Lc 23.12).

Herodías probó ser la ruina de Herodes cuando engatusó a su esposo para que fuera a Roma y demandara de CALÍGULA, el emperador, el título de rey en vez del de etnarca. En consecuencia fue desterrado a España donde murieron él y Herodías (*Guerra* 2.9.6; también vea *Ant.* 18.7.2).

Herodes Agripa I y II (37 d.C — 66 d.C)

AGRIPA I fue el hijo de Aristóbulo y Berenice y por tanto el nieto de HERODES EL GRANDE y Mariamne. Había vivido en Roma y era muy conocido por Tiberio César, su hijo Druso y Calígula. Cuando Tiberio murió en el 37 d.C., Calígula se convirtió en emperador y le confirió a Agripa los territorios de Felipe y Lisania, después de liberarlo de prisión. Además recibió el título de rey (Hechos 12.1). Como ya vimos, los celos de Antipas y Herodías los llevó a Roma el 39 d.C. en busca del mismo título, pero por el contrario esto les provocó el destierro, y Galilea y Perea fueron otorgados a Agripa (*Ant.* 18.7.2). En el 41 d.C., después de un servicio excepcional a Claudio, el nuevo emperador, Agripa recibió Judea y Samaria, logrando así un dominio casi tan grande como el de su abuelo Hero-

sincretismo politeísta

des el Grande. Agripa era muy susceptible a los sentimientos judíos (*Ant.* 19.7.3), hasta al punto de ejecutar a Jacobo hijo de Zebedeo, uno de los apóstoles de Jesús, y poner a Pedro en prisión (Hch 12.1-4). Murió repentinamente en el año 44 d.C., mientras asistía a un festival en Cesarea y aceptaba aclamaciones como dios (Hch 1.21-23; vea *Ant.* 19.8.2).

A su tiempo, al hijo de Agripa, HERODES AGRIPA II, se le proclamó gobernante nominal de la mayor parte del territorio de su padre. Pero no le fue entregado inmediatamente porque no tenía edad para gobernar. Se parecía más a su abuelo que a su padre y daba poca importancia a los sentimientos de los judíos (Ant. 20.7.11;20.8.4). Pablo compareció ante Agripa II, mientras estaba encarcelado en Cesarea (ca. 60 d.C.), pero arrogantemente Agripa desechó las palabras de los apóstoles (Hch 25.13–26.32). Cuando estalló la guerra judía en 66 d.C., Agripa se unió con los romanos y después de la destrucción de Jerusalén se retiró a Roma donde murió en el 100 d.C.

La guerra judía y la destrucción de Jerusalén (66-70 d.C.)

Durante el período 44-66 d.C. hubo una sucesión de procuradores malos sobre el territorio de Judea y Samaria. Esta y otras condiciones habrían llevado finalmente a una sublevación contra Roma. Estos gobernantes fueron, en orden, Fadus (44-46), Tiberio Julio Alejandro (46-48), Ventidius Cumanus (48-52), Félix (52-60; vea Hch 24.1-27), Festo (60-62; vea Hch 25.1-22), Albino (62-64) y GESSIUS FLORUS (64-66). De estos, los dos últimos fueron excesivamente corruptos, ambiciosos y despiadados. En este tiempo el país estaba conmocionado y se acercaba al desastre que comenzó en el verano de 66 d.C.. Había mucha intranquilidad religiosa, la que los romanos nunca entendieron realmente porque su **sincretismo politeísta** no involucraba tales convicciones inalterables. Pero los judíos, convencidos de que solo su ley era de Dios y que las religiones rivales equivalían a la blasfemia, no podían doblegarse. Además de las persecuciones religiosas había problemas económicos, impuestos injustos, bandas de ladrones que vagaban por el país, intereses excesivos en los préstamos, asesinatos políticos, tratos inhumanos a ciudadanos inocentes y corrupción gubernamental. En pocas palabras, era una nación lista para explotar. Además, el sumo sacerdote que debía ser quien dirigiera espiritualmente al país, era tan corrupto como todos lo demás. Los sacerdotes «usaban violencia con el pueblo y estaban listos a despojar a los débiles. Y sucedió que principalmente desde ese entonces nues-

Vista aérea de la fortaleza de Masada en la cumbre de la montaña en el desierto de Judea.

Cuidadosa investigación a escala del templo de Herodes, el cual dominaba la ciudad de Jerusalén en tiempos de Jesús.

tra ciudad (Jerusalén) estaba en una conmoción tan grande, que las cosas cada vez empeoraban entre nosotros» (*Ant*. 20.9.4).

La chispa que encendió el fuego comenzó en Cesarea, donde una sinagoga fue profanada por algunos griegos en el mes de iyyar (abril-mayo 66). Un alboroto estalló extendiéndose hasta Jerusalén, donde Gessius Florus lo reprimió de manera cruel; más de 3.600 personas fueron degolladas. La ruina les pareció el colmo a los judíos, por lo que se suspendió el sacrificio en honor al emperador. Esto significó que la guerra había empezado en serio. Josefo lo narra así:

> «En ese entonces algunos incitaron al pueblo a ir a la guerra y asaltaron una fortaleza llamada Masada. La tomaron por traición, quitaron a los romanos que estaban allí y pusieron a otros de su propio partido para cuidarla. Al mismo tiempo el joven y audaz Eleazar, hijo de Ananías el sumo sacerdote que en aquel entonces era gobernador del templo, persuadió a los que oficiaban en el servicio divino a no recibir ningún regalo o sacrificio para cualquier extranjero. Este fue el verdadero comienzo de nuestra guerra con los romanos: porque rechazaron el sacri-ficio del César en base a esto: y cuando muchos de los sumos sacerdotes y principales les suplicaron no omitir el sacrificio, que tenían por costumbre ofrecer por sus príncipes, no se dejaron convencer (*Guerra* 2.17.2).

Durante los tres años siguientes los romanos destruyeron el país en forma sistemática. Ocasionalmente los judíos enfrentaban con éxito a las insensibles legiones guerreras de los romanos, pero al final no podían igualarlos, en gran parte porque peleaban entre ellos mismos. Para el verano del 69 todo lo que les quedó a los judíos era Jerusalén, Herodión, Masada y Maqueronte. Una guerra civil en Roma y el suicidio de Nerón en el año 69 ocasionó que Vespasiano, el general romano, retrocediera en su conquista de Jerusalén y en julio del 69 fue proclamado emperador cuando salía de Roma. Pero en la primavera del 70 envió a su hijo Tito para terminar con la destrucción de Jerusalén; con cuatro legiones de soldados Tito llevó a cabo la tarea. Les llevó cuatro meses derribar uno a uno los muros y finalmente conquistar la ciudad. Esta fue allanada por completo, a excepción de unas pocas torres y paredes que mostraban cuán poderosa había sido la ciudad alguna vez y cuán invencibles eran los romanos. El asedio de la ciudad fue horrible, no se puede describir, y la masacre de la gente cuando cayó la ciudad fue inhumana en extremo. Miles fueron torturados, crucificados y vendidos como esclavos y la ciudad quedó en ruina absoluta.

Para completar la historia, siguió más ruina. Masada cayó en el 73 d.C, finalizando la primera rebelión judía. Un segundo levantamiento ocurrió en 132-135 d.C., dirigido por un supuesto mesías llamado Bar Kochba, quien prometió una intervención divina que nunca se dio. En

Judaísmo del segundo templo

ese tiempo la devastación de la ciudad fue total y salió una ley que prohibía a cualquier judío volver a poner pie en ella.

La horrenda profecía de Jesús (Lc 21.20-24) se cumplió. Los judíos no reconocieron el momento de su venida. La mayoría rechazó la oferta salvadora de Dios. Debido a la dureza de sus corazones, solo quedó un horrendo juicio y se vieron obligados a tomar la copa del vino más amargo.

Para los cristianos y los judíos de ese entonces era difícil evaluar la importancia de la caída de Jerusalén. Desde el punto de vista judío, la ruptura con los cristianos era completa. Muchos de los judíos cristianos habían huido de Jerusalén debido a la profecía de Jesús. Otros judíos consideraban traidores a los cristianos y los rabinos posteriores los culpaban de la caída de la ciudad. En cambio los cristianos se dieron cuenta de que debían salir de Jerusalén; el centro de la cristiandad debía ser en cualquier otro sitio, tal como Jesús había dicho a la mujer en Samaria cuando le manifestó que Dios no debía ser adorado ni en Jerusalén ni en Samaria sino en espíritu y en verdad (Jn 4.21-24). Pablo también resaltó esto en Atenas cuando señaló que Dios no mora en templos hechos de manos humanas sino que está en todos lados (Hch 17.24-28). La caída de Jerusalén también contribuyó a que los cristianos desarrollaran un nuevo vocabulario teológico y estilos de adoración diseñados para alcanzar a los gentiles, que ahora constituían su misión primordial. De allí surgió el canon del NT que tomó su lugar junto al AT, creando así la Biblia que usamos hoy.

Es trágico que todo haya terminado así, pero el apóstol Pablo examina la situación con un tono de esperanza. El rechazo de los judíos constituyó la reconciliación del mundo. Dios tiene algo en mente para Israel (Ro 11.25-29). En el gran misterio del trato de Dios con nosotros, Él ha sujetado a todos en desobediencia para tener misericordia de todos (Ro 11.32).

Religión judía en la época de Jesús

El breve vistazo que hemos dado a la compleja historia de los judíos, y que nos conduce al NT, debe prepararnos para la pintoresca diversidad del pensamiento religioso judío en la época de Jesús. No existe un punto de vista único normativo sino más bien un conjunto de ideas y prácticas solapadas o incluso conflictivas que en conjunto se denominan **judaísmo del segundo Templo**. Josefo menciona cuatro en particular como importantes, y había otras más, algunas de las cuales son muy diferentes. Sin embargo, a pesar de esto los judíos adoptaron ciertas creencias o al menos actitudes comunes que los apartaron de otros grupos religiosos básicos como los que se encontraban entre romanos y griegos.

Factores de unificación del judaísmo

Desde un comienzo recalquemos que más que un conjunto aceptado de doctrinas, el judaísmo era principalmente un estilo de vida. No es que las ideas teológicas no fueran importantes sino más bien que no se demandaba ni una sola interpretación en consideración a estas. Con frecuencia había un número de ideas que se observaban dentro de un grupo, en relación con alguna peculiaridad, pero esto no forzaba a nadie fuera del grupo. Pero la desviación en algún asunto de la vida o estilo de vida, como la comida, el aseo o la pureza ritual, producía aislamiento instantáneo. Se podía aceptar cierta diversidad doctrinal, pero no variaciones en el estilo de vida. Esta fue una razón por la que los líderes religiosos consideraron a Jesús una amenaza: se tomaba libertades en esas cuestiones.

La idea más importante que unía a los judíos se relacionaba con Dios y su sentido de unicidad en la historia del mundo. Fueron escogidos por el Dios único para cumplir un destino singular. Él había establecido un pacto eterno con ellos. Claro, la experiencia del cautiverio (587 a.C.) los había golpeado, pero al final lo entendieron como un castigo por sus pecados, especialmente por el pecado de poner otros dioses ante el Señor (2 Mac 6.12-16). El cautiverio también los forzó a ver cuán pequeños eran en realidad comparados con los vastos imperios del mundo, tales como Babilonia y Persia. Se recobraron de su conmoción inicial con una sensación más profunda de misterio: Dios los escogió en lugar de cualquier otra gran nación del mundo para ser portadores de la verdad. Esto produjo un profundo sentimiento de compromiso para llevar a cabo su tarea. Fallaron en el pasado, pero nada los haría flaquear otra vez. Era Dios quien los había escogido, el único Dios. Todos los dioses de las naciones eran ídolos y debían despreciarse. La unicidad de los judíos estaba en que adoraban al único Dios verdadero del universo, quien se había revelado a ellos al escogerlos como su pueblo. Nunca más deberían permitir la adoración a ídolos, aun a costo de sus vidas.

Aliado con esta convicción en cuanto a su unicidad histórica y su fuerte monoteísmo estaba la idea de que Dios los puso en un sitio particular. Dios era el Dios de todo el universo y de todas las naciones, pero había puesto a los judíos en la tierra de Palestina, que sería suya para siempre. Dios había escogido a Jerusalén como el único lugar de adoración verdadera, y esa ciudad y la tierra de Israel tenían que protegerla y defenderla a toda costa. Claro, lo que produjo un problema en el tiempo de Jesús era que Israel estaba bajo la ocupación de Roma. ¿Cómo podía ser? ¿Cuando haría Dios algo? Los judíos estaban de acuerdo en que Dios haría algo y esto involucraría a la tierra que había escogido, pero no entendieron cuándo y cómo se llevaría a cabo. Jesús miró más allá del limitado nacionalismo y se enfocó en que Dios buscaba a aquellos cuya adoración era en el espíritu correcto, no solo en el sitio correcto (Jn 4.23-24). Llegarían los días en que todos estos «sitios idóneos» serían destruidos (Lc 21.5-6,20-24; Jn 4.21). Juan el Bautista dijo a los judíos que sus antiguos privilegios no les valdrían para nada, si solo les servían para presumir. Dios podía levantar hijos a Abraham de las rocas del desierto, si decidía hacerlo así (Lc 3.7-8).

Además, en ese entonces existía fervor mesiánico. Había la creencia propagada de que Dios enviaría a un Escogido, un Mesías, que derrotaría a los romanos y los introduciría en una era de paz universal, con Jerusalén como centro del mundo. Había variedad de opiniones en quién sería el Mesías y precisamente en cómo derrotaría a los romanos. Algunos pensaban que habría violencia; otros opinaban que el Mesías vendría de una manera más espiritual. En medio de la confusión aparecieron falsos mesías. Algunos hasta llevaron al pueblo al desierto para esperar allí la intervención decisiva de Dios, solo para ser degollados por los romanos (vea Hch 5.35-37; 21.37-38). Pero la esperanza persistía. Dios enviaría a su Mesías para salvar a su pueblo.

La sinagoga era también un factor de unión para los judíos, en especial para los

Esta sinagoga, parcialmente reconstruida en Capernaum al norte del Mar de Galilea, tal vez data del siglo cuarto d.C., pero está construida sobre otra sinagoga del siglo primero en la época de Jesús.

diáspora

que no vivían en Palestina, los dispersos o «**diáspora**» como se les llamaba. Pero aun en Palestina había numerosas sinagogas, al menos una en cada pueblo, si se puede creer en algunas fuentes. Se dice que Jerusalén tuvo 394 (Bab. *Kethub*, 105a) o 480 (Jer. *Megilla* 73d), con una sinagoga en el mismo templo. El origen de la sinagoga se ha perdido en las neblinas de la antigüedad, pero aparentemente estas apare-cieron en algún momento durante o después del cautiverio babilónico. Con tantos judíos dispersos en aquella parte del mundo, la sinagoga se convirtió en el centro de la vida judía. En la época de Jesús tenía cuatro funciones básicas. Era principalmente una escuela, donde a los niños se les enseñaba la ley y las tradiciones religiosas judías. Para algunos, como para el escritor judío FILÓN de Alejandría (20 a.C. al 45 d.C.), esta era el epítome de lo que debía ser. También era un lugar de adoración, donde había recitación de credos, lectura de las Escrituras, homilía o exposición de las Escrituras y oraciones. La sinagoga funcionaba también como una corte donde la junta local clarificaba los asuntos civiles o religiosos. Finalmente, la sinagoga era un sitio de interacción social, donde se llevaban a cabo funerales, reuniones especiales e incluso donde se discutía sobre política (vea Josefo, *Vida* 54). Para los cristianos en tiempos del NT, la sinagoga era el lugar lógico para comenzar a predicar el evangelio («primero a los judíos y también a los griegos») hasta que no se les permitió más dar a conocer allí su mensaje.

La ley (Torá) y las tradiciones de los ancianos también unían al pueblo. Eran de importancia central las regulaciones relacionadas con la circuncisión y guardar el día de reposo. Los judíos vivían según las leyes que creían que Dios les había dado, no solo los 613 mandamientos en el Pentateuco sino también las regulaciones secundarias que los rodeaban y llegaban a miles.

Por último, el templo, el sacerdocio y las fiestas también dieron a los judíos un sentido de identidad. El templo era una estructura espléndida y los judíos estaban orgullosos de él (Mc 13.1). Incluso los romanos respetaban el compromiso judío con el templo y su adoración. A veces ayudaban a reforzar las regulaciones, prohibiendo a los gentiles profanarlo y protegiendo a los judíos que entraban. En cuanto se refería a los judíos, hablar en contra del templo era hablar en contra de Dios. Todo esto ayuda a explicar por qué la limpieza del templo de Jesús enojó a sus coterráneos. Se atrevió a decir: «Destruid este templo [refiriéndose a Él mismo], y en tres días lo levantaré» (Jn 2.19). Jesús pretendía decir nada menos que probaría ser el templo verdadero en el que se hacía la voluntad de Dios; la voluntad de Dios no estaba confinada a ninguna estructura física por espléndida que fuera, donde se llevaba a cabo comercio ordinario. Algunos eruditos han sugerido que fue la actitud de Jesús en contra del templo la que finalmente lo llevó a que los judíos lo rechazaran y luego a su crucifixión.

Grupos religiosos

Fariseos

El más conocido de los grupos religiosos de los tiempos de Jesús fue el de los fariseos.[6] Aunque relativamente constituían un grupo pequeño (quizás sumaban seiscientos), tenían influencia extrema. Su punto de vista respecto a varios aspectos podía considerarse típico en la mayoría de judíos de la época. El nombre «fariseo» tal vez se deriva de una palabra aramaica que significa «separado»; por tanto los fariseos eran «los separados». Surgieron en algún momento antes de la era neotestamentaria. Según Josefo, ganaron prominencia durante los regímenes de Juan Hircano I (135/4 al 104 a.C.) y Alejandra (76 al 67 a.C.).

En tiempos de Jesús había dos escuelas de pensamiento fariseo: Los seguidores de HILLEL y los de SHAMMAI. Hillel había revolucionado el pensamiento rabínico con un nuevo método de exégesis que permitió una interpretación más liberal de la ley. GAMALIEL I (el hijo de Hillel y maestro del apóstol Pablo; Hechos 22.3) fue el líder de los fariseos desde el 25 al 40 d.C. Después de la destrucción de Jerusalén en el 70 d.C., Johanán ben Zakkai remodeló el fariseísmo en JAMNIA en el 90 d.C.; los cimientos de la corriente principal del judaísmo hasta tiempos modernos quedaron establecidos.

Teológicamente, los fariseos desarrollaron un conjunto de opiniones basadas en el AT y en sus propias tradiciones orales. Ambas

Sanedrín

Misná

Talmud

Saduceos

las consideraban igualmente positivas. «Entregaron al pueblo una gran cantidad de observancias por tradición que no estaban escritas en la ley de Moisés», dice Josefo (*Ant*. 13.10.6). Creían en Dios (casi de manera deística), en ángeles y espíritus, en la providencia, la oración, la necesidad de fe y las buenas obras, en el último juicio, en la venida del Mesías y en la inmortalidad del alma. Mucho de lo que creían los fariseos también lo creían los cristianos primitivos. Jesús pudo decirles: «Todo lo que os digan que guardéis, guardadlo y hacedlo; mas no hagáis conforme a sus obras; porque dicen, y no hacen» (Mt 23.3). Pablo pudo decir al **Sanedrín**: «Varones hermanos, yo soy fariseo, hijo de fariseo; acerca de la esperanza y la resurrección de los muertos se me juzga» (Hch 23.6). Aunque no negaban rotundamente la gracia de Dios, los fariseos eran demasiado legalistas, a tal punto que Jesús los acusó de anular los mandatos de Dios por seguir tradiciones humanas (Mc 7.8). Estas tradiciones se juntaron al principio del tercer siglo d.C., a través del Rabino Judá el patriarca en un libro llamado Misná, que a su vez formaba parte del Talmud. (Esto se discutirá luego.)

Los fariseos eran hostiles con Jesús porque sentían que Él era indisciplinado respecto a sus leyes, aceptaba a los pecadores y tenía un contacto muy directo con los gentiles. Además decía blasfemias sobre sí mismo en relación con Dios. Por su parte, Jesús se opuso a ellos por su legalismo, hipocresía y mala gana en aceptar el Reino de Dios representado en Él.

Saduceos

El segundo grupo principal de judíos en la época de Jesús eran los saduceos.[7] Es difícil determinar tanto su origen como su naturaleza precisa, puesto que entraron en el olvido después de la destrucción de Jerusalén el año 70 d.C. cuando el punto de vista farisaico, en esencia, se convirtió en judaísmo. Llegaron a distinguirse durante los tiempos de los macabeos, apoyando las metas políticas de los asmoneos bajo Juan Hircano I (135/4 al 104 a.C.). Pero su poder y su número decayeron drásticamente bajo Alejandra (76-67 a.C.) y Herodes el Grande (37-4 a.C.). Pero sus fortunas crecieron con la llegada de los procuradores romanos en el 6 d.C. y desempeñaron un papel importante en el Sanedrín y el sacerdocio hasta el levantamiento judío del 66 al 70 d.C., cuando prevalecieron los elementos radicales. Después de esto los saduceos desaparecieron de la historia.

Básicamente los saduceos eran una aristocracia sacerdotal que había llegado al poder mediante conexiones con sumos sacerdotes y familias aristocráticas. Teológicamente, rechazaban casi todo lo que creían los fariseos (y los más piadosos judíos). No creían en ángeles o espíritus, en la resurrección, en el juicio final, en la vida después de la muerte, en la providencia divina ni en la venida del Mesías. Las saduceos que buscaban desacreditar a Jesús lo hicieron atacando su creencia en la resurrección (Mt 22.23-32). Su oposición a Jesús radicaba básicamente en su deseo de mantener su propia posición privilegiada, que Jesús amenazaba (Jn 11.48). En consecuencia, hicieron causa común con sus enemigos políticos, los fariseos, al condenar a muerte a Jesús (aunque los fariseos querían librarse de Jesús por diferentes razones).

Esenios

Los esenios eran otro grupo importante que ascendía como a cuatro mil.[8] Conocemos acerca de ellos por algunas fuentes que incluyen a Josefo; a Filón; al escritor romano Plinio; al mártir de la Iglesia, Hipólito; y a los rollos del Mar Muerto. No podemos presentar un cuadro claro de estas fuentes. En conjunto indican que el término «esenio», que tal vez quiere decir «los devotos» en arameo, describe una gama de conceptos que caían dentro del mismo título en vez de un solo movimiento homogéneo.

Parece que los esenios surgieron en algún momento después de la revolución macabea en 167-160 a.C., con un importante número de integrantes que entre el 150 y el 140 a.C. se establecieron al oriente de Jerusalén cerca del Mar Muerto. Abandonaron este lugar probablemente después de un terremoto alrededor del 31 a.C., pero algunos retornaron luego de la muerte de Herodes el Grande en el 4 a.C. Fueron parte de la sublevación contra Roma del 66-70 d.C. y entonces cayeron con el resto de la nación. Algunos de sus documentos estaban escondidos en cuevas cerca de su comunidad, pero fueron descubiertos a prin-

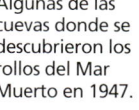
Zelotes

cipios de 1947 y se los llamó los «rollos del Mar Muerto». Desde entonces se han excavado las ruinas del lugar que habitaron los esenios.

Los esenios de QUMRÁN fueron una sociedad estricta y muy disciplinada. Vivían juntos en comunidad, es decir que tenían sus propiedades en común; observaban principios ascéticos rígidos; rechazaban cualquier cosa que pareciera lujuriosa y además practicaban el celibato, aunque Josefo menciona algunos esenios casados. Dedicaban sus vidas al estudio de las Escrituras, a copiar sus propios documentos, a la oración y a frecuentes rituales de lavamiento. Se permitían nuevos miembros solo después de un extenso noviciado (dos o tres años; las fuentes difieren en esto) y una serie de votos solemnes.

Su teología era predestinataria estricta, pues creían en la preexistencia e inmortalidad del alma. Se oponían al templo (tal vez debido a su rechazo del control asmoneo en el sumo sacerdocio) y muy legalistas en asuntos de pureza ritual. Se consideraban el remanente justo que vivía los últimos días y esperaba un Mesías o algunos Mesías al final de aquella era.

Algunos teólogos han tratado de encontrar un nexo entre Juan el Bautista, e incluso Jesús, y los esenios en Qumrán. Esto es improbable, en especial en el caso de Jesús. Si existe una conexión entre Juan o Jesús y Qumrán, de seguro no tiene importancia. No existe evidencia concreta de que alguno de ellos haya vivido alguna vez allí o visitado esa comunidad. En cualquier caso, los esenios no se mencionan por nombre en el NT.

Zelotes

Josefo se refiere a los zelotes como al cuarto grupo principal de la opinión judía.[9] Él habla de JUDAS EL GALILEO como su fundador. Pero las raíces del movimiento probablemente retroceden a los tiempos macabeos en que los zelotes tomaban asuntos de ley en sus propias manos y trataban por todos los medios, incluyendo violencia, de promover la causa de Dios. Josefo dice acerca de ellos:

> Estos hombres consentían en todo lo demás con las nociones fariseicas, pero tenían una inquebrantable adhesión con la libertad. Decían que Dios era su único Gobernador y Señor. No les importaba morir de cualquier manera, ni les importaba realmente la muerte de sus parientes y amigos. Ningún temor les hacía decir Señor a cualquier hombre (*Ant.* 18.1.6).

Aunque se reconocía su magnanimi-

Algunas de las cuevas donde se descubrieron los rollos del Mar Muerto en 1947.

apocalíptico

seudoepígrafos

dad, al menos en teoría, Josefo también señala que «todo tipo de desventura procedía de estos hombres y la nación estaba infectada con su doctrina a un nivel increíble; una guerra violenta tras otra se sucedía. Habían sediciones, asesinatos que a veces recaían en aquellos de su propia gente y otras en sus enemigos. Había toma y demolición de ciudades y por último se llegó a quemar el mismo templo de Dios por el fuego de sus enemigos» (*Ant.* 18.1.1). Aunque se llamaban a sí mismos patriotas, muchos de ellos eran algo poco mejor que *sicarios* o asesinos. Uno de los doce apóstoles de Jesús era un antiguo zelote (Lc 6.15).

El movimiento apocalíptico

Este fenómeno particular no era en sí un grupo de personas sino un punto de vista característico que trascendía a muchos grupos.[10] Produjo un enorme y fascinante conjunto literario, parte del cual todavía existe. El énfasis apocalíptico puede encontrarse en partes del AT y en escritos cristianos originales.

El término «apocalíptico» viene de una palabra griega que significa «revelar». Se creía que la información transmitida en tal literatura era una revelación de Dios que descubría los secretos ocultos del universo, en especial los hechos que rodean al fin del tiempo. Los escritos apocalípticos con frecuencia toman la forma de una visión extravagante, altamente simbólica en naturaleza, que describía acontecimientos por venir. Quien recibía la visión se confundía a menudo y necesitaba un intérprete angelical que la explicara. Con frecuencia, el autor escribía el nombre de algún antiguo santo, tal como Enoc o Elías. Por esta razón el material se llamaba a veces «pseudoepígrafo», que quería decir «con título equivocado». El libro 4 de Esdras es un excelente ejemplo de literatura apocalíptica:

> Sucedió que mientras estaba recostado en el césped, mi corazón volvió a sentirse inquieto como antes. Alcé los ojos y he allí una mujer a la derecha que se levantaba y lloraba, y sus vestidos estaban rasgados y había cenizas sobre su cabeza.
> —¿Por qué lloras? le dije.
> —Durante treinta años fui estéril pero Dios vio mi aflicción y me dio un hijo contestó, pero cuando creció y entró en su cámara nupcial cayó y murió. Ahora estoy desconsolada y quiero morir.
> —No, mujer le dije, no lo hagas; consuélate con los sufrimientos de Jerusalén.
> Sucedió que mientras le hablaba, su semblante brilló con intensidad y su aspecto se iluminó como lámpara y mi corazón se atemorizó. Entonces, he allí un ángel vino a mí mientras estaba sobre la grama como muerto y dijo:
> —El asunto es así: La mujer que viste es Sion y el hijo es la ciudad de David, construida después de tres mil años de improductividad. La caída de Jerusalén es la muerte del hijo en su cámara nupcial, pero su gloria está aun por venir (9.26–10.57, porciones selectas).

Las principales características teológicas del pensamiento apocalíptico son las siguientes:

- Énfasis en la soberanía y trascendencia de Dios
- Descripción de la batalla cósmica entre el bien y el mal, Dios y satanás, ángeles y demonios
- Dominio de una atmósfera de estrés y tensión, con pesimismo concerniente al presente
- Esperanza del triunfo final de Dios, visto como inminente, futurista y totalmente sobrenatural
- Reducción del énfasis en la visión y fuerza humanas relacionadas con la decadente situación mundial: esta era está terminando. La era venidera llegará por intervención divina y según el plan divino. Nada puede detenerla.

Obviamente hay mucho pensamiento apocalíptico que bíblicamente parece cierto. Los ecos de los libros del AT como Daniel, Ezequiel, Zacarías e Isaías y las palabras de Jesús en Mateo 24 no dicen nada del Apocalipsis como «apocalíptico» en sí. Esta literatura debió haberse dado para esperanza futura a personas judías oprimidas del tiempo de Jesús. Da sin duda un telón de fondo para lo que Jesús y los cristianos primitivos tenían que decir.

Pedro describió este asunto práctico desde su propio punto de vista apocalíptico: «Los cielos pasarán con grande estruendo, y los elementos ardiendo serán deshechos, y la tierra y las obras que en ella hay serán quemadas. Puesto que todas

tefillin

mezuzá

Padre e hijo judíos en el muro occidental de Jerusalén usan tefillin o filacterias: pequeñas cajas cúbicas de cuero negro que contenían textos bíblicos.

estas cosas han de ser deshechas, ¡cómo no debéis vosotros andar en santa y piadosa manera de vivir, esperando y apresurándoos para la venida del día de Dios!» (2 P 3.10-12).

Otros grupos en Palestina

Además de los grupos mencionados habían otros, o al menos ciertos énfasis, que conformaban un antecedente en la comprensión del nacimiento de la cristiandad.

Los herodianos se mencionan tres veces en los Evangelios (Mt 22.6; Mc 3.6; 12.13). Quizás representaban un partido político más que un grupo religioso, pero en ese entonces los dos eran difíciles de separar. Josefo menciona un partido de Herodes el Grande (Ant. 14.15.10; Guerra 1.16.6). Si se tratara de los mismos grupos, su origen se remontaría a esa época. En ese caso, los herodianos que se unieron a las fuerzas fariseicas en busca de deshacerse de Jesús serían quienes permanecieron leales a la dinastía herodiana en la persona de Antipas, el hijo de Herodes. Algunos han tratado de identificar a los herodianos con los saduceos, pero de ningún modo puede ser cierto. No pudieron haber sido un grupo tan grande.

La vida contemplativa de Filón habla de un grupo llamado los terapeutas, místicos contemplativos que se destacaron en Egipto pero que aparentemente estaban muy dispersos. Tal vez en algunos aspectos separados se identifican con los esenios y representan así la tradición mística que en diferentes grados también se encontraba dentro del judaísmo.

La influencia del pensamiento griego en el judaísmo de Palestina se estableció también hasta un grado que hasta la fecha no conocemos. Estaba generalizada, aunque ningún partido o grupo que lo representara explícitamente era activo en tiempos de Jesús. Con seguridad se encontraba en todos los niveles de la sociedad, pero con mayor evidencia entre las áreas instruidas y más urbanas. Algunos eruditos argumentan diciendo que la influencia griega estaba tan diseminada que Jesús pensaba en griego al igual que en arameo.[11]

El *Am ha-aretz* (personas de la tierra) o gente común era el grupo más grande en número, pero el de menos influencia política. Formaban la vasta mayoría de individuos que no estaba afiliada a ningún grupo específico y que solo trataban de vivir cada día en la voluntad de Dios y de la mejor manera posible. Sus ideas eran parecidas a la de los fariseos, pero eran despreciados por estos últimos como un vulgo que no sabía nada de la ley (Jn 7.49). La literatura rabínica posterior los describe como los que no diezmaban con regularidad, que no leían el *Shema* (Dt 6.4-9; 11.13-21; Nm 15.37-41) en la mañana y en la noche, que no usaban el **tefillin** (una pequeña cartera de cuero para llevar las Escrituras), que no tenían una **mezuzá** (una porción de las Escrituras en un estuche) en los postes de sus puertas, que no enseñaban la ley a sus hijos y que no se asociaban con los eruditos de la ley.[12] Para Jesús estos eran las ovejas perdidas de la casa de Israel (Mt 10.6), ovejas sin un pastor compasivo (Mc 6.43). Eran personas comunes y corrientes que le escuchaban con agrado (Mc 12.37), en oposición a los líderes religiosos que se enojaban con sus prédicas y buscaban matarle. En síntesis, ellos eran el centro del ministerio de Jesús. De sus filas llegaron muchos de sus apóstoles y discípulos, primeros testigos de la verdad del evangelio.

Los samaritanos

Es necesario ver por último a los **samaritanos** como parte del panorama para entender el NT. En líneas generales, Samaria era la región ocupada por el reino de Israel del AT. Fue destruida por los ASIRIOS en el 722 a.C., pero más tarde fue repoblada por el rey de Asiria con pueblo pagano que reemplazó a los israelitas. «Pero cada nación se hizo sus dioses, y los pusieron en los templos de los lugares altos que habían hecho los de Samaria ... Temían a Jehová, y honraban a sus dioses, según la costumbre de las naciones de donde habían sido trasladados» (2 R 17.29,33).

Samaria era una población racial y religiosamente mixta. Durante la época de Esdras se prohibió a sus habitantes que ayudaran a construir el templo de Jerusalén (Esd 4.3-4), llevándolos a edificar su propio templo en el MONTE GERIZIM; nunca perdonaron a los judíos por el insulto. Los malos sentimientos persistieron y alrededor del 128 a.C. Juan Hircano invadió Samaria, devastó la tierra y destruyó el templo (Josefo, *Ant.* 13.9.1). Después de sacar a Arquelao el 6 d.C., los samaritanos invadieron el templo en Jerusalén y lo profanaron esparciendo cadáveres (Josefo, *Ant.* 18.2.2). Más tarde los samaritanos mataron a un número de peregrinos judíos en GINAE, e iniciaron una guerra civil que terminó solo con la intervención romana en el 51 d.C. (Josefo, *Ant.* 20.6.1-3). El odio que cada grupo sentía por el otro fue duradero y profundo. En los tiempos de Jesús los judíos no tenían trato con los samaritanos (Jn 4.9).

Religiosamente, los samaritanos se consideraban judíos pero adoraban en una manera propia y distinta. Eran **monoteístas**, guardaban las fiestas, estaban comprometidos con la ley, practicaban la circuncisión y esperaban un Mesías. Sin embargo, no reconocían el templo de Jerusalén sino que adoraban en el monte Gerizim (Jn 4.20), usando solo su propia versión del pentateuco como su Biblia. Se dice que no creían en la resurrección de los muertos (*Bab. Sanh. 50b*). La mayoría de lo que conocemos de los samaritanos viene de un período posterior, por tanto varios detalles de su fe son confusos.

Es de destacar que Jesús era tan imparcial con los samaritanos que viajaba por su territorio y hasta discutió teología con la mujer samaritana, revelándole la profunda verdad de que Dios busca a quienes le adoran en el espíritu correcto, no en el sitio correcto (Jn 4.1-42). Luego narró la parábola del «buen samaritano» (Lc 10.25-37) a los judíos, aunque no se diera algo así, y en su ascensión dijo que el evangelio debía ir de Jerusalén hasta Judea, Samaria y hasta lo último de la tierra (Hch 1.8).[13]

La literatura de los judíos

El Antiguo Testamento

Lo primero y lo más importante de la literatura, que brinda un antecedente para comprender el NT, son las Escrituras del AT.[14] El Antiguo y el Nuevo Testamentos comprenden la Biblia de hoy, pero en tiempos de Jesús solo existía el AT. Jesús y los escritores del NT utilizaban la fórmula «escrito está» (que quería decir «esto viene directamente de Dios»), solo en relación con las Escrituras del AT. Jesús no citó otra fuente: ni rabinos, escritores griegos, **apócrifos**, ni otras bien conocidas de su época. Solo las Escrituras del AT eran para Él la Palabra de Dios. Hasta que pasen el cielo y la tierra, ni una jota ni una tilde pasarán de la ley, hasta que todo se haya cumplido (Mt 5.18). La reverencia que los judíos sentían por las Escrituras se remonta por lo menos a los días de Esdras (Neh 8–10). Mil años antes de esto Moisés exhortó al pueblo a que amara a Dios amando sus mandamientos (Dt 6.4-6). La devoción a la ley era tan importante que los rabinos dijeron más tarde: «Cualquiera que diga que el Torá (ley) no es del cielo, no tiene parte en el mundo venidero» (*mSanh* 10.1). En tiempos de Jesús, las tres secciones que comprendían el AT ya se conocían como Escrituras (Lc 24.44; vea el prólogo del Eclesiástico). El hecho de que el AT haya sido escrito en hebreo (con una pequeña porción en arameo) creó algunos problemas para los judíos fuera de Palestina, así como para algunos en Palestina que no leían hebreo. Se hizo una traducción al griego, llamada la **Septua-**

Septuaginta

Vulgata

> ## La Biblia hebrea: divisiones y contenidos
>
> **Torá (Ley)**
> Génesis
> Éxodo
> Levítico
> Números
> Deuteronomio
>
> **Nevi'im (Profetas)**
> Josué
> Jueces
> Samuel
> Reyes
> Isaías
> Jeremías
> Ezequiel
> Profetas menores
>
> **Kethubim (Escritos)**
> Salmos
> Job
> Proverbios
> Rut
> Canares
> Eclesiastés
> Lamentaciones
> Ester
> Daniel
> Esdras–Nehemías
> Crónicas

ginta (abreviada LXX). Esto se hizo más de un siglo antes de Jesús y probablemente por un largo tiempo, a juzgar por las varias versiones que existen. Los primeros cristianos la citan con la misma frecuencia que citaban al AT hebreo.

Los apócrifos del AT

Los Apócrifos son un grupo de catorce libros escritos en griego, que aparecieron aproximadamente del 200 a.C. al 100 d.C. Hay una lista de ellos en la página 21. Tratan en especial con las ideas religiosas y la historia de los judíos.[15] Nunca se mencionan en el NT y los judíos los excluyeron del canon de las Escrituras. Puesto que algunos de estos libros se incluyeron en parte de la Septuaginta, los cristianos de los siglos segundo y tercero los usaron junto con el AT. Pero en ese entonces nunca hubo alguna discusión de que si eran o no parte de la Biblia, ni ningún convenio sobre cuáles de estos libros debían usarse. Cuando Jerónimo tradujo la Biblia al latín, alrededor del 400 d.C., (la llamada Vulgata) hizo distinciones entre los libros canónicos (es decir las Escrituras) y los que no lo eran. Concluyó que los apócrifos no lo eran. Sixto de Siena acuñó en 1556 la palabra «deuterocanónico» para designar esos libros. Los cristianos medievales continuaron usándolos en buena medida hasta la Reforma, cuando los protestantes los rechazaron como Escrituras. La Iglesia de Inglaterra declaró en los Treinta y Nueve Artículos (1562): «La iglesia los lee como ejemplo de vida e instrucción de costumbres; sin embargo no se aplican para establecer ninguna doctrina». El Concilio Católico Romano de Trento, en Sesión IV en 1546, los aceptó como Escrituras junto con el Antiguo y Nuevo Testamentos. Hoy día los protestantes le tienen respeto a los libros apócrifos como fuentes valiosas de información acerca de la vida y el pensamiento judíos, pero no como la Palabra de Dios, mientras que los católicos romanos y otros los reverencian como parte de su Biblia.

Los seudoepígrafos del AT

Estos libros son una grande y diversa colección de escritos que surgieron entre el 200 a.C. y el 200 d.C. Se les atribuye erróneamente a algún personaje antiguo muy conocido como Enoc, Salomón o Esdras. De allí que se les llamara «con falso título» o pseudoepígrafos.[16] Había muchísimos de ellos, varios de los cuales se perdieron; sin embargo conservamos o al menos se conocen algo más de cincuenta porciones. El mismo 4 de Esdras, uno de los seudoepígrafos de alrededor del 120 d.C., afirma la existencia de setenta de estos libros en aquel tiempo (4 Esd 14.45-46). Es difícil organizar y clasificar este material, puesto que la mayor parte ha pasado por complicadas etapas de edición, algunas veces desviando los libros de escritos judíos a otros escritos más o menos cristianos.

La clasificación literaria de J.H. Charlesworth es quizás la más satisfactoria. Él encuentra cinco agrupaciones de importancia: literatura apocalíptica y trabajos relacionados; testamentos; expansiones del AT y leyendas; literatura de sabiduría y filosófica; oraciones, salmos y odas. Tam-

tratados

bién existen resagos fragmentarios que incluyen poesía, oráculo, drama, historia y romance. La razón por la que fue escrito este material bajo un supuesto nombre de antigüedad, fue quizás para asegurar su aceptación en una época en que aparentemente la voz profética debía silenciarse. Los tópicos con los que trata son variados pero a menudo tienen que ver con asuntos teológicos fundamentales como Dios y el mundo; humanidad, pecado y juicio; el Reino de Dios y el futuro; cielo e infierno. Por esta razón proporcionan una visión invalorable del pensamiento judío del momento así como, según se nota en ciertos ejemplos posteriores, de lo que algunos cristianos pensaban. Sin embargo nunca nadie, ni judío ni cristiano, consideró los libros seudoepígrafos como Escrituras.

Los rollos del Mar Muerto

La expresión «rollos del Mar Muerto» se utiliza para describir los trabajos literarios que se descubrieron a principios de 1947 en casi once localidades cerca del Mar Muerto, en la comunidad de Qumrán.[17] Se encontraron muchísimos fragmentos; solo en la cueva 4 se descubrieron los restos de casi quinientos volúmenes diferentes. De 1953 a 1956 se excavó un complejo de edificios cerca de las cuevas, que con seguridad pertenecen a la comunidad de la que provienen los rollos. Probablemente estos se copiaron y escribieron entre el 250 a.C. y el 68 d.C., cuando los romanos destruyeron la comunidad. Los rollos, que representaban una biblioteca de más de ochocientos volúmenes pertenecientes a la comunidad, se escondieron en las cuevas para salvarlos de la destrucción.

Como vimos antes, los judíos que llegaron a esta región fueron tal vez los esenios, quienes creían que estaban viviendo los tiempos finales.

Los rollos reflejan de manera natural los intereses de la comunidad. Existen textos bíblicos que representan a cada libro del AT, a excepción de Ester. Hay material apócrifo y pseudoepígrafo de la clase que ya mencionamos; devocional como salmos, oraciones, bendiciones e himnos; comentarios bíblicos y paráfrasis (tárgumes); y numerosos documentos diseñados para gobernar la vida comunitaria, siendo el Manual de Disciplina el más conocido. Todos estos ochocientos volúmenes tomados en conjunto muestran cuán rica y variada era la literatura y la teología en la época de Jesús.

Escritos rabínicos

Este material se desarrolló en un período de seiscientos años, que al final recibió forma en dos grandes colecciones conocidas como el Talmud de Jerusalén (compilado al final del siglo cuarto o principios del quinto d.C.) y el Talmud de Babilonia (compilado al final del quinto siglo d.C).[18] Estas largas y complicadas obras (el Talmud babilónico tiene alrededor de seis mil hojas) representan la enseñanza farisaica recopilada durante siglos. El corazón del Talmud es el Misná,[19] una colección de proverbios rabínicos escrita por el rabino Judá el Patriarca a principios del siglo tercero d.C. Consta de seis secciones importantes divididas en sesenta y tres **tratados** que tratan principalmente con asuntos legales relacionados con el ritual del templo, la ley civil y criminal, el matrimonio, el sábado y similares. Gran parte de estos provienen de la época de Jesús y de antes, pero con frecuencia es difícil fechar el material con precisión porque fue editado en fecha posterior. Más tarde al Misná se le añadieron proverbios, comentarios y expansiones llamadas colectivamente el Guemará, y que juntos conformaron el Talmud.

Todo este material es muy útil para entender el contenido del NT, aunque se debe tener cuidado al usarlo.[20] En algunos aspectos es útil para mostrarnos lo que no es el NT, es decir una vasta colección de leyes minúsculas y a menudo contradictorias. El énfasis que se encuentra en Jesús y Pablo

Parte de edificaciones de la excavada comunidad esenia en Qumrán. El Mar Muerto se puede ver a lo lejos.

tárgumes

es en la gracia de Dios, que perdona los pecados y que no impone una carga de exigencia que no se puede llevar. Al referirse a reglas como las encontradas más tarde en el Misná, Jesús dijo que eran cargas pesadas (Mt 23.4), en contraste con la «carga» que Él ofreció que era fácil y ligera de llevar (Mt 11.28-30). Pero, se debe recordar que Jesús dijo que la ley contenía aspectos de gran trascendencia (justicia, misericordia y fe) que debían cumplirse (Mt 23.3,23). Él enseñó muchas de las mismas cosas de los rabinos, porque al igual que ellos se basaba en la revelación divina del AT. Por desgracia, muchos de estos rabinos ocultaron de tal modo la revelación bajo una montaña de leyes, que la verdad ya no se podía encontrar. Esto era lo que Jesús objetaba.

Otros escritos

El hebreo ya no era le lengua de los judíos en la época de Jesús y Pablo. Vimos que los judíos que vivían fuera de Palestina necesitaban un AT en griego (la Septuaginta). Esto creó la necesidad de Escrituras arameas en Palestina, porque en ese tiempo era la lengua principal. Las traducciones de la Biblia al arameo se llamaron **tárgumes.** Surgieron en las sinagogas y escuelas para entrenar en asuntos de ritual religioso y vida moral a los judíos ordinarios. La tradición remontó el origen de este material a la época de Esdras (siglo quinto a.C.), pero aunque no tuviera esta antigüedad, empezó antes del tiempo de Cristo y llegó a ser parte importante en la vida judía. Todavía hay tárgumes de todo el AT, excepto de Daniel, Esdras y Nehemías. Los tárgumes hacen algo más que ofrecer una traducción del material del AT. También incluyen paráfrasis, discusiones de palabras, puntos gramaticales y explicación de varios pasajes. Los tárgumes nos informan del pensamiento judío de esa época, pero

Términos clave

apocalíptico
apócrifos
diádoco
diáspora
esenios
etnarca
Fiesta de la Dedicación
gentiles
hasidim
asmoneos
mezuzá
midras
mizná
monoteístas
fariseos
sincretismo politeísta
praeparatio evangelium
seudepigrapha
saduceos
samaritanos
sanedrín
judaísmo del segundo templo
Septuaginta
Talmud
tárgumes
tephillin
ensayos
Vulgata
zelotes

Personajes y lugares clave

Alejandro Janneo
Alejandro Magno
Antígono II
Antioquía (Siria)
Antíoco III el Grande
Antíoco IV (Epífanes)
Antíoco IV (Epífanes)
Antípater
Arquelao
Aristóbulo II
Bar Kochba
Bet-Sur
Belén
Betsaida
César Augusto
Cesarea de Filipo
Calígula
Claudio
Ciro
Decápolis
Edom
Emaús
Galilea
Gamaliel I
Gessius Florus
Ginae
Herodes Agripa I
Herodes Agripa II
Herodes Antipas
Herodes Felipe
Herodes el Grande
Herodías
Hillel
Hircano II
Idumea
Jamnia
Jericó
Jerusalén
Juan Hircano I
Jonatán
Río Jordán
Josefo
Judas «Macabeos»
Judas el galileo
Judea
Julio César
Llanura de Esdraedón
Llanura de Genezaret
Maqueronte
Mar de Galilea
Mar Mediterráneo
Mar Muerto
Mariamme
Masada
Matatías
Modein
Monte Gerizim
Nerón
Perea
Filón
Fenicia
Pompeya
Poncio Pilato
Qumrán
Rabino Judá
Roma
Samaria
Seleuco Nicator
Shammai
Simón
Siria
Tiberio César
Tito
Tolomeo
Vespasiano

Enfoque 2: ¡Tradición!

Si vio la película *El violinista en el tejado*, tiene una idea de lo que es la «tradición» para los judíos, como la resalta Tevye. Desde los tiempos más antiguos, el judaísmo ha sido principalmente un estilo de vida. No significa que las ideas teológicas no sean importantes, pero las desviaciones se toleran en estas más que en el estilo de vida.

El estilo de vida de tradición puede dictar maneras de comer y asearse también como la celebración de numerosos festivales. Existen muchas leyes y tradiciones en el judaísmo. He aquí algunos ejemplos de la Misná:

Ciertas leyes sobre la agricultura
- varias bendiciones para el consumo de frutas
- oraciones comunes después de las comidas
- qué partes del campo se debían dejar para los pobres
- mezcla ilegal de semillas
- cómo los primeros frutos se debían llevar a Jerusalén

Días de fiesta
- Sabbat
- Pascua
- Día de expiación
- Fiesta de los tabernáculos
- Fiesta de las trompetas
- Purim
- Fiesta de las semanas

Ciertas leyes sobre la mujer
- contratos matrimoniales
- cuñadas
- cómo anular los votos de esposa
- certificado de divorcio
- cómo adquirir una esposa

---

midras

se debe recordar que a menudo es difícil fecharlos con exactitud puesto que aparecieron por un largo período de más de quinientos años. Se usaban ampliamente, e incluso se encontraron en Qumrán tárgumes fragmentarios de Job y Levítico.[21]

Otro gran conjunto de material denominado **Midras** también intenta explicar las Escrituras del AT. Esta colección consta de comentarios, homilías, notas explicativas, comentarios exegéticos y exhortaciones. En verdad, todo esto se fecharía después del AT, luego de la compilación del Misná a principios del siglo tercero d.C., y parte proviene de principios de la Edad Media. Sin embargo, es posible rastrear algunas de estas ideas y materiales antes de los tiempos del NT. Si se utiliza con cautela, este material puede ser de genuino beneficio para estudiantes del NT.[22]

El Tosefta (que quiere decir «suplemento») es otra gran colección de material que apareció más o menos al mismo tiempo que el Misná. Está organizado en órdenes y tratados, paralelo al Misná y a casi todas las áreas que cubre. En ese entonces no se le consideró autorizado como el Misná, por lo que fue excluido. Sin embargo, para el estudiante moderno las ideas que se encuentran allí son útiles en la comprensión del judaísmo de los siglos primero y segundo d.C.

Finalmente, mencionamos a dos escritores judíos muy conocidos: Filón (ca. 20 a.C. al 50 d.C.)[23] y Josefo (ca. 37-100).[24]

Filón era un filósofo y teólogo de Alejandría (Egipto), cuya meta era reconciliar el pensamiento griego y hebreo. Escribió de manera extensa y la mayoría de sus escritos existen todavía. Desarrolló el método alegórico de interpretación del AT. Este método le permitió encontrar ideas griegas esenciales en las Escrituras hebreas. Más tarde, pensadores cristianos como Clemente de Alejandría y Orígenes hicieron uso frecuente del método alegórico de Filón, sin embargo no está claro si su pensamiento influyó en los libros del NT. Hay quienes ven rastros de este en el concepto del Logos (Verbo) en Juan 1.1-14 y en el libro de Hebreos, pero de ningún modo esto es de reconocimiento universal. Por otro lado, Filón nos brinda una información extraña del pensamiento judío místico en el tiempo de Jesús y Pablo.

Josefo fue un general judío que vivió durante los difíciles días que presenciaron la destrucción de Jerusalén en el 70 d.C. Sobrevivió rindiéndose a los romanos al principio de la rebelión. En recompensa por su cooperación con los invasores romanos, después recibió un apartamento en Roma, donde escribió muchas obras famosas. Su *Historia de la guerra judía*, publicada en 77-

78 d.C., constituye nuestra fuente primordial de información acerca de esos terribles días y también de los hechos que los provocaron. Josefo menciona a Santiago, Juan el Bautista e incluso a Jesús, del que dice que era «un hombre sabio, si era justo llamarlo hombre, puesto que era un hacedor de obras maravillosas y maestro de hombres que recibían la verdad con placer» (*Ant.* 18.3.3).

Conclusión

¿Qué hacen todas estas complejas ideas, esta vasta literatura, y a qué viene esta compleja historia? Sobresalen tres aspectos.

El primero y más importante es cómo el plan especial de Dios se cumple en el mundo. La historia no solo es la acción recíproca de fuerzas puramente humanas: ambición y violencia, sucesos naturales como terremotos, factores económicos y

Resumen

1. Se ve el tono personal del Nuevo Testamento en que sus veintisiete libros constan de veinticuatro cartas personales y tres relatos personalizados de la vida y obra de Cristo.

2. Palestina tiene cinco regiones longitudinales: la llanura costera, las estribaciones, la extensión montañosa central, el desierto y el valle del Jordán, y la extensión montañosa oriental.

3. Palestina tenía varios distritos administrativos en la época de Jesús: Galilea, Samaria, Judea, el territorio de Felipe, Decápolis y Perea.

4. Los descendientes de Herodes, quienes gobernaron Palestina desde el año 4 a.C. al 66 d. C., fueron: Arquelao, Felipe, Antipas, Herodes Agripa I y Herodes Agripa II.

5. Jerusalén fue sistemáticamente destruida por los romanos entre los años 66 y 70 d.C.

6. Los judíos vieron a Jesús como una amenaza, porque hizo reclamos controversiales acerca de sí mismo y se tomó libertades hacia sus costumbres.

7. Los más importantes factores de unificación para los judíos eran su relación con Dios y su sentido de singularidad en el historia mundial.

8. Otros factores que unían a los judíos fueron: (a) la idea de que Dios los había instalado en Palestina para siempre; (b) el fervor mesiánico de la época; (c) la sinagoga; (d) el Torá y la tradición, que incluía guardar el día de reposo y la circuncisión; (e) el templo; (f) el sacerdocio; y (g) las fiestas.

9. El grupo religioso más conocido en tiempos de Jesús eran los fariseos, quienes seguían dos importantes escuelas de pensamiento: Hillel y Shammai.

10. Otros grupos de este período eran los saduceos, los esenios, los zelotes, los samaritanos, los herodianos y los *Am ha-aretz*.

11. Los apócrifos incluyen catorce libros no canónicos escritos entre el 200 a.C. y el 100 d. C.

12. Se descubrieron materiales rabínicos en un período superior a seiscientos años y se conocen como el Talmud, del cual la Misná es el núcleo.

El Medio Oriente and los días de Jesús

Preguntas de estudio

1. ¿Cuáles eran las principales creencias teológicas de los fariseos?
2. ¿Qué factores unieron el judaísmo en la época de Jesús?
3. ¿Qué son los apócrifos?
4. ¿Por qué se llevó a cabo la guerra judía del 66-70 d.C?
5. ¿Por qué fue importante para el cristianismo la destrucción de Jerusalén en el año 70?
6. ¿Cuáles son las más importantes regiones geográficas de Palestina?
7. ¿Quiénes fueron los hasmoneos y cuál fue su importancia?
8. ¿Cuáles fueron las fortalezas y debilidades de Herodes el Grande?
9. ¿Cómo se dividió la tierra de Palestina después de Herodes el Grande y cómo fue el gobierno de sus hijos?
10. ¿Qué características distinguen lo «apocalíptico»?

Preguntas de repaso

1. La tierra de Palestina se divide en _____ regiones principales.
2. El distrito en que Jesús vivió de niño se llamaba _____.
3. Europa influyó en el Medio Oriente durante las campañas militares de _____.
4. Antes de la crucifixión, Pilato envió a Jesús ante el gobernador de Galilea llamado _____.
5. Vespasiano envió en el año 70 d.C. a su hijo _____ a destruir a Jerusalén.
6. El judaísmo era en sus inicios un _____ en vez de un conjunto de doctrinas.
7. La religión era tan importante para los primeros judíos que en cada pueblo había una _____.
8. Los _____ eran el grupo religioso más conocido en los días de Jesús.
9. Los rollos del Mar Muerto fueron producidos por un grupo religioso, los _____, quienes vivían en Qumrán.
10. El conjunto de literatura más importante para comprender el Nuevo Testamento es el _____.

cataclismos políticos. Sino que más bien entretejido a través de esto hay un propósito más elevado, que con frecuencia pueden discernir (al menos en retrospectiva) quienes conocen a Dios. Pueden ver a Dios en acción, llevando a cabo sus propios propósitos. Pablo veía toda la historia de este modo (Hch 17.24-28) y Apocalipsis muestra de manera dramática cómo el mundo espiritual real permanece tras los hechos de este mundo material menos real en el que se desarrolla la «historia».

El segundo aspecto de igual importancia es que los seres humanos no se encuentran fuera del cuadro. Se toman decisiones humanas y por tanto siempre se sienten las consecuencias del bien y del mal. A veces casi podríamos desear que

Dios haya intervenido más directamente, pero por lo general no lo hace. Nos permite tomar nuestras decisiones. Tenemos que dar cuenta de ellas y sus consecuencias. A veces el valor de una sola persona o familia, como el caso de los macabeos, puede cambiar el curso total de la historia.

Tercero, los cristianos de la era neotestamentaria vieron toda la historia pasada como apuntando al regreso de Cristo y del cumplimiento de su obra. Con la venida de Cristo y su ofrecimiento del evangelio convergen las profecías del AT, la unificación del mundo bajo Roma, un lenguaje universal que relacionó a todos los pueblos, un tiempo de relativa calma que permitió los viajes y el intercambio de ideas y una constante hambre espiritual de las personas por algo más. La venida de Cristo trajo el fin a todas las eras anteriores y el comienzo a una nueva era de salvación. El tiempo de preparación ya termina y el tiempo del cumplimiento ha llegado.

Lecturas relacionadas

Frederic L. Fay, *Geografía bíblica*, Casa Nazarena de Publicaciones, Kansas City, MO, 64 páginas. Una visión panorámica de la tierra bíblica, comenzando por la Mesopotamia de Abraham, hasta las ciudades de Asia donde están ubicadas las siete iglesias del Apocalipsis.

Charles F. Pfeiffer, *Diccionario Bíblico Arqueológico*, Editorial Mundo Hispano, Apartado 4526, El Paso, TX, 1982, 713 páginas. Contiene estudios de la tierra bíblica, ya sea del Antiguo como del Nuevo Testamento. Analiza personajes, lugares y sucesos bíblicos en un riguroso orden alfabético, amenizado con bellas ilustraciones fotográficas.

J.B. Tidwell, *La geografía bíblica*, Casa Bautista de Publicaciones, 1969. Un estudio cronológico de los hechos acaecidos en la tierra bíblica desde el período antediluviano hasta el imperio romano. Contiene magníficos mapas y fotografías.

Werner Keller, *Y la Biblia tenía razón*, Ediciones Omega, Barcelona, España, 1977 (15 edición). Profundo trabajo que compara el texto bíblico con los descubrimientos arqueológicos contemporáneos. Verifica la verdad bíblica descrita en las Escrituras.

David Alexandre, *Manual Bíblico Ilustrado*, Editorial Unilit, (edición revisada), Miami, FL, 1985. Un bello recorrido por toda la Biblia, acompañada de extraordinarias ilustraciones a todo color. Recomendado para conocer mejor la historia y geografía de todo lo relacionado a la Biblia.

George Ernest Wright, *Atlas histórico Westminster de la Biblia*, Casa Bautista de Publicaciones, 1971. Bosquejo cronológico de la historia bíblica. En sus páginas se encuentra historia, geografía, enseñanzas, mapas y fotografías del acontecer bíblico.

Frederick Ower, *Jerusalén*, Casa Nazarena de Publicaciones, Kansas City, MO. Este texto desarrolla todo lo relacionado con Jerusalén: historia, valles circundantes, muros, lugares históricos, culminando con la Jerusalén moderna.

Voz de los Andes, Ecuador, *Geografía Sagrada*, Editorial Vozandes, Quito, Ecuador. Compilación de estudios radiales, adaptados para estudiantes evangélicos, sobre la geografía sagrada. Incluye preguntas y exámenes al final de cada capítulo.

Sociedades Bíblicas en América Latina, *El Nuevo Testamento de nuestro Señor Jesucristo*, Versión Reina Valera 1960, revisada y con ilustraciones. Sus páginas recorren todo el N.T. a través de ilustraciones, fotografías y diseños que hacen muy didáctica la lectura de los veintisiete libros del NT.

Alfred Edersheim, *Usos y costumbres de los judíos en los tiempos de Cristo*, Editorial Clie, Barcelona, España, 1990. El autor transporta al lector a la época de Jesús al narrar situaciones históricas y culturales de la tierra de Palestina.

Fred H. Wight, *Usos y costumbres de las tierras bíblicas*, Publicaciones Portavoz Evangélico, Grand Rapids, MI, 1981. Interesante recopilación de costumbres orientales o judías desde épocas remotas has ta tiempos de Cristo, acompañadas por sencillos dibujos alusivos. Muy didáctico y de fácil lectura.

3 El evangelio y los cuatro Evangelios

Bosquejo

- **El contenido del mensaje**
- **El creciente conjunto de material**
- **La forma característica del evangelio**
- **Por qué se escribieron los Evangelios**
- **Confiabilidad de los Evangelios**

Objetivos

Después de leer este capítulo, usted podrá

- Explicar cómo el kerigma expresa el mensaje evangélico
- Identificar el material utilizado para describir los Evangelios
- Dar un ejemplo de un sermón biográfico
- Discutir las razones por las que se escribieron los Evangelios
- Enumerar las razones por las que los Evangelios son confiables

kerigma

En un antiguo día veraniego, un niño de diez años descubrió una gran tortuga a la orilla de un seco riachuelo del medio oeste. Él había oído hablar de las «grandes tortugas voraces» y se preguntaba si esta sería una de ellas. Meció una rama seca de sicomoro frente a sus mandíbulas para descubrirlo. ¡Cómetelo! Sí, era una de ellas. El muchacho casi pierde un dedo. Habría sido más cuidadoso de haber sabido de antemano con quién se estaba metiendo.

A veces la gente se acerca a los primeros libros del NT, los Evangelios, con una frivolidad similar: curiosidad infantil. Han oído la palabra «evangelio» e incluso puede que hayan aprendido algún versículo (como Jn 3.16). Pero no saben con qué tratan en realidad. Tienen una pequeña idea de lo que son los Evangelios, qué mensaje contienen, cómo y por qué fueron escritos y si merecen o no total confianza.

Los Evangelios (que son maravillosos) son muy diferentes a una tortuga con su brusca mordida (que no es). Pero comparten esto: ambos merecen el mismo respeto cuidadoso. Para tratarlos como lo merecen, necesitamos más que una vaga familiaridad. En este capítulo consideraremos la información de los primeros cuatro libros del NT, que nos harán encontrarnos con ellos informados y maduros, y no de forma accidental e infantil.

El contenido del mensaje

El mensaje de que Jesús es el Señor, quien murió y resucitó para nuestra salvación es la esencia del evangelio pero no el todo. Un análisis del mensaje predicado, el **kerigma**, según lo llaman los teólogos del NT, revela que también incluye otros factores y doctrinas. Un buen ejemplo de esto es el sermón de Pedro a Cornelio (Hch 10.34-43). El mensaje del evangelio, según se presenta allí, incluye el señorío de Jesús; el ministerio de Juan el Bautista; la vida de Jesús en Galilea; el poder, los milagros, las sanidades y las liberaciones de demonios; la muerte de Jesús por crucifixión y su resurrección; su aparición en forma concreta ante los creyentes después de su muerte; su mandato de predicar el perdón de pecados a través de la fe en Cristo; y la aseveración de que las profecías del AT ya señalaban todo esto. Otros sermones en Hechos (2.14-36; 3.17-26; 4.8-12; 5.29-32; 7.2-53; 13.16-41) añaden elementos a este resumen, pero es esto lo que comprende la esencia del evangelio como se predicó: la oferta de salvación de Dios; la vida, la muerte y la resurrección de Jesús; y el llamado de fe a la luz del juicio venidero.

Discurso de Pedro en Hechos 10.34-43

³⁴Entonces Pedro, abriendo la boca, dijo: «En verdad comprendo que Dios no hace acepción de personas, ³⁵sino que en toda nación se agrada del que le teme y hace justicia. ³⁶Dios envió mensaje a los hijos de Israel, anunciando el evangelio de la paz por medio de Jesucristo; este es Señor de todos. ³⁷Vosotros sabéis lo que se divulgó por toda Judea, comenzando desde Galilea, después del bautismo que predicó Juan: ³⁸cómo Dios ungió con el Espíritu Santo y con poder a Jesús de Nazaret, y cómo este estuvo haciendo bienes y sanando a todos los oprimidos por el diablo, porque Dios estaba con él. ³⁹Y nosotros somos testigos de todas las cosas que Jesús hizo en la tierra de Judea y en Jerusalén; a quien mataron colgándole en un madero. ⁴⁰A este levantó Dios al tercer día, e hizo que se manifestase; ⁴¹no a todo el pueblo, sino a los testigos que Dios había ordenado de antemano, a nosotros que comimos y bebimos con él después que resucitó de los muertos. ⁴²Y nos mandó que predicásemos al pueblo, y testificásemos que él es el que Dios ha puesto por Juez de vivos y muertos. ⁴³De éste dan testimonio todos los profetas, que todos los que en él creyeren, recibirán perdón de pecados por su nombre».

El evangelio y los cuatro Evangelios

Restos del acueducto romano en Cesarea. Cornelio, un centurión de guarnición en Cesarea, fue el primer gentil convertido al cristianismo por Pedro.

El creciente conjunto de material

Al predicar a Cornelio, Pedro podía decir: «Vosotros sabéis lo que se divulgó por toda Judea, comenzando desde Galilea» (Hch 10.37), y «nosotros somos testigos de todas las cosas que Jesús hizo en la tierra de Judea y en Jerusalén» (v.39). Pero ¿qué de aquellos que *no* vieron esas cosas ni escucharon predicar a Jesús? Necesitaban conocerlas también porque eran parte del evangelio en el que iban a creer. Sin duda al principio se hizo simplemente por recontar lo sucedido, y los que lo oían lo recordaban. Pero al pasar el tiempo y al expandirse las buenas nuevas más allá de los límites de Palestina hasta Chipre, Siria y Asia Menor se necesitó hacer algo más. Los cristianos comenzaron a juntar colecciones de material relacionado con Jesús.

Es posible, aunque no seguro, que una de las primeras cosas que se hicieron fue reunir una colección de profecías del AT que relacionaba tanto la vida de Jesús como las de ellos como los herederos del ministerio de Jesús. Esta colección pudo ser usada para mostrar a los judíos que Jesús no era un innovador sino parte del plan de Dios, prometido desde antes. También da a los gentiles, que casi no sabían nada sobre Israel, información para saber de Jesús, el Mesías de Israel. En total hay cerca de ochenta profecías registradas en el NT, que abarcan todo desde la preexistencia de Jesús hasta su nacimiento, vida, muerte, resurrección y derramamiento del Espíritu Santo. Otras colecciones de seguro pudo haber sido

 **Los apóstoles y el evangelio**

Establecemos primero que todo, que el instrumento evangélico tiene a los apóstoles como autores, a los cuales el Señor mismo les dio el deber de promulgar los Evangelios. Si es verdad que también hay entre ellos hombres apostólicos, estos no se encuentran solos sino con los apóstoles y después de estos, puesto que se podría sospechar que la prédica de los discípulos se efectuó por un deseo de gloria. Si la autoridad de los maestros no los hubieran ayudado, tampoco lo habría hecho la autoridad de Cristo que los hizo maestros apóstoles. Por lo tanto, los apóstoles Juan y Mateo nos infunden fe; los hombres apostólicos, Lucas y Marcos, la renuevan, comenzando con los mismos principios de fe en lo que concierne a un solo Dios, el Creador, y su Cristo, nacido de una virgen, el cumplimiento de la Ley y los Profetas.

—Tertuliano (aprox. 155-222 d.C.)

lo que Jesús hizo y dijo, las que se habrían guardado de manera especial. Con el tiempo pudieron haber tomado una forma específica como «Jesús y su historia», como si la mayoría de hechos de la vida de Jesús estuvieran entretejidos dentro de ella. Tales intentos existieron durante la época en que Lucas escribió, puesto que empezó su evangelio diciendo a Teófilo que «muchos han tratado de poner en orden la historia de las cosas que entre nosotros han sido ciertísimas» (Lc 1.1.). Como razón para su escrito, Lucas no sugiría que esos relatos fueran erróneos; es más, se remontan a quienes fueron testigos y siervos de la Palabra desde el mismo comienzo. Pero Lucas tenía algún material especial que había obtenido, tal vez de María la madre de Jesús, y quiso incluirlo en su evangelio. También quiso escribir un «relato ordenado» (Lc 1.3) para Teófilo, a fin de que pudiera ver la razón de por qué los cristianos primitivos estaban seguros de lo que creían.

La forma característica de los Evangelios

Las descripciones anteriores que tenemos de los Evangelios como libros vienen del mártir Justino en el 155 d.C., cuando los llamó «memorias» (1 *Apol* 66). Sus lectores habrían entendido que esto quería decir que los Evangelios eran esencialmente relatos bibliográficos de Jesús, similares a la *Memorabilia* que Jenofonte escribió sobre Sócrates. Fue así como se entendieron los Evangelios desde el tiempo de Justino hasta principios del siglo veinte. Esto era cierto aunque el lector se acercara a los Evangelios con una perspectiva muy conservadora o muy liberal. Pero con la aparición de la crítica de la forma en la década de los veinte (vea cap. 11) vino la pérdida de la fe en los Evangelios como biografía. Esta veía a los Evangelios levantándose de la tradición oral amorfa para asumir una nueva forma que antes no había existido. Esta opinion, en cambio, decayó y ha dado lugar a la situación actual en la que, aunque no existe consenso total, la biografía se vuelve a sugerir como la mejor manera de describir el género de los Evangelios. La biografía abarca en el mundo antiguo un gran grupo de escritos en los que encajan bien los Evangelios del NT, al menos mejor allí que en cualquier otro sitio.[2]

Pero los Evangelios no son simples biografías que siguen una idea mecánica de lo que debe ser una biografía, sea antigua o moderna. Una simple lectura muestra que incluso difieren unos de otros. Cada escritor tiene una característica especial, o una serie de puntos de vista, que trata de mostrar.[3] Tal vez la mejor forma de describirlos sería llamándolos sermones biográficos ampliados.[4] Los Evangelios cuentan la historia de la vida y la enseñanza de Jesús, por tanto son biográficos, pero además contienen los elementos que se hallan en los sermones cristianos primitivos. Su propósito primordial es presentar el mensaje del evangelio y llamar a las personas a la fe. Es por esta razón que se descartaron muchas cosas que se podrían haber dicho. Con frecuencia la actividad de Jesús se resume diciendo simplemente que sanaba o que viajaba por pueblos y aldeas enseñando y predicando (Mc 1.38,39; Lc 4.40). Juan lo dice de este modo: «Hizo además Jesús muchas otras señales en presencia de sus discípulos, las cuales no están escritas en

Parte de la Vía Ignacia cerca de Filipos, importante camino romano. Los cristianos evangelistas primitivos pudieron utilizar la impresionante infraestructura romana para extender su fe.

El evangelio y los cuatro Evangelios

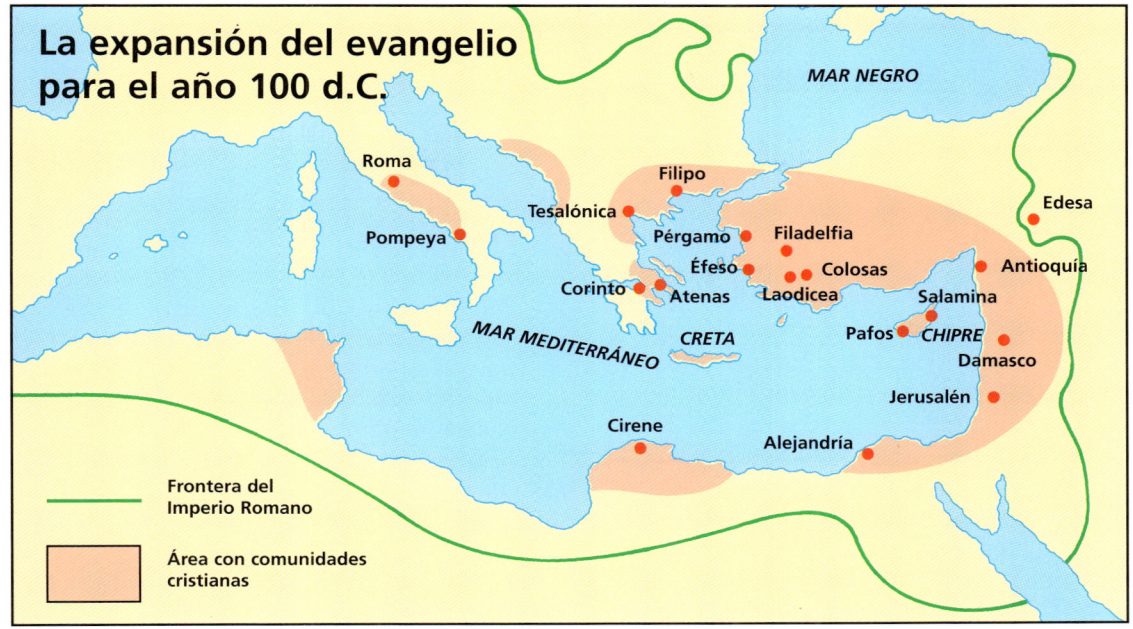

La expansión del evangelio para el año 100 d.C.

este libro. Pero estas se han escrito para que creáis que Jesús es el Cristo, el Hijo de Dios, y para que creyendo, tengáis vida en su nombre» (Jn 20.30-31). Luego añade: «Hay también muchas otras cosas que hizo Jesús, las cuales si se escribieran una por una, pienso que ni aun en el mundo cabrían los libros que se habrían de escribir» (Jn 21.25).

Por qué se escribieron los Evangelios

Los Evangelios son en esencia la combinación del mensaje evangélico con otro material importante que relaciona la vida y la enseñanza de Jesús. Se llaman «Evangelios» porque incorporan el evangelio, la

Enfoque 3: Un llamado a la fe

Hay sequía física y espiritual en la república sin litoral de Botswana en la región sureña del continente africano. La historia de Peggy fue narrada por misioneros que sirven en el país.

Peggy vivía en el pueblo de Gakhutwe, donde estaba prestando un año de servicio gubernamental obligatorio y conoció al misionero en una campaña evangelística. Ella escuchó el mensaje del evangelio, pero no estuvo dispuesta a contestar el llamado de la fe.

Al año siguiente después de terminar su servicio obligatorio, Peggy viajó cerca de 560 kilómetros a través del desierto de Makalamabedi, donde tenía un trabajo temporal de maestra hasta que se iniciaran las clases en la universidad. ¡Imagine su sorpresa cuando un día abrió la puerta y vio a los mismos misioneros que conoció en Gakhutwe! Estaban realizando evangelismo de puerta en puerta en el vecindario. Ella dijo: «Es obvio que no puedo huir de Dios, ¡así que lo mejor es rendirme!» Ella cumplió entonces el propósito primordial de los Evangelios y respondió al llamado de su fe: Aceptó a Cristo como su Señor y Salvador.

Al encuentro de Jesús y los Evangelios

Resumen

1. La esencia del evangelio como se predica incluye el ofrecimiento divino de salvación; la vida, muerte y resurrección de Jesús; y el llamado de fe a la luz del juicio venidero.
2. Testigos presenciales fueron quienes preservaron los primeros materiales de los Evangelios.
3. Los cristianos comenzaron a reunir información acerca de Jesús, que incluía las profecías del Antiguo Testamento sobre el Mesías y lo que dijo e hizo Jesús.
4. Justino Mártir describió los Evangelios en sus escritos del año 155 d.C.
5. El propósito principal de los Evangelios es llamar a las personas a la fe.
6. Los Evangelios se pueden describir mejor como biografía.
7. Fue necesario escribir los Evangelios porque era imposible diseminar el mensaje rápida, amplia y confiablemente solo mediante la palabra hablada.
8. Los Evangelios son confiables porque se escribieron mientras aún estaban vivos aquellos que conocieron a Jesús, porque están directamente vinculados con los apóstoles y porque Dios guió a los escritores.

Personaje clave

Justino Mártir

Términos clave

evangelio
kerigma

historia de quién fue y qué hizo Jesús. Sin embargo, ¿por qué surgieron en esa época particular? ¿Por qué no fue suficiente pasar la Palabra de boca en boca, de una generación a otra y de un lugar a otro?

Una de las razones principales de la necesidad de escribir el evangelio fue la rapidez y el alcance de la divulgación del mensaje evangélico. Habría sido sencillamente imposible para la Iglesia extender la Palabra solo por medios orales. En cuarenta años (en ese tiempo se habrían escrito al menos tres de los cuatro Evangelios) la Palabra de Dios había cruzado el Imperio Romano y muchos miles habían creído. Habría sido imposible para los apóstoles o para maestros acreditados, viajar a través de aquella vasta área, y a todas sus remotas regiones, donde podían encontrarse creyentes y allí hablarles la Palabra personalmente. La historia escrita de Jesús puede ir y ser leída por grupos e individuos. Los Evangelios se pueden leer una y otra vez, se pueden estudiar y memorizar, de modo que Cristo llegue a ser parte de quienes los lean.

Otra razón para haberse escrito los Evangelios era que mientras pasaba el tiempo los apóstoles envejecerían y saldrían de la escena. No tenemos hechos concretos para basarnos aquí, pero en el año 70 d.C. la mayoría había muerto por su fe. Había un sentido de urgencia de que el material se registrara antes de que desaparecieran los que mejor lo conocían.

Otra razón pudo haber sido que los creyentes primitivos se proyectaban al futuro. Creían sinceramente que Cristo retornaría pronto, ¿pero quién sabía cuándo? Si hubiera llegado casi inmediatamente no se habría necesitado escribir nada. Pero ¿quién sabría cuánto tiempo faltaba realmente? Con los años solo tuvo sentido registrar lo que se sabía de Jesús, de modo que pudiera recordarse de principio a fin, ya sea que fuera enseguida o mucho más tarde de lo esperado.

También es posible que empezaron a aparecer relatos irreales o tal vez distor-

El evangelio y los cuatro Evangelios

Preguntas de repaso

1. El corazón del evangelio es el mensaje de que _____ murió y resucitó para nuestra salvación.
2. El centro del contenido de la palabra predicada se llama _____.
3. El Nuevo Testamento registra _____ (cantidad) profecías del Antiguo.
4. Una de las razones para que Lucas escribiera su Evangelio es que sería un relato _____.
5. La más antigua descripción de los Evangelios se refiere a ellos como _____.
6. ¿Qué forma literaria describe mejor a los Evangelios? _____.
7. En el tiempo en que tres de los Evangelios se escribieron, la Palabra de Dios se extendió a través del _____.
8. De los cuatro Evangelios, ¿cuántos estaban vinculados directamente con los apóstoles? _____.

Preguntas de estudio

1. ¿Cuáles elementos de la vida de Jesús se incluyeron en la predicación del mensaje del evangelio en la iglesia primitiva?
2. ¿Cuál es la forma de «Evangelio»?
3. ¿Por qué se escribieron los Evangelios?
4. ¿Por qué se puede confiar en los Evangelios?

sionados. No estamos seguros de esto, pero si así fuera, esta sería otra razón para contar la verdad mientras se podía verificar.

Pero quizá la razón principal para escribir los Evangelios fue la necesidad de material objetivo, para utilizarlo en la instrucción de nuevos convertidos. Y no fue mucho antes que casi todo individuo que se convertía a la nueva fe llegaba sin ningún conocimiento sobre quién era Cristo. Era necesario instruirlos en los hechos básicos de la vida de Jesús. Debían conocer la historia del AT y las profecías, el nacimiento de Jesús, su prédica, sus milagros, sus sanidades, sus enseñanzas, su triunfo sobre los demonios, algunos de sus viajes y los hechos relacionados con su aflicción, muerte y resurrección. Estos nuevos creyentes se convirtían en «cristianos», es decir, seguidores de Cristo. Era indispensable que se les enseñara quién fue Jesús, de modo que pudieran llegar a ser discípulos como los que lo habían seguido en Galilea.

Veracidad de los Evangelios

Por estas y quizás otras razonas, se escribieron los cuatro Evangelios. Muchos hoy resaltan a tal grado el elemento humano de producción que los Evangelios parecen ser poco más que ficción piadosa. Pero recordemos tres aspectos de este proceso.

Primero, se hicieron mientras aún existían los que conocieron a Jesús y la información se podía rastrear hasta ellos, porque lo habían dicho o lo habían escrito. Segundo, de acuerdo a la mejor evidencia disponible de los primeros años de la Iglesia, tres de los cuatro Evangelios están conectados directamente con los apóstoles; el cuarto, Lucas, por su propio testimonio (Lc 1.1-4) dependía de los testigos y de los que habían conocido a Jesús desde el principio. Mateo y Juan eran apóstoles, y Marcos se valió de los recuerdos del apóstol Pedro. Todos los cuatro Evangelios se derivan de la vida misma de Jesús.

Tercero, no olvidemos que Dios tiene su mano en todo esto. Parte de la fe cristiana es saber que Él actúa en los asuntos humanos y ha hecho que los pueblos conozcan su voluntad. Jesús y los apóstoles aceptaban el AT como la Palabra inspirada de Dios, y la iglesia primitiva atribuía a Jesús el mismo tipo de inspiración. Lo que dijo era tan cierto como el AT, porque Él era la Palabra de Dios, como también el AT era Palabra de Dios. Era solo cuestión de tiempo antes de que se dieran cuenta de que lo que los apóstoles habían escrito acerca de Jesús también era verdad, y con el tiempo los escritos de Pablo (como un apóstol) también se reconocieron como Escrituras igualmente que el AT y los relatos de las palabras y la vida de Jesús (2 P 3.15-16). Los cristianos creen que los relatos de la vida de Jesús en los Evangelios son ciertos, no solo porque se pueden juzgar como inherentemente probables por los historiadores sino porque la mano guiadora de Dios se encuentra detrás de ellos, asegurando su veracidad. Los santos hombres de Dios «hablaron siendo inspirados por el Espíritu Santo» (2 P 1.21; 2 Ti 3.16), y así lo hicieron los santos hombres que escribieron en NT.

Lecturas relacionadas

Ernesto Trenchard, *Introducción al estudio de los cuatro evangelios*, Literatura bíblica, Seaton, Devon, Inglaterra. Un claro y conciso estudio sobre los cuatro Evangelios, comenzando con una pequeña introducción general hasta la muerte, resurrección y ascensión de Cristo. Trenchard asume una clara posición ortodoxa en este libro y analiza la vida de Cristo en forma muy bíblica.

A.T. Robertson, *Una armonía de los cuatro Evangelios,* Casa Bautista de Publicaciones, El Paso, TX. Su autor declara que este texto es «un libro esencial para quien desee estudiar la vida de Jesucristo». Comienza con Marcos, sigue con Mateo, Lucas y culmina con Juan, que según Robertson es el orden cronológico correcto.

Wezley Matzigkeit, *Un paralelo de los Evangelios sinópticos con referencias a Juan*, Casa Unida de Publicaciones S.A., México D.F. Un estudio detallado de los pasajes del evangelio, que usa como texto base el orden en que aparecen en el NT. Es un libro técnico útil para estudiantes serios del evangelio y para quienes indagan la cronología de cada pasaje en la vida de Jesús. Al final del libro el autor incluye el evangelio completo de Juan y lo compara con los sinópticos.

Wolfgang Trilling, *El verdadero Israel: Teología en Mateo,* Ediciones Fax, Madrid, España, 1974. Un serio análisis de Mateo en sus conceptos griegos, traducidos al español, para interpretar a Mateo con fidelidad. Usa una transliteración de frases hebreas para dar mayor sentido a la traducción.

Alessandro Pronzato, *Un cristiano comienza a leer el Evangelio de Marcos*, Ediciones Sígueme, Salamanca, España, 1982. Contiene inéditas ideas sobre Marcos (el autor del Evangelio) a modo de biografía. Luego recorre los textos bíblicos comentándolos en forma breve y concisa, pero profunda.

Josef Schmid, *El Evangelio según San Lucas*, Editorial Herder, Barcelona, España 1981. Comentario de la vida de Jesús, desde su nacimiento, ministerio público y pasión, hasta su gloriosa ascensión.

José Flores, *El texto del Nuevo Testamento,* Editorial Clie, Barcelona, España, 1977. Este libro no analiza los pasajes de los Evangelios sino que los rodea al texto. Por ejemplo: lenguajes del Nuevo Testamento, traducción, historia, crítica y mensaje de los evangelistas. Además, cómo evoluciona la Biblia en el primer siglo y algunas versiones populares que compara a los originales.

4 El Evangelio de Mateo
¡El Mesías ha venido!

Bosquejo

- Autor
- Fecha
- Lugar en que se escribió
- Bosquejo
- Propósito y características
- Jesús el cumplimiento del propósito de Dios
- Jesús el Salvador de Israel y del mundo
- Jesús la autoridad suprema
- Jesús el maestro, predicador y sanador
- Los seguidores de Jesús y la Iglesia
- Conclusión

Objetivos

Después de leer este capítulo, usted podrá

- Enumerar los pros y contras relacionados con la autoría de Mateo
- Discutir la fecha de Mateo
- Hacer un bosquejo del contenido de Mateo
- Utilizar referencias bíblicas para apoyar la idea de que Dios estaba involucrado en los sucesos relacionados con la vida de Jesús
- Enumerar las áreas en que Jesús tuvo autoridad suprema
- Ilustrar con la Biblia que Jesús fue maestro
- Describir las maneras en que Jesús fue tanto predicador como sanador

Moneda de César Augusto. Mateo fue cobrador de impuestos, que era un oficio despreciado porque los impuestos se pagaban a las autoridades romanas.

Casi todos somos expertos en dejar que las palabras nos entren por un oído y salgan por el otro. Esta habilidad puede ser útil para algunos, pero no para el estenógrafo judicial. De algún modo esta persona debe aprender a absorber las palabras con la punta de los dedos. Parece casi imposible. ¿Cómo puede uno sentarse frente a una pequeña máquina de teclado numérico y capturar cada palabra del testimonio que el juez permite? En cierto modo es el equivalente humano de una grabadora.

Mateo, el autor del primer evangelio, no era una grabadora humana. Su tarea era mucho más complicada que la de un estenógrafo judicial. No es que su relato sea incorrecto. Más bien se diría que la exactitud fue solo el primer paso. Como discípulo personal de Jesús, Mateo resalta ciertos aspectos del ministerio de su Maestro que únicamente él podía visualizar. Mateo organiza sus datos para demostrar que en verdad Jesús cumplió el designio de Dios al dar un salvador tanto a Israel como al mundo entero. No solo esto, sino que en todas partes se muestra a Cristo en control, aunque sin dejar de lado su compasión y preocupación por instruir y redimir a sus seguidores. Mateo no era un estenógrafo judicial. Entregó a la Iglesia algo más y mejor que una mera transcripción de la vida y las palabras de Cristo.

Autor

Hasta tiempos recientes, la única persona sugerida como el autor del primer Evangelio era el apóstol Mateo. Todos los padres de la Iglesia, IRENEO, ORÍGENES y EUSEBIO lo atestiguan, y citan las primeras fuentes. Hubo cierta discusión de estos primeros escritos en relación con la naturaleza precisa de lo que Mateo escribió y de la lengua que utilizó (arameo, hebreo o griego), pero nunca se dudó de que él fuera el escritor. El título «según San Mateo» se encuentra en la mayoría de manuscritos griegos, pero no es absolutamente seguro de que esto se relacione con el documento original. Estudios recientes de Martin Hengel indican con mucha certeza que desde el mismo comienzo los títulos de los Evangelios incluían el nombre de cada autor.[1] En todo caso, los títulos o sobrescritos que conocemos no son posteriores al 125 d.C. El nombre de Mateo estaba unido al primer Evangelio desde tiempos muy antiguos.

Sin embargo, desde la aparición de los estudios críticos (véanse los caps. 10-12), un gran número de eruditos del NT negó a Mateo la autoría. Entre las razones para esto están: Mateo nunca reclama ser el autor, por lo que técnicamente el libro sería anónimo; como refleja un período posterior en la historia de la Iglesia, *no pudo* haber sido escrito por Mateo; se hace uso de un Evangelio escrito por alguien que no fue apóstol (Marcos), y es improbable que un apóstol hubiera hecho esto; no tiene la «sensación» que debe poseer el relato de un testigo. No se nombra a nadie como autor posible, pero las sugerencias incluyen a un rabino convertido, un judío cristiano, un maestro escolar provincial, un cristiano helenístico e incluso una «escuela» o una iglesia. Desde un punto de vista, el mensaje de Mateo no se cambia si este no fuera el autor. Pero las selecciones alternativas son pura especulación. Quienes estuvieron más cerca y lo conocieron mejor designaron al apóstol Mateo como el autor. No

Monedas de Herodes el Grande, 40-4 a.C.

Dónde se escribió

Hay dos localidades que pueden ser lugar de origen (o de destino; sería lo mismo si Mateo se hubiera escrito para creyentes locales). Siria, o Antioquía de Siria en particular, y Palestina. La mayoría de los eruditos están a favor de uno de estos dos sitios. Se sugiere la primera por supuestas afinidades con algunos trabajos posteriores como las cartas de Ignacio y la *Didaque*, que se identifican con Antioquía de Siria. La posición de Antioquía como centro del cristianismo primitivos lleva a otros a considerarla como punto de origen de tan importante documento de la Iglesia.[7] El segundo, Palestina, se propuso debido al sabor judío del Evangelio como un todo, y porque parece haber sido escrito para los judíos. También se ha sugerido Cesarea, Fenicia y Alejandría, pero pocos apoyan esta hipótesis. Al considerarlo todo parece que Antioquía es la candidata más probable, aunque Palestina difícilmente puede dejarse a un lado.

existe ninguna razón que obligue a rechazar el testimonio de estas personas.[2]

Fecha

Determinar la antigüedad de su Evangelio es, para los que niegan a Mateo como autor, en gran parte un asunto de considerar cuán desarrollado se considera que está el proceso de redacción (editorial) y cuán avanzadas son las ideas teológicas. Porque se considera que Mateo depende de Marcos, y se cree que este último fue escrito entre el 65 y 70 d.C., se coloca a Mateo entre el 80 y 100 d.C. Paul Minear lo sitúa en el 110 d.C.[3] Otros lo fechan antes, incluso a veces antes del 50 d.C. John Wenham[4] y John A.T. Robinson[5] han intentado una reestructuración exhaustiva del asunto, cuestionando fechas anteriores para todos los libros del Nuevo Testamento. Wenham pone la fecha de Mateo en 40 d.C.[6] No existe una razón firme para que no sea cierto, pero tampoco es necesario que sea tan pronto. Lo que si esta muy claro es que fue escrito antes de la caída de Jerusalén en el 70 d.C.

Bosquejo

En el bosquejo de un libro se deben considerar la autoría, la fecha, el lugar del escrito y el propósito. Como sobre este tópico hay muchas y diversas teorías, no nos sorprenda que se encuentren diferentes bosquejos sugeridos. Este se basa en la premisa de que Mateo es el autor y que uno de sus propósitos fue presentar la vida de Jesús; no necesariamente como una biografía en el estricto sentido de la palabra sino la vida de Él como Mateo la recordaba. Por esto los hechos básicos de la vida de Jesús forman la sustancia del bosquejo, que se da junto con líneas geográficas y con énfasis en Jesús como maestro y predicador.

I. **Nacimiento y preparación de Jesús** (1.1–4.16)
   A. Nacimiento e infancia de Jesús (1.1–2.23)
   B. Preparación para el ministerio (3.1–4.16)

II. **Ministerio público de Jesús en Galilea** (4.17—16.20)
   A. Jesús comienza su ministerio

público (4.17-25)
  B. Enseñanza de Jesús sobre discipulado (5.1–7.29)
  C. La autoridad de Jesús manifestada (8.1–9.34)
  D. Ministerio de los discípulos (9.35–11.1)
  E. El ministerio de Jesús recibe diversas respuestas (11.2–12.50)
  F. Parábolas de Jesús acerca del Reino (13.1-53)
  G. La enseñanza y las parábolas de Jesús reciben diversas respuestas (13.54–16.20)

III. **Ministerio privado de Jesús en Galilea** (16.21–18.35)
  A. Enseñanza sobre la misión de Jesús (16.21–17.27)
  B. Enseñanza sobre las relaciones entre los seguidores de Jesús (18.1-35)

IV. **Ministerio de Jesús en Judea** (19.1–25.46)
  A. Enseñanza en el camino a Jerusalén (19.1–20.34)
  B. Llegada a Jerusalén (21.1–22)
  C. Confrontaciones en Jerusalén (21.23–23.39)
  D. Enseñanzas de Jesús acerca del futuro (24.1–25.46)

V. **Pasión y Resurrección de Jesús** (26.1–28.20)
  A. Preparación para la pasión (26.1-46)
  B. Arresto y juicio de Jesús (26.47–27.26)
  C. Crucifixión de Jesús (27.27-56)
  D. Sepultura y resurrección de Jesús (27.57–28.20)

Propósito y características

Mateo, a diferencia de Lucas y Juan, no declara su propósito, y así deja que el lector determine cuáles son los propósitos básicos. Esto solo puede hacerse mediante una lectura cuidadosa del material, fijándose en las características que sobresalen. Algunas son obvias y en ellas concuerdan la mayoría de los comentaristas. Otras no lo son, especialmente si se basan en alguna teoría altamente especializada con respecto a la estructura de Mateo. Algunas de las más especializadas entienden al Evangelio como un leccionario cristiano (lecturas anuales para la Iglesia), un midras (comentario expandido), un manual de instrucción para la Iglesia, o quizás una biografía grecorromana modificada. En realidad hay mérito en algunas de estas ideas, pero son solo conjeturas. Un uso muy rígido de ellas podría restarle valor a lo que Mateo en verdad intenta decir. Fundamentalmente, él escribió su Evangelio para preservar lo que sabía de la vida y palabras de Jesús. Este fue su propósito básico, al igual que cada escritor de los Evangelios. Quiso asegurarse de que la verdad de Jesús nunca se perdiera. A fin de lograr esto él enfocó en ciertos asuntos específicos que para él eran la esencia de lo que significaba.

Jesús, el cumplimiento del propósito de Dios

Mateo enfatiza que la venida de Jesús no es otro hecho histórico. Es el acontecimiento supremo de la historia, planeado y profetizado por Dios siglos antes de que ocurriera. En verdad cada circunstancia que rodeó el nacimiento, la vida, enseñanza, muerte y resurrección de Jesús se ve como cumplimiento de la profecía (p.ej. 1.22; 2.15,17,23; 4.14-16; 8.17; 12.17; 13.35; 21.4; 26.53-54; 27.9). Jesús vino a cumplir el destino que Dios le trazó desde mucho antes.

La vida de Jesús no solo se estipuló proféticamente; cuando llegó el tiempo de su venida, Dios estaba involucrado de modo activo en los sucesos que constituyeron la vida de Jesús. Dios se involucró para asegurarse que todo se desarrollara según el plan. Comenzó con el nacimiento divino de Jesús en la virgen María (1.18). Luego a través de su ángel Dios habló a José en un sueño (1.20); después advirtió a los **magos** no regresar donde Herodes (2.12); envió a la familia santa a EGIPTO para escapar del edicto de Herodes (2.13) y luego a GALILEA (2.22); en el bautismo de Jesús, Dios le proclamó su divinidad mediante una voz celestial (3.17); el Espíritu Santo guió a Jesús al desierto para ser tentado por el diablo (4.1)

El Evangelio de Mateo

Por medio de su ángel, Dios habló a José en un sueño y envió a la sagrada familia a Egipto para escapar de la ira de Herodes.

y luego los ángeles lo ministraron cuando todo pasó (4.11); Jesús llama revelación directa de Dios a la confesión de Pedro de que Jesús era el Hijo de Dios (16.17) y en la transfiguración de Jesús la voz de Dios nuevamente afirma a Jesús como su Hijo (17.5); ocurrieron hechos sobrenaturales en la muerte de Jesús (27.51-53) y Dios lo levanta de los muertos (28.2-7). Dios no solo estaba con Jesús en todas estas maneras tan extraordinarias sino que en realidad Jesús era también Dios con nosotros (1.22-23).

Jesús, el Salvador de Israel y del mundo

Jesús vino como el cumplimiento de la escritura profética de Israel, pero también como cumplimiento del mismo Israel, de todas sus esperanzas y sueños. Mateo presenta a Jesus a sus lectores como «Jesucristo Hijo de David, hijo de Abraham» (1.1). Así como Abraham inició la nación que formó el pueblo de Dios, Jesús la completó; así como David gobernó la nación, Jesús reinaría desde su trono sobre todo Israel (2.6; 19.28). Para Mateo, el Dios de Israel es el verdadero Dios y cuando Jesús realizaba sus milagros, la gente se maravillaban y glorificaban a Dios (15.31). La misión de Jesús es para con Israel (10.6; 15.24) y Él salvaría a su pueblo de sus pecados (1.21), los ministraría como siervos escogidos de Dios (12.15-21), cumpliría toda su ley (5.17) y sería para Israel algo que nunca habían visto antes (9.33). Para Mateo, el título de «Mesías» (o «Cristo») lo sintetiza todo (1.17; 26.63-64). Jesús era el que había de venir; no habría otro. Él es la Palabra decisiva de Dios para su pueblo.

Además Mateo enfatiza que Jesús vino también a ministrar a los gentiles, y en que estos tienen un sitio central en el Reino de Dios. Los primeros en reconocer a Jesús en Mateo fueron gentiles (los magos; 2.12). Cuando Herodes amenazó la vida de Jesús, Él y su familia escaparon a territorio gentil (Egipto; 2.13-15). Se exalta la fe de un centurión gentil como una clase de fe que no existe en Israel (8.10). Muchos (gentiles) vendrán del oriente y occidente para sentarse con los patriarcas (hebreos antiguos (8.11-12). La extraordinaria fe de la mujer cananea (gentil) se recompensa con la sanidad de su hija (15.21-28). La parábola de los labradores malvados señala claramente a personas renovadas que darían fruto, mientras que los terratenientes originales (simbolizando la testarudez de Israel) son

Enseñanza apostólica en Mateo y los otros Evangelios

Ahora Mateo también publicó un libro del evangelio entre los hebreos en su propio dialecto, mientras Pedro y Pablo estaban fundando la Iglesia y predicando el evangelio en Roma. Después de que hubieron partido, Marcos, el discípulo e interprete de Pedro nos transmitió también por escrito las prédicas de Pedro. También, Lucas, el seguidor de Pablo, escribió en un libro el evangelio que predicara este último. Después Juan, el discípulo del Señor que también aprendiera sobre su pecho, publicó de igual modo un evangelio mientras residía en Éfeso, Asia.

Todos nos han transmitido la doctrina de que hay un solo Dios, creador del cielo y la tierra, proclamado por la Ley y los Profetas, y un solo Cristo, el Hijo de Dios. Cuando un individuo no expresa su conformidad con estas doctrinas rechaza a los seguidores del Señor; rechaza aun a Cristo, el Señor mismo; en realidad también rechaza al Padre y voluntariamente se condena, resiste y pelea contra su propia salvación; tales cosas hacen los herejes.

—Ireneo (ca. 125/140-200 d.C.)

rechazados (21.33-45). Mateo finaliza el Evangelio con el mandato de Jesús de ir y discipular a las naciones (el mundo, que también puede traducirse como «gentiles»), bautizándolos en el nombre del Padre, del Hijo y del Espíritu Santo (18.18-20). El tema principal de Mateo es injertar a los gentiles al pueblo de Dios.

Jesús, la autoridad suprema

A lo largo de Mateo se da constante énfasis al inherente poder supremo y autoridad de Jesús (28.18). Nada puede oponerse en su camino, y sus acciones y palabras dan confirmación instantánea a todo lo que tenga contacto con Él.

Su autoridad era suprema:
- sobre las personas (4.20,22)
- sobre la parálisis y el sufrimiento (8.6,13)
- sobre el dolor y la enfermedad (9.22; 14.35,36)
- sobre la ceguera (9.30)
- sobre la lepra (8.3)
- sobre el viento y el agua (8.23-27)
- sobre el templo (12.3-6)
- sobre el pecado (9.2)
- sobre los demonios (8.31-32; 15.28)
- sobre la naturaleza (21.18-19)
- sobre la historia (26.64)
- sobre los destinos de los individuos y todos los seres humanos (7.21-23; 11.27; 13.40-43)
- sobre su propio destino (16.21; 20.17-19; 26.45-46)
- sobre su misión en la tierra (10.1)
- sobre el espacio, el tiempo y el futuro (18.19-20; 28.20)

La reacción natural de las personas a la autoridad divina de Jesús, tanto antes como después de su resurrección, fue seguir y adorarle (8.1; 14.33; 28.9,17). Pero Mateo también resalta la compasión de Jesús al confrontarse con la necesidad humana (9.36; 14.14; 15.32; 20.34). Su autoridad no era de poder despótico sino de amor divino; utilizada para aliviar el sufrimiento humano, no para imponer un deseo impersonal o arbitrario.

Mateo también hace uso de títulos o comentarios que, o fueron usados por Jesús o fueron usados por él mismo para resaltar la autoridad suprema del Maestro. Él es el Señor del sábado (12.1-8); el Hijo del Hombre que vendría para gobernar y juzgar (24.29-31); la revelación esencial de Dios (11.27); el Hijo de Dios (3.17; 14.33; 16.16; 17.5); el dador de reposo para los cansa-

Jesús enseñó en muchos lugares diferentes, incluyendo el Monte de los Olivos en las afueras de Jerusalén (Mt 24.3—25.46).

dos del mundo (11.28-30); y un hombre de sabiduría y poder milagroso (13.54).

Jesús, el maestro, predicador y sanador

Para Mateo, Jesús es *el* Maestro, como se llama a sí mismo (10.24-25; 23.10) y como lo llaman otros (8.19; 19.16; 22.16,24,36; 26.18). Dedicó su ministerio público a la instrucción. Aprovechó toda oportunidad para crear una comprensión más profunda de Dios. Enseñó en las granjas y aldeas de Galilea (9.35; 11.1); en JUDEA y a lo largo del Jordán (19.1-3; cf Mc 10.1); en el camino a Jerusalén (20.17-19); en el MONTE DE LOS OLIVOS (24.3–25.46); en las cortes de los templos (21.23); en sinagogas (4.23; 13.54) y en casas (13.36-52); en campos de espigas (12.1-8); en montes (5.1-2); desde una barca (13.1-3); los fines de semana y el día de reposo (26.55). Jesús tenía compasión por los descarriados. Los veía como ovejas sin pastor, atormentados y desvalidos, como una gran mies con escasez de obreros (9.36-38). A menudo las multitudes se asombraban y admiraban sus enseñanzas (7.28; 13.54; 22.33); los líderes religiosos se indignaban (26.1-4), porque enseñaba con autoridad (7.28-29). El Evangelio termina con el mandato de Jesús a sus discípulos de ir a todas las naciones y enseñarles que obedecieran todo lo que Él había enseñado (28.19-20). El ministerio de la enseñanza de Jesús no ha terminado.

Como predicador, Jesús tenía el ministerio profético de exponer la Palabra de Dios, con un llamado al arrepentimiento, una advertencia sobre el juicio venidero de Dios sobre el pecado, anunciando la llegada del Reino de Dios (4.17) y proclamando el fin de este mundo con su gloriosa Segunda Venida (24-25).

Como sanador, Jesús liberó a la gente de ataduras físicas y espirituales, restaurándoles la salud y expulsando demonios. Hay varias síntesis de las actividades sanadoras de Jesús que hablan de su gran poder sobre el dolor, sufrimiento, enfermedad, malestar, epilepsia, parálisis, posesión demoníaca, cojera, ceguera, mudez y miembros lisiados (4.23-25; 9.35; 14.34-36; 15.29-31; 21.14). También hay ejemplos de sanidad individual que ilustran las categorías citadas y muestran el interés de Jesús por los que sanaba. Cuando la tarea era muy grande para una persona Jesús enviaba a sus discípulos, llenos con su propia autoridad, «sobre los espíritus inmundos, para que los echasen fuera, y para sanar toda enfermedad y toda dolencia» (10.1). Mateo veía esto como el cumplimiento de la profecía de Isaías (8.16-17; Is 53.4) y otros profetas.

Los seguidores de Jesús y la Iglesia

Mateo es el único Evangelio que menciona a la Iglesia por nombre. En CESAREA DE FILIPO, después de la gran declaración de Pedro sobre Jesús como el Mesías, este dice que levantará su Iglesia sobre la roca sólida de su naturaleza mesiánica y que las puertas del Hades no prevalecerán contra ella. También en representación de todos los discípulos entrega a Pedro las llaves simbólicas del cielo para confirmar la entrada o restringirla (16.17-19), una autoridad especialmente conferida sobre todos los apóstoles tanto aquí como en 18.18. Luego Jesús da instrucciones para tratar las disputas dentro de la Iglesia, incluyendo la expulsión si el ofensor se niega a recibir las amonestaciones de la comunidad de los cristianos (18.15-17).

Mateo también relata largos segmentos de las instrucciones de Jesús para sus seguidores. Algunos comentaristas sugieren que Mateo veía a Jesús como un nuevo Moisés con una nueva «ley» para su pueblo, puesto que las instrucciones pueden agruparse en cinco grandes secciones y todas terminan con la misma fórmula estilizada: «cuando Jesús terminó de decir estas cosas» (7.28; 11.1; 13.53; 19.1; 26.1). Las cinco secciones podrían estar unidas a un nuevo «pentateuco» (5-7; 10; 13; 18; 24,25). Sea esto cierto o no, Mateo presenta con seguridad a Jesús como el fundador de la Iglesia, el verdadero Israel (16.18). Sus palabras son para guiar al pueblo de Dios que vive en el Reino de Dios.

Personajes y lugares claves

Antioquía (Siria)
Cesarea de Filipo
Egipto
Eusebio
Galilea
Ignacio
Ireneo
Judea
Monte de los Olivos
Orígenes
Siria

Término clave

magos

Enfoque 4: ¿Tentado?

¿Ha sido tentado o atraído a hacer algo malo por una promesa de placer o ganancia? Si no le ha ocurrido, ¡usted es poco común! Desde el principio del tiempo las personas han tenido tentaciones. Aun Jesús fue tentado como nosotros. Su respuesta a la tentación establece un modelo para todos nosotros. Evalúe sus respuestas ante estas clases de tentación y compárelas con las respuestas de Jesús y de Eva.

Tentación	Eva	Jesús	Usted
Atracción hacia el apetito físico	Puedes comer de cualquier árbol Gn 3.1	Puedes comer si conviertes piedras en pan Mt 4.3	Puedes comer si sacas comida escondida del supermercado
Atracción hacia ganancia personal	No morirás Gn 3.4	No tropezarás con tu pie en piedra Mt 4.6	Ganarás mucho dinero fácil
Atracción al poder y la gloria	Serás como Dios Gn 3.5	Tendrás todos los reinos del mundo Mt 4.8–9	Puedes ser miembro de la junta

Conclusión

Mateo escribió para mostrar que Jesús es el cumplimiento de las promesas de Dios a Israel que venía como su Mesías y Redentor. Y como la promesa original a Abraham incluía la seguridad de que sus descendientes (Israel) serían una bendición para las naciones (los gentiles), también señala que Jesús vino para ser el Salvador tanto del mundo como de Israel. Para cumplir el propósito fundamental de Dios hacia todos los que confían en Él, Jesús se muestra como la única autoridad suprema, maestro, predicador y sanador. Las profecías del AT lo profetizaban; Jesús las cumplió. Pero Mateo vivió en la era de la Iglesia, después de la muerte redentora de Jesús, así que señala que también esto estaba en el plan de Dios. Jesús dijo que esta Iglesia se establecería y que el infierno no podría derribarla. Hoy vivimos en la época de esta Iglesia, con el apoyo personal de la presencia de Jesús, y esperamos el fin del siglo en que Dios culminará lo que comenzó con el Abraham de antaño.

Preguntas de repaso

1. Ireneo, Orígenes y Eusebio identificaron a _____ como el autor del Evangelio que lleva su nombre.
2. El erudito en NT _____ fijó la fecha del Evangelio de Mateo en el año 40 d.C.
3. Las tres localidades donde se sugiere que Mateo escribió son _____, _____, y _____.
4. El propósito de Mateo al escribir su Evangelio fue preservar la verdad sobre la vida y palabras de _____.
5. Todo acontecimiento de la vida de Cristo cumplió la _____ del AT.
6. Mateo hace a sus lectores la presentación de Jesús como el Hijo de _____ y el Hijo de _____, dos personajes del AT.
7. En relación con el pecado, los demonios y la naturaleza, Jesús fue _____.
8. Cuando Jesús estaba en la ciudad de _____ anunció que edificaría su Iglesia.

Preguntas de estudio

1. ¿Cuál fue el propósito básico de Mateo al escribir su Evangelio?
2. ¿En qué maneras cumplió Jesús la intención de Dios?
3. ¿Cómo resalta Mateo que Jesús es Salvador tanto de judíos como de gentiles?
4. ¿En qué maneras fue Jesús la suprema autoridad?
5. ¿De qué manera Mateo representa a Jesús como el Maestro?

Resumen

1. Mateo organizó su Evangelio para enfatizar cómo Jesús proveyó un salvador a Israel y al mundo.

2. Hasta hace poco Mateo era el único escritor sugerido para el Evangelio que lleva su nombre.

3. La fecha tradicional de Mateo lo coloca en un período previo al año 70 d.C.

4. Aunque el sabor judío del Evangelio de Mateo sugiere que se escribió en Palestina, la mayoría de los eruditos opinan que fue en Antioquía de Siria.

5. El propósito básico de Mateo al escribir su Evangelio fue preservar lo que conocía de las palabras y la vida de Jesús.

6. Mateo demuestra que la venida de Jesús fue el acontecimiento más importante de la historia y que cada circunstancia de su nacimiento, vida, enseñanza, muerte y resurrección fue el cumplimiento de la profecía.

7. Mateo enfatiza que Jesús es la última Palabra de Dios para su pueblo.

8. Mateo se enfoca en el poder inherente y suprema autoridad de Jesús.

9. Mateo resalta el hecho de que Jesús fue primeramente un maestro pero que también fue sanador y predicador.

10. Mateo es el único Evangelio que menciona a la iglesia por su nombre.

Lecturas relacionadas

Henry Matthew, «Mateo», comentario exegético, Editorial Clie, Barcelona, España, 1983. El autor presenta, versículo por versículo, una clara apreciación del contenido del Evangelio de Mateo. Comienza obviamente por dar a entender qué significa una genealogía para los judíos y prosigue analizando variados tópicos de este evangelio del Mesías.

Hans Ruedi Weber, *La invitación: misión cristiana según San Mateo*, Editorial CUPSA (Iglesia Metodista de EE.UU.), 1979. Este libro pretende ayudar a los creyentes a entender la forma en que Mateo da testimonio de Jesús, resaltando que Cristo llama a una misión a sus seguidores. Esta misión se revela en la vida de Jesús de Nazaret y principalmente en su gran comisión al final del Evangelio.

Roberto Jamieson, *Comentario exegético y explicativo de la Biblia*, Casa Bautista de Publicaciones, 1969. Comentario de un gran erudito de la Biblia, que analiza versículo por versículo lo que plantea Mateo. Primero hace un análisis de este publicano convertido a Cristo, para luego analizar su narración.

Alberto Benjamín Simpson, *Comentario al Evangelio de Mateo*, Editorial Clie, Barcelona, España, 1985. El fundador de la Alianza Cristiana y Misionera vierte sus opiniones sobre este Evangelio, haciendo hincapié en el papel de Rey que tenía Jesús. El nacimiento, comienzo, gloria y corona del Rey son los tópicos analizados por Simpson.

William Barclay, *Mateo I y II. Comentario al Nuevo Testamento*, Comentario La Aurora, Buenos Aires, Argentina, 1973. Barclay profundiza sus conceptos sobre el Evangelio de Mateo, dándole un acento devocional más que técnico a sus ponencias. Intenta llegar al corazón más que al conocimiento cerebral.

5 El Evangelio de Marcos
Hijo de Dios, siervo de todos

Bosquejo

- **Autor**
- **Fecha**
- **Lugar en que se escribió**
- **Bosquejo**
- **Propósito y características**
- **Naturaleza sobrenatural de Jesús**
  El misterio revelado de la divinidad de Jesús
  Confirmación por la reacción de las personas
- **Muerte y resurrección de Jesús**
- **Ministerio de Jesús como siervo**
- **¡Calla!**
- **Conclusión**

Objetivos

Después de leer este capítulo, usted podrá

- Presentar la posición de la iglesia primitiva sobre la autoría de Marcos
- Identificar dónde se escribió Marcos y explicar por qué se cree que este fue el lugar donde se escribió
- Delinear el contenido de Marcos
- Bosquejar las actividades misioneras que sobresalen en el Evangelio
- Dar ejemplos de cómo se ilustra en Marcos la divinidad de Jesús
- Identificar los principales ministerios de Jesús como lo narra Marcos
- Enumerar las tres clases de circunstancias en que Jesús ordenó silencio y las razones para cada una

La novela es una forma literaria muy conocida, pero leerlas consume mucho tiempo. Una alternativa popular es el cuento corto. Estos pueden dejarnos mucho del efecto de un gran libro sin exigir pesadas demandas de nosotros como lectores. Debido a que pueden leerse más rápido, pues pronto llegan a la conclusión, las historias tienen más oportunidad de captar una audiencia embelesada de principio a fin. En una novela larga existe el peligro de perderse o de perder el interés.

Si pensamos en Mateo (28 capítulos) y Lucas (24 capítulos) como cortas novelas históricas de la vida de Jesús, se podría denominar a Marcos (escasos 16 capítulos) como un largo cuento corto. El más conciso, vívido y en cierta forma emocionante de los Evangelios ha sido un poco rechazado en la historia de la Iglesia. Esto se debe en parte a la opinión universal que hubo hasta el siglo diecinueve, de que Mateo fue escrito primero, luego Lucas y al fin Marcos. En otras palabras, se suponía que Marcos solo condensó y a veces alargó lo que ya se había sido escrito. Parece que surgió una actitud como esta: ¿Por qué leer Marcos si en su lugar tenemos a Mateo o Lucas?

Pero con el surgimiento de los eruditos bíblicos modernos, Marcos ha llegado a ser uno de los Evangelios favoritos y una de las dos fuentes principales, postuladas por la teoría crítica, de la tradición del Evangelio. Es decir que la importancia de Marcos ha recibido el debido reconocimiento. En cierta forma, este es un desarrollo positivo, puesto que Marcos es una fuente muy valiosa para la vida de Jesús.

Autor

El único nombre designado al segundo Evangelio es el de Marcos. Existe testimonio inviolable que incluye a Papías, Ireneo, el Canon Muratori, Clemente de Alejandría, Tertuliano, Orígenes, Jerónimo y Eusebio, el historiador de la Iglesia que mostró bastante evidencia. Todo esto se fecha antes del 325 d.C. Hay una referencia bien conocida que tiene particular importancia. Es la declaración de Papías, que fue obispo de Hierápolis en Frigia durante los primeros años del siglo segundo. Eusebio lo cita así:

El presbítero (Juan el apóstol; vea más adelante) solía decir: «Marcos se convirtió en el intérprete de Pedro y escribió con exactitud todo lo que recordó, no necesariamente en el orden en que el Señor hizo o dijo las cosas. Él nunca escuchó al Señor ni lo siguió sino que siguió a Pedro, quien enseñaba según lo demandara la necesidad y sin hacer (como si se pudiera) arreglos de los oráculos del Señor, por lo que Marcos no cometió errores al escribir cada detalle según los recordaba. A lo que sí prestó atención fue a no dejar de lado nada de lo que escuchó y a no hacer ninguna falsa declaración».[1]

En la declaración de Papías se deben considerar seis aspectos:

1. Cita una fuente anterior «el **presbítero**», al que casi siempre se identifica como el apóstol Juan. Si es así, la declaración de Papías tiene la mayor autoridad posible.
2. Se nombra a Marcos como el autor del Evangelio.
3. Marcos se basa en el apóstol Pedro para esta información, porque él no fue testigo personal.
4. Marcos escribió lo que recordaba y comprendía, sin dejar nada de lado y sin hacer declaraciones falsas.
5. El escrito de Marcos es episódico, es decir, «señala puntos individuales».
6. Marcos no busca «orden» sino por exactitud.

Podemos resumir la posición de la iglesia primitiva de manera muy sencilla: Marcos narró los recuerdos de Pedro y procuró la exactitud, aunque no buscó un relato estrictamente cronológico.

La pregunta que surge es quién es este Marcos. Otra vez aquí los cristianos primitivos han hecho solo una sugerencia y esta es Juan Marcos, alguien que trabajó estrechamente con Pedro como para llamarlo su «hijo» (1 P 5.13). Era primo de Bernabé (Col 4.10); fue un viajero junto a Pablo y Bernabé (Hch 13.5), y era el hijo de una mujer acaudalada en Jerusalén (Hch 12.12-14). Aunque decepcionó a Pablo en su regreso a Jerusalén del primer viaje misionero (Hch 13.13), más adelante probó tan bien su valor, que Pablo dijo a Timoteo: «Toma a Marcos y tráele contigo, porque me es útil para el ministerio», (2 Ti 4.11).

Estudios recientes tienden a negar la autoría de Marcos. Pero no se ha encontrado nueva evidencia ni se ha sugerido

crítica de la forma

otro nombre. En muchos casos la razón para el cambio es el requerimiento teórico de la **crítica de la forma** de que las historias fluyan con libertad entre las comunidades, y que se reestructuren muchas veces de modo que el final de la historia sea el producto de varias manos anónimas. Esta teoría no puede en verdad permitir que un testigo o una sola mano sea la fuente de la mayor parte, sino toda, del material encontrado en el Evangelio. En consecuencia, se niega a Marcos la autoría del segundo Evangelio por razones dogmáticas, y no por históricas u objetivas.[2]

Fecha

Desde los primeros días de la Iglesia nos vienen dos testimonios que parecen contradictorios. Ambos se preservan en la *Historia Eclesiástica* (H.E.) de Eusebio, en la que Ireneo declara: «Después de la partida de (Pedro o Pablo) Marcos ... nos entregó por escrito lo predicado por Pedro» (H.E. V.8.2-4). Pero Eusebio también narra la afirmación de Clemente de Alejandría de que Marcos escribió en vida de Pedro (H.E.VI, 14.6-7). Estas declaraciones entrarían en conflicto solo si la palabra «partida» quiere decir muerte, lo que podría ser. Pero es muy probable que en realidad signifique solo «partida» y Marcos escribió mientras Pedro aún vivía, lo cual lo colocaría a principios de la sexta década, que es lo que sugiere A. Harnack.[3] W.C. Allen lo fecha alrededor de la quinta[4] y hace poco J.A.T. Robinson discutió que el primer borrador se escribió alrededor del 45.[5] John Wenham también está a favor del 45, pero manifiesta que es posible cualquier fecha entre el 44 y el 50.[6] Cualquier fecha dentro de este período (la cuarta a la sexta década), concuerda bien con la evidencia que tenemos.

Los que fechan el libro más tarde, tales como B.W. Bacon[7] o S.G.F. Brandon,[8] generalmente lo hacen al encontrar alusiones a hechos posteriores en el Evangelio, como la caída de Jerusalén en el 70 d.C. Cuando se examinan estas alusiones se descubre generalmente que son cuestionables.

Toda la evidencia externa señala a Roma como el lugar más probable para la redacción del Evangelio de Marcos.

Dónde se escribió

La evidencia externa señala a Roma como el sitio más probable de redacción. La evidencia interna señala la misma dirección.

Es claro que Marcos tenía en mente una audiencia gentil. Por eso explica las expresiones arameas que utiliza (3.17; 5.41; 7.11,34; 14.36; 15.34). También utiliza expresiones que reflejan el lenguaje latín o «latinismos» (p.ej. 12.42; 15.16). Se ha sugerido el origen galileo de Marcos, pero la evidencia no lo garantiza. El «judaísmo» de Marcos refleja al escritor y a su fuente (Pedro), y no tanto al lugar de origen.

Bosquejo

Se han indicado numerosos bosquejos para el Evangelio de Marcos. Este ve a Marcos enfocándose principalmente en la actividad kerigmática de Jesús. Está produciendo «un manual corto, conciso pero intenso de obra misionera, así como de enseñanza e instrucción cristiana que exige un compromiso absoluto con Cristo y a predicar su evangelio, sin importar cuánto se sufra».[9] Marcos resalta de manera dramática los mayores episodios de la vida de Jesús que prueban que es el Hijo de Dios, el gran siervo-predicador que anuncia el Reino salvador de Dios: el Reino de Dios.

I. **Prólogo temático: El Evangelio de Jesucristo, el Hijo de Dios** (1.1-15)
   A. Comienzo del evangelio (1.1)
   B. Juan el Bautista predica en el desierto (1.2-8)
   C. Bautismo de Jesús (1.9-11)
   D. Tentación de Jesús en el desierto (1.12-13)
   E. Principio de la proclamación de Jesús (1.14-15)

II. **Jesús invade el desierto y la ciudad con las buenas nuevas** (1.16–8.26)
   A. Ministerio inaugural de Jesús en Galilea (1.16–3.6)
   B. Ministerio itinerante de Jesús en Galilea (3.7–6.29)
   C. Retirada de Jesús al desierto más allá de Galilea (6.30–7.23)
   D. Misión gentil (7.24–8.10)
   E. Preguntas concernientes a señales y visiones (8.11-26)

III. **Jesús invade la ciudad hostil de Jerusalén** (8.27–15.47)
   A. Viaje a Jerusalén (8.27–10.52)
   B. Jesús confronta a Jerusalén (11.1–13.37)
   C. Jerusalén se opone a Jesús (14.1–15.47)

IV. **Epílogo incompleto** (16.1-8)

Propósito y características

El tema central de Marcos es la historia de Jesús de Nazaret, que es la verdad de todos los Evangelios. Marcos se preocupa de referir una descripción de quién fue Jesús y de su influencia en quienes tuvieron contacto con Él. Reconoció la identidad de Jesús como el Hijo de Dios, y lo resaltó a medida que desarrolla la historia de Jesús. El tema central del Evangelio de Marcos es la naturaleza sobrenatural de Jesús, por tanto comenzaremos con esto y luego también analizaremos otros temas.

Naturaleza sobrenatural de Jesús

Marcos comienza su Evangelio (1.1) con su propia confesión y termina con la confesión del centurión romano (15.39). Jesús no es un ser humano ordinario sino el Hijo de Dios. Miremos esta confesión como se revela en el Evangelio y luego observemos cómo la confirman las reacciones de quienes están alrededor de Jesús.

El misterio revelado de la divinidad de Jesús

Marcos empieza su Evangelio con una cita de los profetas: «Preparad el camino del Señor» (Is 40.3). El Señor viene y traerá el Espíritu Santo con Él (1.8). Se omiten todos los preparativos del nacimiento de Jesús y de sus primeros años, yendo rápidamente al bautismo de Jesús por Juan, donde el mismo Dios nos dice quién es Jesús: «Tú eres mi Hijo amado» (1.11). Las fuerzas sobrenaturales del maligno, los demonios, saben de inmediato quién es Jesús: Aquel que los destruirá, porque Él es el Santo de Dios (1.24). Jesús dijo magistralmente al paralítico en Capernaum: «Tus pecados te son perdonados», y luego leyó el corazón de sus críticos y les descubrió sus pensamientos (2.8-10). Más tarde los

Barcas pesqueras en el Mar de Galilea. Muchos incidentes en el Evangelio de Marcos se refieren a la importante industria pesquera.

fariseos se quejaron ante Jesús por las obras que hacía en el día de reposo solo para luego escuchar que «el Hijo del Hombre es Señor aun del día de reposo» (2.28). Doquiera que iba Jesús, los espíritus inmundos clamaban: «Tú eres el Hijo de Dios», pero Jesús los hacía callar.

Durante la tormenta en el mar, Jesús reprendió a las olas y los vientos. Lo único que los discípulos podían decir era: «¿Quién es este, que aun el viento y el mar le obedecen?» En la región gentil de los gadarenos, a Jesús lo llaman «Hijo del Dios altísimo» (5.7). Al regresar a territorio judío, de un simple toque sale poder de Jesús e instantáneamente sana a una mujer (5.27-30). Jesús resucita a la hija de Jairo (5.40-42), alimenta a cinco mil con cinco panes y dos peces (6.39-44), y camina en la noche sobre el agua (6.47-50). Más tarde la multitud confiesa: «Bien lo ha hecho todo» (7.37), pero la confesión de Pedro es más específica: «Tú eres el Cristo» (8.29). Esa confesión antecede la extraordinaria revelación de Jesús en la transfiguración sobre su propia e inherente divinidad. Otra vez Dios dice: «Este es mi Hijo amado» (9.2-7). Durante la última semana de la vida de Jesús, cuando se le preguntó acerca de la fuente de su autoridad, Él afirma que esta viene del cielo 11.27-33). En una confrontación con los celosos líderes religiosos, Jesús afirma ser el Hijo del Rey y la profetizada piedra del ángulo (12.1-12).

En otra confrontación, Jesús aturde a sus oponentes probando que el Señor de David es el Hijo de David, el Mesías (12.35-37), y Jesús reclama ser aquel Mesías. Cuando en su juicio le preguntan categóricamente: «¿Eres tú el Cristo, el Hijo del Bendito?», Él responde: «Yo soy; y veréis al Hijo del Hombre sentado a la diestra del poder de Dios, y viniendo en las nubes del cielo» (14.62). Cuando Pilato pregunta: «¿Eres tú el Rey de los Judíos?» Jesús responde: «Tú lo dices» (15.2). Finalmente en la crucifixión la historia termina donde empezó, con la confesión del centurión: «Verdaderamente este hombre era Hijo de Dios» (15.39).

Confirmación por la reacción de las personas

Con la notoria excepción de los líderes religiosos, todo el que tenía contacto con Jesús expresaba su realidad divina. Juan el Bautista retrocede al no considerarse digno de desatar el calzado de Jesús (1.7). Después de desafiar a Satanás en el desierto, Jesús permanece ileso entre las fieras y los ángeles le sirven (1.13). El llamado de Jesús provoca la respuesta inmediata de Pedro, Santiago, Juan y Leví (1.16-20; 2.14). La gente se asombra ante un exorcismo, puesto que Jesús habla con suprema autoridad (1.27). Luego, cuando un paralítico se sana, «todos se asombraron y glorificaron a Dios, diciendo: Nunca hemos visto

Nichos para estatuas grecorromanas labradas en la roca de Banyas, lugar de la ciudad de Cesarea de Filipo, donde Pedro hizo su confesión de Cristo (Mc 8.29).

tal cosa» (2.12). El poder de Jesús sobre la tormenta aterrorizó a los discípulos (4.41), y el levantar a la hija de Jairo asombró a todos (5.42) como lo hizo la sanidad del hombre sordo y mudo (7.37). Vez tras vez, la única respuesta era de asombro (6.2,51; 9.15; 10.24,26; 11.18; 12.17). Los discípulos se asustaron a tal punto que hablaban sin coherencia cuando Jesús se transfiguró y sus ropas resplandecieron muy blancas, luego habló con los ya finados Moisés y Elías (9.5-6). En su camino a Jerusalén los discípulos de Jesús estaban asombrados y temerosos con su presencia, mientras la multitud le seguía con temor (10.32); las intenciones de Jesús eran profundamente incomprensibles para ellos. Las palabras de Jesús deleitaban a la multitud (12.37) así como también acallaba a sus críticos, de manera que ni aun los expertos osaban hacerle más preguntas (12.34).

Todo ser y toda cosa reconoció que Jesús es divino— Juan el Bautista, los demonios, las enfermedades, los vientos y las olas, los discípulos e incluso el mismo Dios —pero no los líderes religiosos. El colmo de la ironía es que quienes deberían haber sido los primeros en ver la naturaleza sobrenatural de Jesús no estuvieron dispuestos a reconocerla. Reconocían el poder, pero lo atribuían al demonio (3.22). Marcos atribuyó su ceguera espiritual al propósito misterioso de Dios expresado por los antiguos (4.11-12; 7.6-7).

Muerte y resurrección de Jesús

Además de la divinidad de Jesús, Marcos enfatiza su muerte y resurrección. Por esto enfoca el ministerio de los hechos de Jesús y no solo sus palabras. La misma estructura del Evangelio lo muestra. Marcos ocupa diez capítulos en toda la vida de Jesús (como treinta años) y seis capítulos en solo su última semana. Es un Evangelio de acción. Jesús obra para traer el Reino de Dios, a la larga por su muerte y resurrección. Luego de insinuarlo (2.20) es visible cuando Jesús anuncia en términos muy específicos en Cesarea de Filipo qué le espera en Jerusalén (8.31,32). Lo repite por lo menos tres veces (9.9-12,30-31; 10.32-34) y explica: «Porque el Hijo del Hombre no vino para ser servido sino para servir, y para dar su vida en rescate por muchos» (10.45). En la última cena Jesús está consciente de su destino divino en la tierra al hablar de su abatido cuerpo y de su sangre: «El Hijo del Hombre va», dice, «según está escrito de Él» (14.21). Las últimas palabras del ángel a las temblorosas mujeres son: «¡Ha resucitado! ¡No está aquí! ... Va delante de vosotros a Galilea. Allí le veréis como os dijo» (16.6-7). La muerte de Jesús no fue un accidente; era el plan de Dios. Marcos lo desea enfatizar por el modo que acopló su Evangelio.

El Evangelio de Marcos

Enfoque 5: ¿Una casa de cambio o un templo?

Jesús se puso furioso cuando llegó al templo de Jerusalén solo para encontrar un bullicioso comercio en el patio de los gentiles, a donde estos tenían entrada. Caifás había autorizado un mercado donde se conseguían animales puros que se vendían para sacrificios rituales en el templo. Esto no era necesario, ya que habían mercados adecuados en toda la ciudad.

Además, a todos los judíos varones mayores de veinte años se les exigía el pago anual de medio siclo como impuesto para el templo. En Palestina circulaban tres monedas: la romana (dinero imperial), la griega (dinero provincial) y la tiriana (dinero local). Puesto que en las monedas romanas y grecas aparecían rostros humanos, y los judíos las consideraban idolátricas, no se podían utilizar para el impuesto del templo y se debían cambiar por monedas tirianas. Caifás entonces hizo del templo un banco. Para empeorar las cosas, se presentaban fraudes y extorsiones en las transacciones, a pesar de que a los cambistas se les permitía cobrar una pequeña suma.

Este patio de los gentiles se convirtió también en una vía pública de un extremo a otro de la ciudad, porque las personas llevaban sus mercancías por allí para acortar camino.

Jesús volcó las mesas de los cambistas y las sillas de los que vendían palomas, y no permitió a nadie usar el templo como vía pública.

Piense en esto
¿Qué pueden aprender de esto los templos de adoración modernos? ¿Qué conclusiones teológicas se pueden sacar del hecho de que Jesús se sintiera capaz de desafiar la autoridad del templo?

Ministerio de Jesús como siervo

El Hijo del Hombre escogió ser siervo (10.45). Marcos resalta dos aspectos de este ministerio de Jesús. Primero lo representa como maestro/predicador. No hay nada equivalente al Sermón del Monte (Mt 5-7) o a los discursos finales de Jesús (Jn 14-17) en Marcos, pero está muy claro de qué dice Marcos que Jesús es proclamador: que vino a enseñar lo que las personas deben conocer acerca de Dios (1.14-15,21-27,38; 2.2;

Esta foto del modelo a escala del templo muestra con claridad los patios que se utilizaban como centro de comercio.

Términos clave

crítica de la forma
presbítero

Personajes y lugares clave

Cesarea de Filipo
Clemente de Alejandría
Eusebio
Hierápolis en Frigia
Ireneo
Jerónimo
Jerusalén
Orígenes
Papías

3.13-14; 4.1; 6.2,6,34; 8.31 y muchos más). Jesús fue llamado «Maestro» por sus propios seguidores (4.38; 9.38; 13.1), por la multitud (5.35; 9.17) y hasta por sus enemigos (12.13-14).

Segundo, se describe a Jesús como un hacedor de milagros, con poder sobre la enfermedad y los demonios. Se llenaba de compasión cuando veía el sufrimiento en los que estaban a su alrededor. Pasó varias horas sanando sus enfermedades. Marcos da numerosos ejemplos de esto, pero con frecuencia se satisface al resumir mucho tiempo sanando o expulsando demonios de esta forma: «Cuando llegó la noche, luego que el sol se puso, le trajeron todos los que tenían enfermedades, y a los endemoniados ... Y sanó a muchos que estaban enfermos de diversas enfermedades, y echó fuera muchos demonios» (1.32-34; vea también 3.10-11 y 6.54-56). Cuando la tarea se torna demasiado grande, Jesús da autoridad a sus apóstoles sobre la enfermedad y los demonios y los enviaba. También ellos echaban fuera demonios y sanaban a los enfermos (6.12-13) mientras predicaban. La capacidad milagrosa de Jesús se extendía incluso a los mismos elementos creados. Esto espantaba a los discípulos (6.35-41). Después de la resurrección, cuando realmente comprendieron quién era Jesús, el terror dio paso a la alegría y el regocijo.

¡Calla!

Uno de los rasgos distintivos acerca del Evangelio de Marcos es el fuerte énfasis que pone cuando Jesús ordena a los que había sanado, o a quienes les había dicho alguna verdad profunda, de no revelarlo sino de permanecer callados. Este énfasis ha veces llamado «el secreto mesiánico» ha fascinado y confundido a intérpretes modernos de Marcos. Algunos incluso han hecho de esto el enigma para su comprensión de Marcos y la clave para entender su Evangelio.[10] Una lectura cuidadosa de Marcos revela que Jesús ordenó silen-

Preguntas de repaso

1. El Evangelio de Marcos contiene _____ capítulos.
2. Fuentes extrabíblicas escritas antes del año _____ atestiguan el Evangelio de Marcos.
3. Al escribir su Evangelio, Marcos no intenta tener una _____ de conexión.
4. Marcos obtuvo la información sobre Jesús del apóstol _____.
5. El Evangelio de Marcos se escribió para una audiencia de _____.
6. Marcos destaca partes de la vida de Jesús que prueban que Él es el _____.
7. El tema central del Evangelio de Marcos es la naturaleza _____ de Jesús.
8. El Evangelio de Marcos empieza y termina con una _____.
9. El único grupo que negó la naturaleza divina de Jesús fueron los _____.
10. Las acciones supremas del establecimiento del Reino de Dios fueron la _____ y _____ de Jesús.

cio en tres clases de circunstancias. En cada caso por una razón distinta.

Primero, en el exorcismo, los demonios reciben la orden de callar porque Jesús no deseaba que estos proclamaran testimonio de verdad, aunque dijeran la verdad. Jesús no quería que lo asociaran con ellos de ningún modo (1.32-34; 3.11-12). Sin embargo, después de sanar al hombre poseído, Jesús le dio instrucciones de regresar a casa y contar a todos lo que el Señor había hecho por él (5.19).

Segundo, en algunos casos, aunque no siempre, se ordenó a las personas que recibieron sanidad que no dijeran nada. En este caso el mandato era para librar de la presión de las multitudes al ministerio total de Jesús. Muchos buscaban a Jesús después de una sanidad, de modo que Él se veía obligado a pasar mucho tiempo solo en este aspecto de su ministerio. A veces casi no disponía de tiempo para orar. Por tanto, cuando viajaba por diferentes regiones procuraba dedicarse a predicar y enseñar antes de que las grandes y necesitadas multitudes lo buscaran para recibir sanidad física. Por eso pedía callar a los que había sanado (1.44; 5.43; 7.36). A menudo Marcos observa que de todos modos las personas hablaban, «de manera que ya Jesús no podía entrar abiertamente en la ciudad, sino que se quedaba fuera en los lugares desiertos; y venían a Él de todas partes» (1.45).

En el tercer ejemplo, Jesús pidió a sus discípulos permanecer callados acerca de

Preguntas de estudio

1. ¿Quién fue Marcos?
2. ¿Cuál es la época más probable en que se escribió el Evangelio de Marcos?
3. Describa cómo se desarrolla la divinidad de Jesús en Marcos.
4. ¿Cómo confirman las «personas» que Jesús es el Hijo de Dios?
5. ¿De qué maneras fue Jesús un siervo?
6. ¿Por qué ordenó Jesús a la gente que guardaran silencio sobre su identidad?

Resumen

1. El autor del Evangelio de Marcos fue Juan Marcos, quien trabajó con Pedro y registró sus recuerdos de la vida y obra de Jesús.
2. Lo más probable es que el Evangelio de Marcos se escribiera en Roma con una audiencia gentil en mente.
3. El tema central del Evangelio de Marcos es la historia de Jesús.
4. Marcos se enfoca en el misterio de la divinidad de Jesús, que empieza con su bautismo.
5. En el Evangelio de Marcos, la realidad divina de Jesús fue evidente para todos y todo, excepto para ciertos líderes religiosos.
6. Marcos resalta más el ministerio de Jesús que sus enseñanzas.
7. Jesús ordenó a muchos a quienes había ayudado o dicho algo importante que guardaran silencio acerca de Él.

su naturaleza mesiánica, porque ellos sencillamente no la entendían, lo que en efecto no sucedió sino hasta después de la resurrección (8.29-30; 9.9-10,31-32).

Conclusión

El Evangelio de Marcos es una vívida descripción de cómo Jesucristo, el Hijo de Dios, llevó a cabo el establecimiento del Reino de Dios. Él vino encarnándolo en todas las maravillosas cosas que hizo y enseñó. Estaba allí para que todos los vieran. Lo que lo ocultó de los ojos de las personas fue la dureza de sus corazones. El acto supremo de establecer el Reino de Dios fue la muerte y resurrección de Jesús. Allí los verdaderos enemigos de la humanidad, el pecado y la muerte, fueron derrotados para siempre. El Evangelio de Marcos invita a los lectores a compartir los frutos de esa victoria por fe en el resucitado Hijo de Dios.

Lecturas relacionadas

William Barclay, Marcos. *El Nuevo Testamento*, Editorial La Aurora, Buenos Aires, Argentina, 1974. Gran comentario devocional sobre la vida de Jesús en base al Evangelio de Marcos, que con un agudo enfoque nos lleva desde el Jesús del evangelio hasta nuestros días. Magnífico análisis de Marcos.

Henry Troadec, *Comentario a los Evangelios sinópticos*, Ediciones Fax, Madrid, España, 1972. Un detallado análisis de Marcos, comenzando con algunos preámbulos del tema, como por ejemplo: biografía de Marcos, lugar de este Evangelio entre los sinópticos, destinatarios, plan del libro, estilo del autor, etc.

Joachim Gnilka, *El Evangelio según San Marcos*, Ediciones Sígueme, Salamanca, España, 1986. Exégesis del segundo Evangelio en bloques de temas, no versículo por versículo. En primer lugar el autor enfoca su trabajo como un análisis, después como una interpretación y luego como un resumen crítico. Para los doctos en griego, en este libro abundan los pasajes que se remiten a tal lengua. Recomendable para quienes ya tienen cierto bagaje escritural o solidez bíblica.

Rudolf Schnackenburg, *El Evangelio según San Marcos*, Editorial Herder, Barcelona, España, 1980 (tercera edición). Sin apartarse de la objetividad bíblica, el autor presenta una visión nueva y sorprendente de las palabras y hechos de Jesús. Aplica además los principios de la historia al estudio concienzudo del Evangelio de Marcos.

Ernesto Trenchard, *Una exposición del Evangelio de Marcos*, Editorial Literatura Bíblica, Madrid, España, 1971. Luego de cada capítulo temático sobre Marcos, el autor presenta una seria intención didáctica al confeccionar varias preguntas para meditar y recapacitar. Avanza capítulo a capítulo por medio del desarrollo de profundos conceptos cristianos.

6 El Evangelio de Lucas
Un Salvador para todos

Bosquejo

- Autor
- Fecha
- Lugar en que se escribió
- Bosquejo
- Propósito y características
- La obra universal de Dios
- Jesús como Salvador del mundo
- Sucesos de la vida temprana de Jesús
- Papel de la mujer en el ministerio de Jesús
- Ministerio del Espíritu Santo
- Conclusión

Objetivos

Después de leer este capítulo, usted podrá

- Identificar las actividades de Lucas como personaje de su propio Evangelio
- Esbozar el contenido de Lucas
- Demostrar la naturaleza universal del trato de Dios con la humanidad
- Enumerar los acontecimientos de los primeros años de la vida de Jesús como los presentó este Evangelio
- Explicar cómo Jesús incluyó mujeres en su ministerio

«Ver para creer». Este es un dicho común, y a veces estamos tentados a pensar que nuestra era científica moderna es la más exigente en cuanto a buscar evidencias para respaldar las creencias. Por tanto nos sorprendería descubrir que el mundo antiguo era exigente de igual manera. Cada persona razonable deseaba saber qué era en realidad lo que se demandaba de ellos cuando aparecía una nueva enseñanza. Lucas, el autor del Evangelio que lleva su nombre, gastó mucho tiempo y esfuerzo en sacar a la luz tal evidencia para presentarla a Teófilo, el oficial romano que deseaba saber en qué consistía el cristianismo. Las líneas iniciales de su Evangelio revelan esto de modo sencillo:

> Puesto que ya muchos han tratado de poner en orden la historia de las cosas que entre nosotros han sido ciertísimas, tal como nos lo enseñaron los que desde el principio lo vieron con sus ojos, y fueron ministros de la Palabra, me ha parecido también a mí, después de haber investigado con diligencia todas las cosas desde su origen, escribírtelas por orden, oh excelentísimo Teófilo, para que conozcas bien la verdad de las cosas en las cuales has sido instruido (Lc 1.1-4).

En lugar de estar molesto con Teófilo por querer conocer los hechos, Lucas hizo la investigación necesaria para asegurarle la certeza y confiabilidad de las cosas que le habían enseñado. No solamente lo hizo con la vida de Jesús sino que continuó su tarea en un segundo volumen que trata de la iglesia primitiva que conocemos como Hechos de los Apóstoles (cf. Hch 1.1-2).

Un vistazo a Lucas 1.1-4 muestra que el procedimiento del Evangelio incluye los siguientes elementos:

- Recopilar información
- Verificar la evidencia
- Verificar las fuentes, en este caso los testigos y siervos acreditados de la Palabra
- Evaluación crítica
- Arreglo ordenado del material

Lucas pudo haber entrado en mayor detalle, pero esto era suficiente para describir el método que utilizó para reunir un relato de los orígenes cristianos.

Lápida de mármol de un médico griego que examina a un niño que tiene el vientre hinchado. Lucas recibió entrenamiento de médico.

Autor

La evidencia antigua, incluyendo a Ireneo, Clemente de Alejandría Tertuliano, Orígenes, Eusebio y Jerónimo afirma que Lucas, el compañero de viajes de Pablo, fue el autor de este volumen (Lucas-Hechos). Aun lo afirma el oponente temprano de la Iglesia, Marción, como lo muestra el prólogo antimarcionita de Lucas. Quienes rechazan este armonioso testimonio lo hacen en lo que perciben como evidencia interna, no externa. Ven señales de tardanza en el mismo Evangelio, discutiendo que refleja una época posterior a la muerte de Lucas, durante la que explotaron conflictos tanto teológicos como históricos entre Hechos y las cartas de Pablo. Si Lucas hubiera sido realmente el compañero de Pablo, esto no habría ocurrido. Aunque algo del material de Lucas-Hechos brinda ayuda limitada a estos argumentos, están muy lejos de ser decisivos y con seguridad no lo suficientemente fuertes para ser

Lucas y sus dos libros

En cuanto a raza, Lucas era de Antioquía, pero de profesión era médico. Puesto que estuvo mucho tiempo con Pablo y que su relación con el resto de los apóstoles no fue mala, Lucas nos dejó ejemplos de la terapia de almas que adquirió de ellos en dos libros inspirados: el Evangelio del cual testifica que también escribió según lo que le transmitieron quienes desde el principio fueron testigos oculares y ministros de la palabra. De estos también dice que los había seguido aun desde el principio. El otro libro se llama Hechos de los Apóstoles, que compuso con lo que había aprendido, no de oídas sino de vista. Sin embargo, se dice que Pablo acostumbraba referirse a su evangelio cada vez que decía (escribiendo como si se tratara de un evangelio suyo propio): «Según mi evangelio».

—Eusebio (ca. 265-339 d.C.)

mayor que el palpable testimonio de tres siglos de enseñanza de la Iglesia.[1]

¿Quién fue Lucas? La única información confiable viene del mismo NT. Lucas era un gentil muy instruido, un médico y amigo íntimo de Pablo (Col 4.14), que viajó mucho con Pablo y estuvo a su lado hasta el final de su vida, cuando aparentemente Pablo habría estado solo (2 Ti 4.11). Se pueden identificar con facilidad las secciones del libro de los Hechos en que Lucas llega a ser parte de su propia narrativa, puesto que cambia de «ellos» a «nosotros», incluyéndose en el grupo (16.10-17; 20.5—21.18; 27.1—28.16). Analizaremos esto con más detalle en los capítulos 14—16 de este libro.

Se menciona a Lucas en dos de las cuatro epístolas carcelarias, que probablemente fueron escritas desde Roma (Col 4.14; Flm 24). No sabemos dónde estaba Lucas durante los tres años, o algo así, entre el primero y segundo encarcelamiento de Pablo en Roma, pero está con Pablo hasta el final, justo antes de su muerte (2 Ti 4.11). Que el libro de los Hechos termina con la primera prisión de Pablo indica a algunos eruditos que Lucas intentó escribir un tercer volumen para cubrir el período entre esto y la muerte de Pablo. Aunque es posible, no hay evidencia concreta de eso.

Fecha

Para fijar la fecha en que fue escrito Lucas es también necesario fijar la de Hechos, ya que ambos fueron redactados como un proyecto común y Lucas fue escrito antes que Hechos (Hch 1.1). Es dudable que Hechos haya sido escrito después del 62 o 63 d.C., porque allí nada refleja un período posterior. Termina con el primer encarcelamiento de Pablo, sin una fecha para su juicio, y cuando Roma aún estaba en paz, lo que ubicaría al libro antes de las persecuciones de Nerón a finales del 64 d.C. Si estas hubieran sucedido, sin duda Lucas las habría mencionado. Y como Lucas se escribió antes, este libro se debió terminar en algún momento entre finales de la quinta década y principios de la sexta d.C.

Quienes lo sitúan más tarde, algunos aun señalan el segundo siglo, lo hacen con bases especulativas y no concretas. Un argumento es que las predicciones de Jesús sobre la caída de Jerusalén (Lc 19.43,44; 21.20-24) son tan exactas que debieron haberse escrito después de tal suceso en el 70 d.C. Esto supone que Jesús no pudo haber hecho tal pronunciamiento específico. Esto se descarta si Él puede predecir el futuro con exactitud. Otro argumento es que Lucas usó Marcos y se escribió casi en la misma época de Mateo. Esto significaría que un Marcos posterior requeriría de un Lucas más posterior. Pero no hay por qué fechar Marcos más tarde. Tampoco se ha probado de modo decisivo que Lucas usó a Marcos en primer lugar. Por último se debate en que la teología de Lucas es posterior, reflejando a un llamado catolicismo primitivo, y que la Iglesia habría necesitado tiempo para haber evolucionado a través de sus fases judías y gentiles a fin alcanzar ese compromiso desarrollado. Pero también aquí, ¿por qué asumir esto? Se trata de una invención demasiado cuestionable que podría aceptarse solo si se dejara completamente a un lado la historicidad de los Hechos. Si alguien no se siente obligado a hacerlo, no hay por qué fechar a Lucas después de los primeros años de la sexta década.[2]

Dónde se escribió

No hay un acuerdo entre los eruditos acerca del lugar más probable en que Lucas escribió su Evangelio. Se han sugerido GRECIA, CESAREA, ALEJANDRÍA y ROMA. El prólogo antimarcionita sugiere que el Evangelio fue escrito en alguna parte de ACAYA. Todas son conjeturas y al final es de poca importancia el lugar en que Lucas escribió. Pero, es relativamente claro que en cualquier lugar que haya sido escrito, estaba dirigido a cristianos que tenían antecedentes paganos. Si Lucas visualizó lectores judíos, parece haber asumido que no serían residentes de Palestina.

Bosquejo

Hay un consenso general entre los eruditos en relación a que Lucas tuvo un propósito teológico al escribir su Evangelio, que se refleja en la manera en que reúne su material. La estructura es la siguiente: prólogo (1.1-4), los primeros años de Jesús (1.5—2.52), Jesús en Galilea (3.1—9.50), Jesús en el camino a Jerusalén (9.51—19.27) y Jesús en Jerusalén (19.28—24.53). Esta estructura pone énfasis en el trabajo de Jesús al proclamar salvación, llamar al discipulado y cumplir su destino en Jerusalén.

I. Prólogo: Un relato confiable de la historia de la salvación (1.1-4)

II. Preparación para el ministerio de Jesús (1.5—4.13)
   A. Predicción de dos nacimientos (1.5-56)
   B. Nacimiento de dos hijos (1.57—2.52)
   C. Ministerio del Bautista: Preparación para el Señor (3.1-20)
   D. Jesús: Capacitado por el Espíritu para el ministerio (3.21—4.13)

III. Jesús proclama salvación en Galilea por el poder del Espíritu (4.14—9.50)
   A. Proclamación de las buenas nuevas en Galilea (4.14—5.16)
   B. Conflicto con los fariseos (5.17—6.11)
   C. Buenas nuevas para los pobres (6.12—8.3)
   D. Revelación y obediencia (8.4-21)
   E. Revelación de la identidad de Jesús (8.22—9.50)

Cripta romana en Filipos, Grecia, provisionalmente identificada como la prisión de la cual Pablo y Silas fueron liberados después de un terremoto.

El Evangelio de Lucas

César Augusto
(31 a.C. al 14 d.C.)

IV. **De Galilea a Jerusalén: Discipulado** (9.51—19.27)
   A. El viaje empieza (9.51—13.21)
   B. El viaje continúa (13.22—17.10)
   C. La última etapa del viaje (17.11—19.27)

V. **Llegada al destino: Muerte y resurrección en Jerusalén** (19.28—24.53)
   A. Entrada a Jerusalén (19.28-48)
   B. Controversia entre Jesús y los líderes enaltecidos (20.1—21.4)
   C. Discurso apocalíptico (21.5-38)
   D. Acontecimientos de la pascua (22.1-38)
   E. Arresto y juicio (22.39—23.25)
   F. Crucifixión y sepultura (23.26—56a)
   G. Resurrección: Cumplimiento de las Escrituras (23.56b—24.53)

Propósito y características

Como hemos visto, Lucas nos cuenta su propósito fundamental al escribir su Evangelio. Él desea que Teófilo conozca que la fe en Jesús se basa en hechos históricos que soportan el escrutinio más severo, ya que constituyen testimonio de primera mano. Al desarrollar la vida de Jesús para sustentar esto, Lucas utiliza numerosos detalles y temas. Posteriormente referiremos cinco áreas de particular interés lucánico.[3]

La obra universal de Dios

La primera característica distintiva de Lucas es su énfasis en la naturaleza universal o exhaustiva de cómo Dios trata con el mundo. Mateo traza los ancestros de Jesús desde David y Abraham (Mt 1.1), los grandes fundadores de la nación judía. Lucas los traza hasta el mismo comienzo de la especie humana, el mismo Adán, la creación directa de Dios (3.38).

Lucas sitúa el nacimiento de Jesús durante el reino de Augusto César, cuando Cirenio era gobernador de Siria (2.1-2). Siete hechos verificables localizan específicamente el comienzo del ministerio público de Jesús: reinado de Tiberio César, el año decimoquinto de ese reinado, Herodes el tetrarca de Galilea, el gobierno de Felipe en Iturea y Traconite, Lisanias tetrarca de Abilinia, el sumo sacerdocio de Anás y Caifás y la predicación de Juan el Bautista en el desierto. Jesús es parte de la historia humana concreta. Su venida era para que todos la vieran y el mensaje iba dirigido a todos, incluso a los gentiles.

Esto era evidente desde el mismo comienzo, cuando los ángeles anunciaron que la paz era para todos los que tuvieran el favor de Dios (2.14). Poco después Simeón habló de Jesús como «luz para revelación de los gentiles» (2.32). Solamente Lucas narra las referencias de Jesús a los gentiles del Antiguo Testamento que experimentaron la gracia de Dios: la viuda de Sarepta y el sirio Naamán (4.25-27; vea 1 R 17.8-24 y 2 R 5.1-14). La reina del sur

La enorme Basílica de la Anunciación en Nazaret, que vigila el lugar tradicional en que el ángel Gabriel visitó a María para predecir el nacimiento de Jesús.

y los hombres de Nínive, todos gentiles, avergonzarían a Israel por su discernimiento espiritual (11.31-32). El samaritano repudiado, y no uno de los judíos, es valioso según el criterio de Jesús en la parábola que define la amabilidad (10.25-37). Ninguno de estos excluye la importancia de Israel (1.30-33), pero despliega la idea de bendecir a Israel presentándola como un medio por el cual la misericordia de Dios alcanza a todas las naciones, y no solo a los descendientes de Abraham.

Jesús como Salvador del mundo

Lucas también presenta a Jesús como Salvador del mundo. Desde el anuncio de los ángeles (2.11) hasta sus últimas apariciones en la tierra (24.46-47) se ve a Jesús como el único que puede dar perdón de pecados y vida nueva (vea también Hechos 4.12). Cuando Jesús comenzó su ministerio abrió el rollo de Isaías en su sinagoga local en Nazaret y leyó: «El Espíritu del Señor está sobre mí ... para dar buenas nuevas a los pobres ... predicar el año agradable del Señor» (4.16-19).

Este fue el tema del ministerio de Jesús. El debía predicar las buenas nuevas y el favor de Dios, que se verificaría a través de su muerte y resurrección. Jesús fue a Jerusalén para ese propósito específico, luego de predecir por varias ocasiones que debía morir y resucitar (9.22,44; 13.32-33; 18.31-33). La muerte y resurrección de Jesús darían salvación al mundo entero.

Sucesos de la vida temprana de Jesús

Lucas también presenta un interés especial por los sucesos en los primeros años de Jesús y por la vida de María, su madre. Es de imaginarse que Lucas haya obtenido información directamente de María. Pudo haberlo hecho cuando estuvo en Palestina con Pablo. Es posible que haya conocido a María y hubiera hablado con ella de esas cosas. Solamente Lucas narra los hechos relacionados con el anuncio del nacimiento de Juan el Bautista y el hecho de que Elisabet, madre de Juan, fuera parienta de María (1.36). Solo Lucas narra la anunciación a María (1.26-38), su visita a Elisabet (1.39-45), el cántico de María (1.46-55), el nacimiento y la niñez de Juan (1.57-80), el nacimiento de Jesús, la llegada de los pastores y el anuncio de los ángeles (2.8-20), la circuncisión de Jesús (2.21), la presentación de Jesús en el templo (2.22-24), la alabanza de Simeón y Ana en el templo (2.25-38), comentarios relacionados con la niñez de Jesús (2.40, 51-52) y el viaje a Jerusalén cuando Jesús tenía doce años (2.41-50).

Papel de la mujer en el ministerio de Jesús

Un cuarto énfasis en el Evangelio de Lucas es el lugar de las mujeres en el ministerio de Jesús, quien fue excepcional en su tiempo debido a la forma en que las trató. Les otorgaba la dignidad y el respeto que virtualmente eran desconocidos entre los rabinos de Palestina. Todos los evangelios narran cómo Jesús acogía la presencia de las mujeres entre sus seguidores, pero Lucas lo recalca. Este narra la alabanza de Ana a Jesús en la presentación en el templo (2.36-38) y la resucitación del hijo de la viuda de Naín (7.11-17). El altivo desdén de los fariseos a Jesús y su trato con la mujer pecadora contrasta con el arrepentimiento y el amor que muestra la misma mujer. Las mujeres jugaban un papel activo en el ministerio de Jesús. Lucas lo narra de este modo:

> Aconteció después, que Jesús iba por todas las ciudades y aldeas, predicando y anunciando el evangelio del Reino de Dios, y los doce con Él, y algunas mujeres que habían sido sanadas de espíritus malos y de enfermedades: María, que se llamaba Magdalena, de la que habían salido siete demonios, Juana, mujer de Chuza intendente de Herodes, y Susana, y otras muchas que le servían de sus bienes (8.1-3).

Jesús exalta a María por su deseo de conocer asuntos espirituales y le permite «sentarse a sus pies», como una alumna, al igual que a cualquier otro discípulo (10.38-42). También sana a una mujer lisiada (13.10-17). Solamente Lucas y Marcos cuentan el episodio de la viuda que puso su minúsculo tesoro en el cofre de las ofrendas, lo que a los ojos de Dios fue vastamente superior a las demás ofrendas extravagantes de los fariseos (21.1-4; vea también Mc 12.41-44). En sus parábolas, y bajo luz favorable, Jesús también incluye mujeres (13.20-21; 15.8-10; 18.1-8).

Enfoque 6: Llamado de Jesús a las mujeres

Una realidad que sobresale en las mentes de las mujeres cuando estudian la vida de Jesús es que Él mismo dio el ejemplo en lo que a su trato y papel se refiere. Cristo incluyó mujeres en muchas ocasiones, no solo como objetos de su ministerio sino también como colaboradoras en ese ministerio. El Evangelio de Lucas está lleno de tales ejemplos.

Hablemos de Juana. En Lucas 8.3 aprendemos que Juana había recibido el poder sanador de Jesús. Ella tuvo una enfermedad que controlaba su vida; después de sanar decidió seguir a Jesús y servirle.

Juana era rica. Su esposo, Chuza, era intendente de Herodes Antipas, un cargo de poder y autoridad. No hay duda de que estaba en capacidad de darle muchos lujos. Puesto que las mujeres que servían a Jesús llevaban una vida difícil, Juana debió renunciar a muchos de esos beneficios materiales. Lo hizo con agrado y entregó su tiempo, energía y bienes materiales para el bien de la obra de Jesús.

Juana estaba con las mujeres en la cruz y fue una de las primeras que vio la tumba vacía. El ministerio de servicio de Juana fue de gran valor para Jesús, debido a su fidelidad y a su deseo de sacrificar su propia vida de comodidad.

Resumen

1. El procedimiento de Lucas para escribir su Evangelio incluye: recolección de informes, revisión de evidencia, verificación de fuentes, evaluación crítica y arreglo ordenado del material.

2. Toda la evidencia antigua señala que Lucas fue el autor del Evangelio que lleva su nombre.

3. La fecha de Lucas debe ser muy cercana de la de Hechos.

4. Lucas organizó su Evangelio con un propósito teológico y en consecuencia ordenó su historia. La inició con un prólogo y luego narró los primeros años de Jesús, sus años en Galilea, su viaje a Jerusalén y su estadía en esta ciudad.

5. Lucas resalta la naturaleza total de los tratos de Dios con el mundo desde el principio de la especie humana hasta la resurrección de Jesús.

6. Jesús se ve en Lucas como el Salvador del mundo.

7. Lucas resalta de manera especial los primeros años de Jesús.

8. Lucas demuestra la manera en que Jesús, a diferencia de los rabinos, trató a las mujeres.

9. El Espíritu Santo juega un papel central en el Evangelio de Lucas, y el énfasis continúa en Hechos.

Ministerio del Espíritu Santo

Finalmente Lucas muestra especial interés en la obra del Espíritu Santo. Fue Él quien cubrió a María en la concepción de Jesús (1.35). Juan el Bautista sería lleno del Espíritu Santo (1.15), como lo fue su madre Elisabet (1.41) y su padre Zacarías (1.67). En el templo, el Espíritu Santo guió a Simeón al reconocer al niño Jesús como el Mesías de Dios (2.25-27). Jesús sería el supremo mediador del Espíritu Santo en el mundo (3.16) y de una manera especial en su bautismo recibió la capacitación del Espíritu Santo (3.22). De allí en adelante la vida de Jesús se caracterizó por el poder y la presencia del Espíritu Santo en su obra.

- Jesús dejó la escena del bautismo lleno del Espíritu Santo (4.1).
- El Espíritu lo llevó al desierto (4.1).
- Jesús retornó a Galilea en el poder del Espíritu (4.14).
- Jesús empezó el ministerio como el cumplimiento de la profecía de Isaías acerca del Espíritu del Señor que ungiría al siervo especial de Dios (4.18; vea Is 61.1-2).
- Jesús vivió «con regocijo en el Espíritu» (10.21).
- Jesús prometió el Espíritu Santo como el regalo supremo de Dios, que supliría nuestras necesidades más profundas (11.13; 12.12).
- Jesús advierte sobre las horrendas consecuencias de la blasfemia contra el Espíritu Santo (12.10).

El libro de los Hechos, también escrito por Lucas, continúa con este énfasis en el Espíritu Santo, mostrando cómo el Espíritu guiaba las vidas de los creyentes y cómo los fortaleció para el servicio (1.2,5,8,16; 2.4,17,18,33,38, etc.).

El Evangelio de Lucas

Personajes y lugares clave

Abilinia
Acaya
Alejandría
César Augusto
Cesarea
Clemente de Alejandría
Eusebio
Galilea
Grecia
Herodes
Ireneo
Iturea
Jerónimo
Jerusalén
Lisanias
Marción
Nazaret
Nerón
Orígenes
Felipe
Cirenio
Roma
Siria
Tertuliano
Teófilo
Tiberio César
Traconite

Conclusión

En Evangelio de Lucas enfoca la historia como el lugar en que se efectuó la salvación de Dios, y a Jesús como Dios el Salvador. Desde Adán existe un género humano y un flujo del tiempo, con todas las naciones: judíos y gentiles, y todas las personas: hombres y mujeres, vistos como amados por Dios universalmente y recipientes anticipados de la salvación. Esto no quiere decir que cada uno y cada cosa sean idénticas en todos los aspectos sino que apunta a una unidad redimida superior en la cual ciertas diferencias ya no se separarían. Para que esta extraordinaria salvación se experimentara aquí y ahora, Dios envió su Santo Espíritu, sin el cual esto nunca se hubiera logrado.

Preguntas de repaso

1. Lucas escribió un relato de Cristo especialmente ordenado para _____.

2. El adversario de la iglesia que afirmó la autoría de Lucas en este Evangelio fue _____.

3. Para identificar la fecha de Lucas es necesario fijar la fecha de _____.

4. Jesús cumplió su destino en la ciudad de _____.

5. Lucas hace de Jesús un personaje esencial en la _____ humana.

6. Es posible que Lucas haya obtenido de _____ la información sobre los primeros años de Jesús.

7. María se turbó en la concepción de Jesús ante el _____.

Preguntas de estudio

1. ¿Cómo describe Lucas su escrito del Evangelio?

2. ¿Quién fue Lucas?

3. ¿Cuándo se escribió el Evangelio de Lucas?

4. ¿Cómo resalta Lucas la naturaleza universal de la obra de Jesús?

5. ¿Qué lugar especial tuvieron las mujeres en el ministerio de Jesús?

6. ¿De qué manera se recalca al Espíritu Santo en el Evangelio de Lucas?

Lecturas relacionadas

Charles Erdman, *El Evangelio de Lucas*, Editorial T.E.L.L., Grand Rapids, MO, 1974. El autor presenta exquisitos comentarios sobre Jesús, considerándolo el Hombre por excelencia, el Hombre perfecto y el Hombre ideal. Por medio de breves comentarios de cada pasaje nos lleva a considerar los veinticuatro capítulos del Evangelio de Lucas.

Beda Rigaux, *Para una historia de Jesús*, Editorial Desclée de Brower, Bilbao, España, 1973. Un libro docto y muy técnico sobre Jesús basado en Lucas. Resalta conceptos teológicos profundos que solo un entendido podría captar en esencia. Recomendable para entendidos y eruditos.

William Barclay, *El Nuevo Testamento comentado* (t.4), Editorial La Aurora, Buenos Aires, Argentina, 1972. Con profunda sencillez, pero atinada exégesis nos lleva Barclay por los capítulos de Lucas. Para que conozcamos mejor a Cristo, le amemos con amor más verdadero y lo sigamos con mayor ahínco, es el epílogo a este hermoso comentario.

Joseph A. Fitzmyer, *El Evangelio de Lucas*, Ediciones Cristiandad, Madrid, España, 1981. Un tremendo trabajo de investigación sobre Lucas como escritor, investigador, médico y misionero acompañante de Pablo, entre otros. Además es una profunda consideración de diversos tópicos contenidos en el Evangelio, donde sobresalen la cristología, soteriología, escatología y ética cristiana.

Charles Childers, *Comentario bíblico Beacon: Lucas*. Tomo 6, Casa Nazarena de Publicaciones, Kansas City, MO, 1965. El autor considera a Lucas como una de las obras maestras de la antigüedad y tal vez el libro más hermoso del mundo. Es también la más ambiciosa empresa literaria de la iglesia primitiva.

Cirilo Tescaroli, *El Evangelio de San Lucas,* Editado por Librería Espiritual, Quito, Ecuador, 1986. El autor conoce personalmente Palestina, Jordania, Grecia y Asia Menor. Dicho conocimiento lo vierte en forma sencilla, precisa y amena en este comentario de Lucas.

7 El Evangelio de Juan
Vida eterna a través de su nombre

Bosquejo

- **Autor**
- **Fecha y lugar en que se escribió**
- **Bosquejo**
- **Propósito y características**
- **En el principio era el Verbo**
  Esencia y cualidades divinas de Jesús
  Jesús como único mensajero divino
  Cumplimiento en Jesús de todas las esperanzas y necesidades de Israel y la humanidad
- **El Verbo se hizo carne**
- **El principio de fe**
- **Otros temas en Juan**
- **Conclusión**

Conclusión

Después de leer este capítulo, usted podrá

- Comparar Juan con los otros Evangelios
- Presentar la evidencia de la autoría de Juan en su Evangelio
- Demostrar el énfasis de Juan en la gloria divina de Cristo
- Ilustrar cómo aparece en el Evangelio de Juan el desafío a la humanidad de Jesús
- Enumerar las creencias que debe tener un seguidor de Cristo
- Identificar a los individuos que según Juan sostienen estas creencias

sinópticos

Un joven estudiante casado contó que conoció a su esposa en un desván. Aparentemente luego cambió su historia: dijo que la había conocido en un estudio bíblico. Pero parece que más tarde volvió a cambiar la historia: dijo que la había conocido en un sofá. Pero al final los tres hechos eran ciertos. El estudio bíblico se efectuó en el desván de un apartamento y el hombre y su futura esposa se sentaron juntos en un sofá. A veces un incidente puede describirse de tan diferentes maneras, que la primera versión se ve contradictoria. Sin embargo, al examinar más de cerca, en vez de contradecirse las diferentes perspectivas se complementan.

Esta perspectiva es útil al continuar nuestro análisis con los cuatro Evangelios, esta vez enfocando a Juan. Los primeros tres Evangelios se denominan sinópticos (es decir, que revelan similitudes impresionantes al ponerlos en columnas paralelas). En ciertos aspectos miran la vida de Jesús desde la misma perspectiva. Comparten historias similares, cronologías, enseñanzas y énfasis. El Evangelio de Juan se diferencia de ellos en que al menos 90% carece de paralelo verbal directo en los tres sinópticos. Además, Juan sugiere cierta diferencia cronológica (postulando un ministerio de tres años, mientras que en los sinópticos hay aparentemente un ministerio de un año). Juan acentúa también aspectos diferentes de las enseñanzas de Jesús (la estrecha relación de Jesús con el Padre y su descenso del cielo; 3.13; 5.18; 10.30; 17.5, sin embargo vea Mt 11.27) y enfatiza el ministerio de Jesús en y alrededor de Jerusalén de una manera que no se encuentra en los sinópticos. Por estas razones algunos eruditos han cuestionado si Juan al menos conoció los sinópticos.

No obstante, en nada de esto el Evangelio de Juan contradice a los sinópticos; más bien los suplementa brindándonos un panorama más completo que si solo contáramos con los sinópticos. Recordemos que ninguno de los Evangelios intenta dar un cuadro completo de la vida de Jesús sino una selección que aclare los puntos que el escritor tenía en mente. Otros escritores seculares de la antigüedad también escribieron de este modo. Plutarco nos dice que al escribir, decidía lo que pensaba resaltar. De acuerdo a las figuras históricas que eran sus súbditos, dice: «seleccionamos ... según todos sus actos que se consideren nobles y valiosos de conocer».[1] De igual modo (y según lo hacen los sinópticos) Juan selecciona y comenta que si se escribiera todo lo que Jesús hizo, el mundo no podría contener los libros (20.30; 21.25).

La pesca en el Mar de Galilea. Los padres de la iglesia primitiva sostuvieron uniformemente la idea de que Juan, el pescador hijo de Zebedeo, escribió el cuarto Evangelio.

crítica interna

cristología

Autor

Los padres de la iglesia primitiva sostuvieron uniformemente la opinión de que Juan, hijo de Zebedeo, uno de los doce apóstoles originales, escribió el cuarto Evangelio. Por eso esta llegó a ser la opinión tradicional que la Iglesia cristiana ha mantenido hasta tiempos modernos.[2] Sin embargo «el concepto tradicional de que el cuarto Evangelio es trabajo de Juan hijo de Zebedeo ... presenta poco respaldo entre los eruditos críticos».[3] El moderno e influyente comentario de R. Bultmann ni siquiera discute el tema. Simplemente asume que Juan no pudo haberlo escrito. Miremos brevemente lo que pensaba la iglesia tradicional y la diferente situación actual.

El Evangelio de Juan se conoció y utilizó con autorización desde tiempos muy remotos. Esto puede verse en el antiguo papirista IGNACIO DE ANTIOQUÍA (ca. 110-115), en JUSTINO MÁRTIR (ca. 150), en TATIANO y en ATENÁGORAS. Referencias explícitas a la autoría de Juan del cuarto Evangelio se encuentran en TEÓFILO DE ANTIOQUÍA (ca. 180) e IRENEO (ca. 180). Ireneo dice: «El mismo Juan, discípulo de Jesús, que también se recostó sobre su regazo [vea Jn 13.13] publicó un Evangelio durante su estancia en ÉFESO, Asia».[4] Lo especialmente importante acerca del testimonio de IRENEO es que mucho de lo que dice lo toma de lo que dijo POLICARPO (muerto en el 156 a la edad de ochenta y seis años), quien era seguidor de Juan, el mismo apóstol, y de otro de los apóstoles.[5] Al recordar su niñez, Ireneo dice:

> Recuerdo los sucesos de aquellos días con más claridad que los que se han llevado a cabo recientemente. Los presenciamos cuando estábamos en crecimiento y llegaron a ser parte de nosotros, de modo que incluso puedo hablar del sitio en el que el bendito Policarpo se sentaba y discutía. Recuerdo cómo entraba y salía, su estilo de vida, su apariencia, sus discursos a la gente, cómo relató su trato con Juan y con los demás que habían visto a Dios; cómo recordaba las palabras de ellos y cuáles eran los aspectos concernientes al Señor, que él había oído de ellos, incluyendo sus milagros y enseñanzas; cómo Policarpo recibió estos testimonios de los testigos de la Palabra de vida, pues informaron todo de acuerdo a las Escrituras.[6]

B.F. Westcott resume la situación de este modo: «La cadena de evidencia que apoya la autenticidad del Evangelio es en verdad completa y continua ... no ha surgido ninguna duda histórica».[7]

Al presente se ha descartado por completo este testimonio histórico. Robert Kysar describe la situación:

> El común observador crítico del cuarto Evangelio puede investigar ciertas tendencias y movimientos liberales. El cuarto Evangelio tomó su origen dentro de una «escuela cristiana» relacionada con una forma de judaísmo marginal no normativo. Preservaba una tradición peculiar total (sea en forma oral o escrita) que al mismo tiempo y en cierta forma se relacionaba con la tradición sinóptica. Fuera de esa tradición la comunidad formó una perspectiva teológica única en medio de una lucha con la sinagoga. Entre otras características, la comunidad juanina tenía un interés especial en una cristología rlogos y con un personaje del pasado, que veían como su fundador. En este documento enigmático que tenemos aparece un ejemplo prístino de comunidad y Evangelio.[8]

Las bases de este cambio de actitud de la opinión tradicional al rechazo moderno de Juan, como autor del cuarto Evangelio, no tienen evidencia histórica, ni en algún material descubierto recientemente que traiga duda sobre la idea tradicional. Es más, nueva evidencia encontrada (los rollos del Mar Muerto) tienden a mostrarnos una insostenibilidad de las opiniones modernas más extremas. No es tradicionalismo deliberante unir al Evangelio con tiempos apostólicos. Los argumentos usados contra la autoría juanina se basan en **crítica interna** (p.ej. la **cristología** está muy desarrollada, el Evangelio es demasiado teológico y místico, las palabras de Jesús no están en el mismo orden que en los sinópticos, el material refleja una situación de la iglesia fuera de PALESTINA). Robert Grant lo discute así: «¿Fue el autor un discípulo de Jesús? Si se toman los sinópticos como norma de la vida de Jesús ... podríamos preguntarnos cómo un discípulo pudo haber escrito como lo hizo Juan. Concluimos que probablemente el autor no era hijo de Zebedeo sino un discípulo de Jesús oriundo de Jerusalén, que escribió su Evangelio alrededor de la guerra romano-judía

Trinidad

del 66 al 70»[9]. Grant se pregunta por qué los sinópticos y Juan le parecen tan distintos, pero otros se preguntarían por qué ese «apóstol de Jesús oriundo de Jerusalén» no pudo haber sido hijo del mismo Zebedeo. Eso pensaba la iglesia primitiva. De cualquier modo, parece no existir ninguna razón para descartar el testimonio uniforme de la iglesia primitiva a favor de teorías especulativas en las que no hay acuerdo, incluso ni entre los mismos críticos.

Fecha y lugar en que se escribió

La opinión tradicional sitúa al escrito del Evangelio de Juan en Éfeso, en el 90 d.C. Por razones dogmáticas, algunos críticos del siglo diecinueve lo ponen un siglo después (ca. 180 d.C.), pero gradualmente se ha reducido a la fecha original ofrecida por la iglesia primitiva. Según lo dice Werner Kümmel: «Asumir que Juan se escribió en la última década del primer siglo se acepta universalmente en la actualidad».[10] En verdad, existen quienes empujan a Juan hacia atrás, al 70 d.C. o antes.[11] Éfeso continúa siendo el lugar más probable del escrito, ya que Juan residió allí los últimos años de su vida. El conocimiento íntimo de Palestina que despliega el Evangelio se debe a la experiencia personal del autor con los sucesos que describe.

Bosquejo

I. **Prólogo** (1.1-18)

II. **Libro de las señales** (1.19—12.50)
   A. Testimonio de Juan el Bautista (1.19-51)
   B. Jesús y las instituciones del judaísmo (2.1—4.54)
   C. Jesús y los festivales del judaísmo (5.1—10.42)
   D. Anuncio de la muerte y resurrección (11.1—12.50)

III. **Libro de Gloria** (13.1—20.31)
   A. La Cena de la Pascua (13.1-30)
   B. Discurso de despedida (13.31—17.26)
   C. Pasión (18.1—19.42)
   D. Resurrección (20.1-29)
   E. Conclusión (20.30-31)

IV. **Epílogo** (21.1-25)
   A. El milagro de los ciento cincuenta y tres peces (21.1-14)
   B. Jesús y Pedro (21.15-23)
   C. Apéndice (21.24-25)

Propósito y características

Al igual que con todos los Evangelios, la meta de Juan es pintar un retrato de Jesús según lo que él y otros vieron (vea 1 Jn 1.1-4) y dar forma a estos recuerdos a fin de impartir un mensaje apropiado. En el caso de Juan (como en Lc 1.1-4), tenemos como guía las mismas palabras del autor. Juan escribe de modo que los lectores crean que Jesús es el Cristo, el hijo de Dios, y que creyendo tengan vida en su nombre (20.31). Sin embargo, en el Evangelio de Juan hay mucho más que esto. Para cumplir sus propósitos, Juan acentúa varias verdades acerca de la persona de Jesús y de su obra.

En el principio era el Verbo

El primer y más importante rasgo de Jesús está en su énfasis en la gloria divina de Cristo, quien es nada menos que el mismo Dios encarnado. Esta extraordinaria demanda domina en todo el Evangelio y se manifiesta literalmente en docenas de formas. Estas pueden ponerse en tres grupos de importancia: primero, la esencia y cualidades divinas de Jesús; segundo, Jesús como el único mensajero divino; tercero, Jesús el cumplimiento de la imagen y esperanza de Israel (y del NT), la respuesta a todas las profundas necesidades de la humanidad. Existe alguna parte de coincidencia entre estas categorías. Finalmente todas se integran en la persona de Jesucristo. Sin embargo, mirarlas de este modo nos puede ayudar a enfocar nuestra atención en cómo trata Juan de presentar a Jesús, el unigénito Hijo de Dios.

El espléndido teatro y la Vía Arcadia revestida de mármol en Éfeso. Casi con seguridad en esta ciudad se escribió el Evangelio de Juan, ya que allí residió Juan al final de su vida.

Esencia y cualidades divinas de Jesús

Hay una docena o más de grupos de denominaciones que recalcan la deidad esencial de Jesús. El orden siguiente va de lo abstracto a lo concreto. Jesús es vida o encarna vida (1.4; 5.21; 6.57; 11.25; 14.6), luz (1.4,5,9; 3.19; 8.12), verdad (1.14; 14.6; 18.37), gloria (1.14; 2.11; 11.4; 12.41; 17.5,24) y gracia (1.14,17) porque es la Palabra de Dios (1.1). Todas estas ideas tienen profundas raíces del Antiguo Testamento y constituyen cualidades divinas. Pero Jesús es más que la sola personificación de lo que podría llamarse atributos divinos trascendentales; más concretamente es la expresión personal de Dios como el Hijo (1.34,49; 3.16-18; 3.36; 5.25,26; 10.36; 17.1; 19.7) o el Unigénito Hijo (1.14,18) de Dios mismo. Pueden haber seres inferiores que califiquen como familia de Dios; en efecto, aun los humanos pecadores pueden llegar a ser hijos de Dios por fe en Cristo (1.12). Pero solo Cristo es el Hijo eterno de Dios. El Evangelio de Juan se refiere a Jesús como al Hijo de Dios, pero aun más exacto, como a Dios el Hijo. Se refiere a Jesús como al Señor (13.14; 20.28; 21.7) y a Dios (1.1; 5.18; 10.30,33,37-39; 14.11; 20.28), nada menos que a aquel que existió antes que Abraham y que se reveló a Moisés como el gran «Yo soy» (8.57-58).

El indescriptible Verbo de Dios

Cuando decidió hacer lo que se había propuesto, Dios puso de manifiesto su inefable Palabra, es decir el principio de toda la creación: Él mismo no estaba vacío del Verbo, pero siempre tuvo trato con el Verbo al ponerlo de manifiesto. Por tanto, las Sagradas Escrituras y todos los escritores inspirados nos enseñan como uno de estos. Juan dice: *En el principio era el Verbo, y el Verbo estaba con Dios*, para mostrar que en el principio Dios estaba solo y el Verbo estaba con Él. Luego dice: *Y el verbo era Dios. Todas las cosas por Él fueron hechas, y sin Él nada de lo que ha sido hecho, fue hecho*. Por consiguiente, siempre que así lo determine, el Padre del universo envía a cierto lugar al Verbo, siendo este Dios y procediendo de Dios por naturaleza. Su llegada se oye y se ve. Al ser enviado por el Padre, Él también se encuentra en ese lugar.

—Teófilo (ca. 170-180 d.C.)

> **Las declaraciones «Yo soy»**
>
> Yo soy el pan de vida (6.35-48)
> Yo soy el pan vivo (6.51)
> Yo soy la luz del mundo (8.12)
> Yo soy de arriba ... no soy de este mundo (8.23)
> Yo soy la puerta de las ovejas (10.7)
> Yo soy el buen pastor (10.11)
> Yo soy la resurrección y la vida (11.25)
> Yo soy el camino, la verdad y la vida (14.6)
> Yo soy la vid verdadera (15.1)

gnosticismo

En el Ser divino existe tanto unidad profunda como diversidad. A su tiempo esto originó la doctrina cristiana de la Trinidad para expresar esta verdad profunda. Esta unidad y diversidad vista como relación personal íntima se resume en Juan 1.18: «A Dios nadie le vio jamás; el unigénito Hijo, que está en el seno del Padre, Él le ha dado a conocer».

Jesús como único mensajero divino

Juan presenta a Jesús como quien encuentra su eterna fuente en Dios (3.31; 8.23) y viene al mundo enviado por Él (3.34; 5.24; 6.38; 8.16,18,42; 15.21; 17.18). Como tal es quien califica como maestro que viene de Dios (3.2; 13.13-14), el verdadero pan del cielo (6.32-33,50,58), quien posee todo el poder (13.3), aquel mediante el cual habla el Espíritu Santo (14.26; 15.26), quien vence al mundo (16.33), el juez que resucita a todos en el día postrero (5.22,27-30; 6.39,54; 11.25) y quien al terminar su misión en el mundo retorna a su verdadero hogar arriba en el cielo con Dios (16.28).

Cumplimiento en Jesús de todas las esperanzas y necesidades de Israel y toda la humanidad

El Antiguo Testamento como libro profético señala más allá de sí mismo hacia la época del cumplimiento. En este sentido Israel también fue profético, pues también esperaba el cumplimiento de lo que históricamente era, como representante de la humanidad en general. Con esto en mente Juan presenta a Jesús como el Mesías (1.41; 4.25-26; 7.41; 10.24-25; 11.27), el Rey de Israel (1.49; 18.37; 19.19), el Cordero de Dios (1.29,35), el Hijo del Hombre (1.51; 3.13-14; 6.27,53,61; 13.31), el Profeta por excelencia (4.44; 6.14; 7.40; 9.17), y aquel a quien señalaba el AT (1.45; 5.39,45-47; 8.56; 12.41; 19.36-37). Él cumplió la poderosa obra que Dios empezó en tiempos antiguos, prometida y llevada a cabo mediante el pueblo de Dios. Como cumplimiento de todas estas promesas, Jesús también es la realización de los más grandes sueños del mundo. En realidad es el Salvador del mundo (4.42), quien ofrece vida eterna (6.68; 10.28), quien libera del pecado a los hombres (8.36), quien es la luz del mundo (8.12; 9.5; 12.46) y la luz de la vida (8.12). Se convierte en la puerta de las ovejas (10.7,9), en el buen pastor (10.14), en el vino verdadero (15.1,5), en el pan de vida (6.35), en el único camino (14.6) y en la resurrección a la vida misma (11.25).

El Verbo se hizo carne

Para muchos es sorprendente que se haya cuestionado la humanidad de Jesús antes que su deidad. Esta tendencia ya era evidente en un documento del primer siglo como 1 Juan. Perspectivas comparables desarrollaron a mediados del segundo siglo un complejo y extraño sistema llamado **gnosticismo**. Pero en su Evangelio Juan afirma: «aquel Verbo fue hecho carne, y habitó entre nosotros» (1.14), recalcando que «Él estaba en el mundo» (1.10). A lo largo del Evangelio de Juan hay un énfasis en la naturaleza humana de Jesús, quien sale de NAZARET (1.45), viaja con su madre y hermanos (2.12, pide un trago de agua en SAMARIA (4.7), cruza el Mar de Galilea en una barca (6.1), escupe en el suelo para hacer lodo para los ojos del ciego (9.6), llora ante la muerte de Lázaro (11.35), lava los pies de sus discípulos (13.5), muere y es sepultado (19.30,42) e incluso después de su resurrección lleva marcas de clavos en las manos (20.20,27). La encarnación de Jesús (hacerse humano) no era una simple aparición en la tierra sino una real entrada a la vida humana y

Juan señala a Jesús como el Cordero de Dios.

a la carne. Para Juan, la importancia teológica de esto es que solo quien fuera verdaderamente humano podría ser el verdadero redentor de la especie humana.

Lugar tradicional de la tumba de Lázaro en Betania. Juan resalta la naturaleza humana de Jesús, por ejemplo, cuando lloró ante la muerte de Lázaro.

El principio de fe

El principio de fe es fundamental en el Evangelio de Juan. Los que creen tienen vida eterna (3.16) y no morirán jamás (11.26); ellos son los hijos de Dios (1.12). Los que no creen serán condenados (3.18) y no verán la vida sino que experimentarán la ira de Dios (3.36). A veces Juan utiliza el simple término «cree» como la expresión que define lo que Dios quiere (4.53; 9.38) y a los seguidores de Jesús se les llama «creyentes» (4.41). Pero más a menudo Juan define lo que Cristo pide que la gente crea. Es una lista grandiosa. Los lectores de Juan deben creer en

- Dios (14.1)
- Dios como quien envió a Jesús (12.44)
- lo que dice el Antiguo Testamento (2.22; 5.46-47)
- Jesús como el enviado de Dios (6.29)
- el nombre de Jesús (2.23)
- el mismo Jesús (3.18; 4.39; 10.42; 12.42, etc.)
- Jesús como el Hijo del Hombre (9.35-38)
- los milagros de Jesús (10.38)
- Jesús el Mesías 11.27; 20.31)
- lo que Jesús dijo (8.45-46; 14.11)
- el hecho de que Jesús es en el Padre y el Padre es en Jesús (14.10; 7.21)

Juan también señala cuántas personas diferentes o grupos humanos realmente creyeron así, y menciona:

- Juan el Bautista (1.34)
- los discípulos de Jesús (6.69; 16.27,31; 17.8)
- una mujer en Samaria (4.28-29)
- un grupo de samaritanos (4.39,41-42)
- un oficial real y su familia (4.53)
- multitudes en Jerusalén (7.31)
- muchos de los líderes judíos (12.42)
- grupos de judíos (8.31; 12.11)

Es interesante notar que los líderes religiosos judíos tenían temor de que todos creyeran el Él (11.47-48) y de que el mundo entero lo siguiera (12.19). Mirando hacia el futuro, hay una bendición especial para quienes no verían a Jesús como sus primeros seguidores y que sin embargo creerían en Él (20.29). Jesús ora especialmente por ellos (17.20) y por tanto por los lectores actuales del Evangelio de Juan.

Otros temas en Juan

El Evangelio de Juan tiene muchos otros temas que nacen de la idea básica de Jesús como Salvador divino y humano, enviado por Dios para motivar fe.[12] Algunos de estos temas son:

Al encuentro de Jesús y los Evangelios

Enfoque 7: Mantenerse firme en la fe

En un frío domingo de noviembre de 1994, un grupo de ancianas, sus cabezas cubiertas con bufandas, se reunieron en la parte exterior de una iglesia diminuta en Balanovo, Rusia. Esta casa de oración, una casita transformada en iglesia, fue el primer templo que estas mujeres habían visto desde la Revolución Bolchevique en 1917 y la consiguiente represión a la religión.

Faltaban treinta minutos para el inicio de la reunión, pero a pesar del frío intenso, estas ancianas esperaban la llegada de sus pastores para abrir la puerta. Cuando los visitantes de Estados Unidos se acercaban a ellas, una pequeña y arrugada mujer empezó a sonreír. Ella estaba ansiosa por recibir a los hermanos y hermanas estadounidenses, aunque no podía hablar inglés. No obstante, un aparentemente interminable torrente de palabras rusas brotaban de su boca. El intérprete dijo a los estadounidenses que ella estaba recitando salmos, la Palabra de Dios que había escondido en su corazón durante la cantidad de años de sufrimiento y persecución. A medida que hablaba las lágrimas caían suavemente por sus arrugadas mejillas, y con mano temblorosa señalaba a la iglesia y decía: «¡He esperado este momento durante setenta años!» Esta anciana manifestó una fe que la había sustentado todos esos años. Al fin podía adorar a Dios con libertad.

Al año siguiente, esta santa fue estar con su Señor a la edad de cien años. Es un ejemplo moderno del principio de fe que es tan fundamental en el Evangelio de Juan.

Términos clave

cristología
gnosticismo
crítica interna
sinópticos
Trinidad

Personajes y lugares clave

Atenágoras
Éfeso
Ignacio de Antioquía
Ireneo
Justino Mártir
Nazaret
Palestina
Policarpo
Samaria
Tatian
Teófilo de Antioquía

- la naturaleza de la vida eterna
- la futura resurrección de los muertos
- la obra del Espíritu Santo
- el lugar especial de las señales milagrosas de Jesús
- la relación personal de Jesús con el creyente
- el amor de Dios
- el conflicto del creyente con el mundo
- principios teológicos fundamentales como luz, gloria, verdad y revelación

No es posible desarrollar todos estos temas aquí, pero el Evangelio está repleto de verdades profundas y recompensa una lectura cuidadosa con ricos dividendos. Uno puede gastar toda una vida y no cansarse del contenido del Evangelio.

Conclusión

El Evangelio de Juan es un profuso documento que ofrece salvación en un impresionante orden de estilos. En verdad, su propósito principal es ser «Evangelio», es decir buenas nuevas de que podemos ser salvos por fe en Jesucristo. Lo logra presentando a Jesús como la única persona divina/humana, quien vino de Dios para ser uno con nosotros, de modo que por fe en Él seamos hechos nuevos y retornaremos a Dios con Él. Este propósito salvador de Dios se muestra a través de la vida de Jesús, y la redención humana se efectuó mediante la muerte y resurrección de Jesús. Juan continúa recalcando aquella última futura redención (la resurrección futura, un sitio de morada en la inmediata presencia de Dios y vida eterna) espera a los que responden en fe. Juan nos invita no solo a ver lo que Dios hace en la vida de alguien sino lo que pasa en nuestra propia vida: «¿Qué a ti? Sígueme tú» (Jn 21.22).

El Evangelio de Juan

Preguntas de repaso

1. El Evangelio de Juan cubre un período de _____ años en la vida de Cristo.
2. El lugar más probable en que Juan escribió su evangelio es _____.
3. Todas las referencias que resaltan que Jesús es la encarnación de los atributos divinos trascendentes tienen sus raíces en el _____.
4. El hecho de que haya diversidad y unidad en el Ser divino produjo con el tiempo la doctrina cristiana de la _____.
5. Los escritos de Juan muestran que Jesús cumplió las esperanzas de _____.
6. Lo primero que fue cuestionado sobre Jesús fue su _____.
7. Básico para el Evangelio de Juan es el principio de _____.

Preguntas de estudio

1. ¿Cómo se diferencia el Evangelio de Juan de los sinópticos?
2. ¿Por qué son importantes las reflexiones de Ireneo acerca de la niñez de Juan para entender su Evangelio?
3. ¿Cómo resalta Juan la esencia divina de Jesús?
4. ¿Cómo llenó Jesús las esperanzas de Israel?
5. ¿Cómo hace notar Juan la humanidad de Jesús?
6. ¿Cuál es la importancia de la «fe» en el Evangelio de Juan?

Resumen

1. El Evangelio de Juan difiere de Mateo, Marcos y Lucas en que 90% de él no tiene paralelo directo con estos tres: postula un ministerio de tres años en vez de uno; se enfoca en aspectos diferentes de las enseñanzas de Jesús; y resalta de manera diferente el ministerio de Jesús.

2. Juan, hijo de Zebedeo, escribió el Evangelio de Juan en los 90 d.C. en Éfeso.

3. La realidad de que Jesús es Dios en carne humana se encuentra en pasajes que: (a) enfatizan sus cualidades divinas; (b) se enfocan en Jesús como único representante de Dios; y (c) muestran a Jesús como el cumplimiento de las esperanzas de Israel y del mundo.

4. Juan acentúa la naturaleza humana de Jesús en muchos incidentes, entre ellos: (a) al viajar con su madre y sus hermanos; (b) al pedir agua para beber en Samaria; (c) al atravesar el Mar de Galilea en una barca; (d) al escupir en tierra y hacer lodo para los ojos del ciego; (e) al llorar ante la muerte de Lázaro (f) al lavar los pies de los discípulos; y (g) al morir y ser enterrado.

5. Juan representa el principio de la fe en su Evangelio y clarifica que solo quienes creen en Cristo recibirán la dádiva de la vida eterna.

6. Juan hace notar muchas personas que creyeron en Cristo, empezando por Juan el Bautista.

7. El Evangelio de Juan tiene muchos temas, pero todos surgen de la verdad básica de que Jesús es un salvador divino y humano, que fue enviado por Dios para que creyéramos en Él y lo siguiéramos.

Lecturas relacionadas

A.T. Robertson, *La divinidad de Cristo en el Evangelio de Juan*, Casa Bautista de Publicaciones, El Paso, TX. Juan puede ayudarnos a ver a Jesús y así ver a Dios. Es solo esta visión de Dios en Cristo lo que hace que la vida valga algo y sea rica (con estas palabras se introduce el texto citado).

Germán Núñez, *Cristo: El Verbo divino*, Casa Bautista de Publicaciones, 1974. Por medio de conferencias radiales, Germán Núñez desarrolla variados temas extraídos del Evangelio de Juan. Encontró tan amplia aceptación de los radioescuchas que decidió plasmar estas ideas en un libro. Contiene temas variados para acercar el hombre moderno al mensaje de Juan.

James L. Sullivan, *Juan testifica de Jesús*, Casa Bautista de Publicaciones, El Paso, TX, 1965. Material especialmente preparado para maestros o pastores en general que deseen enseñar este Evangelio. Al final de los capítulos sugiere ideas de enriquecimiento.

Alberto Benjamín Simpson, *Juan*, Imprenta y Editorial Alianza, Temuco, Chile, 1958. Un libro devocional de inspiración cristológica para predicadores en general. Contiene vívidos relatos del fundador de la Alianza Cristiana y Misionera de EE.UU., en 1887.

8 El hombre de Galilea
La vida de Jesucristo

Bosquejo

- Los Evangelios y la vida de Jesús
- Bosquejo de la vida de Jesús
- Nacimiento y juventud de Jesús (6 a.C al 26 d.C.)
- Inicio del ministerio público de Jesús (26 al 27 d.C.)
- El ministerio galileo (27 al 29 d.C.)
- Viajes de Jesús fuera de Galilea (29 d.C.)
- El ministerio pereano y judaico (29-30 d.C.)
- Últimos días sobre la tierra y crucifixión de Jesús (abril del 30)
- Resurrección y ascensión de Jesús (abril-junio/30)
- Verdadero significado de Jesús de Nazaret

Objetivos

Después de leer este capítulo, usted podrá

- Escribir un relato sobre la vida de Jesús, usando el contenido de los Evangelios
- Enumerar lo sobresaliente del nacimiento, la niñez y la juventud de Jesús
- Ubicar los lugares del ministerio de Jesús
- Dar una idea general de los últimos días de Jesús en la tierra, incluyendo su crucifixión
- Discutir el verdadero significado de Jesús

Un censo hizo que María y José fueran a Belén, donde nació Jesús.

Los Evangelios y la vida de Jesús

Los Evangelios del NT constituyen nuestra fuente principal de información acerca de Jesús. Otros historiadores antiguos como Josefo, Suetonio y Tácito, así como el Talmud judío, también mencionan a Jesús y a los primeros cristianos; sin embargo, por lo estimables que son añaden algo más de lo que encontramos en el NT.[1]

Al mundo de ese tiempo le preocupaba poco los sucesos de una remota región como Palestina, entre un conquistado pueblo como los judíos. Pero dos mil años de historia han puesto en orden esta indiferencia y al momento son los gobernadores romanos quienes se hallan en el olvido, mientras que Jesús permanece como el personaje más extraordinario que haya vivido. En verdad, se ha escrito más acerca de Jesucristo que de cualquier otra persona en la historia.

Los escritores de los Evangelios estaban muy conscientes de la importancia de Jesús desde el mismo comienzo. Mateo empieza su Evangelio rastreando los ancestros de Jesús, «llamado el Cristo» (Mt 1.16), hasta el poderoso rey de Israel, David y el fundador de esa nación, Abraham (Mt 1.1). Como vemos, esta es la convicción de Mateo, que Jesús era el fundador de una nueva era para el pueblo de Dios y completaría la era antigua. Mirando más allá de los reducidos límites de Israel, el todo de la historia del mundo, Lucas señala a Jesús remontándose al primer ser humano, Adán, que era creación directa de Dios (Lc 3.23-38). Es Juan quien capta la máxima importancia de Jesús trazándolo más allá del tiempo registrado, a las mismas profundidades del mismísimo Dios, del cual Él vino, el dador de vida y luz de toda la humanidad (Jn 1.1-5).

Aunque los Evangelios no nos proveen material suficiente para armar una completa biografía moderna de Jesús,[2] tenemos lo necesario como para ordenar la vida de Jesús de manera que satisfaga nuestra necesidad de conocer quién fue en verdad.[3] Se han sugerido varios bosquejos, pero para nuestros propósitos ordenaremos la vida de Jesús bajo siete títulos.

Suponga que desea obtener una perspectiva general de la vida de Martín Lutero (1483-1546). Así que decide leer sus escritos. ¡Imagínese la sorpresa de descubrir que sus libros ocupan cerca de sesenta volúmenes! Después de leerlos le quedaría el trabajo extra de condensar el conocimiento general que estaba buscando al principio.

Obtener un conocimiento general de la vida de Jesús no es una labor tan desalentadora. En primer lugar, las fuentes principales de conocimiento acerca de su vida son los suficientemente concisas para caber fácilmenete en un solo libro, y no en docenas de volúmenes. Además, el enfoque principal de su vida está en el breve período de su ministerio público, su muerte en la cruz, y sus repetidos aparecimientos después de su resurrección. Esto no quiere decir que sea fácil o incluso imposible investigar los detalles de la vida de Jesús. Pero significa que podemos llegar a una perspectiva general básica, sin años de inmersión en pesados volúmenes atestados de notas explicativas y letra diminuta.

Ahora nos dirigimos a obtener una comprensión general de las fuentes más importantes, períodos y actividades de la vida de Jesucristo. También intentaremos sintetizar el significado de su vida para nosotros hoy en día, la vida humana más importante de todos los tiempos.

Jesús el sabio

Josefo concluyó su libro Antigüedades alrededor del año 85. En él describe a Jesús desde su punto de vista. Algunos eruditos dudan de que lo hubiera llamado «el Cristo»; sin embargo, este es el texto que tenemos hoy:

Hubo en aquella época un hombre sabio, Jesús (si le puede llamar un hombre), que fue hacedor de milagros: un maestro de tales hombres que recibían la verdad con placer. Él atrajo hacia sí a muchos de los judíos y de los gentiles. Él era [el] Cristo. Cuando Pilato lo condenó a la cruz por sugerencia de los hombres más importantes entre nosotros, quienes lo amaban desde el principio no lo abandonaron puesto que Él de nuevo se les apareció vivo al tercer día. Los profetas divinos habían profetizado no solo esto sino otras diez mil cosas maravillosas relacionadas con Él. La tribu de los cristianos, como se les llama hoy, no se ha extinguido hasta el momento.

—Josefo, Antigüedades 18.3.3

---

nisán

Pascua

Bosquejo de la vida de Jesús

1. Nacimiento y juventud de Jesús (6 a.C.—26 d.C.)
2. Comienzo del ministerio público de Jesús (26-27 d.C.)
3. Ministerio en Galilea (27-29 d.C.)
4. Viajes de Jesús fuera de Galilea (29 d.C.)
5. Ministerio pereano y judáico (29-30 d.C.)
6. Última semana de Jesús y crucifixión (abril, 30 d.C.)
7. Resurrección y ascensión de Jesús (Abril-Junio, 30 d.C.)

Note que esta cronología sitúa el nacimiento de Jesús en 6 a.C. y su muerte en el 30 d.C., con un ministerio público de alrededor de tres años y medio.[4] Las razones son las siguientes. Primero, en el 30 d.C. el 14 de **Nisán** del calendario judío, el día que Jesús murió, cae en viernes, satisfaciendo el relato de Juan. (Los sinópticos siguen otro calendario.) Segundo, en la **pascua** cuando Jesús empezó su ministerio público, el templo había estado bajo construcción por cuarenta y seis años (Jn 2.20). En el 19 a.C. Herodes había comenzado ese templo, situamos esto en el 27 d.C. y al bautismo de Jesús algún momento antes, probablemente en el 26 d.C. Tercero, Lucas 3.21-23 dice que Jesús tenía como treinta años cuando fue bautizado y empezó su ministerio. Si ponemos esto en el 26 d.C. nos remontamos al 4 a.C. Si Herodes murió en marzo o abril del 4 d.C., el nacimiento de Jesús tuvo que haber sido antes de esto. Cuánto tiempo antes depende de cuánto queremos alargar la expresión de Lucas de «como de treinta años». Si ponemos el nacimiento de Jesús en 6 a.C. se cubre el plazo. Por último, existen tres pascuas (2.13; 6.4; 12.1) y una fiesta sin nombre (5.1) que se menciona en el Evangelio de Juan. Si asumimos que la fiesta sin nombre era la última cena pascual, tendríamos el tiempo necesario para cumplir el ministerio de tres años y medio.

Hay otros esquemas cronológicos para la vida de Jesús, que sitúan antes a su nacimiento (7 a.C.), disminuyen su ministerio (dos años y medio o menos), o que sitúan a su muerte más tarde (hasta 33 d.C.). Algunos tienen un mérito genuino, pero la cronología indicada contesta más preguntas y presenta menos dificultades, por tanto aquí se la considera como la más probable y exacta históricamente.[5]

Nacimiento y juventud de Jesús (6 a.C.—26 d.C.)

La historia del nacimiento de Jesús es una de las más conocidas en todo el mundo. Cerca del final del reinado de HERODES EL GRANDE (37-4 a.C.) el ángel Gabriel se apareció al sacerdote Zacarías para anunciar el nacimiento de Juan el Bautista (Lc 1.5-20). Luego anunció a una virgen llamada María que ella tendría un hijo, que sería el Hijo del Altísimo y su Reino no tendría fin (Lc 1.26-38). Un censo proclamado por AUGUSTO CÉSAR llevó a María y a su esposo José fuera de NAZARET a BELÉN, donde había nacido Jesús. Fueron pastores y no reyes los primeros en conocer el nacimiento de Jesús, mientras aquella noche cuidaban sus rebaños en un campo cercano. Una vasta compañía de ángeles apareció para anunciar la venida de Cristo en una gloria de luz brillante. El temor inicial de los pastores se convirtió en gozo y alabanza cuando escucharon las palabras: «¡Gloria a Dios en las alturas, y en la tierra paz, buena voluntad para con los hombres!» (Lc 2.14). Sus relatos maravillaron a todos cuantos los escucharon.

Después que se llevaron a cabo los antiguos ritos de la circuncisión y la presentación en el templo, la familia regresó a Belén. Mientras estaban allí unos magos que probablemente eran astrólogos de MESOPOTAMIA, guiados por una estrella milagrosa y quizá por su propio estudio del AT, llegaron para ofrecer adoración y regalos a Jesús.[6] En Jerusalén los magos habían preguntado a Herodes dónde había nacido el Mesías, y al recibir advertencia de Dios en sueños de no volver a Herodes, regresaron a casa por otro camino (Mt 2.1-12). En respuesta Herodes hizo matar a todos los niños varones menores de dos años, esperando así eliminar a cualquier rival posible. María y José habían llevado a Jesús a EGIPTO, según las instrucciones que Dios había dado a José mediante un sueño para que Jesús escapara de la ira de Herodes.

Después de la muerte de Herodes en 4 a.C., José y María fueron guiados por Dios y de Egipto llevaron al niño de vuelta a la tierra de Israel (sin duda pensaron vivir otra vez en Belén). Pero la guía divina los llevó a Nazaret, tanto para alejarlo del hijo de Herodes y su sucesor, ARQUELAO (que gobernaba sobre Judea), como para cumplir la profecía de dónde habría de vivir el Mesías (Mt 2.19-23; Lc 2.39).

En los Evangelios se narra solo un episodio de la niñez de Jesús. Tenía doce años y fue a Jerusalén con su familia, donde con su conocimiento y sabiduría asombró a los maestros de la ley. Los preocupados padres de Jesús no pudieron comprender completamente qué quiso decir cuando dijo: «¿No sabéis que debo estar en los negocios de mi Padre?» (Lc 2.41-50). En otros aspectos Jesús creció como cualquier niño normal, obedeciendo a sus padres, desarrollándose físicamente y madurando en lo espiritual, intelectual y social (Lc 2.52).

Esta es una historia extraordinaria. Cada aspecto ha estado sujeto a un escrutinio intenso y a veces negativo. Pero, ninguno es inherentemente improbable debido a la naturaleza de la teología fundamental de los escritores de los Evangelios. Creían que Dios existió y que era capaz de actuar en el mundo, según su misma voluntad. Los sucesos descritos se cuentan una y otra vez con restricción y dignidad, y carecen por completo de toda exageración absurda que comúnmente se encuentra en otras historias antiguas. No sería sorpresa alguna que esta historia ofenda a una visión secular moderna, pero difícilmente esto constituye una evidencia en contra. Las modas cambian, aunque lentamente, y con el aumentado conocimiento de las últimas cosas la creencia en la intervención milagrosa de Dios en nuestros asuntos cotidianos sería más fácil nuevamente para el mundo en general. Pero sea fácil creerlo o no, el hecho permanece: Los Evangelios se nos presentan con la asombrosa afirmación de que Dios mismo irrumpió en la historia como hijo de la virgen María, rodeado de gloria y confirmación divina.

Comienzo del ministerio público de Jesús (26-27 d.C.)

Los Evangelios asocian a Jesús con el ministerio de Juan el Bautista, que apareció en escena en el desierto oriental de Jerusalén llamando a las personas al arrepentimiento ante el inminente jucio divino.[7] Juan era una figura notable que evocaba a Elías, se vestia de cuero y pelo de camello y vivía en austeridad ascética. Su mensaje era tan extraordinario como él. Al igual que los profetas del AT antes que él, predicaba que el fin del mundo, la venida del Mesías y el juicio final estaban próximos. El comportamiento religioso tradicional y el cumplimiento o prácticas por si solos no pueden

Jesús fue al río Jordán a ser bautizado por Juan para «cumplir toda justicia».

reemplazar a la obediencia auténtica y el amor a Dios. Juan era antitemplo, antinacionalista y antiestablecimiento. El solo privilegio ancestral no tenía valor. Lo que Dios pedía era arrepentimiento, confesión de pecado, bautismo y conducta ética para probar la sinceridad, sin importar cuán inconvencional fuera.

Juan se reconocía a sí mismo como una figura transitoria, un precursor del Mesías. El Mesías reuniría a los justos y «quemará la paja en fuego que nunca se apagará» (Lc 3.17). Juan también veía a su bautismo como transitorio. Él bautizaba con agua, pero el Mesías bautizaría con el Espíritu Santo y fuego. Juan reunió a un grupo de discípulos a su derredor. Sin embargo, ante la instancia de Juan, a su tiempo muchos cambiaron su lealtad hacia Jesús. Juan era un atrevido predicador de la justicia; públicamente reprendió a HERODES ANTIPAS por su matrimonio ilegal con Herodías, la mujer de su hermano, así como por su comportamiento inmoral. Por este motivo arrestaron a Juan y lo enviaron a prisión en MAQUERONTE, y más tarde fue decapitado como resultado del juramento durante la borrachera de Herodes (Mc 6.14-29).

En el 26 d.C. Jesús salió de GALILEA a un lugar llamado BETANIA, al oriente del río Jordán, para ser bautizado por Juan, a fin de «cumplir toda justicia» (Mt 3.15; Jn 1.19-28). Con estas palabras profundas y actos simbólicos Jesús se identificó con nuestra perdida raza humana, llegando a ser uno con nuestro pecado y ofreciéndose a Dios en nuestra ayuda. Más tarde se refiere a su muerte próxima como a un bautismo todavía por soportar (Mc 10.38; Lc 12.49-50). Comenzó su ministerio confesando pecados que no eran suyos y lo terminó muriendo por pecados que tampoco le pertenecían. Al principio Juan rehusó bautizar a Jesús, pero cedió cuando Jesús insistió. En una profunda experiencia de afirmación divina Jesús escuchó las palabras: «Tú eres mi Hijo amado; en ti tengo complacencia» y el Espíritu Santo descendió sobre Él como una paloma (Mc 1.10-11).

Después de su bautismo el Espíritu Santo guió a Jesús al desierto para ser probado por el diablo. Jesús soportó cuarenta días de ayuno y tentación. Tres tienen importancia especial. Satanás tentó a Jesús a convertir las piedras en pan para calmar su hambre; a lanzarse desde las alturas del templo para probar que Dios podía preservarle; y a buscar el dominio de los reinos del mundo mediante su compromiso de adorar al tentador. Jesús conocía el significado interno de estas tentaciones. Estaban destinadas a desviarle de cumplir la voluntad de Dios a la manera de Dios, sustituyéndolo por un plan diferente. En cada caso Jesús obtuvo guía y

Monasterio del Monte de la Tentación. Después de su bautismo, Jesús fue llevado al desierto para ser tentado por el diablo.

fuerza de las Escrituras. Al ser confrontado con la Palabra de Dios, Satanás se vio obligado a huir. Más tarde Jesús enseñaría a sus discípulos a orar: «No nos metas en tentación» (Mt 6.13), habiendo soportado lo peor que Satanás tenía que ofrecer.

Jesús regresó a Galilea después del arresto de Juan el Bautista en el camino a SAMARIA; se detuvo en Sicar para hablar con una mujer acerca de la adoración espiritual (Jn 4.23,24). Por último se asentó en CAPERNAÚM, el centro de su ministerio galileo.

Para Jesús fue importante el período entre su bautismo y el arresto de Juan por Herodes. Durante este tiempo, que duró como un año, elaboró un entendimiento básico de un ministerio espiritual, basado en la fe en Dios, que incluía ministrar a las necesidades de las personas, sanándolas y haciéndoles el bien. El mensaje que Jesús desarrolló incluía el anuncio de la llegada del Reino de Dios. Llamaba al arrepentimiento y a la fe en sí mismo como Mesías. Juntó discípulos a su alrededor, pero en el período inicial de su ministerio no hizo ningún llamado apostólico, ni envió a nadie en misiones de predicar. En efecto se trataba de un tiempo de preparación para el extenso ministerio por efectuarse.

Ministerio en Galilea (27-29 d.C.)

No es posible siquiera mencionar todos los acontecimientos ocurridos durante el año y medio del ministerio de Jesús en Galilea.[8] Más de setenta se cuentan en los Evangelios. Sin embargo es posible resumir lo que pasó y ofrecer algunos ejemplos representativos.

Cuando Jesús llegó a Galilea, luego del encarcelamiento de Juan el Bautista, inmediatamente comenzó a proclamar que el tiempo se había cumplido. Con la venida del Reino de Dios, las personas tenían que arrepentirse y creer en las Buenas Nuevas (Mc 1.14-15). Comenzó a enseñar en las sinagogas de Galilea, y cuando llegó a su ciudad de Nazaret hizo un anuncio sorprendente. Leyendo el libro de Isaías donde se profetiza la venida del Mesías (61.1-2), Jesús se detuvo ante la declaración: «A proclamar el año de la buena voluntad de Jehová». Luego de entregar el rollo al ministro, dijo: «Hoy se ha cumplido esta Escritura delante de vosotros» (Lc 4.16-21). Jesús se presentaba como el cumplimiento de la profecía del AT, el Mesías que habría de venir y el Salvador del mundo.

La prédica de Jesús obtuvo una aceptación mixta. Muchos extendieron su fama por Galilea, alabándolo (Lc 4.14,15), mientras que otros estaban furiosos porque abría el Reino a los pecadores, cobradores de impuestos y gentiles (Lc 4.24-30).

De regreso en Capernaúm, Jesus empezó a reunir a sus discípulos (Lc 5.1-11), algunos de los cuales más tarde se convirtieron en mensajeros especiales llamados apóstoles. Los días de Jesús estaban llenos de actividades, al viajar y predicar las Buenas Nuevas, llamando a la gente al arrepentimiento, sanando a los enfermos, enseñando y echando fuera demonios. Mateo lo sintetiza de este modo:

«Recorrió Jesús toda Galilea, enseñando en las sinagogas de ellos, y predicando el evangelio del reino, y sanando toda enfermedad y toda dolencia en el pueblo» (Mt 4.23).

Y recorrió Jesús toda Galilea, enseñando en las sinagogas de ellos, y predicando el evangelio del Reino, y sanando toda enfermedad y toda dolencia en el pueblo [y echaba fuera los demonios, Mc 1.39]. Y se difundió su fama por toda Siria; y le trajeron todos los que tenían dolencias, los afligidos por diversas enfermedades y tormentos, los endemoniados, lunáticos y paralíticos; y los sanó. Y le siguió mucha gente de Galilea, de Decápolis, de Jerusalén, de Judea y del otro lado del Jordán (4.23-25).

Los escritores de los Evangelios no intentaron contar cada sanidad de Jesús. Más bien narraron ejemplos de los varios tipos de enfermedades u otros males que Jesús sanó: incapacidad física (Jn 5.2-47); parálisis (Lc 5.17-26); lepra (Mc 1.40-45); fiebre (Mc 1.29-31); deformidad (Mc 3.1-6); mudez (Mt 12.22-30); hemorragia (Mc 5.25-34); ceguera (Mt 9.27-31); y muchos más.

Además del poder de Jesús sobre la enfermedad, estaba en control de su medio y era capaz de efectuar milagros asombrosos, como resucitar muertos (Lc 7.11-17), ordenar cesar a una tormenta (Mc 4.36-41), caminar sobre el agua (Mt 14.23-33) y alimentar a más de cinco mil personas con pocos panes y pocos peces (Lc 9.10-17).

Otra característica sobresaliente del ministerio de Jesús era su triunfo sobre las fuerzas malignas de Satanás y sus demonios. Cuando los demonios veían a Jesús exclamaban de terror, pues sabían que su destrucción había llegado. En los Evangelios se dan muchos ejemplos, pero quizá el más sorprendente se llevó a cabo cerca del mar en Gadara (Mc 5.1-20).

Aparentemente Jesús efectuó itinerarios regulares predicando y enseñando. A veces ofrecía largos discursos como el Sermón del Monte (Mt 5—7). Parece que su meta fue alcanzar a toda Galilea con las Buenas Nuevas del Reino de Dios; mandó a sus doce apóstoles en un ministerio de predicación para abarcar el territorio que no podía alcanzar solo (Mt 10.1-42). Cuando Él no llegaba a las personas con el poder de Dios, estas hallaban la forma de encontrarlo. Este ritmo apresurado lo obligaba a apartarse a fin de poder comunicarse a solas con su Padre celestial (Mc 1.35-38). Jesús sabía que había momentos en que sus seguidores que habían trabajado mucho también necesitaban descanso (Mc 6.30-32). Sin embargo, aun en esos momentos la misericordia de Jesús se conmovía y encontraba maneras a veces milagrosas para suplir las necesidades de la gente (Mc 6.34-44).

Sería de pensar que todas las obras bondadosas y gentiles de Jesús producirían solamente alabanza (y la gente sí que lo elogiaba), pero no todos estaban contentos con lo que pasaba. Es sorprendente leer

> **Por qué los líderes judíos se oponían a Jesús**
>
> 1. El celo hacia Él. Las personas comunes y corrientes lo aceptaban de buena disposición.
> 2. Su autoridad. Jesús enseñaba con autoridad que se oponía a la de ellos.
> 3. La percepción del peligro. Él hizo reclamos mesiánicos.
> 4. Sus actitudes liberales. Él simplificó la Ley y rechazó sus reglas.
> 5. Sus actitudes sociales. Se asociaba con pecadores.
> 6. Su falta de educación formal. Él no se había educado adecuadamente y no tenía credenciales.
> 7. La vergüenza que sufrían. Los contradecía en público.
> 8. Su poder. Realizó milagros que ellos no podían.
> 9. Los temores políticos. Él era neutral en relación con el gobierno romano.
> 10. Su llamado al arrepentimiento. Él negaba la rectitud de ellos.
> 11. Su conocimiento. Él ganaba los debates al referirse a las Escrituras.
> 12. Su popularidad. Multitud de personas viajaban para escucharlo.

cuán hostiles frente a Jesús eran los líderes religiosos. Parece que nunca se cansaban de criticarle; trataban de encontrarle fallas, lo acusaban falsamente, buscaban que la multitud estuviera en su contra. En general, trataban de desacreditar su ministerio. Sin duda había muchas razones de enemistad, que iban desde los simples celos ante su popularidad, hasta un sentimiento de amenaza por su extraordinario poder. Jesús sabía que hacer el bien no siempre producía elogio; predijo persecusión a sus seguidores por buscar vivir en el Reino de Dios (Mt 5.10-12).

Durante todo este tiempo Jesús entrenó a sus seguidores para lo que estaba por venir.[9] Llegaría el momento en que ya no estaría más con ellos. Tendrían que continuar sin su presencia física. A fin de lograrlo, Jesús hizo muchas cosas importantes. Primero, les fijó un ejemplo al encarnar lo que les había enseñado. De este modo podrían ver lo que tendrían que hacer. Segundo, estableció organización reuniendo discípulos y nombrando a doce apóstoles sobre ellos. Al seleccionar a doce estaba estableciendo un paralelo entre la obra de Dios en el AT (las doce tribus de Israel fueron escogidas por Dios) y su propia obra en el NT. Tercero, Jesús envió a sus discípulos en predicación misionera a fin de que adquirieran la experiencia que necesitaban para cuando lo harían por si solos. Cuarto, los envió revestidos con autoridad y poder divinos. Nada podría detenerlos si confiaban en la fuerza que Él les proveía. Finalmente, dio grandes pasos a fin de enseñarles lo que necesitarían saber para su ministerio futuro.

Era difícil para ellos cumplir todo. A veces, tristemente malentendían lo que Jesús decía y hacía. Sin embargo, después de su resurrección ellos recordaron todo y establecieron la iglesia que ha persistido hasta hoy.

Esta fase del ministerio en Galilea terminó después de la Pascua en 29.d.C., cuando Jesús se vio envuelto en dos conflictos importantes: uno con la inconstante multitud que quería hacerlo rey por cuanto los había alimentado en el desierto, y el otro con los líderes religiosos y su pleito sobre alguna ley ritual. Este último conflicto se elevó a tal grado, que las autoridades judías en Judea empezaron a idear maneras para matar a Jesús (Jn 7.1).

Viajes de Jesús fuera de Galilea (29 d.C.)

Jesús dejó Galilea y viajó en dirección noroccidental hacia TIRO, una antigua ciudad de Fenicia casi a sesenta y cuatro km de Capernaum, tratando de mantener en secreto su paradero. Pero una mujer griega encontró a Jesús; su fe extraodinaria hizo que sanara a su hija endemoniada. Jesús continuó su viaje por la región y regresó a DECÁPOLIS, cerca del Mar de Galilea. Su presencia no podía seguir manteniéndose en secreto. Mateo resume esta situación así: «Y se le acercó mucha gente que traía consigo a cojos, ciegos, mudos, mancos, y otros muchos enfermos; y los pusieron a los pies de Jesús, y los sanó; de manera que la multitud se maravillaba, viendo a los mudos hablar, a los mancos sanados, a los cojos andar, y a los ciegos ver; y glorificaban al Dios de Israel» (15.30-31).

Luego de alimentar a una multitud de cuatro mil de manera similar que la alimentación milagrosa a los cinco mil, Jesús y sus discípulos fueron al norte a una ciudad pagana llamada CESAREA DE FILIPO, centro de adoración del dios Pan. Fue aquí donde Jesús clarificó a sus discípulos quien era Él y cuál era su misión en la tierra. Empezó por preguntarles quién pensaban que era Él. Hablando por el grupo, Pedro dijo: «Tú eres el Cristo, el Hijo del Dios viviente» (Mt 16.16). Luego, con palabras que los asustó, Jesús les explicó lo que debía hacer como Mesías, el Hijo de Dios: «Le era necesario al Hijo del Hombre padecer mucho, y ser desechado por los ancianos, por los principales sacerdotes y por los escribas, y ... ser muerto, y resucitar después de tres días» (Mc 8.31). Esto contradijo a tal punto sus ideas sobre el papel mesiánico, que Pedro realmente comenzó a reprochar a Jesús. En respuesta Jesús reprendió a Pedro por hacer el papel de Satanás; Jesús le dijo a sus discípulos lo que significaba el discipulado:

Viajes de Jesús fuera de Galilea

Jesús llevó a sus discípulos más íntimos a la cima de una montaña (probablemente el monte Hermón) y allí se transfiguró en su presencia.

Si alguno quiere venir en pos de mí, niéguese a sí mismo, y tome su cruz, y sígame. Porque todo el que quiera salvar su vida, la perderá; y todo el que pierda su vida por causa de mí y del evangelio, la salvará. Porque ¿qué aprovechará al hombre si ganare todo el mundo, y perdiere su alma? ¿O qué recompensa dará el hombre por su alma? Porque el que se avergonzare de mí y de mis palabras en esta generación adúltera y pecadora, el Hijo del Hombre se avergonzará también de él, cuando venga en la gloria de su Padre con los santos ángeles (Mc 8.34-38).

Unos pocos días después de esa profunda revelación, Jesús llevó a sus discípulos más íntimos a una alta montaña (probablemente el monte Hermón) y allí mientras oraba, se transformó ante su misma presencia. La gloria interna divina de Jesús resplandecía con un brillo luminoso y le vieron hablando de su próxima partida de este mundo con dos grandes santos de la antigüedad: Moisés y Elías. Todo terminó cuando por segunda vez Dios mismo habló desde una nube y dijo: «Este es mi Hijo amado; a Él oíd» (Lc 9.35).

Mientras viajaba nuevamente al sur por Galilea hasta Capernaúm, Jesús continuó enseñando a sus discípulos sobre su muerte inminente y resurrección en Jerusalén (Mc 9.30-31), pero era mucho para que ellos entendieran. Surgió una disputa acerca de cuál de los seguidores de Jesús sería el más grande. De regreso a casa en Capernaúm, Jesús los exhortó a ser como niños y dejar de lado sus pretenciones de grandeza, de modo que pudieran ser realmente grandes en el Reino de Dios. Jesús continuó enseñándoles humildad, perdón y servicio.

Ministerio pereano judáico (29-30 d.C.)

En el otoño de 29 d.C. Jesús supo que había llegado su tiempo de ir a Jerusalén a cumplir su propósito: morir y resucitar por los pecados del mundo. Empezó por Samaria pero no consiguió hospedaje en la frontera. Tomó la ruta más larga, cruzando el río Jordán y luego viajó al sur a través de PEREA. En el camino Jesús volvió a recalcar con urgencia a sus seguidores el costo del discipulado. Podía incluir pérdida de comodidades, dejar naturales afectos humanos y tener alta resistencia.

Cuando Jesús llegó a Jerusalén para la **Fiesta de los Tabernáculos** en octubre del 29. d.C. sanó a un hombre ciego de nacimiento. En lugar de causar regocijo entre las autoridades, estallaron una serie de disputas puesto que esto no había ocurrido

Fiesta de los tabernáculos

bajo el auspicio de estas autoridades. Pero para ellos era imposible oponerse a la respuesta lógica del hombre: «Habiendo yo sido ciego, ahora veo» (Jn 9.25).

Después Jesús viajó a Perea y en determinado momento envió a setenta y dos de sus seguidores en grupos de dos (Lc 10.1-24), tal como antes había hecho con sus discípulos, para predicar el evangelio y echar fuera demonios. De este modo podrían alcanzarse y entrenarse a más personas durante los restantes meses de su vida en la tierra, que si hubiera tratado de hacer todo por sí solo.

Jesús regresó a Jerusalén en diciembre para la Fieta de la Dedicación. Se presentó a sí mismo como el buen pastor y en su defensa apeló a las buenas obras que había estado haciendo. Después de esto se retiró nuevamente a Betania más allá del Jordán, donde antes había estado bautizando Juan (Jn 10.40). Después de enseñar allí a la gente, Jesús viajó extensamente por Judea durante el invierno en 29-30 d.C. Solo Lucas des-

cribe este período en detalle (Lc 11.1—18.17). Durante esta misión de predicación Jesús viajó de aldea en aldea (Lc 13.22) y grandes multitudes lo seguían (Lc 1.29; 12.1; 14.25), enseñaba en las sinagogas (Lc 13.10), comía con fariseos prominentes (Lc 11.37; 14.1) y recibía bien a los cobradores de impuestos, a los pecadores e incluso a los niños (Lc 15.1; 18.15).

El mensaje de Jesús durante esta época abarcaba el precio del discipulado (Lc 9.57-62; 14.25-33), la importancia de la salvación (Lc 14.15-24; 15.1-32), el gozo de la vida en el Reino de Dios (Lc 12.22-34), la naturaleza de la oración (Lc 11.1-13; 18.1-8), la humildad (Lc 14.1-14; 18.9-14), los demonios de hipocresía (Lc 11.39-52; 12.1-3), la venida del Reino futuro (Lc 1.54-59; 17.20-37) y mucho más.

Jesús continuó con su ministerio de sanidad durante este tiempo. En muchas formas, se parecía al tiempo en Galilea en que grandes multitudes se reunían y recibían sanidad (Mt 19.2). Devolvió la vista a los ciegos (Mt 20.29-34; Jn 9.1-41), curó leprosos (Lc 17.11-19), curó a un hombre hidrópico (Lc 14.1-4) y restauró la salud a una mujer encorvada (Lc 13.10-17). La violenta oposición de los fariseos creció cuando Jesús rehusó cumplir muchas de sus prácticas ceremoniales (Lc 11.37,38,53; 13.14; 14.1,6; 15.1-2). Jesús sabía lo que le esperaba en Jerusalén (Lc 12.49-50; 13.32-35), pero puesto que se acercaba la Pascua, fue hacia allá sin desviarse.

Dentro de los acontecimientos más memorables durante esta época de Jesús estuvo la resurrección de Lázaro (Jn 11.1-44), que era hermano de María y Marta. Los tres eran amigos cercanos de Jesús. Vivían en Betania al oriente de Jerusalén, más allá del monte de los Olivos. Jesús estaba ausente cuando Lázaro murió y a propósito no regresó en cuatro días para que el milagro fuera mayormente asombroso. Jesús utilizó la ocasión para enseñar a sus discípulos que Él era la fuente de toda resurrección y vida, así como para mostrar su real humanidad al llorar ante la tumba de Lázaro. Las noticias acerca de este notorio acontecimiento llegaron pronto a Jerusalén, donde los gobernadores judíos intensificaron su complot para quitar la vida a Jesús (Jn 11.53). Razonaban que si Jesús continuaba haciendo estas extraordinarias obras, todos creerían en Él y los romanos interpretarían la creciente popularidad de Jesús como una rebelión abierta (Jn 11.47-48). Después de esto Jesús abandonó Betania y se retiró al norte de Efraín, cerca al desierto (Jn 11.54). Luego hizo un itinerario por Samaria hasta el límite con Galilea, al oriente de Perea, al sur hasta JERICÓ y regresó a Betania, donde María lo recibió con una suntuosa muestra

Una iglesia franciscana señala el supuesto lugar de Betania en que Jesús resucitó a Lázaro.

Después de la última cena pascual, Jesús llevó a sus discípulos al huerto de Getsemaní, al este de Jerusalén.

de devoción durante un banquete dado en su honor (Jn 12.1-8).

Últimos días de Jesús en la tierra y crucifixión

El domingo antes de la Pascua en abril 30 d.C., Jesús se presentó en Jerusalén como el Prometido de Dios, el Mesías, cabalgando triunfante al entrar en la ciudad, mientras la multitud lo aclamaba. Fue saludado como el Hijo de David, quien habría de venir en el nombre del Señor, en cumplimiento de la profecía (Mt 21.1-11). Al entrar en la ciudad, Jesús nuevamente denunció la actividad de los cambistas, al convertir la Casa de oración de Dios en un mercado cualquiera (Mc 11.15-18).

Los pocos días siguientes hubo conflicto con las autoridades, que trataban de sorprenderle en sus palabras, a fin de desacreditarlo a los ojos de la multitud. Además continuaba preparando a sus seguidores para lo que les esperaba (Mc 11.27—12.40).

Los sucesos se desarrollaron con rapidez. El jueves se hicieron los preparativos para la última cena de Pascua de Jesús con sus discípulos (Mc 14.12-16). Juan, quien también estaba en la cena, había ya hecho arreglos con los líderes judíos para entregarles a Jesús. En esta cena Jesús estableció lo que sería «La Cena del Señor», quizá la celebración más importante de la Iglesia. Jesús se refirió a las profecías de Jeremías (31.31-34) en relación al nuevo pacto que Dios haría con su pueblo y solemnemente declaró que el tiempo había llegado. Su sangre que se derramaría era la sangre del pacto, simbolizada por el vino; y su cuerpo que sería maltratado simbolizado por el pan (Mt 26.26-29). Durante la cena salió Judas, el traidor, y se predijeron los errores que Pedro cometería. Jesús también utilizó esta ocasión para instruir a sus discípulos en asuntos relacionados con Él mismo, que llegarían a constituir los relatos más memorables de la Biblia (Jn 14-17). Concluyó con una oración de intercesión por ellos, luego de lo cual salieron del huerto de Getsemaní.

Era tarde en la noche cuando Jesús entró en el huerto, un área parecida a un parque. Mientras sus discípulos estaban adormecidos, agonizaba en oración por su muerte cercana. En su humanidad, clamó para que pasara esa prueba, sabiendo que no solo le estaba deparada la muerte, sino una muerte en soledad en la cual Dios derramaría su ira sobre Él. Pero en su compromiso con la voluntad de Dios para la

Las siete últimas declaraciones de Jesús desde la cruz

1. «Padre, perdónalos, porque no saben lo que hacen» (Lc 23.34).
2. [A María] «Mujer, he ahí tu hijo»; [a Juan] «He ahí tu madre» (Jn 19.26-27).
3. [Al malhechor en la cruz] «De cierto te digo que hoy estarás conmigo en el paraíso» (Lc 23.43).
4. «Tengo sed» (Jn 19.28).
5. «Dios mío, Dios mío, ¿por qué me has desamparado?» (Mt 27.46; vea Sal 22.1).
6. «Consumado es» (Jn 19.30).
7. «Padre, en tus manos encomiendo mi espíritu» (Lc 23.46).

Página siguiente: Litografía del Ecce Homo de Richard Westall. La pintura, presentada por el Rey Jorge IV, cuelga en la iglesia Las Ánimas de Langham Place, Londres.

salvación de los perdidos, concluía estas oraciones con: «Hágase tu voluntad» (Mt 26.36-45).

Para entonces Judas llegó con los policías del templo y señaló a Jesús saludándolo con un beso (Mt 14.43-46).

Llevaron a Jesús a un edificio conocido como la casa del sumo sacerdote, donde le interrogó Anás, el anterior sumo sacerdote y suegro de Caifás, y el sumo sacerdote actual.[10] Anás no determinó nada, por tanto mandó a Jesús a Caifás. Hubo quienes ofrecieron falso testimonio, pero no fue sino hasta que el sumo sacerdote le dijo: «Te conjuro por el Dios viviente, que nos digas si eres tú el Cristo, el Hijo de Dios» que Jesús rompió su silencio y dijo: «Tú lo has dicho ... veréis al Hijo del Hombre sentado a la diestra del poder de Dios, y viniendo en las nubes del cielo» (Mt 26.64). Declararon digno de muerte a Jesús por haber declarado tal blasfemia. Al acercarse el amanecer, todo el Sanedrín se había reunido y otra vez Jesús había reconocido que era el Hijo de Dios. Mientras sucedía todo esto, Pedro que había estado en el patio de la corte, negó al menos tres veces haber conocido a Jesús, pero al mirarle a los ojos salió de la escena llorando amargamente (Mt 26.69-75).

Temprano en la mañana del viernes Jesús fue llevado al palacio de Pilato, a quien le habían informado que Jesús era un peligroso criminal que había conmocionado a la nación, oponiéndose a pagar impuestos al César y proclamando ser rey (Lc 23.1-2). En entrevista privada con Jesús, Pilato no pudo encontrar ninguna base para un cargo en su contra. Cuando Pilato comunicó esto a la asamblea judía, se agitaron e insistieron que Jesús estaba causando alborotos por toda Galilea hasta Jerusalén (Lc 23.5,14). Al oír la palabra «Galilea» Pilato envió a Jesús a Herodes Antipas, que gobernaba Galilea y se encontraba en el pueblo para el festival. Queriendo mantenerse lejos del asunto, Herodes mandó a Jesús de regreso a Pilato, quien nuevamente insistió en que no había encontrado ningún cargo en su contra. Pilato hizo un esfuerzo para liberar a Jesús, ofreciendo soltar a un prisionero, pero cuando presentó la opción entre Jesús y el prisionero Barrabás, los judíos escogieron a Barrabás (Lc 23.18-19). Luego Pilato hizo que azotaran brutalmente a Jesús, tal vez buscando producir lástima en la multitud; sin embargo continuaban gritando: «¡Crucifícale!» Cuando los líderes insistieron en que Jesús debía morir por haberse proclamado como el Hijo de Dios, Pilato tuvo temor pensando en que quizá sería cierto. Entonces redobló sus esfuerzos para liberar a Jesús (Jn 19.8-12). Cuando los judíos amenazaron con exponer que Pilato no era amigo del César si Jesús era liberado, cedió y se lavó las manos del asunto, y entregó a Jesús para ser crucificado (Mt 27.24; Jn 19.12-16).

Llevaron a Jesús a los terrenos del Gólgota, donde lo crucificaron a una cruz. Dos criminales convictos fueron crucificados junto con Él. Sobre la cabeza se le puso un letrero que decía: «Jesús de Nazaret, rey de los judíos». Sus ropas fueron repartidas entre los soldados. Eran las nueve de la mañana cuando le crucificaron. Sus primeras palabras en la cruz fueron una oración de perdón para sus torturadores (Lc 23.34). Jesús sufrió la agonía de la muerte por seis horas. Al medio día una misteriosa oscuridad envolvió la tierra hasta que Jesús murió de una forma precipitadamente dramática a las 3:00 pm, luego de clamar repetidamente: «Dios mío, Dios mío, por qué me has desamparado? Consumado es» y «Padre, en tus manos encomiendo mi es-

píritu». En ese momento un terremoto conmovió la tierra, las rocas se partieron y la cortina del templo que separaba al lugar santísimo del resto del edificio, se rasgó en dos de arriba abajo (Mt 26.51). Y Jesús murió, ofreciendo su vida en pago por nuestros pecados, tal como dijo que lo haría.

Puesto que se acercaba el sábado (el próximo día judío empezaba a las 6:00 pm) quebraron las piernas de ambos criminales para acelerar su muerte. A Jesús le penetraron una espada en el costado para asegurarse de que estaba muerto. José de Arimatea pidió el cuerpo a Pilato y junto con Nicodemo prepararon el cuerpo de Jesús para la sepultura y lo colocaron en una tumba sin usar en un jardín cercano (Jn 19.31-42). Se puso un sello romano en la tumba y guardias para protegerla (Mt 27.62-66).

Resurrección y ascención de Jesús (abril-junio 30 d.C.)

Temprano el domingo en la mañana, las mujeres que seguían a Jesús fueron a la tumba para ungir el cuerpo, pero se sorprendieron al encontrarla vacía cuando un ángel resplandeciente les dijo: «No os asustéis; buscáis a Jesús nazareno, el que fue crucificado; ¡ha resucitado!, no está aquí; mirad el lugar en donde le pusieron (Mc 16.6). Ellas corrieron a avisar a los apóstoles. Enseguida Pedro y Juan verificaron que la tumba realmente estaba vacía.

Aquel primer domingo de Pascua Jesús se apareció varias veces a sus seguidores, comenzando con María Magdalena (Jn 20.10-18) y luego a otras mujeres (Mt 28.8-10). Más allá camino a EMAÚS, al occidente de Jerusalén, dos de los seguidores de Jesús regresaban desalentados a casa, cuando Jesús mismo se les presentó, exponiéndoles las Escrituras y explicándoles la razón por la que había muerto (Lc 24.13-32). Con prisa regresaron a Jerusalén y contaron a los apóstoles que estaban juntos, que habían visto al Señor resucitado; confirmaron que también se había aparecido a Pedro (Lc 24.33-35). Luego Jesús apareció ante el mismo grupo, a excepción de Tomás que en ese momento no se encontraba, y les pronunció paz (Lc 24.36-43). Tomás no creyó hasta que Jesús apareció por se-

Enfoque 8: Una vida solitaria

Nació en un pueblo insignificante y era hijo de una aldeana. Creció en otro pueblo, donde trabajó en una carpintería hasta los treinta años de edad. Entonces durante tres años fue un predicador itinerante. Nunca escribió un libro. Nunca tuvo un oficio. Nunca tuvo una familia ni poseyó una casa. No fue a la universidad. Nunca visitó una gran ciudad. Nunca viajó a más de trescientos kilómetros del lugar donde nació.

No hizo ninguna de las cosas que por lo general se relacionan con la grandeza. Él mismo no tuvo credenciales. Tenía solo treinta y tres años cuando la corriente de la opinión pública se volvió contra Él. Sus amigos lo abandonaron, lo entregaron en manos de sus enemigos y lo sometieron a la burla de un juicio. Mientras moría sus verdugos apostaron su manto, la única propiedad que había tenido en la tierra. Cuando murió fue sepultado en una tumba prestada por la piedad de un amigo.

Diecinueve siglos han llegado y se han ido, y hoy día Él es el personaje central del género humano y el líder del progreso de la humanidad. Todos los ejércitos que alguna vez desfilaron, todos los navíos que navegaron, todos los parlamentos que sesionaron, todos los reyes que algún día reinaron, todos ellos juntos no afectaron la vida del hombre sobre este planeta como la afectó esta VIDA SOLITARIA.

— Autor desconocido

El hombre de Galilea

Términos clave

Fiesta de los Tabernáculos
Nisán
Pascua

Personajes y lugares clave

Arquelao
Betania
Belén
César Augusto
Cesarea de Filipo
Capernaum
Decápolis
Egipto
Emaús
Galilea
Herodes Antipas
Herodes el Grande
Jericó
Jerusalén
Maqueronte
Mesopotamia
Nazaret
Perea
Samaria
Sicar
Tiro

gunda vez ante el grupo una semana más tarde (Jn 20.26-31).

Durante las siguientes pocas semanas Jesús continuó apareciendo, tanto en Galilea como en Jerusalén, ante pequeños y grandes grupos (Mt 28.16-20); Jn 21.1-24; Hch 1.3-8; 1 Co 15.6-7).[11]

Cuando llegó el tiempo de Jesús para regresar al cielo, pronunció bendición sobre sus discípulos, desapareció siendo levantado y se perdió de su vista con la promesa de regresar (Lc 24.50-53; Hch 1.9-11).

El verdadero significado de Jesús de Nazaret

Esta es la historia de Jesús según se recuerda en los cuatro Evangelios del NT. De ella los creyentes cristianos han tomado fuerza durante los últimos dos mil años. Nadie pretende entender todo por completo; sin embargo hay ciertas cosas de suprema importancia que sobresalen, como si tuviéramos que conocerlas. La primera es la unicidad de Jesús, que no es

Preguntas de repaso

1. La principal fuente de información acerca de Jesús se encuentra en los _____.

2. Jesús vivió del 6 a.C al _____ d.C.

3. Después de la muerte de Herodes el Grande, los padres de Jesús lo llevaron de regreso a _____, donde creció.

4. El único acontecimiento registrado de la niñez de Jesús ocurrió cuando tenía _____ años de edad.

5. Jesús fue bautizado por Juan el Bautista en el lado este del Río Jordán en _____.

6. El triunfo de Jesús sobre el mal se vio con la destrucción de _____.

7. Jesús estableció un ejemplo para sus seguidores con el fin de _____ para el futuro.

8. Jesús reveló su verdadera identidad y su misión a sus discípulos en la ciudad de _____.

9. Jesús regresó a la ciudad de _____ para la Fiesta de los Tabernáculos, la Fiesta de la Dedicación y la Pascua.

10. Los _____ acusaron a Jesús ante Pilato y Herodes.

solo otro líder religioso, igual o incluso mejor que Mahoma, Buda o Moisés. Él es una clase aparte en sí mismo. Los primeros cristianos no encontraron una mejor manera de describirlo que llamándolo «Rey de reyes y Señor de señores», en verdad Dios mismo. Aunque eran inalterablemente monoteístas, sentían que su declaración era justificada puesto que Jesús mismo había hecho tales declaraciones y de la única manera que lo recordaban era a un Jesús que enseñaba con absoluta autoridad, como nunca antes había hablado un simple hombre mortal.

Segundo, la historia de Jesús es sobrenatural de principio a fin. Cualquier intento de quitar este elemento de los relatos, los destruiría por completo. La historia abunda con referencias de Dios, ángeles, demonios, Satanás, acontecimientos milagrosos, sanidades divinas, el Espíritu Santo y la eterna dimensión irrumpiendo en el tiempo. El material en sí de los cuatro Evangelios consiste de los muchos sucesos peculiares de la vida de Jesús, tales como el nacimiento virginal, su transfiguración, su resurrección de los muertos y su ascensión al cielo. No se trata de mitos antiguos sino de realidades históricas, el fundamento sobre el que descansa la fe crisitiana. Si quitamos esto no queda ninguna fe cristiana. Tercero, existe para nosotros un desafío a creer y un mandato de seguir a Jesús. Esto no es fácil para nosotros hoy día, no más de lo que fue para los primeros seguidores de Jesús. Solo al responder positivamente, se dieron cuenta de la verdad de quién Él era y de lo que dijo. A los que tenían se les daba más. Una respuesta negativa solo traía más duda y oscuridad. Pero sea como sea, todavía permanece el llamado a seguir y el desafío a creer. Si caminamos en fe llegamos a ser nuevas criaturas, de la misma forma en que fueron transformados cuando le rindieron su corazón aquellos que conocieron a Jesús mientras estuvo en la tierra. No hay otro modo de descubrir quién es Él en verdad.

Cuarto, la historia de Jesús nos dice que la muerte no es el fin de nada, sino el comienzo de una nueva y gloriosa existencia para los seguidores de Cristo. Tal como Jesús rompió el poder de la muerte, así quebrantará el poder de la muerte si creemos en Él, quien desafió a Martha con esta verdad: «Yo soy la resurrección y la vida; el que cree en mí, aunque esté muerto, vivirá. Y todo aquel que vive y cree en mí, no morirá eternamente. ¿Crees esto?» (Jn 1.25-26). Estas son palabras extraordinarias, pero esta es la promesa. Puesto que Jesús vive, los que creen en Él vivirán para siempre.

Finalmente, todo lo que se ha dicho es

Preguntas de estudio

1. Busque las referencias relacionadas a la cronología de la vida de Jesús y desarróllelas como crea que deba ser.

2. Reconstruya los acontecimientos que precedieron y rodearon el nacimiento y los primeros años de Jesús.

3. Discuta el ministerio de Juan el Bautista como precursor de Jesús.

4. ¿Cómo preparó Jesús a sus seguidores para que prosiguieran después de que se hubiera ido?

5. ¿Cuáles son los principales elementos del ministerio de Jesús en el norte (Galilea y los viajes fuera de Galilea)?

6. Discuta el ministerio pereano y judaico de Jesús.

7. Relate los sucesos en las últimas treinta y seis horas de Jesús en la tierra.

8. Haga una lista de los hechos desde la sepultura de Jesús hasta su ascensión.

9. Escriba un breve ensayo sobre lo milagroso en la vida de Jesús (milagros, sanidades y expulsión de demonios).

10. ¿Cuál cree usted que es la verdadera importancia de Jesús?

cierto porque el punto culminante es verdad: Jesús está vivo y promete estar con nosotros ahora y hasta el fin del mundo. ¿Qué más podemos pedir? El mismo Jesús que caminaba en las playas de Galilea, que sanó a los enfermos de sus males, que perdonó las transgresiones a los pecadores y que efectuó milagros de extraordinario poder, es el Jesús que está con nosotros hoy.

Resumen

1. Los Evangelios del Nuevo Testamento son la fuente principal de información acerca de Jesús.

2. Los Evangelios narran la historia del nacimiento de Jesús, pero registran solo un incidente sobre su niñez.

3. En todos los Evangelios se asocia a Jesús con el ministerio de Juan el Bautista.

4. El ministerio de Jesús en Galilea duró año y medio, y se registran en los Evangelios más de setenta hechos de su ministerio.

5. Jesús adiestró a sus seguidores para el futuro al convertirse en su ejemplo, al reunir discípulos y colocar doce que los dirigieran, al enviarlos a misiones de predicación para que obtuvieran experiencia, al enviarlos con su propio poder y al enseñarles lo que debían saber.

6. Jesús se presentó como el Mesías ante la ciudad de Jerusalén el domingo anterior a la Pascua, en abril del año 30.

7. Jesús fue enviado a Pilato y a Herodes Antipas, y de nuevo a Pilato antes de llevarlo al Gólgota para ser crucificado.

8. Luego de la resurrección, en el primer domingo después de la Pascua, Jesús se apareció a María Magdalena, a otras mujeres, a dos de sus discípulos en el camino a Emaús, a Pedro y a los apóstoles reunidos en Jerusalén.

9. La historia de Jesús es excepcionalmente sobrenatural; nos reta a creer y nos ordena seguirle. Además nos enseña que la muerte no es el término sino el principio de una nueva existencia.

Lecturas relacionadas

Rembert S. Truluck, *El ministerio de Jesús: Nuestro modelo,* Casa Bautista de Publicaciones, El Paso, TX, 1974. Una serie de reflexiones teológicas sobre la vida, obra y enseñanza de Jesucristo. Un enfoque ministerial para siervos de Cristo.

Pedro Ramón Hilgert, *Jesús histórico,* Ediciones Paulinas, Bogotá, Colombia, 1989. El autor enfoca la realidad histórica de Jesucristo, centrando su cristología en la realidad latinoamericana actual. Dirigida a profesores, estudiantes de teología y a cristianos que ya saben dar razón de su fe.

Philip Yancey, *El Jesús que nunca conocí,* Editorial Vida, FL, 1995. Un sincero esfuerzo por conocer la realidad histórica del Jesús del tercer mundo (Palestina de la época) analizado por un ciudadano del primer mundo. Yancey se sincera con el lector y abre su corazón para mostrar y demostrar que los creyentes del mundo desarrollado poco saben del Jesús del mundo subdesarrollado.

Ernest Renan, *Vida de Jesús,* Ediciones EDAF, Madrid, España, 1985. Es interesante poder descubrir cómo un filósofo de la talla de Renan trata a Jesucristo como parte de la historia. Se nota en este texto un profundo respeto y admiración del humanista y filósofo para el Hijo de Dios. Hace una análisis (para él) imparcial, científico y objetivo que alcanza ribetes de extraordinaria delicadeza.

Willard H. Taylor, *Así vivió Jesucristo,* Casa Nazarena de Publicaciones, Kansas City, MO, 1982. Presenta datos de la vida de Jesús en orden cronológico y de manera dramática. Logra un impacto en quien lo lee ya que su énfasis es devocional y de mucha fuerza sentimental.

John H. Yoder, *Jesús y la realidad política,* Ediciones Certeza, Buenos Aires, Argentina, 1985. Un enfoque quizás controversial sobre la vida y obra de Jesús, con algunos alcances políticos modernos.

Raymond L. Cramer, *La psicología de Jesús y la salud mental,* Editorial Caribe, Miami, FL, 1976. Un enfoque a temas psicológicos basados en la vida de Jesús de Nazaret. Trata en forma clara y sencilla temas complejos como el temor, la ira, el afán, la libertad, la humanidad, el control mental, etc., evaluando al final estos tópicos en la vida del lector.

A.T. Robertson, *Épocas en la vida de Jesús,* Casa Bautista de Publicaciones, El Paso, TX, 1907. Una serie de ocho discursos públicos en julio de 1906 ante un auditorio de ministros y obreros cristianos, quienes solicitaron que tales prédicas se publicaran en un libro.

Juan A. Mackay, *Mas yo os digo,* Casa Unida de Publicaciones, México D.F., 1964. Una profundización en los conceptos manejados por Jesús cuando citaba un pasaje del Antiguo Testamento y lo contrarrestaba con: «Pero yo os digo...» Profundas meditaciones en torno a Jesús de Nazaret.

9 Enséñanos Señor
El ministerio de enseñanza de Jesucristo

Bosquejo

- **Cómo entender a Jesús**
- **Jesús el predicador**
  Cómo usó Jesús el lenguaje
  La forma del mensaje de Jesús
  Jesús y su mensaje
- **La enseñanza de Jesús**
  Dios, el Reino de Dios y la relación de Jesús con el Reino
  La exclusividad de Jesús:
  su relación especial con Dios
  su relación especial con los demás seres humanos
  su sentido de misión
- **Vida humana, pecaminosidad humana y Dios**
- **El fin del mundo, la Segunda Venida y la vida futura**

Objetivos

Después de leer este capítulo, usted podrá

- Discutir cómo Jesús pudo comunicar su mensaje con eficacia
- Identificar qué hacía eficaz el estilo de predicación de Jesús
- Enumerar las cuatro áreas teológicas principales que Jesús tocó en su enseñanza
- Explicar la relación de Jesús hacia el Reino de Dios
- Notar la manera en que Jesús fue único entre los hombres
- Describir las características humanas que Jesús comprendió y el modo en que las trató
- Usar referencias bíblicas para describir la Segunda Venida

Un hombre decidió hacer construir una casa. Pagó a un arquitecto para que le dibujara los planos y en pocas semanas recibió los diseños con toda la información necesaria para empezar la construcción. Siendo muy cauteloso, en base a los planos decidió construir un modelo de la casa en escala a fin de asegurarse de que no habían problemas.

Un buen amigo cuestionó la necesidad de hacer esto, ya que al ver los planos parecía que todo estaba en orden. Pero el hombre no tuvo en cuenta la opinión de su amigo. Un par de semanas después lo llamó para que viera el producto terminado. ¡Al fin y al cabo había encontrado un problema! Una viga expuesta en el techo cruzaba exactamente frente a un ventanal del piso alto, lo que daría un toque desagradable a la sala de estar. Aunque el error de diseño se encontraba documentado en los planos arquitectónicos bidimensionales, era muy difícil notarlo. El error se hizo manifiesto solo al construir un modelo tridimensional.

Podemos experimentar esta misma dificultad al estudiar las enseñanzas de Cristo desde una perspectiva del siglo veinte. Aunque la información más importante se encuentra en las Escrituras, nuestra posición estratégica (o la falta de una) hace que algunos puntos de la enseñanza de Cristo sean difíciles de ver. Una mirada cuidadosa a los factores relacionados con la situación de Jesús nos ayudará en gran manera a clarificar cualquier malentendido posible.

Cómo entender a Jesús

Para entender la enseñanza de Jesús se deben considerar cuatro puntos. Primero, como razón principal Jesús vino como maestro y predicador y dio un mensaje hablado a sus oyentes. Él no era un investigador ni escritor que se sentó a escribir tratados sistemáticos de teología. Es más, no tenemos libros escritos por Jesús, como los tenemos de Platón, Aristóteles y Filón. Esto significa que las enseñanzas que tenemos de Jesús se han tomado de situaciones de la vida, donde las necesidades de la audiencia, las peculiaridades y circunstancias del momento, y las propias intenciones específicas de Jesús proporcionaron la forma que tomó su mensaje. Puesto que estos factores siempre están cambiando, a veces incluso durante el curso de una conversación, Jesús cambiaba con frecuencia su enfoque para comunicarse de manera más efectiva. Como lectores de los Evangelios, nosotros mismos debemos pensar fuera del siglo veinte, y retroceder hasta quellas situaciones de modo que podamos adentrarnos en lo que Jesús en realidad intentaba decir a su audiencia.

Segundo, por lo general Jesús comparte asuntos fundamentales. Su audiencia tenía una comprensión común de los principios teológicos que Él deseaba tratar. Había un amplio entendimiento similar en asuntos como la existencia de Dios, ángeles, providencia, pecado, revelación, salvación y milagros. Esto no quiere decir que todos creían exactamente lo mismo. Sin embargo, los conceptos básicos concordaban. Jesús no habló a un grupo de hindúes o budistas, en cuyo caso sus ideas hubieran sido tan extrañas que habría la necesidad de definir y explicar cada punto en detalle. Tanto Jesús como la mayoría de quienes lo escuchaban tenían conocimiento del AT o al menos estaban comprometidos teóricamente con él. Jesús habló a partir de esta base común. Por lo general el deber de Jesús no tanto era impartir información completamente nueva sino recordar lo que la gente sabía y corregir muchos malentendidos que habían surgido con el tiempo.

Tercero, uno de los desafíos más formidables de Jesús fue cómo transmitir (en algunos aspectos básicamente conocidos) su mensaje. Las personas conocían demasiado algunos aspectos y se habían vuelto displicentes. No necesitaban que se les enseñara nada de lo que Jesús les decía, porque ya lo conocían. El problema era que este conocimiento tenía muy poco o ningún efecto en sus vidas. Por tanto, Jesús debía idear maneras para despertar a la gente a la verdad. Procuró encontrar la forma de penetrar esta pared de confianza superficial y displicencia de modo que volvieran a ver la verdad de manera personal y vívida. Para algunos esto significaba una revitalización de sus vidas; otros reaccionarían por primera vez. De muchas formas Jesús enfrentó el mismo problema

reino

que encaran hoy día los predicadores en las mañanas del domingo: cómo decir a las personas algo que en cierto modo conocen, pero de tal manera que lo vuelvan a ver y produzca un cambio en sus vidas.

Cuarto, el deber de Jesús no se limitaba solo a comunicar ideas. Tenía en mente una meta mucho más importante. Desafiaba a sus oyentes a tomar la decisión de entrar en el Reino y establecer una relación personal con el mismísimo Dios. Como resultado, sus palabras tenían la intención de confrontar y convencer a sus oyentes. Él no estaba interesado en una masiva afirmación de cuán gran orador era. Más bien deseaba que sus oyentes vieran la grandeza de Dios, la seriedad de su situación y la nueva vida que se les ofrecía, si se arrepentían y aceptaban las buenas nuevas. Dios vino a ofrecerles vida, no solo buenas ideas.

En resumen, Jesús tuvo la tarea de resolver cómo presentar lo que las personas ya sabían, pero de tal modo que sintieran el desafío de ir más allá y de aplicarlo a sí mismos, añadiendo las nuevas percepciones y comprensiones de Él. La manera en que lo hizo lo convirtió en uno de los más grandes comunicadores del mundo.[1]

«¿Por qué miras la paja que está en el ojo de tu hermano, y no echas de ver la viga que está en tu propio ojo?» (Mt 7.3-5).

Jesús el predicador
Cómo usó Jesús el lenguaje

Jesús fue un maestro del uso creativo del lenguaje. Sabía escoger las palabras cotidianas y usarlas de tal modo que tomaba por sorpresa a quienes lo escuchaban. La mayoría de las veces su vocabulario era el de su audiencia, de la gente común, y evitaba la jerga técnica y teóloga de los rabinos. Sin embargo, comprendía aun los asuntos rabínicos más técnicos, y cuando era necesario podía probar su argumento con vigor en sus propios términos (vea por ejemplo la disputa sobre el «corbán», Mc 7.1-13). Pero por lo general Jesús evitaba los conflictos enigmáticos y hablaba de modo directo a las amplias secciones representativas de personas en palabras que pudieran captar.

A fin de llevar su mensaje, a veces Jesús escondía su significado bajo la superficie para forzar a sus oyentes a pensar en lo que decía. Un ejemplo es Lucas 9.60, donde dice: «Deja que los muertos entierren a sus muertos». Algunas veces Jesús explicaba lo que quería decir, pero en la mayoría de las veces dejaba que sus palabras hicieran la obra.[2]

En ocasiones Jesús utilizaba un lenguaje altamente gráfico para resaltar un punto. Un buen ejemplo es cuando dijo: «¿Por qué miras la paja que está en el ojo de tu hermano, y no echas de ver la viga que está en tu propio ojo?» (Mt 7.3).

Otras veces Jesús utilizó lenguaje paradójico o aparentemente contradictorio para obligar a pensar a sus oyentes o para tomar una decisión, como cuando dijo: «Todo el que quiera salvar su vida, la perderá; y todo el que pierda su vida por causa de mí, la hallará» (Mt 16.25), o cuando dijo: «Muchos primeros serán postreros y los postreros, primeros» (Mc 10.31).

Jesús también utilizó el lenguaje sobreentendido para captar la atención y para sacudir a sus oyentes. Un ejemplo es Marcos 9.42-48, donde habla de cortarse una mano o un pie, o de sacarse un ojo para entrar en el Reino de los cielos.

En todo esto Jesús ejercía una creatividad extraordinaria al hablar el lenguaje común de su época, pero dándole un uso distinto y poco frecuente.

parábola

alegórico

proverbial

Hijo del Hombre

La forma del mensaje de Jesús

La forma en que Jesús solía comunicar su mensaje era como el de cualquier otro rabino de su época. Sabía que si usaba una manera totalmente extraña de presentar su mensaje, los demás no comprenderían. Por tanto buscaba un estilo o patrón que conocieran. Su instrumento favorito de enseñanza era la parábola, que se cuentan por docenas en nuestros Evangelios.[3] Este sistema también se puede encontrar en el AT, así como en los escritos rabínicos. Por definición, una parábola podía ir desde un refrán corto y categórico a una historia completa, casi alegórica. Su propósito era revelar verdad suficiente que provocara intensa curiosidad, prometiendo más para quienes hicieran caso, pero también encubriendo suficiente verdad como para que los autosuficuentes se alejaran sin inspiración. En cierta forma la parábola era un ejemplo concreto de uno de los refranes de Jesús: «A todo el que tiene, se le dará; y a todo el que no tiene, aun lo que piensa tener se le quitará» (Lc 8.18). En ciertos casos Jesús explicaba a sus seguidores el significado de la parábola (Mt 13.18-23,36-43), pero no siempre (Mt 13.44,45).

A Jesús le gustaba utilizar ilustraciones y ejemplos prácticos de la vida cotidiana. Para nombrar unos pocos, se refirió a animales, aves, casas, trabajo, campo, labradores, mujeres, niños, dinero, terratenientes, árboles, viñas, alimento, comida, ropa, impuestos, música, esclavitud, educación, clima, médicos y enfermedad. Al usar ilustraciones de la vida cotidiana, Él se identificaba con la gente y hacía su idea accesible a todos.

En ocasiones Jesús utilizó objetos en sus lecciones, como cuando puso al niño frente a los demás (Lc 9.46-48) o cuando señaló la imagen de Tiberio en una moneda (Mt 22.18-21). A veces ordenaba a la gente hacer algo como lección (Lc 5.4,14), o hacía algo como lección, como cuando lavó los pies a sus discípulos (Jn 13.2-17).

A veces Jesús usaba refranes proverbiales que eran comunes entre el pueblo (Lc 5.31). Sin embargo, con mayor frecuencia citaba las Escrituras cuando quería resaltar algo. El AT era la Palabra de Dios, y su autoridad no se encontraba en discusión.

En todos estos casos vemos la creatividad de Jesús expresada en maneras que la gente conocía. Tomaba lo conocido y lo transformaba de acuerdo a cómo y a qué comunicaba.

Jesús y su mensaje

El rasgo más asombroso de la enseñanza de Jesús es la forma en que Él se relaciona con ella. Los rabinos de su época tenían la costumbre de citar uno que otro maestro rabínico muy conocido del pasado. Jesús hizo esto no solo una vez. Hablaba en base a las Escrituras o a su propia e inherente autoridad, presentando sus palabras con: «Os digo» o «de cierto, de cierto os digo». Él estaba consciente de que sus palabras eran testimonio divino, y que el solo pronunciarlas era suficiente para revestirlas de sentido y poder. La singularidad de sus palabras era un reflejo de su propia exclusividad, y la gente lo sabía. Jamás hombre alguno ha hablado como este hombre (Mt 7.28-29; Jn 7.46).

Básicamente con sus palabras Jesús se ofrecía a *sí mismo*, no solo por lo que decía sino por la verdad que expresaba. Por eso declaraba: «El que se avergonzare de *mí y de mis palabras* en esta generación adúltera y pecadora, el **Hijo del Hombre** se avergonzará también de él, cuando venga en la gloria de su Padre con los santos ángeles» (Mc 8.38). Las palabras de Jesús no eran axiomas generales de moral o verdades eternas abiertas al limitado entendimiento humano sino parte del mensaje del evangelio que requería fe, obediencia y aceptación del Reino que Él ofrecía. Por último, para entender las cosas que Jesús dijo debemos entender a quién las dijo. ¿Es Él quien dice ser? Esta es la opción que creyeron quienes escucharon en la época de Jesús y que hoy también creemos.

La enseñanza de Jesús[4]

A la luz de la sección que antecede, no debemos esperar una presentación sistemática de la teología de Jesús, ni disponemos de ella. Sin embargo, en el curso de su prédica se tocan todos los puntos básicos de la teología. Estos se pueden resumir así:

• Dios, el Reino de Dios y la relación de

Jesús era muy aficionado a usar ilustraciones prácticas de la vida cotidiana.

Jesús con el Reino
- La exclusividad de Jesús: su relación especial con Dios y con los demás seres humanos, y su sentido de misión
- Vida humana, pecaminosidad humana y Dios
- El fin del mundo, la Segunda Venida y la vida futura

A continuación revisaremos en orden cada uno de estos temas.

Dios, el Reino de Dios y la relación de Jesús con el Reino[5]

Lo primero que se nota en la enseñanza de Jesús sobre el Reino de Dios es que es de Dios y no del hombre. En consecuencia, a fin de entender lo que Jesús dijo del Reino debemos entender lo que dijo de Dios. Él daba por sentado la existencia de Dios. Aparentemente nunca preguntó si la gente creía en Dios, ni nunca intentó probar que Dios existía. Nosotros no corroboramos la existencia de Dios mediante el pensamiento humano; Dios corrobora la existencia humana siendo creador, sustentador y redentor. El pensamiento de Jesús iba de arriba hacia abajo, no de abajo hacia arriba. Dios es primordial; nosotros somos secundarios. Aunque el cielo y la tierra pasen, Dios permanecerá en su inconmovible y eterna gloria. Jesús también asume que Dios está con nosotros mientras vivamos en el mundo. No está lejos ni despreocupado sino cerca, como nuestro apoyo y sustento. También se da por sentado la personalidad de Dios. Como persona, Él entiende nuestras necesidades, comprende nuestros pensamientos, escucha nuestras oraciones, acepta nuestra alabanza, nos libra del maligno, satisface nuestros anhelos, guia nuestras vidas y perdona nuestros pecados. En el fondo de su persona, Dios es sumamente Padre, un Padre celestial, y es todo cuanto debe ser un padre que se compadece y que se preocupa por sus hijos aquí en el mundo.

Jesús se refiere constantemente en sus enseñanzas a quién es Dios y cómo es Él. Nos dice que Dios es un Espíritu (Jn 4.24), bueno (Mt 19.17), glorioso (Jn 11.40), verdadero (Jn 17.3), amoroso (Lc 11.42), santo (Jn 17.11), justo (Mt 6.33), perfecto (Mt 5.48), todopoderoso (Mc 10.27), que todo lo sabe (Lc 12.6-7; 16.15), sabio (Lc 11.49) y soberano (Mt 11.25). Según Jesús, lo que Dios hace es igualmente admirable. Dios creó el mundo (Mc 13.19) y la especie humana (Mc 10.6), se preocupa por el orden animado e inanimado (Mt 6.30; Lc 12.24, 28), se involucra en aspectos humanos (Mt 19.6; Jn 4.10), trabaja según un plan (Lc 4.19) y establece su Reino (Lc 17.20-21).

Esto es solo algo de lo que Jesús dice de Dios. En verdad, hay mucho más, así como una gran cantidad de cosas que no necesita decir, puesto que Él edificaba en un entendimiento común de lo que enseña el AT.

Este Dios fue quien estableció su Reino

aquí en la tierra. La idea de que Dios tiene un Reino y que ejerce soberanía sobre él se enseña a lo largo del AT. Jesús edifica sobre esta verdad y dice que se trata de un Reino celestial que será establecido por Dios y no por esfuerzo humano. No se debe confundir con ideas sobre geografía terrenal. No es tanto un «reino» (un territorio regido por un gobierno) sino una «realeza» (el ejercicio de tal soberanía). «Reino» denota nada menos que el ejercicio del gobierno divino en asuntos humanos. Su extensión es ilimitada. En algunos aspectos este gobierno majestuoso de Dios prácticamente equivale a la providencia de Dios, porque Él cumple su voluntad a través de todo el orden creado. Sin embargo, en cierto sentido se debe entender al Reino de Dios como el dominio donde se lleva a cabo la voluntad salvadora de Dios y por tanto se le identifica con la salvación.

Jesús vino para ofrecer este Reino a quienes lo estaban buscando. Él dice muchas cosas acerca de entrar en el Reino, que se resumen así: Para entrar en el Reino debemos cambiar como individuos. No podemos seguir siendo iguales, sea en esencia o en acción, y esperar ser parte de la comunidad de Dios, su pueblo redimido. Jesús describe así la entrada al Reino: Debemos arrepentirnos y creer las buenas nuevas (Mc 1.14-15); convertirnos y volvernos como niños (Mt 18.3-4); nacer de nuevo (Jn 3.3,5); ejercer un esfuerzo tenaz para liberarnos de nuestro pasado (Mt 11.12); reconocer con sinceridad y sin fingimiento a Jesús como Señor (Mt 7.21-23); hacer cualquier sacrificio necesario (Mt 18.8-9); ser justos en nuestro interior por un acto divino y no por confiar en nuestro comportamiento exterior (Mt 5.20). Reuniéndolo todo, Jesús dice que Dios está estableciendo su Reino salvador, y nos ha invitado a ser parte de él, permitiendo que Dios haga su obra redentora en nosotros. De este modo seremos transformados milagrosamente en nuevas criaturas, aptas para entrar en el Reino y disfrutar en nuestro ser interior el hacer la voluntad de Dios.

Esta nueva vida se experimenta como un cambio dentro de nuestros corazones y como una manera distinta de relacionarnos con quienes nos rodean. El cambio interno produce nuevas criaturas en quienes reina la fe, humildad, mansedumbre, justicia, pureza, dependencia de Dios, paz y el amor (Mt 5.3-9; 22.37). Somos quienes ya no albergamos lujuria en nuestro corazón; ya no adulteramos (Mt 6.27-28). No odiamos ni matamos a

¿Fue Jesús un revolucionario?

Hoy día es común escuchar de asesinatos y violencia en el nombre de Dios. Esto también existió en la época de Jesús, y algunos eruditos modernos opinan que Él fue un revolucionario. Ellos creen que Jesús tenía un plan sociopolítico que incluía el derrocamiento del gobierno romano, utilizando la violencia armada de ser necesario. Fue crucificado antes de que pudiera establecer su «Reino de Dios» político.

Esta idea malinterpreta por completo a Jesús, e irónicamente no es muy radical. Él no quiere el cambio político en la sociedad; quiere cambiar individuos. La única manera en que puede cambiar la sociedad es que las personas cambien y pongan en acción sus nuevos principios. Cuando los corazones de la gente son renovados en el verdadero Reino de Dios se rompen todas las barreras. De esta manera, fariseos, publicanos, gentiles y pecadores podrían convertirse espiritualmente en uno.

Jesús fue un revolucionario espiritual que ofrece una vida nueva e íntegra por siempre y para siempre. Él fue crucificado como un rey, y era Rey, como dijo a Pilato: «Mi reino no es de este mundo» (Jn 18.36). Este Reino era de un orden totalmente diferente. Algún día todo el mundo reconocerá que Él es «Rey de reyes y Señor de señores» (Ap 19.16).

Jesús describe así la entrada al Reino: Debemos convertirnos y hacernos como niños (Mt 18.3-4).

nuestros enemigos (Mt 5.21-24). También cambiamos en la manera de relacionarnos con quienes nos rodean. Ahora oramos por nuestros enemigos y por quienes nos persiguen (Mt 5.43-45). Perdonamos las faltas de otros (Mt 6.12,14-15); nos alejamos de juicio (Mt 7.1); hacemos la voluntad de nuestro Padre que está en los cielos (Mt 7.21,24-27); alimentamos a los hambrientos, damos de beber a los sedientos, albergamos a los desamparados, vestimos a los necesitados, ministramos a los enfermos y visitamos a los desesperados (Mt 25.31-46). Nos esforzamos por ser perfectos interior y exteriormente, así como es perfecto nuestro Padre celestial (Mt 5.48).

Jesús nos dice que este Reino está presente con nosotros hoy mientras experimentamos la gracia salvadora de Dios, y que además un día vendrá como cumplimiento glorioso de su promesa para nosotros. Por tanto buscamos primeramente el Reino de Dios y su justicia a fin de experimentar hoy su obra en nuestras vidas (Mt 6.33). Sin embargo también oramos: «Venga tu reino» (Mt 6.10), anhelando el día en que el conocimiento del Señor cubra la tierra como las aguas cubren el mar (vea Hab 2.14).

Jesús estaba convencido de que el Reino de Dios había llegado en su propia persona y en su obra. Él es el único proclamador y la única encarnación. Le dijo a Pilato que su Reino no era de este mundo. Manifestó a sus seguidores que al vencer a Satanás por echar fuera demonios, el Reino de Dios había llegado (Mt 12.28), y se regocijó al ver a Satanás cayendo de su lugar en el cielo (Lc 10.18). Más tarde los seguidores de Jesús se referirían al Reino de Dios como el Reino de Cristo, ya que Él era la esencia del Reino y la entrada a el. Puesto que Jesús trajo el Reino, y este fue de salvación, era adecuado predicar a Jesús como Salvador. En su muerte y resurrección Él fue la obra redentora de Dios. Al estar en la tierra ofreció la salvación de Dios, invitando a la gente al Reino de Dios. Por tanto ya sea cuando estaba en la tierra predicando las buenas nuevas del Reino o resucitado ofreciendose a sí mismo nuevamente en la predicación del evangelio, Jesús es la única esencia de la salvación y Reino de Dios.

La exclusividad de Jesús[6]

Jesús fue diferente a cualquier otra persona que haya vivido. Es verdad que era completamente humano. Una simple lectura de los Evangelios muestra esto con mucha claridad. Se cansó y durmió (Lc 8.23), tuvo hambre y sed (Mt 21.18; Jn 19.28), sintió compasión y amor (Mc 8.2; 10.21) y a veces se enojó y se exasperó (Mc 3.5; 8.12). En ocasiones necesitó soledad y compañía (Mt 27.38; Lc 4.42) y otras lloró (Jn 11.35). Lucas describe el crecimiento de

Credo Niceno

Jesús como el de cualquier persona normal, que incluía su intelecto, su físico su espíritu y su vida social (Lc 2.52). Jesús fue todo lo que somos los seres humanos legítimamente. Por supuesto, esto no es todo lo que Jesús fue, pero es importante resaltarlo. Cuando siglos más tarde se pidió a la Iglesia que definiera la naturaleza de Jesús, se incluyó en el Credo Niceno la expresión: «Fue concebido ... y se hizo hombre». Cualquier teoría que rechazaba la completa humanidad de Jesús se calificaba directamente como herejía.

Sin embargo, el Jesús que nos presentan los Evangelios es más que solo un ser humano. Él es excepcional en el estricto sentido de la palabra, único en su clase. Esta exclusividad era evidente en tres maneras: en su relación con Dios, en su relación con el resto de la humanidad y en su especial sentido de misión mientras estuvo en la tierra.

La relación especial de Jesús con Dios

Jesús tenía una relación con Dios que únicamente podía describirse como igualdad. Esta es la manera en que la iglesia primitiva lo expresó (Flp 2.5-11) y los creyentes no sentían vergüenza de llamarlo Jesús o Señor (Ro 10.9; 1 Co 12.3; Flp 2.11) y Dios (Jn 1.1; Ro 9.5; Ti 2.13). Cualquier cosa que podía decirse de Dios, también se decía de Jesús.

Tanto Dios como Cristo son gloriosos (Ro 5.2; 1 P 4.13); el Espíritu es de Dios y de Cristo (Ro 8.9; Flp 1.19); el divino poder es de Dios y de Cristo y Cristo es el poder de Dios (1 Co 1.24; 2 Co 6.7; 12.9); la gracia viene de Dios y de Cristo (Gl 1.6; Col 1.2); la paz viene de Dios y de Cristo (Ef 2.14; Flp 1.2); Dios y Cristo perdonan nuestros pecados (Col 1.13; 2.13); Dios y Cristo nos aman (Ro 5.8; Gl 2.20); Dios y Cristo nos santifican (Hch 20.32; 1 Co 1.2). Debemos vivir por voluntad de Dios y de Cristo (Ef 1.11; 5.17); debemos obedecer a Dios y a Cristo (Hch 5.29; 2 Co 10.5); debemos gloriarnos en Dios y en Cristo (Ro 15.17; Flp 2.11); debemos vivir en presencia de Dios y de Cristo (Hch 10.33; 2 Ti 4.1); y finalmente compareceremos ante el trono del juicio de Dios y de Cristo (Ro 14.10-12; 2 Co 5.10).

Muchas otras cosas se dicen exactamente como estas porque mientras estaba en la tierra Jesús se presentó como uno solo con Dios. Los primeros creyentes no decían esto de su propia imaginación. Tenían el recuerdo de Jesús mismo para basarse y lo único que hacían era reflexionar en lo que recordaban de Él. Recordaban que en ningún momento Jesús se colocó en la misma categoría que otros seres humanos. Él estaba consciente de su propia naturaleza sin pecado, distinta a la de sus seguidores. Nunca habló de una relación común con Dios, incluyéndose a sí mismo con ellos. Siempre habló de «mi Padre» y «vuestro Padre»; Dios no era Padre para Él del mismo modo que lo era para sus seguidores. Jesús llegó incluso a confesar que nadie en la tierra conoce al Padre, excepto Él mismo, y que nadie lo conoce a Él, excepto el Padre (Mt 11.27). La relación es tan profunda y completa, que Jesús puede decir: «Yo y el Padre uno somos» (Jn 10.30) y «antes que Abraham fuese, yo soy» (Jn 8.58), utilizando las palabras que Dios dijo a Moisés en la zarza ardiente (Éx 3.14).

Jesús asumió la autoridad de Dios y perdonó pecados (Mc 2.1-12; Lc 7.44-50). Aceptó adoración, algo que solo le pertenece a Dios (Mt 14.33; 28.17). Todos sabían que las Escrituras eran la Palabra de Dios, y sin embargo Jesús decía que su palabra tenia autoridad total sobre ellas y que se escribieron acerca de Él (Lc 4.20-21; Jn 5.46) y que Él vino a cumplirlas (Mt 5.17). La verdad de las Escrituras durará por siempre porque es la Palabra de Dios, pero también las palabras de Jesucristo. En verdad, el cielo y la tierra pasarán pero sus palabras nunca pasarán (Mt 24.35).

Más tarde los primeros creyentes recordaron la estrecha relación que existía entre la Palabra de Dios y Jesús, no pudiendo encontrar mejor forma de describirlo que como el Verbo de Dios (Jn 1.1-14; Ap 19.13). Además encontraron que prácticamente toda su vida estaba profetizada, por lo que se refirieron a no menos de ochenta pasajes bíblicos proféticos acerca de Él. Uno de los más notables es Isaías 9.6-7, donde se hace la promesa de que nacerá un niño, se nos dará un Hijo que será «Dios fuerte, Padre eterno». El insondable misterio del Hijo que es el Padre eterno es el insondable misterio de Jesucristo.

La relación especial de Jesús con los demás seres humanos

Debido a la relación que Jesús tuvo con el

Segunda Venida

intertestamental

Padre, tenía también una relación especial con el resto de personas. El Evangelio de Juan recuerda esto mejor en las declaraciones «yo soy» de Jesús (Jn 6.35; 8.12; 10.7,11; 11.25; 14.6; 15.1).[7] En ellas se presenta como la absoluta respuesta a todas las necesidades humanas.

Jesús creía que nuestro destino final dependía de nuestra relación con Él y de su evaluación de nosotros. Llamarlo simplemente Señor no era suficiente; debemos decirlo con sinceridad y cumplir esta confesión mediante una vida de sumisión a la voluntad de su Padre (Mt 7.21-23). En el gran día de la **Segunda Venida**, Jesús negará a quienes se hayan avergonzado de Él y de su obra y que se hayan negado a tomar la cruz y seguirlo (Mc 8.34-38).

Nada puede impedir la relación de Jesús con los suyos; Él promete su presencia donde dos o más estén juntos en su nombre (Mt 18-20). Permanecerá con ellos siempre hasta el fin del mundo (Mt 28.20). Ni el espacio ni el tiempo pueden limitarlo.

Sentido de misión en Jesús

Desde los primeros días de su vida, Jesús estuvo consciente de que Dios tenía una misión especial para Él. Cuando solo tenía doce años lo absorbió tanto el llamado de Dios que no pudo dejar el templo. Cuando sus padres le preguntaron la razón de su ausencia, respondió sencillamente que debía estar en la casa de su Padre (Lc 2.49). Cuando años más tarde empezó su ministerio, le dijo a Juan que era necesario ser bautizado para cumplir su misión (Mt 3.15). Poco después expulsó de la casa de su Padre a mercaderes inescrupulosos (Jn 2.16).

A lo largo de su vida estuvo consciente de inculcar e impartir esto a sus seguidores. Supo cuándo había llegado su hora y cuándo no (Jn 2.4; 7.30; 8.20; 12.23, 27; 13.1; 17.1). En todo esto Jesús se guió por la suprema voluntad de su Padre (Mt 26.42; Jn 5.30; 6.38). Él lo compendia así: «Mi comida es que haga la voluntad del que me envió» (Jn 4.34). Al momento de la crucifixión de Jesús, erróneamente Pilato pensó tener el poder de la vida o de la muerte sobre Jesús, pero escuchó: «Ninguna autoridad tendrías contra mí, si no te fuese dada de arriba» (Jn 19.11).

Nadie tenía autoridad sobre Jesús excepto su Padre celestial, y Él lo supo hasta el final.

Jesús supo que desde hace mucho las Escrituras habían anunciado el curso que tomaría su vida. Durante toda su vida estuvo consciente de que la profecía se cumplía en lo que Él hacía. Había leído cuidadosamente el libro de Isaías y conocía bien al Siervo que habría de venir (Is 42.1-4; 49.1-7; 52.13–53.12). Entre las muchas cosas que se decía que haría el Siervo, Jesús sabía que sería herido por nuestras transgresiones y molido por nuestras iniquidades (Is 53.5); que el Señor pondría sobre Él el pecado de todos nosotros (Is 53.6); y que sería cortado de la tierra de los vivientes. Jesús indicó a sus discípulos que su misión era sufrir y morir por los pecados del mundo (Mt 16.21; 20.17-19,28; 26.27-29).

Hay muchos títulos que Jesús mismo utiliza o acepta en los Evangelios, que de una u otra forma reflejan cuál era su misión en la vida: Maestro (Mt 8.19; 19.16; 26.18; Mc 4.38), Rabí (Mc 9.5; Jn 1.49; 3.2; 6.25), el Hijo de David (Mt 15.22; 20.30-31; 21.9,15).

Sin embargo, la autodesignación favorita de Jesús era «Hijo del Hombre», que es un término que se encuentra tanto en el AT (Ez 2.1-3; 3.1,3,4,17; Dn 7.13-14) como en la literatura **intertestamental**. Probablemente esto tuvo implicaciones mesiánicas en la época de Jesús. Era ambiguo que Jesús utilizara esta designación para afirmar su naturaleza mesiánica, mientras que al mismo tiempo le daba su significado. Debió hacer esto porque la esperanza corriente de los judíos era la de un Mesías que derrotara a los opresores romanos. Sin embargo, vino al mundo un Salvador-Siervo que gobernará con gloria la tierra en su Segunda Venida. Existen al menos tres cosas que Jesús deseaba resaltar cuando utilizaba este término: su autoridad (Mt 12.8; Mc 2.10; Lc 5.24), su muerte cercana y resurrección (Mc 8.31-32; 9.12,31; 10.33-34) y su Segunda Venida en gloria (Mt 16.27; 24.26-31; 26.64; Mc 8.38). También es posible que Jesús haya estado subrayando su humanidad y su ministerio profético.

Resumen de la ética de Jesús

Hermanos, les hemos escrito suficiente acerca de las cosas que pertenecen a nuestra religión y que son particularmente útiles para una vida virtuosa, al menos para quienes desean guiar sus pasos en santidad y justicia. Hemos abundado en cada tema: fe, arrepentimiento, amor genuino, dominio propio, sobriedad y paciencia. Además les hemos recordado que deben agradar con reverencia al Dios todopoderoso en justicia, verdad y perseverancia, viviendo en armonía sin tener malicia, y en amor y paz con amabilidad constante. Viviendo exactamente como nuestros padres, de quienes hablamos antes, agradándole a Él al ser humildes hacia el Padre, Dios y Creador, y hacia todos los hombres. También debemos recordarles estas cosas con mucha alegría, puesto que sabemos muy bien que escribimos a hombres fieles, distinguidos y que han estudiado con diligencia los oráculos y la enseñanza de Dios.

—1 Clemente 62.1-3 (ca. 95 d. C.)

Vida humana, pecaminosidad humana, y Dios

Según hemos visto, uno de los mayores intereses de Jesús era hacer a Dios nuevamente real en la vida de su pueblo. En contraposición con las ideas prevalecientes de su época que recalcaban el juicio, el deber, las obligaciones legales y las observancias estrictas de la ley, Jesús deseaba hacer énfasis en la cercanía, el amor y la preocupación de Dios. Para conseguirlo, con frecuencia se refiere a Dios como al «Padre celestial». Es sorprendente que cuando habla de la obra de Dios sobre la tierra, la expresión favorita de Jesús es «el Reino de Dios», pero en ninguna parte llama a Dios rey o juez. Él sabía bien que Dios era tanto rey como juez, pero no era esto lo que quería resaltar. El Reino de Dios está gobernado por un Padre celestial, no por un juez despótico o un rey cruel. Jesús dice que nuestro Padre celestial conoce nuestras necesidades, se preocupa infinitamente por nosotros y que incluso conoce el número de nuestros cabellos (Mt 10.30). El hermoso cuadro del padre que espera el regreso de su hijo perdido sintetiza lo que Jesús tenía que decir de Dios (Lc 15.11-24). Lo que da a la vida humana su máximo sentido es el hecho de que Dios se preocupe por nosotros.

Jesús estaba muy consciente de la complejidad de la vida humana. Fuimos creados como seres (Mc 10.6) de gran valor para Dios (Mt 6.25-26; 10.30; 12.12). Tenemos la capacidad de apreciar la belleza (Mt 6.28-29). Nuestra naturaleza interna incluye el corazón, la mente, el alma, las fuerzas, el espíritu y la voluntad en un complejo total (Mt 22.37; Mc 8.35-36; 12.30). Somos seres sociales y morales (Mt 1.33-37), llenos de emociones (Mt 5.4,12). Aunque sujetos a las limitaciones de la carne, estamos destinados a vivir para siempre (Lc 16.19-31; Jn 6.38-40).

Jesús también está consciente de la pecaminosidad humana y de nuestra incapacidad de hacer lo que Dios nos pide (Mt 7.11). Dicho de manera sencilla, los seres humanos somos pecadores (Lc 5.32). Sin embargo, nuestros pecados pueden recibir perdón (Mt 9.2,5; 12.31). Quienes se consideraban los peores pecadores se sentían bien en la presencia de Jesús (Mc 2.15). Fue conocido como «amigo de publicanos y pecadores» (Mt 11.19). Jesús no utilizó la pecaminosidad de las personas como un garrote para golpear o para hacerles sentir mal. Si los sorprendía en pecado los perdonaba y les decía que no pequen más (Jn 7.53—8.11). Sin embargo condenó severamente a quienes se autojustificaban y no reconocían su pecado (Mt 23.13-32, Lc 18.9-14). También profirió palabras duras para quienes rechazaban la obra de Dios como se ofrecía en sí mismo (Mt 11.21-24; 12.39-42).

Para encontrar el verdadero sentido de la vida, las personas debían acercarse a Jesús y así encontrar descanso para sus almas al convertirse en seguidores o discípulos (Mt 11.28-30). Aunque un individuo pueda hacer muchos sacrificios

Somos seres creados (Mc 10.6) de gran valor para Dios (Mt 6.25-26; 10.30; 12.12). Tenemos la capacidad de apreciar la belleza (Mt 6.28-29).

para ser un seguidor de Jesús (Lc 14.25-35), el yugo del discipulado de Jesús es ligero, y al final Dios recompensa a los suyos con vida eterna. El discípulo de Jesús sabe que la vida humana que Dios desea no consiste en amontonar riquezas (Mt 6.19-21; Lc 12.15-21), ni en establecer una posición de privilegio (Mt 21.43), ni en ser religiosos en apariencia (Mt 6.16), ni en conseguir todo cuanto nuestro corazón anhela (ganar el mundo entero), ni en alcanzar nuestro máximo potencial según nuestra proyección (salvar nuestra vida) (Mc 8.35-37). Por el contrario, la vida consiste en negarnos a nosotros mismos por amor a Cristo (Lc 9.23-25), en vivir en el Reino de Dios (Mt 6.33) y en cumplir los dos grandes mandamientos de Jesús que abarcan todo el sentido de la existencia: amar a Dios (Mc 12.30) y amar a nuestro prójimo (Mc 12.31).

Si en verdad amamos a Dios, haremos todo cuanto nos pida; y si en verdad amamos a nuestro prójimo, seremos todo cuanto nuestro prójimo necesita que seamos. Jesús sintetiza este principio en la historia del banquete, en que muestra bondad a quienes no pueden compensarla (Lc 14.12-14). Cuando se le pidió definir quién era nuestro prójimo para poder amarlo, Jesús respondió con la parábola del buen samaritano y en esencia enseñó que nuestro prójimo es quien tiene necesidad (Lc 10.29-37).

El verdadero discípulo es el que sigue las pisadas de su Maestro. Dios promete a esa persona vida en abundancia, la única realmente digna de vivir (Jn 10.10).

El fin del mundo, la Segunda Venida y la vida futura[8]

Aunque los saduceos del tiempo de Jesús rechazaban la idea de que hubiera vida después de la muerte, Jesús afirmó que la vida no terminaba en la tumba. La historia como la conocemos no continuará para siempre. Así como hubo un comienzo al inicio de la creación, habrá también una consumación al final del tiempo.

Jesús tenía mucho que decir acerca de lo que pasaría en el futuro. Al mirar más allá de su propio tiempo vio en el futuro

> **Hechos que precederán la Segunda Venida de Jesús**
>
> - Apostasía (Mt 24.10)
> - Surgimiento del anticristo (Mt 24.5,23,26)
> - Traición (Mc 13.12; Lc 21.16)
> - Terremotos (Mt 24.7; Mc 13.8)
> - Falsos cristos (Mt 24.24; Mc 13.6,21-23)
> - Falsos profetas (Mt 24.11,24; Mc 13.21-23)
> - Señales y prodigios falsos (Mt 24.24; Mc 13.22)
> - Hambres (Mt 24.7)
> - Multiplicación de la maldad (Mt 24.12)
> - Conflictos internacionales (Mt 24.7)
> - Persecución a los cristianos (Mt 24.9; Mc 13.9-13)
> - Pestilencias (Mt 24.7; Lc 21.11)
> - Tribulación sin precedentes (Mc 13.17-19)
> - Guerras y rumores de guerras (Mt 24.6; Mc 13.7)
> - Predicación del evangelio en todo el mundo (Mt 24.14; Mc 13.10)

cercano la próxima destrucción de Jerusalén (Lc 21.5-6,20-24), que sucedió en el 70 d.C., pero también vio cómo el mismo mundo terminaría un día. En la mente de Jesús el final se anunciaría con su Segunda Venida (Mt 13.39-40, 49; 24.3). Sin embargo, antes de que esto suceda deben suceder muchas cosas. Jesús instruyó con sumo cuidado a sus seguidores para que no fueran engañados.

Nadie sabe con exactitud cuándo será, de modo que especular no tiene sentido (Mt 24.36, 42; 25.13). Solo Dios sabe cuándo será la Segunda Venida de Cristo (Mt 24.36). Los seres humanos sin duda se equivocarán en cuanto a su regreso. Es algo inesperado (Mt 24.44; Lc 12.35-40), repentino (Mc 13.33-36), como un ladrón en la noche (Mt 24.42-44).

El acontecimiento en sí es poderoso (Mt 24.30), glorioso (Mt 16.27, personal (Mc 8.38) y visible (Mc 13.26). Cuando Jesús regrese a la tierra estará acompañado por ángeles (Mc 8.38), descenderá de las nubes (Mt 24.30) en medio de inmensa tribulación cósmica y terrenal (Mt 24.29; Lc 21.25-26) y reunirá a los santos de todos los tiempos (Mt 24.31; Mc 13.27; vea también 1 Co 15.50-54; 1 Ts 4.13-17).

Jesús también habla de la resurrección de la especie humana, tanto general (Mc 12.26-27; Lc 20.37-38 como específicamente (de justos e injustos; Jn 5.21,25,28-29; 6.39-40; 11.21-25). En algunas parábolas bien conocidas, Jesús habló del fin del mundo y de los consecuentes últimos juicios, como la red que se echa al mar (Mt 13.47-50), las ovejas y los cabritos (Mt 25.31-46) y el trigo y la cizaña (Mt 13.24-30).

A los redimidos reunirá en el cielo (Mt 6.19-21; Lc 10.20), que es el Reino supremo de Dios (Mt 25.34; Lc 22.29-30). Ellos tendrán vida eterna (Jn 3.15-16; 10.28-29) en la casa de su Padre (Jn 14.1-4), festejarán con los santos de antaño (Mt 8.10-11) y tendrán comunión con Jesucristo mismo (Jn 12.26; 17.24). Se trata de un sitio de gozo supremo, bendición y recompensa (Mt 5.12; 25.34; Mc 10.21; Lc 18.22).

Los perdidos serán echados a las tinieblas (Mt 8.10-12; 22.13) donde hay angustia (Mt 25.29-30) y destrucción (Mt 7.13). Es el lugar de Satanás y sus ángeles (Mt 25.41). Es un lugar de maldad (Mt 13.38-42) e incredulidad (Lc 8.11-12; Jn 3.18,36), comparado a un horno de fuego (Mt 13.42). Es la condenación final (Mt 10.28; Jn 5.29).

A la luz de todo cuanto está por venir, Jesús desafió a quienes le oían (¡y a nosotros!) a tomar una decisión. No podemos servir a dos señores; no podemos transi-

> **Términos clave**
>
> | | |
> |---|---|
> | alegórico | parábola |
> | intertestamental | proverbial |
> | Reino | Segunda Venida de Jesús |
> | Credo Niceno | Hijo del Hombre |

Enfoque 9: Enseñanzas de Jesús en el Credo Niceno

La iglesia primitiva valoró mucho las enseñanzas de Jesús que formaron la base de la doctrina cristiana. Los líderes reconocían que para los cristianos era de vital importancia saber qué creían y por qué lo creían, especialmente para enfrentar falsos maestros y sectas heréticas que propagaban versiones distorsionadas de las enseñanzas de Cristo. Dado el crecimiento exponencial de la iglesia, también era importante que los nuevos creyentes se instruyeran rápida y cuidadosamente en la doctrina cristiana.

Por estas razones los líderes de la iglesia decidieron presentar las enseñanzas de Jesús en credos, o cortos resúmenes de las creencias cristianas (la palabra «credo» significa literalmente «creo»). Había buen precedente bíblico para hacerlo, ya que en el Nuevo Testamento se encuentran algunos credos resumidos en varios pasajes, entre ellos 1 Timoteo 3.16, que se enfoca en la vida y naturaleza de Jesús: «Indiscutiblemente, grande es *el misterio de la piedad: Dios fue manifestado en carne, justificado en el Espíritu, visto de los ángeles, predicado a los gentiles, creído en el mundo, recibido arriba en gloria*».

En los credos se destacan las enseñanzas de Cristo relacionadas al Reino de Dios, a Dios el Creador, a su relación con Dios su Padre, a la resurrección de los muertos, a su juicio de la humanidad y a la vida después de la muerte. Todas estas enseñanzas se encuentran en el Credo Niceno, el cual se llamó así después del concilio de Nicea en el año 325 d.C., cuando los líderes de la iglesia endosaron las enseñanzas bíblicas concernientes a la naturaleza divina y humana de Jesús. Observe cómo gran parte del credo (quizás 50% o más) refleja directamente las propias enseñanzas de Jesús como se ven en los Evangelios.

Creo en Dios Padre todopoderoso, Creador del cielo, de la tierra, y de todo lo visible y lo invisible.

Y en Jesucristo, su único Hijo, engendrado del Padre antes de la creación del mundo; Dios de Dios; Luz de Luz; Dios verdadero de Dios verdadero; engendrado, no creado; de la misma naturaleza del Padre, por quien todo fue hecho. Quien por todos nosotros los hombres, y por nuestra salvación, bajó del cielo y fue concebido por obra y gracia del Espíritu Santo en la virgen María. Se hizo hombre y fue crucificado, muerto y sepultado bajo el poder de Poncio Pilato. Al tercer día resucitó, según las Escrituras, subió a los cielos y está sentado a la diestra del Padre. Desde allí ha de venir a juzgar a vivos y muertos, y su reino no tendrá fin.

Creo en el Espíritu Santo, el Señor y dador de vida, quien precedió con el Padre y el Hijo, quien junto con el Padre y el Hijo es glorificado y adorado y habló por medio de los profetas. Creo en la santa iglesia católica y apostólica. Reconozco un solo bautismo para la remisión de los pecados, espero la resurrección de la carne y la vida perdurable. Amén.

tar por dos caminos; no podemos ser al mismo tiempo árboles buenos y malos; no podemos amar a Dios y a los bienes materiales. Debemos decidir si edificamos nuestra casa sobre la arena, solo para ver cómo se derrumba al final, o edificar en el fundamento sólido de Jesucristo y así nuestras vidas perdurarán por la eternidad en la gloria y bendición de Dios (Mt 7.24-27; 13.43; 25.34).

Resumen

1. Jesús vino principalmente como predicador y maestro, que comunicaría su mensaje de tal manera que las personas podrían tener el conocimiento basado en sus enseñanzas y serían desafiados a aplicar esas enseñanzas a sus vidas.

2. Jesús comunicó su mensaje en forma similar a los rabinos de su época y usó parábolas, ilustraciones, lecciones objetivas, dichos proverbiales contemporáneos y citas del Antiguo Testamento.

3. Jesús enseñó exhaustivamente sobre el Reino de Dios y su propia relación con el Reino como su proclamador, personificación y realizador.

4. Jesús es único porque tiene una relación personal hacia Dios y el género humano, y una sensación especial de misión aquí en la tierra.

5. Jesús creyó y enseñó que nuestro destino final depende de nuestra relación con Dios a través de Él y de la evaluación que hará de nosotros.

6. Jesús realizó al menos a los doce años su misión especial.

7. Jesús usó y/o aceptó los títulos de Maestro, Rabí, Hijo de David e Hijo del Hombre.

8. El principal objetivo de Jesús fue hacer real a Dios en la vida de su pueblo al resaltar el amor e interés de Dios en vez de las exigencias legales.

9. Jesús clarificó que un verdadero discípulo es quien sigue sus pasos.

10. Jesús recalcó que la vida no termina con la muerte; el mundo terminará algún día en su Segunda Venida, la que será poderosa, inesperada, gloriosa, personal y visible.

Preguntas de repaso

1. Jesús no vino como investigador ni escritor sino como _____ y _____.

2. Jesús pudo enseñar y hacer entender sus señalamientos porque todos entendían los principios teológicos subyacentes, basados en el _____.

3. Jesús fue uno de los más grandes _____ del mundo.

4. El recurso favorito de enseñanza de Jesús fue la _____.

5. Jesús enseñó que el Reino de Dios pertenecía a _____ y no al hombre.

6. Para entrar al Reino de Dios lo primero que se deben hacer es _____.

7. El hecho de que Jesús sintiera cansancio y sueño apoya la idea de que era _____.

8. Jesús tuvo una especial relación con Dios por cuanto era _____ para Dios.

9. La autodesignación favorita de Jesús fue _____.

10. Jesús estuvo consciente toda su vida de que estaba cumpliendo la profecía porque había leído cuidadosamente el libro de _____.

Preguntas de estudio

1. ¿Cuáles son algunos de los aspectos que nos ayudan a entender a Jesús como comunicador?
2. ¿Cuáles son algunas de las formas del lenguaje que usó Jesús cuando predicaba?
3. ¿Cuál fue el recurso favorito de enseñanza de Jesús? Explique cómo la utilizó Jesús para comunicar su mensaje.
4. ¿Cómo y por qué se relacionó Jesús tan directamente con su mensaje?
5. Analice las enseñanzas de Jesús sobre el Reino y cómo se relacionó con él.
6. ¿De qué manera Jesús fue único?
7. ¿Qué enseñó Jesús acerca de la vida humana y la pecaminosidad?
8. Según Jesús, ¿cómo será el fin del mundo?

Lecturas relacionadas

Willard H. Taylor, *Así enseñó Jesucristo*, Casa Nazarena de Publicaciones, Kansas City, MO, 1982. La enseñanza cautivadora de Jesucristo se debe a su personalidad magnética y a su mensaje totalmente revolucionario. Un testigo dijo: ¡Jamás hombre alguno ha hablado así!

J.M. Price, *Jesús, el Maestro*, Casa Bautista de Publicaciones, El Paso, TX. Un estudio básico sobre la forma, métodos, principios y objetivos de Jesús al enseñar.

Kenneth S. Rice, *Así se crece*, Casa Nazarena de Publicaciones, Kansas City, MO. Inspirador libro que nos habla del poder de la enseñanza en la multiplicación de los discípulos. En forma sencilla y práctica muestra el modelo de Jesús.

C.H. Benson, *El arte de enseñar*, Editorial Caribe, San José, Costa Rica, 1984. Recomendable para todo maestro de iglesia local que quiera mejorar su enseñanza y así llevar más fruto para su Maestro.

W.T. Conner, *Las enseñanzas del Señor Jesús*, Casa Bautista de Publicaciones, El Paso, TX. Un interesante estudio sobre la forma de Jesús en la enseñanza de doctrinas fundamentales.

Rembert S. Truluck, *El ministerio de Jesús, nuestro ejemplo*, Casa Bautista de Publicaciones, El Paso, TX, 1974. Más que analizar las enseñanzas de Cristo, se estudia al Jesús de las enseñanzas. Él es el Maestro por excelencia, ya que su enseñanza es su propia vida.

Armstrong Hayward, *Bases para la educación cristiana*, Casa Bautista de Publicaciones, El Paso, TX, 1988. Un completo estudio de todo lo relacionado a la enseñanza bíblica como ministerio actual. Análisis de las bases bíblicas, históricas, socioculturales, teológicas, etc.

Richard Lee Spindle, *Nunca dejaron de enseñar*, Casa Nazarena de Publicaciones, Kansas City, MO. Un recorrido por la Biblia, que analiza el ministerio de enseñanza de grandes hombres de Dios. La mayor parte del libro analiza a Jesús como Maestro.

Roy B. Zuck, *Poder espiritual en la enseñanza*, Editorial Las Américas, México, 1976. «La educación cristiana es esencial, no opcional». Así comienza a desarrollar la tesis del ministerio cristiano, basado en el poder del Espíritu Santo.

Kent W. Gilbert, *Así enseñan los cristianos*, Publicaciones Escudo, Buenos Aires, Argentina, 1969. Un esfuerzo literario por dilucidar el papel que hoy día desarrolla Dios (como Trinidad) en la enseñanza cristiana de la iglesia local.

10 Enfoques modernos al Nuevo Testamento
Hermenéutica y crítica histórica

Bosquejo

- **Dos maneras de leer el Nuevo Testamento**
- **La necesidad de crítica**
- **Raíces de crítica histórica**
- **Contribución y limitaciones de la crítica histórica**
- **La promesa de la hermenéutica**
  Condiciones
  Métodos
  Propósitos
- **Invitación a un estudio hermenéutico adicional**

Objetivos

Después de leer este capítulo usted podrá

- Trazar los puntos más destacados en el desarrollo de la crítica superior
- Dar ejemplos de las partes desafiantes que el Nuevo Testamento presenta al lector
- Exponer la opinión no cristiana sobre la Biblia de algunos críticos
- Nombrar y definir los métodos de crítica histórica
- Identificar a los eruditos que pertenecen a las tradiciones histórico-críticas e histórico-teológicas
- Explicar el campo de la hermenéutica
- Analizar los objetivos para interpretar el Nuevo Testamento

hermenéutica

Dos maneras de leer el Nuevo Testamento

Durante la Segunda Guerra Mundial supe que un pastor y maestro llamado Martin Albertz (1882-1956) había sido encarcelado por las autoridades nazis, debido a su actividad eclesiástica. Después de la guerra empezó a trabajar en un libro similar al que usted está leyendo: una investigación del NT. Su estudio alcanzó prácticamente cuatro volúmenes. Dedicó el tercero a un par de estudiantes suyos.

El primero, Erich Klapproth, fue un talentoso y joven ministro que figuró como perdido en combate del frente ruso de 1943. La otra era una valerosa asistente pastoral, una joven llamada Ilse Fredrichsdorff. Ministró tan desinteresadamente que murió de hambre en las afueras de Berlín junto a las personas a quienes sirvió en noviembre de 1945, después del final de la guerra. Lo que sostuvo a ambos jóvenes creyentes durante estos devastadores años fue su inquebrantable fe en Cristo y su seguridad de que el evangelio era verdad.

La introducción de Albertz al NT fue uno de los primeros libros teológicos impresos en Alemania Oriental después de la guerra. Pocos años después lo revisó un erudito en NT llamado Werner Kümmel, y escribió: Los estudiantes deben desanimarse al leer los libros de Albertz, porque suponen que conocemos mucho sobre el origen y el entendimiento apropiado del testimonio apostólico.[1]

La queja del revisor presenta una pregunta importante a los lectores del NT de esa época que aún es pertinente. ¿Han logrado los descubrimientos modernos hacer imposible hablar con confianza del origen y significado del mensaje evangélico? ¿Debe una introducción al NT enfocarse en teorías modernas sobre el NT y quizás probar las que hoy están de moda? (Cambian constantemente.) ¿Tiene una lectura «moderna» del NT que enfocar dudas actuales acerca del mensaje bíblico?[2]

Sin duda es adecuado para la investigación del NT ver en los libros bíblicos el mensaje de redención del pecado a través de Cristo, que los cristianos siempre han encontrado allí y tratar primeramente con lo que el NT dice «en la superficie» al tomarlo y leerlo.[3] Por supuesto debemos tener en mente todas las importantes consideraciones **hermenéuticas** relacionadas, así como los antecedentes históricos, pero a la luz de las excelentes credenciales históricas bíblicas. Esto debe tratarse más bien como a un amigo de confianza y no como a un enemigo potencial.

No todos se acercan a la Biblia de este modo. Diferentes lectores han hecho distintas hipótesis que influyen en cómo en-

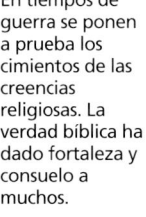

En tiempos de guerra se ponen a prueba los cimientos de las creencias religiosas. La verdad bíblica ha dado fortaleza y consuelo a muchos.

> **Aspectos controversiales en el estudio el Nuevo Testamento**
>
> Algunos han cuestionado la confiabilidad histórica del Nuevo Testamento. El erudito bíblico I. Howard Marshall enumera las siguientes áreas controversiales. Él es uno de quienes creen que existen respuestas satisfactorias en cada una de ellas.
>
> 1. Discrepancias entre relatos paralelos
> 2. Comparación con material no bíblico
> 3. Improbabilidades históricas
> 4. Sucesos sobrenaturales
> 5. Creación y modificación de material en la iglesia primitiva
> 6. Género literario
> 7. Evidencia insuficiente

crítica histórica tienden el NT y por tanto en cómo lo recomiendan a otros. Capítulos previos de este libro han dejado en claro que pensamos que el NT en verdad es confiable. Creemos que tiene sentido leerlo contra el telón de fondo de algunas doctrinas cristianas antiguas como inspiración de las Escrituras: la divinidad de Jesucristo, la soberanía en el mundo de un Dios personal que hace milagros como resucitar a su Hijo crucificado, y un día de juicio venidero.[4]

Sin embargo, muchos intérpretes del NT no estarían de acuerdo. En generaciones recientes, e incluso hoy día, varios escritores que reclaman apoyo intelectual han discutido asuntos como estos: Los escritos del NT no son diferentes o mejores que docenas de otros escritos que tenemos. Jesús nunca fundó la Iglesia (supuestamente lo hizo Pablo) y nunca afirmó ser divino; nunca resucitó de los muertos. O aun más extremista: Con probabilidad fue miembro de la secta QUMRÁN, se casó dos veces y tuvo tres hijos. Su madre no fue virgen sino que fue violada; Jesús fue el resultado ilegítimo. Las teorías siguen de esta manera.

Para manejar el NT de modo apropiado hay que entender los enfoques modernos. Más adelante analizaremos lo que caracteriza a algunos de estos. Brevemente bosquejaremos el desarrollo, el valor y los riesgos de lo que ha llegado a llamarse crítica histórica. En este capítulo trataremos con la **crítica histórica** de modo general. (Los capítulos 11 y 12 tratan más específicamente lo relacionado al estudio de Jesús en los primeros tres Evangelios.) Después de ver la crítica histórica exploraremos cómo se puede leer mejor el NT, según la visión contemporánea. Es decir, discutiremos el significado y el valor de un campo de estudio llamado hermenéutica.

La necesidad de crítica

En el capítulo 1 hablamos de la necesidad de estudiar el NT. Fue escrito en tiempos antiguos y en otras lenguas. Refleja costumbres que difieren de las nuestras. El mensaje puede ser extraño del modo en que lo entendemos. Por muchas razones debemos proceder con diligencia, minuciosidad y rigor si deseamos sacar del NT el mensaje que sus autores buscaron impartir. De otro modo nos arriesgamos a imponer nuestros puntos de vista en lugar de discernir lo que allí se nos dice.

Por tanto, existe un sentido legítimo mediante el cual se puede aceptar una lectura «crítica» del NT. George E. Ladd definió hace algunos años a la crítica como «la emisión de juicios inteligentes sobre aspectos históricos, literarios, textuales y filosóficos que alguien enfrenta cuando lee la Biblia, a la luz de toda evidencia disponible y al reconocer que la Palabra de Dios llegó a la humanidad a través de palabras de hombres en situaciones históricas específicas».[5]

Más recientemente, I. Howard Marshall llamó la atención a varios desafíos que muchas partes del NT proponen al lector cuidadoso. Para solucionarlos se requiere una investigación cuidadosa y razonada.

Marshal resalta el punto que, nos guste o no, «la Biblia necesita interpretación» y esto requiere de cierto tipo de crítica. Mientras el alma ansiosa puede encontrar el mensaje básico del NT en una simple frase o un simple versículo como Juan 3.16, los creyentes maduros tienen la sabiduría de continuar con un entendimiento más avanzado del NT, basado en un estudio extenso, en un análisis cuidadoso y en una explicación lógica en vista de una gran serie de evidencia relacionada.[6]

Esta percepción no es nueva para Marshall. Incluso los eruditos antiguos luchaban de manera comparable, aunque no idéntica, con el significado de las Escrituras. Agustín o Juan Crisóstomo en los siglos cuarto y quinto, Calvino y Lutero en la Reforma, Bengel y Wesley en el siglo dieciocho, trabajaron para interpretar el NT de manera razonada e intelectualmente responsable. Por esta razón sus comentarios todavía recompensan el estudio cuando buscamos evidencia relevante.

¿Pero qué es evidencia relevante? Para eruditos como Marshall y Ladd, así como para las figuras citadas de la historia eclesiástica, la singularidad de Jesucristo, la validez de la Biblia como Palabra de Dios, y la presencia real de Dios en los asuntos humanos son factores altamente relevantes sobre cómo debe leerse el NT. Pero es precisamente en este punto en que muchos estudios modernos no concuerdan. Esto nos lleva a otro tipo de «crítica», no exactamente a un análisis riguroso sino a uno basado en ciertas convicciones muy diferentes de las compartidas por Ladd, Marshall y sus clásicos cristianos predecesores.

Raíces de la crítica histórica

Hubo una época en la historia europea durante los siglos diecisiete y dieciocho llamada Ilustración, en que las «creencias cristianas fundamentales» se volvieron «problemáticas». La Biblia empezó a interpretarse a la luz de diferentes conceptos anticristianos.[7] En estos se incluyen:

- La Iglesia ha leído la Biblia de modo erróneo. Los lectores cultos y modernos necesitan liberarse de la doctrina de la Iglesia e interpretar la Biblia solamente a la luz de la razón humana
- Jesucristo no fue el Hijo divino de Dios. Fue un guía ético superior y un ejemplo espiritual. Enseñó la ley moral de Dios, pero no enseñó acerca de su muerte por nuestros pecados ni sobre su resurrección. Estas ideas son invenciones de la iglesia primitiva.
- Los milagros en el NT, incluso la resurrección de Jesús, no pueden seguir siendo la base de la fe cristiana, pues la razón moderna duda de que hayan sucedido como los narra la Biblia.
- La Biblia provoca el ridículo, no reverencia, porque mucho de lo que dice es ofensivo al entendimiento moderno. Apoyando esta perspectiva, escritores como Voltaire, Tom Paine y Thomas Woolston esparcieron semillas que ayudaron a destruir el lugar privilegiado de la Biblia en la sociedad occidental, alentando el escepticismo.
- La única forma legítima de interpretar la Biblia es la «histórica». No «histórica» en el sentido de Ladd y Marshall sino más bien en el sentido de las suposiciones anticristianas que ya citamos. Una lectura «histórica» en esta línea asume que las doctrinas cardinales cristianas son inaceptables racionalmente, que Jesús no fue más que un simple mortal, que los milagros se deben rechazar o al menos reinterpretar de modo radical, y que ninguna otra interpretación bíblica más que esta merece aceptación personal y reconocimiento público.

Así que para el siglo diecinueve, muchos eruditos de Europa y particularmente de Alemania debatían por una comprensión del NT que contradecía rotundamente la creencia cristiana de todos los siglos anteriores. Allí nació la «crítica histórica» en el sentido de la Ilustración, que «puso los fundamentos en los que aun descansan los estudios bíblicos modernos».[8]

El surgimiento de la crítica histórica es un tema amplio. En realidad no solo se trata de un solo estilo.[9] Desde un comienzo existió de varias formas. Los eruditos alrededor del mundo trabajan constantemente para entender sus desarrollos y efectos. Es un campo de estudio fascinante. Aparecen nombres como Galileo, Descartes, Locke, Semler, Lessing, Kant, Baur, Strauss y muchos otros. Una comprensión de sus ideas características a menudo van más allá en su explicación no solo hasta sus épocas sino también las nuestras.[10]

De todas maneras, la crítica histórica aún persiste hoy. Los libros sobre el NT que insisten en su lectura «histórica» sugieren con frecuencia la «crítica histórica» y sostienen que la Biblia debe manejarse como cualquier otro libro. Dudan las afirmaciones centrales del NT, como miles de cristianos las han entendido a lo largo de los siglos. Por tanto se proponen significados nuevos o al menos diferentes. Un ejemplo de una buena publicación a

neokantismo

fenomenología

existencialismo

este respecto fue un libro llamado Los cinco Evangelios, escrito en 1993.[11] Este apeló a varias figuras de la Ilustracion, sustentando sus ideas y situando al lector ante un escrticto esto/aquello: la creencia ignorante en un salvador humano-divino como se proclama en una Biblia autorizada; o la reinterpretación de los Evangelios canónicos, usando documentos gnósticos recientes para llegar a un Jesús igualitario, contra todo lo establecido que proclamó una sabiduría filosófica ingeniosa aunque confusa.

Ya que la influencia de la crítica histórica se ha extendido, hacemos bien en ponerle atención, entender sus enseñanzas y comprender por qué no aceptamos sus doctrinas si las encontramos insatisfactorias.

Contribución y limitaciones de la crítica histórica

A veces se denuncia la crítica histórica por temor al daño que pueda hacer, y no sin buenas razones. «No se puede rechazar esta aprensión simplemente como reaccionaria. Algunos eruditos influyentes del período moderno, identificados como "historiadores del cristianismo primitivo" pro-

Voltaire (1694-1778) fue uno de los muchos intelectuales europeos que sembró dudas sobre la confiabilidad de la Biblia durante el período de la Ilustración.

pusieron revisiones radicales a las opiniones tradicionales de los comienzos cristianos».[12] Estas opiniones radicales fueron problemas para todos y crearon muchas desviaciones innecesarias en el pensamiento intelectual. Según lo manifiesta Marshall, la cuidadosa erudición conservadora a menudo ha solucionado «problemas» que erróneamente la crítica descuidada supuso haber encontrado.[13] Por tanto es razonable tener precaución con la crítica histórica y mostrar escepticismo hacia sus excesos; se debe tener cuidado en que las negaciones sean moderadas en tono y justas con todas las partes concernientes, tanto en tono como en veracidad. Tal enfoque tiende a ser más efectivo que las acusaciones y quejas estridentes.[14]

Demos el crédito que merece la crítica histórica (o el método histórico crítico). En términos más amplios, ha fomentado muchos descubrimientos emocionantes en los últimos dos siglos. Han aparecido numerosos manuscritos como, en el siglo veinte, los rollos del Mar Muerto y otras obras importantes. El conocimiento de lenguas y culturas antiguas ha crecido marcadamente. Nuevos campos de estudio como la semántica han perfeccionado la manera de definir los mensajes bíblicos. La vida y el entorno de Jesús se entienden con más claridad mientras aparecen más evidencias y se aplican nuevos métodos. El NT se mira en detalle más gráfico a través de aplicaciones y métodos como fuente, forma, redacción y análisis literario.

Los eruditos ponen más atención que en tiempos anteriores a la nacionalidad judía de Jesús y su importancia. Mediante la crítica histórica se han dramatizado la naturaleza y las implicaciones de varios sistemas filosóficos, al interpretar el NT a la luz de filósofos como Kant, Hegel, Troeltsch, Heidegger, Gadamer, Ricoeur y Derrida, y de movimientos filosóficos como el neokantismo, fenomenología y existencialismo, así como el posmodernismo. El estudiante serio de la Biblia descubrirá que la escuela de la crítica histórica ha producido un asombroso número de monografías, trabajos de referencia y comentarios. Muchos de estos son invaluables, aun si su perspectiva teológica es menos que ideal.[15]

También se debe considerar que no todo el que utiliza métodos de crítica histórica, comparte de algún modo convicciones de la Ilustración acerca de Jesucristo, de los milagros y de la doctrina de la Iglesia. La crítica histórica es pionera en métodos que pueden probar ser útiles cuando se basan en suposiciones o presuposiciones, que dan lugar a la verdad de las doctrinas cristianas cardinales. Creyentes evangélicos han escrito hoy en día un número de estudios críticos importantes que usan los métodos histórico críticos en grados variables.

Pero es aconsejable ser precavidos. Muchos eruditos no evangélicos insistirían en que es dudoso utilizar, en el proceso histórico, métodos histórico-críticos sin convicciones histórico-críticas. James Barr asevera que «historia significa solamente lo que entendemos por nuestro uso de la palabra "historia"... No aplicamos el término a una forma de investigación que recurre al medio divino como vía de explicación».[16]

¿Es factible excluir la verdadera influencia del «medio divino» y seguir haciendo justicia al NT? ¿Podríamos rechazar en realidad la encarnación, el nacimiento virginal, la divinidad de Jesús, la resurrección y la ascensión (que involucran un «medio divino») y aun así otorgar un informe adecuado de lo que narraron los escritores del NT y por qué lo hicieron? Muchos eruditos cristianos responderían negativamente. Como resultado, estarían tentados a rechazar completamente la crítica histórica.

Pero otros consideran provechoso utilizar un modificado enfoque histórico-crítico. «Uno de los grandes retos que enfrenta la erudición bíblica evangélica es precisamente la de modificar el método histórico-crítico para que sea productivo y constructivo».[17] No es inadecuado hacer crítica histórica, como la utilizada por quienes la emplean de una manera responsable. El crédito que merece por el refinamiento que puede servir al proceso de interpretación.

A pesar del mérito potencial de la crítica histórica, todavia presenta grandes dificultades. «Hablar hoy de la crisis del método histórico-crítico es prácticamente una necedad».[18] Maier nombra trece críticas presentadas por los mismos críticos.[19] E. Heller ofrece discernimiento de otra cita. Como crítico literario habla de la «confianza» y el «heroísmo» de la conquista del occidente posmedieval por la «objetividad».[20] Su confianza es «la convicción de que el argumento de investigación crítica nos guiará a algo que no solo se utiliza sino que tiene verdadero valor». Su heroísmo es «disposición para no retroceder si no se puede». Sin embargo, Heller continúa el diagnóstico de una falacia mortal que consiste en

> la hipótesis de que los valores prohibidos por el método de investigación se abren paso a la respuesta. Esto quiere decir, sin importar los valores, que se puede alcanzar un final justificado no solo por su «corrección» o su utilidad sino por su valor intrínseco ... [Esto es una falacia, pues] las cosas pierden su valor para el hombre si él quiere ocultarlo de ellas.[21]

Si aplicamos la perspectiva amplia de Heller al tema, seguramente hay confianza y heroísmo que refuerzan la labor histórico-crítica. Pero a veces la falacia actúa. El procedimiento a veces se proscribe desde el principio (un sacrificio de pecado divino-humano; el Señor resucitado; el mismo evangelio de redención según se entiende clásicamente) y es inverosímil retroceder hasta los resultados de una etapa posterior.

La historia crítica no ha producido los resultados tan prometidos durante los pasados doscientos años, según lo admiten incluso quienes la apoyan. No es que no haya progreso. Hay otra forma de enfocar el NT. Lo tratamos en el capítulo uno como el acceso teológico-histórico. En los capítulos dos al nueve explicamos los Evangelios y a

---

Críticas a la crítica histórica

Gerhard Maier* cita más de doce problemas de la crítica histórica expresados por los críticos mismos. Se incluyen:

- desestabilización de la fe
- incapacidad para proporcionar cualquier base adecuada para la fe
- creencia en que su método es el único posible
- ilimitada pluralidad de hipótesis
- capitulación ante el espíritu de los tiempos
- entronización de la razón como única fuente de autoridad
- eliminación de lo sobrenatural
- elevación de lo teológico sobre lo bíblico

* tomado de Hermenéutica bíblica, Robert W. Yarbrough, Crossway, Wheaton, Ill, 1994, 256-60

Condiciones

Si hay algo que podamos aprender del procedimiento del Instituto Tübingen es esto: La exégesis bíblica y la interpretación son imposibles sin la suposición dogmática consciente o inconsciente. La interpretación y la historia bíblicas exigen una declaración franca, directa y sincera de los básicos principios históricos por los que se han de interpretar. La validez de toda exégesis e interpretación bíblicas descansan en su disposición para exponer clara y valientemente las suposiciones dogmáticas en que se basa.

—Horton Harris, *Instituto Tübingen*

Filósofos como Immanuel Kant (1724-1804) han influido enormemente en cómo la Biblia es entendida en el mundo moderno.

podemos dividir en tres aspectos básicos. Cuando nos aproximamos al texto bíblico, debemos preguntarnos: ¿Cuáles son las condiciones necesarias para percibir y entrar en un diálogo provechoso con su mensaje? ¿Qué métodos son los más adecuados para analizar la información? ¿Qué propósitos bosquejan nuestra observación y la aplicación de los descubrimientos?

La hermenéutica resalta algunas preguntas básicas. Si no consideramos esto, podemos obtener interpretaciones erradas. El precio de un error así puede ser grande si el intérprete está tratando de basar decisiones de su vida en su interpretación, como lo hacen con frecuencia los lectores del NT. Demos ahora un breve vistazo a tres factores fundmentales que nos afectan cuando interpretamos las Escrituras, de modo que podamos lograr que nuestras interpretaciones no sean al azar ni mucho menos erróneas.

Condiciones

Interpretar el NT requiere la presencia de ciertas condiciones. Algunas se relacionan personalmente con el intérprete. ¿Desea este recibir el mensaje que el texto contiene? Si no, es improbable que surja. ¿Está suficientemente capacitado el intérprete en lo emocional y en lo intelectual? Un niño de seis años es capaz de leer, pero carece de la madurez emocional para probar la profundidad de Pablo al exaltar el amor marital en Efesios 5. Sin una preparación intelectual cuidadosa es difícil encontrar sentido al libro de Apocalipsis. ¿Está revitalizado el intérprete? Es decir, ¿vive en dependencia de Cristo de modo que el Espíritu de Cristo le brinde ayuda en sus esfuerzos interpretativos? «Es un hecho espiritual utilizar así la hermenéutica para interpretar las Escrituras, dependiendo de la guía del Espíritu Santo».[22] Estas son solo algunas de las condiciones que afectan el proceso hermenéutico a nivel personal.

Otras condiciones involucran hipótesis acerca de los datos que se interpretan. El NT se debe percibir como la máxima revelación divina y no sencillamente como una colección de ideas humanas. Aunque es importante, la explicación «histórica» no debe mezclarse con significados de otro tipo u otros niveles. Además Maier habla de la importancia de lo que llama comprensión dinámina y ética; él utiliza «en-

Jesús junto con los aspectos históricos. Ahora veremos un campo de estudio que nos ayudará a pensar más clara y profundamente en la naturaleza de una perspectiva histórico-teológica: la hermenéutica.

La promesa de la hermenéutica

La palabra «hermenéutica» se refiere a la teoría y práctica de la interpretación. La

> ### Géneros en la Biblia
>
> Las diferentes formas literarias (*géneros*) pueden demandar distintas maneras de interpretación.
>
> Los géneros típicos en la Biblia incluyen:
>
> - narración
> - epístola
> - ley
> - poesía
> - profecía
> - sabiduría

género

tendimiento histórico» solo en uno de los cinco tipos de «entendimiento cognitivo».[23] Las otras cuatro clases son doctrinal, tipológica, alegórica y profética.

Quizás lo que más afecta la interpretación es la actitud ante la autoridad de las Escrituras. Pero otra controversia importante es la unidad bíblica. Mientras unos pretenden encontrar desacuerdos y contradicciones, una elevada perspectiva de la inspiración y autoridad escritural justifica analizar varias partes a la luz de un todo. El principio de revelación progresiva adquiere importancia. Enseña que la autorrevelación de Dios en la Biblia crece en plenitud y claridad, al igual que los siglos en que Dios ha tratado con el progreso humano. A menudo ciertas porciones que se escribieron antes, se clarifican a la luz de lo que se escribió después. Otra área importante en que las presunciones marcan gran diferencia concierne al género (forma literaria) del escrito que se interpreta. Cuando abrimos la Biblia, estemos conscientes del tipo de literatura que leemos. ¿Se trata de historia? ¿Poesía? ¿Ambos? ¿Ninguno? Se aplican distintas maneras de leer según sea parábola, relato, sermón o proverbio.[24] La decisión correcta puede ser crucial para una interpretación cabal.

Resumiendo, interpretar el NT involucra numerosas condiciones que forman la manera en que la interpretación procede desde el comienzo. Un importante primer paso es tener claridad acerca de las condiciones que influyen en lo que vemos, cómo lo entendemos y en esforzarnos para que estas condiciones sean más provechosas. Al mismo tiempo es un proceso de por vida hacia una propuesta teológico-histórica.

Métodos

A un estudiante graduado en teología se le pidió una vez que hablara sobre la hermenéutica ante un grupo de la iglesia con nivel universitario. Después de la presentación preguntó si había preguntas. Una estudiante francesa de arte llamada Vyvyan dio esta respuesta: «Opino que el asunto de la hermenéutica está algo errado. He aquí mi método: Busco la sombra de un sauce a orillas de un río, permito que el viento sople las hojas de mi Biblia y cuando cesa miro hacia abajo y leo; esta es la Palabra de Dios para mí».

Quizás funcionó con Vyvyan (o quizás

En la interpretación del Nuevo Testamento es vital que el lector esté dispuesto a recibir el mensaje que contiene el texto.

Para una lectura significativa de la Biblia

Sugerencias útiles para leer el Nuevo Testamento con provecho:

1. Léalo como cualquier otro libro. La Biblia es más que un libro común, no es menos.
2. Léalo con interés personal.
3. Interprete las narraciones a la luz de los pasajes doctrinales.
4. Interprete los pasajes confusos con los más claros.
5. Busque en un buen diccionario bíblico el significado de las palabras.
6. Ponga atención especial al género.
7. Haga uso de la oración y la guía del Espíritu Santo.

---

crítica textual

crítica de la fuente

crítica de la forma

crítica de la redacción

crítica literaria

crítica canónica

crítica sociológica

estructuralismo

---

no), pero en el trayecto la mayoría buscaremos métodos más confiables para manejar las Escrituras. La crítica histórica se ha esforzado mucho en formular métodos adecuados. Pero ese esfuerzo se vuelve débil cuando los métodos han estado dominados por hipótesis inapropiadas de la información que se está interpretando. Al perfeccionar las condiciones bajo las cuales comprometemos una interpretación, debemos al mismo tiempo estar pendientes de métodos cabales y fructíferos.

A un nivel básico, cuando buscamos más información acerca de un versículo o cuando buscamos el significado de una palabra bíblica, debemos pensar en métodos como consultar una concordancia bíblica o fijarnos en las referencias de remisión en nuestras Biblias. Podríamos también mantener un cuaderno de notas bíblico cuando leemos el NT, para consultarlo en caso de necesitar información que no disponemos. Buscar un versículo en distintas traducciones puede ser ilustrativo, siempre y cuando no nos excedamos y no demos con traducciones erradas. Debemos realmente estar conscientes de la necesidad de oración, no como un sustituto de comprensión intelectual sino como un medio para estar dispuestos por completo al Dios viviente, que a través de las Escrituras puede hacernos «sabios para la salvación» (2 Ti 3.15). Aunque difícil de medir, el papel del Espíritu Santo en la sana interpretación es real e importante.

En un libro muy ameno y provechoso, R.C. Sproul ofrece algunas «reglas prácticas» que se suman a los métodos de acceso a cualquier texto bíblico.[25] A un nivel más avanzado, los eruditos y estudiantes serios hacen uso de un número de mediciones y métodos críticos destinados a llevarnos a la interpretación adecuada: crítica textual, crítica de la fuente, crítica de la forma, crítica de la redacción, crítica literaria, crítica canónica, crítica sociológica y estructuralismo.[26] Estas formas de análisis normalmente constituyen solo un paso en el largo proceso de arribar al correcto o mejor entendimiento del texto.

Al igual que las condiciones, los métodos afectan la interpretación de diferentes maneras. Métodos inadecuados o utilizados con ineptitud dificultarían un entendimiento correcto. Una parte importante de crecer en el conocimiento de lo que dice la Biblia es ir creciendo en sabiduría con respecto al método que usamos para interpretarla. Los métodos erróneos obviamente son peligrosos, sin embargo podría un poco mejor no tener ningún método en mente. La mayoría de lectores de la Biblia descubren que su lectura se vuelve más gratificante a medida que maduran sus métodos. Por ejemplo, los lectores que por costumbre leen a diario libros bíblicos completos de modo consecutivo son más aptos para obtener una comprensión más cabal que quienes utilizan un método «de pesca milagrosa» los días en que no piensan en absoluto leer la Biblia.

Propósitos

Una tercera consideración hermenéutica vital es nuestro objetivo en interpretar el NT. La lectura puede volverse pesada o incluso herética si el propósito no es sano. Algunos objetivos pueden ser adecuados, dependiendo de la razón por la que nos acercamos a la Palabra. Si deseamos crecer espiritualmente, nuestro objetivo será leerla como un trampolín hacia una adoración devocional. Si tenemos una asignación de leer una porción bíblica, el propósito cambia hacia un devocional puro. Si enseñamos una lección o predicamos, una vez más el objetivo es distinto. Ninguno de estos propósitos es mejor que el otro. Tampoco se excluyen mutuamente sino que cada uno es hermenéuticamente importante, puesto que nos hará ver diferentes dimensiones del texto. Estar cons-

> *Aplíquese totalmente al texto.*
> *Aplique totalmente el texto a usted.*
> —Johann Albrecht Bengel (1687-1752)

doxológico

exégesis

La crítica histórica ha permitido muchos descubrimientos emocionantes, como los rollos del Mar Muerto. Este es el «rollo del Templo».

cientes de nuestro objetivo, u objetivos, nos puede ayudar a evitar falsas interpretaciones y más bien disfrutaremos del resultado de una comprensión sana y de su aplicación.

No es difícil imaginar propósitos inciertos. Leer el NT para encontrar versículos que prueben que un pariente o compañero está equivocado nos puede llevar fácilmente a forzar un significado erróneo en el texto, puesto que deseamos con vehemencia probar que tenemos la razón. Meditar en un versículo que promete perdón de pecados (como 1 Jn 1.9) cuando nos encontramos envueltos en una relación inmoral, inevitablemente torcerá o pasará por alto el mensaje de la Palabra (que no extiende libre perdón a la rebeldía consciente y testaruda; vea 1 Jn 2.4). Interpretar el NT sin ningún propósito de responder de modo personal nos puede impedir la comprensión. Una interpretación tan centrada en mí mismo que hace que Jesucristo, el verdadero tema de estudio, se convierta en un mero instrumento de «bendición» que yo pienso que necesito, o la oración que quiero sea respondida, puede obviamente provocar resultados torcidos. De la misma manera, la interpretación que intenta desaprobar o desacreditar la histórica fe cristiana concluirá de igual forma a descubrimientos insatisfactorios.[27]

Maier habla de la necesidad de «interpretación comunicativa». Nuestro objetivo debe ser aplicar el NT a nuestras vidas.[28] En palabras de J.A. Bengel: «Aplíquese totalmente al texto. Aplique totalmente el texto a usted». Pero Maier continúa: Nuestra meta debe ser ir más allá que la autoaplicación, si esta solo significa guía moral y práctica. Debe haber un objetivo doxológico, es decir que debe movernos a adorar a Dios y a buscar una comunión personal con Él. Debe también incluir un objetivo misiológico, es decir el ánimo de comunicar a otros lo que nos ha revelado la Biblia.

Osborne habla de manera similar. La

hermenéutica es importante debido a su propósito máximo: «Dejar que el significado de la Palabra, inspirada por Dios, nos hable hoy. Él afirma que la meta esencial de la hermenéutica «no es la teología sistemática sino el sermón».[29] Esto no quiere decir que no sean importantes el significado del texto original (exégesis) ni la aplicación personal. Pero reconoce que el NT fue escrito en una comunidad (la Iglesia) y para ella. Su misión se enfoca en vivir y expandir el evangelio. Solo si este es también nuestro objetivo tendremos la esperanza de encontrar una gama completa y profunda de significado en el NT. En este sentido vemos una vez más que el propósito del intérprete es crucial en dar forma a la interpretación que deseamos conseguir.

F.C. Baur (1792-1860) y la hermenéutica histórico-crítica

F.C. Baur fue un profesor en Tübingen, Alemania, cuyas opiniones influyen en la forma en que leen la Biblia muchos eruditos e iglesias en Occidente. La de Baur fue más una hermenéutica histórico-crítica que histórico-teológica. Su biógrafo, Horton Harris, comenta sobre la intelectualidad, logros y errores de Baur. Lo que una hermenéutica histórico-teológica busca precisamente es hacer «una narración total de sus [del cristianismo] premisas dogmáticas (vea abajo).

Baur buscaba una visión total de la historia y en particular la historia de la iglesia primitiva. Su deseo era correcto. Cualquier visión histórica de la iglesia primitiva se debía basar en hechos históricos en los que se acomoden las partes confusas de la historia. Lo trágico fue que Baur escogió la visión total histórica equivocada y pasó el resto de su vida distorsionando la evidencia para mantenerla. El problema que aún confronta la investigación de las fuentes históricas del cristianismo es exponer una visión histórica total que tome en cuenta completamente sus premisas dogmáticas.

Invitación a un estudio hermenéutico adicional

«Solo una hermenéutica definida y cuidadosa puede mantener a alguien aferrado al texto».[30] Interpretar el NT necesita cautela para encontrar el significado del texto y para aplicarlo de modo apropiado.

En este capítulo hemos hablado de los pros y los contra de la crítica histórica. Concluimos en que hay tres buenas razones para no continuar con los excesos de la crítica histórica. Al comienzo del capítulo expresamos el punto de vista de desacuerdo de dos eruditos, Albertz y Kümmel, y su pregunta: ¿Debe una investigación del NT enfocarse legítimamente en el significado de su mensaje, o debe centrarse en problemas críticos y ambigüedades? Al concluir que cierta clase de crítica puede ser provechosa, nos ponemos totalmente del lado de Albertz. Además hemos investigado la importancia de la hermenéutica, en especial en términos de condiciones, métodos y objetivos que influyen en cómo entendemos y aplicamos el mensaje bíblico.

Hemos hablado de la necesidad de una hermenéutica sana, a fin de sostener la idea de un enfoque teológico-histórico al NT. Tal enfoque reconoce que el NT intenta relacionarnos con la historia de Jesucristo como la anuncian las Escrituras antiguas (el AT), de acuerdo a lo que describen muchos testigos (los Evangelios), según la expansión de la historia (Hechos), de acuerdo a su aplicación en varios lugares (las epístolas) y según algún día la historia llegará a su climax en el juicio y la redención del mundo (Apocalipsis). El NT no es «historia» en términos de pura causalidad natural; este fue el error histórico-crítico. Tampoco es «teología» en el sentido de enseñanza espiritual y doctrinal, separado de su significado y ambiente originales. Este puede ser el error de quienes lo interpretan solo para aplicación devocional o eclesiástica. Pero el NT es lo uno y lo otro: simultáneamente historia y teología. La hermenéutica utilizada para interpretarlo está ligada con el entendimiento y la aplicación adecuada.

Por tanto en este capítulo hemos bus-

Enfoque 10: ¡Es un milagro! (¿Lo es?)

El ministerio de Jesús se caracterizó, entre otros aspectos, por muchos milagros. Convirtió agua en vino en las bodas de Caná; resucitó a Lázaro; curó ciegos, cojos y muchos otros padecimientos. Su tiempo en la tierra culminó con los milagros de su propia resurrección y ascensión al cielo junto a su Padre.

La iglesia aceptó desde el principio la historicidad de esos milagros. Pero en el siglo dieciocho crecía la duda, mientras el concepto Ilustración del escepticismo hacia todo lo que no se podía probar «científicamente» ganaba apoyo entre los eruditos. El filósofo John Locke dijo: «Seguramente es cierta cualquier cosa que Dios haya revelado; no puede haber duda alguna. Este es el objeto adecuado de fe; pero la razón debe juzgar si es una revelación divina o no». En otras palabras, es asunto nuestro decidir si la Biblia es para nosotros el verdadero mensaje de Dios.

El llamado argumento de milagros fue una manera de decidir si una revelación tenía fuente divina. Si aceptamos que solo Dios puede dar poder a las personas para ejecutar milagros y que solo Él confiere su poder a sus verdaderos representantes, entonces un individuo que ejecuta un milagro nos da así evidencias de que es de Dios cualquier revelación que nos entrega. Este argumento tuvo gran aceptación hasta 1705, cuando Samuel Clarke declaró: «Se prueba de manera positiva y directa que Dios nos envía de inmediato su verdadera revelación cristiana por la cantidad de Señales y milagros infalibles, los cuales el Autor obró públicamente como evidencia de su divina comisión».

Sin embargo, en cuestión de solo veinte años le llegaron graves ataques a este argumento. Uno de sus principales oponentes fue Thomas Woolston. Analizó en sus Discursos sobre los milagros de nuestro Salvador (1727-29) catorce de los milagros de Jesús, así como el de la resurrección. Concluyó «que la historia literal de muchos de los milagros de Jesús, como lo registraron los evangelistas, sugieren absurdos, improbabilidades y mentiras; en consecuencia, nunca se realizaron total ni parcialmente».

Woolston murió en 1733 en prisión, donde estaba detenido acusado de blasfemia. Pero su escepticismo no murió. Se convirtió en la semilla por medio de la cual otros críticos del progresismo dudarían y a la larga rechazarían no solamente los milagros sino cualquier parte de la Biblia que no resistiera los dogmas de la crítica histórica.

Vasijas de barro en una de las iglesias de Caná, Galilea, que conmemoran la conversión que hizo Jesús de agua en vino.

Enfoques modernos al Nuevo Testamento

cado poner un fundamento para una reflexión productiva en la formulación de una hermenéutica apropiada: un proceso de por vida que se aconseja a cada lector responsable del NT. Los capítulos subsiguientes de este libro, al igual que los anteriores, tienen como fin brindar ayuda al levantar controversias y en lo posible proponer soluciones que amplíen los cimientos que los lectores puedan poseer.

Es difícil sobreestimar la complejidad y magnitud de la discusión que los temas hermenéuticos han generado en décadas recientes; la discusión sigue desenvolviéndose. Los evangélicos recientes han aventajado en interacción perspicaz en

Términos clave

crítica canónica
doxológico
exégesis
existencialismo
crítica de la forma
género
hermenéutica
crítica histórica
crítica literaria
neokantismo
fenomenología
crítica de la redacción
crítica sociológica
crítica de la fuente
estructuralismo
crítica textual

Lugar clave

Qumrán

Resumen

1. Es esencial la interpretación del NT; se debería hacer dentro de una organización que reconozca la singularidad de Jesús, que acepte la Biblia como la Palabra de Dios y que admita la presencia real de Dios en asuntos humanos.

2. Los críticos de la Ilustración que interpretaron el NT sostenían típicamente lo siguiente: (a) la Iglesia ha malinterpretado la Biblia; (b) Jesús no fue el divino Hijo de Dios; (c) quizás los milagros en el NT no fueron reales y no pueden ser la base de la creencia cristiana; (d) la Biblia se debe ridiculizar porque ofende la mentalidad moderna; y (e) la única manera legítima de interpretar la Biblia es usando el método histórico-crítico.

3. Los movimientos filosóficos como neokantismo, fenomenología y existencialismo han influido en los métodos modernos de crítica.

4. La hermenéutica es la teoría y práctica de la interpretación.

5. Al interpretar el texto bíblico, es importante considerar qué condiciones se necesitan para entrar en el texto, qué métodos son adecuados para analizarlo, y qué objetivos forman nuestra observación y aplicación de nuestros descubrimientos.

6. Algunos métodos de crítica histórica incluyen: crítica textual, crítica de la fuente, crítica de la forma, crítica de la redacción, crítica literaria, crítica canónica, crítica sociológica y estructuralismo.

7. El propósito de interpretación del NT debe ser aplicarlo a nuestras vidas, llevarnos a adorar a Dios en el contexto de la Iglesia, y capacitarnos para transmitir este conocimiento a otros.

8. El NT es al mismo tiempo historia y teología.

9. Un enfoque hermenéutico debe admitir que el NT relata la historia de Cristo como fue profetizada en el AT, que varios testigos representaron esta historia, que en Hechos se extiende la historia, que esta se aplicó en las epístolas en varios ambientes, y que culminará un día con el juicio cósmico profetizado en Apocalipsis.

Preguntas de repaso

1. Se hizo un desafío al NT al comparar el testimonio lucano del censo en la época del nacimiento de Jesús con la evidencia de una fuente extrabíblica escrita por _____.
2. La crítica histórica propuso que la iglesia primitiva inventó la idea de que Jesús fue el _____.
3. Voltaire, Paine y Woolston ayudaron a destruir el respeto por las verdades bíblicas en la sociedad occidental al estimular el _____.
4. A la teoría y práctica de la interpretación se le llama _____.
5. Un concepto esencial para interpretar la información del NT es que se le debe ver como _____ divina.
6. La condición principal que afecta la interpretación es la posición del intérprete sobre la _____ de las Escrituras.
7. Además de los variados métodos para utilizar en la interpretación, es importante reconocer la necesidad de _____.
8. Los objetivos de la interpretación deben ser personales, doxológicos y _____.
9. La recuperación del significado original del texto se llama _____.
10. Para cada creyente, desarrollar una hermenéutica adecuada debe ser un proceso de _____.

Preguntas de estudio

1. ¿Qué tema revisó Kümmel de la introducción neotestamentaria de Albertz?
2. ¿Por qué la Biblia necesita interpretación?
3. Dé algunas contribuciones de la crítica histórica.
4. ¿En qué difieren un enfoque histórico-teológico y uno histórico-crítico?
5. ¿Qué significa la palabra «hermenéutica»?
6. Enumere cinco características de un enfoque hermenéutico de interpretar la Biblia.

este debate y en la formulación constructiva de las estrategias hermenéuticas. En una época en que la crítica histórica se ha derrumbado en muchos círculos, al menos como base de teología,[31] emerge una riqueza de estudios que señalan dos maneras de analizar rigurosamente el NT, sin emplear un método que constituya un verdadero ataque contra todas sus afirmaciones fundamentales. La reflexión hermenéutica es uno de los aspectos más emocionantes y prometedores en la erudición bíblica evangélica al final del siglo veinte.

Lecturas relacionadas

José Flores, *El texto del Nuevo Testamento*, Editorial Clie, Barcelona, España, 1977. Un estudio sobre la historia y crítica del texto, técnica de traducción, análisis del mensaje, etc.

Paul N. Benware, *Panorama del Nuevo Testamento*, Editorial Portavoz, Grand Rapids, MI, 1993. Un recorrido por las páginas del Nuevo Testamento que aclara muchos conceptos de hermenéutica o interpretación del texto bíblico.

Gunther Bornkamm, *Estudios sobre el Nuevo Testamento*, Ediciones Sígueme, Salamanca, España, 1983. Un viaje a las páginas del Nuevo Testamento que analiza tópicos importantes al usar una hermenéutica ortodoxa basada en el griego.

Rudolf Schnackenburg, *Existencia cristiana según el Nuevo Testamento*, Editorial Verbo Divino, Navarra, España, 1973. Teología bíblica neotestamentaria que analiza doctrinas centrales para la fe cristiana.

Etan Levine, *Un judío lee el Nuevo Testamento*, Ediciones Cristiandad, Madrid, España, 1980. Sorprende ver que un judío (de raza y religión) comente el Nuevo Testamento con respeto y profunda admiración hacia Jesús de Nazaret. Muy enriquecedor conocer otro punto de vista sobre Jesús.

Witold Marchel, *Abba Padre*, Editorial Herder, Barcelona, España, 1967. Este joven escritor polaco analiza el tema de la paternidad de Dios en el Nuevo Testamento, utilizando la hermenéutica como herramienta de comprensión bíblica.

Ralph Earle, *Explorando el Nuevo Testamento*, Casa Nazarena de Publicaciones, Kansas City, MO. Una crítica ortodoxa sobre el Nuevo Testamento, al enfocar el contenido de los libros contenidos en él. Abundantes datos históricos demuestran su veracidad.

H.E. Dana, *El Nuevo Testamento ante la crítica*, Casa Bautista de Publicaciones, El Paso, TX, 1965. Profundo estudio de la naturaleza, necesidad, historia, orígenes y resultado de la crítica al Nuevo Testamento. Libro de consulta indispensable para estudiantes bíblicos.

Ch. Rochedieu, *Los tesoros del Nuevo Testamento*, Editorial La Aurora, Buenos Aires, Argentina. Un recorrido por los libros del Nuevo Testamento, interpretándolos con una exégesis ortodoxa. Su hermenéutica va acorde con el pensamiento reformado, aunque su autor es católico.

Stephen Neill, *La interpretación del Nuevo Testamento*, Ediciones Península, Barcelona, España, 1967. «Una crítica formal al Nuevo Testamento de un autor moderno», es la presentación que hace el autor de la obra. Es una revisión de palabras, frases, libros y contenido histórico y teológico del N.T.

Angel Urban, *Estudios del Nuevo Testamento en cuestión de gramática y léxico*, Ediciones Cristiandad, Madrid, España, 1977. Una obra docta y muy técnica en el análisis hermenéutica del N.T. Recomendable para personas conocedoras del tema.

11 El estudio moderno de los Evangelios

Bosquejo

- Surgimiento de la crítica de la fuente
- Surgimiento de la crítica de la forma
- Surgimiento de la crítica de la redacción
- Situación actual

Objetivos

Después de leer este capítulo, usted podrá
- Bosquejar algunos enfoques importantes para el estudio del Nuevo Testamento
- Identificar los principales eruditos asociados con cada enfoque
- Definir y contrastar los métodos de crítica de la fuente, forma y redacción
- Discutir los métodos actuales de enfocar el estudio de los Evangelios

Agustín creía que Mateo fue el primer Evangelio escrito y que el apóstol de tal nombre fue el autor.

Juan Calvino (extrema derecha), al igual que Agustín, escribió sobre los pasajes difíciles en los Evangelios.

R.M. Ogilvie escribió: «Determinar las ideas de una civilización ha sido siempre derecho de unos pocos».[1] Según él, la manera en que la sociedad ve al mundo está muy influenciada por ideas clave sostenidas por los pensadores y líderes de cada generación. Ogilvie muestra que desde el siglo diecisiete hasta comienzos del veinte, las clases predominantes de Inglaterra se valieron de ciertos escritores antiguos para vivificar sus mentes y formar el pensamiento de la nación. Las ideas de estas clases predominantes, tomadas de escritores clásicos como Ovidio, Horacio, Platón y Homero, modificaron la opinión de la gran sociedad.

Una historia similar se puede trazar en cómo se leyeron y entendieron los Evangelios durante los dos siglos y medio pasados. Antes de esto, como veremos más adelante, prevaleció la idea de que los cuatro Evangelios fueron inspirados por Dios y por tanto son verdaderos y obligatorios para todas las personas. Pero ante el surgimiento de lo que llegó a llamarse pensamiento «moderno» en el siglo diecisiete, la Biblia se empezó a ver desde un punto de vista distinto.[2] Este alteró de manera dramática el modo de leer los Evangelios y sus efectos persisten hasta hoy.

El estudio moderno de los Evangelios data desde la Ilustración en el siglo diecio- cho.[3] Hasta ese entonces se estudiaron los Evangelios y se escribieron muchos libros y comentarios sobre ellos. Los cuatro Evangelios se consideraron de igual valor, tanto histórica como teológicamente, pues los produjeron autores humanos a través de inspiración divina. La consideración que prevaleció en cuanto a su interrelación fue generalmente la de AGUSTÍN (354-430). Él creía que Mateo fue el primer Evangelio escrito por el apóstol de su mismo nombre. Juan Marcos tuvo a Pedro y Mateo como sus fuentes, abreviando a Mateo. Lucas y Juan se escribieron independientemente, o quizá con algún conocimiento de Mateo y Marcos. Por más de mil años prevaleció esta opinión o una similar.

Todo el mundo sabe bien que existían diferencias entre los cuatro Evangelios y que algunas de ellas eran trascendentales. Los opositores de la cristiandad también lo sabían. CELSO utilizó esto desde el mismo siglo segundo como uno de sus argumentos en contra de la fe. Hubo muchas respuestas a tales desafíos. ORÍGENES le respondió directamente. Además elaboró una obra extensa llamada Hexapla, que fue una versión comparativa cuidadosamente investigada de las Escrituras del AT, diseñada para mostrar su confiabilidad. Más tarde Agustín creó su obra titulada La armonía de los Evangelios, en la cual presenta con

Agustín en los Evangelios

Aunque cada uno de los evangelistas pudo haber informado algunos asuntos que no tuvieron en cuenta los otros, sería difícil probar que cualquier duda que traiga verdadera discrepancia salga de estos asuntos.

—Agustín, *Armonía de los evangelistas*, libro IV, X.II

Hipótesis Marcana

Q

problema sinóptico

esmero un extenso catálogo de pasajes difíciles de los Evangelios, junto con un punto de vista para su explicación. Durante el tiempo de la Reforma, Juan Calvino escribió un libro similar al de Agustín, como hicieron otros después de él. Por tanto, durante todos esos siglos la gente no creyó a ciegas los Evangelios sino que emitieron sus críticas. Los creyentes estaban muy conscientes de las dificultades que existían en las narraciones de los Evangelios. Pero su fe en el poder de Dios para contrarrestar cualquier tendencia hacia el error humano les evitó creer que los Evangelios se contradicen entre sí en maneras fundamentales.

Surge la crítica de la fuente

El mismo año en que Estados Unidos decretara su independencia (1776), un erudito alemán de nombre J.J. Griesbach escribió una Sinopsis de los Evangelios de Mateo, Marcos y Lucas. Dispuso los tres primeros Evangelios en columnas paralelas para facilitar el estudio. El Evangelio de Juan se incluía solo de modo incidental. Así surgió un nuevo término («Evangelios sinópticos») y un nuevo enfoque al estudio de los Evangelios (comparando los tres primeros entre sí, pero dejando aparte a Juan por ser muy diferente para garantizar la comparación). Al principio esto no desacreditó al Evangelio de Juan. Sin embargo, al acercarse el siglo veinte los críticos consideraron a Juan muy teológico como para tener algún valor histórico real.

Al elaborar su sinopsis, Griesbach no intentaba desarrollar ninguna teoría radical novedosa acerca de la autoría del Evangelio. Es más, aceptaba la tesis de Agustín de que Marcos abrevió a Mateo, añadiendo la modificación de que Marcos también hizo uso del Evangelio de Lucas.

En los treinta años siguientes surgieron muchas ideas nuevas, pero una en particular se convirtió en la teoría prevaleciente de la relación entre los Evangelios. La idea era que Marcos fue el primer Evangelio que se escribió y que tanto Mateo como Lucas utilizaron a Marcos como fuente primordial. Entonces nació la «hipótesis marcana» o «prioridad de Marcos», como se la llama a veces. Hubo muchas variaciones a este respecto y en 1863 H.J. Holtzmann añadió otra fuente que a la final se denominó simplemente «Q». Esta fuente abarca los 230 versículos que Mateo y Lucas tienen en común y que no se encuentran en Marcos. Por tanto, la hipótesis marcana tomó la forma de una hipótesis de doble fuente: Marcos y Q. Los torbellinos que surgieron alrededor de todo esto constituyó una explosión virtual de teorías que tratan con asuntos como el contenido de Q, en el sentido de que el Marcos canónico fue el original (algunas teorías sugirieron hasta cuatro diferentes Marcos que lo precedieron). Además asuntos como cuáles de las muchas revisiones de Marcos, Mateo y Lucas se utilizaron; y si Mateo y Lucas utilizaron al mismo Marcos, etc. Los eruditos denominaron «**problema sinóptico**» a todas las dificultades que involucraban al modo en que se relacionaban entre sí los tres primeros Evangelios.

Con la llegada del siglo veinte surgieron estudios casi microscópicos de los Evangelios, mediante obras muy conocidas como Horae Synopticae (1898) y los Oxford Studies in the Synoptic Problem [Estudios de Oxford en el problema sinóptico], ambos de Sir John Hawkins (1911). Este enfoque hacia los Evangelios alcanzó su conclusión lógica en 1924, cuando B.H. Streeter escribió su monumental obra, Los cuatro Evangelios: Un estudio en orígenes. Él propuso una hipótesis de cuatro documentos: Marcos, Q, L (material peculiar a Lucas) y M (material peculiar a Mateo). Nuestros tres Evangelios canónicos se elaboraron de estas cuatro fuentes. Por su-

Formgeschichte

perícopes

Sitz im Leben

puesto, Streeter no tenía la última palabra. Muchos otros intentaron perfeccionar el proceso de los orígenes de los Evangelios, partiendo de escritos de fuentes singulares, quizá dos o cuatro, hacia fuentes múltiples de los Evangelios. Un típico ejemplo de esto es F.C. Grant.[4]

Surge la crítica de la forma

Los días de Los cuatro Evangelios estaban contados aun antes de que Streeter lo hubiera escrito. Apareció un nuevo enfoque: *Formgeschichte* (historia de la forma) o crítica de la forma, como se llegó a conocer.[5] Quienes desarrollaron la crítica de la forma de los Evangelios estaban interesados en algo más que solamente la etapa final del escrito del Evangelio tradicional (es decir, el Evangelio mismo). Además les interesaba ir más allá del tema de las fuentes literarias. Su interés primordial estaba en las etapas a través de las cuales el material anterior había pasado su fase oral antes de alcanzar su etapa final escrita. A fin de investigar ese desarrollo era necesario empezar con el material escrito del Evangelio y centrándose luego (para hacer análisis) en unidades separadas e independientes, llamadas **perícopes**, y para identificar la forma que había tomado la tradición. Estos perícopes independientes debían localizarse después dentro de su entorno original de vida, o *Sitz im Leben*, como se le llamó. Para la vasta mayoría del perícope de los Evangelios, el *Sitz im Leben* fue la historia de la iglesia primitiva, no de la vida de Jesús.

El postulado fundamental que refuerza esta teoría fue que los Evangelios no fueron análogos a las obras literarias clásicas. Estos se asemejaban más a la literatura folclórica antigua, y los escritores de los Evangelios simplemente narraron las pequeñas y vivas historias o refranes que circulaban de manera oral entre los cristianos primitivos. Entonces los escritores de los Evangelios no eran en realidad escritores del todo sino compiladores de tradiciones que se habían adaptado a sus propias comunidades.

La primera obra escrita de importancia que indica el uso de esta metodología fue *Die Formgeschichte des Evangeliums* [Historia de la forma de los Eevangelios] (1919) de Martin Dibelius, que se revisó en 1934 y se tradujo al inglés como *From Tradition*

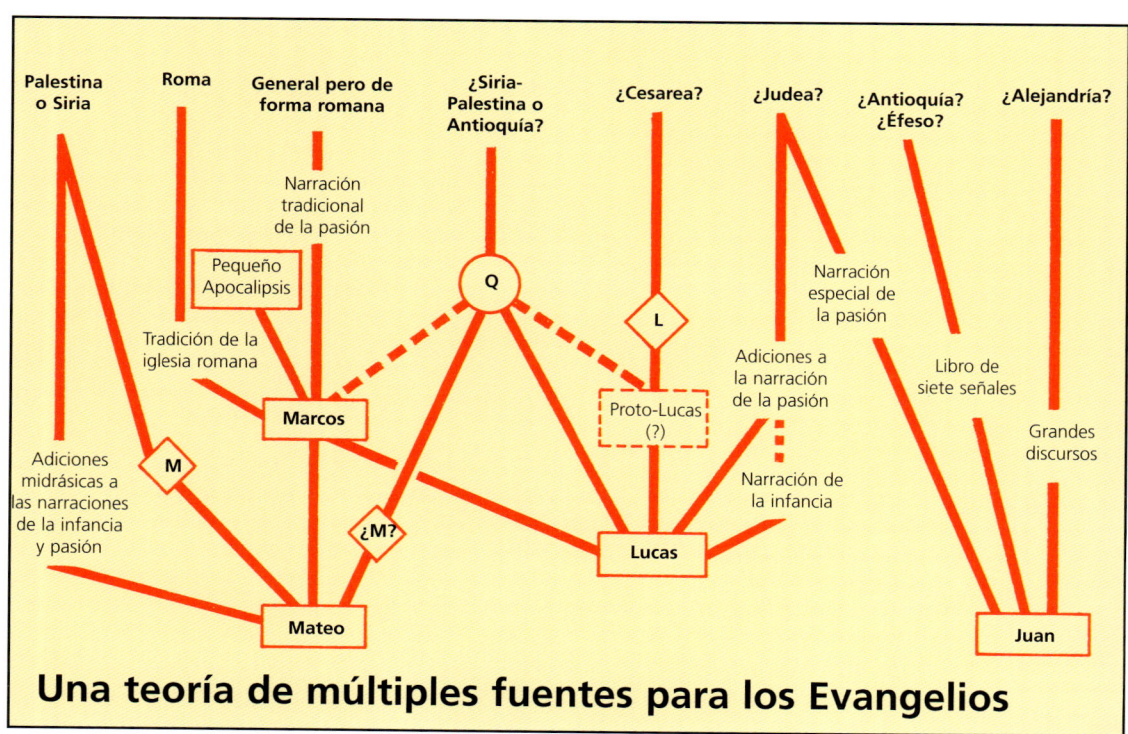

Una teoría de múltiples fuentes para los Evangelios

¿Son correctas las críticas de la forma?

Si las críticas de la forma son correctas, los discípulos se debían haber ido al cielo inmediatamente después de la resurrección.

—Vincent Taylor, *La formación de la tradición evangélica*

estructura comunitaria

to Gospel [De la tradición al Evangelio]. Dibelius discute que la predicación de la iglesia primitiva fue la matriz de donde nacieron las tradiciones. Él encontró tales «formas» de tradición como el sermón, el paradigma (relato breve de un suceso), el relato, la leyenda y la exhortación. A esto siguió *The History of the Synoptic Tradition* [La historia de la tradición sinóptica] (1921 y 1963) de Rudolf Bultmann. Esta fue más minuciosa que la de Dibelius, pues presentaba muchos refinamientos de forma; además era más radical. En las manos de Bultmann faltaba muy poco material del evangelio relacionado con Jesús. Podía investigarse una porción considerable de los instintos convertidos en mitos de los primeros cristianos.

Los críticos de la nueva metodología como Erich Fascher y Martin Albertz condenaron el «escepticismo descarado» de Bultmann, sin embargo el método se estableció pronto como parte de los estudios del NT. Algunos eruditos más moderados como Vincent Taylor en *The Formation of the Gospel Tradition* [Formación de la tradición evangélica] (1933), suavizaron la crítica de la forma. Aunque Taylor reconocía el valor limitado de esta crítica, no estaba de acuerdo con sus formulaciones radicales e incluso decía que muchos de los dichos del Evangelio procedían de testigos originales.[6]

En manos de los críticos de la forma el enfoque cambió de los Evangelios escritos (estos eran el producto final de un proceso anterior) y de Jesús en el mundo (los relatos acerca de Él son inciertos), hacia la comunidad que mantuvo vivo el recuerdo de Jesús. Por tanto empezó la búsqueda de estas iglesias primitivas. Obviamente, si deseamos saber cuáles eran esos recuerdos creativos, tendríamos que conocer algo acerca de sus originadores.

Pero aquí surge el problema fundamental. Casi no sabemos nada acerca de ellos, y lo que conocemos proviene de los mismos Evangelios, que pretenden contarnos acerca de Jesús, no de la iglesia primitiva. Además, cuando llegamos a saber algo de las iglesias, el panorama es muy distinto del que imaginan los críticos de la forma. Como lo dice Hengel: «Es realmente sorprendente cuán pocas señales muestran los Evangelios sinópticos acerca de las "necesidades" de las comunidades, según las conocemos de las cartas del NT. Con frecuencia nos vemos prácticamente forzados a leer sobre estas necesidades dentro del texto sinóptico. El término "estructura comunitaria", tan de moda hoy día y por lo general sin explicación adicional, puede rara vez dilucidar las circunstancias históricas actuales; con más frecuencia tiende a obscurecerlas».[7] Se elevaron muchas otras críticas de la forma y en la década de los cincuenta nació un nuevo método que la llevaría un paso más adelante, y en algunas ocasiones la retaría o incluso la reemplazaría.

Surge la crítica de la redacción

Aparte del hecho de que Jesús prácticamente desapareció en las manos de la crítica de la forma, también desaparecieron los Evangelios. Pero ellos no se rendirían con mucha facilidad (ni Jesús tampoco por este problema); después de todo, los Evangelios estaban en la Biblia. En primer lugar los críticos debían considerar su existencia. Estos Evangelios tenían clara unidad y sentido de propósito como producciones literarias. Siendo así, alguien los debió producir. Las abstracciones como «comunidades» no escriben libros. Por tanto el enfoque cambió de los redactores (compiladores, escritores) de los Evangelios, a un movimiento de erudición conocido como *Redaktionsgeschichte* o crítica de la redacción.[8]

Aunque anticipada por escritores anteriores, la crítica de la redacción empezó con los escritos de algunos estudiantes de

crítica narrativa

Bultmann. La obra de Günther Bornkamm sobre Mateo fue la primera,[9] seguida por la *Theology of St. Luke* [Teología de San Lucas] (1954 y 1960) de Hans Conzelmann y *Mark the Evangelist* [Marcos el evangelista] (1956 y 1969) de Willi Marxen. En efecto, lo que estos escritores hacían era añadir otro conocimiento consciente de la situación de la vida (Sitz im Leben) al proceso de desarrollo de los Evangelios. El primer *Sitz im Leben* pudo ser la vida de Jesús; el segundo, el período oral de la iglesia primitiva; el tercero, el evangelista y sus circunstancias. Pero, como lo dijo Marxen: «La historia de la redacción no es simplemente continuación de la historia de la forma»; otra vez se trata de algo más.[10] Norman Perrin sintetiza en cuatro puntos lo que es ese algo más.[11] Primero, la crítica de la forma veía a los evangelistas como compiladores de tradiciones; la crítica de la redacción los ve como autores en su propio derecho. Segundo, la crítica de la forma se relacionaba con pequeñas unidades de tradición y de cómo llegaron a serlo; la crítica de la redacción se relaciona con grandes unidades, hasta con los mismos Evangelios. Tercero, la crítica de la forma, con su interés en pequeñas unidades, nunca hizo justicia a la intención de los evangelistas; la crítica de la redacción se interesa en las intenciones teológicas de los escritores. Cuarto, la crítica de la forma se preocupa solo de un *Sitz im Leben* (la iglesia primitiva); la crítica de la redacción se interesa en los tres *Sitze im Leben* del material de los Evangelios.

Pero la crítica de la redacción no pretende establecerse como el método máximo que podría resolver los problemas básicos de la investigación del evangelio. En 1991, R.H. Stein escribió todo lo contrario: «Al momento la crítica de la redacción se encuentra en una época difícil. Esto era de esperarse en parte, puesto que el punto máximo de los estudios de la crítica de la redacción no pudo mantenerse por si mismo. Igual que otros movimientos de investigación bíblica, este llegaría a la cumbre y luego descendería; esto era obvio. El exceso de algunos estudios de la crítica de redacción, la falta de una metodología clara (en especial en relación a los estudios marcanos), y el enfoque estrecho colaboraron en el retroceso de la posición dominante en la erudición del NT».[12]

Esto fue porque durante los últimos cuarenta años las limitaciones inherentes del método de la crítica de la redacción, al igual que los demás métodos críticos, se reconocieron en forma gradual y otras opiniones comenzaron a hacerse oír.

Situación actual

Por ahora no es posible hablar de ninguna teoría dominante con la que los eruditos puedan concordar cuando enfocan el estudio de los Evangelios. En verdad este nunca fue el caso, aunque algunos puntos de vista se destacaban entre otros, según hemos visto. No obstante, se pueden observar algunas tendencias actuales.

Aunque se está cayendo el complejo edificio de estudios, bajo dominio alemán, de la crítica de la redacción y de la forma, hay quienes sostienen que a pesar de las limitaciones de esos métodos, no podemos subsistir sin ellos. Algunos aún tienen fe en ellos, esperando encontrar una respuesta.[13]

Otros buscan maneras alternas de enfocar los Evangelios. Uno de ellos se denomina estructuralismo,[14] que es parte de un gran grupo de enfoques afines, que colectivamente se denominan crítica literaria.[15] El estructuralismo surgió casi a finales del siglo con el lingüista Ferdinand de Saussure y el folclorista Vladimir Propp. No fue sino hasta 1970 que Roland Barthes aplicó de manera seria la perspectiva de Saussure y Propp a las narraciones bíblicas. La esencia del estructuralismo es que de toda expresión y narrativa sustenta una estructura en nuestras mentes, una «profunda estructura» que determina los cursos que siguen nuestros pensamientos y expresiones. Cuando la comprendemos, podemos entender el significado «real» de cualquier relato o historia. Abundan las variaciones sobre este enfoque, y algunos como A.J. Greimas y Claude Lévi-Strauss hicieron adaptaciones. Cuando esta estructura se aplicó a las historias del evangelio, se convirtió en una empresa esotérica tan complicada que encontró poco apoyo generalizado. Parecía prometer mucho, pero al final encontró muy poca acogida. Generalmente se afirma que hay un gran valor en prestar seria consideración a las estructuras formales de la narrativa como

teorías lector-respuesta

crítica retórica

deconstruccionismo

historia, pero pocos desean aceptar la idea de que la mente tiene su estructura individual, y mucho menos que las teorías estructuralistas la han descubierto.

Otro enfoque literario hacia los Evangelios se denomina **crítica narrativa**.[16] En realidad no se trata de otra manera de ver la Biblia; es más, ha estado vigente por casi un siglo. Algunos de los nuevos y más modernos movimientos lo eclipsaron al comienzo de este siglo, pero está resurgiendo actualmente. Su práctica actual trata de incorporar las ideas modernas en el estudio de la literatura antigua y moderna a estudios más técnicos del NT. Así otorga un peso total a la Biblia como producción literaria en toda su múltiple complejidad, y no solo como pedazos fragmentados de tradición folclórica. El enfoque se halla en las técnicas literarias, el argumento, la estructura, el ordenamiento de los sucesos, la tensión dramática, el impacto que se intenta en el lector y otros elementos literarios como estos. Comparativamente existe menor énfasis en las presentes ideas de teología específica, aspectos gramaticales y lexicográficos, y referencias históricas. En algunos casos se están integrando al análisis las **teorías de respuesta del lector**. Estas cambian la visión de «lo que sucedió entonces» a «lo que me sucede ahora cuando leo el texto».[17] Un enfoque relacionado, aunque muy diferente, es la **crítica retórica**.[18] Esta busca ser más dinámica que un enfoque literario restringido al texto, e indaga la calidad o técnicas del discurso mediante las cuales el escritor intenta impactar al lector. Cuando el enfoque sobre el lector se lleva al extremo se conoce como **deconstruccionismo**, una visión en la que el texto pierde todo su significado objetivo y se convierte en lo que el lector desea. No son muchos los eruditos del NT que han llegado hasta aquí.

Otra colección de enfoques del NT caen dentro de lo que se llama «crítica científico social del NT».[19] Como en el caso de las literarias, estas perspectivas en verdad no son nuevas. La importancia de asuntos tales como antecedente histórico, contexto social y aspectos económicos ya se exploraron en la década de los veinte. Un ejemplo fue *An Economic Background to the New Testament* [Un antecedente económico del NT] (1927) de F.C. Grant. En la década de los cuarenta apareció la expresión «crítica por el medio social».[20] Lo que distingue a estos intentos anteriores que relacionan factores histórico-sociales con los estudios

Capitel del período romano excavado en Jerusalén. Desde la década de los veinte se han explorado antecedentes históricos y contextos sociales y económicos en el estudio del Nuevo Testamento.

Una respuesta hermenéutica del lector

El Nuevo Testamento describe al unísono los doce apóstoles como hombres. Mateo, por ejemplo, enumera los doce a quienes Jesús envió a predicar y realizar señales y prodigios. Sin excepción todos son varones (Mt 10.1-20). Los mismos doce (a excepción de Judas) llegaron a ser el fundamento de la iglesia cristiana primitiva, como lo dice Ef 2.20: «Edificaos sobre el fundamento de los apóstoles y profetas, siendo la principal piedra del ángulo Jesucristo mismo».

Algunos lectores radicales aprueban lo que a veces se denomina respuesta hermenéutica del lector, que el significado de un texto no yace en sus palabras sino en su importancia ante las contemporáneas circunstancias sociológicas o culturales. Como el mundo del primer siglo estaba dominado desde un punto de vista marcadamente machista, alegan tales críticos, era de esperar que se escogieran doce apóstoles varones. Pero en este siglo de conocimiento y liberación no importan los papeles del género, de tal manera que las mujeres tienen libertad de desarrollar cualquier oficio o ministerio abierto a los hombres. Si Jesús hubiera vivido hoy día, aseguran algunos, habría escogido mujeres como apóstoles.

Vemos de este ejemplo que la elección de la hermenéutica tiene importancia crítica para nuestra aplicación de las enseñanzas bíblicas a la iglesia moderna. Mientras que una teoría de respuesta feminista del lector permitiría a las mujeres asumir cualquier posición de autoridad en la Iglesia, otras lecturas del texto seguirían más estrechamente el ejemplo e instrucción del texto.

---

del NT y los enfoques actuales, es que mientras antes la sociología veía al NT como iluminado, ahora esta se ve como explicativa del NT. El NT está siendo forzado al molde de las categorías predeterminadas por los analistas sociológicos. La mayoría de los eruditos están procediendo con cautela. Las metodologías científico-sociales, incluso en sociología, son de cosecha reciente, y todavía no han llegado a ningún consenso; de modo que cómo las aplicarán al NT es todavía una gran interrogante. Si el aparente determinismo que parece apoyarlos empieza a hacer valer sus derechos, deben modificarse radicalmente para ser útiles de algún modo.

No obstante, otros eruditos tratan de entender los Evangelios dentro del contexto de sus antecedentes judaicos. El «judaísmo de Jesús» es un punto de estudio central para eruditos de varias tendencias y opiniones.[21] Michael Goulder indicó que los Evangelios son leccionarios, libros destinados a leerse en distintas épocas del año a lo largo de las líneas de lo que él afirma que encontramos en la literatura judía.

El problema sinóptico es otro resultado que no llegará muy lejos. A lo largo del siglo veinte ha reinado como suprema la hipótesis marcana. La mayoría de los eruditos del NT empiezan con la idea de que de una u otra forma Marcos fue el primer Evangelio que se escribió y una fuente primaria tanto para Mateo como para Lucas, que utilizaron otra fuente llamada Q. Aunque dominante, esta consideración no ha sido indiscutible. En 1937 apareció el rechazo de Dom John Chapman hacia la prioridad de Marcos en *Matthew, Mark, and*

Personajes clave
Celso
Orígenes
Agustín
Bultmann

Términos clave
construcción comunitaria
deconstruccionismo
Formgeschichte
Hipótesis Marcana
crítica narrativa
perícopes
Q
teoría de respuesta del lector
crítica retórica
Sitz im Leben
problema sinóptico

Luke [Mateo, Marcos y Lucas]. B.C. Butler continuó con *The Originality of St. Matthew* [La originalidad de San Mateo] (1951) y en 1964 W.R. Farmer comenzó a discutir una versión actualizada de la hipótesis Griesbach.[22] Esta tendencia la continuó H. H. Stoldt[23] y otra vez Farmer.[24] E. Linnemann hace interrogantes incluso más fundamentales en *Is There a Synoptic Problem? Rethinking the Lieterary Dependence of the First Three Gospels* [¿Hay un problema sinóptico? Reconsideración de la dependencia literaria de los primeros tres Evangelios] (1992). Hay quienes comienzan a debatir la virtual independencia de los tres sinópticos.[25]

Por supuesto, los defensores de la prioridad marcana continúan y siguen dominando el panorama. Sin embargo, entre los eruditos hay muy poco acuerdo acerca de cómo proceder. Lo sintomático de esto es el resultado de doce años de estudio de la Sociedad Seminario Sinóptico de la Sociedad para Estudios del NT. Cuando se dispersó en 1982, su informe fue que no se ponían de acuerdo en un solo aspecto. Todo esto llevó a que algunos probaran que el problema sinóptico podría finalmente no tener solución.

Q llegó también hace poco para un análisis renovado. Como uno de los documentos básicos de la teoría de doble fuente, hasta cierto grado se tomó por sentado. Hay quienes han intentado pasarlo por alto,[26] pero sin ningún éxito, porque la teoría reinante requiere la existencia de algo como eso. De modo vigoroso, en la actualidad se está explorando su naturaleza, teología, estructura y contenido.[27]

Hay también un número menor de corrientes que se pueden observar, pero esto nos da una idea de dónde estamos hoy. Hay muchas ideas flotando alrededor, pero hay muy poco acuerdo entre los críticos eruditos. La raíz de esto podría muy bien ser la mala gana de estos críticos en otorgar a Dios cualquier parte de importancia en la producción de los Evangelios, además de su deseo de tratar al NT como «cualquier otro libro».

Resumen

1. Antes del siglo diecisiete se creía que los Evangelios eran inspirados por Dios y por lo tanto verdaderos y de cumplimiento obligatorio para todos.

2. La obra de Griesbach, escrita en 1776 acerca de los Evangelios, dio nuevo ímpetu al estudio sinóptico.

3. En la crítica de la forma, los Evangelios fueron desglosado en unidades separadas e independientes, llamadas perícopes, para mayor estudio.

4. La crítica de la forma afirma que los escritores de los Evangelios no fueron en verdad los autores sino compiladores de la tradición.

5. El enfoque de la crítica de la forma fue sobre la comunidad que mantuvo vivo el recuerdo de Jesús.

6. La crítica de la redacción se enfoca en el propio derecho de los escritores.

7. No existe actualmente ningún método de interpretar los Evangelios en el que concuerden todos los eruditos.

8. Los más modernos métodos de crítica incluyen el estructuralismo (parte de la crítica literaria). Sostiene que hay una estructura en la mente que determina la dirección de los pensamientos, y que hay que comprender esa profunda estructura para entender una historia.

9. Algunos de los más novedosos métodos de crítica son la crítica narrativa, la teoría de respuesta del lector, la crítica retórica y el deconstruccionismo.

Preguntas de repaso

1. Hasta la aparición de la Ilustración, el enfoque general hacia los Evangelios se basaba en la visión de _____.
2. El erudito alemán cuya obra inició el nuevo enfoque de los Evangelios fue _____.
3. El énfasis en la prioridad de Marcos se llama _____.
4. El conjunto de problemas que afectan la relación de los tres primeros Evangelios se le conoce como _____.
5. Quienes más se preocuparon de transmitir el material de los Evangelios de la forma oral a la escrita desarrollaron el método conocido como crítica de _____.
6. La crítica de la forma enfoca en las _____ que mantuvieron vivo el recuerdo de Jesús.
7. Fundamental a la crítica de redacción son los redactores, que son _____ y _____.
8. Una teoría más novedosa, que se enfoca en lo que sucede al lector mientras lee, se llama teoría _____.
9. Hace poco apareció un renovado interés en el análisis de _____, los versículos que Mateo y Lucas, mas no Marcos, tienen en común.

Preguntas de estudio

1. ¿Qué es y cómo surgió el «problema sinóptico»?
2. ¿Cuál es la crítica de la forma? ¿Qué se puede decir en su contra?
3. ¿Por qué surgió la crítica de la redacción y qué enseña?
4. Analice algunas tendencias actuales del estudio de los Evangelios.
5. ¿Cómo se deben relacionar los evangélicos con los estudios bíblicos críticos?
6. ¿Cuál es su opinión de los modernos estudios bíblicos? ¿Ayudan o dificultan la comprensión del Nuevo Testamento?

Lecturas relacionadas

John Perkins, *Justicia para todos*, Editorial Nueva Creación, Buenos Aires, Argentina, 1988. Una invitación a entender a los que sufren injusticias en nuestro mundo actual, basando nuestro actuar en las enseñanzas de Jesús en los Evangelios.

John R.W. Stott, *Contracultura cristiana*, Ediciones Certeza, Illinois, 1984. Un recorrido por las bienaventuranzas de Jesús aplicadas al hombre contemporáneo.

Philip Yancey, *El Jesús que nunca conocí*, Editorial Vida, Florida, 1996. Una perspectiva nueva y desafiante de la vida de Cristo en la mentalidad moderna, especialmente del primer mundo. Aparece también un Jesús brillante, perturbador, desafiante, compasivo, estimulante y enigmático.

John H. Yoder, *Jesús, la realidad política*, Ediciones Certeza, Buenos Aires, Argentina, 1985. ¿Tiene algo que decirnos Jesús en relación a la política y a la ética social moderna? Jesús, un líder radical y pertinente, se hace real hoy como hace veinte siglos.

Bernard Lambert, *Las bienaventuranzas y la cultura hoy*, Ediciones Sígueme, Salamanca, España, 1987. Un enfoque moderno y novedoso de las enseñanzas de Cristo en las bienaventuranzas. Evangelización, cultura y modernidad son los énfasis exegéticos.

Charles H. Dodd, *La Biblia y el hombre de Hoy*, Ediciones Cristiandad, Madrid, España, 1973. Dedica un capítulo al Nuevo Testamento y su consideración hacia el hombre contemporáneo (pp. 83 a 116).

Henry Trocadec, *Comentario a los Evangelios sinópticos*, Ediciones Fax, Madrid, España, 1972 (589 páginas). Un agudo análisis del evangelio. Trae enseñanzas a la problemática del hombre moderno.

Salvador Carrillo, *Las parábolas del evangelio*, Editorial Centro Carismático, México D.F. Así como las palabras de Jesús fueron sal y luz para la primera generación de cristianos, hoy día también son para nosotros, después de veinte siglos.

Jesús Barao, *El camino de las bienaventuranzas*, Editorial Verbo Divino, Navarra, España, 1987. Contiene algunas reflexiones sobre la vida, los instintos y la felicidad.

12 La búsqueda moderna de Jesús

Bosquejo

- **La búsqueda del verdadero Jesús**
  Una breve historia de la búsqueda
  La situación actual
- **La búsqueda de las palabras verdaderas de Jesús**
  Un breve vistazo de la búsqueda
  Criterio utilizado para encontrar las palabras verdaderas de Jesús
  Un enfoque positivo al problema

Objetivos

Después de leer este capítulo, usted podrá

- Elaborar un breve bosquejo de las tres fases de la búsqueda que los eruditos han realizado del Jesús «verdadero»
- Identificar los eruditos que más han influido en este debate
- Evaluar la situación actual de esta búsqueda
- Analizar la búsqueda de las verdaderas palabras de Jesús
- Enumerar los criterios utilizados para averiguar lo que en verdad dijo Jesús
- Sugerir un enfoque adecuado para los eruditos evangélicos interesados en esta discusión

Un profesor de la Universidad de Cambridge comienza un nuevo libro con una pregunta profunda: «¿Será posible, a finales del siglo veinte, lanzar una opinión sobre Jesús de Nazaret que se relacione con integridad tanto con la erudición histórica como la fe cristiana ortodoxa?»[1] En Europa y Estados Unidos se ha debatido por más de doscientos años sobre lo que en verdad sabemos sobre Jesús. La mayoría no necesitamos ser expertos en este debate; pero a todos nos beneficia aprender cómo apareció, cómo continúa afectando nuestro enfoque universal hacia la Biblia, y cómo podemos adoptar una perspectiva más responsable en nuestro entendimiento de los cuatro Evangelios.

La búsqueda del verdadero Jesús

Una breve historia de la búsqueda[2]

A los cristianos antes del siglo dieciocho les habría parecido extraño oír que debían «encontrar» a Jesús en los Evangelios. Jesús no estaba perdido; ¿por qué buscarlo? Los Evangelios eran libros divinamente inspirados y sin errores, por eso todo lo que cada cual tendría que hacer sería juntar el material y ordenarlo de modo comprensivo. Los cristianos precavidos sabían que algunos de los relatos diferían y de que en algunos pasajes, como el juicio y la resurrección, era muy difícil hacer que todo resultara con precisión. Pero eso no invalida la historia; significa simplemente que los acontecimientos en cuestión se veían desde diferentes ángulos y resaltaban asuntos distintos. El panorama resultante fue la verdadera historia de Jesús de Nazaret garantizada por Dios, quien había protegido a los escritores para que no dijeran algo fuera de la verdad. Es más, de una u otra forma los mismos escritores tuvieron contacto directo con los sucesos que estaban describiendo. Mateo y Juan fueron discípulos de Jesús; Marcos narró los recuerdos de Pedro; y Lucas había entrevistado a muchas personas que habían sido testigos y siervos de Cristo desde el principio (Lc 1.1-4).

Sin embargo, todo eso cambió con la llegada de la Ilustración a finales del siglo dieciocho. Un espíritu racionalista pasó por todos los eruditos de las universidades europeas, entre ellos muchos profesores bíblicos y teológicos.

Las cosas no sucedieron de golpe o al mismo grado en todo lugar, pero la actitud general señalaba que ya no era adecuada la antigua manera de ver los evangelios. La nueva actitud era algo así: No se consideraba que los Evangelios fueran la historia de Jesús sino tan solo historias acerca de Él escritas por personas que no lo habían conocido, y que posiblemente las habían escrito cien años después de la muerte del Maestro. Durante este tiempo aparecieron muchos mitos, leyendas y relatos dramáticamente editados que se convirtieron en parte de la tradición. Por tanto, el verdadero Jesús se había sepultado en una pila de material dudoso y se debía redescubrir. Además se había abandonado la idea de que los evangelios tuvieran inspiración divina de Dios. Nada garantizaba que todo lo que se encontraba allí fuera necesariamente cierto. Podía aceptarse solo si «demostraba» ser cierto según bases «científicas» racionales. Cualquier otra actitud sería ingenua o mostraría poco discernimiento. Después de todo, la Biblia era otro libro más y debía leerse de esa manera. El hecho de que tratara aspectos religiosos no le garantizaba que se le diera un trato especial.

Jesús, el centro de la historia

A pesar de lo que alguien pudiera pensar o creer individualmente acerca de Él, Jesús de Nazaret ha sido por casi veinte siglos el personaje dominante en la historia de la cultura occidental. Si fuera posible extraer de esa historia, con alguna clase de superimán, toda partícula de metal que tenga cualquier indicio de su nombre, ¿qué quedaría? Es desde su nacimiento que casi toda la humanidad fecha sus calendarios. Es por su nombre que millones maldicen y en su nombre millones oran.

—Jaroslav Pelikan

Albert Schweitzer investigó más de doscientos libros sobre la vida de Jesús en La búsqueda del Jesús histórico.

A la derecha: La vida de Jesús, examinada críticamente de D.F. Strauss levantó enorme controversia.

¿Cómo decidiría alguien qué era «histórico» y qué no lo era? Para la mayoría de eruditos la respuesta era demasiado obvia. Lo que pareciera sobrenatural debía descartarse e interpretarse. Se había declarado que la «historia» era el método más apropiado para descartar cualquier intervención divina. Cualquier aspecto milagroso como nacimiento virginal, resurrección, sanidades divinas, expulsión de demonios o profecía se debía rechazar o explicar de una manera «histórica» aceptable.

Así empezó la búsqueda de Jesús, un Jesús «histórico», como lo definen los pensadores de la Ilustración, que podía mostrar básicas categorías humanas seleccionadas. Él parecía ser más que humano en los Evangelios porque los cristianos primitivos crearon alguien en quien creer, Cristo, pues su fe lo necesitaba. Pero no necesariamente hay que culparlos por haberlo hecho, pues como campesinos incultos no conocían algo mejor. Se pensaba sin embargo que en la era moderna sabemos más y por tanto podemos corregir sus equivocaciones. Mediante el uso de las últimas armas científicas de estudio bíblico podemos escribir la vida de Jesús como realmente fue, no como alguien quiso que fuera.

Cuando llegó el siglo veinte se hicieron muchos intentos para reconstruir la vida de Jesús según estos rasgos. Algunos de ellos sobresalieron con gran controversia, como por ejemplo *The Life of Jesus Critically Examined* [La vida de Jesús examinada críticamente] (1835) de D.F. Strauss y *Life of Jesus* [La vida de Jesús] (1863) de E. Renan. En 1906 Albert Schweitzer investigó más de doscientas vidas de Jesús en *The Quest of the Historical Jesus* [La búsqueda del Jesús histórico], y de manera convincente mostró que ninguna de ellas ha encontrado al verdadero Jesús. Es más, esos historiadores encontraron en Jesús solo un reflejo de sus propias ideas preconcebidas. Sacaron a Jesús de su época, lo transportaron a la nuestra y lo modernizaron de tal modo que no se le pudiera reconocer.

El libro de Schweitzer, así como otros estudios técnicos y críticos sobre los Evangelios, tuvo un efecto profundo en la búsqueda de Jesús. Puesto que se podía confiar muy poco en los Evangelios, la búsqueda se abandonó por un tiempo y se ofreció un encuentro teológico con el Cristo de fe, como el único acceso viable a la realidad de Jesús. Rudolf Bultmann intentó juntar en 1926 lo que se podía conocer acerca de Jesús en *Jesus and the Word* [Jesús y la Palabra], pero los resultados fueron muy deficientes. Cuando finalmente escribió su *Theology of the New Testament* [Teología del Nuevo Testamento] (2 vols., 1951, 1955), solo treinta páginas se adjudicaron a Jesús, y Bultmann se dirige a Él como la «presuposición» de la teología del NT. Él estaba

desmitologizar

Seminario Jesús

convencido de que casi no se podía saber nada acerca de Jesús, quien vivió en el mundo hace dos mil años, y en realidad no fue importante. Lo único que importaba era que Jesús existió, no lo que fue. Para sustentar esto de modo racional, Bultmann explicó su nuevo programa de comprensión en un ensayo emitido a comienzos de la década de los cuarenta: «El Nuevo Testamento y la mitología».[3] Lo denominó desmitologizar. Dijo que debemos tomar de los primeros cristianos los «mitos» de encarnación, deidad, muerte por los pecados, y resurrección y trasladarlos a categorías aceptables del siglo veinte, de modo que las personas modernas puedan creer en ellas. Estos mitos no poseen verdad literal, pero pueden llegar a ser ciertos para nosotros si los incorporamos a un nuevo autoentendimiento. Aquí Bultmann recurrió a la filosofía de un antiguo colega en Marburg, Alemania: Martin Heidegger.

No pasó mucho tiempo antes de que la perspectiva de Bultmann fuera atacada por otros teólogos, e incluso por sus estudiantes. En 1953 comenzó la era «posbultmanniana» con un ensayo titulado «La controversia del Jesús histórico», emitido en Marburg por Ernst Käsemann, uno de sus seguidores. Käsemann acusó en este ensayo a Bultmann de exponer un gnosticismo moderno, un sistema intelectual de fe exento de cualquier base histórica y en peligro de perder a Jesús por completo. Tanto Käsemann como otros ex bultmannianos expusieron una nueva búsqueda del Jesús histórico. Günther Bornkamm publicó en 1956 su primer libro sobre la materia: *Jesús de Nazaret*. Le siguió James M. Robinson con *A New Quest of the Historical Jesus* [Una nueva indagación del Jesús histórico] (1959), en un intento de explicar los principios involucrados en tal programa. No surgió mucho de esta nueva búsqueda de Jesús, ya que estaba íntimamente asociada con opiniones radicales de la crítica de forma y con el matiz existencialista de Bultmann; por lo que al momento prácticamente no existe. También se malograron los esfuerzos por modificarlo, utilizando una nueva hermenéutica basada en un supuesto «Heidegger posterior».

La situación actual

Hasta hace poco la búsqueda del Jesús «real» básicamente ha pasado por dos fases. La primera empezó con la Ilustración en 1700, y por lo general se le llama la «antigua búsqueda» del Jesús histórico. Le siguió el rechazo a esta búsqueda que se inicia alrededor de la Primera Guerra Mundial (1914-18) y finaliza en la década de los cincuenta. A su turno fue reemplazada por la «nueva búsqueda» del Jesús histórico, llevada a cabo en su mayoría por desilusionados estudiantes en su intento por volver a encontrar a Jesús. Esta fase no sobrevivió a aquellos teólogos y desapareció de modo gradual cuando estos se jubilaron o murieron. Esta fase duró alrededor de veinte años, trasladándonos hasta la década de los ochenta.

El fracaso en producir algo de fundamento en relación al conocimiento de Jesucristo promovió una nueva ola de pensamiento. Después de todo, Jesús es la esencia de la cristiandad, por tanto si queremos ser cristianos debemos saber quién fue Jesús. Esta nueva ola se denomina a veces la «tercera búsqueda», pero es difícil encontrar algo que realmente la ligue a algún movimiento unificado. Es más, su misma desunión constituye su característica más prominente. No existe acuerdo en lo que deba hacerse, en cómo hacerlo o en qué resultados haya en el intento de encontrar a Jesús. Debido a esto disponemos de una variedad desconcertante de Jesuses reconstruidos. Comúnmente se nos ofrece un Jesús definido como un agente de cambio político,[4] un griego predicador callejero,[5] un fanático,[6] un mago,[7] un profeta moralizador,[8] un confuso aldeano galileo,[9] un ateo marxista,[10] o un fraude rotundo.[11] En esta nueva colección de Jesuses se incluyen también algunos serios intentos por verlo bajo una luz más favorable.[12]

John Reumann ha tratado de ubicar todos estos esfuerzos (los investigó hasta 1900) en veinte diferentes categorías que las denomina «Estilos de vida: Algunos ejemplos claves», sin embargo solo rasguñó la superficie de la diversidad de opiniones eruditas en esta área.[13] Si hubiera incluido más de «algunos ejemplos claves» sería difícil decir cuántas categorías habría encontrado. Concluye afirmando que «dentro de ciertos parámetros de lo que es posible o probable, no se puede dar nin-

El libro de Adolf von Harnack, ¿Qué es el cristianismo?, resume la defensa del Jesús no divino.

recobrar las palabras de Jesús se puede describir así: Durante el siglo diecinueve, cuando se desacreditaba a los Evangelios de modo gradual como confiables históricamente, y cuando los elementos sobrenaturales de la vida de Jesús se estaban volviendo mitos o leyendas, el enfoque cambió de lo que Jesús hizo a lo que dijo. Se esperaba así poder encontrar al verdadero Jesús, un Jesús humano que enseñó a sus discípulos cómo amar a Dios y cómo servir al prójimo. Adolf von Harnack resumió esto en *What is Christianity?* [¿Qué es el cristianismo?] (1900), un libro que resume la importancia de Jesús en su enseñanza de la paternidad de Dios, la hermandad de todos los seres humanos y el infinito valor del alma humana. Sin embargo, con el abandono de la búsqueda liberal y antigua del Jesús histórico, también se debilitó esta perspectiva. Luego siguió un período de escepticismo en torno a si podemos conocer algo del Jesús real, su vida o sus enseñanzas. Con la venida de la «nueva búsqueda» en la década de los cincuenta llegó un renovado intento de encontrar a Jesús, ya sea a través de sus intenciones o de sus palabras. En cambio esto originó renovados intentos por encontrar lo que Jesús realmente dijo.

Es aquí donde surgieron los problemas. Ahora el asunto era cómo escudriñar este material, de modo que pudieran dejarse a un lado las adiciones y cambios posteriores hechos por las comunidades de las iglesias, los redactores, los transmisores orales de la tradición y el «autor» final del evangelio terminado, dejándonos las palabras «reales» de Jesús. En los pasados treinta años, no menos de veinticinco criterios han sugerido hacer esto. Pero no resultó bien. Según lo dice M.J. Borg: «En su mayor parte, la erudición de este siglo ha sido más escéptica [que el siglo anterior] en torno a poder recobrar la enseñanza de Jesús, y además ha sido renuente a atribuir gran importancia teológica a la reconstrucción histórica del mensaje de Jesús».[15] John Riches dice sencillamente: «No disponemos de pruebas asiduas y seguras que nos permitan establecer lo que Jesús dijo».[16] Con esta declaración estarían de acuerdo casi todos quienes utilizan estos métodos en la reconstrucción del mensaje de Jesús. Hay tantas combinaciones de criterios que pueden usarse y tantos intérpretes que las utilizan, que no existen dos reconstrucciones seme-

guna respuesta histórica final acerca de Jesús».[14] La palabra «histórica» es crucial aquí. Si buscamos una respuesta que convierta a Jesús en una simple parte de nuestro proceso histórico, entonces no se puede ofrecer en verdad una respuesta final.

Entonces, ¿dónde nos deja esto? Con toda probabilidad, justo donde empezamos. El intento de hallar un Jesús «real» utilizando básicamente métodos seculares resultará solo en un retrato de Jesús poco convincente, que se verá similar a la suposición de quien lo haya pintado.

La búsqueda de las palabras verdaderas de Jesús

Un breve vistazo de la búsqueda

Como sería de esperarse, la búsqueda de las palabras verdaderas de Jesús ha recorrido el mismo trayecto que la búsqueda de su vida real. Si al final queda un escepticismo básico acerca del valor de los evangelios como fuente para la vida de Jesús, entonces lo mismo sucederá en relación con sus palabras. Tampoco se podría seguir confiando en ellas.

En términos más amplios, el intento de

jantes. La mejor que se puede esperar es una colección de frases acerca de las cuales existe consenso general de que Jesús pudo haber dicho eso.

Algunas veces los resultados no son muy esperanzadores. Recientemente más de setenta eruditos se unieron en un grupo denominado Seminario Jesús, cuya intención es contestar la pregunta: ¿Qué dijo Jesús en realidad? Después de trabajar seis años en el proyecto, publicaron sus resultados en The Five Gospels: The Search for the Authentic Words of Jesus [Los cinco Evangelios: La búsqueda de las palabra auténticas de Jesús] (1993). Llegaron a la conclusión de que «82% de las palabras adjudicadas a Jesús en los Evangelios realmente no fueron dichas por Él».[17] Concluyen además que no se puede confiar ni en una sola frase del Evangelio de Juan. Para citar solo un ejemplo de los sinópticos, en el padrenuestro solo debemos estar seguros de las palabras «Padre Nuestro», que se refieren a Jesús.

Criterios utilizados para encontrar las palabras reales de Jesús

¿Cómo es que los eruditos llegan a estas conclusiones? La respuesta reposa en la actitud escéptica que prestan a los Evangelios y en los métodos que utilizan para establecer lo que Jesús dijo. No es necesario enumerar los veinticinco criterios utilizados a veces para hallar las palabras auténticas de Jesús, pero se pueden dar algunos ejemplos. Entre los que se usan más comúnmente están los siguientes:

- *Testimonio de fuente múltiple:* Se juzga auténtica una cita que se encuentre en más de un lugar en los Evangelios.
- *Ambiente palestino:* Por sus antecedentes, se juzga auténtica una cita que presuponga el primer siglo en Palestina.
- *Lengua aramea:* Hay probabilidad de que sea auténtica una cita que contenga palabras torpes en griego, pero que en arameo tenga mejor sentido.
- *Diferencia:* Con probabilidad es auténtica una cita que difiera de lo que creía el judaísmo del primer siglo y/o la iglesia primitiva.
- *Bochorno:* Una cita bochornosa para la Iglesia difícilmente sería desarrollada por ella, por tanto se le atribuye a Jesús.
- *Consenso de eruditos:* Se considera auténtica una cita, cuando la mayoría de eruditos del NT concuerdan en que se refiere a Jesús.
- *Múltiples formas de declaración:* Es probable que una cita sea auténtica si está en los Evangelios en más de una forma.

Por la utilización de estos y otros numerosos criterios, los eruditos del NT esperan poder hallar lo que Jesús realmente dijo. Sin embargo, los resultados serán siempre provisionales, puesto que la metodología empleada se levanta en gran parte según el limitado juicio y conocimiento humano. Gracias a Dios, no todo el que utiliza este método ofrece una evaluación negativa en cuanto a lo que Jesús dijo. Sin embargo, probablemente esto no se deba a los métodos utilizados sino a que para empezar estos eruditos tengan una tendencia más razonable.[18]

Un enfoque positivo al problema

No todos han seguido la dirección de esta erudición crítica.[19] Muchos han observado los principios fundamentales que apoyan este acceso esencialmente negativo a los Evangelios y se niegan a aceptarlos. Después de todo, si hay quienes creen que Dios no inspiró una Biblia confiable y que Jesús no pudo ser Dios encarnado, otros optan por rechazar este punto de vista. Comprenden

Basílica de las Bienaventuranzas, en el tradicional monte de las Bienaventuranzas, donde los Evangelios presentan a Jesús cuando enseñó el padrenuestro.

el punto de vista antiguo de que los Evangelios fueron escritos dentro de un contexto de fe, y que se comprenden solo de este modo. No es una posición de ciega credulidad. Solo es para mostrar que todos nos aproximamos a una idea desde algún punto de vista, como todos lo reconocen, incluso Bultmann.[20] Como ya vimos en el capítulo 10, podemos enfocar los Evangelios abiertamente a lo que estos tienen que decirnos de los acontecimientos divinos que se cuentan; o podemos decidir con anticipación que tales cosas no pueden ser verdad y que deben explicarse de modo distinto. Los últimos doscientos años demuestran el fracaso en tratar de encontrar sentido a los Evangelios intentando quitarle su dimensión sobrenatural.

A la luz de esa historia, no es poco irrazonable indicar que readoptamos la opinión tradicional de que se puede confiar en los Evangelios porque son inspirados por Dios. Se debe analizar la historia de Jesús tal como se describe en los Evangelios, con la aceptación de que el material es confiable; inocente hasta que se pruebe la culpabilidad, si existe. Como lo dice C.H. Dodd: «Sin duda es importante saber que cuando los historiadores del mundo antiguo tratan los Evangelios, no se afectan por las complejidades de la

Enfoque 12: El Seminario Jesús

Por casi diez años, un pequeño grupo de eruditos bíblicos se ha comprometido en el proceso de «autenticar» las palabras de Jesús. Creen que cerca de 82% de lo que supuestamente dijo Jesús en los cuatro Evangelios no es auténtico. Y dudan de que el restante 18% sea genuino. Algunas de las expresiones que rechazan como auténticas son la invitación de la Cena del Señor: «Tomad, comed; esto es mi cuerpo» (Mt 26.26) y las palabras que dijo Jesús desde la cruz.

Este grupo, el Seminario Jesús, ha recibido atención de los medios de comunicación. Se ha dado amplia información a su método de decidir cuánto de lo dicho por Jesús es auténtico. Los eruditos votan sobre la autenticidad de un texto al colocar cuentas de colores en una caja. Una roja significa que es muy probable que Jesús en realidad haya dicho eso, mientras que una rosada indica que hay algo dudoso en el asunto. Una gris significa que aunque Jesús en realidad no lo dijo, tal vez refleje su pensamiento de alguna manera. Una negra significa que lo dicho no se puede atribuir a Jesús bajo ninguna circunstancia. El resultado de su votación se haya en *Los cinco Evangelios: La búsqueda de las palabras auténticas de Jesús* (1993), que expone sus descubrimientos.

A muchos no le satisfacen los métodos y conclusiones del Seminario Jesús. Sugieren que las averiguaciones del grupo no representan la erudición bíblica general y ponen en duda la trayectoria de algunos miembros del Seminario. Por ejemplo, ninguno de ellos tiene actualmente cargos en las siete universidades estadounidenses más respetadas en estudios neotestamentarios, entre ellas Yale, Harvard, Princeton y Duke. Es más, a pesar del hecho de que los medios de comunicación a menudo informan que asisten doscientos individuos a las reuniones del Seminario, solo cuarenta asistentes regulares contribuyen a las conclusiones. Usted ni siquiera tiene que ser un erudito en NT para participar (uno de los miembros es Paul Verhoeven, el director de las películas Instintos básicos y Coristas). Estas y muchas otras críticas al Seminario se encuentran en la obra de Luke Timothy Johnson, *The Real Jesus: The Mistaken Quest for the Historical Jesus and the Truth of the Traditional Gospels* [El verdadero Jesús: La búsqueda equivocada del Jesús histórico y la verdad de los Evangelios tradicionales] (HarperCollins, San Francisco, 1996). Otro excelente estudio que cubre más ampliamente la investigación sobre Jesús es *The Jesus Quest* [La búsqueda de Jesús] de Ben Witherington III (InterVarsity, Downers Grove, 1995).

Redaktionsgeschichte [historia de la redacción]; por tanto manejan los documentos como si fueran lo que profesan ser».²¹ La escena resultante de Jesús tiene al menos qué decir de ella: que no es una reconstrucción moderna de los sucesos que alguien imaginó. Es la historia de Jesús como se presenta en los Evangelios y cómo la entendieron quienes estuvieron cerca de los acontecimientos, al menos dos mil años más cerca que lo que podemos estar. Es además el cuadro de Jesús que ha preservado la Iglesia desde un comienzo, sosteniéndolo durante épocas de persecución y tensión. El Jesús de la historia y el Cristo de la fe son en verdad la misma persona, exactamente como lo dicen los Evangelios; y Aquel que vivió en el mundo es aquel que vive hoy y se nos presenta en las páginas del NT.²² Solo con esta aceptación los Evangelios tienen sentido.

contrario. Jesús fue Dios encarnado como ser humano y la Biblia es la Palabra de Dios encarnada en palabras humanas. Como tales, ambos se encuentran disponibles tanto a la observación como al escrutinio. El apóstol Juan ratifica esto al afirmar: «Lo que era desde el principio, lo que hemos oído, lo que hemos visto con nuestros ojos, lo que hemos contemplado, y palparon nuestras manos ... eso os anunciamos» (1 Jn 1.1-3). La investigación histórica es bienvenida cuando se efectúa debidamente, sin presuposiciones que anulen la participación de Dios ni la aprobación de la Iglesia. Una investigación como esta nos ayuda a ponernos en contacto con un elemento muy importante de la fe cristiana, es decir la historicidad de Jesús de Nazaret como la personificación del eterno Hijo de Dios.

Hay mucho que aprender de la investigación histórica que acompaña al estudio

Resumen

1. El escepticismo se fomentó entre los eruditos desde que la Ilustración dictaminara que se descartaría o se daría otra interpretación a cualquier cosa que pareciera sobrenatural.

2. Schweitzer observó que en la búsqueda del Jesús histórico la mayoría de eruditos del siglo diecinueve lo sacaron de su lugar en la historia y lo colocaron en el propio período histórico de ellos.

3. Bultmann desarrolló un método llamado desmitologización para reinterpretar los mitos de los primeros cristianos tales como la encarnación y la deidad de Cristo.

4. La búsqueda del Jesús histórico presenta tres fases: la antigua, la nueva y la tercera.

5. Un grupo de setenta eruditos, llamado el Seminario Jesús, trabajó más de seis años en validar las palabras que se atribuyen a Jesús y concluyó que 82% no fueron realmente dichas por Él.

6. Se usan más de veinticinco criterios para autenticar las palabras de Jesús.

7. Se puede lograr un mayor entendimiento de la Biblia cuando se conduce la investigación histórica sin presuposiciones que hagan imposible la participación de Dios.

Sin embargo, esto no se debe malinterpretar. Enfocar así los Evangelios no niega de ninguna manera que Jesús o los Evangelios sean parte de la historia humana. La doctrina cristiana de la encarnación y una adecuada formulación de la doctrina de la inspiración bíblica ratifican todo lo

de la Biblia, incluso la de hace doscientos años. Sin embargo, se debe tomar lo bueno y descartar los errores y escollos que casi han llevado a una paralización a los actuales estudios académicos del NT. En el proceso prácticamente han perdido a Jesús y sus palabras por más de una generación.

Preguntas de repaso

1. Una actitud racionalista empezó con eruditos en universidades y seminarios de _____.

2. A los Evangelios no se les consideró después de la Ilustración la historia de Jesús sino solo historias _____ de Jesús.

3. Para que Jesús sea histórico, los eruditos críticos creen que deben excluir lo _____.

4. _____ dijo de Jesús que era «la presuposición de la teología neotestamentaria.

5. A la reinterpretación de los mitos de los cristianos primitivos de la deidad y la reencarnación se le llama _____.

6. A los intentos comunes de reconstruir a Jesús se les denomina _____.

7. El Seminario Jesús concluyó que de todas las palabras atribuidas a Jesús, _____ % no fueron dichas por Él.

8. Los criterios de _____ para juzgar la autenticidad de lo dicho por Jesús requiere que se encuentren en más de un lugar en los Evangelios.

Preguntas de estudio

1. Haga un resumen breve de la moderna investigación sobre Jesús.
2. ¿Cuál fue la contribución de Rudolf Bultmann a esta investiación?
3. ¿Por qué los posbultmanianos rechazaron las opiniones de Bultmann?
4. ¿Cuáles son algunos de los énfasis actuales en la búsqueda de Jesús?
5. ¿Cuál es su evaluación de la búsqueda de Jesús?
6. Analice brevemente la búsqueda de las verdaderas palabras de Jesús.
7. ¿Cuáles son algunos de los criterios usados para establecer las verdaderas palabras de Jesús?
8. ¿Existe una manera de integrar la fe y la investigación en el análisis de Jesús como personaje histórico? Explique.

Términos clave

desmitologizar
Seminario Jesús

Lecturas relacionadas

Philip Yancey, *El Jesús que nunca conocí*, Editorial Vida, Florida, 1996. La gran diferencia que hay en la óptica de un creyente del primer mundo, o mundo desarrollado, frente a un creyente del tercer mundo al observar ambos a Jesús de Nazaret. El autor explica que su mundo hiperdesarrollado tiene una imagen distorsionada del Jesús histórico.

John H. Yoder, *Jesús y la realidad política*, Ediciones Certeza, Buenos Aires, Argentina, 1985. Una visión bíblica diferente sobre el papel que debe desempeñar en nuestra sociedad actual la realidad del Cristo encarnado. El autor se propone un análisis del «realismo bíblico» en nuestro contexto presente.

Michael Green, *¡Jesucristo vive hoy!*, Ediciones Certeza, Buenos Aires, Argentina, 1976. Desde 1945, al fin de la Segunda Guerra Mundial, el ser humano ha esperado que no se vuelvan a repetir tales atrocidades y ha vuelto sus ojos hacia la paz en espera de un mundo mejor. Pero, desgraciadamente ese mundo mejor no llega todavía. ¿Tiene Cristo algo que decir al mundo de hoy? ¿Es importante el papel del Resucitado en el mundo moderno? Este autor propone algunas tesis interesantes al respecto.

José Grau, *¿Jesucristo Superestrella?*, Ediciones Evangélicas Europeas, Barcelona, España, 1974. ¿Es realmente Jesucristo una «superestrella»? Con este dilema parte el primer capítulo de este texto. Una visón aguda de un tema actual sobre Jesús de Nazaret.

José Grau y Alan A. Stibbs, *Dios se hizo hombre*, Ediciones Evangélicas Europeas, Barcelona, España, 1973. Una preocupación doctrinal por hacer volver a la ortodoxia bíblica a muchos pensamientos filosóficos que circulan sobre la encarnación de Dios en Jesucristo. Una respuesta evangélica especialmente a los teólogos europeos modernos de línea liberal.

Stephen Neill, *¿Quién es Jesucristo?*, Casa Unida de Publicaciones, México D.F., 1957. Un texto que nos ilustra sobre verdades doctrinales del cristianismo histórico, analizando quién es realmente Jesucristo. Al final del libro apela al testimonio que debemos dar de Cristo en el mundo actual.

H.S. Vigeveno, *Jesús el revolucionario*, Editorial Libertador, Maracaibo, Venezuela, 1973. «Una vigorosa acusación contra fantasías preconcebidas con respecto a Cristo». Con tales términos el autor encara el tema de Jesús. Su enfoque del nazareno es hacia un ser poderoso, triunfante e intrépido pero a la vez humilde, inquietante y por sobre todo Señor del cielo y la tierra.

Justo L. González, *Jesucristo es el Señor*, Editorial Caribe, Miami, FL, 1971. Texto que se basa en el señorío de Cristo en la iglesia primitiva. Jesús es verdaderamente Señor de Israel, Señor del imperio y Señor de los filósofos.

Schnackenburg Rudolf, *¿Quién fue Jesús?* Editorial Desclée de Brouwer, Bilbao, España 1977. Frente a los problemas urgentes del hombre actual, el autor revela su pensamiento sobre quién es realmente Jesús. Ante el atormentado hombre de fines de siglo, el Nazareno es la respuesta a toda agonía y a la esperanza final del ser humano.

Jeremías Joachim, *Palabras desconocidas de Jesús*, Ediciones Sígueme, Salamanca, España, 1984. Extrañará al lector encontrar en este libro palabras desconocidas de Cristo, que le asignan recientes descubrimientos. Pero como dice el refrán, el médico debe conocer la enfermedad para curarla, así el creyente debe saber discernir entre lo verdadero y falso para poder opinar sobre ambos. Un desafío a los creyentes actuales es diferenciar el trigo de la cizaña, para lo cual este libro es adecuado.

Parte 2

Al encuentro de Hechos y la iglesia primitiva

13 El mundo y la identidad de la iglesia primitiva

Bosquejo

- **La realidad del Imperio**
- **La civilización helenista**
- **Religiones y filosofías**
- **Nuevas criaturas en Cristo**
  Cómo se veían a sí mismos los primeros cristianos
  Lo que creían los primeros cristianos
    La singularidad de Jesús
    El hecho decisivo de la muerte y resurrección de Jesús
- **Conclusión**

Objetivos

Después de leer este capítulo, usted podrá
- Formarse un juicio sobre el papel del emperador romano
- Enumerar los emperadores claves en la era neotestamentaria
- Evaluar los reinos del emperador en la era neotestamentaria
- Analizar los efectos de los emperadores en la iglesia primitiva
- Definir la helenización
- Identificar los filósofos con quienes se encontró la iglesia primitiva
- Explicar las creencias de los primeros cristianos

Introducción

Los capítulos anteriores trataron extensivamente con Jesús, los Evangelios y el entorno histórico del judaísmo del primer siglo. Al preparar para estudiar los Hechos y las epístolas del NT que empiezan en el próximo capítulo, pausemos para considerar el inmenso mundo del Imperio Romano en el siglo primero. ¿Cómo era la vida? ¿Quiénes fueron las autoridades reinantes? ¿Cómo estaba organizado el gobierno? ¿Cómo se veían las personas? ¿Cuáles eran sus esperanzas y temores? ¿Cuáles eran las religiones populares y perspectivas?

Tales preguntas son importantes porque ayudan a explicar por qué quienes oyeron el evangelio respondieron como lo hicieron. Otros fueron indiferentes o escépticos. Aun otros fueron hostiles. ¿Por qué tales reacciones diferentes? ¿Qué efecto tenía el hacerse cristiano para una persona o una familia completa? No podemos responder esas preguntas, pero podemos esbozar suficientes detalles de la vida del primer siglo para clarificar la manera en que fue recibido el mensaje neotestamentario.

Saber algo del mundo romano en el primer siglo no es suficiente para entender el NT en sí. Pero es útil de varios modos para interpretarlo correctamente. Como creen los cristianos, el NT fue escrito por inspiración divina. No obstante, las personas y los acontecimientos que lo hicieron posible eran de otra época y, de alguna manera, de un mundo diferente. Este capítulo capacitará al moderno lector de la Biblia a ver más claramente el NT, y las personas que describe, en su escenario original. Así podrá aplicarlo de modo más responsable al mundo de hoy.

La realidad del Imperio

Como ya se indicó en el capítulo 2, Roma era el poder político y militar dominante del primer siglo a.C. Naturalmente, su régimen afectó a todos los habitantes del mundo romano. Por lo general, Roma procuraba gobernar de modo benevolente, permitiéndole el mayor control local posible de las áreas que dominaba. Con frecuencia utilizaban personas y estructuras nativas para mantener el orden y colectar los impuestos. Las legiones romanas, legendarias por su eficacia en los campos de batalla, estaban presentes

El mundo y la identidad de la iglesia primitiva

para asegurar la conformidad con la política imperial y reforzar las fuerzas policiales locales donde era necesario.

La historia de Roma es larga y compleja, pero en el primer siglo la dominó el oficio del emperador. Mientras Roma crecía en tamaño e influencia en los primeros dos siglos a.C., varios partidos e individuos competían por el poder. El triunfante general y brillante administrador, Julio César, parecía a punto de unificar bajo su liderazgo a la república romana en los 40 a.C.[1] Pero fue asesinado y a esto siguió más de una década de confusión política y militar. Dentro del torbellino de confabulaciones y batallas, Octavio, conocido en el NT como César Augusto (vea Lc 2.1), surgió como el triunfador. Gobernó desde el 27 a.C. hasta el 14 d.C., y por tanto era el emperador cuando nació Jesús.[2]

El Imperio Romano se formó como una unidad estable y homogénea bajo el control imperial, como a propósito, a comienzos de la era del NT. En los dos siglos antes de la venida de Cristo, la influencia romana se expandió lenta pero firmemente tanto al continente del sur de Europa como a las regiones costeras del Mediterráneo. Macedonia, donde Pablo establecería su primera iglesia en tierra europea, cayó bajo el poder romano en el 168 a.C.; Acaya, donde se encontraba Corinto, en el 146 a.C.; y la provincia de Asia, cuya capital era Éfeso, en el 133 a.C. Las conquistas del general

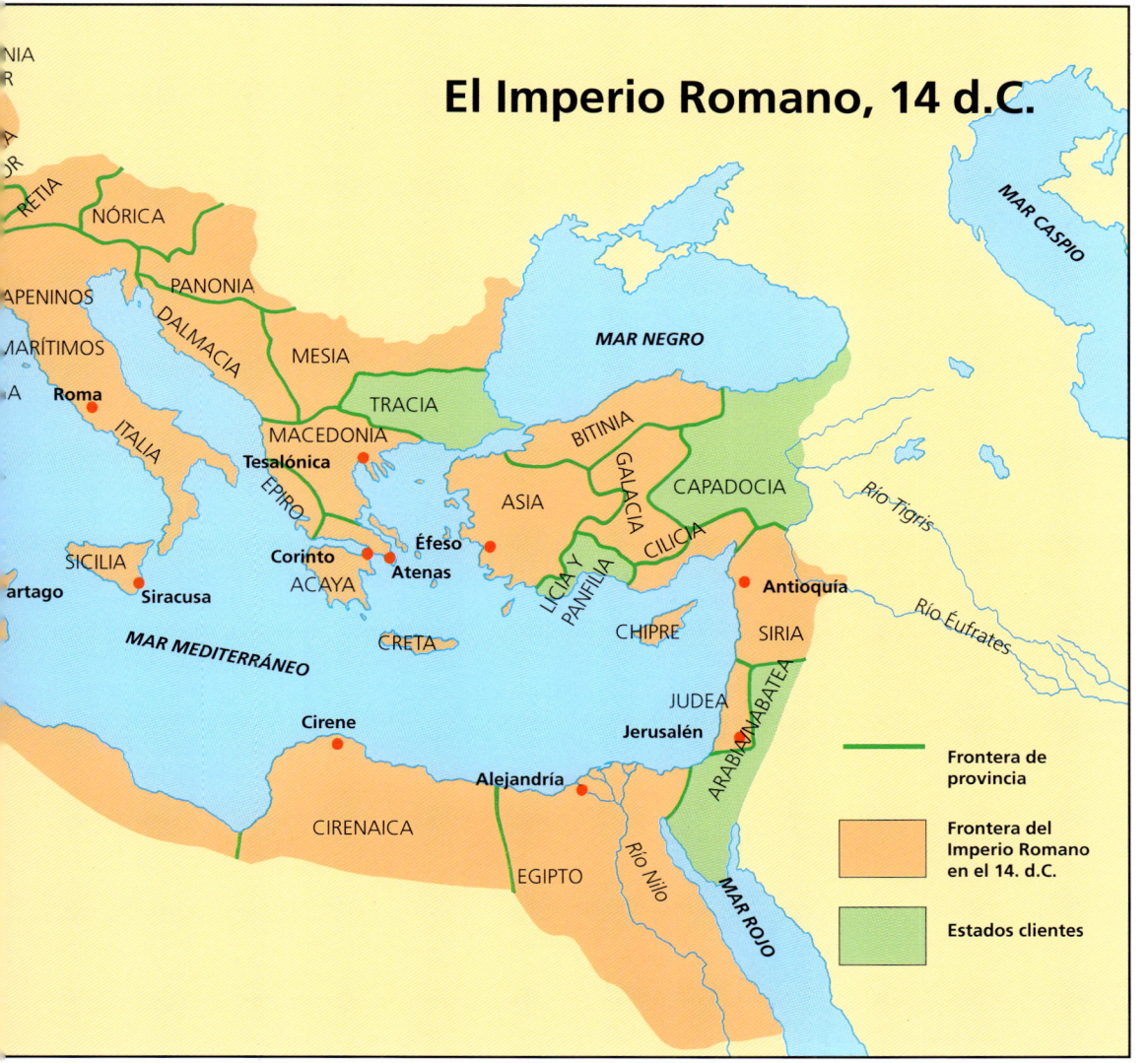

195

Emperadores romanos del siglo primero

Años	Nombres	Acontecimientos	Referencias
30 a.C.–14 d.C.	Augusto	Nacimiento de Cristo	Lc 2.1
14 d.C. – 37	Tiberio	Ministerio y muerte de Jesús	Lc 3.1
37 d.C. – 41	Calígula		
41 d.C. – 54	Claudio	Hambre	Hch 11.28
		Expulsión de judíos de Roma	Hch 18.2
54 d.C. – 68	Nerón	Juicio de Pablo	Hch 25.10-12
		Persecución en Roma	Hch 27.24
			2 Ti 4.16,17
68 d.C.	Galba		
69 d.C.	Otón		
69 d.C.	Vitelio		
69 d.C. – 79	Vespasiano	Destrucción de Jerusalén	
79 d.C. – 81	Tito		
81 d.C. – 96	Domiciano	Persecución (?)	
96 d.C. – 98	Narva		
98 d.C. – 117	Trajano		

romano Pompeyo resultaron en la creación de la provincia de Siria en el 66 a.C. Esta incluía Galilea y Judea, donde se realizaron los acontecimientos de los Evangelios. Su capital era Antioquía, el lugar donde por primera vez se llamó cristianos a los seguidores de Cristo (Hechos 11.26).

Después de Octavio siguieron varios emperadores menos célebres, y algunos se mencionan en el NT. Su sucesor Tiberio (Lucas 3.1) gobernó del 14 al 37 d.C. Cuando los Evangelios se refieren al emperador, y cuando Jesús habla de dar al César lo que es del César, reinaba Tiberio. Del 37 al 41 d.C. gobernó Cayo (Calígula), a quien no menciona el NT, y quien tiene poca incidencia en el desarrollo de la Iglesia. Un poco más importante resultó Claudio, su tío, (41 al 54 d.C.) quien mostró cierta habilidad administrativa. Su decreto desalojó de Roma a los judíos (Hch 18.2). Aparentemente su final llegó a manos de su sobrina (y esposa) Agripina. Pocos años después de casados le puso veneno en un plato de hongos. Esto permitió que Nerón, hijo de ella en otro matrimonio, asumiera el trono. Puesto que tenía solo trece años, quien realmente mandaba era Agripina.

El gobierno de Nerón (54-68 d.C.) fue estable al principio, quizás porque en gran parte estuvo en manos de otros. Al crecer en edad y poder se dio a conocer matando a su madre y a muchos más. Mató a patadas a una de sus esposas y cometió muchas otras atrocidades que escandalizaron aun al mundo pagano. Por lo tanto, son ciertos los antiguos informes de que Nerón incendió a Roma para desviar la atención de la declinación del imperio debido a su desastrosamente corrupto gobierno y echó la culpa a una secta (los cristianos). Se produjeron muchas y extendidas persecuciones. Nerón torturó en público a muchos cristianos y a algunos quemó vivos.

El último emperador de posible importancia directa con el NT es Domiciano (81-96 d.C.). Aunque más interesado en el gobierno de lo que fue Nerón, fue poco menos cruel. Pero se dice que utilizaba las palabras «Señor y Dios» en sus escritos y conversaciones. Algunos eruditos piensan que las persecuciones en el libro de Apocalipsis reflejan las condiciones existentes durante el reinado de Domiciano.

Este resumen de los emperadores durante el período del NT tiene dos propósi-

pax romana

tos. Uno, encender el interés de leer más sobre ellos. Pocos libros son más fascinantes e informativos para el que estudia el primer siglo que *La vida de los doce césares* de Suetonio.[3] Quizás no sea exacto en todo (aunque los eruditos le otorgan bastante altas calificaciones de confiabilidad), pero hace que muchos aspectos del mundo romano del primer siglo inolvidablemente cobren vida. El mundo del NT no es una isla; cualquier dato sobre personas o sucesos de ese tiempo es valioso para entender mejor sus documentos. Otro estudio memorable constituye *Poncio Pilato*,[4] de Paul Maier, una novela rica en luz histórica difundida sobre el poder romano y su efecto en áreas provinciales como Judea.

Una segunda razón por la que es importante conocer el régimen del imperio romano en el primer siglo es la definición que da a la renombrada *pax romana* («paz romana» en latín) de la era neotestamentaria. Desde hace mucho tiempo los historiadores han observado que las condiciones del primer siglo fueron las precisas para la expansión del cristianismo. Existía una paz relativa, una lengua común (griego), cierto nivel de orden social que permitía viajar con seguridad, y una creciente red de caminos y rutas marinas.

Siempre que los Evangelios se refieren al emperador romano, como cuando Jesús habla de dar al César lo que es del César, Tiberio (14–37 d.C.) era el personaje en el poder.

Pero estaba lejos de ser un mundo ideal. A menudo los líderes eran corruptos. Aunque económica y militarmente se acercaba a su cenit, el imperio comenzaba una descendente espiral política y moral. El mundo romano en el que predicaron Pablo y otros apóstoles era un mundo en el cual un enorme imperio podía proteger pero también amenazar al individuo y a movimientos como los primeros cristianos. En otras palabras, el dominio romano constituía una bendición mixta, ya que a su poder para el bien finalmente igualaba su capacidad para reprimir y hostigar. El orden social en el que nació la Iglesia por lo general estaba lejos de ser favorable para el mensaje del evangelio y sus portadores.

La civilización helénica

Como cultura, el Imperio Romano estaba dominado por características griegas, así como Estados Unidos posee muchos rasgos distintivos de Gran Bretaña: lenguaje, código legal, historia, literatura y, en muchos casos, religión. La situación era similar en el mundo romano del período del NT. Mientras Roma sobresalía en hazañas organizativas y militares, Grecia había establecido un alto nivel de logros literarios e intelectuales. Los modelos griegos se esparcieron extensamente en pos de Alejandro Magno en forma gradual Roma tomó muchas de las tierras que él conquistó. Con razón al mundo romano se le llama grecorromano. Territorialmente correspondía a Roma; culturalmente estaba dominado por varias características helenistas.

Tomemos el lenguaje. La lengua romana nativa era el latín. Pero la cultural y comercial era el griego. Desde España, o aun Inglaterra, y del occidente hasta Siria al oriente, un viajero sabía bien que debía expresarse en griego. Las clases gobernantes y comerciales lo hablaban casi en todo lugar; no sucedía lo mismo con el latín. Esta uniformidad lingüística no solo era conveniente desde el punto de vista del comerciante o del turista; también era importante para la expansión misionera de la iglesia primitiva. Al proclamar su mensaje en griego, los predicadores cristianos podían contar con oyentes dispuestos ya sea en Jerusalén, Alejandría o en la misma Roma. Sin duda este fue un factor impor-

Pentecostés

helenización

Nerón (reinó entre 54-68 d.C.) cometió muchas atrocidades que escandalizaron incluso al mundo pagano.

tante para la rápida expansión del evangelio cristiano después de **Pentecostés**.

La **helenización** también conformó la consciencia social. Su noción de la sociedad humana involucraba fundar y cultivar ciudades. De modo ideal, esto significaba para muchos el acceso a los servicios y a las relaciones que podía proveer la cercana proximidad a las masas. Sin embargo, en lo práctico significaba con frecuencia una existencia marginada y pérdida de esperanza personal a medida que las masas absorbían al individuo. Bajo tales desoladas condiciones, el evangelio encontró una audiencia dispuesta. Grandes cantidades de personas estaban prestas a oír un mensaje de renovación, esperanza, justicia y gozo.

Además, la helenización trajo un aire de **sincretismo religioso**. El poder romano juntó docenas de pequeñas monarquías, cada una con sus dioses y rituales. La idea ganó aceptación y todas las deidades y religiones se sumaron a lo mismo. Existía

Crueldad de Domiciano

Antiguas fuentes cristianas insinúan que el emperador romano Domiciano fue un enemigo sanguinario del cristianismo. Fuentes seculares concuerdan en que independientemente de la persecución a la Iglesia fue demasiado cruel. El historiador romano Suetonio escribe en el párrafo 11

Domiciano no solo fue cruel sino furioso y, por si fuera poco, astuto. Mandó llamar a su cuarto a un camarero del palacio, lo invitó a compartir su diván, lo hizo sentir perfectamente seguro y feliz, y se dignó a cenar con él, ¡sin embargo ya había dado órdenes de que lo crucificaran al día siguiente! Fue más cortés de lo normal con el ex-cónsul Arrecinius Clemens, uno de sus agentes favoritos, exactamente antes de su sentencia de muerte al invitarlo a dar un paseo. Mientras pasaban al hombre que le había dado informes sobre Arrecinius, Domiciano preguntó: «¿Escucharemos mañana a ese sinvergüenza? Con descaro daba inicio a sus más salvajes sentencias con el mismo vocabulario acerca de la misericordia; en verdad este preámbulo se volvió pronto una señal reconocida de que iba a ocurrir algo espantoso. Cuando llevó ante el Senado a un grupo de hombres acusados de traición, él anunció que esta sería una prueba de su popularidad con la asamblea, y por eso los condenó fácilmente a una «ejecución al estilo tradicional». [Suetonio explica en otra parte lo que significa esta clase de muerte: «Los verdugos desvestían a su víctima, le metían la cabeza en una horca de madera y luego lo azotaban con palos hasta que muriera».]

El mundo y la identidad de la iglesia primitiva

Un centurión romano (*en primer plano*) y un soldado legionario. El Imperio Romano alcanzaba en el primer siglo su apogeo económico y militar.

sincretismo religioso

una realidad espiritual suprema, con innumerables formas de expresarla. No desaparecieron las tradiciones religiosas locales, pero tendían a perder su posición exclusiva. Esto era bueno para el evangelio, pues las nuevas afirmaciones religiosas encontraban una audiencia dispuesta. Pero era negativo porque en medio de los dioses de la creencia politeísta, el Dios cristiano no podía entronarse fácilmente. Cuando los paganos se dieron cuenta de esto, respondieron a veces con hostilidad a la proclamación del evangelio (Hch 19.28). Los cristianos no adoraban al emperador del primer siglo, y afirmaban que su deseo era ofrecer devoción solo a Jesucristo.

La helenización puso el tono para la actitud de la gente que escuchó el evangelio por primera vez. Un vistazo de las religiones y filosofías grecorromanas nos ofrecerá un cuadro más claro de las convicciones populares que afectaron a quienes oyeron el evangelio en el primer siglo.

Religiones y filosofías

Parece que en la época del NT declinó la creencia popular en la antigua mitología griega y romana, aunque no desapareció. En una ocasión aclamaron a los misioneros como Júpiter y Mercurio (Hch 14.12). Pero había creencias más predominantes.

La creencia principal era el ocultismo (la realidad y actividad de los poderes sobrenaturales). En todos los estratos sociales se temía y se trataba de aplacar el mundo espiritual que creían que manejaba sus vidas. Las decisiones del gobierno a menudo se tomaban con la ayuda de sacerdotes que interpretaban los intestinos de animales degollados. Algunas ciudades eran famosas por sus oráculos (personas que creían poder predecir los sucesos o divulgar misterios personales). La astrología y varias prácticas mágicas estaban difundidas. Tanto entre gentiles como entre judíos exis-

estoicismo

cinismo

tía a menudo una fuerte sensación de la presencia y del poder de fuerzas y seres espirituales invisibles.

Los occidentales modernos no deberían descartar estas creencias como superstición antigua. Por cierto, mucho era falso. Pero aun la Biblia habla del mundo invisible de seres y conflictos espirituales (Ef 6.12). Jesús expulsó a muchos espíritus inmundos y tuvo encuentros con el príncipe de los demonios. Hechos 16.16 habla de una desafortunada muchacha esclava que mediante la adivinación ganaba dinero para sus amos; Pablo la liberó de su atadura con el poder de Cristo. La prueba de esta liberación fue el castigo que Pablo sufrió.

En el NT el mundo religioso era diverso y confuso. En el capítulo 2 vimos la naturaleza fragmentada del mismo judaísmo en el primer siglo, incluso en Judea y Galilea. La situación estaba más fragmentada en el gran mundo grecorromano. La vida presentaba interrogantes difíciles y los individuos recibían las respuestas que ofrecían variados medios religiosos.

Además, la filosofía era una opción común. En el primer siglo era mucho más parecida a la religión de lo que es hoy. No era un ejercicio académico sino una manera de discutir y proponer soluciones a las preguntas decisivas de la vida. A diferencia del judaísmo y el cristianismo, que insistían en que el conocimiento humano válido debe primero dar espacio a la revelación bíblica, las filosofías antiguas (al igual que casi todas las modernas) tomaban como punto de partida la racionalización, la experiencia y la voluntad humanas, o una combinación de estas. Ninguna filosofía individual tenía aceptación universal, aunque podemos hablar de varias tendencias dominantes. Al desarrollarlas, con frecuencia se entrelazaban; las filosofías de la época eran tan sincretistas como lo eran las religiones.

El **estoicismo** resaltaba al destino. El mundo está fuera de nuestro control. Por lo tanto, cada quien debe crear su propia estabilidad a fin de evitar los excesos del placer y del dolor. El estoico no se mueve por emociones; su vida refleja la convicción de que el mundo sigue un curso preestablecido en el que todo ya está determinado. No existen el bien ni el mal como tales sino solo una lógica cósmica impersonal, inescrutable y todopoderosa que hace que todas las cosas sucedan. El estoicismo demandaba una conducta ética estricta; si los códigos morales pudieran cambiar el corazón humano, esta filosofía habría revolucionado su época. Pero decayó y tuvo marcado contraste con la doctrina cristiana de un Dios personal. Este tiene cuidado, ama y responde la oración; es soberano y controla todas las cosas, pero de ningún modo interfiere en las decisiones que cada uno toma con libertad.

Otras corrientes incluían el **cinismo**. Los cínicos se gloriaban de su radical libertad de actuar y hablar. Eran los activistas radicales de la antigüedad; ridiculizaban a quienes se conformaban con aceptar las normas que vilipendiaban. De igual modo en que los cínicos ridiculizaban las reglas, los escépticos se burlaban del conocimiento. El escepticismo sostenía que el conocimiento crecía solo de la experiencia, que todas las experiencias eran únicas al individuo y que por tanto no existe una verdad que junte a todas los individuos.

El cristianismo difería de ambos. Contrario al impulso cínico, mostraba un estilo de vida completamente eficaz, enseñado en la Biblia y ejemplificado en Cristo y en otros personajes (p.ej. Heb 12).

Isis y Horus. La diosa de origen egipcio, Isis, se adoraba bajo muchos nombres. Los templos en su honor se extendieron por todas las ciudades del mundo romano.

Escultura de un filósofo sofista de Éfeso.

escepticismo

La libertad no es una expresión personal irresponsable y descuidada; es recibir a través de Cristo un nuevo corazón que se deleita en seguir el camino que ha señalado el Dios amante. En contra de los escépticos, el cristianismo insiste en que la verdad se arraiga en la autorrevelación, existencia y creación de Dios, no en la experiencia humana solamente. Dios se hizo hombre a través de Jesucristo, descartando la idea de que la humanidad no tiene acceso a un mundo espiritual verdadero.

Otras filosofías y religiones marcaron el panorama del primer siglo[5], pero las que se han mencionado son suficientes como para dar un ejemplo del variado mercado de ideas populares en ese entonces. El mensaje del NT no cayó al vacío, ni tampoco se topó con personas ingenuas que nunca habían tenido contacto con opciones religiosas o filosóficas. Al contrario, a veces de manera violenta, chocó con ideas y movimientos firmemente establecidos. Los detalles de estas confrontaciones ocuparán nuestra atención en los próximos capítulos, a medida que investigamos la difusión de las verdades del cristianismo en áreas y hacia personas que no siempre recibieron con agrado lo que escucharon. Por ahora intentaremos esbozar un resumen preliminar de la vida de los cristianos primitivos y de las principales creencias en que está basaba.

Nuevas criaturas en Cristo

No habían trascurrido dos meses de la muerte y resurrección de Jesús, cuando el Espíritu de Cristo se movió de nuevo en medio de sus seguidores íntimos. Sucedió durante la fiesta de Pentecostés. De repente este pequeño número de discípulos se transformó, y anunciaron las Buenas Nuevas de Dios a los peregrinos judíos en su lengua nativa. Solo en ese día tres mil se convirtieron a Cristo.

La venida del Espíritu Santo en Pentecostés fue un acontecimiento único. En verdad, en ciertos aspectos los discípulos no eran diferentes a lo que habían sido. Aún mantenían los recuerdos de haber estado con Jesús. Fueron testigos de su dolorosa muerte, se asombraron ante su resurrección y ascensión, y con paciencia esperaban su promesa de regresar para convertirlos en poderosos propagadores del mensaje de salvación al mundo entero (Hch 1.8). Además, con el paso de los años seguían siendo normales otros aspectos de sus vidas: aun tenían trabajos, familias, casas y vidas por vivir. Por supuesto, esto fue menos cierto para muchos de los que seguían los llamados de servicio misionero o que sufrieron persecución por su fe.

Pero en otro sentido nunca serían los mismos. Eran nuevas criaturas en Cristo.

La expansión del evangelio tomó su impulso inicial a través de los miles de adoradores convertidos en Pentecostés, quienes al retornar a sus hogares y sinagogas en la lejana Partia, Roma o España llevaron el mensaje de Jesús el Mesías.

El grupo íntimo de los primeros seguidores de Jesús crecía con firmeza a medida que predicaban y se cuidaban unos a otros. Al principio permanecieron cerca de Jerusalén; luego algunos decidieron ir a otros lugares, debido muchas veces a las persecuciones. Llevaron con ellos su mensaje y forma de vida, tratando de combinar sus anteriores costumbres judías con lo que parecía adecuado para su nueva vida en Cristo. Pero con el tiempo se volvió difícil mantener juntas ambas corrientes. Surgieron tensiones. En la Palestina predominantemente judía los primeros cristianos continuaron adorando en el templo de Jerusalén y en las sinagogas. Pero tam-

> ## Creencias que tenían en común los cristianos primitivos con los judíos
>
> 1. Dios creó el cielo y la tierra
> 2. Dios escogió los patriarcas de Israel
> 3. Dios sacó a Israel de Egipto
> 4. Dios condujo a su pueblo a través del desierto
> 5. Dios se reveló en el Sinaí
> 6. Dios otorgó a Israel la tierra de Canaán
> 7. Dios constituyó reyes en Israel
> 8. Dios escogió a Jerusalén
> 9. Dios envió sus profetas
> 10. Dios se deleita en la comunión personal con todos y cada uno de su pueblo
> 11. Dios exhorta a su pueblo a vivir en santidad
> 12. Dios es fiel a su pacto y promete salvar un pueblo para su adoración eterna
>
> La Biblia de la iglesia primitiva era el AT. El erudito en AT, Christoph Barth, enumera nueve declaraciones clave sobre Dios que son básicas en la teología del AT. Todas las reafirman los escritores del NT. Las tres últimas declaraciones no son de Barth, pero son certezas compartidas por los escritores de la Biblia.
>
> —de Christoph Barth, *God with Us: A Theological Introduction to the Old Testament* [Dios con nosotros: Una introducción teológica al Antiguo Testamento], ed. Geoffrey W. Bromiley, Eerdmans, Grand Rapids, 1991.

Concilio de Jerusalén

bién comenzaron a reunirse en hogares privados para orar, adorar y estudiar las Escrituras y la enseñanza de los apóstoles.

En este período de reevaluación, intentaron retener sus vínculos con el pasado, pero también cristalizar lo que les hacía una nueva comunidad. Con el tiempo, en la cuarta década d.C., surgieron conflictos sobre costumbres judías como la circuncisión. En los ministerios hacia los gentiles de Pedro, Felipe y en especial Pablo, se levantaron polémicas en relación a si los cristianos sin antecedentes judíos debían observar las prácticas judías tradicionales. Finalmente los líderes eclesiásticos convocaron una cumbre que manejara el asunto. El **Concilio de Jerusalén** se reunió alrededor del 49 d.D. Hechos 15 lo resume. Lo veremos más a fondo en otro capítulo.

Lo que surgió de estos años de tensión, decisión y crecimiento fue la convicción de que finalmente los cristianos no eran una subdivisión de ninguna de las sectas del judaísmo. Era tiempo de dividir los caminos. Pero los cristianos no sentían que *ellos* dejaban atrás la obra de Dios de los pasados siglos, ni que se inclinaban hacia una nueva e insólita dirección. Al contrario, creían que Dios había predicho el movimiento cristiano en las profecías, y más recientemente en las prédicas de Juan el Bautista y del mismo Jesús. Los judíos cristianos opinaban que eran los judíos no cristianos quienes estaban abandonando su antigua herencia al rechazar al libertador prometido, Jesús de Nazaret, resucitado y exaltado a la diestra del Padre. Por las Escrituras sabían que la inclusión de los gentiles entre el pueblo del pacto estaba profetizada desde hacía mucho tiempo. Así que consideraban que cumplían, y no despreciaban, el mensaje del AT al acoplar las costumbres judías a las realidades de las comunidades no judías. Mantenían con firmeza lo esencial de la doctrina del AT que el mismo Jesús había observado, apoyado y explicado en su propia enseñanza.

Todo esto se realizó en ambiente complejo y de creciente hostilidad, como ya hemos visto. La situación social y política empeoraba en Palestina mientras se acercaba la revuelta de los años 60 d.C. de los judíos contra Roma. Los gentiles convertidos del Imperio Romano ya atestiguaban

Se han encontrado sinagogas en todo el mundo romano. Los misioneros que predicaban a Jesús, el Mesías judío, hacían a menudo su primera parada en ellas. En este dintel de piedra de Corinto está la inscripción: «Sinagoga de los hebreos».

El credo de los apóstoles

Creo en Dios Padre todopoderoso,
  Creador del cielo y la tierra.

Creo en Jesucristo, su único Hijo, nuestro Señor,
  que fue concebido por obra y gracia del
  Espíritu Santo y nació de la virgen María.
  Sufrió bajo el poder de Poncio Pilato,
  fue crucificado, muerto y sepultado;
  descendió a los infiernos.
  El tercer día resucitó de los muertos.
  Ascendió al cielo
  y está sentado a la diestra del Dios Padre
  todopoderoso.
  Desde allí ha de venir a juzgar a vivos y muertos.

Creo en el Espíritu Santo,
  en la santa iglesia católica,
  en la comunión de los santos,
  en el perdón de los pecados,
  en la resurrección de la carne
  y en la vida perdurable.

Aunque no fue escrito por los apóstoles, el Credo de los Apóstoles es un resumen conciso de sus enseñanzas. Se originó como una confesión bautismal, probablemente en el siglo segundo, y se desarrolló en su forma actual en el siglo sexto o séptimo.

---

ocasionales persecuciones a cristianos. Durante aquellos años, los primeros cristianos tenían mucho que explicarse a sí mismos y a los demás. Lo que decían se centraba alrededor de lo que eran y creían.

Cómo se veían a sí mismos los primeros cristianos

Los primeros cristianos se tenían como el pueblo de Dios y herederos de las promesas del AT. Sin duda Dios obraba entre todas las personas; pero los cristianos se sumaban a los otros hijos de Abraham (Gl 3), verdaderos creyentes en el Dios vivien-te de antaño, para formar una extensa familia espiritual escogida por Dios para adorarle y mediar en la salvación del mundo. Su mensaje se llamaba «el evangelio», o las buenas nuevas. Se centraba alrededor de Jesucristo (en quién era y en lo que había hecho) y ellos eran sus testigos. Por definición, los testigos llevaban el testimonio de algo o de alguien más, no de sí mismos. Así sucedía con los antiguos cristianos. No se predicaban a sí mismos sino a Jesucristo el Señor. Se describían a sí mismos o eran descritos de muchas otras maneras (como seguidores del Camino, siervos de Cristo, el remanente de Israel, el verdadero Israel, la Iglesia, testigos, cristianos), todas las cuales de uno u otro modo señalaban la manera en que llevaban su nueva vida en Cristo.

Lo que creían los primeros cristianos

Como los primeros cristianos utilizaban al AT como su Biblia, existía acuerdo fundamental en mucho de lo que creían los judíos. Concordaban en que había un solo Dios: creador del mundo, santo, amoroso, justo y verdadero. Concordaban en que Dios se había revelado en la Palabra, haciendo conocer su persona y su voluntad a su pueblo. Creían en la necesidad de orar, adorar y vivir una vida piadosa ante Dios. De igual modo, los cristianos y muchos judíos creían en la vida después de la muerte, en la resurrección del cuerpo, en el fin del mundo, en el último juicio y en las consecuencias eternas en forma de cielo o infierno. En una disertación a la alta corte judía en Jerusalén, el apóstol Pablo pudo incluso decir: «Soy fariseo, hijo de fariseo; acerca de la esperanza y de la resurrección de los muertos se me juzga» (Hch 23.6).

La singularidad de Jesús

No obstante, cristianos y judíos no concordaban en todo. Sus diferencias se centraban especialmente alrededor de quién era Jesús y lo que había hecho. Los cristianos hicieron la aseveración sorprendente de que el mismísimo Dios había tomado forma humana en Jesús. Sin embargo, no pensaban que esto significaría que hubiera más de un Dios. Al contrario, sin comprometer su unicidad, Dios era más que uno. El Padre era Dios, pero también lo eran el Hijo y el Espíritu Santo. Por supuesto, aquí estamos tratando lo que más tarde se llamaría la doctrina de la Trinidad. El Hijo existió eternamente en la misma forma de Dios (Flp 2.6) y en Él habita corporalmente toda la plenitud del conocimiento (Col 2.9). Este concepto de Dios como una diversidad triple (Padre, Hijo y Espíritu Santo) era un distintivo del cristianismo y se encuentra en todos los primeros escritos cristianos, remontán-

Al encuentro de Hechos y la iglesia primitiva

Una carrera de carros de guerra en el Circo Máximo, Roma; tomado de una lámpara de arcilla.

Jesús había hecho. Todos creían en su muerte. Pero para los cristianos no terminaba allí. Creían también que era el Señor quien había muerto (por más imposible que esta declaración pueda sonar) y que luego se había levantado de entre los muertos en una vida de resurrección. También decían que el Señor Jesús había muerto por los pecados del mundo, de modo que el pueblo de Dios fuera salvo a través de Él. Puesto que Él era el Señor Jesucristo, era (y sigue siendo) el único Salvador del mundo. La salvación no puede encontrarse en ninguna otra parte sino a través de la fe en su nombre (Hch 4.12).

Estos aspectos característicos de quién fue Jesús y de lo que hizo constituyen el meollo del evangelio que los primeros cristianos creían y predicaban. El apóstol Pablo lo resume así: «Si confesares con tu boca que Jesús es el Señor, y creyeres en tu corazón que Dios le levantó de los muertos, serás salvo» (Ro 10.9).

donos hasta el mismo comienzo. Es más, Jesús mismo dijo cosas que no nos llevan a otra conclusión. Él mismo creía en esto y aseveraba ser uno con el Padre (Jn 10.30). Asimismo sus oponentes pensaban que Él osaba afirmar ser igual a Dios (Jn 5.18).

El hecho decisivo de la muerte y resurrección de Jesús

Los primeros cristianos también tenían creencias características acerca de lo que

Conclusión

En un desalentado y complejo mundo dominado por el Imperio Romano, desarrollado por el helenismo, acosado por la actividad religiosa y marcado por la riva-

---

Enfoque 13: *Quo Vadis?*

Si usted vio *Quo Vadis?*[¿A dónde vas?], la película de 1951 que protagonizaran Richard Burton y Peter Ustinov, sabrá de la implacable persecución que los cristianos enfrentaron en tiempos de Nerón, el déspota y loco emperador romano. Sus métodos de tortura y ejecución, entre ellos la crucifixión, muerte en la hoguera, y el tristemente célebre coliseo con sus leones hambrientos y toros bravos, estaban entre los más brutales y angustiosos posibles. Mientras más crecía su locura, más y más cristianos eran condenados a muerte.

La película tomó su nombre del diálogo que surge cuando Pedro le pregunta al Señor: «¿A dónde vas?», al encontrarlo mientras huía de Roma donde había enseñado y alentado a los creyentes. Podía continuar y abandonar a los cristianos en Roma (que mucho necesitaban su apoyo pastoral), o regresar y enfrentar una muerte segura. El Señor lo dirigió de regreso a Roma, donde sufrió martirio por el evangelio.

Las escenas finales de *Quo Vadis?* representan el terrible sufrimiento que experimentaron los cristianos que vivían bajo el reinado de Nerón. Mientras los ataban a postes ardiendo y los dejaban a merced de leones hambrientos, ellos cantaban himnos de alabanza a Dios. La suya fue una época difícil para ser cristianos, pero se mantuvieron fieles a su verdadero Señor y fueron testimonio a los romanos de la esperanza de vida eterna que los creyentes tienen en Cristo.

El mundo y la identidad de la iglesia primitiva

Términos clave

cinismo
helenización
Concilio de Jerusalén
pax romana
Pentecostés
sincretismo religioso
escepticismo
estoicismo

Personajes y lugares clave

Acaya
Agripina
Alejandro Magno
Antioquía
Calígula
Claudio
Corinto
Domiciano
Éfeso
Gayo
Galilea
Jerusalén
Judea
Julio César
Macedonia
Merón
Octavio (César Augusto)
Pompeyo
Roma
Suetonio
Siria
Tiberio

lidad de afirmaciones filosóficas, los primeros cristianos vivían una dura realidad que pudo haberlos exterminado. Los cristianos de hoy conocen la misma realidad, su fe surge del poderoso mensaje que la Biblia encierra acerca de Cristo y de sus seguidores (Ro 10.17). Las epístolas y los Hechos del NT ofrecen ojeadas y a veces perspectivas completas de cómo los cristianos de antaño fueron fieles a Dios en su tiempo y así transformaron su mundo. En los próximos capítulos trazaremos los detalles de cómo sucedió esto, conscientes de que en nuestro propio mundo tenemos necesidad urgente de esa misma luz y de esa misma vida que ofrece el evangelio.

Resumen

1. El poder político y militar dominante en el siglo primero se centró en Roma.

2. La iglesia primitiva sufrió a manos de varios de los emperadores romanos, pero especialmente Nerón y Domiciano.

3. El primer siglo produjo condiciones que hicieron posible la extensión del cristianismo: había relativa paz, el griego era el lenguaje común, el orden social hacía que se pudiera viajar con seguridad, y se incrementaron las vías terrestres y marítimas.

4. El Imperio Romano estaba dominado por características helenistas que afectaron el crecimiento del cristianismo: uso del griego como un lenguaje común, desarrollo de ciudades, y sincretismo religioso.

5. La religión en el Imperio Romano se caracterizaba por creer en el ocultismo y la astrología.

6. La iglesia primitiva tuvo que lidiar con la influencia de varias filosofías, como el estoicismo, cinismo y escepticismo.

7. Los discípulos fueron transformados en el Pentecostés.

8. La mayoría de los cristianos primitivos permanecieron en Jerusalén y adoraban allí.

9. Los primeros cristianos se veían a sí mismos como el pueblo de Dios y herederos de las promesas del Antiguo Testamento.

10. Los primeros cristianos sostenían una variedad de creencias diferentes, pero las creencias comunes de importancia fundamental eran la divina singularidad de Jesús, su muerte y su resurrección.

Preguntas de repaso

1. El _____ era el poder político y militar dominante en el siglo primero.

2. El general romano Pompeyo conquistó la provincia de Siria, donde a los seguidores de Cristo se les llamó por primera vez cristianos en la ciudad capital _____.

3. Los primeros cristianos sufrieron gran persecución bajo los reinados de los emperadores _____ y _____.

4. Mientras el latín era la lengua madre de los romanos, el lenguaje de cultural y comercial era el _____.

5. La consciencia social del primer siglo se formó por un proceso llamado _____.

6. La creencia religiosa más influyente en Roma era el _____.

7. Hubo también gran influencia de la _____, la cual se asemejaba más a la religión que su moderna contraparte.

8. La filosofía del estoicismo enfatizaba al _____.

9. Los discípulos nunca mas fueron los mismos después de _____.

10. Los primeros cristianos creían en la excepcionalidad de Cristo y su unidad con Dios, una creencia que se expresó rápidamente como la doctrina de la _____.

Preguntas de estudio

1. ¿Por qué es importante el conocimiento del mundo cultural del siglo primero?

2. ¿Quiénes son los emperadores romanos que el Nuevo Testamento menciona por nombre?

3. ¿Qué significa la expresión pax romana?

4. Enumere algunas maneras en que el helenismo influyó en la civilización romana.

5. ¿Qué era el estoicismo? ¿En qué se diferencia del cristianismo?

6. ¿Por qué crecieron las tensiones entre los primeros cristianos, de los cuales casi todos eran judíos y judaizados?

7. ¿De qué maneras fueron las Escrituras del Antiguo Testamento fundamentales para la fe de los primeros cristianos?

8. ¿Cuáles eran las principales características que distinguían las creencias de los primeros cristianos? ¿De qué modo era Jesucristo el centro?

Lecturas relacionadas

Earle Ralph, *Conozca la Iglesia Primitiva*, Casa Nazarena de Publicaciones, Kansas City, MO, 1983. Un enfoque del punto de vista de las iglesias del movimiento de santidad o wesleyano sobre la vida de la iglesia primitiva. El libro se analiza en tres partes: Iglesia en Jerusalén, Iglesia en Judea y Samaria, e Iglesia hasta lo último de la tierra.

Sobrino José A., *Así fue la iglesia primitiva*, Biblioteca de autores cristianos, Madrid, España 1987. Varios tópicos se recorren en este texto, especialmente aquellos que tienen gran asidero histórico, como las ciudades que alcanzó la iglesia primitiva, y datos sobre el Imperio Romano, entre otros. Contiene diseños que hacen más atractiva su lectura.

Walker Williston., *Historia de la Iglesia Cristiana*, Casa Nazarena de Publicaciones, Kansas City, MO. El primer período del cristianismo se analiza en once capítulos, sin entrar al texto de Hechos, sino siguiendo los dados históricos que nos entrega la historia universal. Pero su enfoque es netamente teológico.

González Justo L., *La era de los mártires*. Tomo I, Editorial Caribe, Miami, FL, 1978. Una detallada descripción de la vida del primer siglo en que se desarrolló la iglesia primitiva. En los capítulos 1 al 5 se analiza lo concerniente al período apostólico. Muy documentado. Contiene ilustraciones que amenizan el estudio.

Jackson Case Shirley, *Los forjadores del cristianismo*, Editorial Clie, Barcelona, España, 1987. Breves biografías de los grandes formadores del cristianismo a partir de Juan el Bautista, Pablo, los primeros cristianos y renombrados padres apostólicos. Obviamente su centro y base es Jesús de Nazaret.

Comby Jean y Lémonon Jean-Pierre, *Vida y religiones en el Imperio Romano, en tiempos de las primeras comunidades cristianas*, Editorial Verbo Divino, Navarra, España, 1968. Un libro reconocido por los cultos que hicieron frente al mover cristiano del primer siglo de la iglesia primitiva. En este texto documental se describen desde los cultos místicos hasta los cultos a la filosofía.

Brown Raymond E., *La comunidad del discípulo amado*, Ediciones Sígueme, Salamanca, España, 1983. Reconstrucción de la comunidad cristiana del siglo primero, basada en los datos que nos proporcionan los escritos del apóstol Juan en su evangelio y epístolas, además del Apocalipsis. Se analiza la lucha de la comunidad de creyente con el mundo romano, con el mundo gentil griego y con las religiones de aquella zona del mundo.

Boer Harry R., *Historia de la iglesia primitiva*, Editorial Logoi, Miami, FL, 1981. En este texto desfila desde el origen del cristianismo en Jerusalén hasta el tercer siglo. Un estudio teológico, histórico y geográfico del contexto en que se desenvolvió la iglesia primitiva.

14 Hechos 1-7
Los primeros días de la Iglesia

Bosquejo

- **Hechos: Volumen 2 de Lucas**
  Autor y propósito
  Fecha
  Title
  Características e importancia
  Rasgos y estructura literaria
  Cómo interpretar Hechos
- **Bosquejo de Hechos 1–7**
- **Primeros testigos de Cristo en Jerusalén y sus alrededores (1.1–2.47)**
  Legado de Jesús (1.1-11)
  El Pentecostés de los primeros cristianos (1.12–2.47)
    Días de preparación
    Mensaje directo, repuesta dramática
    Vida común
- **Expansión del evangelio y formación de la oposición (3.1–7.60)**
  Milagros y mensaje
  Comunidad cristiana
  Conflicto

Objetivos

Después de leer este capítulo, usted podrá

- Identificar al escritor y el propósito del libro de Hechos
- Explicar por qué Hechos es un libro importante
- Sugerir guías prácticas para el estudio de Hechos
- Bosquejar el contenido de Hechos 1–12
- Identificar el legado de Jesús, tal y como se encuentra en Hechos 1
- Analizar el primer Pentecostés cristiano
- Ilustrar tres temas principales en Hechos 3–7
- Identificar las dos principales divisiones en Hechos

En la *República* de Platón, Sócrates dice a sus oyentes que «la parte más importante de cualquier tarea es el principio». La historia deja en claro que en el despertar del corto ministerio público de Jesús surgió un movimiento que cambió al mundo. Para entender este movimiento debemos estudiar sus inicios. No existe una guía más esclarecedora del principio del cristianismo que el libro de los Hechos.

LosEvangelios relatan que alrededor del año 30 d.C., Jesús de Nazaret murió en la cruz y resucitó de entre los muertos. Después de su resurrección, instruyó a sus discípulos a salir y difundir el mensaje que les había dado. El siguiente libro en el NT después de los cuatro Evangelios, los Hechos de los Apóstoles, narra la historia del origen y crecimiento de la iglesia primitiva. Antes de considerar la historia, hay muchos asuntos preliminares que demandan nuestra atención.

Hechos fue escrito por Lucas, un médico que algunas veces trabajó juntamente con Pablo (Col 4.14).

Hechos: Volumen 2 de Lucas

Autor y propósito

Las primeras palabras de Hechos declaran: «En el primer tratado». Con claridad esto se refiere a un trabajo anterior. Los eruditos concuerdan en que este trabajo es Lucas, el tercer Evangelio. Las tradiciones antiguas, así como rasgos literarios similares de ambos documentos, establecen su común autoría. Si Lucas, el médico y colaborador de Pablo (Col 4.14), escribió el Evangelio que lleva su nombre, entonces también escribió Hechos.

Al llegar a Hechos vale la pena recordar los versículos iniciales del Evangelio de Lucas (1.1-4). Lucas informa tres aspectos al lector. Primero, que las tradiciones confiables de Jesús y del primer movimiento cristiano se trasmitieron por medio de testigos. Segundo, que Lucas efectuó una investigación cuidadosa de estas experiencias e informes. Tercero, que dedica su trabajo al conocimiento del lector y a su crecimiento de la fe cristiana. Estas tres declaraciones se aplican no solo a Lucas sino también a Hechos y responden a la credibilidad, a la información cuidadosa y a la confiabilidad teológica del libro.

Fecha

¿Cuándo escribió Lucas el libro de Hechos? La respuesta depende de la fecha que se asigna al tercer Evangelio. Quizás se escribió en los primeros años de la sexta década, cuando Pablo estaba bajo arresto en Roma esperando el juicio. En todo caso, este es el tiempo en que concluye Hechos (vea Hch 28.30). La razón más probable por la que termina aquí es que en el momento mismo en que escribía, Lucas llegó al final de la historia que podía contar.

Nadie sabe exactamente cuándo comenzó Lucas a escribir Hechos. Parece que fue después de terminar su Evangelio. No podemos pasar por alto la posibilidad de que haya completado su Evangelio mucho antes: los intérpretes antiguos sostienen que el Evangelio al que Pablo se refiere («mi evangelio»; vea Ro 2.16; 16.25; 2 Ti 2.8; cf.2 Co 8.18) no era otro que el Evangelio de Lucas.[1] Quizás Lucas recopiló su Evangelio antes de su asociación con Pablo y en

El canon muratoriano en Lucas y Hechos

Un antiguo documento (nombrado después como su descubridor L.A. Muratori) que quizás data de finales del siglo dos preserva la siguiente información de los libros neotestamentarios escritos por Lucas:

El tercer libro del Evangelio es ese según Lucas. Después de la ascensión de Cristo y cuando Pablo lo llevara consigo como compañero de viaje, el médico Lucas escribió en su propio nombre lo que se le dijo, aunque por sí mismo no había visto al Señor encarnado. Él relató los acontecimientos lo más lejos que pudo establecerlos y empezó su historia con el nacimiento de Juan ... Además incluyó los Hechos de todos los apóstoles en un libro. Lucas dirigió sus libros al excelentísimo Teófilo, debido a que varios sucesos ocurrieron cuando este estaba presente; y él señala esto por la omisión de la pasión de Pedro y del viaje de Pablo cuando salió de Roma para España.

— de Henry Bettenson, Documents of the Christian Church, Oxford University Press, Nueva York/Londres, 1947, 40f.

---

los años posteriores, para redactar a continuación Hechos. Porciones claves de los Hechos sugieren que el escritor era parte de la narración. Los eruditos llaman a estas porciones las «secciones nosotros» (16.10-17; 20.5–21.28; 27.1–28.16).

Título

Muchos sostienen que el título «Hechos de los Apóstoles» no es totalmente adecuado. Solo a Pedro, uno de los doce apóstoles originales, se le otorga extensa atención. Fuera de eso, el libro se preocupa de modo primordial por el ministerio de Pablo. Algunos han sugerido que títulos como «Hechos del Espíritu Santo» o «El crecimiento del evangelio a través de la Iglesia» (véanse 6.7; 9.31; 12.24; 16.5; 19.20) habrían servido mejor.

Por otro lado, en un amplio sentido «apóstoles» simplemente hace referencia a los primeros cristianos que estaban autorizados de manera especial y habilitados por el poder del Espíritu Santo de Jesucristo. Numerosas personas en Hechos se ajustan a esta descripción. Además, los logros de Pedro y Pablo pueden catalogarse como ejemplos de la obra de otros apóstoles en otros lugares, de los que Lucas tenía poco conocimiento de primera mano. Hechos se podría comparar con un estudio de la presidencia de los Estados Unidos, titulado «La obra de los presidentes», centrada en Washington y Lincoln, y con referencias breves de presidentes menos importantes.

En todo caso, no es fácil presentar un mejor título que el que lleva el documento en los manuscritos antiguos.

Características e importancia

Hechos se distingue por dos razones: su valor histórico y su visión teológica.[2]

Históricamente Hechos menciona más de treinta países, más de cincuenta pueblos o ciudades, numerosas islas y cerca de cien personas, de las cuales casi sesenta no se mencionan en ningún otro sitio del NT. Como lo prueban estudios de eruditos como F.F. Bruce, C. Hemer, M. Hengel y W. Ram-

---

Hechos en La historia de la iglesia primitiva

Parece ser que estos líderes de la iglesia primitiva conocían y utilizaron los Hechos:

	d.C.
Justino Mártir	ca. 140
Ireneo	ca. 175
Clemente de Alejandría	ca. 200
Tertuliano	ca. 200
Orígenes	ca. 250
Eusebio	ca. 315

narrativa histórica

say, el autor de Hechos demuestra un conocimiento impresionante de geografía, política y costumbres locales, navegación y en general sobre el mundo mediterráneo del primer siglo.

Teológicamente Lucas no organizó un informe sistemático de la enseñanza de la iglesia primitiva. Sin embargo, narra de manera poderosa el desarrollo, análisis y en ocasiones la contienda que rodeó la difusión de las primeras prédicas acerca de Jesucristo. De modo particular en los discursos y sermones de Hechos, que representan la mitad del libro, surgió el primer organismo de enseñanza apostólica. El mensaje de Jesucristo se expandía de manera clara y efectiva, ya sea en un sermón de Pedro (Hch 2), en la defensa de Esteban (Hch 7) o en una alocución de Pablo ante una audiencia de paganos escépticos (Hch 17).

Junto con el Evangelio de Lucas, Hechos representa más de un cuarto de todo el NT. Su ubicación (entre los Evangelios, que hablan de la venida de Jesucristo; y las epístolas, que explican el significado de Cristo en situaciones locales y concretas de la iglesia) nos indica su importancia teológica. Hechos explica cómo el kerygma, la más temprana proclamación de la muerte y resurrección de Jesús, llegó hasta el mundo de la antigua Roma, adquiriendo así importancia universal. Esto a su vez asegura para todas las épocas su importancia como testigo de la práctica y doctrina, o teología, de la iglesia primitiva.

Estructura y rasgos literarios

Hechos es notable por su excelente calidad literaria. Su prosa posee elegancia y refinamiento. Al igual que Lucas, Hechos emplea un vocabulario variado: Utiliza más de cuatrocientas palabras que no se encuentran en ninguna otra parte del NT, junto con sesenta de las palabras que solo aparecen en el Evangelio de Lucas (que utiliza más de 250 palabras que no se hallan en ninguna otra parte del NT). En comparación: Mateo posee algo más de cien de tales palabras y Marcos menos de cien.

Aunque ninguna descripción individual de la estructura literaria de Hechos ha obtenido aceptación universal, muchos concuerdan en que el libro se divide naturalmente en dos grandes secciones. Tomando nota de las palabras programáticas de Jesús en 1.8 («Me seréis testigos en Jerusalén, en toda Judea, en Samaria, y hasta lo último de la tierra»), estas indican que los capítulos 1–12 narran la difusión del evangelio en Jerusalén, Judea, Samaria y sus alrededores. Los capítulos 13–18 relatan la testificación de Cristo hasta «lo último de la tierra» durante las primeras décadas de la iglesia primitiva.

Cómo interpretar Hechos

Al igual que los Evangelios, Hechos contiene gran cantidad de narraciones. Es decir que describe sucesos históricos. A diferencia de los Evangelios, mucho de lo que narra no se relaciona directamente con las obras y enseñanzas de Jesús. Hechos cuenta cómo los seguidores de Jesús, así como muchas otras personas, eran parte de la propagación del evangelio y a veces se opusieron. El lector atento preguntará: ¿Cuánto de Hechos describe sencillamente lo que alguna vez sucedió, y cuánto prescribe lo que debería suceder en otros tiempos y lugares?[3]

La respuesta a esta pregunta resultará del estudio y la reflexión en cada pasaje individual a la luz de todas las Escrituras y de otros factores pertinentes. ¿Debe el hablar en lenguas acompañar toda manifestación del Espíritu Santo (Hch 2)? Tal vez no. ¿Deben los cristianos adorar cada día en el templo judío, como lo hacían Pedro y Juan (Hch 3.1)? Seguramente no. Ambos pasajes, por tanto, son descriptivos en esencia, pero pueden contener perspectivas importantes (el Espíritu Santo es poderoso y abre los corazones a la comprensión del evangelio; la alabanza debe ser un acontecimiento diario para los cristianos).

Sin embargo, otros pasajes parecen tanto descriptivos como preceptivos en naturaleza. ¿Es Jesucristo el único Salvador, como lo afirma Hechos 4.12, o puede alguien por su propio mérito o por el mérito de alguna religión comparecer ante Dios en el juicio final? ¿En verdad fue el Espíritu Santo el que inspiró a David en la variedad de salmos que escribió (Hch 4.25), o solo se trató de una antigua creencia o figura de oratoria? En este y muchos otros casos, parece que Hechos no solo describe sino que también prescribe lo que quienes siguen a Cristo deben afirmar que es cierto. Su descripción se relaciona con otros acontecimientos o declaraciones bíblicas, ya sea en el AT, los Evangelios o las epístolas, de tal modo que parece proveer afirmación (o enseñanza) doctrinal confiable, no simplemente información histórica confiable.

La peculiaridad consiste en que debido al estilo o género de literatura, leer Hechos ofrece garantía. En general, Hechos ofrece narrativa histórica, y de manera comprensiva relaciona sucesos que las personas de épocas posteriores no deben esperar que se repitan (p.ej. la ascensión de Jesús en Hechos 1). Sin embargo, mucho de lo que describe presenta al menos analogías indirectas con las experiencias de los cristianos en todo tiempo y lugar. El lector cuidadoso prestará debida atención a la luz del desafío interpretativo especial que Hechos presenta

Bosquejo de Hechos 1–7

I. **Los testigos de Cristo en Jerusalén y sus alrededores (1.1–7.60)**
   A. Introducción e instrucciones (1.1-8)
   B. La ascensión (1.9-11)
   C. Selección del sustituto de Judas (1.12-26)
   D. Pentecostés: Surgimiento de la Iglesia (2.1-47)
   E. Primer encuentro de la Iglesia con los líderes religiosos (3.1–4.35)
   F. Ananías y Safira: Un caso de disciplina (4.36–5.16)
   G. Segundo encuentro de la Iglesia con los líderes religiosos (5.17-42)
   H. Los siete siervos: Ejemplo de la solución de un problema (6.1-7)
   I. Esteban: Conflicto fatal con el judaísmo (6.8–7.60)

Primeros testigos de Cristo en Jerusalén y sus alrededores (1.1–2.47)

El legado de Jesús (1.1-11)

Hechos empieza como termina Lucas: enfocado en Jesucristo. Lucas 24.51 relata que Jesús ascendió a los cielos varias semanas después de su resurrección. Hechos comienza con una revelación adicional de lo que dijo e hizo Jesús antes de su partida física del escenario terrenal.

En primer lugar, dejó su propia presencia. Aunque parezca curioso, los escritores del NT concuerdan en que aunque Jesús murió sencilla y públicamente, su partida física no significaba que ya no era un factor en los asuntos del mundo. Permaneció su presencia real, aunque no física, como prometió hacerlo (vea Lc 24.49; Jn 14.16). Por tanto, Hechos 1.2 dice que Jesús dio «mandamientos por el Espíritu Santo». Este es el Espíritu del Jesús resucitado. Junto con el Evangelio de Lucas, Hechos hace vasta mención del Espíritu Santo, a tal punto que los eruditos hablan del Espíritu como de un dominante tema lucano.

Segundo, Jesús dejó órdenes establecidas. Instruyó a sus discípulos, quienes esperaban que Él estableciera alguna clase de reino terrenal (1.6), a no gastar energías especulando sobre el programa del Padre, que a su tiempo Él cumpliría. Por el contrario, los discípulos deberían prepararse para una transformadora visita divina en el futuro inmediato. Después que Jesús partiera, su Espíritu los equiparía con ímpetus frescos para que llevaran a cabo el mandato que se les había encomendado.

El relato de Lucas sobre la ascensión de Jesús al cielo ha inspirado a muchos artistas. Esta representación es de un latino sacramentarista del siglo once.

El relato de Lucas sobre la ascensión de Jesús al cielo ha inspirado a muchos artistas. Esta representación es de un latino sacramentarista del siglo once.

El mandato involucraba testificar de quién conocieron como Jesucristo: El Señor de toda la creación, el redentor de todos los que confían en su muerte para salvación, y juicio severo para los que rechacen su llamado al arrepentimiento y se nieguen a entregarle su vida y lealtad.

Sin drama ni fanfarria, 1.9-11 relata la ascensión de Jesús. No es fácil entender o describir los detalles técnicos de lo que vieron los espectadores, mas la validez de su experiencia no es menos confiable que su testimonio de la reaparición física de Jesús después de su innegable y pública muerte (Lc 24.39). Jesús ascendió al lugar de donde vino por primera vez, y regresaría (1.11). Mientras tanto, sus seguidores tenían trabajo que hacer. A través del Espíritu, Jesús los capacitó para esta labor.

El primer Pentecostés cristiano (1.12–2.47)

Días de preparación

La dramática aparición del Espíritu que Jesús prometió vendría en pocos días. Los once esperaron en obediencia y oración continua, junto con la madre de Jesús, algunas otras mujeres y sus (antes escépticos) hermanos (1.13-14). Siguiendo la indicación de Pedro, la asamblea nombró un sustituto para Judas el traidor. La suerte cayó sobre Matías (1.26), de quien se sabe muy poco. El círculo apostólico se encontraba nuevamente en toda su plenitud.

Mensaje directo, respuesta dramática

El efecto central de la insólita presencia del Espíritu involucró el anuncio del evangelio de Jesús el Mesías. Una variedad internacional de peregrinos judíos que estaban en Jerusalén durante Pentecostés (2.9-11 nombra más de una docena de naciones y grupos étnicos, que quizá representaban una veintena de lenguajes) oyeron «las maravillas de Dios» proclamadas en sus propias lenguas nativas. No todos los espectadores se impresionaron de igual manera. Por cierto, ¡algunos se mofaron pensando que estaban observando nada más que un vergonzoso ejemplo de borrachera pública matutina (2.13)!

Pero el mensaje de Pedro fue asombrosamente sensato. Remontándose al profeta Joel del AT, aseveraba que estaba a las puertas el final de los tiempos del pronunciamiento profético. Con nuevo fervor e intensidad, era hora de acercarse al Señor, el Dios de la historia del AT y de las Escrituras. Dios se encontraba muy cerca de ellos y sus expectativas eran totalmente firmes, igual que había sido la persona de Jesús las semanas recientes.

Sin embargo, lo que pedía Pedro no era principalmente fervor: Era arrepentimiento (2.38). Junto con los romanos, o al menos sus líderes, habían conspirado en la muerte de Jesús. Los hechos públicos que probaban que Jesús había resucitado y luego ascendido a los cielos (2.32), demostraron que Dios apoyaba a quien ellos se habían opuesto tan rotundamente. Puesto que no habían hecho caso a Jesús o a su mensaje cuando Él mismo lo predicó anteriormente, era imperativo que lo hicieran ahora que sus discípulos lo predicaban. Si lo despreciaban, el juicio que Jesús había anunciado una y otra vez caería sobre ellos. Si aceptaban, recibirían el Espíritu Santo y nueva vida, ahora y para

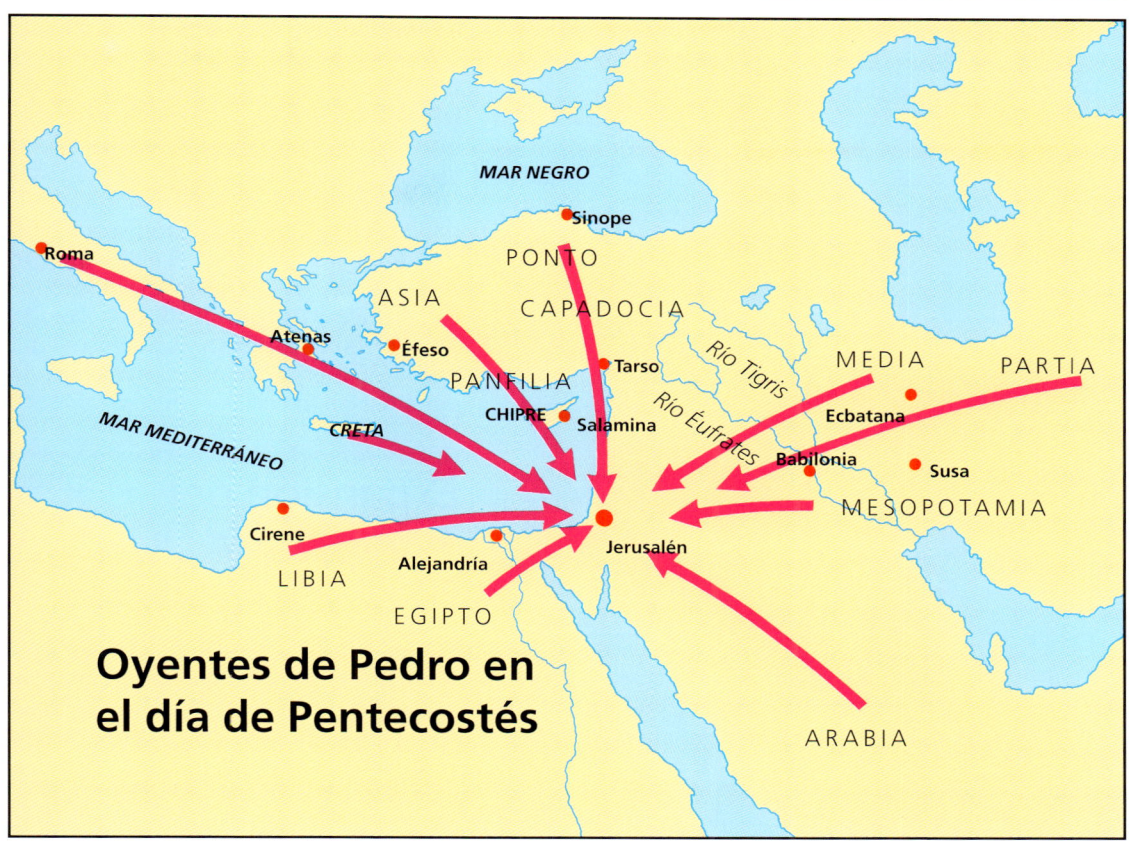

Oyentes de Pedro en el día de Pentecostés

siempre. Esto cumpliría «la promesa» (2.39), que quizás era la promesa de pacto hecha a Abraham (Gn 12.1-3) y les aseguraría su lugar entre el pueblo de Dios (2.39).

Hechos solamente presenta un resumen del sermón de Pedro (2.40). Las observaciones de él eran directas, sensibles y persuasivas, aunque también amenazadoras. Mostraban todos los aspectos de lo que recordaban de los mensajes predicados por su Maestro Jesús. Sus aseveraciones electrizantes encontraron respuesta masiva: Más de cinco mil hombres (vea 4.4; quizás no había mujeres ni niños o no se les contó) se presentaron para bautizarse.

Vida común

Hechos 2.42-47 describe el resultado a largo plazo de las conversiones en Pentecostés. Se mencionan al menos siete resultados diferentes. Primero, la enseñanza de los apóstoles ocupó la escena central. Esto es comprensible puesto que Jesús les había ordenado hacer discípulos («discípulo» quiere decir alumno o aprendiz). Debido a que en aquellos días ellos, y no otros, eran los proclamadores a quienes Jesús había autorizado retransmitir el mensaje de salvación, de su muerte y de su resurrección.

Un segundo resultado involucraba «comunión» que incluía «partimiento del pan» y «oración». La «comunión» aparentemente se refería a lo que ahora caracterizaba todas sus vidas y a lo que les mantenía íntimamente unidos: Jesucristo y su Espíritu, que todos ellos habían recibido. El alimento compartido, que casi con seguridad incluía la celebración de la Cena del Señor y la oración colectiva, mostraban un nexo común de unos a otros y expresaban devoción al Señor. No nos admiremos de que Hechos mencione después dos resultados adicionales: un sentimiento de temor, en parte debido a obras portentosas efectuadas por los apóstoles, y el compartimiento de bienes materiales y posesiones. Este modo de compartir pudo haber sido necesario debido al rechazo social y pérdida de empleos de los judíos que habían decidido aceptar a Jesús como el Mesías prometido (vea Heb 10.32-34). En ese entonces, como actualmente en algunos lugares alrededor del mundo, ser un seguidor serio de Jesús traía consecuencias dolorosas.

Un quinto resultado (reunirse en los atrios del templo) parece al principio extraño de mencionar. Para muchos, tal vez para la mayoría, esta habría sido una práctica normal antes de escuchar el mensaje de Pedro. Pero ahora ellos no eran simples judíos sino judíos mesiánicos, descendientes de Abraham, que con gusto y valentía habían recibido el mensaje apostólico de que las antiguas promesas de Dios para su redentor divinamente escogido se cumplieron en Jesús el Mesías. Por tanto, la presencia de ellos en el templo era importante como testimonio de que el Dios que instituyó la adoración del templo, ahora entregaba un mensaje adicional y culminante.

Un sexto resultado fue la alabanza de corazón a Dios y el favor con los extraños. Su camaradería de casa en casa, la participación en los alimentos y el mutuo regocijo, eran aparentemente un distintivo en ese tiempo, como también lo sería en la moderna sociedad actual de occidente.

Un séptimo resultado fue el crecimiento. Lucas se afana por especificar que «el Señor añadía cada día a la iglesia los que habían de ser salvos» (2.47). Aquí Hechos no se refiere a la humana actividad religiosa u organización social sino a la obra del Espíritu de Dios que de modo maravilloso transformaba la naturaleza interna de los individuos y el modo de relacionarse entre sí. Los efectos del evangelio fueron dramáticos tanto a nivel personal como social.

Expansión del evangelio y crecimiento de la oposición (3.1–7.60)

Tres temas dominan los restantes capítulos iniciales de Hechos: la obra continua del evangelio mediante la obra conjunta de mi-

Los primeros cristianos continuaron la adoración regular en el templo de Jerusalén. Pero también empezaron a reunirse de casa en casa.

¿Ocurren los milagros?

El erudito en NT, Rudolf Bultmann, dijo una vez: «La visión del mundo de las Escrituras es mitológica y por consiguiente inaceptable para el hombre moderno, cuyo pensamiento está moldeado por la ciencia. Nadie tiene en cuenta la intervención directa de poderes transcendentales» (Jesucristo y la mitología, 36). Son palabras fuertes, pero Bultmann se equivoca al menos en cuatro aspectos. Primero, toda encuesta reciente demuestra que casi todo el mundo cree en la intervención directa de poderes transcendentales, especialmente Dios, y que la cosmovisión de las Escrituras es bastante aceptable para el «hombre moderno». Segundo, hasta los científicos comienzan a cambiar de parecer. Ya no tiene validez la idea de un universo cerrado que lo explica todo. Aun hay muchos misterios sin explicación y mientras más aprendemos acerca de la correlación entre la oración y la salud, para poner solo un ejemplo, más nos damos cuenta de que hay más vida que solo esta tierra. Tercero, deja a Dios completamente fuera. Si Dios puede hacer un mundo, ¿por qué no puede influir en él? La mayoría opina que es más racional pensar que sí puede. Cuarto, el NT está lleno de milagros, desde el nacimiento virginal hasta las sanidades, los exorcismos y la resurrección de Jesús, y los ministerios milagrosos de los apóstoles en Hechos. Debemos creer que Dios obra o suprimir lo básico del NT. Es un desafío a nuestra fe, pero si Dios puede resucitar de la muerte a Jesús, Pedro puede decir al paralítico: «En el nombre de Jesucristo de Nazaret, levántate y anda» (Hch 3.6).

Para un análisis reciente sobre el tema de los milagros, vea R.D. Geivett y G.R. Habermas, eds., *In Defense of Miracles: A Comprehensive Case for God's Action in History*, InterVarsity, Downers Grove, 1996.

lagros y mensajes, la vida en comunidad de los creyentes, y el conflicto.

Milagros y mensaje

Las mismas y extraordinarias señales de la divina presencia que acompañaron al ministerio de Jesús continuaban mientras los primeros días de la iglesia se convertían en semanas, meses y años. Un mendigo cojo de nacimiento saltó gozoso en sus pies al escuchar el nombre de Jesús (3.8). Ni los enemigos de los discípulos podían negar que se había producido un gran hecho (4.16), y aguardaban más señales del poder de Dios. Cuando hubieron orado tembló la casa en que estaban congregados los creyentes (4.31). Una pareja de casados que había conspirado para engañar a otros creyentes cayó muerta, bajo circunstancias demasiado misteriosas como para ser una coincidencia (5.5,10).

A medida que se engrosaban las filas de los discípulos, continuaban las señales y milagros. Aparentemente aun la sombra de un discípulo al pasar bastaba para traer sanidad (5.15). A medida que predicaban su mensaje los seguidores originales de Jesús (los portadores autorizados de su mensaje) eran capacitados para duplicar la obra que habían hecho cuando su Maestro los envió por primera vez: sanar enfermos y liberar personas atormentadas por influencia demoníaca (5.16; vea Lc 9.1-2).

Un ángel liberó a los apóstoles cuando fueron encarcelados (5.19). Asombrosamente, y bajo circunstancias altamente polarizadas, muchos sacerdotes judíos declararon lealtad al Mesías que había muerto y resucitado (6.7). El poder asombroso y activo de los apóstoles llegó al menos hasta algunos creyentes incondicionales, entre ellos Esteban (6.8). Al ser enjuiciado, este no solo manejó su caso con gracia y elegancia sino que recibió una visión celestial (7.55). Aun más admirable es que mientras lo mataban a pedradas, imitó con nobleza al Mesías agonizante que había tenido un final similar (cf. Lc 23.34).

En verdad aún estaba obrando el poder y la presencia misma de Jesús.

La evidencia del poder evangélico también se ve en la intensidad y persistencia con la que se predicaba. Cuando Pedro y Juan sanaron a un mendigo cojo, exhor-

En los tiempos modernos algunos han cuestionado los informes de Lucas sobre hechos milagrosos. Sin embargo, su obra parece ser al menos tan cuidadosa y exacta como los aceptados historiadores Josefo y Tucídides (extremo derecho).

taron a la asombrada multitud que se juntó a que se arrepintieran, en vista del regreso de Jesús y de la llegada de un terrible juicio (3.19-23). Al ser acusados frente a las autoridades religiosas, Pedro y Juan repitieron su mensaje centrado en Jesús (4.12). Bajo arresto por segunda vez, Pedro y otros apóstoles continuaban insistiendo que en la cruz de Jesús y en la ascensión a los cielos se habían cumplido las antiguas promesas que Dios había hecho a su pueblo a través de Abraham (5.29-31). Aunque fueron azotados por negarse a callar o atenuar su mensaje, los apóstoles «no cesaban de enseñar y proclamar las buenas nuevas de que Jesus es el Cristo» (5.42).

El extenso sermón de Esteban es un ejemplo muy representativo del mensaje apostólico (7.2-53). Este bien podría sintetizar elementos claves de la instrucción apostólica de la iglesia primitiva, retrocediendo hasta la obra de gracia redentora de Dios desde Abraham, su hijo Isaac y su nieto Jacob, hasta los israelitas en Egipto. Esteban señala el terco desafío de los israelitas a Moisés, el libertador escogido por Dios, como ejemplo del rechazo de sus oyentes hacia Jesús (7.51-53).

El mismo evangelio generoso pero severo que se vio en los comienzos de la Iglesia continuó avanzando a medida esta se extendía. Un resultado importante de este mensaje es un gran crecimiento y unidad entre los convertidos.

Comunidad cristiana

El crecimiento no constituye una señal infalible del progreso del evangelio, porque hay movimientos religiosos que prosperan sin la luz del evangelio. Aun movimientos religiosos que distorsionan el evangelio de manera grave (p.ej. Ciencia Cristiana, mormonismo) encuentran notables niveles de aceptación popular. Sin embargo, a veces el crecimiento acompaña a la fiel predicación y vivencia del mensaje cristiano, como ocurrió en los años que cubrieron esta sección de Hechos (4.4; 5.14; 6.7).

Además del crecimiento, esta época estuvo marcada por una cohesión social envidiable. Es decir, que todos vivían pendientes de las necesidades de los demás y tenían un espíritu comunitario de sacrificio y amor que exaltaba al prójimo antes de centrarse en sí mismos. Sin embargo, este alto grado de preocupación común no surgía por simple impulso humanitario sino por una estima hacia Cristo y sus mandamientos. Lucas afirma que «no había entre ellos ningún necesitado» (4.34) y habla de la «distribución diaria de alimento» a las viudas necesitadas (6.1). La oración y la predicación tuvieron un efecto práctico y tangible.

Conflicto

Ningún relato de la vida de la iglesia primitiva debe minimizar la oposición que enfrentaron los creyentes. Jesús prometió que habría persecución (Jn 15.20) y así fue. En esta porción de Hechos, los líderes eran encarcelados una y otra vez, y recibían durísimos castigos físicos. Esteban murió como mártir.

La persecución era injusta pero comprensible. La predicación cristiana parecía socavar las opiniones aceptadas ampliamente, de lo que en ese entonces era importante en la religión y en la sociedad. Parecía que Jerusalén y las costumbres judías estaban asediadas en el nombre de Jesús (6.14). Era real la amenaza de una severa reacción romana por la prolongada intranquilidad social (vea Jn 11.48), como más tarde mostraron los sucesos del año 70 d.C.

Hechos 7 termina con el apedreamiento de Esteban en la misma ciudad donde Jesús fue crucificado. Entre los que perseguían a Esteban se encontraba uno que se llamaba SAULO (7.58). A pesar de comenzar como el principal enemigo de la naciente iglesia, este Saulo llegó a ser uno de los más grandes defensores de Jesucristo que produjo la iglesia primitiva. Los siguientes capítulos de Hechos relatan el drama de su conversión, así como la constante expansión de la verdad transformadora del evangelio.

Enfoque 14: El movimiento de iglesias celulares

Hechos resalta la gran comunión que había entre los cristianos primitivos, quienes solían comer juntos, tenían reuniones de oración hogareñas y se suplían las necesidades físicas y espirituales. Esta *koinonia* («comunidad» o «comunión» en griego) edificaba a los creyentes y atraía nuevos convertidos.

Los cristianos están redescubriendo en muchas partes el poder energizador de la koinonia. Se reúnen en pequeños grupos, a menudo en hogares, para orar, estudiar la Biblia, adorar y animarse mutuamente. Estas «células» son bastante comunes en América Latina y Corea del Sur, y se extiende con rapidez por Europa y Estados Unidos.

Una de tales iglesias celulares es la Primera Iglesia Bautista «Jerusalén», en Morelos, Méjico. La iglesia está dividida en varios grupos pequeños que se reúnen durante la semana en casas de algunos miembros. Cada célula está dirigida por un «servidor», a quien a su vez supervisa el pastor. Alguien comparó las células de la iglesia en Morelos con las células del cuerpo humano, cada una de las cuales tiene funciones y características únicas. Grupos celulares saludables, igual que células humanas saludables, se multiplican cuando alcanzan cierto tamaño. De esta manera el evangelio se lleva continuamente a nuevas comunidades donde se establecen otras células. El evangelio se predica a los incrédulos donde viven y la calurosa comunión extendida por los mejicanos cristianos está consiguiendo muchos seguidores. Aunque en muchos sentidos difiere de la iglesia «tradicional», con sus edificios, programas y extensos cultos dominicales de adoración, la iglesia celular es una comunidad de fe que existe por la adoración a Dios, la edificación de creyentes y la propagación del evangelio.

Término clave

narrativa histórica

Personajes clave

Joel
Matías
Saulo

Preguntas de estudio

1. ¿Por qué son importantes los comienzos? ¿Qué tuvo esto que ver con Hechos?
2. Analice brevemente la importancia histórica y teológica de Hechos.
3. ¿Cómo podemos determinar qué partes de Hechos son descriptivas y cuáles son preceptivas?
4. ¿Cuál es el tema principal del sermón de Pedro en Pentecostés (Hch 2)? ¿Cuál es su importancia actual?
5. ¿Qué conexión había entre los milagros de los apóstoles y lo que predicaban?
6. Describa el rol de la comunidad y el conflicto en la iglesia primitiva.

Preguntas de repaso

1. Al principio de Hechos, el escritor se refiere a una obra anterior que escribió: _____.
2. El libro de Hechos tiene muchas referencias a la _____ del mundo mediterráneo, mencionando más de treinta países y cincuenta pueblos y ciudades.
3. En combinación con el Evangelio de Lucas, el libro de Hechos cubre más de _____ % del Nuevo Testamento.
4. La calidad literaria de Hechos se considera _____.
5. Hechos se enfoca en la persona de _____.
6. La persona que anunció el evangelio de Jesús el Mesías en Pentecostés fue _____.
7. La evidencia más sorprendente de que Dios estaba obrando durante los primeros días de la Iglesia Cristiana fueron los _____.
8. Un resultado de la generosidad y al mismo tiempo austeridad del evangelio en el inicio de la Iglesia fue la _____ entre los convertidos.
9. Entre los que mataron a Esteban estaba _____, quien luego fue uno de los mejores defensores de Cristo.

Hechos 1–7

Resumen

1. Lucas escribió el libro de Hechos a más tardar a principios de la sexta década d.C.
2. Hechos se distingue por su valor histórico y su visión teológica.
3. Lucas narra en Hechos el desarrollo, análisis y desacuerdo que rodeaba la expansión de las primeras prédicas de Cristo.
4. Hay dos divisiones principales en Hechos: (a) los capítulos 1–12 resaltan la predicación del evangelio en Jerusalén, Judea, Samaria y sus alrededores; (b) 13–28 se enfocan en los primeros testimonios.
5. Hechos es una narración histórica que resalta los seguidores de Jesús mas bien que en los hechos y enseñanzas de Jesús.
6. Lucas analiza en Hechos el legado de Jesús al dejarnos su propio testimonio, al dejar órdenes permanentes, y al hacer un recuento de la ascensión de Jesús.
7. La extraordinaria presencia del Espíritu Santo en Pentecostés implicó el anuncio del evangelio de Jesús el Mesías.
8. Entre las características sobresalientes de la vida e impacto de los primeros cristianos en el despertar de Pentecostés están: (a) el enfoque central de las enseñanzas apostólicas, (b) el desarrollo de la comunión, (c) una sensación prevaleciente de temor, (d) participación de bienes materiales, (e) encuentros en los patios del templo, (f) sincera alabanza al Señor, (g) el favor de los apóstoles que disfrutaron los peregrinos, y (h) el crecimiento espiritual de los creyentes.
9. Los milagros continuaron a través de la obra de los apóstoles.
10. El poder del evangelio se vio en la intensidad y persistencia de la predicación.
11. Los cristianos fueron perseguidos entonces y Esteban fue el primer mártir conocido.

Lecturas relacionadas

Earle Ralph, *Comentario bíblico Beacon*. Tomo VII, Casa Nazarena de Publicaciones, Kansas City, MO, 1965. Earle desarrolla su análisis a través del tema «Los testigos», que predican, realizan milagros, son perseguidos, oran, progresan, son condenados a muerte (Esteban).

Clarke Adam, *Comentario de la Santa Biblia*, Casa Nazarena de Publicaciones, Kansas City, MO, 1974. Comentario exegético de Hechos de los apóstoles con fuerte sentido histórico y un tinte devocional a cada pasaje bíblico.

Boyd M. Frank y Pearlman Myer, *La Biblia a su alcance*. Tomo IV: Nuevo Testamento, Editorial Vida, Miami, FL, 1972. Un sencillo bosquejo a modo de lecciones básicas para estudios inductivos de los Hechos de los apóstoles. Comenta trozos temáticos del libro.

Kunz y Schell, *De Jerusalén a Roma*, Ediciones Certeza, Buenos Aires, Argentina, 1973. Una serie de estudios sobre el libro de Hechos, pensando en personas que no tienen un profundo conocimiento del tema. Especial para nuevos creyentes o reuniones en hogares.

Canclini Arnoldo (traductor) Jones Estill (autor), *Hechos: Colaborando en la misión de Cristo*, Casa Bautista de Publicaciones, Nashville, TN, 1974. Un estudio de cómo avanzó el Evangelio desde Jerusalén hasta llegar a Roma por medio de Pablo. Analiza los hechos ocurridos en algunas grandes urbes visitadas por los apóstoles Pedro y Pablo.

Erdman Carlos, *Hechos de los apóstoles*, Editorial T.E.L.L., Grand Rapids, MI, 1974.« Ni en guerra ni en paz, ni en el pasado ni en el presente, empresa alguna ha sido más audaz, aventurera y apasionante para llevar el evangelio al mundo entero».

15 Hechos 8–12
Salvación para judíos y gentiles

Bosquejo

- **Esbozo de Hechos 8–12**
- **Perspectiva de Hechos 8–12**
- **Personajes secundarios: Diez más que creyeron**
  Felipe (8.5-13,26-40)
  El eunuco etíope (8.26-40)
  Ananías (9.10-19)
  Eneas (9.33-35)
  Tabita (9.36-42)
  Simón el curtidor (9.43; 10.6,17,32)
  Cornelio (10.1–11.18)
  Bernabé (11.22-30)
  Agabo (11.28)
  Jacobo, hermano de Juan (12.2)
- **Dos que no creyeron**
  Simón el mago (8.9-25)
  Herodes Agripa (12.1-23)
- **Personajes principales**
  Juan (8.14-25)
  Pedro (8.14-25; 9.32-43; 10.1–11.18; 12.13-18)
  Saulo (8.1-3; 9.1-31; 11.25-30; 12.25)

Objetivos

Después de leer este capítulo, usted podrá

- Escribir un bosquejo del contenido de Hechos 8–12
- Enumerar los diez individuos que respondieron al evangelio
- Explicar las situaciones que rodeaban a los dos individuos que no respondieron favorablemente al evangelio
- Identificar las contribuciones de tres personas que se destacaron en el surgimiento y crecimiento de la iglesia primitiva

Perspectiva de Hechos 8–12

Hechos 8–12 muestra un leve cambio de perspectiva. Los capítulos anteriores se enfocan más en el contenido y en el impacto del mensaje predicado. Hechos 8–12 continúa con este enfoque pero también se interesa en varias personas. A fin de dramatizar la respuesta de la iglesia primitiva al mandato de Jesús («me seréis testigos en Jerusalén, en toda Judea, en Samaria»), esta retrata artísticamente el impacto del evangelio en las vidas de varios individuos. Por lo general tal impacto involucra aceptar a Cristo. En algunos casos significa censura y hasta juicio por desobedecer a Cristo. En todos los casos, esta sección de Hechos muestra consciencia personal acerca de Dios e interés por la vida de todos, sean judíos (Jesús y aquellos a su alrededor) o gentiles (la mayoría de personas tanto en el mundo moderno como en el antiguo).

Algunas constituyen personajes secundarios en el ámbito general de formación de la iglesia primitiva. Otras son más centrales, pero todas presentan la influencia del mismo evangelio. A continuación consideramos ambos grupos (personajes secundarios e importantes).

Los judíos de la época de Jesús evitaban a Samaria y los samaritanos. Pero Él ordenó a sus discípulos que llevaran allá el evangelio. Felipe estuvo entre los primeros que obedecieron.

El evangelio de la muerte redentora y resurrección de Jesús se predicó primero en Jerusalén. Sus primeros predicadores y oyentes fueron judíos. Pero Él pidió a sus seguidores que fueran con su mensaje también a Judea y Samaria (Hch 1.8). Hechos 8–12 relata aspectos de suma importancia en el surgimiento del evangelio más allá de las calles y paredes de Jerusalén.

Bosquejo de Hechos 8–12

I. **Testificación de Cristo en Judea y Samaria** (8.1–12.25)
  A. Saulo el perseguidor y Felipe el evangelista (8.1-40)
  B. Conversión de Saulo (9.1-31)
  C. Ministerio de Pedro en Judea (9.32–11.18)
  D. La iglesia en Antioquía: Ministerio de Bernabé (11.19-30)
  E. Liberación milagrosa de Pedro (12.1-25)

Personajes secundarios: Diez más que creyeron

En los Evangelios y en Hechos 1–7, doce seguidores escogidos de Jesús mantienen un lugar destacado. Su importancia no disminuye en Hechos 8–12, pero la atención se extiende e incluye a varios que respondieron, y que en algunos casos aventajaron, al mensaje que Jesús había ordenado a todas las personas (Hch 1.8).

Felipe (8.5-13,26-40)

Felipe fue uno de los siete elegidos para supervisar la distribución de alimentos en la iglesia de Jerusalén (6.5; no debe confundirse con Felipe el apóstol [1.13]). Debido a la persecución que siguió al apedreamiento de Esteban, Felipe y otros huyeron de Jerusalén. Pero no dejaron atrás al evangelio sino que lo declararon a quienes encontraban mientras viajaban.

Hechos 8–12

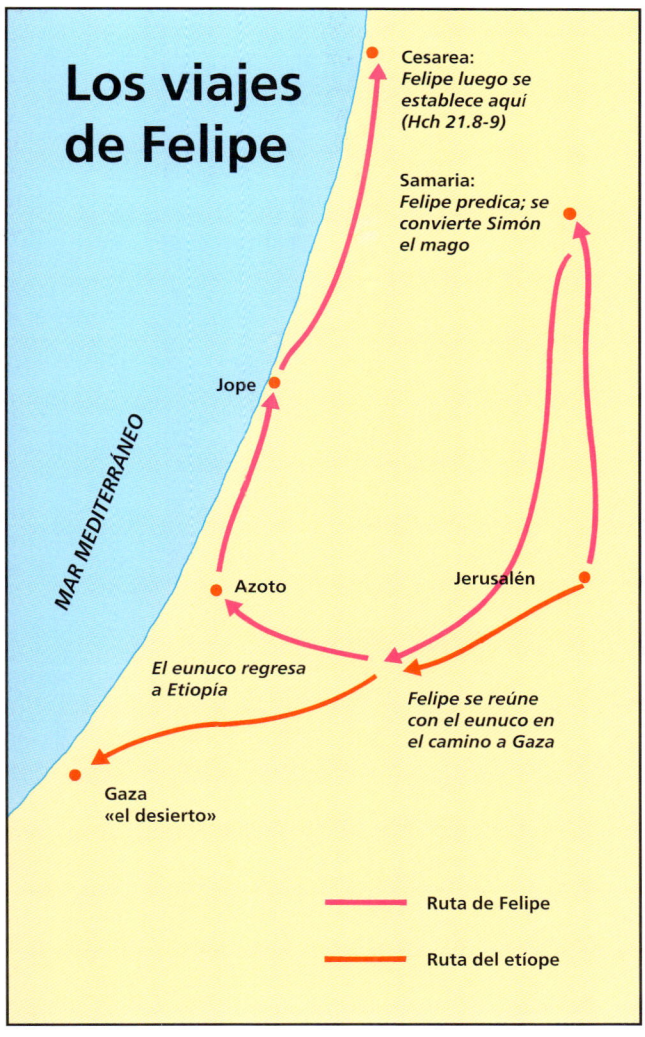

Los viajes de Felipe

el primer aguijón que acosó a la iglesia primitiva para obedecer el mandato de Jesús (Hch 1.8). Entre los convertidos de Felipe están un mago de nombre Simón (8.13) y un alto oficial del gobierno de Etiopía.

El eunuco etíope (8.26-40)

A pesar de la favorable respuesta al evangelio en Samaria, Felipe continuó sensible a la dirección divina cuando llegó el momento de ir a otro sitio. Ante la incitación de un ángel dejó Samaria, que se encontraba al norte de Jerusalén, y se dirigió a GAZA, que estaba al sur (8.26). En poco tiempo se topó con un distinguido viajero: el tesorero del reino africano de ETIOPÍA (no es idéntica a la Etiopía moderna, conocida antiguamente como ABISINIA). Etiopía (a la que el AT se refiere como a Cus) estaba localizada en el área actual que corresponde al sur de Egipto actual y norte de SUDÁN. Tenía lazos históricos con Jerusalén y la fe judía.

El oficial etíope (que pudo o no haber estado mutilado; «eunuco» no implica siempre castración) quizás estuvo de visita en Jerusalén por razones religiosas. Felipe lo halló desconcertado ante a un rollo que contenía Isaías 53, que habla de una inocente víctima dispuesta a morir para expiar los pecados de otros. Aprovechó la ocasión para informarle que Jesús cumplió la profecía de Isaías. El etíope pidió ser bautizado cuando encontraron agua (8.36). Felipe aceptó su petición antes de ser inspirado a seguir(8.39), obrando en la costa mediterránea hasta llegar a CESAREA, donde aparentemente se radicó. En la Iglesia Primitiva se le conoce como Felipe el evangelista (Hch 21.8), tal vez para diferenciarlo del apóstol del mismo nombre.

El etíope, que continuó su camino como un hombre nuevo, a su retorno quizás comunicó el mensaje de Cristo con sus compatriotas. El evangelio continuó tocando vidas mientras se expandía más allá de Jerusalén, tal como Jesús lo profetizara.

Ananías (9.10-19)

El mismo Saulo, cuya persecución ocasionó que el evangelio se expandiera más allá de Judea y Samaria (8.1), tomó medidas para arrestar a cualquier seguidor de Jesús que estuviera en DAMASCO (9.1-2). Su confrontación con Jesús se relatará segui-

Felipe entró en Samaria, una región que evitaba la mayoría de judíos de Jerusalén (vea Jn 4.9). Manifestó la proclama mesiánica que ya habían divulgado los apóstoles, Esteban y otros en Jerusalén. La respuesta fue entusiasta. La prédica de Felipe produjo muchas de las mismas señales que acompañaron al ministerio de Jesús (8.7).

Felipe es importante en Hechos por ser uno de los primeros en llevar el evangelio fuera de Jerusalén. Quizás otros lo precedieron (p.ej. algunos de los convertidos de Hechos 2, o los desconocidos fundadores del grupo que se menciona en 9.38); pero los informes son muy superficiales. El evangelio que se predicó primero a los judíos (Hechos 1–7) ahora era proclamado por Felipe a los samaritanos. Vale la pena notar que la persecución fue

Isaías 53.1-10

Este es el pasaje para el que el etíope pidió ayuda a Felipe. Isaías (siglo octavo a.C.) habla de un «siervo de Dios» que sufre malos tratos para la gloria de Dios. Felipe interpretó el pasaje como una profecía acerca de Jesucristo.

¿Quién ha creído a nuestro anuncio? ¿Y sobre quién se ha manifestado el brazo de Jehová? Subirá cual renuevo delante de Él, como raíz de tierra seca; no hay parecer en Él, ni hermosura; le veremos, mas sin atractivo para que le deseemos. Despreciado y desechado entre los hombres, varón de dolores, experimentado en quebranto; y como que escondimos de Él el rostro, fue menospreciado, y no lo estimamos. Ciertamente llevó Él nuestras enfermedades, y sufrió nuestros dolores; y nosotros le tuvimos por azotado, por herido de Dios y abatido. Mas Él herido fue por nuestras rebeliones, molido por nuestros pecados; el castigo de nuestra paz fue sobre Él, y por su llaga fuimos nosotros curados. Todos nosotros nos descarriamos como ovejas, mas Jehová cargó en Él el pecado de todos nosotros. Angustiado Él, y afligido, no abrió su boca; como cordero fue llevado al matadero; y como oveja delante de sus trasquiladores, enmudeció, y no abrió su boca. Por cárcel y por juicio fue quitado; y su generación, ¿quién la contará? Porque fue cortado de la tierra de los vivientes, y por la rebelión de mi pueblo fue herido. Y se dispuso con los impíos su sepultura, mas con los ricos fue en su muerte; aunque nunca hizo maldad, ni hubo engaño en su boca. Con todo eso, Jehová quiso quebrantarlo, sujetándole a padecimiento. Cuando haya puesto su vida en expiación por el pecado, verá linaje, vivirá por largos días, y la voluntad de Jehová será en su mano prosperada.

---

damente. Cuando llegó a Damasco, temporalmente ciego y rehusando alimento y bebida, Dios envió a Ananías para anunciarle la restauración de la vista.

No sabemos cómo Ananías llegó a conocer el evangelio, ni si era nativo de Damasco o si había huido de Jerusalén. Es importante en Hechos no solo por su papel en la conversión de Saulo sino también por la evidencia que da de la importante comunidad cristiana de Damasco, a más de siento sesenta kilómetros de Jerusalén, solo pocos años después de la muerte de Jesús. La breve narración de la conversación de Saulo con Dios (9.10-16) señala la naturaleza cálida y personal de la fe cristiana primitiva, el papel vital de la oración (tanto dicha como escuchada) y la valentía que se requería para obedecer a Dios.

Eneas (9.33-35)

Eneas se menciona en relación con el ministerio de Pedro. Al expandirse el evangelio fuera de Jerusalén, la iglesia apostólica mandó a Pedro y a Juan a constatar los nuevos progresos (8.14). Pedro continuó viajando y hablando fuera de Jerusalén. Sus viajes lo llevaron a LIDA, un centro comercial floreciente como a cincuenta kilómetros al noroccidente de Jerusalén. Allí visitó «a los santos» (9.32), judíos que eran seguidores de Jesucristo. Entre estos se encontraba un hombre llamado Eneas.

Eneas estuvo paralítico por ocho años. Pedro le pidió levantarse y tomar el lecho sobre el que había yacido sin remedio por casi una década. Esta notable sanidad unió el ministerio de Pedro con el de Jesús, en cuyo nombre ordenó al hombre levantarse (Mc 2.11). Además, la sanidad atrajo a muchos a la fe en Cristo. La recuperación de Eneas llegó a conocerse ampliamente en LIDA y SARÓN (9.35). Esta última no era una ciudad sino una fértil planicie costera que unía a Judea con Samaria y al norte con la estratégica ciudad portuaria de Cesarea.

Tabita (9.36-42)

Como a quince kilómetros de Lida se encontraba JOPE, en la costa mediterránea, cerca del moderno TEL AVIV. Jope era la ciudad portuaria de Jerusalén. No se sabe cómo se fundó allí la comunidad de «discípulos» (9.38). Cuando murió Tabita, una

centurión

piadosa y amada mujer, enviaron por Pedro que todavía se encontraba en Lida y que había sanado allí a Eneas.

Pedro respondió a su pedido. Obviamente fue conmovido por su dolor ante la muerte de Tabita. Su nombre quería decir «gacela» en arameo. (Su nombre griego «Dorcas» singnifica lo mismo. Al igual que muchos en esta región bilingüe o trilingüe, tenía nombres en cada uno de los comunes lenguajes dominantes). Durante su vida, la mujer había sido un ejemplo de ayuda a los pobres y otras buenas obras.

Quizás Pedro recordó cuando Jesús volvió a la vida a una niña de doce años, luego de haber sacado del cuarto a todos excepto a sus padres, a Pedro, Santiago y Juan (Mc 5.37-40). Cayó de rodillas en oración, luego llamó a la mujer por su nombre. Sus ojos abrieron y se incorporó. Esto llegó a conocerse ampliamente en la región, atrayendo a muchos más a la fe en el Señor que Pedro predicaba.

Como Eneas, Tabita recuerda la divulgación del evangelio más allá del área tocada directamente por Jesús y los primeros discípulos. Ella y Eneas demuestran la activa preocupación de Dios por los necesitados, especialmente por aquellos como viudas y paralíticos, a quienes la extensa sociedad tiende a descuidar.

Simón el curtidor (9.43; 10.6,17,32)

La referencia a este Simón (una de nueve personas con ese nombre en el NT) es breve pero significativa. Pedro posó en su casa durante los muchos días que estuvo en Jope (9.43). Fue en la azotea de la casa de Simón donde Pedro tuvo una visión que cambiaría el curso de la historia de la iglesia primitiva (10.9-16). En parte, Simón el curtidor tiene importancia porque Pedro recibió esta visión en su casa.

El oficio de Simón señala otra faceta de su importancia. Él era curtidor o fabricante de cuero. Su modo de ganarse la vida implicaba contacto diario con animales muertos. La tradición judía basada en el AT (Lv 11.39-40) ceremoniosamente lo catalogaría como inmundo. Los grupos del primer siglo como los fariseos tendían a despreciar a tales personas. El deseo de Pedro de posar con Simón, cuya casa habría sido vista como inmunda por muchos debido a su ocupación, indican que Pedro ya se estaba liberando de algunos de los prejuicios que impedía que el evangelio recibiera la aceptación que merecía. Por supuesto, Jesús había luchado con muchos de estos prejuicios. Al quedarse bajo el techo de Simón, Pedro estaba siguiendo la orden de Jesús, que aceptaba a aquellos considerados inaceptables por las autoridades religiosas de la época (Mc 2.16).

Cornelio (10.1–11.18)

La visión en la casa de Simón el curtidor preparó a Pedro para su histórica visita a Cornelio, un comandante militar romano. Cornelio era un insólito centurión romano, pues de muchas maneras procuraba honrar al Dios de los judíos (10.2). El típico soldado romano adoraba al emperador y a las deidades patronas de su unidad militar, llamada legión.

Dios respondió a la devoción de Cornelio mandándole un mensajero celestial. Cornelio había mandado a llamar a Pedro en Jope e invitó a un gran número de parientes y amigos para escuchar el mensaje de Pedro (10.24).

Cornelio fue un personaje clave en la comprensión de Pedro de que las costumbres judías que prohibían acercarse a los gentiles eran incongruas con seguir a

Las viudas, los enfermos y los pobres no tenían a dónde ir en el mundo antiguo. Jesús enseñó el cuidado de Dios para ellos. El ministerio de Pedro siguió la guía de Jesús.

El oficio de Simón el curtidor estaba ligado a la muerte de animales. Debido a esto las leyes religiosas lo dictaminaban impuro. Pero a pesar de eso Pedro permaneció bajo su techo.

Jesús (10.28). Cuando Cornelio y otros no judíos recibieron el Espíritu Santo en la misma forma que lo habían recibido otros judíos y Pedro, este comprendió que el pueblo de Dios no estaba limitado a quienes tenían ancestros y costumbres sociales judías (10.34-35,44,47).

El incidente de Cornelio se convirtió en un caso de prueba en la iglesia primitiva, que aún era ampliamente judía. Dio origen a la controversia de la relación entre la práctica de la religión judía y las condiciones necesarias para recibir perdón y nueva vida en Cristo. Dios utilizó a Cornelio para mostrar a Pedro, y a la iglesia primitiva, que los gentiles que se arrepentían y creían en Cristo eran aceptables ante Dios. No necesitaban adoptar primero costumbres sociales judías (11.17-18). Como lo enseñó Jesús, el evangelio era para todas las personas, no solo para los descendientes físicos de Abraham.

Bernabé (11.22-30)

La iglesia de Jerusalén envió a Bernabé al norte hacia ANTIOQUÍA, a más de 480 kilómetros, para verificar los informes de que personas no judías estaban recibiendo «las buenas nuevas del Señor Jesús» (11.20,22). Bernabé, cuyo nombre quería decir «consolador», era muy conocido desde los días en que había vendido una propiedad para ayudar a suplir las urgentes necesidades entre creyentes desamparados en Jerusalén (4.37).

Bernabé apoyaba y animaba a los nuevos creyentes en Antioquía, la capital de la gran provincia romana llamada SIRIA. Por tanto es una figura clave en la expansión del evangelio a este centro político estratégico, donde por primera vez llamaron creyentes a los cristianos (11.26). También tuvo la sabiduría de enrolar a Saulo como maestro en la iglesia de Antioquía (11.25). Anteriormente había tenido la visión y la valentía de asociarse con el peligroso Saulo, poco después de su conversión (9.27). Tanto Bernabé como Saulo desempeñan papeles centrales en la expansión del evangelio en los últimos capítulos de Hechos.

Ágabo (11.28)

Ágabo predijo con exactitud una hambruna que ocurriría durante el reinado de CLAUDIO (41-54 a.C.). Es uno entre el número de personas llamadas «profetas» en la iglesia primitiva. En cualquier otro sitio se mencionan a los profetas junto con apóstoles, evangelistas y pastores-maestros como individuos excepcionalmente llamados y dotados para conformar la comunidad cristiana (Ef 4.11). La predicción

Página opuesta: Restos del gran refugio romano en Cesarea, donde Cornelio había sido destinado.

simonía

de Ágabo motivó a los creyentes a tomar medidas para ayudar a sus hermanos necesitados en Judea. Parece que los creyentes judíos experimentaban a menudo privaciones económicas como resultado de aceptar el evangelio (Hch 2.45; 4.32).

Agabo constituye un recordatorio de la provisión de Dios para las necesidades de su pueblo. La Iglesia no disponía en sus primeros años de las Escrituras del NT. Los profetas, muchos de los cuales aparentemente eran itinerantes, brindaban guía y exhortación para incrementar la instrucción del AT, de los maestros cristianos y de los mismos apóstoles. Parece que con el pasar de las décadas el oficio de profeta ha declinado en importancia, casi desapareciendo finalmente. Sin embargo, en Hechos permanece el testimonio centrado en la expansión y aplicación del evangelio.

Ágabo es además un recordatorio de que Dios dirige la historia. Sabe lo que depara el futuro. Cuando cree conveniente, revela a aquellos con oídos para oír aspectos de sus planes para el presente y futuro.

Jacobo, el hermano de Juan (12.2)

Jacobo sirve como un recuerdo potente pero cruel de la estrecha unión entre Hechos y los Evangelios. Él era hermano del apóstol Juan. Junto con Pedro y Juan, era uno de los doce seguidores originales de Jesús y miembro de su círculo íntimo de tres. Jesús predice en Mateo 20.23 que Jacobo tendría su mismo final terrenal: muerte por ejecución. Hechos 12.2 recuerda el cumplimiento de esta profecía.

Por tanto Jacobo fue el primero de los doce en morir por su lealtad a Jesús. Nos recuerda la feroz oposición que enfrentaron muchos, si no la mayoría, de los primeros cristianos. Incluso el gobernador civil HERODES AGRIPA (37-44 d.C.) se alió en hostigar a los judíos cristianos que profesaban fe en el Jesús crucificado. Esto incrementó la reputación de Herodes a los ojos de otros judíos. Jacobo pagó el máximo precio por su lealtad a Jesús y el evangelio.

Dos que no creyeron

La mayoría de personas que se mencionan en Hechos 8–12 responden favorablemente al evangelio y promueven su expansión. Sin embargo, existen dos relatos de respuesta negativa al mensaje de Jesucristo. Se trata de un mago y un rey.

Simón el mago (8.9-25)

La prédica de Felipe el evangelista en Samaria, ya mencionado antes, atrajo la atención de una celebridad local de nombre Simón, que según parece gozaba de poderes mágicos y osadamente se jactaba de ellos. Tenía seguidores que creían que poseía poderes divinos. Cuando la prédica de Felipe atrajo a algunas de estas personas para Cristo, Simón reaccionó haciendo una pública profesión de fe y bautizándose.

Pero la conversión de Simón se puso en duda cuando Pedro y Juan llegaron de Jerusalén para constatar la expansión del evangelio. Simón les ofreció dinero para que compartieran sus poderes apostólicos con él (de allí la palabra simonía, compra o venta de oficios o privilegios espirituales). La respuesta de Pedro fue inmediata y directa: El corazón de Simón todavía estaba esclavizado a la ambición de charlatán, de la que había pretendido haberse arrepentido. Aunque la respuesta de Simón parece sincera (8.24), informes del segundo siglo indican que mostró temor momentáneo y no arrepentimiento permanente. Su nombre ha llegado a ser sinónimo de herejía. Esta corta historia es un recordatorio de que aceptar el evangelio significa entregar el poder de la vida de alguien al Señor, pero no utilizar al Señor para obtener poder con fines personales.

Herodes Agripa I (12.1-23)

Herodes, el perseguidor de Jacobo (12.1-4), sabía suficiente acerca del evangelio como para reprimirlo a la fuerza. Nació alrededor del año 10 d.C. y su hermana (HERODÍAS) fue la que ingenió el decapitamiento de Juan el Bautista. Debió haber tenido conocimiento del ministerio terrenal de Jesús desde sus albores. Cuando Claudio llegó a ser emperador romano en el 41 d.C., añadió Judea y Samaria al reino de Herodes, que anteriormente había estado supeditado a un área más pequeña.

Herodes ordenó ejecutar a los guardias que atestiguaron cuando un ángel liberó a Pedro de prisión (vea más adelante Hechos 12.19). Desde Jerusalén Herodes viajó por las costas mediterráneas para negociar con ciudadanos de las ciudades de TIRO y SIDÓN. Luego de una arenga pú-

Barcos como este transportaban cereales hacia Roma. Las sequías y otros trastornos fácilmente producían hambres. El historiador romano Suetonio habla de escasez de cereales durante el reinado de Claudio (41-54 d.C.). En Hechos 11.28, Ágabo profetiza una gran hambre; Lucas añade que esto sucedió en el tiempo de Claudio.

blica, el pueblo le exaltó; aun le llamaron dios (12.22). A pesar de la conmoción originada por el movimiento cristiano en su territorio, Herodes ni negó ni rechazó tal blasfemia. Como resultado, cayó herido y se convirtió en un ejemplo público de la seriedad de desafiar a Dios y oponerse al evangelio. Murió poco después.

Figuras principales

Hechos 8–12 menciona tres personas destacadas en el origen y crecimiento de la iglesia primitiva: Juan, Pedro y Saulo (Pablo).

Juan (8.14-25)

Aunque en el NT aparecen varias personas de nombre Juan, aquí nos referimos a Juan el apóstol, hijo de Zebedeo, el «discípulo amado» que escribió el cuarto Evangelio. También escribió tres epístolas del NT y el Apocalipsis. Se le menciona en Hechos 1, 3 y 4, siempre junto con Pedro. En Hechos 8 acompaña a Pedro a Samaria. La iglesia de Jerusalén lo envió a Samaria junto con Pedro para confirmar a los creyentes.

Juan y Pedro oraron e impusieron las manos sobre los nuevos convertidos samaritanos y estos «recibieron el Espíritu Santo» (Hch 8.17). Esto parece indicar que se vieron las mismas señales de visitación divina que Juan, Pedro y otros ya habían experimentado en Jerusalén. Así Juan llegó a ser testigo y apoyo en la expansión del evangelio tanto en Judea como en tierras distantes (8.25). Aunque Hechos no lo menciona más por nombre después de esto (excepto como hermano de Jacobo, 12.2), podemos asumir que desempeñó un papel sobresaliente en la expansión del evangelio. No se preservan datos específicos de la actividad de Juan en Samaria ni en medio del liderazgo en Jerusalén (vea Gl 2.9), pero indicaciones de sus escritos y la tradición antigua de la iglesia muestran que su contribución y sacrificio por causa de Jesucristo fueron considerables.

Pedro (8.14-25; 9.32-43; 10.1–11.18; 12.3-18)

En ciertos aspectos, Pedro desempeña el mismo papel de líder en Hechos 8–12 que en Hechos 1–7. Junto a Juan confirmó el trabajo de Felipe en Samaria. Advirtió a Simón el mago para que se arrepintiera de su codicia. En el curso de la expansión del evangelio sanó a Eneas y Tabita.

Según hemos visto, Pedro tuvo una visión mientras posaba con Simón el curtidor. Esta subrayaba una verdad que Jesús enseñó: No es la comida lo que contamina sino las actitudes del corazón (Mc 7.15-23). Aunque la dieta no es ajena a la espiritua-

El mundo romano representaba sus dioses en forma humana, como esta escultura de Serapis quien era extensamente adorado. Cuando Herodes Agripa recibió aclamación como un dios (Hch 12.22) murió poco después.

lidad, el papel de los alimentos «limpios» e «inmundos», según lo entendía el judaísmo del primer siglo, era incorrecto. Dios se interesa por el corazón humano, no por planes alimentarios.

Pedro siguió a los mensajeros del general romano Cornelio que fueron a escoltarlo de Jope a Cesarea. La distancia era de casi cincuenta kilómetros. Pedro aplicó la lección que le enseñó la visión: «Dios no hace acepción de personas» (10.34). Esto quería decir que el evangelio era para judíos y gentiles. Mientras Pedro predicaba, el Espíritu Santo cayó sobre los oyentes, lo que dejó atónitos a sus compañeros judíos (10.45). No podían comprender cómo estos no judíos incircuncisos podían ser aceptables a los ojos de Dios, igual que los judíos, si ellos obedecían su mensaje. Pero la visión de Pedro (sin mencionar nada de la enseñanza de Jesús) lo había preparado para proceder así. Los nuevos convertidos no debían adoptar costumbres judías sociales (circuncisión, restricciones alimentarias, observancia del calendario religioso judío). Él ordenó que fueran bautizados en el nombre de Jesús y permaneció con ellos por unos días para confirmarlos en su nueva fe (10.48).

La actitud de Pedro produjo crítica inmediata entre los creyentes judíos en Judea. Acusaron a Pedro por haber fraternizado con los gentiles (11.3). Este les narró su visión. Les contó del ángel que había hablado a Cornelio. También recordó palabras relacionadas de Jesús y Juan el Bautista (11.16). Pedro concluye en que si Dios ha concedido su Espíritu a los gentiles, sería osado oponerse a Él. Tal vez Pedro recordó la severa advertencia de Jesús en contra de estorbar la obra del Espíritu (Mc 3.29). Parece que esto satisfizo a los creyentes judíos, que alabaron a Dios por llamar tanto a judíos como a gentiles al «arrepentimiento para vida» (11.18).

Pedro ganó el caso ante sus compañeros judíos creyentes, pero esto no lo libró de los designios de Herodes, quien por razones políticas mandó a matar a Jacobo, hermano de Juan y luego arrestó a Pedro (12.3). Esto fue durante la época de la Pascua, la misma en que Jesús fue arrestado y crucificado. Es probable que Pedro estaba próximo a morir, pero Dios intervino y lo sacó ileso de prisión. Sus compañeros creyentes, que oraban por su libertad, se quedaron perplejos cuando lo vieron (12.16). Pedro pidió que informaran de esto a Jacobo (el medio hermano de Jesús que era un líder en la iglesia de Jerusalén) y a otros líderes (12.17). No se vuelve a mencionar a Pedro hasta Hechos 15.

Pedro es importante en esta parte de Hechos por su papel clave en llevar el evangelio más allá de sus límites geográficos originales. Aunque en el gran curso del tiempo sería Pablo, y no él, quien llegaría a ser el «apóstol para los gentiles» (Gl 2.8), Dios actuó a través de Pedro para poner un fundamento en la obra de Pablo. Según lo dijo el mismo Pedro: «Dios escogió que los gentiles oyesen por mi boca la palabra del evangelio y creyesen» (Hechos 15.7).

Saulo (8.1-3; 9.1-31; 11.25-30; 12.25)

Hechos 8–12 ofrece cuatro vistazos de Saulo (más tarde llamado Pablo en Hechos). Primero, presidió el apedreamiento de Esteban y ayudó a instigar una depravada persecución contra los judíos que aceptaban a Jesús el Mesías (8.1-3).

Segundo, mientras seguía comprometido en la tarea contra los seguidores de Jesús, Saulo fue confrontado con quien él asumía que estaba muerto: Jesús. Hechos 9.1-31 es uno de los tres relatos, cada uno ligeramente distinto, de esta experiencia que ocurrió en el camino entre Jerusalén y Damasco (vea también Hechos 22.4-16; 26.9-18). Después de tres días de ayuno,

Saulo recibió el Espíritu de Jesús, a cuyos seguidores había estado persiguiendo (Hch 9.17-18). Luego pregonó sus sorprendentes y nuevas convicciones en las sinagogas de Damasco insistiendo con tal vigor, que conspiraron para matarle (9.23). Decidió escapar a ARABIA por un tiempo antes de regresar a Damasco (Gl 1.17).

Alrededor de tres años después de su conversión, finalmente visitó Jerusalén. Con la ayuda de Bernabé fue recibido por algunos creyentes allí, pues naturalmente muchos dudaban de él. ¿Era genuina su conversión a Jesucristo (9.26)? ¿Estaría pretendiendo seguir a Jesús para conseguir información contra los cristianos? Cuando los judíos en Jerusalén trataron de matarlo, él se fue con la ayuda de otros creyentes a Cesarea en la costa. Luego navegó hacia el norte a su lugar de nacimiento, la ciudad de TARSO. Hechos narra que después de esto, las iglesias de Judea, Samaria y GALILEA gozaron de un tiempo de crecimiento y relativa paz.

Tercero, en Hechos 11.25-30 Bernabé reclutó a Saulo para fines pastorales en la joven iglesia de Antioquía. En parte, de-

Enfoque 15: Uno más que creyó

Felipe, Tabita, Ágabo, Cornelio (continúa la lista de quienes creyeron en Jesucristo y cuyos nombres aparecen en el libro de Hechos). A partir del siglo primero muchos han oído el evangelio y creído en él.

En el siglo diecinueve otro individuo creyó. Él creyó en el Señor e influyó en gran manera sobre la comunidad cristiana de su nativa Inglaterra y más lejos aún.

Cuando era joven luchó con la culpa; se sentía miserable bajo la carga del pecado. Aun cuando había intentado encontrar paz, no le fue posible limpiarse personalmente del agobiante peso de la culpa. Una fría noche invernal entró a una pequeña capilla metodista en que se desarrollaba el culto sin predicador. Un laico con escasa educación hacía un llamado con base en Isaías 45.22: «Mirad a mí, y sed salvos, todos los términos de la tierra, porque yo soy Dios, y no hay más». El laico se dirigió entonces al hombre y dijo: «Joven, te ves muy miserable; joven, mira hacia Jesús, mira y sé salvo».

Más tarde ese joven hablaba así de esta experiencia: «Esa noche miré hacia Jesús y viví». En esa helada noche inglesa se agregó otro nombre a la lista que empezó en Hechos. Tal joven convertido era Charles Haddon Spurgeon (1834-92), quien llegó a convertirse en uno de los predicadores más dotados en la historia. No solo escucharon sus sermones quienes adoraban en el Tabernáculo Metodista de Londres sino que estos fueron traducidos a muchos lenguajes y predicadores de todo el mundo los han leído y estudiado.

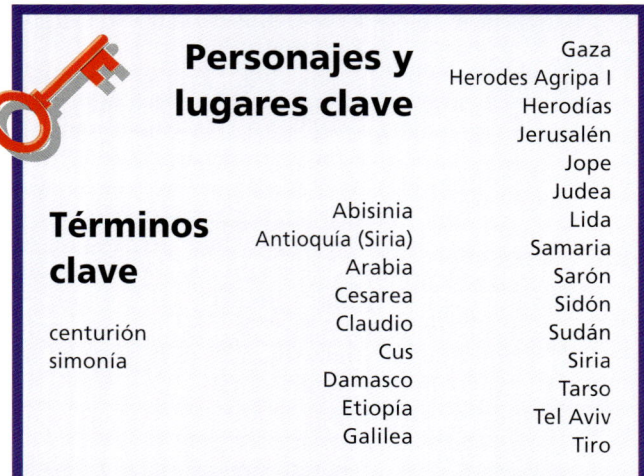

Personajes y lugares clave

Abisinia
Antioquía (Siria)
Arabia
Cesarea
Claudio
Cus
Damasco
Etiopía
Galilea
Gaza
Herodes Agripa I
Herodías
Jerusalén
Jope
Judea
Lida
Samaria
Sarón
Sidón
Sudán
Siria
Tarso
Tel Aviv
Tiro

Términos clave

centurión
simonía

bido a los dones y esfuerzos de Saulo «enseñaron el evangelio a mucha gente» (11.26). Cuando Ágabo profetizó una hambruna, los creyentes de Antioquía decidieron hacer una colecta para los cristianos judíos en Judea. Saulo junto con Bernabé fueron seleccionados para entregar una cuantiosa ayuda económica (11.30). Esta sería la segunda visita conocida de Saulo a Jerusalén. Por lo general se la menciona como la visita de la hambruna. El número y el calendario de visitas a Jerusalén será materia de importancia cuando en un capítulo posterior examinemos las epístolas de Pablo a los gálatas.

Cuarto, en Hechos 12.25 Bernabé y Saulo completan su misión. Regresaron a Antioquía llevando consigo a alguien llamado Juan Marcos. Muchos opinan que este era el Marcos que escribió el segundo Evangelio.[1] En cualquier caso, este junto con Saulo y Bernabé figuran de modo significativo en varios de los próximos capítulos de Hechos.

Resumen

1. Hechos 8–12 demuestra que Dios observa a cada individuo y se interesa en todos como personas.

2. Felipe es importante porque está entre los primeros que llevaron el evangelio fuera de Jerusalén (a Samaria).

3. Ananías fue un personaje importante puesto que Dios lo envió a restaurar la visión de Saulo.

4. Tabita murió en Jope, pero Pedro fue y la resucitó.

5. Pedro aprendió mediante su contacto con Cornelio que las costumbres judías que prohibían el contacto con los gentiles eran inconsecuentes para seguir a Cristo.

6. Ágabo fue uno de los profetas de la iglesia primitiva.

7. Simón el mago y Herodes Agripa no respondieron adecuadamente al mensaje de Cristo.

8. Los tres personajes más destacados en el surgimiento y crecimiento de la iglesia primitiva, como lo informa Hechos 8–12, fueron Juan, Pedro y Pablo, and Paul.

Preguntas de repaso

1. Étnicamente, los primeros predicadores y oyentes del evangelio fueron _____.
2. Entre los primeros en llevar el evangelio fuera de Jerusalén estuvo _____.
3. Eneas, quien había estado paralítico durante ocho años, fue sanado por _____.
4. La mujer a quien Pedro resucitó se llamaba _____, que significa _____.
5. El individuo que Dios utilizó para mostrar a Pedro y a la iglesia primitiva que los gentiles arrepentidos eran aceptados por Él fue _____.
6. El personaje clave en la expansión del evangelio en Antioquía fue _____.
7. La persona que sirvió como recordatorio de la provisión divina para las necesidades de su pueblo fue _____.
8. El primero de los doce discípulos en morir por su fe fue _____.
9. El hombre que ofreció dinero a Juan y Pedro para que le dieran los poderes apostólicos fue _____.
10. Los tres hombres más destacados en el origen y crecimiento de la iglesia primitiva fueron _____, _____ y _____.

Preguntas de estudio

1. ¿Qué podemos aprender del énfasis sobre los individuos en Hechos 8–12?
2. ¿Por qué Felipe y otros salieron de Jerusalén con el mensaje del evangelio? Vea Hechos 8.1,4-5.
3. Enumere y caracterice brevemente cinco «personajes secundarios». Nombre y describa uno que no creyó.
4. ¿Por qué fue controversial la visita de Pedro a Cornelio?
5. ¿Por qué muchos de los primeros cristianos estaban recelosos de Saulo?
6. Enumere los tres «personajes principales». ¿Por qué es importante cada uno?

Lecturas relacionadas

Carroll B.H., *Comentario bíblico a los Hechos. Tomo VII*, Editorial Clie, Barcelona, España, 1986. Carroll busca dilucidar muchos pasajes confusos en los Hechos de los apóstoles, pero su mirada apunta a derrumbar dos falacias que han sido una maldición para el mundo cristiano, como dice su introducción: el sacerdotalismo y la salvación sacramental.

Barclay William, *El Nuevo Testamento comentado por Barclay volumen VII: Hechos de los Apóstoles*, Editorial La Aurora, Buenos Aires, Argentina, 1974. Al comentar los capítulos 8 al 12 de Hechos, Barclay nos hace notar el fuerte impulso expansionista de la iglesia, que llega no solo a judíos sino también a gentiles. Grato es el análisis pastoral que hace de la personalidad de Bernabé al interesarse por Pablo y llevarlo con él.

Bineey Amos y Steele Daniel, *El comentario popular. Tomo I: Hechos de los apóstoles,* Casa Nazarena de Publicaciones, Kansas City, MO, 1962. Un exegético esfuerzo por analizar versículo por versículo las enseñanzas narradas por Lucas en los Hechos. Para quienes desean profundizar más en los fundamentos bíblicos.

Jamiesson, Fausset y Brown, *Comentario exegético y explicativo de la Biblia. Tomo II: Nuevo Testamento*, Casa Bautista de Publicaciones, El Paso, TX, 1969. Sin entrar en palabras griegas o de raíz hebraica, se puede catalogar a este comentario como de gran profundidad. Muy práctico para estudiantes, predicadores y creyentes que se interesen en ahondar en el conocimiento bíblico.

Wikenhauser Alfred, *Los hechos de los apóstoles,* Editorial Herder, Barcelona, España, 1981. Tras analizar el caso de Esteban, el primer mártir del evangelio, su autor comenta: «La sangre de los mártires es semilla de nuevos cristianos». De este tenor es todo el libro.

Roloff Jurgen, *Hechos de los apóstoles,* Ediciones Cristiandad, Madrid, España, 1984. Este exégeta alemán escribe desde un punto de vista de alta crítica en el sentido de calidad de análisis, pero sin abandonar el corazón de pastor. Profundos análisis de términos griegos nos dan seguridad de la atinada visión y erudición de Roloff.

Boyd Frank Pearlman Myer, *La Biblia a su alcance. Tomo IV: Nuevo Testamento*, Editorial Vida, Miami, FL, 1972. Sencillas y prácticas lecciones sobre los Hechos de los apóstoles, pensando en nuevos creyentes o reuniones familiares de evangelización.

16 Hechos 13–28
La luz de Cristo hasta lo último de la tierra

Bosquejo

- Bosquejo de Hechos 13–28
- Primer viaje misionero 13.1–14.28)
- El Concilio de Jerusalén (15.1-35)
- Segundo viaje misionero (15.36–18.22)
- Tercer viaje misionero (18.23–21.15)
- Arresto en Jerusalén prisión en Cesarea (21.15–26.32)
- Viaje a Roma (27.1–28.10)
- Ministerio en Roma (28.11-31)
- Conclusión

Objetivos

Después de leer este capítulo, usted podrá

- Ilustrar que la manera en que Dios mostró su amor no se limitaba a una raza o grupo étnico
- Bosquejar el contenido de Hechos 13–28
- Trazar el primer viaje misionero
- Identificar la importancia del segundo viaje misionero
- Enumerar lo sobresaliente del tercer viaje misionero
- Analizar los sucesos en la vida de Pablo después de su arresto en Jerusalén

En vísperas del siglo veintiuno la comunidad mundial enfrenta aspectos críticos. Un problema principal, por lo general debido a la guerra y a su prima hermana la hambruna, afectan a los refugiados. ¿Qué se hace con millones de personas desubicadas? ¿Qué ayuda se les ofrece? ¿Cuáles son las mejores políticas de inmigración? EUROPA y Norteamérica continuamente discuten estos asuntos. Los habitantes de los continentes a menudo tienen temor de las masas de extranjeros que entran a su país y amenazan su nivel y estilo de vida.

El recelo de los extranjeros no es nuevo. Es más, parece ser un rasgo humano básico. Pero el AT enseña: «Amarás a tu prójimo como a ti mismo» (Lv 19.18). Prescribe la misma actitud hacia los «extranjeros» (Lv 19.34). Y Jesús enseñó: «Como queréis que hagan los hombres con vosotros, así también haced vosotros con ellos» (Lc 6.31). Los seguidores de Jesús recibieron el mandato de ofrecer tal bondad no solo entre ellos sino aun a sus enemigos (Lc 6.35).

Hechos 13–28 describe la constante expansión del evangelio a otras personas y países. El amor de Dios no solo es para una raza o grupo étnico sino para todos cuantos respondan al llamado del evangelio. La xenofobia (temor infundado hacia los extraños o extranjeros) no tiene lugar en el Reino de Dios. El personaje central en esta porción es Pablo, el antiguo fariseo que una vez fue celoso de las leyes judías y hostil hacia cualquier cosa que amenazara la religión judía y la pureza étnica.

Hechos 13–18 describe tres viajes misioneros, y cada uno lleva el evangelio a nuevas regiones. Resume un debate teológico sobre qué hacer con los extranjeros (no judíos, o gentiles) en la iglesia. Esboza las prisiones de Pablo en dos lugares distintos, causadas en gran parte por su mensaje de que los gentiles son bienvenidos a la familia de Dios por la fe. Muchos judíos celosos se opusieron al mensaje y obraron para silenciar a Pablo. Hechos concluye con la historia de cómo se cumplió finalmente la meta muy esperada de predicar el evangelio en la gran ciudad de ROMA.

Bosquejo de Hechos 13–28

I. **La testificación de Cristo hasta los confines de la tierra** (13.1–28.31)
   A. Primer viaje misionero de Pablo (13.1–14.28)
   B. El Concilio de Jerusalén (15.1-35)
   C. Segundo viaje misionero de Pablo (15.36–18.22)

Hechos concluye con la historia de cómo se cumplió finalmente la tan esperada meta de Pablo de predicar el evangelio en la gran ciudad de Roma.

Primer viaje misionero de Pablo

D. Tercer viaje misionero de Pablo (18.23–21.15)
E. Arresto de Pablo en Jerusalén y prisión en Cesarea (21.15–26.32)
F. Viaje de Pablo a Roma (27.1–28.10)
G. Ministerio de Pablo en Roma (28.11-31)

Primer viaje misionero (13.1–14.28)

En Hechos, la iglesia posresurrección de Jesucristo se inicia en JERUSALÉN (Hch 2). Por cerca de una década (30 d.C.) Jerusalén retuvo su importancia central. Claro, su importancia simbólica como Sion, la ciudad de Dios, perdura hasta hoy día. Pero en tiempos apostólicos en algunos aspectos una ciudad distinta opacó a Jerusalén: ANTIOQUÍA, capital de la provincia romana de SIRIA. Tenía alrededor de trescientos mil habitantes[1] y se encontraba a más de ciento sesenta kilómetros al norte de Jerusalén.

En el primer siglo muchos judíos se radicaron en Antioquía.[2] Algunos, junto con muchos no judíos, llegaron a ser allí el núcleo de una iglesia (o iglesias) cristiana(s). Esta se fundó poco después del apedreamiento de Esteban (a comienzos los 30 d.C.) por quienes huían de la persecución en Jerusalén (Hch 11.19-21). Bernabé, y luego Pablo, asumieron el liderazgo en la congregación de Antioquía (Hch 11.22-26).

La importancia de Antioquía es doble. Primero, representaba la diversidad étnica apropiada para el evangelio que reune a personas de todos los trasfondos en la familia de Dios (vea Ef 2.11-22). Segundo, fue la primera iglesia misionera del cristianismo primitivo. Los tres viajes misioneros de Pablo comenzaron en Antioquía.

En la actualidad se rechaza de plano la idea de presentar la religión de algunos a otros que ya tienen su propia religión. Sin embargo se debe recordar que Jesús enseñó que Él era el único camino al Padre celestial (Jn 14.6) y que ser su discípulo significa llevar a otros las buenas nuevas de salvación a través de Él (Mt 28.19-20).

La iglesia de Antioquía tomó en serio su responsabilidad. Mientras adoraban y ayunaban, el Espíritu Santo les instó a enviar a Bernabé y Saulo (Pablo) en una misión para predicar y fundar iglesias. Así lo hicieron (Hch 13.1-3). Corría aproximadamente el año 47 d.C.[3]

El viaje los llevó primero a la isla de Chipre (Hch 13.4-12), de donde procedía Bernabé (Hch 4.36). Tuvieron oposición de un charlatán de nombre Barjesús, pero también fueron testigos de la conversión del procónsul romano (gobernador) de la isla, un hombre llamado Sergio Paulo.

Desde Chipre navegaron hacia el norte al continente de Asia Menor, desembarcando en Perge de Panfilia. Allí Juan Marcos, sobrino de Bernabé (Col 4.10), regresó a Jerusalén por razones desconocidas. Pablo y Bernabé se aventuraron e hicieron una gira por las extensiones de la provincia romana de Galacia. Cada vez que les fue posible visitaron poblaciones que tenían sinagogas judías. Esto proporcionó una base para su mensaje, considerado como el cumplimiento de las creencias y prácticas judías. Los pueblos que visitaron incluían a Antioquía (en Pisidia, no en Siria), Iconio, Listra y Derbe.

Su mensaje se centraba en la preparación por parte de Dios para el ministerio salvador de Cristo, desde los tiempos del AT y en la resurrección y muerte de Jesús (13.16-41). Este mensaje fue recibido con agrado (13.48; 14.1,21) y con amargo rechazo (13.50; 14.2,19). Finalmente Pablo y Bernabé sintieron que habían viajado lo suficiente. Volvieron sobre sus pasos, visitando cada pueblo donde habían predicado, a fin de alentar a los convertidos y establecer un liderazgo más permanente (14.23). Al final regresaron a Antioquía de Siria con las buenas noticias de que en Galacia, como también en la misma Antioquía siriana, Dios «había abierto la puerta de la fe a los gentiles» (14.27).

Luego consideraremos el mensaje del evangelio de Hechos 13–14 más detenidamente, en el capítulo sobre Gálatas. En el flujo literario de Hechos, el primer viaje misionero es importante porque pone el escenario para la primera (y casi acalorada) controversia teológica que la iglesia apostólica se vio forzada a enfrentar.

El Concilio de Jerusalén (15.1-35)

La oposición al evangelio varias veces en Hechos. El mensaje de Jesucristo que predicaron algunos judíos como Pedro, Esteban, Bernabé y luego Pablo, era antagónico a otros judíos que rechazaban la afirmación de que Jesús era el Mesías. Estaba en juego la pregunta de cómo era posible que una persona se «salve», reciba perdón de pecados, se le capacite para continuar la obra del Reino de Dios en este mundo y reciba el privilegio de disfrutar del cielo en la era venidera. Los cristianos judíos insistían en que la salvación era un don gratuito por la gracia de Dios, que se adquiere a través de confiar en Jesucristo. No se ganaba por alguna mezcla de fe y mérito humano. Los judíos no cristianos no estaban

Río Orantes, entre Antioquía y su puerto, Seleucia. Antioquía siriana era la capital provincial de Siria y la base de las operaciones misioneras de Pablo.

de acuerdo. Ellos no aceptaban la muerte de Jesús en la cruz como sacrificio por sus pecados. Insistían en que para ser aceptados por Dios era necesario seguir las creencias y costumbres judías, especialmente (para los varones) el rito de la circuncisión.

Finalmente, en la misma iglesia apareció una variación en este aspecto, por parte de varios judíos en ese entonces (alrededor del 49 d.C.). «Algunos que venían de JUDEA», quizás los mismos que antes habían disputado con Pedro (11.2), bajaron hasta Antioquía para enseñar en contra del evangelio que Pablo y Bernabé habían predicado (15.1). Insistían en que para recibir salvación, había que creer en Cristo y seguir la ley de Moisés como la entendía la mayor parte del judaísmo del primer siglo. Años antes Jesús ya había protestado contra la comprensión judía y el mal uso de la ley mosaica (p.ej. Mt 23; Mc 7.9). Los acusó por sustituir las tradiciones humanas por una auténtica y personal relación con el Señor.

Pablo y Bernabé, líderes de la iglesia en Antioquía, se opusieron a las ideas de los visitantes de Jerusalén. Parece que Pablo escribió su epístola a los gálatas en este mismo tiempo, para tratar los mismos temas que surgían en las iglesias de Galacia. Se convocó una asamblea en Jerusalén para resolver el asunto. Primero hablaron los que estaban en desacuerdo con Pablo y Bernabé. Afirmaron: «Es necesario circuncidarlos y mandarles que guarden la ley de Moisés» (15.5).

Después de consultar, Pedro y otros intervinieron. Su veredicto: «Creemos que por la gracia del Señor Jesús seremos salvos, de igual modo que ellos» (15.11). Con «nosotros» (sobreentendido) Pedro dice «nosotros los judíos» y con «ellos» se refiere a los no judíos. Obviamente con esto estaban de acuerdo Bernabé y Pablo (15.2), así como Jacobo, el medio hermano de Jesús y líder en la iglesia de Jerusalén (15.13-21).

Luego se diseñó una carta para distribuirla en las iglesias de Antioquía, Siria y CILICIA, que aparentemente habían sido afectadas por este altercado. (No era necesario enviarla a las iglesias de Galacia, puesto que Pablo ya les había instruido sobre el asunto a través de su propia epístola.) Hechos 15.23-29 ofrece el texto de esta carta. Presenta directamente la posición teológica, desacreditando la falsa enseñanza de que la salvación es a través de Cristo más obras y designa a Judas y Silas para llevar las cartas. Finalmente la carta propone cuatro áreas de interés judío que los cristianos judíos deberían considerar. No se trata de una «corta lista» o de leyes para conservar la salvación sino de aspectos culturales y observancias morales respecto a las cuales los judíos y no judíos

>
> ### Una epístola (carta) en el libro de Hechos
>
> El libro de Hechos no es una carta, pero contiene los textos de por lo menos dos cartas. Una es la decisión de fundamental importancia que tomaron los apóstoles en su histórica conferencia (Hch 15.23-29):
>
> *Los apóstoles y los ancianos y los hermanos, a los hermanos de entre los gentiles que están en Antioquía, en Siria y en Cilicia, salud. Por cuanto hemos oído que algunos que han salido de nosotros, a los cuales no dimos orden, os han inquietado con palabras, perturbando vuestras almas, mandando circuncidaros y guardar la ley, nos ha parecido bien, habiendo llegado a un acuerdo, elegir varones y enviarlos a vosotros con nuestros amados Bernabé y Pablo, hombres que han expuesto su vida por el nombre de nuestro Señor Jesucristo. Así que enviamos a Judas y a Silas, los cuales también de palabra os harán saber lo mismo. Porque ha parecido bien al Espíritu Santo, y a nosotros, no imponeros ninguna carga más que estas cosas necesarias: que os abstengáis de lo sacrificado a ídolos, de sangre, de ahogado y de fornicación; de las cuales cosas si os guardareis, bien haréis. Pasadlo bien.*

sostenían diferentes puntos de vista. La carta incita la abstención de prácticas dietéticas y morales que serían innecesariamente repugnantes para aquellos en la iglesia, cuya herencia cultural era la judía. La salvación es solo por gracia a través de la fe, pero en lo posible los cristianos gentiles debían renunciar a sus privilegios, en bien de la sensibilidad cultural cuando esto pudiera hacerse sin compromiso teológico. El mismo Pablo llevó a cabo esta política y la recomendó a otros (Ro 14; 1 Co 8.9-13).

La iglesia moderna olvida con facilidad los orígenes primitivos de la iglesia judía. En muchas regiones se da por sentado que la salvación es «por gracia a través de la fe». El Concilio de Jerusalén es importante como el registro de cómo se discutió y estableció esta verdad clave. A través de las edades, la iglesia no siempre ha sido leal a esta perspectiva. Pero a través de la Palabra y la dirección del Espíritu (15.15-18,28), el evangelio auténtico se estableció con claridad desde tiempos antiguos del crecimiento de la iglesia. En cada época, la iglesia hace bien en revisar la difícil pero correcta resolución establecida en Jerusalén, para asegurarse de que en ningún modo se haya alejado de la visión que establece y preserva su vigor espiritual.

Segundo viaje misionero (15.36–18.22)

Poco después del Concilio de Jerusalén, Pablo propuso otra ofensiva misionera (15.36). El resultado fue el segundo viaje misionero de Pablo. Esta vez llevó consigo a Silas en lugar de Bernabé (15.40). Comenzaron visitando iglesias cercanas en Siria y Cilicia (15.41). Luego volvieron a visitar las iglesias fundadas en el primer viaje misionero (16.1-5). En Derbe se les unió el joven Timoteo, que se convirtió en una gran ayuda de Pablo en los años siguientes.

Finalmente llegaron a Troas en la costa del mar Egeo (16.8). Una visión divina los llevó hasta la orilla oriental del continente europeo, a Macedonia al norte de Grecia. Juzgando por el «nosotros» sobreentendido en 16.10, Lucas se unió en Troas al bando de Pablo. Estaba por empezar el largo y fructífero ministerio de Pablo en Europa, que cambiaría el mundo.

El segundo viaje misionero duró casi tres años y cubrió casi 4.600 km.[4] Pablo, Silas y Timoteo llevaron el evangelio a pueblos y ciudades que incluían Filipo, Tesalónica, Berea, Atenas y Corinto. El mensaje fue recibido afectuosamente por unos y con frialdad por otros. En muchos casos se produjo gran hostilidad. Más de una vez Pablo enfrentó amenaza física y violencia abierta.

A pesar de la oposición los esfuerzos fundadores de la Iglesia produjeron fruto. Las cartas de Pablo a los tesalonicenses, filipenses y corintios son un testimonio elocuente del profundo efecto del evangelio de Jesús dondequiera que se predicó. Veremos más de cerca las ciudades e iglesias que Pablo fundó allí al considerar las cartas de Pablo en capítulos posteriores.

El segundo viaje se dio por terminado cuando Pablo salió de Corinto, donde ministró por año y medio (18.11), y retornó

Segundo viaje misionero de Pablo

a Antioquía de Siria. En el camino paró en Éfeso (18.19-21), donde luego pasaría tres años fructíferos. Finalmente arribó a Cesarea cerca de Judea, visitó la iglesia de Jerusalén y regresó a Antioquía. El segundo viaje misionero era ahora historia. Pero casi de inmediato se produjo un tercero.

Éfeso era el centro de adoración de Artemisa, diosa de la fertilidad. Los artesanos que vivían de fabricar ídolos de plata en su honor ocasionaron gran disturbio porque amenazaba su negocio el mensaje evangélico: «No son dioses los que se hacen con las manos» (Hch 19.26).

Tercer viaje misionero (18.23–21.15)

Después de solo un corto tiempo en Antioquía, Pablo comenzó una tercera gira por Galacia y Frigia, «confirmando a todos los discípulos» (18.23). Esto parece indicar que de nuevo visitó las iglesias que había plantado con Bernabé en su primer viaje misionero. Al avanzar hacia el occidente, finalmente llegó a Éfeso (19.1), una de las principales ciudades del Imperio Romano y capital de la provincia romana de Asia.

Pablo empezó en Éfeso su más grande y continuo ministerio conocido en una localidad particular. Comenzó en una sinagoga, como era su costumbre (19.8), donde Pablo predicó hasta que la oposición forzó a los discípulos a reubicarse en una sala de conferencias. Por más de tres años (aproximadamente 54-57 d.C.) Pablo fue testigo de sanidades milagrosas (19.11-12), del efecto de la opresión demoníaca (19.13-16) y de la conversión de muchos de los que antes habían estado envueltos en prácticas ocultistas (19.17-20).

Durante esos mismos años escribió 1 y 2 Corintios, para tratar problemas que surgieron en la iglesia de Corinto, como a cuatrocientos kilómetros de Éfeso, bordeando

el Mar Egeo. Otro logro notable constituyó la recaudación de Jerusalén, una colecta de dinero de las iglesias gentiles «paulinas» predominantes, para los cristianos necesitados en Judea, la mayoría de los cuales eran judíos. Tendremos más que decir de esta colecta cuando tratemos en detalle al epístola a los corintios.

Con el tiempo, el éxito del ministerio evangelístico en Éfeso produjo una confrontación. La cristiandad perjudicaba la economía local, especialmente a las comunidades de artífices de plata, porque sus ídolos no se vendían como antes. Además, los residentes opinaban que comenzaba a «ser destruida la majestad» de su patrona, la diosa ARTEMISA (19.27), debido a la proclamación y prácticas cristianas. Se produjo un gran disturbio (19.23-41). De cualquier modo, Pablo planeaba dejar Éfeso y ya había puesto en marcha los preparativos necesarios (19.21-22).

El tercer viaje misionero, tan productivo como los dos primeros, terminó con la gira que Pablo hizo al norte y al sur de Grecia (Macedonia y ACAYA). Parece que su actividad lo llevó a un sitio tan distante como ILÍRICO, la región general de la ALBANIA moderna (Ro 15.19). Pablo escribió la histórica epístola a los romanos en el año 57 d.C. durante sus tres meses en Acaya (Hch 20.2-3). En su camino de regreso a Jerusalén, antes de continuar con su viaje, habló ante los líderes de la iglesia en MILETO (20.17-38). En Cesarea, el profeta Ágabo le advirtió a Pablo que si regresaba a Jerusalén sus enemigos judíos lo arrestarían y lo enviarían a los oficiales gentiles (21.10-11). Esta profecía demostró ser más cierta de lo que se imaginó el mismo profeta. Pablo vivió entre cadenas por lo menos durante los cuatro años siguientes, el resto del tiempo que cubre el libro de Hechos.

Arresto en Jerusalén y prisión en Cesarea (21.15–26.32)

Jacobo y los otros ancianos de la iglesia cristiana en Jerusalén recibieron a Pablo con afecto (21.17). Le advirtieron del peligro que enfrentaba por sus adversarios y cómo podría calmar los fuertes ánimos de la localidad (21.20-25). Sin embargo, a pesar de los mejores esfuerzos de Pablo prevaleció la astucia de sus enemigos. Lo arrestaron bajo cargos falsos en medio de un alboroto que casi le cuesta la vida (21.27-36). Su in-

Procuradores romanos de Palestina 44-66

	d.C.
Fadus	44–46
Tiberio Alejandro	46–48
Ventidio Cumano	48–52
Antonio Félix	53–58
Porcio Festo	58–62
Lucceio Albino	62–64
Gesio Floro	64–66

procurador

tento de explicar sus opiniones a la turba, acorralado por soldados romanos, pareció tener éxito hasta que pronunció la palabra «gentiles» (22.21). En ese punto el tumulto se volvió a encender y Pablo fue llevado rápidamente para interrogarlo con azotes.

Su ciudadanía romana lo libró de la a veces fatal orden de flagelación (22.25-29). En lugar de llevarlo ante el Sanedrín o la alta corte judía, al día siguiente el comandante romano lo llevó ante un poderoso cuerpo legal y político con el cual Pablo una vez había tenido vínculos estrechos.

Allí manejó la situación hábilmente para apartar la atención de sí mismo y atraer una estrepitosa discusión entre los dos bandos judíos más importantes: fariseos y saduceos (22.30–23.11). Se dificultó una mayor indagación legal debido a un complot para asesinar a Pablo, por lo que fue llevado de noche a más de cien kilómetros hasta Cesarea en la costa (23.12-35). Allí, en custodia protectora, Pablo esperó sentencia para su futuro legal inmediato. Tenía la certeza divina respecto a su destino a largo plazo, pues el Señor hacía poco se le había aparecido en la noche para decirle: «Ten ánimo, Pablo, pues como has testificado de mí en Jerusalén, así es necesario que testifiques también en Roma» (23.11).

Pero entre Cesarea y Roma pasan como dos años de vida en prisión y estratagemas legales, a fin de aplazar los fuertes esfuerzos cabilderos de las autoridades judías que intentaban extraditar a Pablo de regreso a Jerusalén para enjuiciarlo o matarlo (25.3). El procurador romano FÉLIX, que gobernaba Judea entre 52-60 d.C., fue el primero en escuchar este caso (24.1-22). Trató a Pablo con clemencia, permitiéndole cierta libertad y visitas de amigos (24.23). Pero no lo soltó. Hechos cita dos razones: Félix buscaba soborno, y «deseaba congraciarse con los judíos» (24.26-27).

Cuando estallaron los disturbios contra Pablo en Jerusalén, los soldados romanos restauraron el orden. Ellos estaban acuartelados en el centro de la ciudad, en la Fortaleza Antonia.

Festo sucedió a Félix como procurador de Judea en el 60 d.C. Nuevamente los enemigos de Pablo buscaron una resolución en su caso. Afirmaban su deseo de que Pablo fuera enjuiciado en Jerusalén, pero en verdad su plan era matarlo (25.1-5). Él compareció para otra defensa legal más, a fin de enfrentar numerosos cargos judíos. Cuando parecía que Festo cedería a las demandas judías, Pablo jugó su carta de triunfo: Apeló al César, que era el derecho de todo ciudadano romano que temía que se estuvieran violando sus derechos civiles (25.6-11). Festo no tuvo otro remedio: «A César has apelado; a César irás» (25.12).

Hechos preserva una transcripción más extensa de los dos años que Pablo pasó encadenado en Cesarea: su defensa ante Festo y Herodes Agripa II (25.13–26.32). En esta disertación Pablo narra otra vez su experiencia de conversión (vea 9.1-19; 22.4-16) y explica por qué piensa que los cargos judíos eran infundados: No digo nada «fuera de las cosas que los profetas y Moisés dijeron que habían de suceder: Que el Cristo había de padecer, y ser el primero de la resurrección de los muertos, para anunciar luz al pueblo y a los gentiles» (26.22-23).

Festo y Agripa concordaban en que Pablo era inocente de transgredir cualquier ley civil o criminal (26.30-32). Pero, su apelación ante César había iniciado un mecanismo que no se podía detener.

Viaje a Roma (27.1–28.10)

Cuando Pablo es enviado a Roma para ser enjuiciado, el autor de Hechos vuelve a ser parte de su relato (observe el «nosotros» sobreentendiendo que empieza en 27.1 y vea 16.10-17; 20.5-15; 21.1-18). La colorida y dramática historia de cómo Pablo y 275 pasajeros más casi pierden la vida en el mar no es por consiguiente ninguna leyenda ni conjetura creativa: el autor fue realmente parte de la acción que describe.

Enfoque 16: Un imperativo para las misiones

¡Buenas noticias! Los informes indican que en 1995 la población cristiana en el mundo creció de 1.930 millones a 1.950 millones; 1.700 millones son miembros de una iglesia o han sido bautizados. 1.300 millones asisten a los cultos, los ven por televisión o los escuchan por radio. ¡Qué animador!

La mala noticia es que la quinta parte de los habitantes del mundo no han oído hablar de Jesucristo. A pesar de los esfuerzos de 4.500 organismos misioneros, 3.200 estaciones cristianas de radiodifusión, y US$10.300 millones gastados anualmente en misiones mundiales, la comunidad cristiana todavía no ha alcanzado a «predicar el evangelio a toda criatura».

A todos se nos ordena la misión de hablar a los demás acerca de Jesús, seamos misioneros en tierras lejanas o trabajemos en casa. Hombres y mujeres, niños y adultos, todos pueden prestar atención a las misiones. Un pastor de North Carolina ideó una manera novedosa de responder al imperativo de las misiones. Pidió prestados cuatro mil dólares y los usó como semilla de dinero. Dio diez dólares a cada miembro de su congregación, los desafió a hacer que crecieran y a devolver la semilla de dinero con una utilidad como una ofrenda para las misiones. Un joven de quince años tomó una semilla de diez dólares para sí mismo y otra en memoria de su hermano muerto, quien siempre se había interesado en las misiones. Usó el dinero en la producción de tarjetas navideñas, con las cuales tuvo una utilidad de mil dólares. Él dijo: «Siempre he querido hacer algo por mi hermano, pero está en el cielo fuera del alcance; sin embargo, puedo dar mil dólares para las misiones en su honor».

Este adolescente no solo honró a su hermano sino que honró a Jesucristo al adoptar el llamado a las misiones y ayudar a los misioneros de todo el mundo a alcanzar la quinta parte que aún no han escuchado.

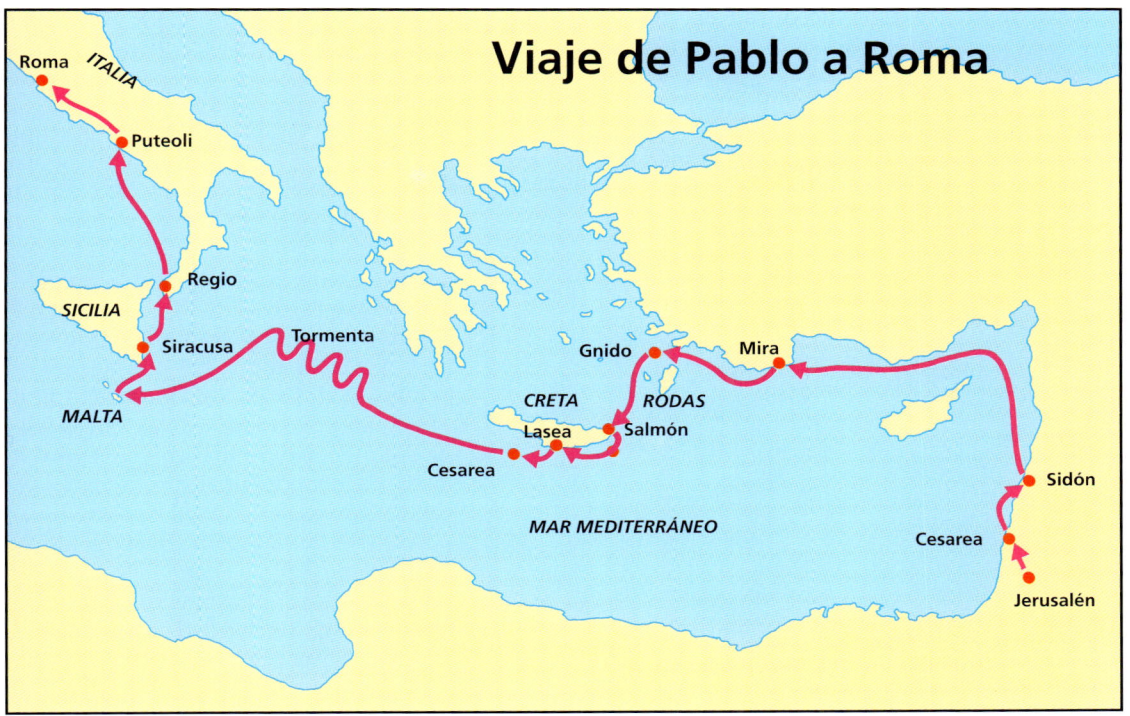

La travesía es tanto un relato fascinante de navegación antigua, como un tributo a la protección providencial de Dios. A través de la tormenta (27.13-26) y el naufragio (27.27-44), Pablo y los demás no sufrieron daño a pesar de las circunstancias desesperadamente adversas. Él incluso fue librado de la muerte, cuando en la isla de MALTA. los nativos vieron una víbora prenderse de su mano y creían que moriría (28.1-7). Pablo testificó en todo el viaje de la confianza que tenía en los buenos propósitos de Dios de que serían librados del peligro (27.22-25,33-35).

Ministerio en Roma (28.11-31)

Hechos concluye con Pablo a salvo en Roma, esperando juicio por dos años (60-62 d.C.; vea 28.30). Muchos eruditos opinan que esta es una pista para la fecha en que Hechos fue escrito: Finaliza allí porque en el momento del escrito se habían cumplido todas las revelaciones.

La prisión de Pablo no fue demasiado dura. Pudo vivir aparte (custodiado) (28.16) y recibir visitas (28.17, 23,30). Como Dios había planeado y dado a Pablo la oportunidad de predicar en Roma, algo que había esperado desde hace mucho (vea Ro 1.13; 15.23), le sacó el mayor provecho. Estuvo «predicando el Reino de Dios y enseñando acerca del Señor Jesucristo, abiertamente y sin impedimento» (28.31).

Cuatro de las cartas de Pablo, llamadas las Epístolas de la Prisión (efesios, filipenses, colosenses y filemón) probablemente fueron escritas en este tiempo. (Algunos alegan que Cesarea o incluso Éfeso fue el sitio donde escribió una o más de estas epístolas. Sin embargo, prevalece el consenso moderno entre quienes ven las cartas como paulinas y la comprensión de la mayoría de los intérpretes a través de los siglos, que señala a Roma.)

En una de sus cartas desde prisión, Pablo comenta sobre la situación en Roma. «Las cosas que me han sucedido, han redundado más bien para el progreso del evangelio, de tal manera que mis prisiones se han hecho patentes en Cristo en todo el pretorio, y a todos los demás. Y la mayoría de los hermanos, cobrando ánimo en el Señor con mis prisiones, se atreven mucho más a hablar la Palabra sin temor» (Flp 1.12-14). Sin duda Pablo no habría soñado que sus esperanzas de ir a Roma se harían rea-

Personajes y lugares clave

Término clave

procurador

Acaya
Mar Egeo
Albania
Antioquía (Pisidia)
Antioquía (Siria)
Artemisa
Asia
Asia Menor
Atenas
Berea
César
Cesarea
Cilicia
Corinto
Chipre
Derbe
Éfeso
Europa
Félix
Festo
Galacia
Grecia
Herodes Agripa II
Iconio
Ilírico
Jerusalén
Judea
Listra
Macedonia
Malta
Mileto
Panfilia
Perge
Filipos
Frigia
Pisidia
Roma
Samaria
Sergio Paulo
Siria
Tesalónica
Troas

lidad mediante el vergonzoso medio de falsos cargos y cadenas. Pero su Señor había alcanzado la gloria mediante un juicio ilegal y una cruz. Pablo entendió que estaba siguiendo los pasos de su Maestro.

Conclusión

Los Evangelios terminan con la preparación de Jesús a sus seguidores de hacer discípulos «a todas las naciones», que también podría traducirse «a todos los gentiles» (Mt 28.19-20). Hechos empieza con la aseveración de Jesús de que la Iglesia realmente cumpliría con su comisión mediante el poder del Espíritu Santo, llevando el mensaje de Cristo no solo a Judea y SAMARIA sino también «hasta lo último de la tierra» (1.8).

Hechos concluye con el resonante testimonio de que en verdad el evangelio estableció un una cabeza de playa, y aun más, en la poderosa ciudad imperial de Roma. El mensaje de Jesucristo no había alcanzado todavía «lo último de la tierra», pero se encontraba en camino.

Preguntas de repaso

1. El personaje central en Hechos 13–28 es _____.
2. La ciudad que reemplazó a Jerusalén como la más importante en la época apostólica fue _____.
3. El primer viaje misionero lo hicieron _____ y _____.
4. Los tres viajes misioneros de Pablo se iniciaron en la ciudad de _____.
5. El asunto de lo que se requiere para la salvación se trató en el _____.
6. Pablo empezó su segundo viaje misionero con _____; _____ se le unió después en Derbe, y _____ se les unió en Troas.
7. Pablo fue arrestado en el regreso a Jerusalén después de su tercer viaje en que predicó a los _____.
8. Para su seguridad fue necesario llevar al prisionero Pablo a _____.
9. Pablo apeló al _____ y fue enviado a _____ para un juicio.
10. Mientras estaba en Roma, Pablo escribió cartas a Filemón, a los _____, _____ y _____.

Resumen

1. Hechos 13–28 enfatiza que el amor de Dios es para todos los que responden al evangelio, no para una raza o grupo étnico.

2. Al menos tres viajes misioneros hizo Pablo y cada uno empezó en la ciudad de Antioquía de Siria.

3. El primer viaje misionero salió de Antioquía de Siria hacia Chipre, Perge de Panfilia, Galacia y regresó a Antioquía de Siria.

4. Algunos judíos no podían aceptar el hecho de que la salvación fuera un regalo de la gracia de Dios; ellos insistían en que para ser aceptable a Dios era necesario establecer la justicia de alguien mediante las creencias y costumbres judías.

5. El Concilio de Jerusalén brinda un documento importante sobre cómo se debe debatir y solucionar un asunto; el resultado fue que el auténtico evangelio se estableció claramente desde los inicios del crecimiento de la Iglesia.

6. Santiago sugirió el principio de que los cristianos gentiles debían renunciar a su propia libertad en bien de la sensibilidad cultural, cuando esto se pudiera hacer sin compromiso teológico. Pedro y Pablo ya habían aprobado el mismo principio.

7. El segundo viaje misionero abrió un ministerio en Europa.

8. Pablo comenzó en Éfeso, en su tercer viaje misionero, su más largo ministerio continuó en un solo lugar.

9. Pablo fue encarcelado en Cesarea y su caso fue oído por Félix, Festo y Herodes Agripa II. Apeló a César y fue enviado a Roma.

10. El encarcelamiento de Pablo en Roma le dio la oportunidad de extender allí el evangelio.

Preguntas de estudio

1. Si Pedro es el personaje principal de la primera mitad de Hechos, ¿quién lo reemplaza en la segunda mitad? ¿Cuántos de sus viajes misioneros describe Hechos 13–28?
2. ¿Qué papel representó Antioquía en la vida de Pablo y la iglesia primitiva?
3. ¿Qué asunto debatió el Concilio de Jerusalén? ¿Cómo debemos aplicar hoy día sus decisiones?
4. ¿Qué efecto tuvo en Éfeso la expansión del evangelio?
5. ¿Cómo supo Pablo, siendo prisionero, que con el tiempo iría a Roma?
6. ¿Cómo la apelación de Pablo ante el César lo salvó y lo atrapó?
7. ¿Por qué, desde el punto de vista de Pablo, estuvo «en cadenas»? ¿Qué razones podrían dar otros?
8. ¿En qué sentido la llegada de Pablo a Roma representó el cumplimiento de lo que Dios dijo a Ananías en Hechos 9? ¿Cuántos años pasaron desde la conversión de Pablo hasta llegar a Roma?

Lecturas relacionadas

Ver la lista al final del capítulo 14.
Kunz Marilyn y Schell Catherine, *De Jerusalén a Roma,* Ediciones Certeza, Buenos Aires, Argentina, 1973. Las autoras recorren con Pablo las peripecias del desarrollo misionero, desde el primer viaje hasta el viaje a Roma.

Parte 3

Al encuentro de Pablo y sus epístolas

17 Todo para todos
Vida y enseñanzas del apóstol Pablo

Bosquejo

- Breve perspectiva de la vida de Pablo
- Viajes misioneros y epístolas de Pablo
- ¿Qué cartas escribió Pablo?
- Pablo y Jesús
- Enseñanza de Pablo acerca de Dios
- El mal y el dilema humano
- Pablo y la ley
- Hijos de Abraham e hijos de Dios: Perspectiva de Pablo acerca del pueblo de Dios
- La revelación y las Escrituras
- Mesías
- Redención
- La cruz
- Resurrección
- La Iglesia
- Ética
- Las últimas cosas
- Conclusión

Objetivos

Después de leer este capítulo, usted podrá

- Hacer un breve esquema de la vida de Pablo
- Identificar las ciudades principales en los viajes misioneros de Pablo
- Enumerar los libros que escribió Pablo y mostrar la evidencia de su autoría
- Demostrar cómo Dios era el centro de la teología de Pablo
- Analizar la posición de Pablo sobre el legalismo
- Documentar cómo Pablo vio a Jesús como el Mesías
- Resumir la enseñanza de Pablo sobre la redención, la cruz y la resurrección
- Ilustrar cómo relacionó Pablo la ética con la teología

En años recientes los científicos han expresado consternación por objeciones a la enseñanza de la evolución en las escuelas públicas. Estas no solo proceden de padres por razones religiosas sino de académicos con inquietudes intelectuales. Un matemático de la Universidad de Rutger creía que la persona culta aceptaba la validez de la ciencia y la veracidad de la teoría de la evolución. Pero estaba muy angustiado porque este supuesto consenso general «está bajo un desafío significativo en gran parte de la comunidad de intelectuales profesionales». Algunos están dolidos con las opiniones que otros expresan, por lo que se producen guerras verbales.

Capítulos anteriores de Hechos revelan que las guerras verbales no son nuevas en tiempos modernos. Fueron parte del mundo del NT. Ya vimos que un brillante y enérgico líder judío llamado Pablo se encontraba en el centro de una gran lucha, alrededor del significado de Jesucristo tanto para judíos como para gentiles. Aquí aprenderemos más de la vida de Pablo. Resumiremos sus enseñanzas sobre varios temas. Conoceremos más de cerca una de las figuras más influyentes de la historia de la Iglesia y el mundo. Esto arrojará más luz sobre el libro de los Hechos que ya hemos leído. Además nos preparará para el estudio subsiguiente de cada una de las cartas de Pablo. Principalmente nos ayudará a ver con más claridad la gloria y el desafío que el Señor Jesucristo presenta a través del llamado evangélico.

Breve perspectiva de la vida de Pablo

Se desconoce la fecha exacta del nacimiento de Pablo. Es razonable suponer que nació en la misma década que Jesús. Murió, probablemente martirizado en ROMA, en la segunda mitad de la sexta década d.C.

No nació en la tierra en que Cristo anduvo sino la ciudad helenista de Tarso, capital de la provincia romana de CILICIA y hoy día está ubicada al sureste de TURQUÍA. Allí nunca se han hecho excavaciones sistemáticas hasta niveles del primer siglo, por lo cual se carece de una información arqueológica extensa. Fuentes literarias confirman que la ciudad nativa de Pablo era un semillero de la actividad imperial romana y de la cultura helénica. Pero sus escritos revelan gran influencia de autores paganos. El libro que domina su pensamiento es el AT. Pablo «permanece como un judío por completo».[1] Subraya esto

Saulo de Tarso se convirtió en Damasco, pasó tres años en Arabia, volvió brevemente de visita a Damasco, retornó a Jerusalén, y al final se instaló en Tarso.

cuando analiza la circuncisión, el linaje de Benjamín, el ancestro hebreo y el entrenamiento fariseo (Flp 3.5).

Pablo, conocido en el NT por su nombre hebreo Saulo hasta Hechos 13.9 (vea Hch 7.58; 8.1; 9.1, etc), aparentemente se educó desde su infancia en JERUSALÉN, no en Tarso (Hch 22.3). No está claro si su familia se trasladó a Jerusalén cuando él era joven, o si simplemente lo enviaron allá a educarse. Estudió con el maestro más sobresaliente de la época: GAMALIEL. El uso que hacía del AT conlleva el testimonio de su entrenamiento rabínico.[2] Por lo menos era trilingüe. Sus cartas confirman un excelente dominio del griego, aunque la vida

Datos y acontecimientos importantes en la vida de Pablo

Fecha	Historia cristiana	Historia romana
14–37		Tiberio emperador
ca. 28–30	Ministerio público de Jesús	
ca. 33	Conversión de Pablo	
ca. 35	Primera visita de Pablo a Jerusalén después de su conversión	
35–46	Pablo en Cilicia y Siria	
37–41		Gayo emperador
41–54		Claudio emperadorr
46	Segunda visita de Pablo a Jerusalén	
47–49	Pablo y Bernabé en Chipre y Galacia	
ca. 48-49	*Carta a los gálatas*	
49	Concilio de Jerusalén	Expulsan a los judíos de Roma
49–50	Pablo y Silas viajan de Antioquía (Siria) a través de Asia Menor hacia Macedonia y Acaya	
50	*Cartas a los tesalonicenses*	
50–52	Pablo en Corinto	
51–52		Galión procónsul de Acaya
verano 52	Tercera visita de Pablo a Jerusalén	
52–59		Félix procurador de Judea
52–55	Pablo en Éfeso	
54-68		Nerón emperador
55–56	*Cartas a los corintios*	
55–57	Pablo en Macedonia, Ilírico y Acaya	
principios 57	*Carta a los romanos*	
mayo 57	Cuarta y última visita de Pablo a Jerusalén	
57–59	Pablo encarcelado en Cesarea	
59		Festo procurador de Judea
sept. 59	Pablo empieza su viaje a Roma	
feb. 60	Pablo llega a Roma	
ca.60–62	Pablo bajo arresto domiciliario en Roma	
62		Albino procurador de Judea
?60–62	*Epístolas desde la prisión*	
julio 64		Incendio en Roma
?65	Pablo visita España	
?	*Epístolas pastorales*	
?67	Ejecución de Pablo	

Fuente: F.F. Bruce, *Pablo: Apóstol del corazón liberado*, Eerdmans, Grand Rapids, 1977, 475.

y los estudios en PALESTINA presuponen conocimiento de hebreo y arameo. No debe descartarse su destreza con el latín. Sus escritos muestran un íntimo conocimiento del AT griego, la septuaginta, aunque no hay razón para suponer que ignoraba el hebreo original.

Algunos eruditos (p.ej. William Ramsey, Adolf Schlatter) insisten en que Pablo conoció personalmente a Jesús durante su ministerio terrenal. Uno de ellos hasta se atreve a afirmar que «es muy posible, en verdad casi probable, que el joven Saulo incluso haya sido testigo de la muerte de Jesús».[3] En cualquier caso, solo pocos años después de la crucifixión de Jesús (ca. 30 d.C.), la actitud de Pablo hacia el movimiento mesiánico originado por Juan el Bautista y Jesús sufrió un cambio radical. Cuando viajaba los doscientos cuarenta kilómetros de Jerusalén a DAMASCO, provisto de autoridad legal para matar a los cristianos judíos (Hch 9.1-2), una luz brillante y una voz celestial lo frenaron de sus proyectos. Era Jesús, quien para desilusión de Pablo no era un buscapleitos muerto sino el Señor resucitado. La conversión de Pablo nunca fue el centro de su mensaje: el predicaba a Cristo, no su experiencia personal (2 Co 4.5). Sin embargo esta no dejó de tener influencia en sus años posteriores (Hch 22.2-12; 26.2-18).[4]

Solo podemos bosquejar perfiles generales de la vida de Pablo, desde su conversión hasta su viaje misionero a finales de la cuarta década d.C. Pasó grandes temporadas en ARABIA, Damasco y Jerusalén y con el tiempo estuvo un período más largo al norte de SIRIA y en su nativa Cilicia (Gl 1.15-21). Desde allí Bernabé lo comprometió con los servicios de enseñanza en la iglesia de ANTIOQUÍA DE SIRIA (Hch 1.25). Irónicamente, esta iglesia multirracial la fundaron cristianos que habían salido de Palestina debido a persecuciones instigadas por Saulo de Tarso (Hch 11.19-21). Es desde este período que nuestras fuentes nos permiten hablar con más detalle de la vida y teología de Pablo.

Viajes misioneros y epístolas de Pablo

Los escritos de Pablo surgen de la crucial actividad misionera y el esfuerzo teológico requerido para instruir y sustentar a quienes encontraron a Cristo a través de sus prédicas. Probablemente Gálatas se escribió después del viaje de Pablo y Bernabé a la provincia de ASIA (ca. 47-49 d.C.). Este es el llamado primer viaje misionero (Hch 13-14). Una segunda incursión, esta vez con Silas y Timoteo, duró más de tres años (ca. 50-53 d.C.) y dio como resultado la fun-

Bernabé reclutó los servicios de Pablo para la enseñanza en la iglesia de Antioquía (Siria).

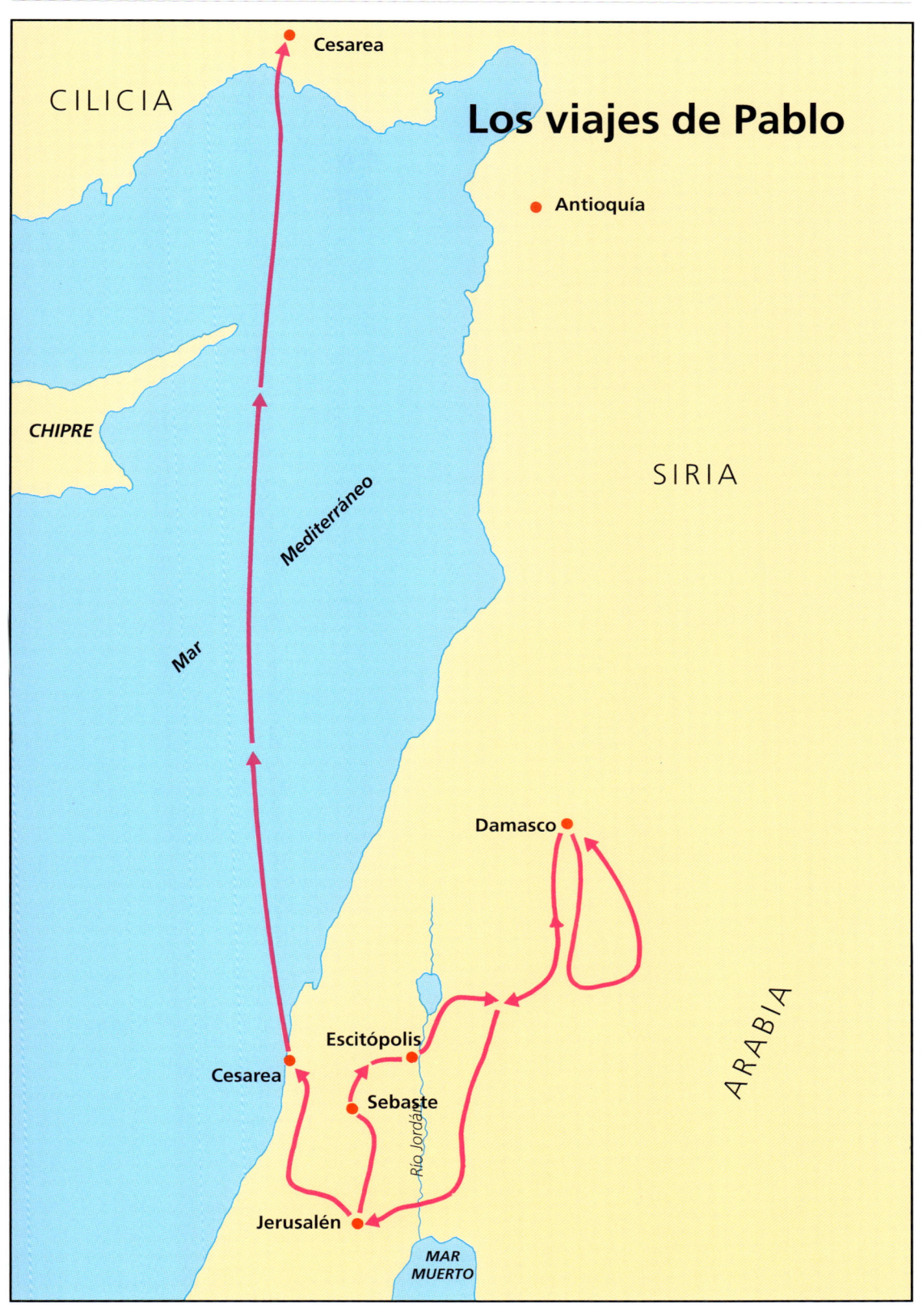

El tercer viaje misionero de Pablo se centró en una larga estadía en Éfeso.

dación de iglesias en Filipos, Berea, Tesalónica y Corinto. Las cartas a los tesalonicenses se escribieron durante este período.

El tercer viaje misionero de Pablo (Hch 18-21) duró casi desde el 53 al 57 d.C. y conlleva una larga estadía en Éfeso, desde donde escribió 1 Corintios. Durante un recorrido a Macedonia escribió 2 Corintios. Al final de este período, esperando partir hacia Jerusalén escribió Romanos desde Corinto (ca. 57 d.C.).

Su llegada a Jerusalén fue seguida de inmediato por un arresto (con cargos falsos de llevar a un gentil hasta las gradas del templo reservadas solo para judíos) y un encarcelamiento de dos años en Cesarea Marítima. Después lo embarcaron hacia Roma bajo apelación a la corte imperial de Nerón. Parece que desde allí (vea Hch 28) escribió sus llamadas cartas desde la prisión: Efesios, Filipenses, Colosenses y Filemón. A partir de este punto es mera suposición la reconstrucción de sus movimientos. Asumiendo libertad de prisión, Pablo pudo haber hecho un cuarto viaje, quizá hacia el occidente hasta España y luego regresar al área egea. Una o más de las epístolas pastorales pueden datar de este período. Segunda de Timoteo concluye con otra prisión de Pablo. Informes de confiabilidad incierta colocan la muerte de Pablo alrededor del 67 d.C., bajo la desquiciada supervisión de Nerón.

¿Qué cartas escribió Pablo?

A continuación intentaremos resumir las opiniones de Pablo. Pero el contorno de su teología depende de qué escritos se utilicen para reconstruir su pensamiento. Desde la Ilustración (siglo dieciocho), la mayoría de eruditos han concordado en que Romanos, 1 y 2 Corintios, Gálatas, Filipenses, 1 Tesalonicenses y Filemón definitivamente pertenecen a la mano de Pablo. Algunos han negado la autoría de Pablo en Efesios, Colosenses y 2 Tesalonicenses. Otros se oponen a esto; aquí existe amplia justificación erudita que les atribuye influencia de la teología de Pablo. Muchos especialistas modernos niegan que Pablo haya escrito las llamadas epístolas pastorales (1 y 2 Timoteo, Tito). Pero eruditos como D. Guthrie y E. Ellis insisten en que la autoría de Pablo es completamente factible. Los documentos afirman que Pablo los escribió; incluso la investigación no intenta probar que Pablo haya escrito las pastorales sino que evidencia haberlo hecho.[5] No es irresponsable extraer el resumen de la teología de Pablo con fundamentos puramente eruditos, de la colección de todas las trece cartas del NT. Los cristianos convencidos de la autoría divina del canon completo del NT o sensibles a la autoridad eclesiástica, tienen razones adicionales para aceptar como genuinas todas las trece cartas paulinas.

Otra pregunta igualmente interesante y de peso es si los datos de Hechos pueden combinarse con el material de las cartas de Pablo. Algunos insisten en que «Hechos debe excluirse completamente como fuen-

> ### La gloria de Dios en la teología de Pablo
>
> | Ro 16.27 | Al único y sabio **Dios, sea gloria** mediante Jesucristo para siempre. Amén |
> |---|---|
> | Gl 1.5 | **A quien sea la gloria** por los siglos de los siglos. Amén. |
> | Ef 3.21 | **A Él sea gloria** en la iglesia en Cristo Jesús por todas las edades, por los siglos de los siglos. Amén. |
> | Flp 4.20 | **Al Dios y Padre nuestro sea gloria** por los siglos de los siglos. Amén. |
> | 1 Ti 1.17 | **Al** Rey de los siglos, inmortal, invisible, al único y sabio **Dios, sea honor y gloria**... |
> | 2 Ti 4.18 | **A Él sea gloria** por los siglos de los siglos. Amén. |

te, debido al contenido de la predicación de Pablo»[6.] Este complejo asunto depende de la historicidad de Hechos. Los que miran a Hechos probablemente como bien intencionado, o quizá como hábil en materia literaria, pero a la larga como un relato histórico fantasioso, naturalmente lo rechazarán como fuente de información confiable sobre Pablo y su mensaje. Pero un organismo de investigación considerable y creciente encabezado por los finados W. Ramsey, F.F. Bruce y C. Hemer, y seguido por sus colegas I.H. Marshall, M. Hengel, B. Winter y otros, es más optimista al creer que Lucas era tan cuidadoso en sus informes como afirmaba ser (vea Lc.1.1-4)[7]. Los escritos de Pablo son la fuente primordial de la teología de Lucas; una gran evidencia indica que Hechos es una guía confiable en la organización histórica de la vida y los viajes de Pablo. Además constituye un relato digno de confianza en tercera persona (y a veces en primera) del tipo de cosas que Pablo acostumbraba estimular en sus oyentes, en las diferentes situaciones que enfrentó.

Pablo y Jesús

Desde la Ilustración se pretende afirmar que Jesús enseñó una simple espiritualidad ética o que demandó una revolución política o social, y que luego surgió Pablo y transformó al manso o revolucionario Jesús en un idealizado hombre divino. A este respecto, la intención de Jesús nunca fue la creencia cristiana clásica sino que es solo la creación de Pablo. Es en este sentido que un escritor reciente llama a Pablo «el mayor engaño de los escritores cristianos primitivos» y «muy inmaduro» espiritualmente; es más, «no comprendió del todo a Jesús» y «ni siquiera estuvo interesado en Jesús sino solo en su propia idea de Cristo».[8]

Claramente existen diferencias entre la proclamación de Jesús acerca del Reino de Dios y la de Pablo acerca del Jesús resucitado. Pero las diferencias son inherentes a la extendida verdad de que definitivamente Dios se estaba manifestando a sí mismo en el ministerio de Jesucristo, con la amenaza de juicio y la oferta de perdón gratuito. Jesucristo anunció, explicó de antemano y finalmente cumplió el ministerio expiatorio que Dios le había impuesto. Pablo reconoció la muerte y resurrección redentoras de Jesús, se convirtió en su seguidor y difundió el mensaje de su gloria en el mundo romano.

Pablo y Jesús no son idénticos en obra ni mensaje, pero se complementan de manera admirable.[9] La teología de Pablo es la propia extensión autorizada de Cristo del evangelio de salvación, tanto para judíos como para gentiles (Hch 9.15).

A continuación dividiremos la teología de Pablo en varias subsecciones, a fin de obtener una mejor comprensión del poder y la importancia del evangelio proclamado: un evangelio que en realidad hasta el presente ha cambiado las vidas de millones.

Enseñanza de Pablo acerca de Dios

El NT utiliza más de 1.300 veces la palabra «Dios». Más de 500 casos corresponden a los escritos de Pablo. El centro de la teología de Pablo es Dios. Muchas afirmaciones doxológicas (que expresan alabanza a Dios) captan la visión majestuosa de Pablo. La sabiduría y el conocimiento de Dios va más allá del alcance humano; Él es infinitamente sabio y omnisciente; todas las cosas son «de Él, por Él y para Él» (Ro 11.33-36). «A Él sea la gloria para siempre» (Ro 16.27, Gl 1.5; Ef 3.21; Flp 4.20; 1 Ti 1.17; 2 Ti 4.18). Esto constituiría el mejor compendio de la teología de Pablo indicado hasta aquí.

«Según el mandamiento del Dios eterno», el evangelio de Jesucristo «se ha dado a conocer a todas las gentes para que obedezcan a la fe» (Ro 16.26). Dios consuela a los afligidos y levanta a los muertos (2 Co 1.3,9). Él es fiel (2 Co 1.18); su «fundamento está firme» (2 Ti 2.19). Dios insta a los creyentes a perseverar en su fe; si lo hacen les da su propio Espíritu como pago inicial de una gloria mayor en la era venidera (2 Co 1.21-22). El «Dios vivo que hizo el cielo y la tierra, el mar y todo lo que en ellos hay» (Hch 14.15) es simplemente el «Rey de los siglos, inmortal, invisible, único y sabio Dios» (1 Ti 1.17). Además, Él es «el bienaventurado y solo Soberano, Rey de reyes y Señor de señores, el único que tiene inmortalidad, que habita en luz inaccesible; a quien ninguno de los hombres ha visto ni puede ver» (1 Ti 6.15-16). No es de admirarse que Pablo, al igual que su Maestro antes de Él, ponga tanto énfasis en escuchar, obedecer y proclamar al Señor Dios.

En contra del politeísmo, Pablo insiste en que Dios es uno. En contra del estoicismo, Pablo predicaba que Dios estaba al alcance y era personal, no impersonal e inescrutable. En contra de la mayoría de religiones paganas, Pablo presentó un Dios preocupado por la moral social y las éticas personales; Dios no es una sensualidad mística o una cifra de una contradicción ascética para experimentarse espiritualmente con ritos de adoración. El ejemplo y testimonio de Pablo afirman que hay que temer, amar, servir y adorar a Dios.

El mal y el dilema humano

Dios, cuyos caminos son todos perfectos y justos (Ro 3.5-6) es el único soberano sobre todo. Un día toda realidad reflejará su justicia y gloria perfectas, aun cuando el ojo humano todavía no pueda ver ni la mente humana pueda imaginar esto. Bajo el predominio esencial de Dios está el mal, dirigido por Satanás (el nombre se halla diez veces en Pablo) o el maligno (cinco veces). Pablo no especula en el origen del mal. Pero su creencia en un ser personal poderoso y malévolo (y subordinados humanos y angelicales a su servicio: 2 Co 11.12-15; Ef 6.11-12) constituye un rasgo importante de su perspectiva. Además se trata de algo que lo conecta fácilmente con Jesús, cuyos dramáticos encuentros con Satanás son un tema importante en los Evangelios.

El mal es real e influyente (Ef 2.2), pero efímero. No triunfará al final. «El Dios de paz aplastará en breve a Satanás bajo vuestros pies» (Ro 16.20), pero hasta entonces los pecadores (cada individuo: vea Ro 3.23) languidecen y «están cautivos a la voluntad de él» (2 Ti 2.26). Necesitan que alguien los salve. La realidad del mal, casi tan básica en la teología de Pablo como la realidad de Dios, establece la necesidad de la liberación que Pablo predica. Esta necesidad se presenta con más claridad en sus enseñanzas acerca de la ley.

Pablo y la ley

Pablo cree que el AT, como expresión del Dios de todos, está comprometido con todos. Uno de sus dogmas centrales es la perdición radical de la humanidad. «No hay justo, ni aun uno; no hay quien entienda, no hay quien busque a Dios» (Ro 3.10-11, cita de Sal 14.1-3). La letanía continúa en varios versículos. Pablo, al igual que Jesús, toma al AT como fidedigno y confiesa que «todos pecaron y están destituidos de la gloria de Dios» (Ro 3.23). La ley calla a toda boca que se autojustifica y subraya la esclavitud universal de la humanidad a un patrón de rebeldía contra Dios, que la conduce a alejarse de Dios. La ley también condena el legalismo (la opinión de que la salvación se consigue por mérito de obras propias) en el nombre de Dios. Presenta la necesidad radical que todos tienen de perdón y liberación, para que no pierdan sus vidas y enfrenten perdición eterna por su voluntario error (2 Ts 1.8-10). En este contexto presenta a Cristo (Ro 3.21; Gl 3.24).

Tanto Romanos como Gálatas advierten contra la trampa de la autosalvación mediante el solo cumplimiento de la ley.

Pablo, así como su maestro Jesús, era un ávido estudiante de las Escrituras del AT. Él conocía muy bien el hebreo del AT, aunque a menudo lo citaba en la traducción griega.

«Concluimos, pues, que el hombre es justificado por fe sin las obras de la ley» (Ro 3.28). La carta a los gálatas se originó debido a un movimiento dentro de algunas iglesias de establecer la circuncisión y otras celebraciones judías tradicionales como necesarias (y suficientes) para la salvación. En respuesta, Pablo habla con desprecio contra la «ley», mediante la cual frecuentemente se refiere a la tergiversación legalista de sus oponentes en relación al AT, a la luz de la tradición oral de ese entonces. «El hombre no es justificado por las obras de la ley, sino por la fe de Jesucristo» (Gl 2.16). Esta crítica al legalismo no constituye una innovación paulina; era ya un rasgo destacado del AT (1 S 15.22; Sal 40.6-8; 51.16-17; Is 1.11-15; Miq 6.6-8) y aparece una y otra vez en la enseñanza de Jesús (Mt 23; Mc 7.1-13; Lc 11.37-54).

No obstante en otras ocasiones, incluso en donde Romanos y Gálatas exaltan las virtudes de la fe, Pablo habla positivamente de la ley (Ro 3.31; 7.12,14; Gl 5.14; 6.2). Sus docenas de citas del AT, muchas de los libros de Moisés, recusan la teoría que Pablo rechazó de entregar la ley mosaica a los cristianos. La naturaleza mexclada de las afirmaciones de Pablo respecto a la ley resulta de las situaciones contrastantes que trata. Si los legalistas amenazan sustituir el evangelio de la gracia gratuita por un mensaje de salvación por obras, Pablo responde que la ley, entendida de ese modo, solo lleva a muerte y destrucción. Pero si los seguidores de Cristo llenos del Espíritu Santo buscan los antecedentes históricos de su fe o de su instrucción moral o teológica, entonces la realidad del AT, incluyendo las porciones legales, tendrán una función benéfica.

La opinión de Pablo respecto a la ley ha sido uno de los aspectos más debatidos de su teología en décadas recientes. Según el fundamento puesto por W. Wrede y A. Schweitzer, E.P. Sanders[10] rechaza la justificación por fe como centro de la teología de Pablo. Sanders y otros han montado una reinterpretación radical de las varias afirmaciones de Pablo respecto a la ley, el dilema humano y la naturaleza de la salvación en Cristo, como la entienden los protestantes y figuras antiguas como Agustín. Estudios tales como *The Law and Its Fulfillment* [La ley y su cumplimiento][11] de T. Schreiner responde al desafío de lo que J. Dunn llamó la «nueva perspectiva» sobre Pablo. La justificación por fe no es la única inquietud en la teología de Pablo, no obstante es mejor no inquietarse. Schreiner muestra que los escritos de Pablo, entendidos debidamente, socavan las contiendas claves de la «nueva perspectiva».

Hijos de Abraham e hijos de Dios: Perspectiva de Pablo acerca del pueblo de Dios

La prédica de Pablo en Hechos 13.17 y sus varias referencias a Abraham en Romanos y Gálatas (nueve referencias en cada epístola; vea también 2 Co 11.22) confirman que Pablo no se veía a sí mismo como fundador de una nueva religión.[12] El fundamento del evangelio que Pablo predicaba era el pacto que Dios había hecho con Abraham (vea Gn 12.1-3; 15.1-21). Así lo escribe Pablo: «La Escritura ... dio de antemano la buena nueva a Abraham ... De modo que los de la fe son bendecidos con el creyente Abraham» (Gl 3.8-9).

No hay que negar la importancia de otras dimensiones del AT: las recompensas de Israel, que son la raíz principal de la Iglesia (Ro 11). Estas incluyen «las mismas palabras de Dios» que Él confió a los sabios y profetas (Ro 3.2). También incluyen «la adopción [como hijos], la [divina] gloria, el pacto, la promulgación de la ley, el culto y las promesas», así como «los patriarcas [Abraham, Isaac y Jacob] y ... Cristo» (Ro 9.4-5).

Tampoco se debe negar que Jesucristo, como cumplimiento de las promesas anteriores de Dios, transciende todo lo que sucedió antes. Sin embargo hay que subrayar que el evangelio de Pablo, en su opinión, fue en el pasado milenio la continuación de la obra redentora de Dios. Las referencias de Pablo a tekna theou («hijos de Dios»; Ro 8.16,21; 9.8; Flp 2.15; cf. Ef 5.1-8), «hijos de la promesa» o «herederos» de la salvación (Ro 8.17; 9.8; Gl 3.28,31) en cada caso vuelven al punto de partida de la obra redentora de Dios en los tiempos del AT. En este sentido Pablo no fue quien originó el cristianismo sino que solo fue su testigo e intérprete divinamente inspirado (1 Co 7.40), dotado con la ventaja de la perspectiva del tiempo transcurrido disponible después «del cumplimiento del tiempo» en que «Dios envió a su Hijo ... para que redimiese a los que estaban bajo la ley, a fin de que recibiésemos la adopción de hijos» (Gl 4.4-5).

Sin embargo, mencionar la perspectiva levanta la interrogante acerca del origen de la fuente de la revelación de Pablo. ¿Cómo llega al sorprendente y controversial conjunto de sabiduria y consejo encontrado en sus epístolas?

La revelación y las Escrituras

Pablo se veía a sí mismo llamado por el Dios de las edades, quien lo había escogido (entre todas las personas), a pesar de que había perseguido a Cristo al perseguir a la Iglesia (Hch 9.4; cf. 22.4; 26.11; 1 Co 15.9; Gl 1.13,23; Flp 3.6) para revelar secretos que habían estado ocultos (Ef 3.4-9). El centro de este mysterion (misterio en el sentido de una verdad revelada por Dios) era en primer lugar el mismo mensaje de salvación en Cristo. Pero además y significativamente, en el centro del evangelio de Cristo estaban las buenas nuevas de que los creyentes gentiles son coherederos, con los creyentes de Israel, del pacto de la gracia de Dios. Pedro se anticipó a Pablo al anunciar esto (Hch 10–11), tal como Jesús había predicho que de maneras sin precedentes el evangelio desplegaría la gracia redentora de Dios a los gentiles (Mt 8.11-12; 28.19-20; Jn 12.20-24; Hch 1.8). Pero Pablo llevaría el peso de la responsabilidad de anunciar la nueva idea en la obra que Dios estaba transmitiendo. Pablo fue el fundador principal de muchas convenciones misioneras y de adoración que tomarían la palabra aun más tarde. Dios le dotó de una gracia cognoscitiva especial y un conocimiento con autoridad acerca de qué enseñar, acorde a su labor (vea las referencias de Pablo «la gracia que me ha sido dada» en Ro 12.3; 15.15; 1 Co 3.10; Gl 2.9; Ef 3.7-8).

Sin embargo, sería erróneo sobreenfatizar la singularidad de lo que se le reveló a Pablo. Tabién otros apóstoles apoyaron sus

> ### Jesús y Pablo: Acuerdo básico
>
> Jesús enseñó que «la salvación viene de los judíos» (Jn 4.22) y que la «Escritura no puede ser quebrantada» (Jn 10.35). De la misma manera, Pablo creía que la salvación cristiana fluía de lo que Dios había hecho en tiempos del AT. A continuación se presentan ocho regalos de Dios para Israel, que en varias maneras son también regalos para quienes creen en el evangelio (vea Ro 9.4-5):
>
> 1. Adopción como hijos
> 2. Gloriosa presencia de Dios
> 3. Los pactos
> 4. El legado de la ley
> 5. Adoración en el templo
> 6. Las promesas
> 7. Los patriarcas (Abraham, Isaac, Jacob)
> 8. El Mesías

opiniones (Gl 2.6-9). Sus enseñanzas promueven y aplican lo que el mismo Jesús inauguró y cumplió. Sobre todo, la Biblia corrobora la revelación de la que habla Pablo: Su evangelio y «la revelación del misterio que se ha mantenido oculto desde tiempos eternos ... han sido manifestadas ahora», no solo por la sabiduría divina que Pablo ha recibido sino «por las Escrituras de los profetas» del AT (Ro 16.25-26; cf. 1.2). Pablo testificó ante Félix: «Creo todas las cosas que en la ley y los profetas están escritas» (Hch 24.14). Los escritos del AT y la revelación que Pablo recibió (mucho de lo cual llegó a constituir los escritos del NT) se combinaron para formar una declaración fidedigna, el propio testimonio juramentado de Dios tal como fue, cimentando su obra salvadora en siglos pasados y cofirmándola en tiempos de Jesús. Esos mismos escritos, combinados con otros del principio de la época neotestamentaria, estaban destinados a servir como fuente principal y norma para toda la teología cristiana en los siglos, desde que se iniciara la carrera terrenal de Pablo.

Mesías

Los escritos del AT prometían un personaje salvador enviado por Dios que establecería un Reino perpetuo, ofreciendo honor eterno al Señor, exaltando al pueblo de Dios y castigando a sus enemigos.[13] «El asunto de la espera del Mesías divino es enfático en el AT».[14] Durante el primer siglo las esperanzas mesiánicas eran muchas y variadas. Bajo la presión del mandato romano en Palestina, prácticamente se levantaron docenas de personajes que reclamaban el papel. Es arriesgado imaginarnos lo que Saulo el fariseo pensaba acerca del Mesías. Sin embargo, los escritos del primer siglo, en especial el NT, confirman que la jerarquía judía desechó a Jesús como candidato mesiánico. Saulo compartía claramente esta convicción.

Por eso es tan impresionante que luego Pablo produjera escritos que exaltaran una y otra vez el honor mesiánico, atribuyéndolo a Jesús. En un conteo aproximado del texto griego, Pablo utiliza cerca de cuatrocientas veces el término «Cristo» (una palabra griega que comúnmente usaban los cristianos al traducirla del hebreo *mashiah*). Con frecuencia usa la combinación

> ### Gran visión paulina de Cristo
>
> En 1 Timoteo 3.16, Pablo escribe casi poéticamente acerca de las excelencias de Cristo. Es evidente la simetría literaria griega en la rima séxtuple, donde la primera palabra de cada línea termina en θη. Observe también la presencia quíntuple de ἐν.
>
> | | |
> |---|---|
> | ἐφανερώθη ἐν σαρκί, | manifestado en carne |
> | ἐδικαιώθη ἐν πνεύματι, | justificado por el Espíritu |
> | ὤφθη ἀγγέλοις, | visto de los ángeles |
> | ἐκηρύχθη ἐν ἔθνεσιν, | predicado a los gentiles |
> | ἐπιστεύθη ἐν κόσμῳ, | creído en el mundo |
> | ἀνελήμφθη ἐν δόξῃ. | recibido arriba en gloria |

soteriológica

«Jesucristo», otras veces «Cristo Jesús» y la mayoría de las veces el solo nombre «Cristo», como la frase «en Cristo» (vea más adelante).

Esta frecuencia de uso probablemente se explica mejor con la analogía de Pablo, incluso más frecuente, de la mención de Dios. Dios, no un concepto o idea sino la divina persona viviente que crea y redime, es el único factor de orden sobre todo en la vida. Él es la base y la meta de todo lo que Pablo hace. No obstante, Pablo estaba convencido que este mismo Dios había venido al mundo en forma humana, había muerto por el perdón del pecado humano y ascendió a los cielos a fin de iluminar un camino, para que lo siguieran todos los que lo amaran. «Jesús» (más de doscientas menciones en las cartas de Pablo) fue el destino humano de la encarnación y autorrevelación de Dios. «Jesucristo», «Cristo Jesús» y «Cristo» son simplemente sinónimos para la persona divina y humana en quien Dios hizo llevar su gracia salvadora.

Un trío de textos compendia la enseñanza de Pablo sobre las excelencias de Cristo. Primero, Filipenses 2.6-11 subraya la substancial unicidad de Cristo con Dios, hasta desear humillarse a sí mismo tomando forma humana y sufriendo la vergüenza de la cruz. Dios comparte su mismo «nombre» («identidad personal» o «ser») con Él; quien es el Dios designado ante quien se doblará toda rodilla (Flp 2.9-10). Segundo, Colosenses 1.15-20 (cf. Ef 1.20-23) expande esta visión **soteriológica** para resaltar las dimensiones cósmicas de la obra de Cristo Jesús. Él es integral en la creación e incluso hoy sostiene el orden creado (Col 1.16-17). La plenitud del Dios invisible moraba en Él cuando llevó a cabo la obra redentora (Col 1.19-20). Tercero, Pablo resume en forma de confesión condensada su enseñanza acerca de Jesucriso en 1 Ti 3.16, recalcando su gloria celestial.

En teoría, el alto concepto de Pablo sobre Jesucristo (él no conocía una dicotomía entre un «Cristo de fe» y el «Jesús de la historia» en el sentido moderno, «Cristo» tampoco es un ser espiritual o símbolo de algún modo descontinuado de Jesús de Nazaret) puede justificarse simplemente por virtud de su identidad divina. ¿Quién sería tan imprudente como para altercar con Dios (Ro 9.20)? Todo lo que Él decide hacer merece gloria y honra. Sin embargo, la alabanza de Pablo a Jesucristo no procede de pura necesidad. Surge del conocimiento gozoso de que Dios en Cristo se ha preocupado por los pecadores en su estado más bajo. A través de su obra redentora por gracia ha expresado un amor intenso y transformador por su pueblo.

Redención

Basado en la experiencia cotidiana, Pablo señala que solo en un caso raro alguien

---

Cristología «de altura»

Los pasajes paulinos claves revelan una elevada, aunque humana, visión de Jesús: Él era totalmente humano, aunque no un simple humano. Un documento del siglo segundo titulado Epístola a Diogneto concuerda con los sentimientos de Pablo (de J.B. Lightfoot, The Apostolic Fathers [Los padres apostólicos], Mcmillan, Londres/Nueva York, 1891, 507ff):

Él lo envió [a Cristo] hasta ellos. ¿Cree usted que fue enviado, como cualquiera podría suponer, para ... inspirar temor y terror? No. Él lo envió en dulzura y mansedumbre, como un rey podría enviar su hijo que también es rey. Lo envió como enviar a Dios; lo envió como hombre entre los hombres; lo envió como Salvador; para utilizar la persuasión, no la fuerza: la fuerza no es atributo de Dios. Lo envió a amar, no a juzgar ... El dulce cambio, la inescrutable creación o los beneficios inesperados; para que la iniquidad de muchos se deba ocultar en un Hombre Justo, ¡y la justicia de Uno justificaría muchos inicuos! Al haber entonces demostrado en la antigüedad la incapacidad de nuestra naturaleza para obtener vida, y al tener revelado ahora un Salvador capaz de salvar incluso a las criaturas sin capacidad, Él quiso que por una y otra razón creyéramos en su deidad y lo relacionáramos como sanador, padre, maestro, consejero, médico, espíritu, luz, honor, gloria, fortaleza y vida.

expiación sustitutiva

La crucifixión de Altdofer, 1518. Los romanos reservaban la crucifixión para los criminales atroces y no ciudadanos (a estos por lo general se les decapitaba). Cuando Julio César crucificó una banda de piratas, «primero los degolló por misericordia» (Suetonio). Con Jesús no mostraron tal clemencia.

pondría su vida por otro (Ro 5.7). Mas Dios mostró la profundidad de su amor por los perdidos (vea Lc 19.10), en que Cristo murió en lugar de ellos, mientras se encontraban en su calamitosa condición (Ro 5.8). A través de Cristo existe «redención» del pecado. «Redención» se refiere a pagar el precio para liberar de la cautividad a los prisioneros. Esto ocupa un lugar central en el entendimiento de Pablo referente al ministerio de Cristo. Tiene muchas asociaciones del AT con la liberación del pueblo de Dios de la esclavitud egipcia y de otros dilemas.

Jesús hablaba de la redención en referencia a sucesos relacionados con el regreso del Hijo del Hombre (Lc 21.28). Pablo utiliza la misma palabra para describir el proceso mediante el cual los pecadores eran justificados (reconocidos como justos a los ojos de Dios), a través de la muerte de Jesús (Ro 3.24-25; cf. 1 Co 1.30). Pero la redención no es solo un acontecimiento pasado; es una esperanza futura, ya que los creyentes esperan con ansia la redención de sus cuerpos (Ro 8.23), su resurrección en el fin de este mundo. Pablo habla en Efesios más a menudo de la redención, donde la asocia con el perdón de los pecados a través de la muerte de Cristo (1.7; cf. Col 1.14), con la celestial herencia futura para los creyentes (1.14), y con el día de la vindicación que llegará para los seguidores de Cristo.

La lógica de la redención requiere de un precio o «rescate» que se debe pagar por la liberación de los prisioneros. El precio fue la vida de Jesús, «quien se dio a sí mismo en rescate por todos» (1 Ti 2.6). Cristo murió en lugar de los pecadores, asumiendo el castigo de ellos. Los teólogos se refieren a esto como a la **expiación sustitutiva**. La cruz es en la teología de Pablo el medio y el símbolo central de la muerte redentora de Cristo.

La cruz

Pablo puede condensar el mensaje que predica como «la palabra de la cruz» (1 Co 1.18; cf. 1.23; 2.2). La cruz en sí (reservada por los máximos jefes romanos para los crímenes y criminales más despreciables) no tenía más connotación que la agonía y la vergüenza. Los judíos del tiempo de Jesús interpretaban Deuteronomio 21.23 («maldito por Dios es el colgado sobre el madero»), aplicándolo a personas crucificadas. Esto ayuda a explicar por qué los líderes judíos insistieron en una romana sentencia de muerte para Jesús. Esto significaría crucifixión y constituiría la prueba de que Él no era el libertador mesiánico de Dios.

La estrategia dio resultado, pero luego fracasaría. Sí, Dios maldijo a Jesús. Los evangelios indican esto al relatar el lloro de Jesús al sentirse desamparado, la prolongada oscuridad durante el día y el terremoto al momento de su muerte. Sin embargo, Pablo indica que Él se hizo «maldición por nosotros» de modo que

santificación

«en Cristo Jesús la bendición de Abraham alcanzase a los gentiles» y así «por la fe recibiéramos la promesa del Espíritu» (Gl 3.13-14). Una de las grandes ironías de la historia es que la aborrecible cruz sería el símbolo central de la religión más sublime.[15] La exaltación de la cruz en el cristianismo está directamente relacionada con la firmeza que Pablo le otorga en sus escritos.

Pablo utiliza diez veces el sustantivo «cuz» y ocho veces el verbo «crucificar». Sus numerosas referencias a la «muerte» y a la «sangre» así mismo arrojan atención en la cruz (Col 1.20). Sin embargo, no es solo un símbolo mediante el cual Dios expió por los pecados a través de Cristo. También es el medio por el cual los creyentes siguen las huellas de quien los ha llamado. Así como la cruz es la fuente de poder del ministerio de Cristo, es la fuente de poder de Pablo (2 Co 13.4; cf. Gl 6.14). La cruz es para todos los creyentes la inspiración y el agente eficaz para mortificar «la carne» con «sus pasiones y deseos» (Gl 5.24). Una conexión clave entre Jesús y Pablo es el énfasis común en la muerte al pecado y a uno mismo, como requisito de vida justa y de Dios. Para ambos, la cruz obró como la serpiente de bronce de Moisés (Jn 3.14; cf. Nm 21.8-9), un símbolo inverosímil como mediador de vida eterna a todos los que la contemplen con fe.

No obstante, la cruz no se encuentra sola en la teología de Pablo. Su evangelio no es una llamada horrenda de insondable dolor. La cruz paulina se encuentra bien plantada en el precioso suelo de la resurrección.

Resurrección

El mensaje cristiano permanece o cae con la verdad o la falsedad de la afirmación de que Jesucristo se levantó en cuerpo de entre los muertos después de morir por el pecado (1 Co 15.14). La predicación de Pablo en su primer viaje misionero se relaciona con la resurrección (Hch 13.34,37). El énfasis de Pablo es el mismo varios años después en ATENAS (Hch 17.31): Dios mostró a todos los hombres el juicio venidero a través de Cristo al «haberle levantado de los muertos» (cf. Ro 1.4).

Mientras que es generalmente cierto decir que el testimonio de Pablo en Hechos se centra en Cristo, también se podría decir que se centra en la resurrección. Es muy raro que en un mensaje o testimonio de importancia Pablo no haga mención a la resurrección de Cristo o a la seguridad de la bendición, mediante la resurrección futura que garantiza la resurrección de Cristo a quienes confían en Él (Hch 17.18,32; 23.6;24.15,21; 26.23).

Pablo se refiere en sus cartas más de sesenta veces a la resurrección. Solo 2 Tesalonicenses, Tito y Filemón carecen de tal mención. Igual que «cruz» y «crucifixión», «resurrección» y «levantados» se refieren tanto a un suceso de la vida de Cristo como a una realidad para los creyentes. La cruz y la resurrección juntas permiten acceder a los beneficios de la justificación de Cristo: «Fue entregado por nuestras transgresiones y resucitado para nuestra justificación» (Ro 4.25).

La resurrección es la verdad clave en la vida diaria del cristiano. La resurrección de Jesús entre los muertos significa victoria sobre el pecado (causa esencial de la muerte, Ro 5.12), y los creyentes anhelan apropiarse de esta victoria en sus vidas: «Presentaos vosotros mismos a Dios como vivos de entre los muertos» (Ro 6.13). La lógica del crecimiento a semejanza de Cristo, o **santificación**, se basa en la resurrección de Jesús: «Si el Espíritu de aquel que levantó de los muertos a Jesús mora en vosotros, el que levantó de los muertos a Cristo Jesús vivificará también vuestros cuerpos mortales» (Ro 8.11).

En su última carta existente, Pablo insta a Timoteo a recordar a «Jesucristo ... resucitado de los muertos» (2 Ti 2.8) Esta afirmación cristiana central, debatida y defendida hoy día,[16] constituye la esperanza fundamental de todos los creyentes verdaderos, porque define la promesa y el poder de la salvación que los Evangelios presentan.

La Iglesia

En la teología de Pablo no es a creyentes autónomos o unidades autosuficientes a quienes Dios dirige sus esfuerzos de salvación. Sí, Dios mira a las personas como individuos. Pero el horizonte de su acción

Jardín del sepulcro, Jerusalén. Juntamente con la resurrección, la cruz fue la piedra de toque de la prédica en la iglesia primitiva.

salvadora se extiende por completo a «todas las familias de la tierra», citadas en la promesa de Dios a Abraham (Gn 12.3; cf. Ef 2.11-13). Cristo murió y resucitó para redimir a un cuerpo colectivo: la compañía de los redimidos, los elegidos, el pueblo de Dios como un todo, abarcando desde los más antiguos tiempos del NT hasta el presente. El térmno que en los escritos de Pablo denota esta entidad es «iglesia», palabra que se repite casi sesenta veces y que se encuentra en cada epístola paulina, excepto en 2 Timoteo y Tito. Quizás lo que más distingue a este uso es la afirmación de que en sí el propósito de Cristo era haber creado «de los dos [judíos y gentiles] un solo y nuevo hombre, haciendo la paz, y mediante la cruz reconciliar con Dios a ambos» (Ef 2.15-16). Por esto la Iglesia no es para Pablo un asunto aparte y sin importancia sino un corolario de primer orden sobre su enseñanza acerca de Cristo.

La característica frase paulina «en Cristo (Jesús)» requiere mencionarse en conexión con el énfasis de Pablo a la Iglesia. Pablo utiliza esta frase (o «en el Señor») como 150 veces. Aunque sus usos son variados, un erudito encuentra que más de un tercio se refiere a la obra salvadora de Dios a través de Cristo (p.ej. Ro 3.24), y otro tercio a la manera en que los cristianos deben proceder (Flp 4.4) o al estado de redención del que gozan (Ro 16.3).[17] Quizás lo más fundamental acerca de «en Cristo» (prácticamente ausente en escritos no paulinos del NT) es hablar a los creyentes de la unidad e interdependencia. Se refiere a su conexión orgánica con el Padre celestial y de unos con otros, como sus hijos redimidos por causa de lo que Cristo ha hecho a su favor.

La realidad social que indica «iglesia» se expresa a menudo utilizando la metáfora «cuerpo». Los creyentes deben vivir en humildad y ejercitan sus dones por el bien de los demás en el cuerpo de Cristo (12.3-5; cf. 1 Co 12.14). Siendo «miembros de Cristo» (1 Co 6.15), su conexión orgánica con Él es la base para muchas de las recomendaciones paulinas (p.ej. que los corintios desafíen sus normas sociales y que practiquen fidelidad marital o celibato, en lugar de envolverse en sexo casual o ritual; 1 Co 6.16-20). La epístola a los efesios es notable debido a su preponderancia de referencias a «iglesia» (nueve veces) y «cuerpo» (seis veces), en el sentido del pueblo de Dios en Cristo. Bajo el propósito de Dios que lo abarca todo, la Iglesia es el recipiente directo de la plenitud de Cristo (Ef 1.22-23). Efesios 4 recalca la unidad de la triple obra de Dios en Cristo y en los efectos que esto tiene en la Iglesia, de la que Cristo es la cabeza (4.15; cf 1.22; Col 1.18; 2.10,19). Efesios 5.22-23 explica detalladamente, en una discusión didáctica del matrimonio cristiano, las glorias del amor de Dios por la Iglesia y su llamado sublime a servir a su Señor.

Para el temperamento individualista de

> ### Teología y ética en Pablo
>
> Pablo insistió en las cualidades universales del verdadero carácter cristiano y la importancia de las buenas obras. Para él, las «buenas obras» no daban la salvación. Se definían como enseñanzas y mandamientos bíblicos.
>
> | Importancia de las virtudes (1 Co 13) | Importancia de las buenas obras (de la carta de Pablo a Tito) |
> |---|---|
> | fe | 2.7 Presentándote en todo como ejemplo de **buenas obras.** |
> | esperanza | |
> | amor | 2.14 Quien se dio a sí mismo por nosotros para... purificar para sí un pueblo propio, celoso de **buenas obras.** |
> | | 3.1 Recuérdales ... que estén dispuestos a toda **buena obra.** |
> | | 3.8 En estas cosas quiero que insistas con firmeza, para que los que creen en Dios procuren ocuparse en **buenas obras.** |
> | | 3.14 Aprendan también los nuestros a ocuparse en **buenas obras**. |

escatología

parousia

Abba

occidente es difícil agrandar la importancia de la solidaridad colectiva del pueblo de Dios en Cristo. El uso frecuente que Pablo hace de «iglesia», «cuerpo» (junto con otras metáforas) y «en Cristo» asegura que lectores cuidadosos no impongan teorías modernas o posmodernas de personalidad ni intereses partidarios en las afirmaciones de Pablo, radicalmente centradas en Cristo.

Ética

Las cartas de Pablo van más allá de la enseñanza teológica y las directrices religiosas. Sus escritos están impregnados de principios y preceptos que regulan el comportamiento práctico, individual y social. Sería un error reduccionista simplificar la ética de Pablo a una base aislada; aparentemente utiliza razones múltiples (aparte de la imponderable guía divina). Inspirado en precedentes del AT y basado en el indicativo teológico del carácter de Dios, Pablo pone imperativos éticos sobre los creyentes, como cuando les exhorta a ser imitadores de Dios (Ef 5.1; cf. Lv 11.44: «Yo soy Jehová vuestro Dios; vosotros por tanto os santificaréis, y seréis santos, porque yo soy santo»). Su conducta debe regularse por la presencia de Dios en medio de ellos (1 Co 3.17) y por su santo propósito en la elección y el llamado que tienen (Ef 1.4; 4.1; cf. 2 Ti 1.9). Los mandamientos del AT ocupan un lugar prominente en la ética de Pablo, al igual que el ejemplo poderoso de humildad y autosacrificio de Cristo (1 Co 5.7; Ef 5.8). El amor es una virtud suprema (1 Co 13.13) en la ética de Pabo y en la de Jesús (Mc 12.29-31). «Lo único que cuenta es la fe expresada a través del amor» (Gl 5.6; cf. 1 Ti 1.5).

La ética paulina es una materia demasiado extensa para tratarla como un subpunto de su teología, pero es importante notar que la doctrina de Pablo no se comprende adecuadamente si no se traduce en la transformación del comportamiento a nivel personal y colectivo. Su teología es importante, pero no está sola. Una y otra vez la epístola de Tito recomienda buenas obras al pueblo de Dios (2.7,14; 3.1,8,14) y condena a los pseudocristianos que confiesan a Dios pero que llevan vidas indiferentes a Él (1.16; cf. Ro 12.1-2).

Las últimas cosas

La **escatología** de Pablo es una materia aun más extensa y compleja que su ética. En realidad ambas áreas se relacionan. La prédica de Jesús sobre el Reino de Dios que está a la mano, junto con su resurrección de entre los muertos, significa que el fin del mundo ya ha despuntado (Ro 13.12). Mientras vivimos diariamente sobre la tierra, «nuestra ciudadanía está en los cielos, de donde también esperamos al Salvador, al Señor Jesucristo» (Flp 3.20; cf. Col 3.3). La perspectiva de Pablo acerca de las cosas que sucederán tiene implicaciones profundas en la manera en que debemos vivir ahora.[18]

La escatología paulina, al igual que toda la enseñanza de Pablo, nace de sus convicciones acerca de Dios en general y de

Enfoque 17: Mis genes están mal, ¡yo no!

Pistolero australiano mata a treinta y dos. Terrorista atemoriza a los estadounidenses por dieciocho años. Niños masacrados en una escuela primaria escocesa. Alcalde arrestado por posesión de drogas. Dos niños de seis y ocho años intentan matar a golpes a un bebé de un mes. Desaparecen cincuenta mil dólares de la división seguridad del departamento de narcóticos de la policía. Rector universitario acusado de delitos graves. Muere apuñalada princesa zulú. Adolescente mata a golpes a un gato en el estadio.

Los titulares continúan así por todo el mundo.

Todos luchan para escapar de la responsabilidad por sus acciones, y ahora la genética provee la explicación que los saca del atolladero. Por cada clase de conducta aberrante se identifica una «causa» genética.

¿Qué ha sucedido a la explicación para el mal que da el apóstol Pablo?

Jesucristo en particular. Puesto que Jesús es el Mesías, su ministerio victorioso indica la llegada de los últimas etapas de la obra redentora de Dios, antes de la consumación. Esto incluirá el juicio final en la parousia (Segunda Venida; vea Ro 2.1-11; 14.10-12; 1 Co 3.12-15; Flp 2.16; 1 Ts 3.13; 2 Ts 1.5-10). Los malvados que no hayan obedecido el evangelio enfrentarán la ira de Dios (Ro 1.18; Ef 5.6; Col 3.6). Siguiendo la trayectoria de Pablo, es obligación para los creyentes proclamar el evangelio a todas las naciones (también al impenitente Israel; Ro 9.11), como prueba fiel de la revelación de los propósitos escatológicos de Dios.

La benición escatológica ya está disponible al presente. Los creyentes gozan del Espíritu Santo, una señal indudable del fin de los tiempos. Él es «las primicias» de la redención venidera de ellos (Ro 8.23), la «garantía» o «cuota inicial» de mayores cosas por venir (2 Co 1.22; 5.5; Ef 1.14), y un sello de la herencia y adopción que les permite llamar a Dios «**Abba**» (Ro 8.15-17). Para los que creen en un arrebatamiento (hablando claro) de los cristianos antes del retorno de Cristo, y en el establecimiento de su Reino milenial en la tierra, el Espíritu Santo les permite vivir en un estado en el que se encuentran preparados mientras esperan esos grandes sucesos.

Conclusión

En el ambiente contemporáneo, el énfasis dramático de Pablo en un inminente orden futuro que demanda reorientación personal inmediata y radical se califica fácilmente como mitología fantástica o exceso apocalíptico; incluso se convierte en materia de parodias de Hollywood. Tal rechazo es peligroso si Pablo, igual que Jesús, posee la autoridad que afirma. Apoyar con sinceridad la visión paulina con sus implicaciones cósmicas significa vida verdadera, vida «en Cristo» en esta era, y disfrute de Dios de modo indescriptible en la era venidera (Ro 8.18; 1 Co 2.9). Igualmente urgente es la insistencia de Pablo de que rechazar el evangelio redundará en maldición que conlleva disgusto eterno de Dios; eso sin mencionar la tragedia de una vida que desperdicia la oportunidad de adorar al Señor y disfrutar de su resurrección.

Términos clave

Abba
escatología
parousia
santificación
soteriológica
expiación sustitutiva

Personajes y lugares clave

Antioquía (Siria)
Arabia
Asia
Atenas
Berea
Cesarea Marítima
Cilicia
Corinto
Damasco
Éfeso
Gamaliel I
Jerusalén
Macedonia
Nerón
Palestina
Filipos
Roma
España
Siria
Tarso
Tesalónica
Turquía

Resumen

1. A través de sus escritos y del libro de Hechos estamos familiarizados con Pablo, uno de los personajes más importantes en la iglesia apostólica.

2. Pablo era bien educado y entendía rigurosamente el judaísmo, pues estudió bajo el rabino Gamaliel I.

3. Pablo realizó al menos tres viajes misioneros en pro de la iglesia primitiva.

4. Las principales fuentes para descubrir la teología paulina son sus propios escritos y los Hechos.

5. Dios es el centro de la teología de Pablo.

6. Pablo creía que el mal es real e influyente, pero que Dios lo dominará y castigará eternamente.

7. Pablo creía que el Antiguo Testamento es aplicable a todas las personas, pero condenó el legalismo.

8. El cimiento del evangelio que predicó Pablo es el pacto de Dios con Abraham.

9. Pablo tenía una gran visión de Cristo, no solo por su divina identidad sino porque es una expresión de la preocupación de Dios por los pecadores.

10. La cruz es el medio y símbolo central de la redención que ganó Cristo.

11. La resurrección es importante porque el mensaje cristiano depende de su verdad.

12. El tratamiento paulino de la iglesia está colocado en el corazón de su cristología.

13. Pablo enseñó que el evangelio transforma los comportamientos personales y colectivos de los creyentes.

14. La teología de Pablo está íntimamente entrelazada con su ética y escatología característica.

Preguntas de estudio

1. Describa dos sucesos importantes de la vida de Pablo en cada una de las décadas tercera, cuarta, quinta y sexta d.C.

2. ¿Por qué es irónico el servicio de Pablo como maestro y misionero de la iglesia en Antioquía?

3. ¿En qué difieren los mensajes de Jesús y Pablo? ¿En qué se parecen?

4. ¿Por qué habló Pablo de la ley en términos negativos y positivos?

5. Caracterice el papel que representó Abraham en las enseñanzas de Pablo.

6. ¿Por qué Pablo resalta en sus escritos «me fue dada esta gracia»?

7. ¿Por qué los líderes judíos presionaron para la crucifixión de Jesús? ¿Por qué vio Pablo redención en la cruel muerte de Jesús?

8. ¿Qué quiere decir Pablo por «en Cristo» o «en Cristo Jesús»?

9. ¿Cómo basa Pablo la ética en la teología?

10. Nombre tres aspectos de la enseñanza de Pablo acerca de las últimas cosas.

Preguntas de repaso

1. Pablo nació en la helenística ciudad de _____.
2. Antes de su conversión, Pablo se llamaba _____.
3. Los escritos de Pablo se produjeron como resultado de su actividad _____.
4. Pablo fue _____ después de llegar a Jerusalén al final de su tercer viaje.
5. Según los críticos de la Ilustración, Pablo cambió el diplomático o revolucionario Jesús por un hombre _____ idealizado.
6. Pablo insistió en su enseñanza contra el politeísmo en que Dios es _____.
7. Tanto Pablo como la ley condenan el _____.
8. La base del evangelio que predicó Pablo fue el pacto _____.
9. Pablo fue el fundador principal de muchas asambleas de _____ y misiones.
10. Los escritos de Pablo atribuyen una y otra vez honra mesiánica a _____.
11. La lógica de la redención exige un _____ por la liberación del prisionero.
12. La verdadera clave para el diario vivir cristiano es la _____.

Lecturas relacionadas

Meyer F.B., *Pablo, siervo de Jesucristo*, Casa Bautista de Publicaciones, El Paso, TX, 1973. Un intento logrado por hacer hablar a Pablo como si estuviera escribiendo su autobiografía en primera persona. La vida del apóstol desde su niñez en Tarso hasta su ejecución por causa del evangelio.

Robertson A.T., *Épocas en la vida de Pablo,* Casa Bautista de Publicaciones, El Paso, TX. Reseña biográfica del apóstol a los gentiles. Instructivo estudio sobre una de las más grandes personalidades de la historia del cristianismo y universal: Saulo de Tarso o Pablo.

Stalker James, *Vida de Pablo*, Editorial Caribe, Miami, FL, 1972. Vida y obra del apóstol Pablo en un recorrido por las diversas etapas que debió vivir. El escritor nos presenta su enseñanza a modo devocional y su ejemplo a modo de homenaje.

Obermuller Rodolfo, *Testimonio cristiano en el mundo judío,* Editorial La Aurora, Buenos Aires, Argentina, 1976. Breves capítulos sobre el pensamiento paulino, que analizan con profundidad teológica tópicos difíciles de abordar para cualquier creyente. Muy didáctico y persuasivo.

Grey Barhouse Donald, *¡Vencedores!,* Editorial Caribe, San José, Costa Rica, 1968. Magnífica presentación de lo que significa estar en Cristo o ser creyente. Siguiendo el pensamiento paulino se verifica la privilegiada situación de los cristianos, tanto en este como en el mundo venidero.

Rico Avila José María, *El apóstol Pablo: insigne protestante*, Editorial El Amanecer, Córdoba, Argentina. «Esto te confieso, que según el Camino que ellos llaman herejía, así sirvo al Dios de mis padres, creyendo todas las cosas que en la ley y en los profetas están escritas» (Hechos 24.14). El autor resume en este versículo el pensamiento, la vida y obra de Pablo.

Drane John, *Pablo: su vida y su obra*, Editorial Verbo Divino, Navarra, España, 1984. Un estudio biográfico de la vida de Pablo, que analiza el triple ministerio paulino: pastor, evangelista y misionero.

Barclay William, *El Pensamiento de San Pablo,* Editorial La Aurora, Buenos Aires, 1978. La erudición de Barclay profundiza el pensamiento del gran apóstol del cristianismo. Claridad y sencillez, erudición y profundidad son la tónica de este trabajo.

18 Romanos
A bien con Dios

Bosquejo

- **Evangelios, Hechos, epístolas**
- **¿Por qué vadiar Romanos?**
- **La ciudad de Roma y el cristianismo**
- **Motivo y propósito de Romanos**
- **Bosquejo**
- **El argumento de Romanos**
  Introducción (1.1-18)
  Diagnóstico (1.19–3.20)
  Pronóstico I: Justificados por fe en Jesucristo (3.21–8.17)
  Pronóstico II: Redimidos por gracia (8.18–11.36)
  Prescripción (12.1–15.13)
  Conclusión (15.14–16.27)
- **La importancia de Romanos**
- **Aspectos críticos**

Objetivos

Después de leer este capítulo, usted podrá

- Evaluar la influencia de Romanos en la historia de la Iglesia
- Presentar los propósitos de Romanos
- Esbozar el contenido del libro de Romanos
- Explicar cómo Romanos animó a los cristianos a vivir

Evangelios, Hechos, Epístolas

Los Evangelios narran la historia de las buenas nuevas de Jesucristo y Hechos cuenta cómo se extendieron en un lapso de más de tres décadas. Pero si solo tuviéramos los Evangelios y Hechos, se vería muy limitada la comprensión de la primitiva práctica y **fe** cristianas. Podemos estar agradecidos de que casi dos docenas de cartas redondean el cuadro. Las epístolas datan del primer siglo, y muchos eruditos creen que proceden de mano de escritores que Jesús señaló para recibir y enseñar el mensaje de salvación. En este y en los siguientes capítulos consideramos las epístolas una por una. Pero no las discutiremos en el orden cronológico en que fueron escritas. Mas bien seguiremos el orden en que aparecen en el NT. La única excepción es Filemón, que tratamos con las llamadas epístolas de la prisión. Aunque nadie puede decir con seguridad por qué la iglesia primitiva ordenó las epístolas como lo hizo, parece que empezaron por la carta más larga de Pablo (Romanos) y luego continuaron hasta la más corta (Filemón). Se utilizó el mismo procedimiento con las cartas no paulinas, comenzando con Hebreos y terminando con el librito de Judas.

¿Por qué vadiar Romanos?

La carta de Pablo a los romanos tiene la reputación de ser difícil de entender e incluso aburrida. Muchos en las congregaciones se han quejado internamente cuando su pastor ha anunciado una serie de sermones sobre Romanos; ¡otros tantos se han lamentado en sus páginas durante la lectura diaria de la Biblia!

Pero quizá más que cualquier otro libro de la Biblia, este ha influido en maneras dramáticas en la historia del mundo. Por ejemplo, Agustín (354-430), el gran intelectual de África del Norte y líder de la Iglesia, encontró vida nueva en Romanos después de años de filosofía pagana y un modo de vida a veces disoluta. Para aplacar la sed de su alma, escribe Agustín: «Con la mayor de las ansias me aferré ... a las obras del apóstol Pablo».[1] En medio de la lucha con su torturada conciencia y dudas profundas sobre la dirección de su vida, la «esclavitud de Agustín de ... desórdenes sexuales»[2] se rompió cuando leyó Romanos 13.13-14:

> Andemos como de día, honestamente; no en glotonerías y borracheras, no en lujurias y lascivias, no en contiendas y envidia, sino vestíos del Señor Jesucristo, y no proveáis para los deseos de la carne.

Al escribir años más tarde sobre su conversión, Agustín recuerda: «No quise leer más; no había necesidad. Porque ... fue como si mi corazón se llenara con una luz de confianza y todas las sombras de mi duda desaparecieran».[3] Por mil años los escritos de Agustín ejercieron profunda influencia en la civilización europea, y sus ideas todavía causan respeto hoy día.

La epístola a los romanos también emocionó la vida de Martín Lutero (1483-1546), mientras reflexionaba «noche y día» cómo él, un pecador, podría alguna vez com-

---

Epístolas del NT

El Nuevo Testamento contiene trece cartas de Pablo y ocho de otros. Desde la antigüedad se han ordenado en dos grupos: paulinas y no paulinas; y dentro de estos grupos, de las más largas a las más cortas.

Paulinas	Otros
(13 en total):	(8 en total):
Romanos	Hebreos
1 y 2 Corintios	Santiago
Gálatas	1 y 2 Pedro
Efesios	1, 2 y 3 Juan
Filipenses	Judas
Colosenses	
1 y 2 Tesalonicenses	
1 y 2 Timoteo	
Tito	
Filemón	

parecer perdonado ante Dios, quien es perfectamente justo y que un día juzgará a todos. Con la conciencia bastante perturbada y sabiendo por las Escrituras la magnitud de su pecado, luchó con las palabras de Romanos 1.17: «El justo por la fe vivirá». Esa afirmación, una cita de Habacuc en el AT, lo convenció de que «por gracia y pura misericordia Dios nos justifica a través de la fe».[4] La salvación no es por las buenas obras o cualquier otro mérito de nosotros, de nuestra iglesia o de nuestra religión. Solo es a través de Jesucristo. La Reforma Protestante que Lutero ayudó a llevar adelante transformó la apariencia de EUROPA. Los romanos fueron el trampolín de la revolución que él ayudó a poner en marcha.

Pero no solo a la iglesia primitiva (Agustín) y a la Reforma (Lutero) despertó Romanos. Los avivamientos que recorrieron INGLATERRA a principios del siglo dieciocho también se encendieron debido a Romanos, en John Wesley. El 24 de mayo de 1738 asistió a una reunión en la iglesia y escuchó del líder el prefacio de Lutero a su comentario de Romanos. Más tarde narró su experiencia de esa noche: «Mientras él describía el cambio que Dios obra en el corazón a través de la fe en Cristo, sentí arder mi corazón de modo extraño. Sentí que también yo confiaba en Cristo y solo en Él para mi salvación: Tuve la seguridad de que Él se había llevado mis pecados, los míos, y que me había salvado de la ley del pecado y de la muerte».[5]

Se podrían llenar volúmenes con testimonios de la luz que ha llenado corazones humanos a través del estudio de Romanos. Lutero testificó que al leerlo se sintió «renacido y traspasando las puertas del paraíso. Toda la Palabra adquirió un nuevo mensaje... Este pasaje de Pablo constituyó para mí una entrada al cielo».[6] Por tanto, llamar aburrido a Romanos diría más de nosotros que del libro. Valdría la pena volver a meditar en su mensaje que podría cambiar nuestras vidas.

La ciudad de Roma y el cristianismo

Roma, la ciudad más grande de la antigüedad clásica en occidente, era la capital de un vasto imperio. En tiempos de Jesús vivían en territorio romano quizá cien millones de habitantes.[7] El gran dominio de Roma se extendía al occidente hasta la moderna GRAN BRETAÑA, al norte hasta la mo-

La epístola de Pablo a los romanos abrió el corazón de Lutero hacia el evangelio (derecha).

A través de los escritos de Lutero sobre Romanos, John Wesley sintió su corazón «extrañamente cálido» (extremo derecho).

contextualización

derna ALEMANIA, al oriente hasta el moderno IRÁN, y miles de kilómetros al sur hasta el NILO en EGIPTO Pocos imperios a través de la historia del mundo han rivalizado su tamaño, poder y esplendor.

Probablemente el cristianismo llegó a Roma con los judíos que escucharon la prédica de Pedro en Pentecostés (Hch 2.10), y llevaron el evangelio al regresar a las sinagogas de la capital imperial. No pueden dejarse fácilmente a un lado las tradiciones antiguas que Pedro ministrara en Roma a finales de la tercera década d.C. En cualquier caso, alrededor del 49 d.C. la presencia cristiana entre judíos en Roma fue suficientemente grande como para provocar alborotos en esa comunidad.[8]

El NT menciona ocho veces a Roma. Por dos ocasiones Pablo declara que intenta ir a predicar allá (Hch 19.21; 23.11). Otras dos veces menciona a Roma cuando dicta (vea Ro 16.22) su epístola que lleva el nombre de la gran ciudad (Ro 1.7,15).

Romanos en la historia de la iglesia primitiva

Según parece, estos líderes de la iglesia primitiva han conocido y usado Romanos:

	d.C.
Clemente de Roma	95
Policarpo	ca. 110
Justino Mártir	ca. 140
Ireneo	ca. 175
Clemente de Alejandría	ca. 200
Tertuliano	ca. 200
Orígenes	ca. 250
Eusebio	ca. 315

Motivo y propósito de Romanos

Hay acuerdo general en que Pablo escribió Romanos durante su estadía de tres meses en GRECIA (Hch 20.2-3). Esto fue alrededor del 57 d.C., cerca de completar su tercer viaje misionero y en vísperas de salir a su última visita conocida a JERUSALÉN. La comparación de Romanos 16.23 con otros pasajes (Hch 19.29; 20.4; 1 Co 1.14) sugiere que Pablo se encontraba en la vecindad de CORINTO cuando la carta tomó forma. Esto se confirma mediante la recomendación de Febe como la persona que la llevó de Corinto a Roma: La iglesia en su hogar se encontraba en CENCREA, un pequeño pueblo a trece kilómetros de Corinto (Ro 16.1).

El propósito de Romanos es uno de los tópicos más debatidos en la erudición moderna del NT.[9] Todos concuerdan en que Pablo lo escribió en parte para confirmar la próxima misión que esperaba efectuar en ESPA (Ro 15.24). Sin embargo, para muchos eruditos la perspectiva mantenida por siglos en la iglesia de que el propósito primordial de Romanos es teológico (enseñar sobre la salvación y el Reino de Cristo en el mundo) «no es una seria opción hoy día».[10] Por tanto se busca nuevo entendimiento en una o dos teorías: que Romanos es primordialmente una carta sobre los propios intereses de Pablo, o que «en esencia trata con los intereses de la iglesia en Roma».[11]

Pero valdría la pena tener en mente tres opciones. Primero, sin duda Pablo estaba preocupado de la condición de la iglesia en Roma. Los muchos saludos que manda en el capítulo 16 indican que conocía situaciones controversiales de sus creyentes. Habría sido natural para él adaptar sus observaciones a la situación de sus lectores. (La palabra técnica para esto se denomina **contextualización**.) Segundo, también puede haber algo de duda en que las esperanzas y metas personales de Pablo muestren su modo de pensar (su pasión por ver que sus parientes judíos acepten al Mesías (Ro 9.3; 10.1).

Tercero, a pesar de modernos estudios académicos orientales que con frecuencia menoscaban el mensaje teológico de la Biblia, ninguna ley dice que debamos someternos a esta creencia académica particular (y seguramente no universal).

Por tanto, en nuestra discusión de Romanos estaremos alerta al surgimiento de cualquiera de estos tres énfasis. Sin embargo, debemos observar con anticipación que a través de los siglos los cristianos con probabilidad han pisado en tierra firme al leer Romanos en primer lugar, considerando la verdad sobre Dios que cambia la vida, humanidad, y redención.

Ruinas de baños romanos en Trier, Alemania. El amplio dominio romano se extendía al oeste hasta Gran Bretaña y al norte hasta la moderna Alemania.

Bosquejo

I. **Introducción: La generosidad del siervo** (1.1-18)
   A. Servicio de Pablo (1.1)
   B. Servicio de la divinidad (1.2-4)
   C. Servicio de los santos (1.5-7)
   D. Servicio actual y servicio anticipado (1.8-15)
   E. El evangelio como siervo de la justicia y la ira de Dios (1.16-18)

II. **Diagnóstico: Conocimiento de Dios y de la condición pecaminosa de la humanidad** (1.19–3.20)
   A. La culpabilidad de la humanidad, I (1.19-32)
   B. La culpabilidad de gentiles y judíos (2.1-16)
   C. La culpabilidad de los judíos (2.17–3.8)
   D. La culpabilidad de la humanidad, II (3.9-20)

III. **Pronóstico I: Justificados por fe en Jesucristo** (3.21–8.17)
   A. La justicia de Dios mediante la fe en Jesucristo excluye la jactancia (3.21-31)
   B. Descendencia y ascendencia de Abraham en humildad y fe (4.1-25)
   C. Descendencia en Adán y ascendencia en Cristo (5.1-21)
   D. Bautizados en Cristo de muerte a vida (6.1-14)
   E. Ya no más esclavos del pecado sino esclavos de Dios (6.15-23)
   F. Ya no más sujetos a la ley sino sujetos a Cristo (7.1-6)
   G. Guerra entre el espíritu y la carne (7.7-25)
   H. Hijos de Dios mediante el testimonio del Espíritu (8.1-17)

IV. **Pronóstico II: Sometidos a inutilidad, sujetos en esperanza** (8.18–11.36)
   A. La libertad gloriosa de los hijos de Dios (8.18-27)
   B. A quien Dios justificó también glorificó (8.28-39)
   C. La misericordia de Dios y las riquezas de su gloria con Israel y los gentiles (9.1-33)
   D. Cristo cumple la ley para judíos y gentiles (10.1-21)
   E. La misericordia y gloria de Dios para con el remanente final de judíos y gentiles (11.1-36)

V. **Prescripción: Siervos fieles en acción** (12.1–15.13)
   A. En sacrificio de alabanza (12.1-2)
   B. En humilde uso de los dones dentro del Cuerpo (1.3-8)
   C. En actos de servicio y hospitalidad en amor (12.9-13)

D. En imitación de la enseñanza de Jesús (12.14-21)
E. En rendir al César lo que es del César (13.1-7)
F. En amar al prójimo como a uno mismo (13.8-10)
G. En vivir como en el día, no como en la oscuridad (13.11-14)
H. En buscar la paz entre el débil y el fuerte (14.1–15.13)

VI. Conclusión (15.14–16.27)
A. El propósito misionero de Pablo y la razón para escribir con audacia (15.14-22)
B. Su agenda misionera para Jerusalén, Roma y España (15.23-33)
C. Saludos finales, advertencias y doxología (16.1-27)

El argumento de Romanos

Ya hemos afirmado, y el bosquejo anterior lo pone en claro, que Pablo tenía por lo menos una intención obvia y directa en el escrito: ayudar a los romanos a estar listos para su visita, después de la cual esperaba viajar hacia el oriente para predicar en España (Ro 15.23-33). Esto debe mantenerse en mente, aunque la mayor parte de Romanos se dedique a otros temas.

Introducción (1.1-18)

La epístola empieza con la más grande de todas las declaraciones preliminares de Pablo, denominada salutación (1.1-7). Se identifica a sí mismo, como era la tradición en una carta helenística de esa época.[12] También caracteriza el mensaje que cambió su vida, hablando de sus raíces en el AT, de sus bases en el Jesucristo resucitado y de su expresión a través del ministerio apostólico. A fin de redondear la salutación, nombra a los receptores de la carta y los saluda, aunque no con el secular «¡Saludo!» que generalmente se encuentra en las antiguas cartas griegas. En lugar de ello Pablo pronuncia una bendición «de Dios nuestro Padre y del Señor Jesucristo».

Siguiendo además la costumbre de la época al escribir cartas, Pablo agradece a sus lectores. Expresa el deseo de visitarlos pronto (1.8-13). En este punto Pablo anticipa el punto de vista de la carta. Primero habla de su anhelo de «anunciaros el evangelio también a vosotros que estáis en Roma», y luego del evangelio en sí. Igual que un compositor que determina el tema de un concierto, Pablo exalta al evangelio como «poder de Dios para salvación a todo aquel que cree; al judío primeramente, y también al griego» (1.16).

¿Por qué tan nobles aclamaciones para un mensaje tan sencillo? Porque en el evangelio se ha revelado «la justicia de Dios». Por siglos se han producido debates sobre lo que significa «la justicia de Dios». Una cosa es cierta: Significa buenas nuevas puras para todos los que lo acepten. Porque el mensaje del evangelio hace accesible la salvación por fe (total confianza personal, no solo comprensión mental) a cualquiera que desee compartir el temor y el gozo de conocer al Dios vivo y verdadero.

¿Pero por qué la justicia de Dios es tan importante para Pablo? Debido a la ira de Dios que se trata en la siguiente sección.

Diagnóstico (1.19–3.20)

El evangelio es buenas nuevas. En todas las cartas de Pablo brilla la seguridad y emoción de confiar en Dios a través de Cristo. Servirle es lo más grande, en realidad lo más grande que se puede experimentar. ¿Por qué Pablo se emociona tanto con la fe que predica?

Las buenas nuevas son muy buenas para Pablo porque las malas son muy malas. ¿Cuáles son las malas? Que todos están separados de Dios y sujetos a juicio eterno por su tendencia natural a desconocer quién es y a desobedecer sus leyes. Pablo describe en Romanos 1.18-23 a las personas típicas de su época. Tienen la idea de que Dios existe porque ven la belleza y grandeza de la naturaleza. Pero en lugar de buscar al Dios verdadero que creó la naturaleza, alababan a la misma naturaleza.

Es triste leer el resultado de tal religión (1.24-32). Indiferentes al Dios que libera de ataduras a las personas, los paganos que Pablo describe caen en prácticas homosexuales. Sus mentes se tuercen; su compás moral gira descabelladamente. Prevalecen el homicidio, la malicia, el engaño y la inhumana crueldad.

Pero las malas nuevas no son solo para los adoradores de ídolos, los asesinos y los

La homosexualidad

Pablo enfatiza en Romanos 1.26-27 que la homosexualidad, así como la intimidad sexual fuera del matrimonio, desagradan a Dios. Como otros pecados que enumera en Romanos 1.28-31, este ofende la ley de Dios (Lv 18.22; 20.13), Distorsiona el buen regalo de la intimidad marital que Dios creó para la procreación y el gozo en el matrimonio heterosexual (Gn 2.24; Pr 5.15-19; Mt 19.4-6; 1 Ti 4.3-5).

Cuando Pablo escribió Romanos veía que algunos homosexuales obedecían la fe cristiana (vea 1 Co 6.9-11). La homosexualidad, así como el pecado sexual premarital o extramarital, no es imperdonable. La fuerza dadora de vida que resucitó a Cristo puede dar poder a las víctimas de la esclavitud homosexual y heterosexual para romper las cadenas de pecado y vivir con pureza que honre a Dios (Ro 8.11).

La tendencia moderna de aprobar la homosexualidad niega la creación de Dios, su ley y el poder mediador de la cruz de Cristo para debilitar el poder del pecado. Sí, algunas personas sienten una gran atracción hacia la expresión homosexual, así como otros se sienten atrapados por el deseo heterosexual ilícito. Pero ¿es mayor el dominio del pecado sobre la voluntad humana que la gracia liberadora de Dios? La respuesta bíblica es un claro no. Aunque la tentación hacia el pecado sexual muriera lentamente, la gracia de Dios insiste en que hagamos una pausa inmediata y total con los hechos pecaminosos. La Palabra de Dios es lo mejor, aun cuando parezca difícil.

Está mal, por supuesto, señalar a los homosexuales como peores pecadores que otros. Sin suavizar el duro veredicto que la Biblia nos da para el pecado, tanto homosexual como heterosexual, se debe proclamar con el verdadero mensaje con acciones misericordiosas el perdón divino y el más amplio espectro de fidelidad moral hacia un Dios bondadoso y humanitario.

Pablo llegó por primera vez a Roma caminando por esta carretera romana, la Vía Apia, aproximadamente en el año 62 d.C. Escribió su epístola a Roma más o menos en el 57 d.C.

ofensores sexuales. Pablo amplía la red de convicción de 2.1 al 3.20. «Toda boca se cierra y todo el mundo queda bajo el juicio de Dios» (3.19). Para un Dios perfectamente justo, la persona moral y religiosa no es mejor que el criminal inmoral. Todos por igual, judíos y gentiles, están sin esperanza, por cuanto todos han pecado.

Romanos trata de las buenas nuevas de Jesús. Pero se pierde la gloria de su bondad si se minimiza la oscuridad de la condición humana. El diagnóstico es nefasto, y la ira divina es el resultado inevitable.

¿Hay alguna esperanza?

Pronóstico I: Justificados por fe en Cristo Jesús (3.21–8.17)

Hay esperanza para pecadores, dice Romanos, debido a Cristo. Abre el camino para recibir la justicia de Dios en vez de su ira. Todo el mundo en todos los tiempos ha violado la ley de Dios (3.23). Pero por la muerte de Cristo en la cruz se puede impedir el castigo de Dios por el pecado. Los pecadores pueden recibir una nueva vida.

Aquí Pablo utiliza muchas palabras de importancia. «Justificados» (3.24) implica que Dios da a los pecadores una nueva condición ante Él. A los que una vez estuvieron bajo sentencia de «culpa», Él ahora los cuenta por justos en base al sacrificio de Cristo. Ellos reciben «redención» (3.24), que quiere decir libertad del dominio del pecado y liberación para el servicio al Señor. Esto es posible por un «sacrificio de expiación»: la muerte de Jesús en la cruz mediante la cual sufrió la ira divina, que de otro caería sobre nosotros (3.25).[13]

> ## Preguntas y respuestas en Romanos
>
> Pablo hace en Romanos varias preguntas que luego contesta con un rotundo no. Emplea una forma de retórica llamada diatriba. El conocimiento de este recurso persuasivo puede ser útil para captar el mensaje de Pablo. Algunos ejemplos:
>
> | Pasaje | Pregunta | Respuesta |
> |---|---|---|
> | 3.3 | ¿Significa el hecho de que algunos no crean el evangelio que pueda no ser cierto? | ¡NO! |
> | 3.5 | ¿Es Dios injusto al derramar su ira sobre los que violan su ley? | ¡NO! |
> | 3.9 | ¿Son los judíos moralmente superiores a los gentiles ante Dios? | ¡NO! |
> | 6.1 | ¿Deben los cristianos pecar más para ser perdonados más? | ¡NO! |
> | 6.15 | ¿Deben los cristianos pecar porque no están bajo la ley sino bajo la gracia? | ¡NO! |

Otra palabra importante es «fe». Si Cristo es la base y el agente activo en la redención, ¿qué hacemos nosotros? ¿Cómo pueden las personas pecadoras acceder a la salvación que Cristo ganó para ellos?

En los tiempos de Pablo, como hoy, hay muchas respuestas a esa pregunta. Una: «Mediante buenas obras». Antes del encuentro con Cristo esa era la respuesta de Pablo. Como muchos de su época y la nuestra, creía que con obras suficientemente buenas se anulaba lo malo. Dios perdonaría a Pablo si este ganaba su favor al honrar suficientemente las leyes de Dios.

Pero en Romanos Pablo rechaza esa respuesta (3.27-31). En su lugar presenta un camino nuevo y a la vez antiguo. Abraham lo conocía (cap. 4) y también David (4.6-8). Es el camino de la fe. Fe significa confianza en la promesa de Dios de aceptar a quienes llegan a Él, admitiendo su maldad y acercándose al Señor como su única esperanza de liberación. Así como el pecado de Adán trajo calamidad a la especie humana, el regalo de Dios de nueva vida en Cristo abre un futuro nuevo para todos los que le reciben por fe (5.12-21).

El mensaje de Pablo es arriesgado. Declara que la salvación es por gracia a través de la fe. Los seres humanos no podemos hacer nada para merecer la aceptación de Dios. Solo podemos recibirla como un regalo, llegando ante Él con el espíritu quebrantado que evidencia el comentario de Martín Lutero en su lecho de muerte: «Todos somos mendigos y esa es la verdad». Pero el atrevido mensaje podría malinterpretarse o distorsionarse, pero Pablo toma los pasos para prevenirlo.

Quienes reciben la gracia de Dios para sus pecados no deben suponer que sería bueno continuar pecando para recibir más gracia (6.1-14). Gracia significa que Cristo ha entrado en nuestras vidas. Disminuye el pecado, no lo promueve. Si amamos a Dios, guardaremos sus mandamientos (Jn 14.21). Después Pablo habla de la santificación (6.19,22), una palabra que describe la creciente obediencia cristiana al Señor, a medida que la fe crece. La gracia no significa que ahora se permite el pecado porque se ha quitado la penalidad por desobedecer los mandatos de Dios (6.15 7.6).

El caso es lo opuesto. Antes de recibir a Cristo, los mandamientos de Dios pueden motivar a uno a hacer el mal. Imagine a un niño que juega afuera y oye decir a su padre: «Puse deliciosos dulces en la bombonera. ¡No los toques!» ¿Con qué clase de tentación tal vez luchará ese niño? Así mismo el hombre interior pecaminoso nos tienta a abusar de los mandamientos de Dios (7.11). Pablo habla en gran manera de la lucha que los cristianos enfrentan con el pecado (7.7-25). (Algunos opinan que este pasaje describe a quienes aún no son cristianos, pero otros piensan que Pablo describe a quienes están en el proceso de enfrentar su pecado y llegar a Cristo.)

Pero algo es claro: Recibir por fe a Cristo hace posible un nuevo modo de vida (8.1-17). En vez de estar sujeto al espíritu humano natural con su tendencia a apartarse de Dios y sus mandamientos, los creyentes reciben el Espíritu de Dios (8.4). La obra divina del Espíritu asume el dominio sobre las acciones naturales y tendencias humanas pecaminosas (8.13). Además el Espíritu da seguridad a los creyentes en su interior de que pertenecen al Señor, al igual que un niño adoptado pertenece a los padres que lo han tomado (8.16).

El mismo Espíritu que da seguridad también guía a los hijos de Dios a su servicio. De manera inevitable esto involucra lo que Pablo llama «padecer» (8.17). Él juzga que

Romanos 8 enseña que la salvación se extiende a toda la creación: espacio, tiempo, materia, y también al alma individual.

estos padecimientos son muy importantes como para darles atención.

Pronóstico II: Redimidos por gracia (8.18–11.36)

Ya revisamos el «pronóstico» de Pablo en términos de la aceptación del pecador al perdón y la nueva vida en Cristo. La muerte y resurrección de Cristo, recibidas por fe, rompen la opresión común del pecado y el consiguiente castigo. Se quita toda condenación posible (8.1).

Pero las buenas nuevas significan más que salvación individual. El nuevo «pronóstico» de Pablo presenta un impacto redentor más extenso, mediante el evangelio de la gracia que él proclama.

Las buenas nuevas introducen a los creyentes en una batalla cósmica —que encierra a todo el orden creado, lo visible y lo invisible— pero aseguran la victoria del Señor. El mundo está marcado por esclavitud y decadencia debido a la presencia del pecado. El mundo gime bajo el peso del mal que lo destruye y espera con ansia la liberación que Dios ha prometido (8.19-22). Los creyentes también gimen, mientras viven en la esperanza (seguridad) de una era celestial futura que al momento solo pueden vislumbrar de lejos (8.23-25). Incluso el Espíritu Santo comparte este gemido al escuchar las oraciones de los creyentes que expresan sus necesidades y aflicciones a Dios (8.26-27).

Pero, el la victoria del Señor y de quienes lo buscan está asegurada, porque nada puede impedir sus propósitos (8.28-39). Él liberará a su pueblo trayendo redención a todo el orden creado, comúnmente estropeado por el pecado y el sufrimiento. Entonces el mensaje de Romanos va más allá de la salvación personal e incluye la capacidad de Dios de presentar los buenos propósitos que ha establecido, no solo en los corazones sino al trascender a todo lo creado en espacio y tiempo.

Las buenas nuevas significan también que el mensaje de salvación de Dios prevalecerá en otro sentido. Es decir, que su promesa a su pueblo no fallará: los descendientes de Abraham (9.1-6). En tiempos de Pablo pudo haber surgido la pregunta: ¿Cómo puede Jesucristo ser el Mesías judío, si son tantos los judíos que no creen que lo sea? Si Pablo tiene razón, ¿no implicaría esto que ha fallado la promesa de Dios de salvar a su pueblo?

Pablo responde: La descendencia de Abraham no es esencialmente un asunto étnico. Compartir la bendición de Abraham ante Dios significa mas bien compartir la fe de Abraham en Dios (9.8). Pablo va más allá para explicar que Dios es fiel a sus promesas, que ninguna acción (o inacción) humana puede torcer sus buenos propósitos, y que Dios nunca rechazará a quienes han despertado a la fe. Romanos 9–11 es demasiado abundante y complejo como para discutirlo ahora, pero su inclinación general es clara: El Señor nunca ha abandonado ni abandonará a su pueblo.

La firmeza de Dios ante la inconstancia humana dirigió a Pablo a una de las más elevadas descripciones de alabanza a Dios que jamás se haya escrito (11.33-36). Habremos empezado a entender las buenas nuevas del evangelio cuando vayamos a las mismas profundidades de alabanza y amor a Dios que Pablo expresó.

Prescripción (12.1–15.13)

Pablo expone en su voluminosa epístola más aspectos teológicos que prácticos. ¿Por qué? ¿Está dirigiendo una disputa entre

Religiones antiguas practicaban sacrificios de animales. El evangelio llama a los creyentes a ofrecer sus vidas a Dios en adoración, obediencia y servicio.

adiáfora

judíos y gentiles en la iglesia de Roma? En esencia, él lucha en voz alta, por así decirlo, con aspectos teológicos que para sí mismo constituían una carga. ¿Intenta crear un esquema de su evangelio, para su propio y obvio valor en sí mismo? Como vimos antes, seguía sin resolverse el «problema de Romanos» de por qué Pablo escribió lo que escribió.

Pero no hay que preguntarse cómo Pablo creía que los creyentes debían vivir. Sus vidas debían reflejar las creencias que adoptaron. Debían presentar sus cuerpos enteramente para servicio al Señor, como un animal presentado en sacrificio (12.1-2). Cada uno está llamado a ofrecer a Dios todas las capacidades que Él le ha dado (12.3-8). Pablo ofrece varias indicaciones enérgicas para un triunfante servicio espiritual, muchas de las cuales constituían las propias enseñanzas de Jesús (12.9-21). Además Pablo incita a respetar las autoridades gubernamentales, amarse unos a otros y comprender «el tiempo presente», como un tiempo de devoción a Cristo, en lugar de autoindulgencia (cap. 13).

Quizás al considerar tensiones entre judíos y gentiles en Roma, Pablo trata con lo que los teólogos han denominado adiáfora, o aspectos no esenciales de la práctica cristiana (cap. 14). Insiste en que cada cristiano debe decidir ante el Señor algunos aspectos de la conducta cristiana. Los creyentes no deben juzgarse entre sí respecto a tales asuntos sino dejar que el Espíritu los dirija como Él quiera. Tampoco deben insistir en ejercer libertad si esta daña la causa de Cristo a los ojos de los demás. A veces libertad significa refrenarse por bien del honor de Dios y del progreso del evangelio (14.15-21).

Es importante saber que Pablo tenía en mente aspectos de dieta y de costumbres religiosas, no cuestiones sobre las que la Palabra da una enseñanza clara. Por ejemplo, no diría que el robo o los pecados sexuales son asuntos que cada cristiano debe decidir por sí mismo.

Pablo concluye Romanos como lo inició: enseñando a Jesucristo. Él es nuestro ejemplo en pensar en los demás antes que en nosotros mismos (15.1-7). Su obra a favor de judíos y gentiles por igual progresará hasta el sublime destino que profetiza el AT (15.9-12). Esperanza, gozo y paz son los beneficios que Pablo desea como resultado al pueblo de Dios (15.13).

Conclusión (15.14–16.27)

La conclusión de Romanos, al igual que su introducción, es extraordinariamente extensa. Pablo describe su única visión y misión en hablar las buenas nuevas a los gentiles (15.14-22) y pide apoyo para la misión que se ha propuesto en España (15.23-29). Pide a los romanos que batallen en oración junto con él (15.30-33). Finalmente manda varios saludos a varios creyentes romanos

Aunque Pablo aún no había visitiado esa cuidad cuando escribió su epístola a la iglesia en Roma, saludó a docenas de personas. Las conexiones personal eran importantes en la iglesia primitiva.

dado a conocer a todas las gentes para que obedezcan a la fe». Al final de esta extensa epístola, la admiración de Pablo por Dios parece aun más sincera que al principio.

(16.1-16), advierte contra los alborotadores (16.17-20) y manda saludos de varios colaboradores suyos que se encuentran con él mientras escribe (16.21-24).

La doxología final (16.25-27) atribuye alabanza a Dios al rememorar las glorias de sus propósitos de redención «según la revelación manifestada» en el AT y proclamada ahora en el evangelio que Pablo predica. Todo esto es posible «según el mandamiento del Dios eterno, que se ha

La importancia de Romanos

Al inicio del capítulo hablamos del papel de Romanos en la conversión de tres personajes históricos: Agustín, Martín Lutero y John Wesley. De ningún modo son los únicos que colaboraron en el cambio del curso de la civilización a través de lo que les impartió este escrito clave de Pablo.

Un ejemplo contemporáneo de la influencia de Romanos sería el teólogo suizo Karl Barth (1886-1968). El estudio de esta epístola por parte de Barth originó un famoso comentario actual (1919) que ayudó a romper el dominio de la teología liberal en muchos círculos del oriente moderno, al menos por un tiempo. Además, detrás de la revolución teológica se encontraba la carta de Pablo a los romanos.

Hace más de un siglo dos eruditos ingleses resumieron debidamente la impor-

Enfoque 18: ¿Dónde está la paz?

¿Qué significa prever la paz?
En el colegio Du Sable, de un sector en decadencia del sur de Chicago, se llevaban a cabo planes de ampliar el patio del colegio con el fin de crear un refugio de paz para la creciente comunidad. Este consistía en elevadas edificaciones públicas para vivienda que más parecían prisiones. Al oasis público de $850.000 se llamaría Santuario Ecológico Urbano. Incluiría piscinas y una sala de velación con un monumento a la memoria de los hijos asesinados en el vecindario. El colegio está rodeado de pandillas, armas y recuerdos de familias y amigos desaparecidos prematuramente por actos de violencia. Los estudiantes que se habían visto obligados a enfrentar la muerte mucho antes de llegar a noveno grado, anhelaban la paz. Su respuesta: un santuario.

El pueblo de Israel está cansado de conflictos, bombas y terrorismo. Su héroe popular y primer ministro intentaba conseguir la paz mediante negocia-ciones con los árabes. Entonces, el 4 de noviembre de 1995, Yitzhak Rabin fue asesinado. Las personas en la tierra bíblica claman de nuevo por paz, pero esta no llega.

Pablo aclara el mensaje en Romanos 5.1: Justificados, pues, por la fe, tenemos paz para con Dios por medio de nuestro Señor Jesucristo.

No habrá paz duradera en ninguna parte del mundo por medio de conversaciones de paz ni de santuarios hechos por el hombre. La paz verdadera se puede alcanzar, en Chicago o en Israel, solo mediante el Príncipe de paz.

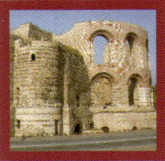

Resumen

1. Todas las epístolas fueron escritas en el siglo primero por hombres que conocieron personalmente a Cristo o a personas que estuvieron estrechamente asociadas con Él personalmenete.

2. Romanos es el libro que cambió el curso de la iglesia primitiva por medio de Agustín, la iglesia medieval mediante Lutero y la iglesia inglesa del siglo dieciocho a través de Wesley.

3. Pablo escribió Romanos entre el 57-58 d.C., durante su estadía de tres meses en Grecia.

4. Uno de los propósitos de la carta a los romanos fue prepararlos para su visita proyectada antes de su viaje a España.

5. Romanos trata de las buenas nuevas de Jesucristo.

6. El pecador recibe la salvación hecha posible por gracia por Cristo solo a través de la fe.

7. Para compartir la fe de Abraham en Dios no es necesario compartir su origen étnico.

8. Pablo da en su epístola una clara descripción de la vida cristiana, que se enfoca en la adoración, uso de dones, actos de servicio y hospitalidad, función de gobierno, amor al prójimo, comprender el presente y buscar la paz.

---

tancia de la epístola:

> Pocos libros son más difíciles de agotar que este y con muy pocos se obtiene tanto de nuevas interpretaciones por diversas mentes obrando bajo distintas condiciones. Si es un hecho histórico que los avivamientos espirituales del cristianismo se han asociado generalmente con un estudio profundo de la Biblia, esto sería cierto en alto grado en relación con la epístola a los romanos.[14]

Pero siglos antes Juan Calvino (1509-64) dirigió a Romanos quizás el más grande elogio posible: «Si alguien comprende esta epístola, tiene el camino para entender todas las Escrituras».[15]

De cierto Calvino tenía razón. Las valiosas perspectivas en Romanos son de gran importancia por la entrada que provee a la Palabra en conjunto, y por ende a una relación personal con Dios en Cristo.

Aspectos críticos

Además del propósito de Romanos,[16] varios aspectos han llamado la atención intelectual. En años recientes se destaca la opinión de Pablo respecto a la ley. Hay un aspecto al que se le ha dado más importancia que a cualquier otro y que ha levantado discusión: Cómo Pablo usa el AT.[17] El tópico de la perspectiva de Pablo sobre la ley es en parte el resultado de profundas interrogantes respecto a la comprensión cristiana tradicional del evangelio, y de la necesidad que el ser humano tiene de esto. Han surgido dudas sobre la relación de Pablo con Jesús, de su conocimiento del judaísmo, de la naturaleza del mensaje que predicó, de la función de la ley en la teología, e incluso del mismo significado de «ley» en los escritos de Pablo.[18]

Prácticamente no hay duda sobre si Pablo escribió la epístola o a quién la dirigió. Algunos que reconsideran la cronología paulina cuestionan la fecha de Romanos y su localización en la secuencia de las cartas de Pablo y en la historia primitiva de la iglesia.[19] Sin embargo, hasta el momento la mayoría de eruditos aceptan la fecha entre el 57 y el 58 d.C. En general se

Lugares clave

Alemania
Cencrea
Corinto
Egipto
España
Europa
Inglaterra
Gran Bretaña
Grecia
Irán
Jerusalén
Nilo
Roma

Términos clave

adiáfora
contextualización
fe

están aplicando teorías científicas sociales y métodos a los aspectos de interpretación paulina,[20] con obvias implicaciones en el entendimiento de Romanos. Extrañamente, sin embargo, en un reciente análisis social y cultural de la historia cristiana primitiva, Romanos casi no recibe mención del todo,[21] quizás como resultado de la indiferencia científica social respecto a asuntos teológicos que distingue esta epístola de principio a fin.

Preguntas de repaso

1. El libro de _____ fue un impulso para la Reforma Protestante.
2. Hechos habla de la expansión del _____ durante tres décadas.
3. El líder de la iglesia primitiva en quien influyó Romanos fue _____.
4. Romanos impresionó a Martín Lutero porque enseñaba la justificación por _____.
5. Pablo escribió Romanos durante una visita de tres meses a _____.
6. La declaración preliminar en Romanos se llama _____.
7. Reconocer la oscuridad de la condición humana es importante para comprender que Romanos trata de las _____ de Jesús.
8. Cuando una persona acepta a Cristo por fe, esto hace posible una nueva _____.
9. Cuando Pablo enseña que los creyentes deben ser libres para conducirse a sí mismos como sienten que es correcto, no se refiere a asuntos de clara enseñanza bíblica sino a temas de _____ y _____.
10. Según _____, la comprensión de Romanos abre un entendimiento de toda la Biblia.

Preguntas de estudio

1. ¿Cuál es la relación entre los cuatro Evangelios, Hechos y las epístolas neotestamentarias?
2. ¿Qué papel representó Romanos en la vida de Agustín, Martín Lutero y John Wesley? ¿Puede usted recordar un pasaje de Romanos que le haya motivado profundamente?
3. ¿Por qué algunos encuentran aburrido a Romanos? ¿Por qué cree que otros no?
4. Nombre cuatro maneras en que el cristianismo pudo haber llegado por primera vez a Roma.
5. ¿A dónde esperaba viajar Pablo después de visitar Roma? ¿Por qué deseaba ir allá?
6. ¿Cuán diferente es el saludo en Romanos del acostumbrado en las cartas de hoy día?
7. ¿Qué dice Pablo del evangelio y de lo que revela?

Lecturas relacionadas

Ridenour Fritz, *Cómo ser cristiano sin ser religioso*, Editorial Libertador, Maracaibo, Venezuela, 1972. A través de simpáticos diseños y caricaturas, Ridenour explora las profundidades de Romanos.

Simpson Alberto Benjamín, *Epístola a los romanos*, Imprenta y Editorial Alianza, Temuco, Chile, 1958. En un estilo piadoso y cargado de emotividad, Simpson expone devocionalmente variados tópicos de Romanos, apelando al servicio cristiano.

Trenchard Ernesto, *Epístola a los Romanos*, Editorial Portavoz, Grand Rapids, MI, 1968. Con su acostumbrado estilo de profundidad y sencillez, Trenchard expone magistralmente el libro de Romanos, dejando el lector informado y desafiado a seguir aprendiendo.

Mac Gorman Jack W., Romanos: *El Evangelio a todo hombre*, Casa Bautista de Publicaciones, El Paso, TX, 1976. Un sencillo estudio de Romanos para quienes comienzan la vida cristiana. Amenidad y claridad caracterizan este comentario.

Erdman Carlos R., *La epístola a los romanos*, Editorial T.E.L.L., Grand Rapids, MI, 1974. Libro doctrinal y devocional sobre Romanos, que aclara conceptos paulinos para nuestra moderna filosofía occidental.

Davis Vernon, *Guía para el estudio de Romanos*, Casa Bautista de Publicaciones, El Paso, TX, 1972. Breve guía de estudio para ser usada por maestros de iglesia. Bosquejado en forma sencilla y práctica. Recomendable para nuevos convertidos.

Brokke Harold J., *Salvados por su fe*, Editorial Betania, Caparra Terrace, Puerto Rico, 1978. Una exposición devocional de inspiración para estudiar Romanos. Resalta el plan salvador de Dios en Cristo, tanto para gentiles como para judíos.

19 Corintios y Gálatas
Consejo apostólico para iglesias confundidas

Bosquejo

- **1 y 2 Corintios**
  La ciudad de Corinto
  Establecimiento del cristianismo en Corinto
  Cartas a Corinto y desde Corinto
  1 Corintios
     Escritor, fecha y lugar en que se escribió
     Por qué escribió Pablo
     Bosquejo
     Mensaje
     Aspectos específicos
     Aspectos críticos
  2 Corintios
     Trasfondo y propósito
     Bosquejo
     Mensaje
     Autoridad apostólica
     La ofrenda de Jerusalén
     Aspectos críticos
- **Gálatas**
  ¿Norte o sur de Galacia?
  Bosquejo
  Propósito
  Evangelio verdadero y falso
  Liderazgo equivocado
  La gracia y la ley
  Ética positiva
  Aspectos críticos

Objetivos

Después de leer este capítulo, usted podrá

- Describir las características de la ciudad de Corinto
- Explicar por qué Pablo escribió a los corintios
- Hacer un bosquejo de 1 Corintios
- Identificar los temas que trata Pablo en 1 Corintios
- Hacer un bosquejo de 2 Corintios
- Definir el propósito de 2 Corintios
- Analizar el significado de la ofrenda de Jerusalén
- Identificar el propósito de Gálatas
- Hacer un bosquejo de Gálatas
- Nombrar los elementos claves de la enseñanza paulina en Gálatas

1 y 2 Corintios

El Nuevo Testamento contiene las cartas paulinas a varias ciudades: Éfeso, Filipo, Colosas, Tesalónica y otras. Sin embargo, los escritos de Pablo más largos que aún quedan a una sola localidad consisten en un par de cartas a la iglesia de Corinto.

La iglesia de Corinto tuvo la dudosa distinción de ser la congregación, o grupo de congregaciones, más desordenada a las que Pablo se dirigió. A pesar de sus esfuerzos por plantar allí iglesias durante dieciocho meses (Hch 18.11), parece que los creyentes corintios tenían dificultades en seguir un patrón constante de creencia y estilo de vida cristianas. En 1 Corintios, Pablo tiene que reprenderlos por tolerar una relación incestuosa en medio de ellos (5.1). ¡Hasta se jactan tolerando este mal (5.2)! La acometida general de 2 Corintios es defender el mensaje mismo del evangelio, para que no sea tergiversado por quienes Pablo llama «falsos apóstoles, obreros fraudulentos, que se disfrazan como apóstoles de Cristo» (11.13).

Esto indica que ambas cartas están diseñadas especialmente para guiar a hombres y mujeres en estos agitados tiempos religiosos. ¿Cuán confusos se han vuelto estos tiempos? En 1993 el Segundo Parlamento de las Religiones del Mundo produjo un documento que erró al no hacer ninguna mención de Dios. Entre los participantes del congreso habían devotos de la brujería. Otro ejemplo: Un recluso de una prisión de Illinois presentó una demanda porque se le negó el derecho de adorar ... desnudo en la capilla de la prisión. El preso afirmaba que a los miembros de «Técnicos de lo Sagrado», una religión fundada en 1983, se les demandaba adoración al desnudo.

Los problemas en Corinto no siempre fueron tan notorios, pero a veces estuvieron cerca de serlo. El consejo de Pablo a estos creyentes se encuentra entre los más fascinantes de todos sus escritos.

La ciudad de Corinto

Corinto fue durante el primer siglo la ciudad más grande de Grecia y capital de la provincia de Acaya Prosperó por estar localizada en una estrecha península (de casi cinco kilómetros y medio de ancho), entre mares al oriente y occidente. La mayoría de los barcos que se dirigían o salían de Roma pasaban por allí. La mercadería se

En medio de esta bahía está Cencrea, el puerto de la antigua Corinto desde donde Pablo se embarcó para Éfeso.

bema

descargaba a un lado del istmo, y se cargaba otra vez al otro lado. Los pequeños barcos de carga podían deslizarse por un canal construido para ese propósito. Por tanto, Corinto era un importante centro de intercambio social y comercial.

Esta ciudad era famosa no solo por su agitado comercio y riqueza sino también por su inmoralidad.[1] Las prácticas sexuales grecorromanas, contrarias a las normas bíblicas, llegaban a bajezas notorias a través de una prostitución lucrativa y extensa. A veces era parte del culto pagano; explica por tanto los excesos sexuales entre los creyentes de Corinto: Pablo menciona que antes de su conversión a Cristo, algunos de los corintios habían sido «fornicarios», «idólatras», «adúlteros», «prostitutos» y «delincuentes homosexuales» (1 Co 6.9,11). Pero a través de Cristo había liberación de tales prácticas brutales.

En Corinto existía una considerable presencia judía, que al parecer aumentó después de que el emperador romano CLAUDIO expulsara de Roma a los judíos en el 49 d.C. (Hch 18.2). Fue en una sinagoga judía donde Pablo comenzó a predicar a Cristo, asociándose con Aquila y Priscila. Estos eran fabricantes de tiendas, al igual que Pablo, quien como la mayoría de fariseos durante sus días de juventud no solo aprendió teología rabínica sino también un negocio práctico.

Llega el cristianismo a Corinto

Hechos 18.1-18 nos cuenta con más detalles cómo una ciudad tan estridente dio cabida al cristianismo. Pablo llegó a Corinto durante su segundo viaje misionero después de predicar en Filipo, Tesalónica, BEREA y ATENAS (vea mapa en p. 243). Cuando agotó la buena acogida en la sinagoga, Pablo y los que habían creído se mudaron a la casa del lado. El principal de la sinagoga, sin embargo, estuvo entre los muchos que aceptaron la proclamación de Cristo por Pablo (Hch 18.7-8).

Cuando el romano GALIÓN asumió el poder alrededor del 51 d.C.,[2] judíos hostiles llevaron a Pablo ante él para enjuiciarlo. Galión rehusó tratar el caso y lo defendió inutilmente hasta que los enojados enemigos judíos de Pablo llevaran su frustración a un cristiano de nombre SÓSTENES, que fue golpeado por todos en la plataforma delante del tribunal de Galión.

Los arqueólogos han descubierto esta plataforma o bema, que se ha denominado «una de las más claras conexiones entre la arqueología de Corinto y las Escrituras».[3] Otra conexión entre la época de Pablo en Corinto y la información arqueológica es la inscripción de ERASTO. Esta consiste en una gran piedra caliza que data de la época de Pablo y lleva el mensaje: «Erasto en agradecimiento por su nom-

> **Cartas entre Pablo y los corintios**
>
> El Nuevo Testamento contiene dos cartas de Pablo a los corintios. Pero estas son solo dos de una gran colección de escritos que pasaron entre los apóstoles y la iglesia.
>
> 1. Una carta inicial de Pablo a los corintios, perdida hoy día (1 Co 5.9)
> 2. Una carta de los corintios a Pablo (1 Co 7.1)
> 3. Respuesta de Pablo a su carta: nuestra 1 Corintios
> 4. Una subsiguiente «carta contristadora» (2 Co 2.3; 7.8) de Pablo a los corintios
> 5. Una tercera carta (de la cual sabemos) de Pablo a los corintios: nuestra 2 Corintios

> **1 y 2 Corintios en la historia de la iglesia primitiva**
>
> Parece ser que estos líderes de la iglesia primitiva conocían y utilizaron las cartas a los corintios:
>
> | | d.C. |
> |---|---|
> | Clemente de Roma | 95 |
> | (menciona 1 pero no 2 Corintios) | |
> | Policarpo | ca. 110 |
> | Mártir Justino | ca. 140 |
> | Ireneo | ca. 175 |
> | Clemente de Alejandría | ca. 200 |
> | Tertuliano | ca. 200 |
> | Orígenes | ca. 250 |
> | Eusebio | ca. 315 |

bramiento como tesorero de la ciudad pone [el pavimento] por su cuenta».[4] Parece que se trata del mismo Erasto que Pablo menciona en Romanos 16.23, cuando al escribir desde cerca de Corinto habla de Erasto como del «tesorero municipal».

Cartas a Corinto y desde Corinto

Interpretar las cartas de Pablo es siempre un reto puesto que representan solo uno de los dos lados del proceso de comunicación. Basados en lo que Pablo dice debemos deducir lo que pensamos que los corintios dijeron o hicieron. Las cartas a los corintios constituyen un desafío particular, puesto que lo que llamamos 1 Corintios pudo ser la segunda carta de Pablo a ellos. En ese caso, 1 Corintios 5.9 podría traducirse: «Les escribí en mi carta», y con referencia a una carta anterior, a la que luego los corintios respondieron también por carta (1 Co 7.1). Esto haría a 1 Corintios el tercer componente de un largo intercambio. Si como algunos piensan, 2 Corintios 2.3 y 7.8 se refieren a una «carta contristadora», esta no es 1 Corintios; 2 Corintios sería entonces la quinta carta entre Pablo y la iglesia de Corinto.

El asunto es que 1 y 2 Corintios son piezas de un gran rompecabezas. Mucho de lo que dicen está claro; sin embargo, otros aspectos son vagos puesto que no sabemos todo lo que sucedió entre Pablo y su audiencia. No debe sorprendernos si en estas cartas existen afirmaciones o ideas que a veces no podamos entender.

1 Corintios

Escritor, fecha y lugar en que se escribió
La autoría de Pablo de 1 Corintios (vea 1 Co 1.1) prácticamente no se debate en tiempos antiguos ni modernos. Estaría entre las cartas mencionadas por Pedro en 2 Pedro 3.16 y de la que CLEMENTE DE ROMA habla alrededor del 95 d.C. Figuras del segundo siglo como IGNACIO, MARCIÓN e IRENEO también conocían 1 Corintios. Pablo la escribió durante su ministerio de dos o tres años en Éfeso (Hch 19.10; 1 Co 16.8,19) o alrededor del 55 d.C. Esto fue durante su tercer viaje misionero.

Por qué escribió Pablo
Pablo recibió durante su ministerio en Éfeso un mensaje por medio de tres prominentes miembros de la congregación de Corinto: Estéfanas, Fortunato y Acaico (1 Co 16.17). Su mensaje urgente: La congregación de Corinto sufría contiendas (1 Co 1.11). Había surgido descontento en relación a la autoridad de Pablo (1 Co 4.3), quien había anticipado tener que hacer una visita para enfrentar las quejas (1 Co 4.19). La distancia entre Éfeso y Corinto era más de cuatrocientos kilómetros en barco (ningún viajecito). Aparentemente, Pablo no podía viajar en cuanto supo de

La inscripción de Erasto encontrada en Corinto.

los problemas. Por tanto escribió (o dictó: 1 Corintios 16.21 podría marcar el punto con el cual Pablo presenta sus propias palabras finales, quizás alguien más escribió el resto mientras Pablo hablaba) una larga carta para apaciguar el disturbio y ofrecer guía positiva durante su ausencia. Envió a Timoteo para que entregara la carta (1 Co 4.17). Los detalles que Pablo trata se evidencian en el siguiente bosquejo.

Bosquejo

I. **Introducción epistolar** (1.1-9)

II. **Respuesta de Pablo a los informes acerca de la comunidad en Corinto** (1.10–6.20)
   A. Informe de divisiones dentro de la comunidad (1.10–4.20)
   B. Informe de inmoralidad, arrogancia y juicios impropios (5.1–6.20)

III. **Respuesta de Pablo a preguntas de los corintios** (7.1–16.4)
   A. Dudas sobre el matrimonio, divorcio y celibato (7.1-40)
   B. Dudas sobre la comida, idolatría y libertad (8.1–11.1)
   C. Dudas sobre la adoración, los dones y el orden (11.2–14.40)
   D. Dudas sobre la resurrección y la vida en la era venidera (15.1-58)
   E. Dudas sobre la ofrenda y planes de Pablo (16.1-9)

IV. **Recomendación de otros** (16.10-18)

V. **Saludos finales y despedida formal** (16.19-24)

Mensaje

Pablo da consejo específico acerca de varios aspectos que consideraremos en el siguiente segmento. Pero su consejo se basa en una premisa extendida: la verdad del evangelio centrado en la cruz que él predicaba. En los primeros cuatro capítulos comunica este mensaje básico, después de lo cual trata asuntos particulares.

Pablo ensalza a los corintios por su inicial acogida al evangelio y agradece a Dios por la obra evangelística entre ellos (1.4-9). Sin embargo, ahora se encuentran dolorosamente divididos (1.10-12). Pablo sugiere que este es el resultado de escuchar la sabiduría humana en lugar de la divina (1.18-31). Ellos han preferido el camino del «sabio», «del escriba» o «del disputador» en vez del camino de Jesucristo (1.20). Les anima a volver al evangelio que recibieron. Les recomienda volver a la real causa de su salvación, Jesucristo (1.30), y no a su propia habilidad, fuerza o posición social (1.26). Además subraya la difamación del evangelio de Jesucristo, que los judíos rechazaron puesto que no podían aceptar la idea de un Mesías crucificado, y que los griegos rechazaron porque les parecía absurda la idea de una muerte expiatoria y de una resurrección corporal (1.23; cf. Hch 17.32). No existe salida para esta difamación. No se puede moldear en una forma menos aguda ni presentarla de manera mas agradable. Ya no sería más el verdadero mensaje de Jesucristo, como Dios lo estableció desde el principio en su sabiduría y bondad.

Los corintios se habían apartado de la instrucción de Pablo, aparentemente por ideas sociales propias de ese tiempo que parecían tener mejor sentido. Pero al buscar clarificar el evangelio estaban apartándose hacia fundamentos diferentes. Pablo responde: «Porque nadie puede poner otro fundamento que el que está puesto, el cual es Jesucristo» (3.11). Debían una vez más hacerse «ignorantes» en relación a la verdad de Dios, en lugar de optar por la sabiduría del mundo (3.18). Debían reafirmar que Jesucristo, crucificado y resucitado, era su esperanza y su Señor. Debían dejar de promover alteraciones divisionistas del mensaje apostólico.

Aspectos específicos

Las severas afirmaciones de apertura de Pablo finalmente llegan a una acusación específica aun más severa: Los corintios están consintiendo inmoralidad sexual abierta en la iglesia (5.1). Pablo les exhorta expulsar al ofensor (5.13), en la esperanza de que este se arrepienta. Fuera de la iglesia debían ser tolerantes con los pecadores, pero tenían que ser firmes al tratar unos con otros «en casa», y no viceversa.

Luego Pablo trata una serie de aspectos traídos por los mensajeros de Corinto. Estos incluyen dudas acerca del matrimonio, divorcio, celibato (cap. 7), dieta, idolatría, libertad personal cristiana (caps. 8-10), adoración, dones espirituales, orden congregacional (caps. 11-14) y sobre la resurrección y la era por venir (cap. 15). Desde un punto de vista moderno, las preguntas de Pablo son largas y a veces difíciles de entender. Sin embargo, su tendencia general está clara. El ejemplo de Cristo y sus productivas instrucciones a través de la Palabra, los apóstoles y el Espíritu, demandan que los corintios actúen. Ellos deben confiar y seguir la dirección que Dios les ha dado, en lugar de dispersarse en rebeldía por rumbos desconocidos.

Antes de terminar, Pablo les recuerda las ofrendas que debían estar recogiendo (16.1-4). Este fondo, llamado ofrenda para Jerusalén, era una colecta de iglesias gentiles (generalmente pobres) para los cristianos judíos en Palestina, muchos de los cuales

¿Dones espirituales hoy día?

«*Procurad los dones espirituales*» escribió Pablo en 1 Corintios 14.1. Él nombra muchos de ellos en varios pasajes (Ro 12; 1 Co 12; Ef 4). ¿Cómo obtenían las personas tales dones? ¿Son válidos hoy día?

La palabra «don» se relaciona en griego con «gracia». Las personas reciben un «don» espiritual cuando oyen y responden al evangelio de la «gracia» de Dios en Cristo. Los dones varían, pero todos son para bien de otros (1 Co 12.7) y no para propósitos egoístas.

La controversia rodea el uso de algunos de los dones, como lenguas, profecía, sanidades y poderes milagrosos. Los intérpretes no están de acuerdo en qué consistían tales dones y cómo se ejercieron en la iglesia primitiva. Algunos dicen que todos los dones de la era apostólica se obtienen hoy día por fe. Otros insisten en que Dios los concedió durante las primeras décadas de la Iglesia, pero luego permitió que desaparecieran, así como algunos milagros de Jesús (como caminar sobre el agua) parecen haberse limitado a la mismísima época de Jesús. Se dieron para verificar su mensaje y no para sugerir que sus seguidores podrían caminar sobre el agua por sí mismos.

Cualquiera que sea la opinión que tengamos de los dones, deberíamos recordar que las virtudes de fe, esperanza y amor son todavía mayores (1 Co 13.13). El núcleo del ministerio cristiano es el evangelio de Dios, no los dones. No debemos negar a nuestro soberano Dios el derecho de obrar hoy día los hechos maravillosos que le plazcan. Sin embargo, debemos evitar ser presas del síndrome de los corintios al dejar que la autoexpresión cristiana se aleje de cualquier doctrina básica. El enfoque del evangelio está en el servicio, no en el sensacionalismo.

Vista del Peloponeso desde el suroeste de Corinto.

16 y 14.33b-36 han llamado la atención de intérpretes feministas que han acusado a Pablo de afirmaciones «inarticuladas, incomprensibles e incoherentes» en 1 Corintios 11,[5] y que sugieren que Pablo de ninguna forma escribió 1 Corintios 14.33b-36.[6] En cambio se alega que algún editor desconocido haya añadido posteriormente estos versículos a 1 Corintios. Ambas afirmaciones constituyen un fuerte desafío,[7] aun por parte de eruditos que comparten opiniones feministas.[8]

2 Corintios

Trasfondo y propósito

Si Pablo escribió 1 Corintios alrededor del 55 d.C., habría sido más o menos en medio de su tercer viaje misionero (52-57 d.C.; vea mapa p. 244); entonces, 2 Corintios tal vez se fecharía un año más tarde. Los intercambios de correspondencia entre Pablo y Corinto, y las visitas de sus ayudantes y de él mismo, constituyen una interesante aunque complicada historia. Esa es la opinión difundida.[9] Para nuestros propósitos, solo debemos notar que 1 Corintios y las visitas de Timoteo a Corinto para entregar la carta, no produjeron los buenos efectos que Pablo esperaba. La situación empeoró.

Parece que después de la misión infructuosa de Timoteo, el mismo Pablo hizo una «visita triste» (2 Co 2.1) a Corinto. Pero aparentemente también él sufrió un desaire. Se fue, en vez de presionar los asuntos al máximo. A su visita personal le siguió una carta severa que envió con Tito (2 Co 2.3-9; 7.8-12). Para ese entonces, los meses finales de su tercer viaje misionero lo llevaron a MACEDONIA, lejos al norte de Éfeso, donde ansiosamente esperó noticias de Tito sobre cómo reaccionarían los corintios a su estricta carta (2 Co 7.5-7). La noticia fue positiva, y los capítulos 1–9 de 2 Corintios reflejan la euforia de Pablo porque parecía que los corintios habían comenzado a enmendar sus caminos.

Sin embargo, el tono de Pablo cambia al comenzar el capítulo 10. Se ha sugerido que la escritura de 2 Corintios tomó semanas, en parte debido a los viajes de Pablo y que en el curso de la escritura se enterara de nuevas dificultades en Corinto, provocadas por nuevos y peligrosos maestros. Esto explicaría su tono alterado y sus urgentes advertencias, aunque son posibles

estaban sufriendo penurias por profesar a Cristo como el Mesías (vea 1 Ts 2.14; Heb 10.33-34). Esta ofrenda constituye un aspecto central en 2 Corintios 8-9.

Aspectos críticos

Los eruditos debaten varios asuntos relacionados con 1 Corintios. Estos incluyen la identidad de los oponentes de Pablo y la naturaleza de sus opiniones, la unidad literaria de la epístola y la teología de Pablo según se refleja en su enseñanza presentada en los diferentes puntos mencionados en la sección anterior.

Las referencias que hace Pablo de la ley en 1 (y 2) Corintios han traído un análisis renovado porque sus opiniones sobre ley han dominado la discusión crítica en los últimos años. El llamado movimiento carismático, una fuerza poderosa en el mundo cristiano desde la década de los sesenta, ha originado una nueva atención hacia las enseñanzas de Pablo relacionadas con los dones espirituales y la adoración pública (1 Co 12–14). Pasajes como Corintios 1.2-

theologia gloriae

theologia crucis

via dolorosa

otras explicaciones. Todas estas muestran fuerte insistencia y responden a toda la hilera de preguntas que podían surgir.[10]

En resumen, Pablo escribe 2 Corintios para ensalzar a los corintios por su progreso, advertirles de nuevas amenazas y prepararles para su tercera visita (13.1). Él enfrentará luego los asuntos originados por falsos maestros, aunque espera no ser duro (13.10). Junto a sus asociados también se encargará del dinero que han acumulado para los cristianos en JUDEA, la llamada ofrenda de Jerusalén (caps. 8–9).

Bosquejo

I. **Introducción epistolaria** (1.1-11)

II. **Explicación de Pablo por su conducta respecto a asuntos recientes** (1.12–2.13)
   A. Bases del comportamiento de Pablo y llamado a la comprensión (1.12-14)
   B. Causa del cambio en los planes de Pablo (1.15–2.2)
   C. Propósito de la última carta de Pablo (2.3-11)
   D. Motivo del traslado de Pablo de Troas a Macedonia (2.12-13)

III. **Reflexión de Pablo sobre su ministerio** (2.14–5.21)
   A. Fuente y carácter del ministerio de Pablo (2.14–3.36a)
   B. Mensaje del ministerio de Pablo (3.6b–4.6)
   C. Costo del ministerio de Pablo (4.7–5.10)
   D. Perspectiva del ministerio de Pablo (5.11-21)

IV. **Exhortación de Pablo a los corintios** (6.1–13.10)
   A. Una exhortación a la completa reconciliación (6.1–7.4)
   B. Nueva base para la exhortación (7.5-16)
   C. Ruego por respuesta total a la ofrenda (8.1–9.15)
   D. Llamado de lealtad total a la autoridad apostólica (10.1-18)
   E. Apoyo para la exhortación (11.1–12.13)
   F. Conclusión de la exhortación (12.14–13.10)

V. **Conclusión epistolaria** (13.11-14)

Mensaje

No siempre es fácil seguir la línea de pensamiento de 2 Corintios. Un erudito observa: «Desde el principio hasta el final, 1 Corintios tiene una clara línea de análisis. Pero 2 Corintios con frecuencia se muestra más como una antología del consejo de Pablo sobre aspectos diferentes».[11] Debido al tono que Pablo utiliza, «consejo» sería una palabra muy débil. Sin embargo, es cierto que 2 Corintios cubre varios temas y muestra varios baches y desvíos a lo largo del camino.

No obstante existe un tema constante y fundamental: El camino de la gloria es el camino de la cruz. Los teólogos a veces comentan dos comprensiones diferentes del evangelio (uno produce una theologia gloriae (teología de gloria) y el otro origina una theologia crucis (teología de la cruz). Juzgando por las cartas de Pablo, los corintios habían adoptado una theologia gloriae. Esto significa que esencialmente veían a Cristo como medio para automejorar y como el camino al éxito, al poder y al reconocimiento de sus semejantes. Esta fue una de las razones por las que había divisiones en Corinto: En lugar de poner a Cristo como centro de las cosas, su teología subyacente los ponía a ellos mismos. Pero no todos podían estar en el centro. Las rivalidades eran el resultado inevitable.

Sin embargo, Pablo vivía y enseñaba un evangelio diferente. Este era sin duda un medio de automejora y éxito, pero su símbolo central era una señal de sufrimiento y muerte: la cruz.[12] En servicio a Cristo, el camino a la verdadera gloria («gloria» que no eleva al hombre sino a Dios) con frecuencia constituye la via dolorosa, el camino del sufrimiento. Una rápida inspección de la epístola confirma esto: Desde los versículos de apertura (1.3-7) Pablo habla de las tribulaciones y sufrimientos que resultan de conocer a Cristo. Habla del resultado positivo de los peligros que enfrentó en Éfeso (1.8-10). Habla de las penalidades del ministerio apostólico; en el cual, quienes conocemos la vida en Cristo «siempre estamos entregados a muerte por causa de Jesús, para que también la vida de Jesús se manifieste» en nosotros (4.11). Cita su sufrimiento como evidencia de la legitimidad del ministerio (6.4-10). Habla a los corintios de la «tristeza según Dios», como una etapa dolorosa pero necesaria en el crecimiento junto al Señor (7.9-10). La jactancia de Pablo está en su debilidad (11.30), y se goza en «afrentas, necesidades, persecuciones, angustias» (12.10) ¿Por qué? «Porque cuando soy débil entonces soy fuerte» (12.10).

Pablo no está diciendo que el sufrimiento sea bueno o que él lo disfrute sino que declarar a Cristo como Señor significa entregarse a responsabilidades y a veces a tribulaciones que de otro modo podrían evitarse. Pablo entendió que seguir a Jesús significaba negarse a sí mismo (vea Lc 9.23), que la manera de encontrar la vida era perdiéndola (Jn 12.25). Muchos de los corintios o sus líderes tenían otras ideas. El mensaje general de 2 Corintios desafía la naturaleza interesada de su manera de ver las cosas y les exhorta a examinarse a sí mismos para ver si realmente estaban en la verdadera fe (2 Co 13.5).

Autoridad apostólica

Pablo recalca en la theologia crucis como materia de contenido de este mensaje. Sin embargo, 2 Corintios, y hasta cierto punto también 1 Corintios, trata con el aspecto igualmente fundamental de la autoridad de su mensaje. En otras palabras ¿quién habla en nombre de Dios? Según veremos más adelante al considerar Gálatas, con frecuencia Pablo encuentra desafíos al afirmar que era totalmente cierto el mensaje que predicaba, en la forma en que lo hacían él y otros del círculo apostólico. (Recordemos que Jesús encontró desafíos similares; vea Lc 20.2.) Este desafío alcanzó en Corinto su punto máximo: No sabemos de ninguna otra iglesia que de manera tan categórica hiciera caso omiso de la opinión de Pablo. Por eso él recomienda directamente el mensaje que tiene (1 Co 2.1-16; 2 Co 5.11-21) y el ministerio apostólico en general (vea 1 Co 4.9-13; 2 Co 2.14–3.12; 4.1-18; 10.1-11). Sin embargo, al final no se recomienda a sí mismo. Mas bien asegura la salvación de sus oyentes al negarse a estropear el mensaje que Jesucristo pasó a sus enviados escogidos (2 Co 12.19).

Hoy día en que figuras públicas y escritos regularmente descartan y a veces ridiculizan las verdades que afirma la fe cristiana,[13] los cristianos deben recordar que la esencia de las enseñanzas de su fe siempre ha estado bajo el fuego del enemigo.[14] Pablo hace en 2 Corintios un recordatorio sensato de que a veces hasta «la Iglesia» puede perder el hambre por la ortodoxia (prácticas y enseñanzas bíblicas verdaderas). Si esto sucedió en la era apos-

El gobernador romano Galión escuchó de pie en este sitio las quejas sobre el ministerio de Pablo.

tólica, no es de admirarse que nuevas interpretaciones de los evangelios, y a veces completas herejías, hayan sido parte de su historia a través de los siglos y hasta la presente hora.

La ofrenda de Jerusalén

La ayuda económica de las iglesias gentiles a las judías en Palestina (2 Co 8–9) constituyó una de las mayores joyas del ministerio de Pablo. La animadversión judío-gentil era al menos tan activa e implacable como lo son hoy las tensiones étnicas y raciales en cualquier parte del mundo. Los pogroms (intentos violentos por exterminar de una ciudad o región a la población judía) no eran desconocidos. Para Pablo habría sido muy fácil satisfacer las suposiciones negativas de los gentiles acerca de los judíos, especialmente debido a que ellos con frecuencia menospreciaban o se oponían al ministerio de Pablo y de las iglesias gentiles.

Por el contrario, Pablo oraba, y desde Macedonia hasta Acaya y Asia presionaba a las iglesias que pusieran regularmente dinero aparte para aliviar las necesidades físicas de los judíos cristianos en Palestina (el centro de resistencia a las iglesias paulinas). Esto significó una lección objetiva de vida, que ilustra varias y profundas verdades teológicas: la virtud de hacer bien a quienes nos persiguen (Lc 6.27–28); la unidad en Cristo de judíos y gentiles (Ef 2.11-22); la interdependencia de judíos y gentiles en el continuo progreso del anunciado Reino de Jesús (Ro 11.13-24).

La convicción de Pablo era que Dios podía utilizar esa bondad para ablandar la dureza de los corazones judíos, a fin de recibir a Jesús como su Mesías (Ro 11.14). La estrategia que adoptó, aun tiene aplicaciones en tiempos modernos.

Aspectos críticos

Los eruditos debaten sobre la unidad literaria de 2 Corintios. Puesto que hay variaciones en el tono y enfoque de Pablo, algunos han sugerido que la epístola es una compilación de varios segmentos de cartas que Pablo escribió. De aquí hay un paso para sugerir adicionalmente que algunas de esas partes de 2 Corintios no sean del todo de Pablo sino que fueron insertadas por escritores posteriores. Tales teorías son interesantes, sin embargo todas las copias antiguas contienen a 2 Corintios en la forma actual. No existen razones convincentes para negar que se trata de una unidad, escrita por Pablo[15] en la forma en que ha aparecido en las Biblias a través de los siglos.

También discuten los oponentes de Pablo en 2 Corintios sobre el efecto de los movimientos retóricos y sociales en la congregación de los corintios y sus líderes, y la contribución de 2 Corintios a nuestro conocimiento general de la vida y teología de Pablo. No se puede decir que la epístola sea el centro de la discusión, pero no se debe subestimar su importancia: 2 Corintios 10–13 se ha denominado «el más intenso, revelador y sentimental de todos los escritos [de Pablo]».[16]

Gálatas

«Los conductores hacen caso omiso de la luz roja» decía un titular de un periódico reciente. En Boston, en Washington, en Filadelfia se desafían las leyes de tránsito. Un ingeniero de tránsito de Massachusetts lo llama «anarquía total». Los funcionarios temen por la seguridad pública, a menos de que se restaure el respeto por la ley.

La ley es importante en muchas áreas de la vida. Para los cristianos esto es aun más importante en religión, debido a que la Biblia revela en mandamientos a un Dios que expresa su carácter y voluntad. Cierto es que también lo expresa de otras maneras, como la narrativa, los proverbios y la poesía. Sus leyes (desde los Diez Mandamientos hasta los que dieron Jesús y sus apóstoles) son centrales para conocer y honrar a Dios.

Sin embargo, ¿cuándo se convierte una alta consideración por la ley de Dios en una fijación enfermiza de los reglamentos? ¿Cuándo la obediencia a los mandamientos amenaza sustituir la relación personal con Dios, que es quien los da?

La carta de Pablo a los gálatas trata este y otros asuntos.

¿Norte o sur de Galacia?

En el primer viaje misionero de Pablo (vea mapa en p. 297), él y Bernabé dirigieron una campaña evangelística desde Antioquía de Siria hasta la Isla de Chipre (Hch 13.1-13), luego al norte hasta el continente

teoría del sur de Galacia

teoría del norte de Galacia

Gálatas en la historia de la iglesia primitiva

Según parece, los siguientes líderes de la iglesia primitiva conocían y usaron Gálatas:

	d.C.
Clemente de Roma	95
Policarpo	ca. 110
Justino Mártir	ca. 140
Ilreneo	ca. 175
Clemente de Alejandría	ca. 200
Tertuliano	ca. 200
Orígenes	ca. 250
Eusebio	ca. 315

de lo que hoy es Turquía. Allí predicaron en varias ciudades y poblaciones: Pérgamo, Pisidia, Antioquía, Iconio, Listra y Derbe (Hch 13.13–14.25).

Muchos eruditos concluyen que la epístola de Pablo a los gálatas está dirigida a estas congregaciones. Sugieren que Pablo escribió la carta para ofrecer guía acerca de aspectos que surgieron después de que él y Bernabé visitaran y establecieran iglesias. Estos intelectuales observan que Galacia en el primer siglo era el nombre de la provincia romana en Asia Menor Central, que se extendía al sur casi hasta el Mediterraneo. Según indican los mapas en la parte posterior de la mayoría de Biblias, Galacia incluye a los pueblos de Antioquía de Pisidia, Iconio, Listra y Derbe. Se dice que los eruditos que opinan que Gálatas está dirigida a estos pueblos del sur de Galacia, que se nombran en Hechos 13–14, sostienen la teoría del sur de Galacia.

Sin embargo, muchos eruditos tienen otra opinión e indican que Pablo escribió a un grupo distinto de poblaciones al norte central de Asia Menor. Esta se denomina la teoría del norte de Galacia. Ambas teorías dan fechas y sitios de origen diferentes para la epístola. También ocasionan entendimientos distintos de cómo Galacia se relaciona con Hechos.[17]

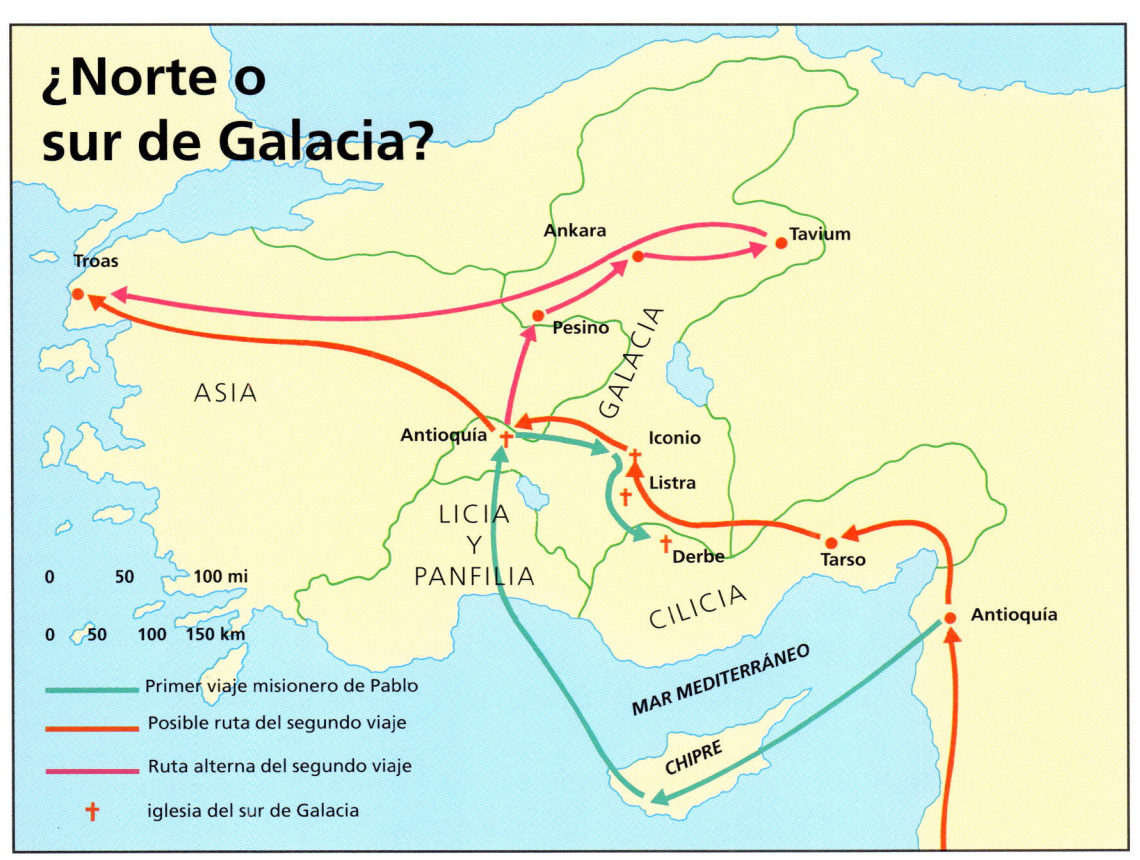

La discusión técnica de este problema se encuentra en otra parte.[18] A continuación seguiremos un esquema del «sur de Galacia», porque pensamos que explica mejor toda la evidencia literaria, histórica, geográfica y arqueológica.[19]

Bosquejo

I. **Introducción** (1.1-10)
   A. Salutación (1.1-5)
   B. Razón para escribir (1.6-9)
   C. Repaso de las acusaciones (1.10)

II. **Pablo y la naturaleza de su apostolado** (1.11–2.21)
   A. Días de preconversión (1.11-14)
   B. Conversión (1.15-17)
   C. Primera reunión con los líderes de Jerusalén (1.18-24)
   D. Segunda reunión con los líderes de Jerusalén (2.1-10)
   E. Corrección a Cefas (2.11-21)

III. **Disertación: Eficacia de la gracia sobre la ley** (3.1–4.7)
   A. Alegato de la experiencia (3.1-5)
   B. Alegato de las Escrituras (3.6-18)
   C. Propósito de la ley (3.19-25)
   D. Resultados de la fe (3.26-29)
   E. Madurez de la calidad de hijo (4.1-7)

IV. **Exhortación a los gálatas** (4.8-31)
   A. Exhortación a la madurez (4.8-11)
   B. Exhortación a la relación personal de ellos (4.12-20)
   C. Exhortación alegórica (4.21-31)

V. **Libertad en Cristo** (5.1–6.10)
   A. Tesis (5.1)
   B. Advertencias y represión (5.2-12)
   C. Prueba del fundamento personal (5.13-26)
   D. Éticas prácticas (6.1-10)

VI. **Conclusión y apelación personal** (6.11-18)

Propósito

Ya afirmamos que había controversia respecto a la fecha y destino de la epístola a los gálatas. Sin embargo, el propósito de la carta no se encuentra muy en duda.

Pablo escribe para exhortar a un grupo de iglesias de Galacia (1.2) que vuelvan al evangelio que de repente abandonaron(1.6). El nuevo «evangelio» que abrazaron no es en absoluto un evangelio (1.7). El verdadero, el que Pablo predicó y ellos aceptaron, llegó a través de Jesucristo por revelación directa a Pablo (1.12). Es el mismo que predican otros apóstoles (2.7-9). Esto significa que las versiones alteradas necesariamente corresponden a distorsiones inaceptables. Ni siquiera visiones angelicales o un evangelio diferente por parte del mismo Pablo debería seducir a los gálatas a cambiar su primera fe por otra corregida en gran parte (1.8).

Pero el propósito de Pablo no es solo reprochar y amonestar. Como indica el bosquejo anterior, se empeña en dar razones de sus advertencias. Con cuidado describe el proceso mediante el cual recibió el don del apostolado, validando así la verdad de su mensaje (1.11-21). Explica la razón entre la gracia y la ley (3.1–4.7). Ofrece amplio consejo sobre cómo se debe llevar la vida cristiana (caps. 5–6).

Entonces, el propósito de Pablo al escribir es tanto específico como extenso. Es específico en relación a la insistencia de que aceptar opiniones alteradas del mensaje apostólico acerca de Jesucristo significa anular toda la fe cristiana. Es amplio en la serie de argumentos que Pablo reúne y en las aplicaciones que hace respecto a la fe y a la vida.

Evangelio verdadero y falso

Si el propósito de Pablo al escribir es oponerse al falso evangelio, ¿cuál es el verdadero evangelio? Aquí es donde es útil su relato en Hechos de cuando predicó en Galacia (Hch 13–14). Allí no narra todo lo que Pablo y Bernabé dijeron en su primer viaje misionero, pero sí explica con cierto detalle los puntos principales de todo un sermón paulino en Antioquía de Pisidia, al extremo sureste de Galacia (Hch 13.16-41). Tomaremos este sermón como ilustración general del mensaje del evangelio de Pablo.

Las afirmaciones básicas de Pablo son las siguientes: (1) Desde tiempos antiguos, el Dios de Israel, el Dios vivo y verdadero, ha obrado para salvar del pecado a las per-

Restos de un acueducto romano en Antioquía de Pisidia, Galacia.

sonas, de modo que le alaben y sean una presencia redentora en el mundo. Esta obra de salvación se remonta hasta Abraham y luego a través de Moisés, Samuel y David (Hch 13.16-22). (2) Jesús, descendiente de David anunciado por Juan el Bautista, es el Salvador enviado por Dios (Hch 13.23-25). (3) El mensaje de que la salvación está en Jesús se ha confiado a judíos como Pablo, así como a no judíos que lo acepten. Aunque muchos judíos rechazaron a Jesús e incluso insistieron en su muerte, Dios le levantó de los muertos y lo hizo aparecer vivo ante muchos testigos (Hch 13.26-31). (4) No solo testigos vivientes sino también los profetas del AT atestiguan las buenas nuevas de que hay salvación en Jesucristo, a quien Dios levantó de los muertos (Hch 13.32-37). (5) Por consiguiente, todo aquel que escuche el mensaje de Jesús se le insta recibirlo y unirse al pueblo de Dios. Se les advierte severamente a no mofarse del mensaje del evangelio, como inverosímil según suena a oídos de los detractores (igual que Pablo antes de su conversión) y de quienes lo escuchan por primera vez (Hch 13.38-42).

Prácticamente en Gálatas se repiten todos los puntos del sermón de Pablo en Hechos 13. Por ejemplo, el resumen del evangelio que al principio los gálatas recibieron de Pablo dice: «Ante vuestros ojos Jesucristo fue ya presentado claramente entre vosotros como crucificado» (3.1), es una clara referencia a su muerte por los pecados. Pablo se refiere una y otra vez tanto en Gálatas como en Hechos 13 a Abraham, mencionándolo ocho veces solo en Gálatas 3.

Concluimos entonces en que el evangelio que Pablo predicaba tiene como centro la muerte expiatoria de Jesucristo, anticipada por los profetas del AT. A la luz de la cruz, todos debemos apoyarnos por completo en el autosacrificio de Cristo para salvación y nueva vida, tal como Abraham confió en la promesa de Dios en tiempos antiguos (p.ej. 3.6-14).

¿Entonces cuál era el falso evangelio? Para contestar esta pregunta debemos considerar a los perturbadores contra quienes Pablo dirige muchos de sus comentarios.

Liderazgo equivocado

Después de que Pablo y Bernabé predicaran en varios pueblos de Galacia y regresaron a la iglesia en Antioquía de Siria, que los había enviado (Hch 14.26), aparentemente las iglesias de Galacia cedieron a la presión de los «perturbadores» (Gl 5.12), cuyo entendimiento de la salvación difería de lo que Pablo predicaba. Estos personajes sombríos, que Pablo no necesita nombrar específicamente porque eran bien conocidos por parte de sus oyentes, son la clave para entender el falso evangelio al que Pablo se opone en su Epístola de Gálatas.

Una vez más entra en acción la información de Hechos 13–14. El sermón de Pablo en Antioquía de Pisidia (Hch 13.15-

judaizantes

41) encontró respuesta positiva tanto de judíos como de los «prosélitos piadosos» (Hch 13.43). Estos eran no judíos que aceptaban la práctica y fe judías, pero no llegaban a ser prosélitos (convertidos totalmente), que para los varones significaba la circuncisión. Por tanto, los «prosélitos piadosos» retenían el estado legal gentil o pagano, pero se involucraban en la adoración judía. Una y otra vez Hechos se refiere a prosélitos piadosos [literalmente «temedores de Dios» o «adoradores de Dios»] (10.2,22; 13.16,26,43,50; 16.14; 17.4,17; 18.7).

Sin embargo, también hubo respuestas negativas al mensaje de Pablo. Judíos que no estaban convencidos del evangelio se opusieron a Pablo y Bernabé en Antioquía de Pisidia (Hch 13.45,50). Esta misma oposición se produjo en Iconio (14.2), donde Pablo y Bernabé escaparon de una conspiración para silenciarlos y apedrearlos (14.5). Se trasladaron a Listra y Derbe y ganaron muchos adeptos. Sin embargo, los judíos de Antioquía e Iconio siguieron sus pasos y juntaron una turba en contra de ellos. Apedrearon a Pablo y lo dieron por muerto (Hch 14.19). Varios años más tarde, cerca del final de su vida, el recuerdo de aquellos días tumultuosos aun se encontraba fresco en su memoria (2 Ti 3.11).

Parece que mientras Pablo escribe su epístola a las iglesias gentiles, la ira de quienes se oponían a él y a Bernabé se había transferido a las nuevas comunidades de fe que ellos fundaron y dejaron atrás (Hch 14.23). Él escribe: «Hay algunos que os perturban y quieren pervertir el evangelio de Cristo» (Gl 1.7). Reprocha a quienes siguen este evangelio pervertido y los llama «insensatos» (3.1). El evangelio de Jesucristo los había liberado de los ídolos paganos así como de las tradiciones judías que no podían salvarlos (4.8-11). No obstante, ahora son presa de líderes traidores con un falso mensaje. «Tienen celo por vosotros, pero no para bien» (4.17).

Parece que los perturbadores insistían específicamente en que la salvación requería estricta adherencia a las costumbres judías como la circuncisión (6.12). (A veces los eruditos llaman judaizantes a estos perturbadores, porque su mensaje se centraba en combinar aspectos del mensaje cristiano con las prácticas judías, a las cuales exigían que se sometieran hasta los gentiles.) Pablo se encontraba tan consternado por esto, que escribe: «¡Ojalá se mutilasen los que os perturban!» (5.12).

¿Por qué Pablo está tan molesto?

La gracia y la ley

El centro de la Epístola de Gálatas es la verdad de que la salvación es un regalo de Dios, que no se gana por mérito humano. Cristo vino a liberar a las personas de la tiranía de autojustificación moral o religiosa (5.1). La muerte de Cristo es la que justifica a los hombres delante de Dios, y no el esfuerzo que hagan por vivir según las normas de Dios (3.11-13). Se ha denominado a Gálatas la Carta Magna de la libertad cristiana, debido a su énfasis en la libertad de un acceso a Dios para agradarlo basado en la conducta.

Gálatas fue central en la Reforma Protestante, con su reafirmación de la

Relieve de un abogado romano. Pablo contrasta la gracia y la ley en la Epístola a los gálatas.

sola suficiencia de la gracia divina para liberar la voluntad exclavizada del hombre.[20] Confiar en las leyes, incluso en aquellas del NT que Pablo ensalza (Ro 7.12) significa abandonar el mensaje de gracia del evangelio (Gl 5.4).

Por tanto, Pablo está perturbado porque parece que las iglesias de Galacia se encuentran al borde de alejarse de la fe que Pablo les predicó (5.4). No está en juego la autoridad ni las ideas personales de Pablo sino la integridad de las creencias de los gálatas y finalmente el destino eterno de sus almas.

El amor de Pablo por ellos es intenso (4.19-20). Por lo que es comprensible su preocupación por la solidez de la fe que profesan. Al igual que Jesús, a Pablo no solo le interesaba que las personas tuvieran una experiencia religiosa. Le preocupaba también cuál era la sustancia de sus creencias. Es por eso que al igual que Jesús en su ministerio, Pablo en sus cartas gasta mucho tiempo en enseñanza.

Al contrario de muchas comprensiones modernas de «fe», lo importante es el contenido de la que se cree. Las creencias erróneas impiden entender y aceptar quién es realmente Jesucristo y en qué gran medida el pecador depende de su obra redentora. Pablo se dio cuenta de que las iglesias de Galacia se estaban apartando a un sistema de creencia en el que no está clara la verdad de Jesucristo ni la naturaleza de la salvación que Él ofrece. ¡Estas fueron las mismas verdades por las cuales murió Cristo y por las que Pablo prácticamente había sido asesinado! No es de admirarse que escriba con franqueza y pasión.

Ética positiva

Pablo insiste en que la salvación es por gracia, no por mérito humano. Exactamente como Abraham recibió la promesa de Dios, no por méritos propios, así también lo hacen los creyentes que se convierten en hijos de Abraham, por así de-

¿Evangelio social?

«*Hagamos bien a todos*», escribe Pablo (Gl 6.10). ¿Deben los cristianos preocuparse solo por predicar el evangelio o deben también trabajar en el mejoramiento social?

La enseñanza protestante tiende tradicionalmente a resaltar la predicación del evangelio. En esta perspectiva, el mundo mejorará solo cuando más personas se transformen al aceptar a Cristo. A veces esta opinión ha llevado a descuidar a los pobres, a ser indiferente ante las necesidades de los demás, y al silencio ante las políticas públicas donde a menudo se asignan los recursos masivos de ayuda. (Stephen Carter, The Culture of Disbelief [La cultura de la incredulidad], Basic, Nueva York, 1993 hace comprensibles algunos de estos silencios modernos: La agenda social prevaleciente de ayuda social descarta intencionalmente las prescripciones bíblicas para enfrentar los males sociales. En consecuencia, los cristianos permanecen en silencio porque los han silenciado).

En el siglo diecinueve surgió la opinión de que la humanidad se podría perfeccionar a traves de un cambio en la proliferacion de la sociedad. Se popularizó una optimista perspectiva humana y su evolución social ascendente. Llegó a reemplazarse la predicación con actividades de obra social y estrategias educacionales, económicas y políticas. Nació el «evangelio social» que todavía florece.

Si los escritores apostólicos como Pablo son nuestros mentores, no nos atrevemos a minimizar la centralidad del arrepentimiento individual y de la fe en Cristo. Pero Pablo también escribe que los cristianos deben hacer «bien a todos, y mayormente a los de la familia de la fe» (Gl 6.10). Esto significa que se debe ayudar a todos, a todas las personas, de manera práctica y no solo predicarles.

Grupos como el Ejército de Salvación intentan combinar el ministerio con la ayuda social . El deseo de las iglesias debería ser satisfacer a la vez las necesidades del cuerpo y el alma.

antinomia

cirlo, cuando aceptan por fe el evangelio (3.6-9).

Sin embargo, sería un error concluir que ya no es importante obedecer a Dios por cuanto la salvación es por fe y no por buenas obras. Pablo se opone a las obras como las veían los falsos maestros de Galacia: como acciones para ganar la salvación. Pero acepta la obras como «la fe que obra por el amor» (5.6). Cuando alguien cree en el evangelio, Cristo entra en la vida de ese individuo y empieza a cambiarla (2.20). El Espíritu de Cristo produce su fruto en actitudes y acciones como «amor, gozo, paz, paciencia, benignidad, bondad, fe, mansedumbre y templanza (5.22-23). Pablo observa con una insinuación de ironía: «Contra tales cosas no hay ley» (5.23).

El evangelio de la gracia no significa entonces una ética (código de conducta) sin leyes. En verdad el evangelio elimina la ley como medio de autojustificación. Quita el negativo «no debes» de la escena central de agradar a Dios. El cristianismo no consiste solo en evitar «las obras de la carne» (5.19-21), pues esto es simple moralismo. En contraste, el evangelio exhorta (y capacita) a las personas para que sean llenas del Espíritu de Cristo. Solo de este modo pueden encontrar los recursos para no «satisfacer los deseos de la carne» (5.16) y dejarse guiar por el poder del Espíritu Santo a una vida que honre el Señor.

De modo que la ética de Pablo no es antiley o antinorma (antinomianista). Es positiva porque basa la conducta cristiana en la obra de Dios en el creyente. Él se agrada y su Reino se extiende cuando se responde positivamente a la presencia viva de Dios a través del evangelio. El enfoque negativo de autojustificación de los falsos maestros de Galacia, aunque quizás sincero, era totalmente errado.

Aspectos críticos

Los eruditos continúan debatiendo si es la perspectiva del sur o la del norte de Galacia (revisar lo anterior) la que se ajusta más a la serie de evidencias. También indagan en la identidad de los falsos maestros a los que Pablo se opone. Un gran comentario por H.D. Betz intenta una nueva inter-

Enfoque 19: Persecución actual

La persecución a los cristianos no finalizó con Nerón y el coliseo romano. Ha continuado en todos los siglos y está muy presente entre nosotros hoy día. Desde China hasta Arabia Saudita y Sudán, los cristianos son objetos rutinarios de acoso, maltrato físico y hasta

Más de millón y medio de personas han muerto en Sudán como resultado de la oleada de «guerra santa» contra el sur mayoritariamente cristiano. Miles de niños (¡a veces hasta de seis años!) de padres cristianos han sido capturados y vendidos como esclavos en Libia, Sudán y en todas partes.

La política oficial apoya la persecución de cristianos en China. A muchos se ha encarcelado, torturado o enviado a labores en los campos.

En 1994 secuestraron y asesinaron tres destacados líderes evangélicos en Irán.

A los cristianos se les persigue hasta en los Estados Unidos. Hace pocos años hubo ataques violentos hacia iglesias cristianas y quemaron veinticuatro iglesias de negros. Es más, en los cuatro primeros meses de 1996 hubo al menos seis víctimas de incendios provocados.

Como cristianos contemporáneos debemos estar preparados para la persecución y recordar lo que Pablo escribió de los apóstoles en 2 Corintios 4.8-9: «Estamos atribulados en todo, mas no angustiados; en apuros, mas no desesperados; perseguidos, mas no desamparados; derribados, pero no destruidos».

Sobre la situación moderna, vea Paul Marshall y Lela Gilbert, Su sangre clama: La creciente persecución de cristianos en todo el mundo, Word, Dallas, 1997.

pretación de Gálatas basada en crítica retórica.[21] Esto significa que Betz emplea una perspectiva de estudio de la retórica antigua, para sugerir nuevos entendimientos de la naturaleza del mensaje de Pablo era mucho menos legalista (basado en leyes) de lo que este asumía, ha enfrentado un serio desafío,[23] aunque la lectura nueva de fuentes judías antiguas son un recordatorio importante de la com-

Resumen

1. La iglesia en Corinto estaba llena de disensión y confusión, y las cartas a los corintios dan guías útiles a quienes están hoy día en situación similar.

2. Corinto era una ciudad de Grecia y era notable por su inmoralidad.

3. Pablo fundó la iglesia de Corinto en su segundo viaje misionero.

4. La iglesia se estaba dividiendo; Pablo les escribió primero sobre las verdades centradas en la cruz antes de referirse a temas específicos.

5. Pablo trata en 1 Corintios asuntos relacionados a mala conducta sexual, matrimonio, celibato, idolatría, libertad personal cristiana, adoración, dones espirituales, orden en la congregación, la resurrección y los tiempos venideros.

6. Pablo escribió 2 Corintios para alabar el progreso de la iglesia, advertirles de nuevas amenazas, y prepararlos para su próxima visita.

7. El tema subyacente de 2 Corintios es que el camino a la gloria es el camino de la cruz.

8. Gálatas se escribió a las iglesias en Perge, Antioquía de Pisidia, Iconio, Listra y Derbe.

9. El propósito de Gálatas fue hacer volver a las iglesias al verdadero evangelio que Pablo había predicado, y del cual algunas de ellas se habían apartado.

10. Pablo define con cuidado la naturaleza del evangelio, centrado en la muerte expiatoria de Cristo predicha por los profetas del AT.

11. Lo central de la Epístola a los Gálatas es la verdad de que la salvación es un regalo de Dios.

12. Pablo clarifica a los gálatas que el evangelio de gracia descarta el uso de simples reglas o de algún código de conducta como medio de autojustificación.

la epístola. En principio el enfoque de Betz es prometedor, sin embargo muchos revisores han pensado que sus teorías oscurecen a menudo el evidente significado de la epístola.

Como se mencionó en un capítulo anterior, el trabajo de E.P. Sanders ha dominado el estudio académico de Pablo en el último cuarto del siglo veinte.[22] Su insistencia en que el judaísmo en los tiempos plejidad de los judaísmos (en plural) que florecieron en el primer siglo. Sanders ha hecho preguntas que clarifican la fe de los judíos del primer siglo, que luego declinaron para seguir la guía de Jesús y más tarde la de Pablo. De este modo la obra de Sanders contribuye a una mejor comprensión de los escritos del mismo Pablo.

Términos clave

antinomia
bema
judaizantes
teoría del sur de Galacia
teoría del norte de Galacia
teología crucis
teología gloriae
vía dolorosa

Personajes y lugares clave

Acaya
Antioquía (Pisidia)
Antioquía (Siria)
Asia
Atenas
Berea
Asia Menor central
Claudio
Clemente de Roma
Colosas
Corinto
Chipre
Derbe
Éfeso
Erasto
Galacia
Galión
Grecia
Iconio
Ignacio
Ireneo
Judea
Listra
Macedonia
Marción
Mar Mediterráneo
Palestina
Perge
Filipos
Pisidia
Roma
Sóstenes
Tesalónica
Turquía

Preguntas de repaso

1. Los cristianos en la ciudad de _____ experimentaron grandes dificultades en mantener un estilo de vida consecuente.

2. La ciudad de Corinto era famosa por su comercio y su _____.

3. Pablo fundó la iglesia de Corinto en su _____ viaje misionero.

4. Dos hallazgos arqueológicos que vinculan a Corinto con las Escrituras son el bema y la _____.

5. Pablo escribió _____ debido a las peleas entre cristianos.

6. 1 Corintios tiene gran interés hoy día debido al movimiento _____.

7. Pablo empezó 2 Corintios para _____ a los creyentes de Corinto.

8. Pablo no solo se enfocó en el automejoramiento en 2 Corintios sino también en el _____.

9. Las iglesias gentiles dieron ayuda económica a las judías por medio de la _____.

10. Gálatas se dirige a las iglesias que Pablo y _____ visitaron en el _____ viaje misionero.

11. En Gálatas, Pablo reprende, amonesta y da razones para _____.

12. Los eruditos llaman _____ a quienes combinaban partes del mensaje cristiano con prácticas judías.

Preguntas de estudio

1. ¿De qué maneras las cartas a los corintios parecen dirigidas a la situación moderna?
2. ¿Cómo han contribuido los arqueólogos a nuestra comprensión del ministerio de Pablo en Corinto?
3. ¿Qué temas importantes enfoca 1 Corintios?
4. ¿Qué tema subyacente une a 2 Corintios? ¿Cree usted que este tema es importante para la iglesia moderna?
5. Establezca la diferencia entre el verdadero y el falso evangelio como los relaciona Gálatas.
6. ¿Quiénes eran los judaizantes? ¿Qué papel representaron en la controversia de la ley contra la gracia?

Lecturas relacionadas

Hodge Charles, *Primera de Corintios,* Editorial Banner of Truth Trust, Londres, Inglaterra, 1969. La intelectualidad de Hodge lo hacen respetable en sus opiniones. Mezcla en sus comentarios la erudición, teología y espíritu devocional.

Erdman Carlos R. *La primera epístola de Pablo a los corintios*, Editorial Presbiteriana de Princeton, New Jersey, NJ. Los problemas en la iglesia es el tópico central de todo este comentario. Un análisis agudo de los excesos a que puede llegar una iglesia cristiana.

Fee Gordon, *Primera epístola a los corintios*, Editorial Nueva Creación, Buenos Aires, Argentina, 1994. Este voluminoso trabajo de 988 páginas está dirigido a pastores, profesores y estudiantes de teología que quieran adiestrarse en el griego erudito.

Gardiner George E., *La catástrofe de Corinto*, Publicaciones Portavoz Evangélico, Grand Rapids, MI, 1980. Un libro de bolsillo (61 páginas) que enfoca devocionalmente la situación de Corinto en relación a la caótica situación de los creyentes.

Williams Morris, *La conducta del creyente: Estudio en las epístolas a los corintios*, Editorial Vida, FL, 1977. ¿Cómo debe comportarse el creyente? En base a esta pregunta se analizan ambas epístolas en forma devocional. Acompaña el texto con bastantes diseños y gráficos que hacen muy pedagógica esta obra.

Harbor Brian, *Comisionados para servir: Estudio en 2 Corintios,* Casa Bautista de Publicaciones, El Paso, TX, 1989. Una vívida descripción del momento por el que estaba pasando Pablo al escribir esta epístola y su sentir de pastor y fundador de tal iglesia.

Allan John A., *La epístola a los gálatas,* Editorial Metropress, Buenos Aires, Argentina, 1963. Un trabajo acabado en cuanto a comparar el cristianismo paulino y el judaísmo. El vino nuevo puesto en odres viejos, nos dice el autor. La libertad y la ley. Esclarecedor comentario de la relación entre el evangelio y la ley.

20 Efesios, Colosenses, Filipenses y Filemón
Cartas de la prisión

Bosquejo

- **Efesios**
  Introducción
  La ciudad de Éfeso
  Bosquejo
  Propósito
  Declaraciones y exhortaciones
  Aspectos críticos
- **Filipenses**
  Introducción
  El pueblo de Filipos
  Bosquejo
  Propósito
  Enemigos del evangelio
  Cristología
  Aspectos críticos
- **Colosenses**
  Introducción
  El pueblo de Colosas
  Bosquejo
  Trasfondo y propósito
  Mensaje
  Implicaciones de la supremacía de Cristo
  Aspectos críticos
- **Filemón**
  Introducción
  Bosquejo
  Propósito
  Dudas literarias e históricas
  Lecciones prácticas

Lecciones prácticas

Después de leer este capítulo, usted podrá

- Describir las características de los pueblos de Éfeso, Filipos y Colosas
- Bosquejar el contenido de Efesios, Filipenses, Colosenses y Filemón
- Establecer el propósito de cada una de estas epístolas
- Evaluar los aspectos críticos que han surgido de cada una de las epístolas

asiarques

> ### Las cartas de la prisión en la historia de la iglesia primitiva
>
> Los líderes de la iglesia primitiva usaron mucho tres de las cuatro cartas de la prisión de Pablo (Efesios, Filipenses y Colosenses). Todos los que se nombran demostraron conocerlas. Solo Eusebio cita o alude a la cuarta carta de la prisión, Filemón.
>
> | | d.C. |
> |---|---|
> | Policarpo | ca.110 |
> | Justino Mártir | ca. 140 |
> | | (no cita a Filipenses) |
> | Ireneo | ca.175 |
> | Clemente de Alejandría | ca.200 |
> | Tertuliano | ca.200 |
> | Orígenes | ca. 250 |
> | Eusebio | ca. 315 |

A veces la adversidad saca lo mejor de nosotros. La horrible experiencia de arresto y prisión en el siglo pasado dio origen a reflexiones proféticas profundas de personas como Dietrich Bonhoeffer en Alemania, Alexander Solzhenitsyn en la Unión Soviética y Martin Luther King, hijo, en Estados Unidos. Todos los tres produjeron poderosos escritos durante períodos de prisión.

Pablo también soportó encarcelamiento. Durante su arresto en ROMA a principios de la sexta década d.C., tenía libertad para recibir visitas y propagar el evangelio (Hch 28.28-31). Una de las maneras en que lo hizo fue a través de sus cartas. Se cree que cuatro de sus seis epístolas surgieron durante este tiempo: a saber, Efesios, Colosenses, Filipenses y Filemón.[1] En las mismas líneas preliminares, cada una nombra a Pablo como su autor y hace mención de que está prisionero en cadenas (Ef 3.1; 4.1; 6.20; Flp 1.7,14; Col 4.18; Flm 1,9,10,13).

Las ideas de escritores tales como Bonhoeffer, Solzhenitsyn y King reciben atención más cuidadosa, debido a que su sacrificio da urgencia y credibilidad a sus escritos. Esto es más que cierto en relación con Pablo, quien durante años había buscado poder ministrar en Roma (Hch 19.21; Ro 1.13; 15.23). Cuando finalmente estuvo allá, se encontraba en cadenas. Las epístolas de la prisión (o cartas de la cautividad) son ricas en reflexión de valentía. Con su tono (p.ej., vea Flp 4.11-13) y con el ejemplo, también enseñan la misma confianza desinteresada en Dios que caracterizó la vida de Jesús, marcando a Pablo como un verdadero discípulo de su Maestro.

Efesios

Introducción

«Demonios, espíritus, antepasados y dioses existen como realidades en la mente humana, y pueden dañar y acosar la vida». Esta cita de un texto de antropología[2] no solo describe el mundo actual sino también el antiguo. Las investigaciones del trasfondo cultural de la antigua ÉFESO sugieren que el ocultismo (creencia en seres y poderes invisibles a los que se adora) ofrece importantes antecedentes para entender por qué Pablo escribió la epístola y para enfocar los temas que escogió.[3] Dado el común interés mundial en el ocultismo,[4] Efesios es un desafío a las creencias y prácticas modernas y antiguas.

La ciudad de Éfeso

Los detalles del prolongado ministerio de Pablo en Éfeso se hallan en Hechos 19 (vea también 20.16-38). Ciudad portuaria en la desembocadura del río CAISTER en el mar EGEO, Éfeso era la capital de la provincia romana de ASIA (ahora extremo occidental de TURQUÍA). Su población en el primer siglo pudo haberse sido de medio millón. Entre ellos había acaudalados líderes cívicos de ambos sexos, llamados asiarques, y algunos eran amigos de Pablo (Hch 19.31). Éfeso era un centro político y comercial, y también el centro de adoración de la diosa ARTEMISA (DIANA). También era un centro de prácticas ocultas. El templo de Artemisa era una de las siete maravillas del mundo. Al igual que PÉRGAMO y ESMIRNA, otras capitales asiáticas menores, Éfeso tenía un templo de adoración del emperador romano y su familia.

El Artemision, Éfeso, lugar del célebre templo de Artemisa (Diana), considerado como una de las siete maravillas de la antigüedad.

Si la vida religiosa estaba dominada por la adoración al emperador, la idolatría, el ocultismo y el espiritismo, la vida moral de Éfeso era típica de una ciudad grecorromana. En una de las principales esquinas había un inmenso burdel. Las excavaciones han puesto al descubierto un impresionante anfiteatro para 24.000 espectadores (ver Hch 19.29). Ireneo, . líder de la iglesia en el siglo dos, informa que el apóstol Juan residió y ministró en Éfeso a finales del primer siglo.

Bosquejo

I. **Introducción** (1.1-2)

II. **Nueva creación de la familia humana: Lo que Dios ha hecho** (1.3–3.21)
   A. Tres bendiciones espirituales en Cristo (1.3-14)
   B. La importancia de conocer al respecto (1.15-23)
   C. Redención: Explicación del tema (2.1-10)
   D. Renovación: Hay que quitar las barreras (2.11-22)
   E. Paréntesis: Pablo, los advenedizos y la gloria de Dios (3.1-13)
   F. Fortalecimiento: Comprensión del futuro (3.14-19)
   G. Doxología (3.20-21)

III. **Renovación de la familia humana: Lo que Dios está haciendo** (4.1–6.20)
   A. Creación de unidad: Conformación del cuerpo (4.1-16)
   B. Control mental: Cambio interior (4.17-24)
   C. Llegar a ser cristiano: Aspectos «menores» (4.25–5.5)
   D. Luz y sabiduría: Vida sin engaño (5.6-21)
   E. Círculo de responsabilidad: Mutuo sometimiento (5.22–6.9)
   F. Tomar la posición correcta con la debida firmeza (6.10-20)

IV. **Observaciones finales** (6.21-24)

Propósito

El bosquejo anterior enfatiza las implicaciones de Efesios para la familia humana y el nucleo familiar. Su contenido se presta para que se lea así. También puede verse como un tratado para la «familia de Dios», la Iglesia. Pero aunque «iglesia» y «familia» podrían ser ejemplos de temas unificantes de Efesios, no bastan para explicar por qué se escribió.

Los eruditos han debatido durante siglos cuál es el propósito central de esta epístola. No hay unanimidad al respecto. Muchos concluyen que no se puede decir que haya un propósito específico para encontrar los antecedentes primordiales que expliquen lo que Pablo escribe. Sin embargo, los numerosos incidentes de «lenguaje de poder» pueden ofrecer un indicio importante.[5]

Pablo escribe de la «supereminente grandeza del poder de Dios» y la «operación del poder de su fuerza» (1.19). Describe a Cristo en posición de poder, a la diestra de Dios, «sobre todo principado, autoridad, poder y señorío» (1.21). Todo está bajo la jurisdicción del Hijo, no solo en este siglo sino también en el

>
> ### Antigua fórmula mágica
>
> Parte de una práctica ocultista en Éfeso habría sido recitar fórmulas o encantamientos. Un mago llamado Pibechis recomienda la siguiente fórmula para ahuyentar demonios.
>
> *Tome aceite extraído de aceitunas verdes, junto con la planta mastigia y médula de loto; hierva la mezcla con mejorana (incolora) mientras dice: «Joe, Osartiomi, Émori, Teochipsoit, Sitemeoc, Sothe, Joe, Mimipsotiop, Persoti, Aioiu, Joe, Eocaripta: salgan con esta (y con las otras fórmulas tradicionales)».*
>
> *Haga luego un amuleto de una hoja delgada de estaño que contenga estas palabras: «Jaeo, Abraotioco, Phtha, Mesentiniao, Feoco, Jaeo, Charsoc», y cuélguelo alrededor del paciente: esto es algo ante lo que todo demonio temblará y temerá.*
>
> Fuente: Adolf Deissmann, *uz del antiguo Oriente*, traducido por L.R.M. Strachan, Hodder & Stoughton, Londres, 1911. (Traducción de algunos encantamientos ligeramente alterada).

venidero (1.21-22). Es el mismo poder que otorga a Pablo su autoridad apostólica (3.7) para equipar a la Iglesia en su misión de predicar el evangelio a «los principados y potestades en los lugares celestiales» (3.10). Cristo es la «Cabeza» de la Iglesia, su fundador y Señor soberano (1.22; 4.15; 5.23; cf. Jn 13.13). Otros ejemplos de «lenguaje de poder» incluyen a 3.16, 20-21 y al famoso pasaje de la «armadura espiritual» en 6.10-17.

Sabemos por Hechos que la brujería y los espíritus malignos eran parte del clima religioso dentro de la iglesia y fuera (19.13-19). Esto lo corroboran fuentes ajenas al NT. La adoración al emperador romano y su familia también era popular.[6] Todas estas prácticas y creencias eran contrarias a la tesis central de Pablo sobre la supremacía de Cristo, y exponían a sus practicantes a errores morales, engaños espirituales, y a posibles aflicciones demoníacas. Es posible que Pablo haya escrito Efesios para recomendar a Cristo como Señor a los lectores que antes (y quizás todavía, en algunos sentidos) inclinaban sus rodillas ante el ocultismo o ante figuras imperiales. Por supuesto, el mensaje de la epístola es importante para el que lo lea y no solo para los que tenían un trasfondo de adoración pagana en Éfeso. Sin embargo, los antecedentes religiosos de la localidad pueden mejor que nada arrojar luz sobre el énfasis característico de la carta.

Declaraciones y exhortaciones

Efesios es una serie de afirmaciones acerca de Dios, Cristo y la salvación. Le siguen exhortaciones que invitan a los lectores a reflexionar sobre la verdad y la voluntad de Dios en sus vidas.

El capítulo 1 se inicia con una larga alabanza a Dios por sus bendiciones en Cristo (1.3-23). Tal alabanza es bien merecida por los beneficios espirituales que Pablo enumera: elección, amor, predestinación, redención, perdón y herencia. Son componentes de la amplia realidad de la gracia y gloria de Dios. Padre, Hijo y Espíritu Santo son igualmente activos y otorgan favor divino a pecadores que no lo merecen. Pablo ora para que estas verdades iluminen a sus lectores (1.18) y les dé la misma fuerza que levantó a Cristo de los muertos y lo elevó a la diestra de Dios (1.20). Esta sería una reflexión adecuada acerca de la soberanía y excelencia de Cristo (1.21-23).

El capítulo 2 cambia de la gloria celestial a la bajeza humana. Pablo llama a sus lectores, y a sí mismo, «muertos en ... delitos y pecados» (2.1), antes de recibir el mensaje del evangelio. Pero en medio de tal necesidad obra la misericordia de Dios (2.4; cf. Ro 5.8). La salvación se produce no por buenas obras sino por el inmerecido favor de Dios: su gracia (2.8-9). Las buenas obras son el resultado, y no la causa, del perdón de Dios y el regalo de una nueva vida (2.10). Después de declararles la salvación en Cristo, Pablo les exhorta a no olvidar que han sido llamados a una nueva comunidad, en la que deben dejarse de lado las viejas enemistades por medio de Cristo, quien trae paz (2.14). Los cristianos gentiles son ahora «conciudadanos de los santos y miembros de la familia de Dios» (2.19), y ya no extranjeros paganos ajenos al círculo del favor de Dios.

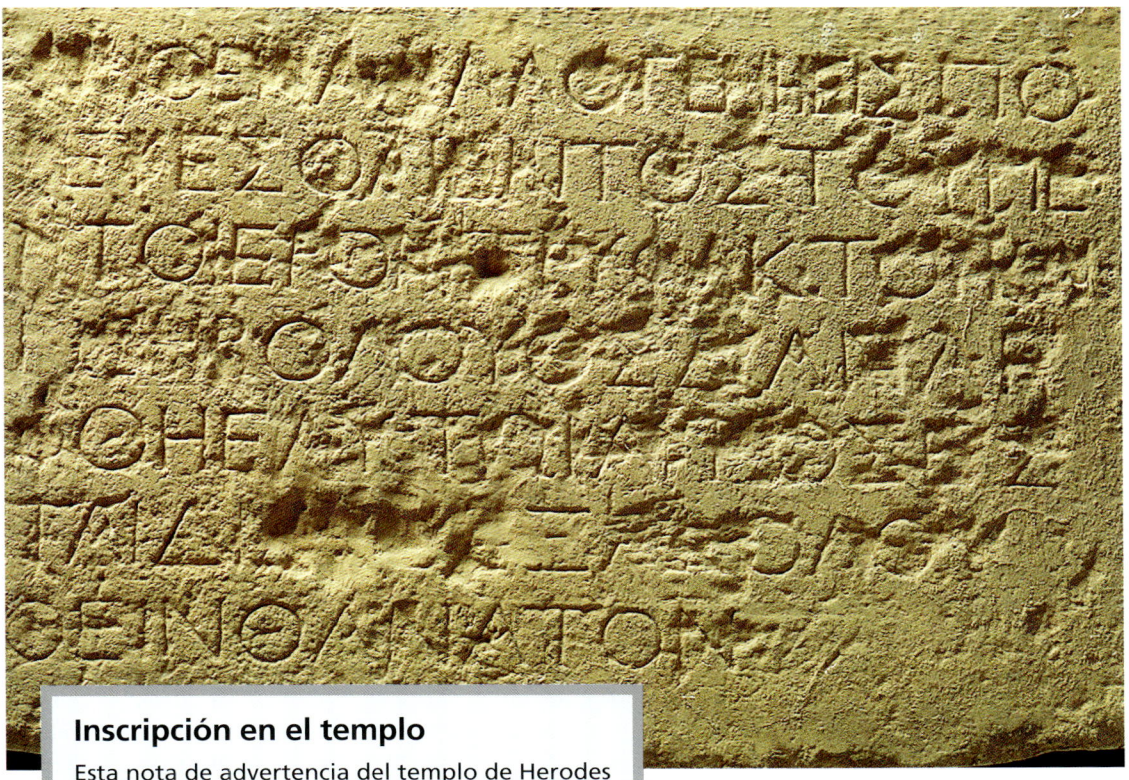

Inscripción en el templo

Esta nota de advertencia del templo de Herodes descubierta en 1871 dice:

«Ningun hombre de otra nación entre dentro de los muros o recintos del templo. Y cualquiera que sea capturado se expone a sí mismo a la vergüenza de la muerte».

Los no judíos enfrentaban la muerte allí mismo si pasaban del atrio de los gentiles al atrio de las mujeres en el templo de Jerusalén. Sin embargo el evangelio destruyó «la pared de separación» entre judíos y gentiles (Ef 2.14).

El capítulo 3 consiste en gran parte de una oración y bendición (3.14-21), pero incluye también una descripción de la perspectiva reveladora que Dios ha otorgado a Pablo (3.2-13; cf. Ro 16.25-27). Tanto esta descripción como la segunda mitad del capítulo 2 ofrecen razones a Pablo para expresar una oración, a fin de que sus lectores se fortalezcan en la verdad y el amor revelados en Cristo.

El capítulo 4 comienza con una extensa exhortación a vivir dignamente, según el llamado divino (4.1). Esta sección continúa en el capítulo 5 y llega al 6. Pablo sigue alternando entre declaraciones de lo que Dios ha hecho (4.7-11; 5.2,23,25-27,29) y cómo los efesios deben conducir sus vidas. Se hace mención especial de unidad, ministerio y estabilidad doctrinal en 4.1-16. Pablo habla en la última mitad del capítulo 4 de la necesidad de alejarse del paganismo y de vivir conforme a Jesucristo (4.17-21). La presencia de Cristo puede y debe producir verdad en lugar de mentira, autocontrol en vez de pérdida de paciencia, generosidad en vez de robo, y conversación provechosa en lugar de murmuración y comportamiento destructivo (4.22-32).

Los capítulos 5 y 6 continúan haciendo hincapié en la transformación personal a través de la persona y el Espíritu de Jesucristo (5.1-21). Los cambios radicales que produce Cristo deben ser evidentes en el matrimonio, donde la relación de Cristo con la Iglesia provee un modelo de interacción entre el esposo y la esposa (5.22-33). Asimismo, las relaciones entre padres e hijos deben estar bajo el señorío de Cristo (6.1-4). Lo mismo corresponde a la relación entre el esclavo y el amo [empleado-patrono] (6.5-9).

Efesios concluye con una fuerte nota sobre la necesidad del creyente de protección divina y revestimiento de poder en su vida diaria (6.10-20). La imagen de la armadura de Dios se tomó tal vez del AT (ver Is 11.5; 59.17). Los cristianos están en constante lucha contra los poderes

Efesios 6 usa la metáfora de la armadura militar al describir la preparación para la vida cristiana.

gnóstico

malignos, que solo el Señor puede contener (6.12). Como ayudas defensivas y ofensivas, Cristo ofrece verdad, justicia, fe, salvación, la Palabra y oración.

Pablo termina recomendando a su portador, Tíquico, y con bendiciones de paz y gracia para el lector (6.21-24).

Aspectos críticos

En los dos siglos pasados algunos han cuestionado la autoría de Pablo en Efesios. Pero esta afirma con claridad venir de la mano del apóstol (1.1; 3.1). Kümmel admite que «la iglesia primitiva confirma a Efesios de modo extraordinario», como un escrito auténtico de Pablo.[7] No existen razones unánimes para rechazar la autoría paulina. Numerosos eruditos de reputación continúan afirmando que Pablo la escribió. A la luz de estudios recientes[8], hacemos bien en seguir su guia.

Existe debate en cuanto al destino de Efesios. Aproximadamente cinco antiguas copias carecen de las palabras «en Éfeso» de 1.1. Se ha sugerido que originalmente Pablo tuvo la intención de que la epístola circulara a todas las iglesias de Asia Menor. Según esta opinión, «en Éfeso» se insertó en la copia que finalmente llegó a ser la muestra para todas las copias subsiguientes. Debe observarse que aun las copias antiguas que no pusieron «en Éfeso» en 1.1, contienen las palabras «A los efesios» en el título. Quizá un antiguo copiador dejó las palabras fuera, porque no eran necesarias para el título. La interpretación de la epístola no se afecta seriamente, en caso de que se haya dirigido originalmente ya sea solo a la iglesia de Éfeso o a un gran círculo regional de iglesias. Las condiciones en Éfeso eran al menos similares a las de los centros cívicos.

Otras discusiones críticas involucran a la relación de los efesios con los colosenses (vea bajo Colosenses), a posibles paralelos entre los efesios y los escritos encontrados en Qumrán, a posibles presencias de ideas y motivos gnósticos, y a la naturaleza de varios énfasis doctrinales de la epístola. En relación al último punto surgen dudas respecto a las doctrinas de Cristo, a la Iglesia y a los papeles masculinos y femeninos en el matrimonio. Tales dudas se vuelven más urgentes para quienes poseen una visión de la autoridad bíblica que les permite calificar las afirmaciones de Efesios como no adecuadas para recomendarlas a la iglesia actual. Sin embargo, si Pablo no es confiable en algunos de los tópicos que escribe, ¿quién lo es?

Filipenses

Introducción

Una popular melodía de los Beatles, tan defectuosa en gramática y rima como en los conceptos que expresa, contenía el poema lírico «El dinero no lo compra todo, es cierto. Pero lo que no compra, no lo puedo usar». Claro, Pablo no es de esa opinión. Pero el dinero era esencial para la supervivencia durante su arresto en Roma (vea Hch 28.16). Los cristianos de Filipos, una iglesia que él y Silas fundaron (vea Hch 16.12-40 y la discusión en el capítulo 16), ayudaron a suplir esta necesidad. La carta a los filipenses reconoce su generosidad. También les exhorta a resistir las falsas doctrinas y a vencer las discordias en sus filas, reafirmando la supremacía de Cristo.

Vía Ignacia

El pueblo de Filipos

El comienzo de la iglesia de Filipos se narra en Hechos 16.12-40. Fue fundada en el segundo viaje de Pablo (vea mapa en p. 243), pero la ciudad tenía una ilustre historia desde mucho antes. Recibió el nombre de Filipos II de Macedonia, padre de Alejandro Magno, y luego ganó importancia como el sitio de una gran batalla romana (42 d.C.). Soldados de estas y otras batallas se radicaron allí, y en tiempos de Pablo todavía perduraban sus rasgos de colonia romana con privilegios cívicos y tributarios. Su importancia provenía en parte de estar en la **Vía Ignacia**, la mayor carretera de este a oeste. Las excavaciones quizás han descubierto el sitio a donde llevaron Pablo ante los magistrados (Hch 16.19-21), una inscripción del padre de Claudio (quien o cuando Pablo fundó la iglesia de Filipos) y otras inscripciones con nombres del AT como Rufo y Prisco. También, el lugar en que Lidia se bautizó y la cárcel donde estuvieron Pablo y Silas.

Bosquejo

I. **Introducción** (1.1-11)
   A. Salutación (1.1-2)
   B. Prólogo: Acción de gracias y oración (1.3-11)

II. **Prólogo biográfico: Presentes circunstancias de Pablo en el servicio al evangelio** (1.12-26)
   A. Progreso del evangelio en Roma (1.12-18a)
   B. Actitud frente a la muerte y la liberación (1.18b-26)

III. **Exhortaciones a vivir como es digno del evangelio** (1.27–2.30)
   A. A la unidad y perseverancia (1.27-30)
   B. A la humildad como la de Cristo (2.1-11)
   C. A la obediencia e inculpabilidad (2.12-16)
   D. Como se vio en Pablo, Timoteo y Epafrodito (2.17-30)

IV. **Advertencias contra falsas enseñanzas contrarias al evangelio** (3.1–4.1)
   A. Firmeza contra legalistas de la autojustificación (3.1-16)
   B. Firmeza contra los libertinos egocéntricos (3.17–4.1)

V. **Exhortaciones adicionales para aplicar temas anteriores** (4.2-9)
   A. Unidad en la causa del evangelio (4.2-3)
   B. Gozo y paz en medio de

Ruinas romanas, entre ellas el ágora de Filipos.

circunstancias difíciles (4.4-7)
C. Perseverancia en pensamiento y práctica (4.8-9)

VI. **Epílogo personal: Gratitud de Pablo por la participación en la expansión del evangelio** (4.10-20)
A. Por la reciente dádiva (4.10-14)
B. Por las dádivas anteriores (4.15-20)

VII. **Salutación final** (4.21-23)
A. Saludos (4.21-22)
B. Bendición (4.23)

Propósito

La lectura cuidadosa de Filipenses sugiere varias razones por las que Pablo pudo haberla escrito. Por razones de salud y otros motivos estaba por mandar a Epafrodito, uno de sus ayudantes personales, de regreso a Filipos (2.25-26). Habría sido lo más natural mandar una carta con él para poner a los creyentes filipenses al tanto de las circunstancias de Pablo. También planeaba enviar a Timoteo (2.19). Tal vez el mismo Pablo estaría libre de la cárcel para poder ir a verlos (2.24). Se requería una carta a fin de prepararlos para estas inminentes visitas.

Una reflexión adicional en el propósito de Pablo al escribir debe considerar la historia de nexos que este tenía con los creyentes filipenses. Había disfrutado de una provechosa relación con ellos durante aproximadamente una década, desde la primera vez que les presentara a Cristo (la iglesia se fundó al principio de la sexta década d.C.). Probablemente los había visitado alrededor del 55 d.C., para renovar su antigua amistad (vea Hch 20.1-2). A través de los años le habían mandado ayuda económica, más de una vez (4.15; también 2 Co 11.9). Esto ayuda a explicar por qué Pablo escribe con tal profunda familiaridad personal. También se nota que él asumía que los receptores de su epístola tenían real interés por su situación y bienestar.

Al considerar la evidente amistad entre el apóstol y la iglesia, se puede señalar el propósito básico de la carta: hacer saber su preocupación pastoral en la situación actual de ellos. Pablo siente que necesitan reasegurarse que el evangelio en que han confiado continúa en su marcha de conquista, a pesar de la aparente contrariedad de sus largas prisiones (casi cuatro años). Esto lo expone en el capítulo 1. También necesitaban estímulo para seguir cerca de Cristo y continuar con el servicio cristiano; en esencia esto es lo que trata el capítulo 2. Sea por razones generales o particulares, Pablo piensa que debe advertirles contra líderes religiosos que intentarán descarriarlos. El capítulo 3 perfila sus aseveraciones y prácticas venenosas y les expone el verdadero antídoto cristiano. Finalmente Pablo intenta promover lo siguiente: armonía entre discrepantes; paz y gozo cristianos; y un sentido de satisfacción por el apoyo financiero que le brindaron a través de los años, en especial recientemente. Estos aspectos llenan las líneas del capítulo 4.

Pablo aborda aspectos más específicos a pesar de la gran preocupación pastoral. En su mente se destacan dos puntos: los enemigos que enfrentan los filipenses y el Señor a quien sirven.

Enemigos del evangelio

Filipenses menciona tres grupos que impiden el progreso eficaz del mensaje evangelístico, ya sea mediante oposición directa, alterando su contenido, o dejando de aplicarlo dentro de la iglesia.

Un grupo es de la misma Roma. Aparentemente son parte de esa comunidad. No obstante sienten envidia por Pablo y se ven a sí mismos compitiendo con él (1.15). Mientras Pablo está encadenado (1.17), esperan incrementar su propia influencia y sus seguidores. La reacción de Pablo es bondadosa, reservada y sabia. Mientras no distorsionen el mensaje de Cristo, Pablo acepta las calumnias que recibe. Lo que importa no es su reputación o sentimientos sino el evangelio (1.18). ¿Por qué menciona esto si no afecta directamente a los filipenses? Primero, el triunfo de Pablo sobre tal oposición ofrece razones de aliento a los filipenses (1.19,25-26). Segundo, Pablo debió haber estado consciente del paralelismo en la oposición al evangelio en Filipos o cualquier otro sitio en MACEDONIA. Siendo así, su ejemplo de resistencia y aplomo sería valioso para que miraran y aprendieran de esto (3.17).

Ruinas romanas en Filipos.

Es más difícil identificar al segundo grupo de alborotadores. Es más, Pablo casi no les da lugar, ya que no predican el auténtico evangelio de Cristo. Por el contrario, parece que abogan por un evangelio (falso), similar al que Pablo condena en su Epístola a los Gálatas. Pablo los llama «mutiladores» (3.2). El lenguaje sugiere que enseñaban una combinación de confianza en Cristo y observación de rituales (como la circuncisión), comunes al judaísmo del primer siglo. Pablo objeta diciendo que los verdaderos herederos de las promesas del AT son quienes reconocen a Jesucristo, y no aquellos cuya fe se basa en rituales religiosos como la circuncisión (3.3). Hay que resistir a tales «enemigos de la cruz de Cristo» (3.18). Tal como Jesús lloró sobre JERUSALÉN (Lc 19.41), Pablo llora mientras lamenta el error de ellos (3.18). Tiene profunda preocupación por ellos (vea también Ro 9.3; 10.1). Sin embargo, sus perspectivas finalmente los llevarán a la destrucción (3.19). Pablo advierte a los filipenses a fin de que no vayan a parar allá.

Un tercer grupo de perturbadores son los mismos filipenses. Aunque carecemos de conocimiento detallado, parece que dos mujeres estaban en pleito (4.2). Hay evidencia de que Pablo percibió egoísmo y divisionismo extendidos en la congregación de los filipenses (1.27; 2.2-4,14). Más de una docena de veces Pablo habla de gozo (1.4,25; 2.2,29; 4.1) o regocijo (1.18; 2.17,18,28; 3.1; 4.4,10). Su énfasis positivo puede constituir un intento de combatir una situación negativa. Aquí es donde más veces que en cualquier otra parte del NT (y en la historia de la Iglesia) parece que el pueblo de Dios se encuentra en desacuerdo con el Reino de Dios. Pero Pablo no se desespera. Por el contrario, presenta a Cristo.

Cristología

En medio de la amonestación por su egocentrismo, Pablo les recuerda el ejemplo que Cristo dejó (2.5-11). Este pasaje posee una rara excelencia literaria y riqueza teológica. Se han dedicado muchos libros a explorar su origen, su utilización en la iglesia primitiva y su mensaje.[9] El propósito esencial de Pablo es reanimar a los filipenses a llevar una vida más digna de Cristo. La manera en que Cristo vivió y murió debe tener trascendencia en su modo de vida y en la relación de unos con otros (vea Lc 9.23).

Pablo ofrece al exponer este aspecto varias afirmaciones de importancia acerca de quién fue y qué hizo Cristo. No solo fue un hombre sino que fue el mismo Dios (2.6), que tomó forma humana (2.7). A pesar de su herencia real como eterno Hijo del Rey celestial, gustosamente se humilló a sí mismo para servir a los seres humanos pecadores, muriendo en la cruz (2.8). Sin embargo su humillación, lejos

La voluntad de Dios

¿Cómo descubro la voluntad de Dios? Esta es una de las más importantes preguntas que uno se puede hacer. Pablo esboza una respuesta en Filipenses 2.12-13: «*Ocupaos en vuestra salvación con temor y temblor, porque Dios es el que en vosotros produce así el querer como el hacer, por su buena voluntad*».

Los cristianos caminamos por fe y no siempre por vista (2 Co 5.7). A menudo tomamos decisiones sin la confirmación tangible de que estamos haciendo lo correcto. La vida tiene un factor de riesgo para todos, incluso para los seguidores de Cristo.

Pero la guía de Pablo en Filipenses 2 alumbra el camino: «Ocupaos en vuestra salvación». No es ocuparnos en ganar la salvación. Es lanzarse de corazón a servir al Señor que nos amó y salvó. El primer paso hacia conocer la voluntad de Dios para el futuro es ser diligentes y fieles en el presente. Jesús enseñó que para que nos confíen grandes cosas hay que ser fieles en lo pequeño (Lc 16.10-12).

«Dios ... produce así el querer como el hacer». Pablo confiaba en que los cristianos fieles a Dios desarrollarían deseo interno y respuestas externas conforme a los deseos de Dios. La voluntad de Dios se convertiría así en su voluntad.

«Por su buena voluntad». Dios tiene un plan, un buen plan, para todos sus hijos (Jer 29.11). Él quiere que conozcamos y hagamos su voluntad. No debemos esperar que nos caigan del cielo los programas y guías detalladas de largo alcance. No obstante, podemos depender el Señor para percibir nuestro camino, de tal manera que esto finalmente nos lleve a Él. «Reconócelo en todos tus caminos, y Él enderezará tus veredas» (Pr 3.6).

---

de ser una tragedia fue camino de gloria para Él (2.9). Dios compartió (y comparte) su nombre, *kyrios* (Señor), con quien cumplió sus propósitos (2.9-11).

Estas sublimes declaraciones sobre Jesucristo son el profundo deseo de todo lo que Pablo tiene para decir a los filipenses. Cristo se dio a sí mismo por otros, a pesar de ser infinitamente superior a ellos por virtud de ser igual al Dios eterno, y en esencia uno con Él. ¿Cuánto más deberán desear los filipenses erradicar su orgullo y vivir para los demás, en lugar de vivir en forma egoísta, permitiendo que Dios obre con libertad en sus vidas para que origine sus buenas intenciones en ellos (2.13)? Por supuesto, esta pregunta no es menos pertinente para quienes desean seguir a Cristo en estos tiempos.

Aspectos críticos

Aunque la autoría paulina de Filipenses rara vez se ha cuestionado, ha veces se ha sugerido que la epístola como la tenemos hoy se trata de un documento mixto. Se debate que 4.10-20 podría haber constituido una carta separada y que en 3.1 «finalmente» Pablo pudo haber señalado las líneas originales de clausura; 3.2–4.9 sería entonces parte de una tercera composición paulina. En contra de estas indicaciones se encuentran dos consideraciones de peso: ningún manuscrito refleja tales divisiones y la carta muestra bastante buen sentido en su forma canónica. No existen, pues, razones que obliguen a dudar de la unidad literaria de la epístola.[10]

Muchos eruditos de este siglo se han preguntado si en 2.5-11 Pablo está citando una antigua confesión o cántico cristiano. Esta opinión cobró importancia por primera vez en la década del veinte. Es una teoría convincente, ya que el pasaje posee poderosas cualidades poéticas, pero no hay una fuerte evidencia.[11] Como conjetura, apenas puede servir como base para deducir la fuerza cristológica de los versículos, porque son poéticos en naturaleza (mucho del NT es poético, pero esto no quiere decir que podamos aseverar lo que dice cuando adopta esta forma literaria) o porque no son paulinos (aun en caso de ser poéticos, Pablo pudo haberlos compuesto o pudo haber aprobado su contenido en virtud de su referencia a ellos).

Colosenses

Introducción

El teólogo Carl F.H. Henry observa que el «en la actualidad el paganismo se encuentra más profundamente enraizado que en el pasado reciente, y tiene un fuerte dominio en la sociedad occidental».[12] Hoy día se producen debates acerca de cómo la Iglesia está afectada, y quizás seducida, por la cultura popular, las cadenas de televisión e información, y por organismos poderosos como gobiernos, universidades y escuelas que parecen hacer a un lado las enseñanzas judeocristianas. La Iglesia está por necesidad «en el mundo»; ¿puede dejarse opacar por fuerzas hostiles? ¿Cómo pueden los seguidores de Jesús alcanzar y mantener la posición de «sal de la tierra» y «luz del mundo» (Mt 5.13-14)?

Tales preguntas no son exclusivas de estos tiempos. Desde hace mucho Pablo se dio cuenta del desafío social que podría representar para la integridad de la fe y práctica cristianas entre las congregaciones que ayudó a fundar. Enfoca este asunto en esta epístola.

El pueblo de Colosas

Nunca se ha excavado el lugar de este antiguo poblado, por tanto se carece de detalles acerca de él. Es incierto su tamaño exacto, sin embargo no se trataba de una ciudad grande. Localizada casi ciento sesenta kilómetros al oriente de Éfeso, se encontraba en el valle de LICO en el distrito de Frigia. Al igual que los pueblos vecinos de LAODICEA e HIERÁPOLIS, la COLOSAS del primer siglo estaba plagada por terremotos. Su población consistía de nativos locales (frigios), griegos y judíos. Quizás aquí se escuchó el evangelio por primera vez durante el ministerio de dos años de Pablo en Éfeso (Hch 19.10), aunque los frigios judíos quizás lo llevaron después de Pentecostés (Hch 2.10). Entre las figuras del NT que llegaron de Colosas o vivieron están Epafras, Filemón, Apia, Arquipo y Onésimo. Analizaremos más adelante a la mayoría de estas personas.

Bosquejo

I. **Salutación** (1.1-2)
   A. Emisario (1.1)
   B. Destinatario (1.2a)
   C. Saludo (1.2b)

II. **Acción de gracias y oración** (1.3-14)
   A. Gratitud por el amor de los colosenses (1.3-8)
   B. Oración por conocimiento y conducta piadosa (1.9-14)

III. **Cuerpo** (1.15–3.4)
   A. La obra de Cristo y la reconciliación de los gentiles (1.15-23)

B. Ministerio de Pablo a los gentiles (1.24–2.5)
C. Error y antídoto (2.6-19)
D. Nueva vida en Cristo (2.20–3.4)

IV. **Exhortaciones y instrucciones éticas** (3.5–4.6)
A. Hacer morir lo terrenal (3.5-11)
B. Vestirse de virtudes cristianas (3.12-17)
C. Relaciones dentro de las familias cristianas (3.18–4.1)
D. Perseverar en la oración (4.2-4)
E. Conducta para con los de afuera (4.5-6)

V. **Cierre (4.7-18)**
A. Saludo (4.7-17)
B. Bendición (4.18)

Deidades en el Nuevo Testamento

Artemisa (Diana)	Hch 19.24, 27,28,34,35
Cástor y Pólux	Hch 28.11
Hermes (Mercurio)	Hch 14.12
«Dios no conocido»	Hch 17.23
Zeus (Júpiter)	Hch 14.12-13

Trasfondo y propósito

Pablo tuvo durante su prisión la oportunidad de dirigirse a los cristianos colosenses. Él no fue el fundador de esta iglesia. El honor correspondía a Epafras, un nativo del área que se había esforzado en su evangelización (1.7; 4.12). Pablo ofrece una doble razón para escribir. Una es asegurar a los colosenses (y los laodiceanos, quienes se suponía que también debían recibir una copia de la carta [2.1; 4.16]) de su interés y cuidado. Desea que los colosenses sean completamente receptivos a Cristo (2.2-3). La segunda razón involucra falsas enseñanzas y falsos maestros que estaban descarriando a algunos en la iglesia. Sus argumentos parecen admirables (2.4), pero se basan en «tradiciones de los hombres, conforme a los rudimentos del mundo, y no según Cristo» (2.8). En gran parte la epístola entera puede verse como un antídoto apostólico para opiniones populares y erróneas que amenazan la pureza de la doctrina y la integridad de la práctica cristiana en Colosas.

Mensaje

Según el bosquejo, Colosenses presenta la estructura de una carta helenista normal: salutación, acción de gracias y oración, cuerpo, exhortación y cierre. Pero su mensaje es bien diferente del de una carta normal. Su núcleo presenta una serie de aseveraciones profundas respecto a Jesucristo (1.15-20).

Primero, Cristo «es la imagen del Dios invisible» (1.15). Ningún mortal ha visto o puede ver a Dios (Jn 1.18), pero en Jesús Dios ha revelado mucho de sí y de su humanidad. En el mismo versículo también se le llama «el primogénito de toda creación». «Primogénito» era una forma hebreo-judía de decir: «Con especial honor». En el AT se llamó «primogénita» a la nación de Israel (Éx 4.22), también a David (Sal 89.27). No se refiere al nacimiento físico sino a la posición de honor ante Dios. Pablo dice que Cristo tiene un «lugar de honor» sobre toda la creación. No es extraño: La creación es por medio de Él y para Él (1.16).

Segundo, «todas las cosas subsisten» en Cristo. No es posible extraer todo el significado de tal afirmación. No obstante al menos implica que Cristo es el apoyo y sustentador del universo físico, considerado como parte del dominio de Dios. La ciencia puede descubrir y manipular distintos aspectos, pero el misterio de las propiedades, la esencia y el origen de los aspectos definitivamente se relacionan con Cristo. La investigación humana puede determinar mucho acerca del «qué» del mundo natural, sin embargo el porqué se encuentra solo en Dios y en el Reino que estableció a través de su Hijo. Su trabajo reconciliador (1.20) lo califica para servir como cuerda de salvación sustentadora y redentora entre el Dios santo y el mundo físico y pecador.

Implicaciones de la supremacía de Cristo

Se podría decir más respecto a la introducción que Pablo hace de la unicidad y preeminencia de Cristo, pero está claro que el mensaje básico de Colo-

Pablo y el ambiente

Inversión térmica ... eliminación de deshechos ... disminución del ozono ... explosión demográfica ... crisis energética ... hambruna en el mundo.

Los tópicos del ambiente subieron a la palestra pública en los años recientes. ¿Por qué se deberían preocupar los cristianos? Después de todo, ¿no es el cielo su hogar definitivo? ¿No podrían ser indiferentes ante este mundo fugaz?

«*Todo fue creado por medio de Él y para Él*», escribe Pablo (Col 1.16). El orden creado pertenece a Dios y al Hijo de Dios. Cómo trata el pueblo de Dios a su orden creado es una reflexión de interés para Dios. Los asuntos ambientales sí importan.

Esto no significa que Dios quiera adoración para la naturaleza. Idolatrarla es una tentación peligrosa de la que nos debemos alejar (Ro 1.18-23). Pero el pueblo de Dios debe ser buen mayordomo de los recursos (aire, agua, tierra, mar) que Él creó. Desperdiciar los dones maravillosos de Dios es fallar en el amor hacia Él y también hacia el prójimo. La buena mayordomía de los bienes ambientales es parte del mandamiento doble de amar al Señor y al prójimo.

El NT da una base firme para ser responsables con el ambiente. Jesús mostró aprecio por la belleza del mundo y el gobierno de Dios sobre él (Mt 6.25-30). Pablo habló de un estilo de vida feliz (Flp 4.11-13; 1 Ti 6.6-12) que contrasta con la codicia egoísta de una sociedad materialista de consumo.

La enseñanza de Pablo acerca de Cristo el Creador da significado al himno: «Este es el mundo de mi Padre». La adoración de los cristianos en Cristo se debe expresar: en constante oración relacionada con los tópicos ambientales, en patrones de gasto no materialistas, y en hábitos ambientales responsables como el reciclaje y la conservación de recursos. Es pecado poner nuestros corazones de este mundo pasajero. Pero destrozarlo también es pecado.

---

senses se refiere a Cristo. Él los libró de las tinieblas y los trasladó a la luz (1.13). Por tanto su lealtad pertenece a Cristo y no a mercachifles que persuaden con especulación religiosa. Basado en lo que Cristo es y en lo que ha hecho, Pablo procede a exhortar a los colosenses a fin de afirmar y sentar ciertas verdades.

Ellos han de identificar y resistir las enseñanzas falsas (2.8). Algunas ideas pueden tener más peso intelectual que Cristo, pero ninguna es viva, verdadera y poderosa como Él, como Pablo detalla (2.9-15). Mediante una serie de amonestaciones, Pablo alude a varios falsos conceptos comunes en Colosas (2.16-23). Los eruditos llaman a estos conceptos «herejía colosense». La naturaleza exacta de estas falsas doctrinas, y aun el que se trate de una específica «herejía» en acción es disputable, pero es difícil negar que Pablo habla contra alguna forma de legalismo (que la salvación se basa en buenas obras y no en el don de la gracia de Dios) y ascetismo (duro trato del cuerpo físico como medio de ganar favor divino y crecer espiritualmente). Pablo dice que tomar estos caminos significa perder conexión con Cristo, la cabeza (2.19). Tales ejercicios religiosos animan los mismos excesos que se pretenden reprimir (2.23).

Pablo enumera algunos de los excesos y cómo Cristo puede mantener a los colosenses sin contaminación y producir en ellos una conducta piadosa. Hay que luchar contra vicios como «fornicación, impureza, pasiones desordenadas, malos deseos y avaricia, que es idolatría» (3.5), así como contra «ira, enojo, malicia, blasfemia, palabras deshonestas» (3.8) y vencerlos a medida que «despojen al viejo hombre con sus hechos y se revistan del nuevo, el cual es conforme a la imagen del que lo creó» (3.9-10). El resultado se verá en virtudes semejantes a Cristo, tales como misericordia, benignidad, humildad, mansedumbre y paciencia» (3.12).

El Reino de Cristo no solo es personal e interno sino público. Pablo exhorta a reconocer la voluntad de Cristo en el matrimonio, la crianza de los hijos y las relaciones trabajador-patrono (3.18–4.1). Termina con una exhortación a orar y comportarse con sabiduría, gracia y persuasión hacia los no creyentes (4.2-6). Además envía a Tíquico, el portador de la epístola, para darles noticias y saludos de parte de varios colaboradores en la fe, y para saber de ellos (4.7-17). Pablo cierra la epístola con su propia firma, pide oración y manda bendiciones.

Aspectos críticos

El lector cuidadoso observará un número de similitudes entre Colosenses y Efesios. (En ciertos aspectos esto se compara con las similitudes entre Gálatas y Romanos.) Algunos sugieren que una es la expansión no paulina o resumen de la otra. Pero es más probable que Pablo haya escrito ambas epístolas dentro de un espacio de tiempo relativamente corto, utilizando un lenguaje similar en cada una. Respecto a Colosenses, hay menos dudas de la autoría de Pablo que en el caso de Efesios. Ninguna razón convincente hay para cuestionar la autoría de Pablo en la carta.

La naturaleza de la herejía colosense ha provocado discusión. A menos que se descubran otras evidencias, parece que hay poca esperanza de llegar a conclusiones aceptables para todos los eruditos.[13] La opinión de que la herejía era específicamente gnóstica en naturaleza parece improbable; una creciente opinión concluye que la enseñanza del NT debe poco, o nada, al organismo de especulación religiosa que surgió en el siglo segundo.[14] Son más prometedores los intentos por comprobar vínculos entre la religión colosense y las sectas judías del primer siglo, aunque al momento no son definitivas. Aunque el lenguaje de Pablo rememora los excesos legalistas y ascéticos que eran parte del panorama judío del primer siglo, también es suficientemente amplio para aplicarlo a la mayoría de sistemas religiosos serios centrados en Cristo.

Muchos han calificado de poético el origen de 1.15-20, la sección más rica en reflexión acerca de la persona y la obra de Cristo. Tal vez esto no se pueda descartar, pero las advertencias que se dicen respecto a Filipenses 2.5-11 también se pueden aplicar en este caso.

Filemón

Introducción

Callejeros ... desamparados ... fugitivos. Los encontramos casi a diario, sea personalmente o en las noticias. ¿Representan un problema nuevo del que no

Vista del montículo de la acrópolis de la antigua Colosas (verde, a mediana distancia), con el moderno pueblo de Honaz a lo lejos. Los habitantes de Colosas se mudaron a Honaz después de la destrucción de la antigua ciudad.

se había oído? Personas con problemas similares eran parte del panorama del primer siglo. La carta de Pablo a Filemón trata de un esclavo fugitivo llamado Onésimo, que aparentemente salió de su escondrijo en los callejones recónditos de Roma, para comenzar una nueva vida al aceptar el evangelio.

Bosquejo

   I. **Saludo** (1-3)

   II. **Elogios de Filemón** (4-7)

   III. **Intercesión por Onésimo** (8-22)

   IV. **Salutaciones y bendición** (23-25)

Propósito

Filemón conocía personalmente a Pablo y quizás era un hombre adinerado. Vivía en Colosas (vea Col 4.9; a Onésimo, el esclavo de Filemón, lo llaman colosense) en una residencia bastante amplia como para efectuar reuniones cristianas (v. 2). Además Filemón tenía esclavos, una práctica común en el mundo romano. Uno de ellos, Onésimo, es la principal razón de este escrito de Pablo.

Debido a causas desconocidas para nosotros, Onésimo huyó de sus obligaciones bajo Filemón. Se trataba de un delito serio que originaba un castigo severo si agarraban al transgresor. Era posible que lo quemaran, lo marcaran con un hierro candente, lo mutilaran o incluso lo mataran. Tal como un fugitivo hoy día viajaría a un centro de gran número de habitantes

Insignia romana de un esclavo.

como Nueva York o Londres para evitar ser detenido, Onésimo planeó huir a la ciudad más grande que pudo encontrar: Roma. Pero no permaneció como fugitivo. Aparentemente averiguó dónde se radicaba Pablo y fue a visitarlo. Pasó algo inesperado: Pablo lo llevó al conocimiento de salvación por medio de Jesucristo (v. 10).

Tal vez Onésimo decidió que la obligación bajo sus delicadas circunstancias era regresar donde su amo para arreglar las cosas. Pablo escribe a Filemón, pidiéndole que lo trate con misericordia, y está seguro de que Filemón hará no solo esto sino aun más (v. 21). Esto podría indicar que Pablo espera que Filemón otorgue a Onésimo su libertad. También pide a Filemón que se prepare para una visita suya, cuando salga de la cárcel, en respuesta a las oraciones de Filemón (v. 22).

Aspectos literarios e históricos

La carta da tres veces el nombre de su

Enfoque 20: El poder protector de la oración

Pablo exhorta en Efesios 6.18 a los creyentes a orar «en todo tiempo con toda oración y súplica en el Espíritu». Una tarde calurosa en Gambia, Momodou Ceesay puso en práctica este versículo y experimentó el poder protector de la oración.

Momodou, quien se convirtió hace diez años del islamismo, es uno de los pocos cristianos de su comunidad. Su esposa, padres, vecinos y amigos son musulmanes. Esa tarde particular, él trabajaba en su huerto cuando vio un incendio forestal que avanzaba hacia su propiedad. Él no tenía rompefuegos alrededor de su huerto y cuando se incendiara el pastizal de dos metros de alto que lo rodeaba, el fuego rápidamente se extendería y destrozaría todo. Él había invertido allí mucho tiempo, dinero y energía.

Momodou intentó pensar en una manera de detener el incendio, pero pronto se dio cuenta de que todos sus esfuerzos serían inútiles. Al comprender que la única manera de salir de su desesperada situación era la intervención sobrenatural, oró porque el incendio no afectara su huerto. Mientras aún se encontraba de rodillas, levantó la vista y vio algo maravilloso. El incendio estaba a solo quince metros del límite de su propiedad y su avance era veloz. Pero algo más estaba ocurriendo: la cálida temperatura de la tarde descendió súbitamente y un rocío nocturno cayó sobre el reseco pastizal. De manera asombrosa se apagó el incendio mientras el rocío caía sobre el campo en llamas. Misioneros locales informan que este fenómeno es demasiado extraño y que solo ocurre alguna que otra vez en un año; es más, no recuerdan haber visto otro rocío nocturno como ese en sus doce años en el área.

Para Momodou, la oración verdadera fue un arma espiritual y una protección contra el seguro desastre. Su testimonio de la fidelidad e intervención milagrosa de Dios se extendió como un incendio en toda la comunidad musulmana.

autor, Pablo (vv. 1,9,19). Aparentemente Timoteo se encontraba con él al momento de su prisión (v. 1; cf. Col 1.1). No hay evidencia de que este sea coautor de la carta, aunque este pudo haberla copiado mientras Pablo dictaba. Igual que otras cartas paulinas, esta epístola sigue el convencionalismo de una antigua carta griega.[15] Se pudo haber escrito alrededor de la misma época de Colosenses (vea Col 4.9). Al asumir que Pablo estaba en prisión (véanse vv. 1,9,10,13) en Roma, se sugiere una fecha a comienzos de la sexta década d.C.

La situación que refleja la epístola es fiel a la época. Una antigua inscripción descubierta en Laodicea, una aldea cerca de Colosas, estaba dedicada por un esclavo a su amo que lo liberó. El nombre del amo: MARCO SESTIO FILEMÓN.[16] No estamos seguros de que se trate del mismo Filemón a quien Pablo escribió, pero los nombres idénticos y de la misma localidad hacen surgir la posibilidad.

Resumen

1. Éfeso era notable como centro de adoración al emperador, ocultismo, idolatría y espiritismo.

2. Efesios consta de una serie de afirmaciones sobre Dios, Cristo y la salvación, seguida de exhortaciones que incitan a los creyentes a reflejar en sus vidas la verdad y la voluntad de Dios.

3. Los aspectos críticos que surgieron, relacionados con Efesios, tienen que ver con la autoría y el destino de la carta, la relación de Efesios con Colosenses, los paralelos con los rollos del Mar Muerto, la presencia de ideas gnósticas, y la naturaleza de varios énfasis doctrinales.

4. La iglesia en Filipos fue fundada por Pablo y Silas en su segundo viaje misionero.

5. Pablo escribió la carta a los filipenses para expresar su preocupación pastoral hacia su situación actual, para hacerles saber sus circunstancias, y para prepararlos para la visita de Timoteo y quizás de él mismo.

6. Pablo identifica en Filipenses tres grupos que obstaculizaban el mensaje evangélico: uno en la comunidad cristiana de Roma, uno que no predicaba el auténtico evangelio y uno que eran los mismos filipenses egocentristas.

7. Pablo escribió a la iglesia en Colosas para asegurarse de su interés y advertirles sobre los falsos maestros que los estaban descarriando.

8. El mensaje básico de Colosenses es la unicidad y preeminencia de Cristo.

9. Pablo habló contra el legalismo y el ascetismo en su epístola a los colosenses.

10. La carta de Pablo a Filemón, un amigo personal, trata sobre un esclavo fugado de nombre Onésimo.

11. Puesto que gran cantidad de habitantes de la región eran esclavos, fue un asunto importante para Pablo llamar la atención de Filemón.

12. Pablo advierte a Filemón que en su trato con Onésimo se fuera más allá de las costumbres legales de la época y considerara las normas de justicia y amor enraizadas en el carácter de Dios.

El ambiente del primer siglo se refleja directamente de un modo más particular. Bajo la ley romana un esclavo podía buscar refugio en un altar religioso, fuera público o en un hogar privado.[17] La persona que presidía sobre el altar actuaba entonces como mediador a favor del esclavo. Esta pudo haber sido la disposición legal bajo la cual Onésimo se acercó a Pablo, aunque la certeza a este respecto es difícilmente posible.[18]

De todas formas, la cuestión de las relaciones amo-esclavo era de peso en una sociedad en que un porcentaje sustancial de la población era esclavo. Un escritor sugiere que la proporción era la mitad en Roma y tres cuartas partes en ATENAS.[19] Otro afirma que uno de cada cinco residentes era esclavo.[20] Pero Séneca (4 a.C.? 65 d.C.) afirma que el senado romano anuló la ley de que los esclavos llevaran una vestimenta distintiva; se temía que se dieran cuenta de cuán numerosos eran.[21] Al abordar un aspecto de la esclavitud, la carta de Filemón muestra las preocupaciones que proclamaban otros pensadores de influencia en esos mismos años. La solución de Pablo, producida por el amor de Cristo, contrastaba con el enfoque puramente político y legal del senado.

Lecciones prácticas

Esta breve carta revela preocupación muy personal y práctica por un paria. Esto nos recuerda lo que se ocupaba Cristo de los humildes, no solo como clase sino como individuos. Además, señala un alto nivel de amistad y confianza entre los miembros de la comunidad cristiana. Pablo escribe con una familiaridad respetuosa y más que natural, que no siempre se encuentra ni entre familiares. Pudo tratar un tópico espinoso con franqueza y jovialidad porque sabía que Filemón compartía su mismo compromiso de hacer lo correcto ante el Señor. Un antiguo rabino judío, afligido en una prisión por ser misionero del evangelio, recibía una atención cuidadosa de parte de un gentil dueño de un esclavo, a cientos de millas en un pueblo donde nunca había estado. Esta es la conexión interpersonal y finalmente social que puede y debe producir la auténtica respuesta al evangelio.

El enfoque de Pablo a la cultura de su tiempo merece cuidadosa reflexión. Aunque en otras partes aboga por obediencia a las autoridades y a la costumbre (Ro 13.1-7), insta a Filemón a no conformarse con eso. Debe considerar también normas de justicia y amor que proceden del carácter de Dios, reveladas en Jesucristo y en el AT. El AT afirma la igualdad de todas las personas y regula un trato justo, no solo hacia el pueblo de Dios sino hacia los extranjeros y esclavos que viven entre ellos. Pablo aplica este punto de vista en un escenario cultural de valores distintos, con esclavos que tenían pocos derechos civiles o quizás ninguno.[22] Según Pablo, Cristo murió por esclavos y libres, gentiles y judíos, mujeres y hombres (Gl 3.28). Dios no es parcial con su amor desinteresado por las personas. Los cristianos deben imitar a Dios y sus caminos (Ef 5.1), en vez de determinar su comportamiento según las funciones culturales que les rodean (Ro 12.2). Aunque gran parte del escenario de la epístola a Filemón es antiguo, al mismo tiempo insta a transformarlo como respuesta al alto llamado que hace Cristo de amor por otros. «Lo que esta carta hace es llevarnos a una atmósfera en donde la institución [de esclavitud] debe marchitarse y morir».[23]

¿Hizo caso Filemón? ¿Habría sobrevivido esta epístola si no lo hubiera hecho?

Personajes y lugares clave

Hierápolis
Ireneo
Jerusalén
Laodicea
Valle de Licus
Mar Egeo
Alejandro Magno
Artemisa
Asia
Asia Menor
Atenas
Río Caister
Claudio
Colosas
Diana
Éfeso
Macedonia
Marco Sestio
Filemón
Pérgamo
Filipo II de Macedonia
Filipos
Frigia
Qunrán
Roma
Esmirna
Turquía

Términos clave

asiarques
gnóstico
Vía Ignacia

Preguntas de repaso

1. Éfeso era el centro de la adoración pagana y allí estaba el templo de _____.
2. Una clave del propósito de Pablo para escribir a los efesios se encuentra en varias referencias al _____.
3. Efesios concluye con un énfasis en la necesidad del creyente de _____ y _____ en sus vidas diarias.
4. La iglesia de Filipos fue fundada por Pablo y _____.
5. Pablo tenía una fuerte _____ con los creyentes de Filipos.
6. Pablo amonestó a los filipenses sobre su _____.
7. El fundador de la iglesia en Colosas fue _____.
8. Colosenses tiene la estructura de una carta _____.
9. Algunos intelectuales llaman _____ a la falsa idea que tenían en Colosas sobre la que Pablo amonesta a los colosenses.
10. Pablo escribió una carta _____ a su amigo Filemón.
11. El tópico de la carta a Filemón fue su escapado esclavo _____.
12. La preocupación de Pablo por Onésimo, un marginado social, era una reflexión del interés de _____.

Preguntas de estudio

1. Cite una manera en que la sociedad moderna se asemeja al mundo social del antiguo Éfeso.
2. Nombre algunos de los más importantes temas de Efesios.
3. ¿Qué asuntos trata Colosenses que se pueden aplicar a situaciones modernas?
4. En Colosenses, Pablo dice mucho acerca de Cristo. En base a su enseñanza, dé tres aspectos sobre Cristo.
5. ¿Quiénes son los «enemigos» de los cuales Pablo advierte a los creyentes en Colosas?
6. ¿Cómo se compara la presentación de Cristo en Filipenses con Colosenses? Dé dos similitudes y dos diferencias.
7. Visto desde su antigua posición social, ¿por qué Filemón es un documento importante? ¿Qué aplicaciones se pueden establecer para los tiempos modernos?

Lecturas relacionadas

Stott John R., *La nueva humanidad: El mensaje de efesios*, Ediciones Certeza, Illinois, 1979. Stott expone el tema paulino de la unión de todas las cosas en Cristo, el agente unificador.

Trenchard Ernesto y Wickham, *Epístola a los efesios*, Editorial Literatura Bíblica, Madrid, España, 1980. Los autores lamentan que algunos de sus escritos no tengan el suficiente equilibrio entre lo didáctico y lo devocional. Pero en este libro sí lo logran.

Songer Harold S., Colosenses *¡Cristo, la plenitud!* Casa Bautista de Publicaciones, Tennessee, 1973. Un libro devocional e inspiracional que analiza Colosenses con un prisma netamente pastoral y eclesiológico.

Carballosa Evis L., *Filipenses, un comentario*, Publicaciones Portavoz Evangélico, Barcelona, España, 1973. Breve estudio exegético sobre Filipenses, que encauza su interés a temas de la vida práctica actual, especialmente el gozo en las tribulaciones.

Hoke Smith, *Filipenses: el gozo de la vida en Cristo*, Casa Bautista de Publicaciones, El Paso, TX, 1971. El doctor Smith, ya en presencia de Cristo, destaca en este comentario la indestructible unión del creyente con Cristo, su Señor y ejemplo.

Mackay Juan A., *El orden de Dios y el desorden del hombre: Comentario a efesios,* Casa Unida de Publicaciones, México D.F., 1964. Análisis del orden divino, que el hombre no puede entender, pero que al unirse a Cristo lo recupera en plenitud.

21 Tesalonicenses, Timoteo y Tito

Un legado de fidelidad

Bosquejo

- **1 y 2 Tesalonicenses**
  Introducción
  La ciudad de Tesalónica
  Origen de 1 y 2 Tesalonicenses
  1 Tesalonicenses
    Bosquejo
    Propósito y mensaje
    Autoestima en Tesalónica
  2 Tesalonicenses
    Bosquejo
    Propósito y mensaje
    Aspectos críticos
- **1 Timoteo, 2 Timoteo y Tito**
  Cuarto viaje misionero y autoría
  1 Timoteo
    Bosquejo
    Razón para escribir y mensaje
  2 Timoteo
    Bosquejo
    Razón para escribir y mensaje
  Tito
    Bosquejo
    Razón para escribir y mensaje
- **La sabiduría de las Epístolas Pastorales**
- **Aspectos críticos**

Objetivos

Después de leer este capítulo, usted podrá

- Nombrar las razones por qué la ciudad de Tesalónica era importante
- Esbozar el contenido de 1 y 2 Tesalonicenses
- Identificar el propósito con que se escribieron 1 y 2 Tesalonicenses
- Comparar las razones para escribir las Epístolas Pastorales
- Hacer un bosquejo del contenido de 1 y 2 Timoteo
- Hacer un bosquejo del contenido de Tito
- Calificar el consejo característico de las Epístolas Pastorales

327

1 y 2 Tesalonicenses

Bajo la amenaza de una amplia serie de crisis e incertidumbres del tiempo moderno, muchos han buscado refugio en un individualismo radical y aislado. La autoestima ha llegado a ser un tema importante en occidente; la educación pública lo promueve. Las revistas populares lo ensalzan. «Sentirse bien consigo mismo» ha llegado a ser una prioridad fundamental para muchos. Un estudio observa que «el yo se ha convertido en la principal forma de realidad». Pero este mismo estudio cuestiona la sabiduría de esta actitud.[1]

En tiempos antiguos los cristianos también enfrentaban amenazas a su sentido de personalidad y por ende a la existencia misma. Pero el caso notable de los creyentes en la ciudad macedonia de TESALÓNICA muestra que no cayeron en la ilusoria confianza de autoabsorción y autoestima. Optaron más bien por la estima de Dios, enfocando su identidad y autocomprensión de lo que la obra del Señor decía en su favor en vez de enfocarla en lo que pensaba la desagradable sociedad que los rodeaba, o en lo que los presionaba a pensar de sí mismos. Veremos cómo en lugar de vidas tímidas centradas en sí mismas y controladas por el temor de la cultura dominante o en lugar de conformarse a todo esto, el ministerio de Dios a través de Cristo les otorgó los recursos para llevar vidas redimidas que agradaran al Señor.

Introducción

El segundo viaje misionero de Pablo (vea mapa, p. 243) lo llevó junto con sus acompañantes desde ANTIOQUÍA DE SIRIA (Hch 15.35) a cientos de kilómetros al occidente a lo largo de ASIA MENOR (Hch 15.41; 16.1,6) y finalmente a la ciudad macedonia de FILIPOS (Hch 16.12). Después de un corto y turbulento ministerio, aunque también fructífero, Pablo viajó por ANFÍPOLIS y APOLONIA donde aparentemente no había sinagogas judías,[2] hacia Tesalónica donde la presencia judía era considerable (Hch 17.1). Tesalónica estaba a ciento sesenta kilómetros de Filipos. Se debe recordar que la política de Pablo era llevar primero el evangelio a los judíos en regiones que había intentado evangelizar (Hch 16.13; 17.1,10,17; 18.4; 19.8 Ro 1.16).

Pablo fundó, a pesar de la oposición, una iglesia en Tesalónica. Más tarde escribiría dos cartas a esos cristianos para alentarlos e instruirlos. Estas cartas se conocen como 1 y 2 Tesalonicenses.

La ciudad de Tesalónica

La mayor parte de la ciudad se encuentra sepultada bajo la moderna SALÓNICA, la ciudad más grande de Grecia después de ATENAS. Fuentes antiguas establecen que Tesalónica no era un poblado apartado. Se encontraba en la Vía Ignacia, la principal ruta comercial este-oeste. También era un floreciente puerto marítimo. Allí residía el gobernador provincial. Los ciudadanos de importancia disfrutaban los beneficios de la prosperidad económica, aunque este no era el caso de los esclavos ni de las clases bajas. Tesalónica se jactaba de su sinagoga judía, donde ministraron Pablo y Silas.

Origen de 1 y 2 Tesalonicenses

Hechos aclara que la iglesia de Tesalónica se fundó en medio de gran oposición (Hch 17.1-9). La situación fue tan intensa que Pablo y Silas huyeron bajo el manto de la oscuridad (Hch 17.10). Encontraron refugio en BEREA (a ochenta kilómetros de Tesalónica) y también oportunidad de ministrar por poco tiempo. Pero grupos hostiles de Tesalónica los encontraron y ocasionaron disturbios también en Berea.

---

1 y 2 Tesalonicenses en la historia de la iglesia primitiva

Según parece, estos líderes de la iglesia primitiva han conocido y utilizado 1 y 2 Tesalonicenses:

	d.C.
Policarpo	ca. 110
Justino Mártir	ca. 140
Ireneo	ca. 175
Clemente de Alejandría	ca. 200
Tertuliano	ca. 200
Orígenes	ca. 250
Eusebio	ca. 315

Tesalonicenses, Timoteo y Tito

El sermón de Pablo en Atenas se puede ver hoy día (en Grecia) sobre una tablilla de bronce donde se cree que fue predicado: en el Areópago.

Arco de Galerio en la moderna Salónica. Representa la antigua presencia romana en la ciudad, aunque aun no se encontraba allí cuando Pablo estuvo en Tesalónica.

Parece que Pablo era su principal objeto de ira, pues a Silas y Timoteo sí les fue posible quedarse en Berea. Pero se decidió que Pablo debía viajar cerca de cuatrocientos kilómetros al sur de Atenas. Allí esperó tener noticias de Silas y Timoteo, relacionadas a los nuevos creyentes en Tesalónica (Hch 17.15-34). ¿Soportarían la persecución o renunciarían su nueva fe en Cristo?

Pablo se quedó un corto tiempo en Atenas y predicó allí. Pero no fue sino cuando viajó al occidente hasta Corinto (como ochenta kilómetros), que Silas y Timoteo se reunieron con él (Hch 18.5). Parece que al escuchar las noticias de parte de ellos, Pablo escribió 1 Tesalonicenses y «la franqueó» utilizando a Timoteo como portador. Pocos meses después, a su primera epístola le siguió una segunda.

1 Tesalonicenses

Bosquejo

    I. **Saludo** (1.1)

    II. **Recuerdos personales** (1.2-10)
        A. Vitalidad de la Iglesia (1.2-3)
        B. Raíces espirituales de la Iglesia (1.4-6)
        C. Expresión práctica de la fe viva (1.7-10)

    III. **Naturaleza del ministerio apostólico** (2.1-12)
        A. Paciencia en el sufrimiento (2.1-2)
        B. Integridad de motivos (2.3-6)
        C. Modales atractivos (2.7-9)
        D. Conducta irreprensible (2.10-12)

IV. Recepción del evangelio (2.13-16)

V. Preocupación de Pablo por los tesalonicenses (2.17–3.13)
   A. Propósitos frustrados (2.17-20)
   B. Planes misioneros (3.1-5)
   C. Elogio gozoso (3.6-10)
   D. Oración intercesora (3.11-13)

VI. Exhortación a una vida cristiana (4.1-12)
   A. Pautas generales (4.1-2)
   B. Moralidad (4.3-8)
   C. Amor cristiano (4.9-12)

VII. Problemas relacionados con la venida de Cristo (4.13–5.11)
   A. El estado de los muertos (4.13-18)
   B. Los tiempos y las ocasiones (5.1-11)

VIII. La vida interna de la Iglesia (5.12-24)
   A. Reconocimiento de líderes (5.12-13)
   B. Relaciones interpersonales (5.14-15)
   C. Vida de fe (5.16-18)
   D. Vida en la comunidad de asamblea (5.19-22)
   E. Segunda oración de Pablo (5.23-24)

IX. Comentarios finales (5.24-28)

Propósito y mensaje

En vista de la disposición histórica esbozada, parece que Pablo escribió 1 Tesalonicenses principalmente para animar a los nuevos creyentes a perseverar en su fe, a pesar de la oposición que enfrentaban. El esquema de la sección precedente divide el mensaje de Pablo en pequeños componentes. De manera general podemos reconocer cuatro formas en que trató de brindar consejo y ayuda a sus lectores.

Primero, la epístola confirma que los tiempos difíciles son parte del plan de Dios para su pueblo. La oposición que enfrentaban no era nada extraño (vea 1 P 4.12), pero fue la misma que sufrió Pablo e incluso el mismo Señor Jesús (1 Ts 1.6). Pablo elogia a los tesalonicenses por haber sembrado el mensaje apostólico tan profundamente en sus corazones, hasta el punto de atraer a sus vidas la misma adversidad que experimentaban las iglesias judías (2.13-16). Pablo les había enviado la epístola con Timoteo «a fin de que nadie se inquiete por estas tribulaciones» (3.3). Es más, parte de la instrucción que Pablo había entregado a los nuevos creyentes era que la fe auténtica en el evangelio, experimentada con el debido fervor, los pondría en aprietos (3.4). Aquí Pablo expone una estrategia ya utilizada por el mismo Jesús. La noche que fue entregado, Cristo advirtió a los once acerca de los duros momentos que se aproximaban, de modo que en lugar de desmoralizarse cuando llegaran, mas bien se fortalecieran (Jn 16.1-4). Pablo habla de algo similar en 1 Tesalonicenses.

Segundo, el apóstol anima a los nuevos creyentes y elogia su fe y su amor, que continuamente recordaba en sus oraciones (1.3). En tono resonante exalta la fe y la reputación de fidelidad al Señor que su fe

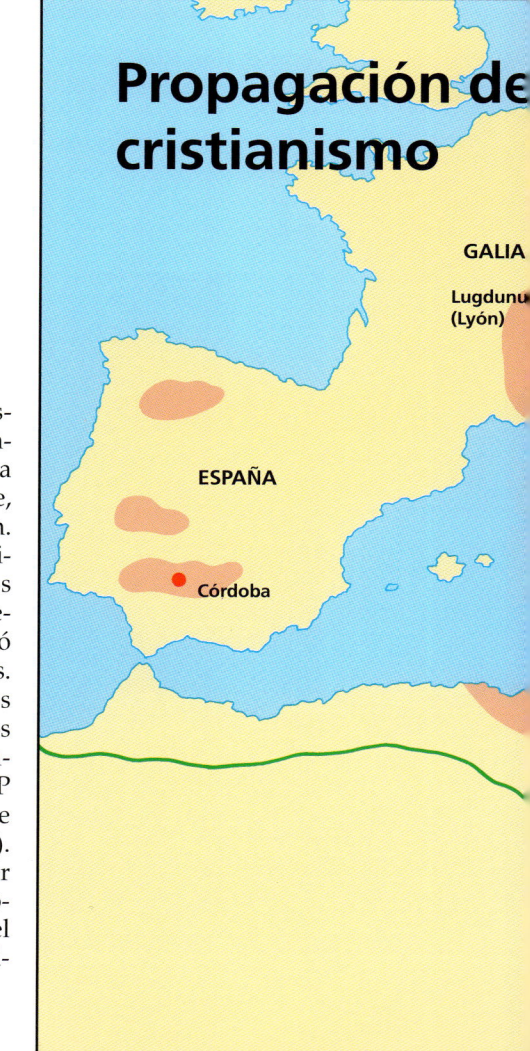

les ha ganado en el reciente mundo cristiano (1.8). Pablo se anima con lo que Timoteo le narró acerca de la fe y amor de ellos (3.6). El tono de 1 Tesalonicenses deja en claro que Pablo estaba preocupado porque la fe de sus lectores fuera de larga duración; pero la posición que adopta es de confianza y elogio y no de duda y crítica.

Tercero, Pablo les anima ofreciéndoles instrucción adicional. Aunque el nivel de amor entre ellos es ejemplar, debe mejorarse (4.9-10). Las áreas de instrucción que Pablo trata incluyen la naturaleza del ministerio apostólico (2.3-12), la autoridad de la proclamación y de la enseñanza que imparte (2.13; 4.12), el tipo de expresión sexual apropiada para los seguidores de Cristo (4.3-8), y los hábitos de trabajo que los cristianos deben cultivar a fin de expresar amor responsable unos por otros (4.9-12).

Esto no es todo acerca de lo que Pablo escribe, pero basta para mostrar que la única manera de alcanzar su propósito es dando instrucción adicional. Al igual que Jesús, cuando Pablo veía al pueblo de Dios con necesidad de pastoreo, su impulso era enseñarles «muchas cosas» (Mc 6.34-35).

Cuarto, Pablo anima a sus lectores ofreciéndoles visión acerca de las últimas cosas. A esta área de enseñanza los teólogos denominan escatología, que significa el estudio de lo que la Biblia dice que sucederá al final de esta era y después. Uno de los rasgos distintivos de 1 (y 2) Tesalonicenses es el énfasis en la escatología (dieciocho de cuarenta y siete versículos en 2 Tesalonicenses, o 38% de la carta, se relaciona con la escatología). Pero la meta de Pablo no es ofrecer un conocimiento comprensivo del futuro sino más bien dar esperanza y aliento para el presente. Su aspiración es

edificar, no especular. No obstante, consigue su meta hablando de las cosas por venir. Estas incluyen el retorno de Jesús para juicio (1.10), regocijo y recompensa cuando Cristo aparezca (2.19; 3.13), el orden de sucesos cuando el Señor resucite a los muertos justos y se lleve a los cristianos vivos (4.13-18), y el peligro de engaño durante los últimos días (5.1-11).

Autoestima en Tesalónica

El inicio de este capítulo habla del contraste entre el enfoque moderno en sí mismo y el enfoque en Dios de parte por los tesalonicenses. Debido a la hostilidad tanto de las fuerzas judías como paganas, es notorio que la iglesia de los Tesalonicenses y las cartas de Pablo hayan sobrevivido. ¿Por qué? El papel central en la vida de los tesalonicenses, que Pablo atribuye al Señor, ofrece una respuesta parcial a esta pregunta. Así lo refleja la frecuencia de la mención de Dios, Cristo y las palabras relacionadas en la correspondencia.

Es de notar que la palabra «Dios» aparece casi tres docenas de veces en el texto griego de 1 Tesalonicenses. (La cuenta en español puede variar un poco.) «Jesús» aparece cerca de dieciséis veces. «Señor» aparece aproximadamente veinticuatro veces. «Cristo» aparece como diez veces. Al mirar 2 Tesalonicenses, una epístola considerablemente corta, se encuentra «Dios» dieciocho veces, «Jesús» trece veces, «Señor» veintidós veces y «Cristo» diez veces. 1 Tesalonicenses contiene 89 versículos y 2 Tesalonicenses 47. Esto significa que en 136 versículos existen cerca de 150 referencias a Dios, Cristo o a ambos. A esto puede añadirse más de media docena de alusiones al Espíritu Santo.

Al analizar 1 Tesalonicenses vemos que Pablo tranquiliza a sus lectores, recordándoles que Dios los escogió para salvación (1.4; vea 2 Ts 2.13). En vez de los ídolos ahora el Señor es el centro de sus vidas (1.9). Dios entregó a Pablo la fuerza y autoridad para predicar su mensaje redentor a los tesalonicenses (2.2-5). Es Dios quien los llamó «a su reino y gloria» (2.12; vea 2 Ts 1.11; 2.14). Asimismo Dios es el origen esencial del evangelio que han aceptado (2.13) y quien preside sobre la Iglesia a la que se han unido (2.14). Dios tiene una voluntad para la vida de los suyos y castigará a quienes la infrinjan (4.3-8).

En síntesis, el lenguaje de Pablo en 1 (así como en 2) Tesalonicenses demuestra conciencia personal y comunitaria, centrada no en uno mismo sino en Dios. Esto no quiere decir que el yo no sea importante. Pero sirve como recordatorio de cómo es más fructífera la búsqueda de autoestima cristiana: al reconocer, alabar y servir al Señor. Él puede ampliar las perspectivas y horizontes humanos por sobre las aplastantes limitaciones de fijaciones propias y circunstancias opresoras. Si existe algún secreto para el éxito que tuvieron los tesalonicenses al haber sobrevivido en medio de las condiciones que enfrentaron, se debió quizás a que estuvieron centrados en Dios, lo que se refleja en la exhortación que recibieron y adoptaron de Pablo.

2 Tesalonicenses

Bosquejo
   I. **Saludo** (1.1-2)

   II. **El juicio a la venida de Cristo** (1.3-12)
      A. Pruebas que preceden a la Venida de Cristo (1.3-5)
      B. Retribución cuando Cristo venga (1.6-10)
      C. Oración por la Iglesia a la luz de la Venida de Cristo (1.11-12)

   III. **Acontecimientos que rodean la Venida de Cristo** (2.1-12)
      A. Llamado a la serenidad (2.1-2)
      B. La apostasía venidera (2.3-7)
      C. El anticristo revelado (2.8-12)

   IV. **Estímulo a las actitudes correctas** (2.13-17)
      A. Al recordar los fundamentos de su fe (2.13-14)
      B. Mediante exhortaciones a permanecer firmes (2.15)
      C. Mediante oración por madurez espiritual (2.16-17)

   V. **Oración intercesora** (3.1-5)
      A. Peticiones de oración (3.1-2)
      B. Confianza en la oración (3.3-4)
      C. Deseo de oración (3.5)

   VI. **Instrucción en fe y vida** (3.6-15)
      A. Actitud frente a los desordenados (3.6-10)
      B. Corrección para los

Aparición de Cristo y consecuencias eternas

Los cristianos tienen grandes esperanzas acerca del cielo. Pero, ¿qué hay con el infierno?

Mientras los nuevos creyentes de Tesalónica sufrían persecuciones, Pablo les garantizó una recompensa celestial «*cuando se manifieste el Señor Jesús*» (2 Ts 1.7). ¡Su sufrimiento será más que compensado en ese tiempo! Algunos creen que habla de una época en que Cristo volverá y establecerá un reino físico terrenal. Otros creen que «*cuando se manifieste el Señor Jesús*» significa después que este mundo termine y todos los humanos estemos ante Dios para juicio. Algunos serán colocados a su derecha y algunos a su izquierda para recibir recompensa o castigo eterno (Mt 25.31-33).

La cronología de los acontecimientos en los tiempos finales es discutible. Pero no hay duda de que quien confía en Cristo no se pierde sino que tiene vida eterna (Jn 3.16). De igual modo, quien rechaza a Cristo sufrirá «pena de eterna perdición» (2 Ts 1.9). Esta opinión no es exclusiva de Pablo. Jesús habló más del infierno que del cielo. Toda la Biblia refleja la convicción de que la ira de Dios es real y terrible para quienes desdeñan su gracia.

El castigo eterno está tan asegurado como la vida eterna. Dios promete los dos. Él los deja a nuestra elección. Los tesalonicenses tomaron la decisión correcta y Pablo se regocijó. La vida y las cartas de Pablo son modelos para que el cristiano moderno lleve el mensaje de la gracia de Dios en Cristo a quienes aún no lo han tomado. De una u otra manera su destino eterno está en juego.

Hoy día es popular la opinión de que en algún momento todos serán salvos (universalismo) y que no hay infierno. Esta perspectiva parece atractiva. No obstante, hay muchas ideas que se basan en la sabiduría humana y no en la divina (Pr 14.12). El universalismo está muy separado de las promesas de Jesús y los apóstoles sobre el cielo ... y de las severas advertencias acerca del infierno.

desordenados (3.11-13)
C. Disciplina para los desordenados (3.14-15)

VII. Salutaciones finales (3.16-18)
A. Oración (3.16)
B. Autenticación (3.17)
C. Bendición (3.18)

Propósito y mensaje

Mucho de lo que ya se dijo de 1 Tesalonicenses arroja luz en 2 Tesalonicenses, puesto que ambas fueron escritas solo con pocos meses de diferencia. Pablo continúa elogiando la fe y el amor de ellos (1.3) y su perseverancia en medio de la prueba (1.4). Sigue hablando del retorno de Cristo (1.5-10) y de otros aspectos escatológicos (2.1-12). En estas áreas, la segunda carta de Pablo es en algunos aspectos un corto replanteamiento de la primera.

Pero la carta trata otros asuntos. Primero, se afana por asegurarse que los creyentes no se extravíen (2.1-3,15; 3.2-4). Aquí Pablo se refiere a personas y escritos que circulaban en la iglesia primitiva, o alrededor de ella, que en cierto modo contradecían la verdadera enseñanza apostólica. El propósito principal de 2 Tesalonicenses es impedir la influencia de tales fuerzas.

Segundo, Pablo ofrece instrucciones de cómo tratar con hermanos descarriados (3.6-15). No todos los problemas de la Iglesia proceden de afuera; las prácticas pecaminosas dentro de ella también pueden causar estragos. Pablo da pautas para tratar con vagos entrometidos. Hay que disciplinarlos, mas no tratarlos como enemigos (3.15).

Finalmente, parece ser que un propósito importante de 2 Tesalonicenses es asegurar a los creyentes la consecuente victoria, recompensa y justicia (1.4-10). Los enemigos del evangelio recibirán su castigo a su debido tiempo. Los creyentes deben regocijarse de que se los cuente como dignos de sufrir indignidad por causa de Cristo. Todos los que «no obedecen al evangelio de nuestro Señor Jesucristo» (1.8) sufrirán las consecuencias, mientras que a los seguidores de Cristo se les ofrecerá una visión transformadora del Señor a quien han servido con valentía (1.10).

Aspectos críticos

Las primeras palabras de ambas cartas presentan a Pablo como su autor. (Se nombra también a Silas y Timoteo, pues son parte del equipo del segundo viaje misionero;

politarch

Epístolas
Pastorales

> ### Las Epístolas Pastorales en la iglesia primitiva
>
> Parece que las tres existentes cartas pastorales fueron conocidas y utilizadas por estos líderes de la iglesia primitiva:
>
> | | d.C. |
> |---|---|
> | Policarpo | ca. 110 (solo 1 Timoteo) |
> | Ireneo | ca. 175 |
> | Clemente de Alejandría | ca. 200 (sin 2 Timoteo) |
> | Tertuliano | ca. 200 |
> | Orígenes | ca. 250 |
> | Eusebio | ca. 315 |
>
> Las tres cartas se encuentran en la lista del canon de Muratori, una lista de escritos aceptado por las iglesias cristianas y data del 70 d.C.

pero no existen indicaciones de que hayan tenido papeles activos en la formulación del contenido de las cartas.) Prácticamente ningún erudito debate la autoría paulina de 1 Tesalonicenses. Han surgido dudas respecto a 2 Tesalonicenses, debido a su escasa diferencia de vocabulario, su estilo más formal (según parece) y su referencia «al inicuo» (2.8-9), figura tenebrosa a quien Pablo no menciona en ninguna otra parte en sus escritos. Estas cuestiones tienen importancia e interés, pero parecen no pesar lo suficiente como para poner en seria duda la autoría de Pablo.

Algunos han propuesto que el apóstol escribió estas dos epístolas en el orden opuesto en que aparecen en el canon. Además, aunque los argumentos son interesantes, no llegan a ser persuasivos.[3]

La investigación crítica ha descubierto dos órganos de evidencia que apoyan nuestro conocimiento de la escena tesalonicense. El primero se relaciona al título de las «autoridades de la ciudad» que escucharon las quejas contra la predicación de Pablo (Hch 17.6). La palabra griega para estos funcionarios es politarca. Puesto que este término no se confirma en ningún otro escrito del primer siglo, se le utiliza para sugerir que la descripción neotestamentaria de las condiciones locales en Tesalónica era equivocada. Sin embargo, cerca de tres docenas de inscripciones antiguas confirman en la actualidad que el oficio de politarca existió en MACEDONIA en los tiempos de Pablo.[4]

Segundo, la inscripción de GALIÓN (cuatro piezas de piedra descubiertas este siglo en la ciudad griega de DELFOS) da razones para fechar la estadía de Pablo en Corinto, durante la cual escribió las dos epístolas a los tesalonicenses. Esta otorga información que hace posible fechar el dominio de Galión como procónsul (gobernador) sobre Grecia del sur (Acaya), alrededor del 50 al 52 d.C. Puesto que Pablo compareció ante Galión en Corinto (Hch 18.12), y debido a que escribió 1 y 2 Tesalonicenses desde esa misma ciudad, disponemos razonablemente de fechas seguras para la composición de ambas epístolas.

1 Timoteo, 2 Timoteo y Tito

Ahora cambiamos de las cartas a los tesalonicenses, que se encuentran entre los primeros escritos paulinos que tenemos, a tres epístolas que parecen corresponder al final de la vida de Pablo: 1 Timoteo, 2 Timoteo y Tito. A estas se denomina a veces Epístolas Pastorales. El término, forjado en el siglo dieciocho, es apropiado por dos razones. Primero, las tres cartas muestran preocupación pastoral hacia sus destinatarios, Timoteo y Tito. Segundo, las tres tratan asuntos pastorales relacionados con la preocupación por las almas y la conducta ordenada del pueblo de Dios, tanto en la Iglesia como en el mundo.

Cuarto viaje misionero y autoría

Las tres Epístolas Pastorales presentan a Pablo como su autor. Pero dentro de la vida de Pablo no es fácil encajar los escenarios que describen las cartas, como lo presenta Hechos.[5] Siguiendo una antigua tradición de que Pablo fue liberado de la prisión en ROMA alrededor del 62 d.C.[6], algunos eruditos sugieren que luego se embarcó en un cuarto viaje misionero. Si fuera así, pudo haber viajado a ESPAÑA (Ro 15.24,28; vea también 1 Clemente 5.7), y luego haber regresado al oriente hasta

Cuarto viaje misionero de Pablo

CRETA (Tit 1.5) para visitar antiguos lugares como ÉFESO y también Macedonia (1 Ti 1.3). Otros viajes pudieron haberlo llevado hasta MILETO y Corinto (2 Ti 4.20), TROAS (2 Ti 4.13) y NICÓPOLIS (Tit 3.12). Pablo pudo haber escrito 1 Timoteo y Tito durante estos viajes.[7] La segunda prisión de Pablo entonces pudo haberle brindado la ocasión para escribir 2 Timoteo, carta en la que alude a sus cadenas (1.8; 2.9). Poco después de escribir 2 Timoteo, parece haber sufrido la muerte por degollamiento bajo las persecuciones instigadas por la «locura degenerada»[8] del emperador romano NERÓN.

Pese a las claras afirmaciones de las epístolas de que Pablo las escribió, la mayoría de eruditos actualmente las consideran producto de una era posterior. Insisten en que alguien más las escribió en su nombre, puesto que encuentran varias razones para descartar la visión unánime de la iglesia durante sus primeros dieciocho siglos, de que realmente Pablo fuera el autor.

El debate en relación a la autoría paulina es demasiado complicado como para referirlo aquí. Un antiguo ensayo que todavía vale la pena consultar, manifiesta que la autoría paulina se ha descartado con mucho apresuramiento; no existen razones fuertes para aceptar opiniones alternativas modernas.[9] Más recientemente, L.T. Johnson, aunque «no está convencido del todo» de que Pablo haya escrito las pastorales, ha manifestado críticas contra «razones que asignan su composición» a alguien más.[10] Nadie ha presentado evi-

Últimos años de Pablo

Fuentes antiguas sugieren que las Epístolas Pastorales se escribieron durante los siguientes períodos de la vida de Pablo (de Eusebio 2.22):

Después de haber defendido su causa bajo Festo, Pablo fue enviado prisionero a Roma. Aristarco fue su compañero y en alguna parte de sus epístolas lo llama su compañero de prisiones. También lo fue Lucas, quien escribió los Hechos de los apóstoles después de mostrar que Pablo pasó dos años enteros en Roma como prisionero con cierta libertad, y que predicó el evangelio sin impedimento, cerrando así su historia. Se dice que después de defender su causa fue enviado de nuevo a la ciudad [Roma], donde terminó su vida con martirio.

Página opuesta:
La Vía Arcadia,
Éfeso.

dencia de que la Iglesia Primitiva aceptara las cartas como apostólicas, con el conocimiento de que hubieran sido escritas bajo el seudónimo de Pablo.[11] A pesar de las dudas de importancia que se han levantado, tenemos razones para continuar aceptando estas epístolas como parte del canon cristiano, escritas por un mensajero escogido por el mismo Jesucristo: el apóstol Pablo.

1 Timoteo

Bosquejo
  I. **Salutación** (1.1-2)

  II. **Advertencias contra falsos maestros** (1.3-7)

  III. **El adecuado uso de la ley** (1.8-11)

  IV. **La gracia de Dios hacia Pablo** (1.12-17)

  V. **Encargo de Pablo a Timoteo** (1.18-20)

  VI. **Instrucciones acerca de la oración** (2.1-8)

  VII. **Instrucciones para las mujeres** (2.9-15)
     A. Ornato (2.9-10)
     B. Enseñanza y ejercicio de autoridad (2.11-15)

  VIII. **Obispos y diáconos** (3.1-16)
     A. Obispos (3.1-7)
     B. Diáconos (3.8-13)
     C. Bases de conducta en la casa de Dios (3.14-16)

  IX. **Falso ascetismo** (4.1-5)

  X. **Entrenamiento ministerial** (4.6-16)

  XI. **Deberes cristianos** (5.1–6.2)
     A. Exhortación (5.1-2)
     B. Viudas (5.3-16)
     C. Instrucciones para ancianos (5.17-25)
     D. Instrucciones para esclavos (6.1-2)

  XII. **Acusación final contra falsos maestros** (6.3-5)

  XIII. **El amor al dinero** (6.6-10)

  XIV. **Exhortación final** (6.11-16)

  XV. **Instrucción para los ricos** (6.17-19)

  XVI. **Amonestación final** (6.20-21)

Razón para escribir y mensaje

La epístola comienza con la instancia de Pablo a Timoteo a «quedarse en Éfeso» (1.3), donde aparentemente estaba sirviendo como pastor. (En la ciudad de Éfeso, vea capítulo anterior.) Había falsos maestros que estaban amenazando la estabilidad e integridad de la comunidad cristiana (1.3-7). Pablo da instrucciones acerca de la interpretación de la ley, mediante la cual probablemente se refería al AT (1.8-11). Los falsos maestros estaban haciendo mal uso de ella, sugiriendo que los antiguos adversarios judíos de Pablo todavía estaban tratando de desacreditar la predicación del evangelio por gracia (y no guardando la ley), a través de la muerte expiatoria y resurrección de Jesús.

A fin de alentar a Timoteo frente a la oposición, Pablo le recuerda cómo él mismo antes se oponía al evangelio (1.12-17). Sin embargo Dios le mostró su gracia. Por tanto existe esperanza incluso para la difícil situación de Timoteo y él debe seguir perseverando (1.18-20). Pablo le recuerda la clase de asuntos en los que debe enfocarse: oración y alabanza (cap. 2), altas normas para cumplir los oficios en la iglesia (cap. 3), evitar la herejía a través de mantener una sana enseñanza (cap. 4), cuidado debido para viudas y ancianas (cap. 5), y respeto piadoso de los esclavos hacia sus amos (6.1-2). Concluye con advertencias finales en relación a enseñanzas y maestros falsos (6.3-5,20-21), y con un estímulo final para Timoteo, quien debe evitar el amor al dinero y seguir su llamado con vigor, a pesar de las muchas perturbaciones que enfrenta.

2 Timoteo

Bosquejo
  I. **Salutación** (1.1-2)
  II. **Ánimo para permanecer fiel** (1.3-18)
     A. Gratitud por Timoteo (1.3-5)

> ### Requisitos para pastores
>
> En las Epístolas Pastorales, Pablo establece exigentes normas para quienes elegían para cumplir los más elevados oficios de servicio y liderazgo en la iglesia. Las listas de requisitos son diferentes pero comparables:
>
> | **1 Ti 3.2-7** | **Tit 1.6-9** |
> |---|---|
> | irreprensible | irreprensible |
> | marido de una sola mujer | marido de una sola mujer |
> | sobrio | hijos creyentes no desenfrenados |
> | prudente | no soberbio |
> | decoroso | no iracundo |
> | hospedador | no dado al vino |
> | apto para enseñar | no pendenciero |
> | no dado al vino | no codicioso de ganancias deshonestas |
> | no pendenciero | hospedador |
> | apacible | amante de lo bueno |
> | no codicioso de ganancias deshonestas | sobrio |
> | gobierne bien su casa | justo |
> | no un neófito | santo |
> | buen testimonio con los de afuera | dueño de sí mismo |
> | | retenedor de la palabra fiel para exhortar con enseñanza y convencer a los que contradicen |

    B. Apelación a ser valiente para soportar el sufrimiento (1.6-14)
    C. Ejemplos de infidelidad y lealtad (1.15-18)

III. Ser fuerte y soportar la injusticia (2.1-13)
    A. Apelación directa a Timoteo (2.1-3)
    B. Imágenes de soldado, atleta y labrador (2.4-7)
    C. Recordar a Jesucristo (2.8-10)
    D. Un himno de paciencia frente al sufrimiento (2.11-13)

IV. Lo que debe saber y hacer un obrero aprobado (2.14-26)
    A. Exhortación a resistir a los falsos maestros (2.14-19)
    B. Analogía de las vasijas en el hogar (2.20-21)
    C. Responsabilidades de Timoteo ante la falsa doctrina (2.22-26)

V. Tiempos difíciles de los últimos días (3.1-9)

VI. Otro llamado a Timoteo para permanecer en la fe (3.10-17)

VII. Encargo de predicar la Palabra (4.1-5)

VIII. Testimonio final de Pablo (4.6-8)

IX. Observaciones personales e instrucciones (4.9-18)

X. Salutaciones finales (4.19-22)

Razón para escribir y mensaje

Pablo escribe 2 Timoteo desde prisión (1.8), probablemente en Roma, donde espera su juicio final y su ejecución (4.6-8,16-18). Su carta está destinada a animar a Timoteo y a incitarlo a juntarse con Pablo antes del invierno (4.21).

Según indica el bosquejo anterior, gran parte de 2 Timoteo está dedicado a reflexiones sobre el sufrimiento. Pablo agradece la fe sincera de Timoteo (1.3-5) y lo insta a unírsele en las «aflicciones por el evangelio» (1.8). No se trata de un deseo de que también Timoteo vaya a parar a la cárcel al igual que Pablo sino de una exhortación a permanecer fiel a Cristo, aunque el precio de esa fidelidad sea alto. En la experiencia de Pablo, siempre lo fue. Muchos lo abandonaron, quizás debido al peligro que conlleva el mantener la confesión cristiana en asociación con el apóstol. Pero este no fue el caso de Onesíforo (1.15-18; 4.19). Así mismo Timoteo debe sufrir «penalidades como un buen soldado de Jesucristo» (2.3), como un atleta en entrenamiento (2.5), o como un labrador laborioso (2.6). No es un ascetismo o un inflexible mecanismo de imitación estoica; es un ejemplo del mismo Jesús (2.8-10) y del llamado que Él extiende a sus siervos (2.11-13).

Pablo ofrece una buena medida de consejo pastoral para guiar a Timoteo y exhortar a la congregación en Éfeso. Hay que resistir a los falsos maestros (2.14-19). Timoteo debe huir de las pasiones y contiendas juveniles, reemplazándolas con virtudes cristianas que facilitarán un liderazgo pastoral efectivo (2.22-26). Sin embargo, debe estar consciente de que los tiempos son peligrosos, pues hay engañadores religiosos listos para tomar ventaja de los incautos (3.1-9). Timoteo puede vencer su amenaza a través del ejemplo y enseñanza apostólica, mediante la fe y obediencia a las Escrituras (3.10-17).

Pablo concluye con un encargo dramático a proclamar fielmente el mensaje cristiano, aun cuando haya audiencias que no lo escuchen (4.1-5). El apóstol describe su propia situación, envía saludos a unos pocos creyentes en Éfeso, transmite saludos de Lucas (su única compañía), y da a Timoteo instrucciones relacionadas con el viaje a Roma que Pablo desea que haga (4.6-22). Timoteo deberá llevar consigo a Marcos y algunos bienes personales de Pablo (4.11-13).

No sabemos si Timoteo llegó a tiempo para una última reunión terrenal con su amado mentor, antes de que cayera el hacha del verdugo y Pablo recibiera la recompensa que con seguridad esperaba (4.8).

Tito

Bosquejo
    I. Salutación (1.1-4)

    II. Requisitos para ancianos (1.5-9)

    III. Silenciar a falsos maestros (1.10-16)

    IV. Instrucciones para varios grupos (2.1-10)
      A. Instrucciones para ancianos (2.1-2)
      B. Instrucciones para ancianas y jovencitas (2.3-5)
      C. Instrucciones para hombres jóvenes y para Tito (2.6-8)
      D. Instrucciones para esclavos (2.9-10)

    V. Bases de las instrucciones (2.11-15)

    VI. Hacer el bien en la sociedad (3.1-8)
      A. Responsabilidades como ciudadanos (3.1-2)
      B. Bases para la actitud cristiana (3.3-8)

    VII. Instrucciones adicionales acerca de falsos maestros (3.9-11)

    VIII. Instrucciones personales y salutaciones (3.12-15)

Razón para escribir y mensaje
Tito es la Epístola Pastoral más pequeña. Su propósito es brindar dirección práctica a Tito, quien está supervisando a otros pastores en la isla de Creta, hasta que lleguen Artemas y Tíquico, ayudantes de Pablo (3.12). Pablo desea que luego Tito lo acompañe a pasar el invierno en Nicópolis, ciudad portuaria a casi doscientos veinticinco kilómetros al noroeste de Corinto.[12]

Pablo ya había estado antes en Creta con Tito, donde lo dejó para culminar la organización de la iglesia y entrenar de líderes (1.5). Escribe recordándole las altas normas que requieren los ancianos o pastores (1.6-9). También ofrece instrucciones para tratar con aquellos que se oponen al mensaje cristiano (1.10-16) y que parece que en Creta eran tan numerosos como en la mayoría de los lugares donde había ministrado. Cita a un profeta cretense, a fin de describir la clase de personas fastidiosas contra quienes estaba Tito (1.12).

Pablo se preocupa de que los distintos grupos por edades, tanto de hombres como mujeres, se relacionen unos con otros de manera que muestren el amor de

Cristo y la verdad del evangelio. Ofrece instrucciones explícitas para ancianos, ancianas, jovencitos y jovencitas (2.1-6). Además ofrece consejo personal para Tito y para los siervos (2.7-10). Dicho de manera negativa, la meta en todo esto es evitar que la Palabra de Dios sea blasfemada (2.5). Positivamente en cambio, Pablo trata de «adornar la doctrina de Dios nuestro Salvador» (2.10). En vista de todo lo que el Señor ha hecho por su pueblo, es justo presentar una fe cristiana bajo la mejor luz posible (2.11-15).

Pablo finaliza instando a tener una actitud sumisa hacia los «gobernantes y autoridades» (3.1) y una actitud considerada hacia los no creyentes en general. ¿Por qué? Porque «nosotros también éramos en otro tiempo insensatos, rebeldes, extraviados, esclavos de concupiscencias y deleites diversos» (3.3). Si los cristianos logran un mejor nivel de vida espiritual y moral que los demás, no se debe a su propia e intrínseca bondad sino a la gracia de Dios. Por tanto deben ser entusiastas y no displicentes, a fin de cumplir el alto llamado que han recibido.

Sabiduría de las Epístolas Pastorales

Las tres últimas cartas conocidas de Pablo son ricas en comprensión e instrucción. Con frecuencia se encuentran entre los libros favoritos de la Biblia, por cuanto poseen bastantes consejos concisos. Pocos aspectos de la sabiduría que ofrece Pablo se mencionan aquí.

La confianza que Pablo puso en el joven Timoteo es notoria. Aparentemente la juventud de Timoteo (1 Ti 4.12) hacía que algunos lo menospreciaran y tomaran su li-

Enfoque 21: Mantenerse firme frente a la oposición

No es fácil ser pastor de una iglesia. El joven Timoteo lo descubriría de la manera más difícil en Éfeso, donde se enfrentó a la oposición en forma de falsos maestros que alteraban el mensaje del evangelio para sus propios fines. Mientras tanto su padre espiritual, Pablo, le escribió una carta para animarlo a no ceder terreno a pesar de las dificultades.

Si Pablo viviera hoy, sin duda hubiera enviado un fax con un mensaje similar al pastor Martin Leung de la Iglesia Bautista Yan Tin en Kowloon, Hong Kong. Su labor es en realidad muy difícil; es más, sus cuatro predecesores abandonaron la iglesia y emigraron de Hong Kong. Aunque siempre es un reto ser el pastor de un rebaño, es especialmente difícil cuando el poder de su nación lo toman los comunistas en 1997. Pero Martin se mantuvo firme.

La iglesia Yan Tin tenía ciento treinta miembros y estaba en constante estado de transición. Muchas personas salían de Hong Kong en busca de mejores oportunidades de trabajo o estudio, o para obtener ciudadanía extranjera, pues la situación del país se deterioraba bajo el gobierno de China continental. Además, 1997 está en la mente de todos, incluyendo a Martin. Él cree que un temor subyacente motiva el comportamiento de las personas, ya sea el temor de que Hong Kong sea comunista o el temor de emigrar al extranjero. Pero él también reconoce que el temor no debe dominar la vida de los cristianos porque «tenemos gran confianza en Dios». Él y los líderes de otras iglesias están haciendo planes, no solo para 1997 sino para el 2007. Su meta de diez años es construir una «nueva» iglesia mediante el alcance y discipulado de quienes aún no han escuchado la buenas nuevas. Él lo expresa así: «Dios domina la historia. Veo a Dios, no al temor de 1997».

Mujeres en el Nuevo Testamento (1 Ti 2)

Las últimas tendencias en la sociedad de occidente resaltan el papel, y a veces la situación, de la mujer en la sociedad. ¿Cómo ve a las mujeres el NT? ¿Es degradante la declaración en 1 Timoteo 2.11-12?

Jesús ennobleció a las mujeres al enseñarles y hablarles francamente, algo que otros maestros judíos de su época no veían con buenos ojos. Él mantuvo la doctrina del AT sobre la igualdad de varón y hembra (Gn 1.27). Se basó en el AT para condenar las prácticas de divorcio a la ligera en que los hombres abusaban de sus esposas (Mt 19.4-6). Su sanidad era para hijos e hijas de Abraham por igual (Lc 13.16). La ofrenda de una pobre viuda fue mejor que las jugosas contribuciones de acaudalados hipócritas (Lc 21.1-4). Mujeres valientes se unieron a hombres arriesgados que observaron la crucifixión de Jesús (Lc 23.27,49). Mujeres descubrieron la tumba vacía (Lc 24.2).

Pablo siguió a Jesús en dar a la mujer un sitial más elevado del que era común en muchos círculos de la época. Los maridos deben colocar el bienestar de sus esposas por encima del suyo propio (Ef 5.25). Pablo menciona muchas mujeres como colaboradoras en Cristo (Ro 16.1,3,6,7,12; Flp 4.3). Exactamente como los hombres, las mujeres son herederas de la salvación en Cristo (Gl 3.28).

A veces es candente la discusión sobre el papel de la mujer en la iglesia y la sociedad modernas. Al tratar un texto tan controversial como 1 Timoteo 2.11-12, se debe tener en cuenta la alta estima que mostraron el Señor Jesús y sus seguidores apostólicos, incluso Pablo. Hay maneras diferentes de entender sus prácticas y de aplicar sus enseñanzas. Pero no debemos apresurarnos en concluir que las directrices neotestamentarias sean anticuadas solo porque no armonizan con los tiempos modernos. A veces son los tiempos modernos los que deben armonizar con la Biblia.

---

glos pasados.[13] Los jóvenes celosos por Cristo, deseosos de arrepentirse de sus pecados y de confiar en Él, y dispuestos a seguirle y servirle de corazón, han representado un papel importante en el crecimiento del Reino de Dios. Están imitando al joven y fiel Timoteo. Las cartas pastorales de Pablo a este compañero joven constituyen un estímulo permanente para creyentes jóvenes, a fin de que no menosprecien la importancia de la fidelidad a Cristo (¡es ahora, no después!).

Pablo expone una ética positiva tanto en las Epístolas Pastorales como en las de la prisión (vea el capítulo anterior). Aunque es importante no desobedecer a Dios, esto no significa que servir al Señor sea principalmente un asunto de no hacer cosas malas. Por el contrario, el llamado cristiano significa reemplazar, y de este modo vencer, el mal con el bien. Pablo dice a Timoteo: «Huye de las pasiones juveniles», pero inmediatamente continúa para afirmar lo que él debe seguir: «la justicia, la fe, el amor y la paz» (2 Ti 2.22). A veces los cristianos se frustran por su incapacidad de dominar ciertos hábitos de pensamiento y acción. «Debo dejar de pensar esto; debo dejar de hacer aquello», se dicen a sí mismos. Pero el pensamiento y la acción siguen fortaleciéndose. La solución de Pablo (del Señor) es refrenar las pasiones, reconocerlas y entregarlas productivamente a Cristo, y no simplemente tratar de erradicarlas, lo cual casi siempre es imposible. Un estudio minucioso de las cartas pastorales revela varios ejemplos del esquema de pasos positivos que Pablo aconseja que Timoteo tome, y no solo un consejo negativo de lo que debe evitar.

La carta de Pablo a Tito contiene un énfasis reiterado en las buenas obras (2.7,14; 3.1,8,14). Estas referencias constituyen un recordatorio valioso de que Pablo enfatiza en la justificación «por fe sin las obras de la ley» (Ro 3.28) no debe tomarse como que las buenas obras sean opcionales o sin importancia. Jesús enseñó que quienes lo aman guardarán sus mandamientos (Jn 14.15). Pablo subraya esta verdad en las pastorales, y especialmente en Tito.

El entendimiento cristiano de la Biblia encuentra una de sus más claras expresiones en 2 Timoteo 3.16-17. «Toda la Escritura es inspirada por Dios», escribe Pablo. Se refiere específicamente al AT, pero lo

---

derazgo a la ligera. Es cierto que las personas jóvenes e inexpertas causan dificultades en cualquier institución, incluyendo a la Iglesia. Sin embargo no debe ser así. En tiempos modernos, el finado evangelista y erudito J. Edwin Orr documentó la gran contribución en los avivamientos espirituales que los estudiantes de edad universitaria han contribuido internacionalmente a la vida de la iglesia, durante los dos si-

Personajes y lugares clave

Términos clave

Epístolas Pastorales
politarch

Acaya
Anfípolis
Antioquía (Siria)
Apolonia
Asia Menor
Atenas
Berea
Corinto
Creta
Delfos
Éfeso
Filipos
Galión
Grecia
Macedonia
Mileto
Nerón
Nicópolis
Roma
Salónica
España
Tesalónica
Troas

mismo es válido para el Nuevo, porque también es Escritura, incluyendo las cartas de Pablo (2 P 3.15-16). En otro lugar Pedro afirma la misma verdad, utilizando una figura distinta: «Ninguna profecía de la Escritura es de interpretación privada, porque nunca la profecía fue traída por voluntad humana, sino que los santos hombres de Dios hablaron siendo inspirados por el Espíritu Santo» (2 P 1.20-21). El asunto es que los cristianos son justificados cuando poseen una altísima opinión de confianza en la Biblia, pues no se trata de un libro humano sino que tiene origen divino. Además afirma ser la misma «inspiración de Dios».

Resumen

1. A pesar de la oposición, Pablo fundó una iglesia en Tesalónica en su segundo viaje misionero.

2. Pablo escribió 1 Tesalonicenses para animar a los nuevos creyentes al confirmar que los tiempos difíciles son parte del plan de Dios para su pueblo, elogiar su fe y amor, darles mayor instrucción, y proporcionarles conocimiento de las últimas cosas.

3. En 1 Tesalonicenses, Pablo hace énfasis en Dios y no en sí mismo.

4. En 2 Tesalonicenses, Pablo continúa el estímulo que inició en 1 Tesalonicenses así como el énfasis en que a los creyentes no se les debe llevar al error, se les debe instruir en las relaciones dificultosas entre hermnanos, y asegurarles la victoria, recompensa y justicia final.

5. A 1 y 2 Timoteo, y Tito se les llama Epístolas Pastorales porque muestran preocupación pastoral por sus remitentes y tratan asuntos pastorales relacionados con el cuidado de las almas y la conducta disciplinada en la iglesia.

6. Pablo escribió 1 Timoteo para animar a Timoteo a perseverar con la iglesia en Éfeso, a pesar de la oposición.

7. Pablo recuerda a su discípulo en 1 Timoteo que se concentre en la oración y la adoración para mantener altas normas en el desempeño de oficios en la iglesia, para evitar la herejía al mantener firmes enseñanzas, para cuidar adecuadamente de las viudas, para hacer que los discípulos muestren respeto piadoso por sus maestros, para protegerse contra falsos maestros, y para evitar la codicia.

8. En 2 Timoteo, Pablo se enfoca en las dificultades que debe soportar el siervo de Dios.

9. El propósito de la carta de Pablo a Tito es darle dirección práctica para su obra en Creta, hasta que otros puedan unírsele.

10. En Tito se dan instrucciones especiales para grupos diferentes, entre ellos ancianos, ancianas, jóvenes y empleados.

Aspectos críticos

Ya hemos mencionado que los eruditos han debatido si Pablo escribió las Pastorales, y si este fuera el caso, en qué etapa de su vida lo hizo. También existe discusión sobre la organización de la Iglesia, reflejada en las pastorales, la identidad de los falsos maestros que Pablo menciona y la relación de la teología de las pastorales, con la teología encontrada en otras cartas paulinas.

Ciertos pasajes en 1 Timoteo presentan

Preguntas de repaso

1. Pablo fundó la iglesia de Tesalónica mientras estaba en su _____ viaje misionero.
2. La mayoría de las ruinas de Tesalónica no se han excavado porque están enterradas bajo la ciudad de _____.
3. La iglesia tesalonicense experimentó mucha _____.
4. Pablo intentó animar a los tesalonicenses al darles mayor _____ sobre asuntos tales como demostración de amor entre ellos.
5. El uso repetido de la palabra _____ en 1 Tesalonicenses ilustra que el enfoque de Pablo estaba en _____.
6. En 2 Tesalonicenses, Pablo parece haber escrito una versión _____ de 1 Tesalonicenses.
7. La fecha de la estadía de Pablo en Corinto se documentó en la _____.
8. Las Epístolas Pastorales son _____, _____ y _____.
9. Todas las cartas de Pablo a Timoteo y Tito muestran _____ por ellos.
10. Timoteo servía como pastor en _____.
11. Al escribir 2 Timoteo, Pablo estaba en la ciudad de _____.
12. Tito estaba supervisando un grupo de pastores en la isla de _____.

Preguntas de estudio

1. ¿Cómo se relaciona el enfoque en Dios de 1 Tesalonicenses con el asunto de la autoestima?
2. ¿En qué maneras ayudó a los tesalonicenses el sufrimiento en su compromiso cristiano?
3. ¿Por qué se llama Epístolas Pastorales a 1 y 2 Timoteo y Tito?
4. Describa la ética positiva de Pablo.
5. ¿Cuáles son las tres características de sabiduría en las Epístolas Pastorales?

Lecturas relacionadas

Wiersbe W. Warren, *Usted puede estar preparado*, Editorial Bautista Independiente, Florida, 1984. Estudio expositivo de la epístola a los tesalonicenses, que resalta el «estar preparado» para la Segunda Venida de Jesucristo.

Schlier Heinrich, *El apóstol y su comunidad: Comentario a primera de Tesalonicenses*, Editorial Actualidad Bíblica, Madrid, España, 1974. Exégesis de primer nivel del texto bíblico, acompañado de certeros comentarios. Usa mucho el griego para fundamentar sus opiniones.

Morris León. *Las cartas a los tesalonicenses*, Ediciones Certeza, Buenos Aires, Argentina, 1976. Un comentario que, sin dejar de ser técnico, procura la sencillez y la fidelidad a la Palabra de Dios con un enfoque contemporáneo al análisis.

Barclay William, *Comentario del Nuevo Testamento: 1 y 2 de Timoteo y Tito*, Ediciones La Aurora, Buenos Aires, Argentina, 1974. Barclay intenta que su comentario provea una nueva visión de la iglesia y una nueva perspectiva de la mente y corazón de Pablo.

Woychuk N.A., *Exposición de 2 Timoteo*, Publicaciones Portavoz Evangélico, Barcelona, España, 1973. «El adiós del apóstol Pablo». Con esta frase comienza el autor a desarrollar su comentario, por lo cual despliega gran fuerza devocional en su exégesis.

Crane Santiago, *Timoteo y Tito: Obreros aprobados*, Casa Bautista de Publicaciones, El Paso, TX, 1989. Un estudio básico de las Epístolas Pastorales, enfocada a apoyar a pastores y líderes que deseen conocer mejor el pensamiento paulino.

Calvino Juan, *Comentarios a las Epístolas Pastorales*, Editorial T.E.L.L., Grand Rapids, MI, 1982. Calvino analiza las cartas pastorales usando su sentido histórico-gramatical y una aplicación religiosa de su actualidad.

Robertson A.W., *Fe y obras en la epístola a Tito*, Editorial Esfuerzo Literario Evangélico, Buenos Aires, Argentina, 1978. Una serie de discursos dirigidos a la congregación de habla hispana en Londres, en 1975, que fueron recopilados en un libro.

desafíos a todos los lectores. ¿Cómo concuerdan las observaciones positivas acerca de la ley, halladas en 1.8-11, con las observaciones positivas en otros lugares? ¿Cómo debe comprenderse hoy día dentro de la Iglesia la declaración: «La mujer aprenda en silencio, con toda sujeción. Porque no permito a la mujer enseñar, ni ejercer dominio sobre el hombre, sino estar en silencio» (2.11-12)?[14] ¿Qué significa: «La mujer se salvará engendrando hijos» (2.15)? ¿Debe la iglesia moderna dar la misma prioridad al cuidado de las viudas que dio la iglesia de Timoteo (cap. 5)?

Pero las dudas críticas y primordiales sobre las pastorales como un todo tienen que ver con su origen y localización. ¿Pertenecen o no a Pablo? ¿Fueron escritas durante su vida o quizá siglos más tarde, dirigiéndose a un entorno social muy distinto del que pudo haber en su época? Entre los eruditos existe todavía debate sobre estos temas y parece que aún no vislumbran respuestas universalmente satisfactorias.

Parte 4

Al encuentro de las Epístolas Generales y Apocalipsis

22 Hebreos y Santiago
Mantener un total compromiso con Cristo

Bosquejo

- **Epístolas generales**
- **Hebreos: Epístola sermónica**
  El misterio de la autoría de Hebreos
  Fecha, destinatarios, propósito y género
  Bosquejo
  Puntos centrales
  ¿Abajo el AT?
  Exhortación
- **Santiago: ¿Epístola de paja?**
  Autor, fecha, destinatarios y propósito
  Bosquejo
  Sabiduría profética de Santiago
  Santiago y Jesús
  Aspectos críticos

Objetivos

Después de leer este capítulo, usted podrá
- Enumerar las ocho epístolas generales
- Discutir los posibles destinatarios del libro de Hebreos
- Explicar el propósito de Hebreos
- Esbozar el contenido de Hebreos
- Esbozar el contenido de Santiago
- Ilustrar cómo Santiago refleja elementos de escritos proféticos y de sabiduría del AT

> **Epístolas generales o universales**
>
> | | |
> |---|---|
> | Hebreos | 1, 2, 3 Juan |
> | Santiago | Judas |
> | 1, 2 Pedro | |

Epístolas Generales

En los cinco capítulos anteriores consideramos las trece cartas de Pablo y resumimos su pensamiento y enseñanza. Pero las cartas de Pablo no son las únicas que contiene el NT. Después de Filemón, la epístola paulina más pequeña, encontramos Hebreos, que es tan extensa como cualquier carta paulina. Hebreos da inicio a una nueva agrupación dentro del NT: las Epístolas Generales, que son ocho. Al igual que las de Pablo, aparecen en orden aproximado de tamaño, primero con la más grande (Hebreos), y al final la más pequeña (Judas). Es verdad que 2 y 3 Juan son cada una más pequeñas que Judas. Pero si se las considera junto con 1 Juan forman un cuerpo de escritos mayor que Judas.

Se llaman «generales» porque no se dirigen a una audiencia específica (Hebreos, 2 Pedro, 1 Juan, Judas) o están dirigidas a una audiencia cuya identidad es amplia (Santiago, 1 Pedro) o incierta (2, 3 Juan). A veces estas ocho epístolas se denominan «católicas». «Católica» quiere decir «universal, general» (del griego *kath' holon* que significa «en todas partes» y no se refiere a la Iglesia Católica Romana.

En este capítulo veremos las dos primeras: Hebreos y Santiago.

Hebreos: Epístola sermónica

El misterio de la autoría de Hebreos

No está claro quién escribió Hebreos. A diferencia de las trece cartas de Pablo, Hebreos no menciona a su autor. Está escrita en un estilo griego que parece diferente al de Pablo. No utiliza la frase «Jesucristo», título que Pablo utiliza como noventa veces. Además, carece de la salutación paulina al inicio de la carta. Los antiguos líderes de la iglesia se mostraron unánimemente inseguros de quién la escribió. Las sugerencias en esto van desde que fue Pablo (note la referencia a Timoteo en Heb 13.23) hasta Lucas, Bernabé y un estudiante de Pablo. Lutero sugirió que fue Apolos. La realidad es que no sabemos quién fue el autor. El tono y el contenido del libro convencieron a los antiguos de que este merecía un lugar dentro de la pequeña colección de escritos fidedignos que finalmente llegaron a conocerse como el NT. La mayoría de los cristianos alrededor del mundo que creen en la Biblia, aprobarían hoy día la solidez de este criterio.

Fecha, destinatario, propósito y género

Puesto que CLEMENTE DE ROMA cita a Hebreos en su Epístola a los Corintios (95 d.C.), se debió escribir antes de ese tiempo. Timoteo todavía estaba vivo cuando se escribió (13.23) y existe la impresión de que sus destinatarios habían oído el evangelio de parte de testigos presenciales del ministerio de Jesús (2.3). Parece que el templo de Jerusalén todavía estaba en pie; de otro modo habría utilizado su destrucción en el 70 d.C. para afianzar su argumento de que el sacrificio de Cristo excede a las ofrendas con sangre en el templo (10.2). Nadie puede decir cuándo se escribió Hebreos, pero cualquier fecha entre la cuarta y la sexta década d.C. es adecuada.

> **Hebreos en la historia de la iglesia primitiva**
>
> Los siguientes líderes de la iglesia primitiva utilizaron a Hebreos en varios escritos:
>
> | | d.C. |
> |---|---|
> | Clemente de Roma | ca. 95 |
> | Epístola de Bernabé | ca. 130 |
> | Ireneo | ca 175 |
> | Clemente de Alejandría | ca. 200 |
> | Tertuliano | ca. 200 |
> | Eusebio | ca. 315 |

Es muy probable que el templo de Jerusalén estuviera aún de pie cuando el autor de Hebreos escribiera la epístola.

Hay muchas evidencia de que Hebreos se escribió para judeocristianos. Los primeros lectores eran judíos que habían aceptado a Jesús como el Mesías Esta declaración está apoyada, primero, en el título del libro «Hebreos» o «A los Hebreos». La evidencia de que alguna vez haya circulado bajo un nombre distinto es limitada. Este antiguo testimonio no se debe poner de lado a la ligera. Segundo, el autor muestra un gran conocimiento de las costumbres sacrificiales del AT y de la enseñanza judía, que difícilmente cuadraban en una audiencia cristiana gentil. Tercero, el meollo del argumento de la carta es que Jesucristo perfeccionó, y en tal sentido volvió obsoletas, a las instituciones levíticas del AT (vea 7.11; 8.7; 10.1-2) para el pueblo de Dios en los días que siguen al advenimiento del Mesías. La exhortación que el escritor hace a sus lectores de salir del «campamento» (13.13), implica que una vez estos hicieron allí su hogar religioso.

Si Hebreos fue escrito para cristianos judíos, ¿sabemos por qué lo escribió el autor? Tal vez fue para advertir a sus lectores que no regresaran al judaísmo y para animarles a permanecer firmes en la verdadera fe de Jesucristo. Hebreos 10.32-39 clarifica esta situación. Después de haber aceptado el evangelio con valentía y de haber sufrido persecución (10.32-34), no deben perder el gran nivel de confianza que han alcanzado (10.35). Permanecer firmes significa perseverar; retroceder significaría derrota y destrucción (10.39). Aunque los argumentos del escritor son numerosos, variados y a veces complejos, su propósito central es claramente elemental: ¡Confiar en el Señor y permanecer firmes! En este sentido Hebreos mostraría un tema común en muchos libros de las Escrituras (p.ej. Jos 1.6; Sal 27.14; 1 Co 15.58; Ef 6.10).

Hablando técnicamente, Hebreos carece de la característica más común de una carta antigua: el saludo formal en el mismo inicio. Por otro lado, la conclusión indica que el escritor tiene en mente una audiencia y una localidad particulares (13.22-25), ya que denomina a su trabajo la «palabra de exhortación» (13.22). El mismo término se utiliza para describir un sermón en Hechos 13.15. «Epístola Sermónica» es quizá una manera útil de pensar cabalmente en la carta, puesto que combina aspectos de ambas formas de expresión literaria.

Bosquejo

I. **La superioridad de la fe cristiana** (1.1–10.18)
   A. Jesucristo superior a los profetas (1.1-4)
   B. Jesucristo superior a los ángeles (1.5–2.18)
   C. Jesucristo superior a Moisés

código mosaico

(3.1–4.13)
D. Jesucristo superior a Aarón (4.14–10.18)

II. **Exhortaciones a perseverar en la fe cristiana** (10.19–12.29)
   A. El peligro de la apostasía (10.19-31)
   B. Estímulos para seguir adelante (10.32-39)
   C. Definición y ejemplificación de fe (11.1-40)
   D. Jesús, ejemplo superior de fe (12.1-4)
   E. Significado y mérito de la disciplina (12.5-13)
   F. Advertencia a no separarse de Dios (12.14-29)

III. **Exhortaciones finales** (13.1-19)

IV. **Bendición y salutaciones** (13.20-25)

Puntos centrales

El bosquejo anterior indica que Hebreos tiene dos objetivos principales. Uno es recordar a los lectores la incomparable grandeza de Jesucristo (1.1–10.18). Los profetas del AT, los ángeles, Moisés y Aarón sirven al grandioso propósito del plan redentor de Dios. Sin embargo, ninguno de estos puede compararse con el Hijo de Dios, quien «es el resplandor de su gloria, y la imagen misma de su sustancia, y quien sustenta todas las cosas con la palabra de su poder» (1.3). Por tanto, al igual que otros escritos del NT, Hebreos exhorta a los creyentes a mirar a Jesucristo, quien provee visión a su dilema y gracia para ayudarlos a encontrar el camino de salida (4.16).

El segundo propósito surge del primero: Los lectores deben reafirmar su valerosa fe cristiana de antaño (10.19–12.29). Puesto que Dios es fiel a sus promesas, los creyentes pueden confiar en Él aun en sus tiempos difíciles comunes (10.23).

¿Abajo el Antiguo Testamento?

Examinaremos el mensaje de Hebreos más profundamente en la siguiente sección, pero primero debemos examinar una equivocación común. A veces se ha sostenido que Hebreos constituye un ataque a la religión del AT. Según esta opinión, la fe de los creyentes del AT era cualitativamente inferior a la que hoy disfrutan los cristianos. El AT es de suma importancia como tributo a un sistema religioso que tuvo su época, pero en la actualidad es objeto de lástima, si no de desprecio.

En contra de esta opinión observamos, primero, que Hebreos 11 obtiene sus ejemplos de fe de personajes y tiempos del AT, ya sea antes, durante o después de la institución del código mosaico. Segundo, Hebreos se refiere ampliamente al AT, como el fundamento de sus propias enseñanzas y advertencias; habría sido un error catastrófico basar argumentos en escritos que se consideraban equivocados o sin vigencia. Tercero, la «falla» que el escritor diagnosticó en el pueblo de Dios durante los días anteriores a la primera venida de Cristo está relacionada con el abuso del amor en el pacto de Dios, y no con el AT o con los pactos que Él estableció entonces (Heb 8.8: «Dios los encontró imperfectos»; cf. Jer 31.32: «ellos invalidaron mi pacto»). Cuarto, existe una continuidad básica asumida entre la naturaleza de Dios y el trato con su pueblo en tiempos del AT, por un lado; y en el NT, por el otro (vea 10.26-31). La crítica obvia de Hebreos hacia ciertas actitudes y prácticas de personajes del AT no constituye una destitución de la fe del AT.

Hebreos ataca una falsa concepción de fe en Dios que prevalecía muy a menudo en tiempos del AT, mas no al AT en sí o a su mensaje. Según esta falsa idea, Dios se

---

Ejemplos del AT para la fe del NT

Hebreos 11 cita más de doce de personajes del AT como ejemplos que los cristianos deben seguir:

Abel	Gedeón
Enoc	Barac
Noé	Sansón
Abraham	Jefté
Isaac	David
Jacob	Samuel
José	Los profetas
Moisés	Hombres y mujeres no identificados
Pueblo de Israel	
Rahab	

puede aplacar mediante la observación respetuosa de los rituales religiosos. La ley, el sacerdocio y los sacrificios tenían la intención de instruir al pueblo de Dios en su necesidad de redención. Además, todo esto hacía poner la mira en su Señor y en el libertador que enviaría. Trágicamente, muchos pusieron su esperanza en la observación ritual (y de este modo en sí mismos), no en la promesa redentora de Dios. El resultado fue una posición rebelde y estéril hacia Dios, manifestada por Él desde Samuel (1 S 15.22) hasta Malaquías (Mal 1.10). Es más, hasta algunas partes del sermón de Moisés en Deuteronomio (p.ej. Dt 9.4-6) pueden tomarse como advertencias contra la tendencia humana de torcer la provisión de salvación por gracia, a un mensaje de justificación mediante buenas obras idolátricas. Durante el primer siglo vemos a Jesús, a Pablo y a otros más que llamaban la atención sobre el malentendido de lo que involucraba conocer al Señor.

Es exactamente este malentendido del AT lo que critica el escritor de Hebreos. Él expone el mal uso de las instituciones del AT, a fin de permitir que brille en toda su plenitud el ministerio de Cristo, como lo anticipa el mismo AT. Obviamente, los días de sacrificar animales y de rituales de alto sacerdocio son ahora cosas del pasado, pues ya se cumplió todo lo que esto significaba. Sin embargo, lejos de poner de lado al AT, el escritor motiva a sus lectores a reflexionar en el mensaje que permanece, bajo la completa luz de la dramática autorrevelación de Dios en Cristo.

Exhortación

El principal interés práctico de Hebreos es que los cristianos no se intimiden por las circunstancias difíciles que enfrentan. Por el contrario, deben permanecer firmes en su devoción a Cristo. Podemos investigar esta preocupación en cuatro pasajes. En cada caso el escritor da una advertencia, una razón para tomar esta con seriedad, y ánimo para escucharla con fidelidad en vez de temor.

En 2.1-4 el escritor motiva a sus lectores a poner más atención al mensaje de salvación que han escuchado, no sea que «se deslicen». ¿Por qué puede ser tan peligroso deslizarse? Por las deplorables consecuencias. El escritor razona correctamente que si el pueblo de Dios en tiempos del AT no escapaba con facilidad cuando desafiaba a Dios, entonces quienes han gozado del privilegio adicional de escuchar acerca de Cristo enfrentarán penalidades más duras (2.2-3). En otras palabras, contra la moderna opinión de que la religión del AT involucraba leyes estrictas y castigos severos, mientras que el NT habla solo de amor y perdón, Hebreos insiste en lo opuesto. Los creyentes del NT enfrentan un juicio más serio, puesto que han recibido una revelación más inequívoca en Jesucristo y en todo lo que acompaña a su primera venida (2.4). Sin embargo, da ánimo: Cristo mismo está listo a prestar ayuda. Él conoce personalmente las aflicciones que enfrentan las personas, y por tanto puede socorrerles en su prueba (2.18).

La exhortación continúa en 3.12-14 y 4.1-2. Aquí el escritor resalta la necesidad de perseverar y de continuar la confesión en Cristo que llevó en primer lugar a sus lectores a la Iglesia. Los creyentes tienen la seguridad de «ser participantes de Cristo, con tal de retener firme hasta el fin la confianza del principio» (3.14). La razón de esta advertencia parece involucrar tanto la falsedad del pecado como del corazón humano (3.12-13). Es posible ser activos en la comunidad de creyentes sin el conocimiento personal del Señor ni la devoción por los intereses de Él. Es posible profesar que se cree, pero vivir en rebeldía. El escritor se refiere a ejemplos de esto en el AT y advierte a los cristianos a no caer en la misma trampa. Pero también estimula y señala de nuevo hacia Jesucristo: Él puede «compadecerse de nuestras debilidades». Él es nuestro sumo sacerdote ante Dios y nos permite acercarnos «confiadamente» al Padre, a pesar de nuestras caídas. Entonces podemos «alcanzar misericordia y hallar gracia para el oportuno socorro» (4.15-16).

La siguiente exhortación aparece de 5.11 a 6.8. Aquí la advertencia es que para los cristianos que dan la espalda a Cristo les es difícil, si no imposible, regresar a Él. Algunos interpretan que este pasaje significa que los cristianos verdaderos pueden perder su salvación. Utilizando un término más técnico, pueden «cometer apostasía» o apartarse de la fe. Pero otros dicen que quienes a la larga recha-

apostasía

zan a Cristo, nunca lo conocieron en verdad. Cualquiera que sea la interpretación de estos versículos, su propósito característico es inequívoco. No es un asunto insignificante incumplir un compromiso que hemos hecho con el Señor. Sin embargo, aun en medio de advertencias tan serias, el escritor repite un mensaje de esperanza (6.9-12), pues está convencido de que sus lectores pueden resistir la tentación de ceder a la presión que les rodea. Mediante la fidelidad de Dios para con ellos y a través de imitar modelos de fe (6.12), podrán enfrentar el futuro con paz y valentía en lugar de temor.

Una exhortación final se da en 10.26-31, quizás la advertencia más terrible de Hebreos, si no de toda la Biblia: «Si pecáremos voluntariamente después de haber recibido el conocimiento de la verdad, ya no queda más sacrificio por los pecados, sino una horrenda expectación de juicio, y de hervor de fuego que ha de devorar a los adversarios» (10.26-27). También: «Horrenda cosa es caer en manos del Dios vivo» (10.31). Sin embargo, el escritor finaliza una vez más con una observación de confianza y aliento. Declara que sus lectores no retrocederán para perdición sino que perseverarán en fe (10.39).

Los estudiantes entre 1940 y 1980 de una universidad cristiana de Estados Unidos tuvieron el privilegio de gozar de la instrucción de Merrill C. Tenney. Su amor por la Biblia, su conocimiento de la historia y lenguas antiguas, sus altos niveles académicos y su afecto por los estudiantes ayudó a miles en el una vez pedregoso camino de la fe cristiana. Un estudiante le pidió en una ocasión que autografiara un libro que había escrito. Puesto que era un hombre modesto, el doctor Tenney lo hizo de mala gana. Más tarde el estudiante se sorprendió al ver bajo la firma de este gran hombre de fe y ciencia, que había escrito una simple re-

La ira de Dios

«¡*Horrenda cosa es caer en manos del Dios vivo!*» *(Heb 10.31)*. ¿Es adecuado creer en un Dios iracundo en los tiempos modernos?

Muchos dicen no. Por generaciones algunos pensadores han buscado rehacer el cristianismo, alineándolo con ideas modernas de religión y humanidad sin bases bíblicas. En esta perspectiva se cambian las enseñanzas de la Biblia por un punto de vista diferente. Un intelectual describió de esta manera la nueva versión del cristianismo: «Un Dios sin ira lleva hombres sin pecado a un reino sin juicio mediante los cuidados de un Cristo sin una cruz» (H. Richard Niebuhr).

Sin embargo, el escritor de Hebreos, como Jesús mismo, conocía el Dios que envió el diluvio, que destruyó Sodoma y Gomorra y que (en 587 a.C.) incluso derrocó la ciudad de Jerusalén cuando su pueblo se alejó de su Dios y se negó a arrepentirse.

El AT enseña que la feroz ira de dios es solo el otro lado de su amor celoso. Para que Jesús soporte la cruz se necesita devoción apasionada hacia los pecadores y ardiente desprecio por el pecado. ¿Por qué debería parecer injusto que quienes rechacen su ofrecimiento de perdón gratuito sufran las consecuencias prometidas?

Aunque algunos individuos modernos se nieguen a tomar en serio la posibilidad de un día venidero de juicio, el pueblo de Dios se mantiene firme en ratificarlo. No es que estén ansiosos de venganza, pues esta pertenece solo a Dios, sino que confían en el mensaje de Dios. Esperan con ansiedad la justicia divina y confían en la misericordia de Dios por medio de la cruz de Cristo para ser libres de la ira venidera. Dedican sus vidas a extender el evangelio, de manera que todo aquel que desee evitar la destrucción y escoger la vida abundante tenga la oportunidad de arrepentirse y ser salvo.

El santuario del libro, Jerusalén, donde se albergaron algunos de los rollos del Mar Muerto. La perspectiva de Cristo que Hebreos representa se ha examinado a la luz de los descubrimientos en los rollos del Mar Muerto.

ferencia bíblica: Hebreos 10.38, que reza: «El justo vivirá por fe; y si retrocediere, no agradará a mi alma».

¿Vivía Tenney bajo una sombra de temor? ¿Falló en darse cuenta de que Dios es amor y de que los cristianos no deben temer su juicio? Por el contrario, él conocía la verdad completa. Conocer al Señor no significa deslizarse en una autoconfianza cenagosa que estimule la flojera y excuse la desobediencia. Más bien significa ejercitar una fe diligente y un deseo vehemente de agradar a Cristo, no de deshonrarlo. Seguro pero no displicente, Tenney tomó en serio la exhortación que expresa el autor de Hebreos.

Aspectos críticos

Se ha gastado mucha tinta en discutir la identidad, las circunstancias y el escenario del escritor y de los lectores de Hebreos. Los eruditos evangélicos están a la vanguardia de esta discusión, y hay excelentes fuentes para un estudio más profundo sobre estas dudas y sus posibles soluciones.[1] Otras áreas de escrutinio constante incluyen la visión de Cristo que presenta Hebreos; el significado de Melquisedec y de otros elementos judíos de la carta, especialmente a la luz de los continuos descubrimientos de los rollos del Mar Muerto; el papel del AT en Hebreos, y temas como la fe, la visión de la epístola respecto a la historia y del «reposo» (vea Heb 4).[2]

Santiago: ¿Epístola de paja?

Santiago es la Epístola General que sigue a Hebreos. Con solo cinco capítulos, es rica en contenido. En ocasiones la iglesia la ha descuidado, tal vez debido a que hace mucho hincapié en las buenas obras, contradiciendo así el énfasis que Pablo da a la fe. Ya en 1522 Martín Lutero llamó a Santiago «*eyn rechte stroern Epistel*» («una epístola de paja»), en comparación con Romanos, Gálatas, Efesios y 1 Pedro. No obstante, Lutero no la excluye del NT y con frecuencia la cita y la aprueba. En vez de sospecha, Santiago merece la honra de un estudio cuidadoso y de nuestra respuesta.

Hay con seguridad una contradicción aparente entre Santiago 2.24 («el hombre es justificado por las obras, y no solamente por la fe») y Romanos 3.28 («el hombre es justificado por fe sin las obras de la ley»). Sin embargo, el desacuerdo se disuelve cuando se analiza cada pasaje en su propio contexto. Pablo trata en Romanos el error de asegurar que la salvación se gana por mérito humano. No, responde Pablo, la salvación es la obra de gracia de Dios, que recibimos por fe y no por obras meritorias. Santiago en cambio trata un error distinto, que iguala a la fe con la simple aprobación de ciertas verdades doctrinales como la existencia de Dios. Esta es una «fe»

>
> ### Época y muerte de Santiago
>
> El conocimiento que tenemos de Santiago y de sus tiempos no se limita a las fuentes cristianas. El historiador judío Josefo preserva la siguiente información importante, que no concuerda de manera considerable con la que viene de otras fuentes:
>
> Después de la muerte de Festo [62 d.C.], el César [Nerón] nombró a Albino como procurador de Judea. Pero antes de llegar, el rey Agripa [II] había designado a Ananus para el sacerdocio, quien era hijo del anciano Ananus [«Anás» en los evangelios]. Después de haber sido sumo sacerdote, este anciano Ananus tuvo cinco hijos a los cuales consiguió meter en el oficio, algo sin precedentes. Sin embargo, el joven Ananus era impetuoso y siguió a los saduceos, quienes eran crueles cuando juzgaban. Ananus pensó que tendría su oportunidad al haber muerto Festo y al encontrarse Albino aún en camino [desde Roma]. Convocó a los jueces del Sanedrín, llevó ante ellos a un hombre llamado Santiago, el hermano de Jesús llamado el Cristo, y seguramente a algunos otros. Los acusó de haber transgredido la ley y los condenó a ser apedreados hasta morir.
>
> de Paul L. Maier, traductor y editor, *Josefo: Los escritos esenciales*, Kregel, Grand Rapids, 1988, p. 275.

que aun los demonios poseen (Stg 2.19) y no significa del todo una confianza genuina en Cristo, que involucra no solo a la mente sino a la persona por entero. Pablo y Santiago concuerdan en que la auténtica confianza en Cristo se origina en las buenas obras (Ef 2.10; 1 Ts 1.3).

Una cantidad de otras buenas sugerencias se han puesto por delante para explicar las similitudes y diferencias entre Pablo y Santiago. Pero al nivel básico de quién es Jesucristo y lo que exige el evangelio, el mensaje de Santiago, aunque inconfundible, no es esencialmente diferente del que contienen otras epístolas.

Autor, fecha, destinatarios y propósito

La epístola presenta a su autor como «Santiago, un siervo de Dios y del Señor Jesucristo» (1.1). Este Santiago es probablemente el (medio) hermano de Jesús (Mt 13.55; Mc 6.3). Al principio fue un escéptico (Mc 3.21) y más tarde llegó a ser el pastor dirigente de la iglesia en JERUSALÉN (vea Hch 15; Gl 2). Es emocionante pensar en el cambio de corazón que Santiago habrá experimentado, para cambiar de la hostilidad hacia Jesús (Jn 7.3-5), hasta reconocerlo como el Mesías. De acuerdo con un antiguo informe, la inmutable fe de Santiago le costó la vida: rehusó negar a Jesús como Señor, cuando alrededor del año 62 d.C. las autoridades judías demandaron que lo hiciera en público. Bien vale la pena leer este informe debido a la luz que arroja en la vida de la iglesia primitiva (y en su muerte).[3]

Si Santiago murió a principios de la sexta década d.C., debió escribir su epístola antes de ese tiempo. Puesto que el escribe «a las doce tribus que están en la dispersión» (1.1), su carta debe fecharse en una época mucho después de la resurrección de Cristo, hasta que el evangelio se divulgara a varias localidades. Por tanto debió suceder entre finales de la tercera década d.C. y principios de la sexta.

«Las doce tribus en dispersión» de 1.1 pueden constituir una pista de la audiencia de Santiago. «Dispersión» viene de las palabras griegas en te diaspora, que también se puede traducir «en la diáspora». En capítulos anteriores aprendimos que «diáspora» se refiere a la comunidad judía fuera de su patria original en PALESTINA. Santiago podría muy bien tener en mente lectores cristianos judíos en varias comunidades esparcidas donde el evangelio se había afirmado. Muchas otras características hacen posible una audiencia judía: la referencia natural y ocasional a la ley del AT (1.25; 2.8-13); la utilización de la palabra «sinagoga» para describir el sitio de reunión (2.2); las numerosas metáforas judías del AT a lo largo de la epístola.[4] Además, como veremos más adelante, el tono de Santiago combina elementos de literatura profética y de sabiduría, como aparecen en el AT. Una razón para esto podría ser que él sabía que sus lectores estaban acostumbrados a tal clase de discurso.

Bosquejo

I. **Destino y saludo** (1.1)

II. **Pruebas y tentación** (1.2-18)

A. Cómo vencer las pruebas (1.2-13)
   B. Fuente de la tentación (1.13-18)
III. **Poner la Palabra en práctica** (1.19–2.26)
   A. La ira y la lengua (1.19-20)
   B. «Sed hacedores de la Palabra» (1.21-27)
   C. Pecado de favoritismo (2.1-13)
   D. Verdadera fe cristiana reflejada en las obras (2.14-26)

IV. **El mundo en la Iglesia** (3.1–4.12)
   A. Control de la lengua (3.1-12)
   B. Relaciones pacíficas entre cristianos (3.13–4.3)
   C. Llamado al arrepentimiento (4.4-10)
   D. Arrogancia y lengua crítica 4.11-12)

V. **Ver la vida desde una perspectiva cristiana** (4.13–5.11)
   A. Reconocer quiénes somos delante de Dios (4.13-17)
   B. Peligros de las riquezas (5.1-6)
   C. Esperar en el Señor (5.7-11)

VI. **Exhortaciones finales** (5.12-20)
   A. Juramentos (5.12)
   B. Oración (5.13-18)
   C. Guardar a nuestro hermano (5.19-20)

Sabiduría profética de Santiago

Antes observamos que el tono de Santiago refleja dos formas de literatura del AT: escritos proféticos y de sabiduría. Santiago es profético en su pasión de fidelidad al Señor y en sus denuncias repetidas y sinceras de conducta desleal. Al igual que el profeta Jeremías, que lloró sobre las personas a quienes predicaba, Santiago muestra ternura de corazón cuando una y otra vez se dirige a sus lectores como a «hermanos» o «mis amados hermanos» (1.2,16, 19; 2.1,5; 3.1,10,12; 4.11; 5.7,9,10,12; la palabra griega que se traduce «hermanos» puede incluir a hombres y mujeres). Así como Natán, quien denunció frente a frente a David (2 S 12), Santiago es directo al demandar obediencia a sus lectores. Algunas de las cargas más punzantes del NT vienen de Santiago: «¿Quieres saber, hombre vano, que la fe sin obras es muerta?» (2.20). «¡Oh almas adúlteras! ¿No sabéis que la amistad del mundo es enemistad contra Dios?» (4.4). «Vosotros los de doble ánimo, purificad vuestros corazones. Afligíos, lamentad y llorad» (4.8-9). El celo y el estilo de los profetas del AT, y para el caso del profeta neotestamentario Jesús, se encuentran vivos y resguardados en Santiago. ¡Los 108 versículos de su

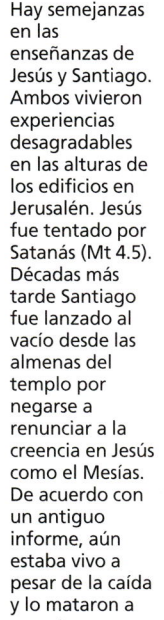

Hay semejanzas en las enseñanzas de Jesús y Santiago. Ambos vivieron experiencias desagradables en las alturas de los edificios en Jerusalén. Jesús fue tentado por Satanás (Mt 4.5). Décadas más tarde Santiago fue lanzado al vacío desde las almenas del templo por negarse a renunciar a la creencia en Jesús como el Mesías. De acuerdo con un antiguo informe, aún estaba vivo a pesar de la caída y lo mataron a garrotazos.

Pobreza y riqueza

«¡Vamos ahora, ricos! Llorad y aullad por las miserias que os vendrán» (Stg 5.1). La epístola de Santiago es sensible al problema de la opresión del rico hacia el pobre.

Puesto que la riqueza puede ser una trampa, Santiago habla de la «humillación» del rico (1.10). Los ricos se marchitarán rápidamente (1.11). La Iglesia no debe hacer distinciones en favor de los ricos (2.1-4). La riqueza debe estar a disposición de los necesitados (2.15-16) en vez de ser acaparadas.

¿Significa esto que las personas acaudaladas están condenadas por Dios? ¿Es necesario vivir en pobreza para ser justos ante los ojos de Dios? No. Santiago hace generalizaciones: A menudo los ricos confían en su riqueza en vez de confiar en el Señor. Abusan de los oprimidos. Al no tener comodidad material, los pobres buscan consuelo espiritual. Sin embargo, algunos pobres permanecen impíos en su pobreza, mientras algunos ricos buscan al Señor.

Las advertencias de Santiago sobre el mal uso de la riqueza concuerdan bien con las advertencias que se encuentran en el resto de la Biblia. Pablo aconseja a los que tienen abundancia de bienes «que hagan bien, que sean ricos en buenas obras, dadivosos, generosos» (1 Ti 6.18). O que sean, en palabras de Jesús, «ricos para con Dios» (Lc 12.21) en una vida que le agrade en todo.

El materialismo y el consumismo de la sociedad occidental moderna contamina frecuentemente a la Iglesia. Santiago tiene mucho que decir a los occidentales de todo nivel económico cuando luchan para utilizar sus recursos materiales en el avance del Reino de Dios en vez de satisfacerse con ellos o abusar de otros.

---

epístola constituyen más de 50 ordenanzas directas!

Pero Santiago también refleja la sabiduría tradicional del AT. En primer lugar, esto es verdad con respecto al contenido (1.5). La sabiduría no solo radica en inteligencia netamente intelectual sino en agudeza moral dada por Dios a quienes lo buscan. Santiago es de naturaleza práctica y considera que la meta de la vida cristiana se alcanza al cumplir la Palabra de Dios. Segundo, Santiago refleja la sabiduría tradicional del AT respecto al estilo. En algunos aspectos, su carta refleja la estructura característica del libro de Proverbios. Toca un tema, continúa con otros, y regresa al primero. Aunque sería injusto tildar a la carta de desorganizada, su coherencia radica mas bien en el constante llamado de fidelidad al Señor y no en una clara y lógica progresión literaria.

Al notar que Santiago se asemeja a escritos proféticos y de sabiduría, se ve a las claras que conocía bien el AT y que por tanto lo imitó en su propia expresión escrita. Pero también puede reflejar la influencia de Jesús en su vida.

Santiago y Jesús

El énfasis de Santiago en el vínculo íntimo entre práctica y creencia, y entre ética y teología, procede en parte de la influencia del AT. Sin embargo, se debe observar que Santiago repite en varios lugares la enseñanza de Jesús, especialmente el Sermón del Monte. Santiago resalta en 1.22,25 la necesidad de poner en práctica la Palabra de Dios, y no solo estar de acuerdo con ella en teoría. Jesús pronunció algo similar en Mateo 7.26, cuando se refiere a una persona insensata que «oye estas palabras pero no las hace». Santiago pregunta: «¿Puede acaso la higuera producir aceitunas, o la vid higos?» (3.12). Jesús pregunta: «¿Acaso se recogen uvas de los espinos, o higos de los abrojos?» (Mt 7.16). Santiago reprende en 4.13 a quienes presumen de Dios y amontonan para el futuro incierto. Más bien deberían ser humildes y servir a Dios cada día. Jesús dice en Mateo 6.34: «No os afanéis por el día de mañana, porque el día de mañana traerá su afán. Basta a cada día su propio mal».

Esto no intenta sugerir que Santiago haya utilizado a Mateo o a cualquier otro evangelio escrito. Se trata de observar que quizás Santiago tenía influencia de factores religiosos y sociales similares a los que influyeron en Jesús. Después de todo, parece ser que Jesús y Santiago crecieron en la misma familia. Además, no existe razón para suponer que Santiago haya sido ajeno a lo que su hermano mayor enseñó en los tres años de su ministerio público. Des-

Enfoque 22: Fe y obras

El líder de la iglesia y erudito suizo Adolf Schlatter (1852-1938) compuso los siguientes pensamientos y oraciones devocionales de un famoso versículo de la epístola de Santiago:

Hermanos míos, ¿de qué aprovechará si alguno dice que tiene fe, y no tiene obras? ¿Podrá la fe salvarle (Stg 2.14)?

Decir que tengo fe tal vez no me pueda liberar del pecado, la culpa y el castigo. ¿Cómo podría ser mi liberación algo que se dice? No es decir que tengo fe sino ejercitarla lo que salva, me sitúa en la paz de Dios, y es mi justicia ante Él.

Si tengo fe, también expreso que tengo a Dios. La fe nos lleva a confesar fe, y donde tal confesión está ausente, también lo está la fe. Si ni siquiera puedo hablar de la fe, ¿cómo podría pasar el resto de mis días? Por eso la confesión tiene la misma promesa para nuestra fe y es su primer fruto. La fe me da palabras para responder a Dios, de manera que su mensaje se hace público en acción de gracias y su promesa inspira mi súplica.

Si creo no puedo permanecer mudo ante Dios. Oramos a través de la fe, dijo Santiago. La fe también me da las palabras que utilizo en el trato con los demás. Creo, por lo tanto hablo, escribió Pablo. No obstante, ¿describe esto por completo a la gracia de Dios? Si la fe solo me da palabras, entonces sería útil, después de todo, para decir que tengo fe. Pero ese es un pensamiento siniestro. ¿Es eso todo lo que soy: un pensador y hablador? Dios me ha dado vida, y eso significa que Él plantó en mí una voluntad que puede actuar y que debe actuar con profunda urgencia.

Eso pasa en mi trato con Dios y de la misma manera en mis relaciones con otras personas. Servir a Dios es acción. Nuestra comunión de unos con otros surge asimismo por medio de lo que hacemos mutuamente. Ahora, si no tengo obras, ni hago nada, si ni siquiera hago lo que Dios quiere de mí, eso no es salvación sino pecado y muerte. Para mí es imposible no hacer nada; si no hago la voluntad de Dios, entonces mi trabajo surge de mi propia ambición y es por consiguiente impío y perjudicial para otros.

En tal caso necesito urgentemente la advertencia de Santiago. Es dulce mirar solo la obra de Dios y dejar que todo se hunda en la quietud que experimento, pues supongo que estoy escondido en Dios. El trabajo siempre parece difícil cuando va al lado de la fe. El trabajo es una lucha. Se levanta mediante la derrota el ego. Me lleva a la peligrosa proximidad del mundo. Pero no me debe engañar la indolente y egoísta tendencia de mi corazón. No hay duda alguna en que debo actuar. Debo agradecer a Dios porque puedo actuar como alguien que confía, de manera que mi obra no es culpabilidad ni desastre sino el logro de la voluntad de Dios.

Lo que tú, Dios misericordioso, haces por nosotros y para nosotros no necesita ayuda o complemento. Mis obras no son la base de tu gracia. Esta tiene su cimiento en ti y es perfecta como tú. Por lo tanto, confiamos en ti y no en nosotros ni en nuestras obras. Sin embargo, tú me das tu gracia en mi situación y ocupación; me has otorgado el privilegio de trabajar. Estaría desechando tu gracia si no lo hiciera. Dame entonces Padre el amor cálido, fuerte y gozoso que te obedece.

Amén.

de Adolf Schlatter, Devoción, Oskar Günther, Dresden-Klotzsche, 1927, p. 277. Traducción alemán-inglés Robert Yarbrough.

pués de la muerte de Jesús, Santiago reconoció junto con muchos otros su naturaleza mesiánica y divina y llegó a ser parte de un coro de voces antiguas que transmitieron lo que habían recibido de su experiencia con Cristo.

Aspectos críticos

Con el surgimiento de métodos de ciencia social para el estudio del NT,[5] el escenario social de cada libro neotestamentario se encuentra bajo escrutinio. Esto es especialmente cierto con relación a Santiago, cuyo énfasis en la justicia económica y otras desigualdades sociales es innegable. Sin embargo, es necesario señalar que las suposiciones políticas del intérprete moderno promedio tienen raíces diferentes a las profundas convicciones teológicas de Santiago. Los eruditos de hoy a veces han creído en la benevolencia innata de la humanidad, en el determinismo económico, en la bondad final del Estado en vez del Reino de Dios, y en el poder de la razón humana en lugar de la revelación divina.

Santiago opera en una esfera distinta. Su pensamiento está anclado en el AT y se centra en el evangelio de Jesús y acerca de Jesús. El celo de Santiago tiene a Dios como su enfoque y a la pureza de la iglesia como su meta. No expone una visión utópica de reforma social en general. Esto no quiere decir que su crítica destructora de los males sociales de su época deban dejarse de lado como insignificantes. Por el contrario, se trata de algo central en su mensaje. Pero esta crítica surge en la Iglesia y para ella. Encontrarse con Santiago es, como cristiano profesante, encontrarse cara a cara con Dios, con «el juez» que «¡está delante de la puerta!» (5.9). Santiago es consecuente con otros escritores del NT, al señalar a Cristo como el medio de redención y al pueblo de Dios como sus agentes primordiales de redención en el mundo. Cuando la Iglesia acepta humildemente el mensaje de Santiago como un veredicto para sí misma, y cuando el pueblo de Dios se somete a Él y se relaciona entre sí con el altruismo y la com-

Resumen

1. Hay ocho libros clasificados como Epístolas Generales, y tanto Hebreos como Santiago pertenecen a ese grupo.

2. No hay seguridad sobre quién es el autor de Hebreos.

3. Probablemente Hebreos se escribió para una audiencia judía.

4. Hebreos enfatiza la superioridad de la fe cristiana y enseña que Jesús es superior a los profetas, ángeles, Moisés y Aarón.

5. Hebreos se puede calificar como un libro de exhortación porque repetidamente exhorta a sus lectores a reafirmar valientemente su fe cristiana.

6. La preocupación práctica más importante de Hebreos es que los cristianos no se intimiden por las circunstancias difíciles que enfrentan.

7. Es probable que Santiago haya dirigido su carta a los judíos cristianos diseminados en muchas comunidades, pues se refiere a ellos como «las doce tribus que están en la dispersión».

8. El enfoque de Santiago es parecido al de los escritos proféticos y de sabiduría en el Antiguo Testamento.

9. Santiago enfatiza en la importancia de practicar la fe cristiana y no solo «creer» en ella.

Hebreos y Santiago

pasión de la que habla Santiago, se ha alcanzado el propósito de su carta. Pues el pueblo de Dios está para servir como la luz y la sal que Jesús los llamó a ser (Mt. 5.13-16).

Términos clave

apostasía
código mosaico

Personajes y lugares clave

Clemente de Roma
Jerusalén
Palestina

Preguntas de repaso

1. Las Epístolas Generales aparecen en el AT en un orden que se basa en su _____.

2. Los posibles autores de Hebreos son: un estudiante de Pablo, Lucas, Bernabé, _____ o _____.

3. Es probable que Hebreos se haya escrito entre el _____ y el _____ d.C.

4. La característica común con las cartas antiguas perdidas en Hebreos es el _____.

5. En términos generales, Hebreos se puede considerar como una epístola _____.

6. Hebreos recuerda a los lectores la grandeza de _____, quien es superior a los profetas, ángeles, _____ y _____.

7. Se anima a los cristianos a _____ en su devoción a Cristo.

8. Santiago hace gran énfasis en las buenas _____.

9. «Las doce tribus que están en la dispersión» se refiere a _____ en comunidades diseminadas.

10. Santiago utiliza las formas literarias del AT de escritos de sabiduría y _____.

Preguntas de estudio

1. ¿Cuál es el tema central de Hebreos?

2. ¿Por qué puede Hebreos ser llamado una epístola sermónica? ¿Qué elementos de Hebreos serían extraños en una epístola?

3. ¿En qué sentido Hebreos es una crítica de la religión en el AT? ¿Es este un ataque contra el mismo AT?

4. ¿Cómo utiliza Hebreos las advertencias y estímulos para un llamado a la perseverancia?

5. ¿Contradice el concepto de Santiago de la fe y las obras a las enseñanzas de Pablo al respecto? ¿Por qué o por qué no?

6. ¿Cuál parece ser el enfoque principal de la Epístola de Santiago?

Lecturas relacionadas

Vos Geerhardus, *La enseñanza de la epístola a los hebreos*, Editorial TSELF, Barcelona, España, 1974. Se recopiló una serie de conferencias a los estudiantes del Seminario Teológico de Princeton, dando a luz este volumen.

Wiley Orton H., *La epístola a los hebreos*, Casa Nazarena de Publicaciones, Kansas City, MI. La persona y sacerdocio de Cristo son el pilar fundamental del análisis de este texto.

Trenchard Ernesto, *Epístola a los hebreos*, Editorial Portavoz, Grand Rapids, MI, 1957. Trenchard, prolífico autor inglés y misionero en España durante cuarenta y seis años plasma en este comentario su genio y capacidad docente a través de una sana exégesis.

Gillis C.O., *Comentario sobre la epístola a los hebreos,* Casa Bautista de Publicaciones, El Paso, TX, 1967. Una profunda exégesis del texto griego que alumbra sobre el contenido de esta epístola. Coteja su opinión con la de otros connotados autores y agrega notas homiléticas al final de cada capítulo.

Bruce F., *La epístola a los hebreos*, Editorial Nueva Creación, Grand Rapids, MI, 1987. El autor logra darle a su obra una buena combinación de erudición y claridad, destreza exegética y profundidad espiritual, que la hace un modelo de comentario bíblico.

23 Pedro, Juan y Judas
Un llamado a la fe, la esperanza y el amor

Bosquejo

- **Las cartas de Pedro**
  1 Pedro
    Bosquejo
    El consuelo y estímulo de parte de Cristo
    La gloria de la salvación
    El creyente como peregrino
    Seguir a Cristo
  2 Pedro
    Bosquejo
    Propósito y enseñanza
- **Las epístolas de Juan**
  Escritor
  1 Juan
    Bosquejo
    Propósito y enseñanza
  2 Juan
    Bosquejo
    Propósito y enseñanza
  3 Juan
    Bosquejo
    Propósito y enseñanza
- **Judas**
    Bosquejo
    Propósito y enseñanza

Objetivos

Después de leer este capítulo, usted podrá
- Discutir la autoría de 1 y 2 Pedro
- Esbozar el contenido de 1 y 2 Pedro
- Identificar el énfasis de 1 Pedro
- Comparar la vida del peregrino con la vida del mundo
- Identificar el énfasis de 2 Pedro
- Dar evidencia de que el apóstol Juan escribió 1, 2 y 3 Juan
- Esbozar el contenido de 1, 2 y 3 Juan
- Establecer los propósitos para escribir 1, 2 y 3 Juan
- Esbozar el contenido del libro de Judas
- Analizar el propósito de Judas

Imagínese a un carpintero que aparece para trabajar con su caja de herramientas, pero que no sabe para qué sirven estas herramientas. ¡Vaya carpintero!

Imagínese a un cristiano que dice creer en el NT con sus veintisiete diferentes «libros», pero que no sabe qué contienen o cómo aplicarlos en la vida diaria.

Por lo menos seis de los siete últimos escritos del NT no son muy conocidos. No obstante son «herramientas» tan importantes para el entendimiento del mensaje bíblico como los escritos más largos o mejor conocidos. A continuación examinaremos las importantes aunque breves epístolas de Pedro, Juan y Judas. Podemos aprender mucho de cada una de ellas. Al final podremos estar seguros de conocer las «herramientas» que Dios nos ha dado para la diaria labor de comprender, adorar y servir en su Reino.

Las cartas de Pedro

Dos de las cartas de este grupo afirman haber sido escritas por el Simón Pedro (1 P 1.1; 2 P 1.1,16,18), uno de los personajes más conocidos de la iglesia primitiva, mencionado más de 150 veces en el NT. Creció en BETSAIDA, en la costa del mar de GALILEA, donde él y su hermano Andrés eran pescadores (Jn 1.44). Andrés lo presentó a Jesús, quien le dio un nuevo nombre (Jn 1.40-42), pues originalmente se llamaba Simón; Jesús lo llamó *Petros*, o «Roca». Más tarde cuando vivía en CAPERNAUM, Jesús mismo lo llamó para el ministerio (Mc 1.16-18) y lo designó como uno de los doce apóstoles originales (Mc 3.13-16). Era parte del círculo íntimo de Jesús y perece que fue el portavoz de los doce. Pedro era un hombre de gran firmeza y valentía, pero con exagerada autoconfianza. Al final incluso negó conocer a Cristo, cuando una sirvienta lo confrontara durante las últimas horas de Jesús (Mc 14.66-72). La fe de Pedro se reforzó con la aparición de Cristo resucitado (Lc 24.34; 1 Co 15.5), con la tumba vacía (Jn 20.6-7) y con la ascensión de Jesús (Hch 1.7-9, 12-13). Se convirtió en la Roca que Jesús le dijo que sería.

Pedro predicó en Pentecostés el primer sermón cristiano, y aquel día se convirtieron tres mil personas (Hch 2.14-41). Se convirtió en el líder de la iglesia de JERUSALÉN, hizo milagros en el nombre de Jesús (Hch 3.11-16), defendió la fe audazmente (Hch 4.8-12) y experimentó persecución y sufrimiento (Hch 10.1-48; 15.6-11). Viajó como misionero, y quizás fue hasta ASIA MENOR (1 P 1.1) y «Babilonia» (1 P 5.13). Las Escrituras no hablan de su muerte, sin embargo la tradición la ubica en Roma y por crucifixión, alrededor del mismo tiempo en que murió Pablo (vea la Historia eclesiástica de Eusebio, 2.25.5-8).

1 Pedro

«Pedro, apóstol de Jesucristo» afirma haber escrito esta carta (1.1). Esto nunca se había debatido hasta tiempos recientes. Toda la evidencia primitiva apoyaba la opinión de que Pedro fue el autor. Los argumentos que comúnmente se utilizan para negar este hecho son muy forzados. Por ejemplo, se dice que la persecución severa es el trasfondo de esta carta, y que por tanto solo puede referirse a la persecución bajo DOMICIANO, a finales del siglo, o incluso más tarde bajo TRAJANO. Sin embargo, la persecución bajo NERÓN pudo haber sido la que Pedro tuvo en mente cuando enfrentó la muerte en Roma. Otro argumento asegura que es muy difícil que Pedro, un iletrado pescador, pudiera haber escrito en un griego tan excelente. Pero la historia está repleta de genios como Juan Bunyan, inculto «calderero de Bedford» que escribió El *progreso del peregrino*. ¿Quién puede decir que Pedro no conocía bien el griego? Además, él mismo dice: «Por conducto de Silvano [Silas], a quien tengo por hermano fiel, os he escrito brevemente» (5.12). Los escribas profesionales como Silas no tenían problema en escribir en un griego elocuente. También se dice que la teología de 1 Pedro parece depender mucho del pensamiento de Pablo. Pero, ¿por qué no? Pedro y Pablo no estaban predicando evangelios diferentes; no son nada convincentes los intentos modernos de describirlos como rivales. A falta de una alternativa contundente y dado el positivo y unánime testimonio antiguo, es razonable decir que Pedro escribió esta carta.

Pedro afirma haberla escrito desde «Babilonia» (5.13), pero es poco probable que la carta se haya originado desde la ciudad en ruinas del Antiguo Testamento. Más bien se debe tomar Babilonia como una palabra clave que simboliza ROMA, pues comúnmente se utilizaba así tanto en escritos judíos como cristianos de ese tiempo.[1] Esto concuerda bien con otro testimonio que ubica en Roma a Pedro y a Pablo, durante las persecuciones de Nerón. Si esto fuera así, ubicaría la fecha de 1 Pedro poco antes del 64 ó 66 d.C. La carta era para creyentes del norte de Asia Menor, al sur del MAR NEGRO en las provincias de PONTO, GALACIA, CAPADOCIA, ASIA y BITINIA (1.1), que hoy día pertenecen a TURQUÍA.

Últimamente ha surgido una pequeña discusión acerca de la precisa naturaleza literaria de la carta. Hay quienes sugieren que se trata de una liturgia bautismal o de un sermón bautismal. Sin embargo, posee el estilo ordinario de una carta de su época, y no hay razón para no verla como una carta de estímulo a creyentes acosados. El siguiente bosquejo lo refleja.

Bosquejo
I. **Sufrir como cristiano** (1.1–2.10)
   A. La herencia oculta, el Señor oculto (1.1-9)
   B. Preparación para la acción (1.10–2.3)
   C. El hogar espiritual oculto (2.4-10)

II. **En casa, pero no en este mundo** (2.11–3.12)
   A. El ser interior del cristiano (2.11-12)
   B. Vida de sumisión (2.13–3.7)
   C. El ser colectivo del cristiano (3.8-12)

III. **Sufrimiento: Camino a la gloria** (3.13–4.19)
   A. Sufrir por hacer el bien (3.13-22)
   B. Vivir para Dios (4.1-11)
   C. Compartir los sufrimientos de Cristo (4.12-19)

IV. **Exhortaciones finales y salutaciones** (5.1-14)

Consuelo y estímulo que da Cristo

El corazón de Pedro estaba colmado de emociones cuando escribió esta carta y lo invadía un sentimiento de urgencia. Dice: «El fin de todas las cosas se acerca» (4.7). Esto era cierto, ya sea que Dios llevara la historia a su fin en la Segunda Venida de Cristo, o porque la persecución pusiera fin a muchas vidas mortales. Pedro enfrentaba una muerte inminente, al igual que muchos a quienes estaba escribiendo. En consecuencia, una de las cosas más importantes que intentaba hacer era consolar y animar a sus amigos, frente al trato bárbaro que esperaban por ser creyentes en Cristo. No debería sorprenderles la intensidad del sufrimiento que experimentaban, como si algo extraño les estuviera ocurriendo; por el contrario, debían regocijarse (1.6; 4.13). Estas son palabras sorprendentes, pero Pedro les recuerda que Cristo también sufrió y que ellos partici-

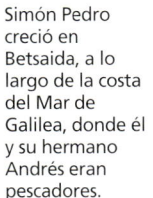

Simón Pedro creció en Betsaida, a lo largo de la costa del Mar de Galilea, donde él y su hermano Andrés eran pescadores.

Las muertes de Pedro y Pablo

Revisa tus registros. Te darás cuenta de que Nerón fue el primero en perseguir esta doctrina, particularmente después de subyugar todo el este, cuando ejerció su crueldad contra Roma. Nos gloriamos de tener tal individuo como director de nuestro castigo, porque quien lo conozca puede entender que él no condena nada a menos que sea algo de gran excelencia. Su anuncio público como el primero entre los principales enemigos de Dios lo llevó a la matanza de apóstoles. Por lo tanto, está documentado que Pablo fue decapitado en la misma Roma y que asimismo Pedro fue crucificado bajo el gobierno de Nerón.

—Tertuliano (ca. 155-222 d.C.)

El emperador romano Nerón

pan de los mismos sufrimientos de Él (4.13). Como Dios quiso que Cristo sufriera, y esto estaba profetizado (1.11), ellos debían sufrir según la voluntad de Dios (3.17; 4.19). Esto podría parecer extraño para quienes nunca han soportado pruebas intensas por razón de Cristo; incluso hay quienes enseñan que el sufrimiento nunca está en la voluntad de Dios. La historia de la Iglesia en distintos lugares enseñan lo contrario. Pablo escribió: «Todos los que quieren vivir piadosamente en Cristo Jesús padecerán persecución» (2 Ti 3.12), por tanto no debe sorprender a sus seguidores si el mundo los ultraja (4.4) o los vitupera (4.14), por rehusar aliarse con él. Debemos recordar que los cristianos somos «forasteros y peregrinos en el mundo» (1.1; 2.11), es decir extranjeros y desterrados, cuya morada eterna está en otro lugar. Este «mundo no es mi hogar, solo estoy de paso aquí», dice la vieja canción. Si esta fuera nuestra actitud, no nos lamentaríamos de lo que podamos perder sino que nos regocijaríamos en la gloria venidera.[2]

La gloria de la salvación

La gloria venidera, o salvación, es otro de los temas importantes de Pedro. Puesto que la vida es corta, como la hierba del campo que se marchita pronto al calor del verano (1.24), debemos poner la mira en lo que no desaparece y no en lo efímero del mundo con sus promesas incumplidas. El cristiano puede esperar con alegría una herencia incorruptible y eterna en los cielos (1.3-6). Esto incluye la salvación de su alma, y por esto debe embargarle gozo profundo y constante (1.8-9).

El creyente como peregrino

Pedro también manifiesta algunos aspectos prácticos acerca de la vida cristiana en medio de un mundo trastornado y hostil. Algunas veces pone esto en categórico contraste con las costumbres del mundo; en otras la comparación es tan obvia que no necesita detalles innecesarios. Pedro desarrolla estos temas sin ningún orden especial; aparentemente se encuentran en su carta según se le ocurrían. Sin embargo, todos ellos se relacionan con la idea del peregrino: somos extranjeros, camino a nuestro verdadero hogar.[3] Debemos vivir aquí como miembros del mundo al cual pertenecemos y no como si fuéramos sus esclavos. En el cuadro siguiente hay un breve esquema de lo que Pedro dice.

Pedro tiene a veces instrucciones específicas para cierta gente: esposos y esposas (3.1-7); ancianos en la iglesia (5.1-4) y jóvenes (5.5). En todo esto reconoce que por nuestra propia fuerza sería imposible vivir de este modo. Solamente la gracia del mismo Dios, y el poder de Cristo en su interior, puede fortalecer, afirmar y dar determinación a los creyentes (5.10).

Seguir a Cristo

Lo último que Pedro desea resaltar es que nuestra meta suprema como cristianos debe ser seguir a Cristo. Él es nuestro Salvador y nuestro ejemplo. Como discípulos suyos seguimos sus pisadas (2.21), aunque esto signifique sufrimiento. «Puesto que Cristo ha padecido por nosotros en la carne, vosotros también armaos del mismo pensamiento; pues quien ha padecido en la carne, terminó con el pecado» (4.1). Pedro dijo que había sido testigo de los sufrimientos de Cristo, que lo llevaron a su consiguiente gloria (5.1). Si nos armamos con la actitud de Cristo, el poder y su gloria reposarán en nosotros.

2 Pedro

El autor de esta carta se identifica a sí mismo como «Simón Pedro, siervo y apóstol de Jesucristo» (1.1) y como el escritor de una carta anterior que conocemos como 1 Pedro (3.1). Más adelante se define a sí mismo como testigo de la transfiguración y colega íntimo de Pablo (3.15). Él dice que espera la muerte, de la manera que Cristo la predijo después de su resurrección (1.13-15; vea Jn 21.18-19). Está claro que se trata de una afirmación de autoría, como consta en el NT. No obstante, aunque parezca extraño este mismo hecho se utiliza hoy día para decir que otra persona escribió la carta pretendiendo ser Pedro.[4] Sin embargo, es difícil imaginar que un individuo pueda haber escrito una carta que hace mucho hincapié en la importancia de la verdad (véanse 1.12; 2.12), que advierte contra maestros que «harán mercadería de vosotros con palabras fingidas» (2.3), y que al mismo tiempo sea un mentiroso que invente historias acerca de su identidad. También se discute que el tono de la carta parece posterior a los días de Pedro (algunos incluso lo fechan en el segundo siglo), con la mención de falsos profetas, herejías destructivas y líderes codiciosos e inmorales. 2 Pedro también habla de las cartas de Pablo como parte de las Escrituras (3.16), por tanto debió haberse escrito posterior a estas. Sin embargo, ninguno de estos argumentos es terminante. En la iglesia existían problemas serios desde mucho antes; el mismo Pablo sentía que estaba escribiendo bajo inspiración y autoridad del Espíritu Santo, pues según decía, lo que

La vida del peregrino	**La vida del mundo**
Obediencia a Dios (1.14,22)	Rebelarse contra Dios
Ser santo (1.15)	Impiedad
Vivir como siervo (2.16; 4.11)	Vida egoísta
Velar en oración (3.7; 4.7)	Negar a Dios
Vivir libre y con buena conciencia (2.16; 3.16)	Vida de engaño
Hacer el bien (2.15; 3.16-17)	Hacer lo malo
Ser manso y reverente (3.15)	Vida desapacible e insolente
Tener amor unos por otros (1.22; 4.8)	Odio unos por otros
Ser sobrio (1.13; 4.7; 5.8)	Vida desenfrenada
Vivir con humildad (5.6)	Ser orgullosos y arrogantes
Rechazar el mal (2.11)	Abrazar el mal
Someterse a la autoridad humana (2.13,17)	Rechazar la autoridad humana
Controlar los deseos carnales (2.1,11)	Dar rienda suelta a los deseos
Hacer la voluntad de Dios (4.2)	Rechazar la voluntad de Dios
Compartir con otros (4.9)	Acaparar posesiones
Usar los dones para bien de otros (4.10-11)	Negarse a compartir

escribía era Palabra de Dios (vea 1 Co 7.17; 14.37; 1 Ts 2.13; 2 Ts 3.14). ¿Por qué Pedro no podía haber reconocido esto? Luego de considerarlo todo, parece que es mejor aceptar las afirmaciones de la carta y a Pedro como el autor de la misma. Esto la situaría en algún momento antes del 68 d.C. (la fecha más tardía sugerida para el martirio de Pedro). Quizá el lugar en que se escribió la carta fue Roma, aunque no es seguro.

Bosquejo
    I. Salutación (1.1-2)

    II. Interés de santificación (1.3-11)

    III. Confianza en las Escrituras (1.12-21)

    IV. Precaución contra falsos maestros (2.1-22)
        A. Amenaza y juicio (2.1-3)
        B. Juicio de Dios en el pasado (2.4-10)
        C. Carácter (2.10-16)
        D. Enseñanza superficial (2.17-22)

    V. Constancia a la luz de los últimos días (3.1-16)

    VI. Conclusión (3.17-18)

Propósito y enseñanza
Como se puede observar en el bosquejo, básicamente existen cuatro áreas de interés cubiertas por esta pequeña carta: santificación, Escrituras, advertencias contra falsos maestros y el fin del mundo. Miremos cada una de ellas más detalladamente.

Primero, Pedro comienza y termina estimulando el crecimiento en el andar cristiano. Asegura a sus lectores que Dios nos ha dado todo lo necesario para vivir (1.3). Luego enumera virtudes que promoverán el crecimiento: fe, bondad, conocimiento, dominio propio, perseverancia, piedad, afecto fraternal y amor (1.5-8). Sabiendo esto, los creyentes seguirán adelante sin retroceder en su vida cristiana (3.18).

Segundo, Pedro desea asegurar a sus lectores que es verdad lo que Dios prometió por medio de sus profetas, lo que dijo en su Palabra, y lo que enseñó a sus apóstoles. Algunos estaban empezando a dudar de que Dios realmente cumpliría su palabra (3.4). Pedro les asegura que la profecía no es de invención humana, sino que «los santos hombres de Dios hablaron siendo inspirados por el Espíritu Santo» (1.21). Si torcemos las Escrituras, lo hacemos para nuestra propia destrucción (3.16).

Tercero, en una extensa sección similar al libro de Judas, Pedro advierte contra los falsos maestros y doctrinas que aparecerán (2.1-22). Estos individuos serán falsos, destructores, indecentes, avaros, arrogantes, blasfemos, jactanciosos y pecaminosos. Peor aun, darán la espalda al santo mandamiento de Dios (2.21). Pero Él sabe cómo rescatar de esto a los suyos. Les anima a volverse a Él con renovada fe (2.9).

Finalmente, Pedro aclara la naturaleza del fin del mundo. Comienza explicando por qué aún no se ha producido la venida de Cristo. Hay que recordar que el tiempo de Dios es distinto al nuestro: para Dios, mil años son como un día, por tanto para Dios su demora no ha sido larga. Además, la demora es señal de la paciencia de Dios. Él no está apurado en destruir la tierra; al contrario, no quiere que nadie se pierda sino que todos se arrepientan (3.9). Luego Pedro explica cómo será aquel suceso: una ardiente destrucción del orden cósmico existente (3.10-12). Sin embargo, este no es el final del trato de Dios con el universo que ha creado. Él reemplazará este mundo pecador con «un nuevo cielo y una nueva tierra, el hogar de los justos» (3.13), que durará por toda la eternidad. Pedro concluye su análisis diciendo que debemos prepararnos viviendo sin mancha, irreprensibles y en paz con Dios (3.14).

Las epístolas de Juan

Hay tres cartas en el NT que la Iglesia siempre ha asociado con el apóstol Juan, autor del evangelio que lleva su nombre. La primera de las tres, que es la más larga, no posee las características de una carta antigua, si no de un folleto. Las otras dos tienen estructura de cartas pequeñas. Por cierto, 2 Juan es el libro más corto del NT.

Autor
Hay testimonio antiguo y uniforme de que el apóstol Juan escribió estas cartas. La existencia de 1 Juan se refleja en **1 Clemente**,

1 Clemente

Didaqué

la **Didaqué**, Papías y Policarpio (p.ej. del primer cuarto del segundo siglo). A finales del siglo segundo, Ireneo y Clemente de Alejandría hablan de estas cartas como procedentes de Juan. No se ha descubierto ninguna evidencia nueva, ni arqueológica ni de otro tipo, que ponga en duda esto. Donde existe escepticismo respecto a la autoridad juanina, son otros los elementos que se convierten en factores dominantes: «Es casi inevitable, pero las razones fundamentales que se presentan hoy para rechazar la autoría juanina de estas cartas no se basan en evidencia firme ... sino en reconstrucciones del desarrollo del "círculo", "comunidad" o "escuela" juanina. Esta reconstrucción ejerce tal poder controlador en discusiones contemporáneas, que se rechaza de plano la posibilidad de autoría apostólica».[5] Lo más factible es que el apóstol Juan haya escrito estas cartas.

Revisemos quién fue Juan. Creció en Galilea, quizás en Betsaida, donde su padre Zebedeo era un adinerado pescador. El nombre de su madre era Salomé; esta acompañó a Jesús en uno de sus viajes, junto con sus dos hijos Juan y Jacobo. Enseguida Juan llegó a ser discípulo de Juan el Bautista, pero después del bautismo de Jesús le siguió a Él. Luego del arresto de Juan el Bautista, Jesús pidió a Juan que dejara sus redes de pesca y se convirtiera en miembro permanente de su grupo (Mc 1.16-20); más tarde fue nombrado uno de los doce apóstoles (Mc 3.13-19). Formó parte del «círculo íntimo» de apóstoles y estuvo personalmente con Jesús en la resurrección de la hija de Jairo (Lc 8.51), en el Monte de la Transfiguración (Lc 9.28) y en el Huerto de Getsemaní (Mc 14.33).

Puesto que conocía al sumo sacerdote, pudo estar presente en el juicio de Jesús (Jn 18.15-16) y en su crucifixión, que fue cuando aceptó la responsabilidad por María, la madre de Jesús (Jn 19.26-27). Fue uno de los primeros en ver la tumba vacía (Jn 20.1-8) y luego al Cristo resucitado, inicialmente en el cuarto cerrado (Jn 20.19-28) y más tarde en el Mar de Galilea (Jn 21.1-24). Después de la ascensión de Jesús, Juan se quedó por un tiempo en Palestina (no estamos seguros cuánto tiempo) pero seguía allí a mediados de la cuarta década d.C., cuando Pablo visitó Jerusalén junto con Bernabé (Gl 2.6-10). Algún momento después salió para Éfeso, allá por 68 d.C., cuando los cristianos salieron antes de la caída de Jerusalén.[6] Ministró allí hasta su muerte, que pudo haberse producido aproximadamente en el 98 d.C.,[7] aunque no es seguro. Cuando se encontraba en la

Juan ministró en Éfeso desde aproximadamente el 68 d.C., hasta alrededor del 98 d.C.

Isla de PATMOS recibió las visiones registradas en el libro del Apocalipsis (Ap 1.9). Juan era en sus años mozos de temperamento fuerte y fogoso (Jesús lo llamó a él y a su hermano Jacobo «Hijos del trueno»; Mc 3.17); pero cuando a lo largo de los años la realidad de Cristo penetró en su corazón, se convirtió en el gran apóstol del amor, según muestran sus escritos.

No sabemos bien cuándo fueron escritas estas cartas, pero de acuerdo al contenido debió haber sido en la última parte de la vida de Juan y no en sus inicios.

1 Juan

Bosquejo
   I. **La encarnación hace posible la comunión** (1.1-4)
      A. Juan expresa la esencia de su proclamación (1.1-2)
      B. Juan expresa el propósito de su carta (1.3-4)

   II. **La comunión con Dios se basa en la verdad y el amor** (1.5–5.17)
      A. El mensaje apostólico declara los compañeros en comunión (1.5–2.2)
      B. La comunión tiene ciertos distintivos (2.3-27)
      C. La comunión demanda ciertos prerrequisitos (2.28–4.6)
      D. El amor lleva a la comunión (4.7–5.5)
      E. La fe acrecienta el amor (5.6-17)

   III. **La comunión encierra tres verdades** (5.18-21)

Propósito y enseñanza
Es característico de Juan decir por qué escribe algo, y esto se nota bien en 1 Juan, donde lo dice trece veces.

La primera vez (1.4) dice que escribe para que su gozo se cumpla en el conocimiento de que Jesús es el Hijo de Dios que apareció en carne. Esto nos abre comunión con el Padre; por cierto, el mismo Dios mora en nosotros si confesamos que Jesús es el Hijo de Dios (4.15).

La segunda vez dice que escribe para que no pequen (2.1). Es una parte importante de 1 Juan y ocupa casi todo el capítulo tres. El verdadero Hijo de Dios no puede tener una vida de continuo deseo de pecar, puesto que ha nacido de Dios (5.1) y por tanto es una nueva creación. Sin embargo, si pecamos, como lo haremos a veces, debemos confesar nuestro pecado y la sangre de Cristo nos limpiará y restaurará nuestra comunión con Dios (1.9–2.2).

La tercera vez (2.7-8) Juan recalca que escribe y no escribe un nuevo mandamiento: amarse unos a otros. No es nuevo ya que está presente en todo el AT y enseñanzas de Jesús. No obstante es nuevo en el sentido de que hemos visto en Cristo la personificación de ese amor. Puesto que Cristo mora en nosotros, también el amor de Dios mora en nosotros y por eso podemos (y realmente debemos) amar a quienes nos rodean (4.7-12). Juan dice en dos ocasiones que «Dios es amor» (4.8,16), y puesto que Él nos amó primero, debemos amarnos unos a otros. No debemos amar al mundo (2.15-17) porque es falso y pasajero, pues es la palestra del anticristo, que ya está en acción (2.18-19). Debemos probar cada espíritu para ver si es de Dios (4.2). Si no lo es debemos rechazarlo como al espíritu de la falsedad. Por tercera ocasión Juan dice que escribe para advertir contra quienes seducirán a los creyentes (2.26-27).

Finalmente Juan dice que escribe para asegurar a sus lectores de la victoria en Cristo y de la seguridad de la salvación (5.13). Los creyentes han triunfado sobre todo lo malo, porque «mayor es el que está en vosotros que el que está en el mundo» (4.4). El mundo no puede vencernos porque «todo lo que es nacido de Dios vence al mundo» (5.4), y según lo dice el viejo himno: «La fe es la victoria que vence al mundo». Conocemos esto cuando creemos en el nombre del Hijo de Dios; por eso sabemos que tenemos vida eterna (5.13). Con esta certeza viviremos sin temor en el mundo.

2 Juan

Bosquejo
   I. **El anciano saluda a la señora elegida y a sus hijos** (1-3)

   II. **Morar en la verdad es la base para caminar en amor** (4-11)
      A. Condenación: Andar en la

En cierto momento Juan se encontraba en Patmos, donde recibió las visiones que se describen en el libro del Apocalipsis.

verdad es guardar el mandamiento del Padre (4)
B. Exhortación: Andar en amor es mantener el mandamiento del Hijo (5-6)
C. Advertencia: Confesar y guardar la verdad de Cristo determinan el círculo de comunión en amor (7-11)

III. **La verdad es la base de la hermandad cristiana** (12-13)

Propósito y enseñanza

Juan dirige esta corta carta a «la señora elegida» (y sus hijos). Hay quienes creen que se trata de una mujer que permitía que una iglesia se reuniera en su casa, mientras que otros creen que es la personificación de una iglesia particular. Cualquiera que sea el caso, el mensaje es el mismo. 2 Juan resalta lo mismo que encontramos en 1 Juan. El apóstol subraya la necesidad de caminar en amor, repitiendo que no es un nuevo mandamiento sino uno que los cristianos han tenido desde el principio (5-6). Advierte contra quienes niegan la humanidad o divinidad de Cristo. Existen muchos engañadores así en el mundo (7-8). Los lectores de Juan rechazarán a quienes rechazan la enseñanza de Cristo, que se halla en la Iglesia verdadera. Juan concluye diciendo que ya no lo dirá más por medio del papel (papiro), pero que les hablará cara a cara en su próxima visita (12).

3 Juan

Bosquejo

I. **El anciano se dirige a Gayo en amor** (1)

II. **El amor debe prevalecer en el círculo de la verdad** (2-12)
A. Elogios a Gayo: Él anda en verdad y amor (2-8)
B. Condenación a Diótrefes: Rechaza la autoridad y carece de amor (9-10)
C. Recomendación de Demetrio: Hace el bien (11-12)

III. **La paz debe prevalecer entre amigos** (13-14)

Propósito y enseñanza

A diferencia de 2 Juan esta carta declara explícitamente quién es el destinatario. Es Gayo, un convertido de Juan. Él recibe elogios por su fidelidad y por caminar en la verdad (3-4), así como por mostrar hospitalidad a los misioneros o evangelistas cristianos que viajan (8). Sin embargo, no todo está bien. Diótrefes no desea ayudar a los obreros cristianos, pues prefiere el chisme y rechaza el consejo de Juan; además expulsa de la iglesia a quienes tratan de ayudar a los que trabajan en la expansión del verdadero evangelio (9-10). Aparentemente lo hace porque no soporta la competencia y quiere ser el primero en todo. Por otro lado, todos tienen buena opinión de Demetrio, alguien bondadoso y no un buscapleitos como Diótrefes. Juan concluye su pequeña carta a Gayo, del modo que lo hizo en 2 Juan: manifestando que tiene mucho que decir, pero que prefiere hacerlo cara a cara y no en el papel (13-14). Su salutación final recalca la amistad que existía en los creyentes primitivos ... algo poco común en esa o en cualquier época

Judas

Existen tres hombres llamados Judas en el NT, distintos al infame Judas Iscariote, y que se encuentran íntimamente asociados con la iglesia en Jerusalén: Judas, hermano de Jacobo, quien fue uno de los apóstoles originales de Jesús (Lc 6.16); Judas, también llamado Barsabás, y que fue con Pablo, Bernabé y Silas a Antioquía después del Concilio de Jerusalén (Hch 15.22); y Judas, nombrado junto con Jacobo, José y Simón como hermanos de Jesús (Mt 13.55; Mc 6.3). Es este último Judas quien se identifica como el autor de la epístola que lleva su nombre (v. 1). En humildad se llama a sí mismo solo siervo de Jesucristo y hermano de Jacobo. Se conoce poco sobre él, excepto que junto con sus hermanos no creyó en Jesús durante su ministerio terrenal (Mt 12.46-50; Jn 7.1-5). Pero se cree que se convenció como resultado de la resurrección, al igual que su hermano Jacobo (1 Co 15.7). Estuvo además en el aposento alto junto con los once apóstoles, María la madre de Jesús y sus otros hermanos, esperando la promesa del Espíritu Santo después de la ascensión de Jesús (Hch 1.12-14). Según Eusebio, los nietos de Judas fueron líderes en la iglesia y el emperador Domiciano los interrogó en una ocasión (81-96 a.C.), pero fueron liberados cuando le dijeron que el Reino de Cristo llegaría al fin del mundo y que no había ninguna amenaza para el corriente régimen romano (Historia eclesiástica 3.19.1 20.6).

Enfoque 23: Discernimiento de espíritus

En el estado de Nueva York en 1848, dos muchachas oyeron golpes repetidos en su casa, los que interpretaron como mensajes de un vendedor ambulante a quien supuestamente habían asesinado allí años antes. La fama de las muchachas se extendió cuando su «don» se hizo público. Al poco tiempo impresionaban a los habitantes de Nueva Inglaterra con la información que obtenían de los golpeteos.

Así comenzó el movimiento espiritista en Estados Unidos. En menos de cinco años se convirtió en una organización religiosa conocida como Asociación Nacional de Iglesias Espiritistas. Hoy día el grupo con sede en Nueva York asegura tener en todo el país 2.800 miembros, 143 iglesias o templos locales y 12 campamentos de verano. Los rituales espiritistas incluyen himnos, sanidades, un sermón y mensajes del mundo espiritual. Tienen además «cultos regulares de mensajes», donde un médium relata mensajes de muertos a individuos que a menudo pagan hasta ocho dólares por una «comunicación».

Irónicamente, hace poco la Asociación Nacional de Iglesias Espiritistas llevó a cabo su propia cacería de brujas al acusar a una de sus miembros en Maine de autodenominarse bruja, sibilante, demasiado aficionada a los gatos, y amenazar con «hacer un maleficio» a un funcionario público. Ella negó las acusaciones y afirmó solo ser «un médium y un canal» entre este mundo y el mundo espiritual.

Hoy día se están extendiendo doctrinas e iglesias falsas en todo el mundo; muchas son más sutiles que la brujería o espiritismo. Como cristianos, debemos prestar atención a la exhortación del apóstol Juan:

«Amados, no creáis a todo espíritu, sino probad los espíritus si son de Dios; porque muchos falsos profetas han salido por el mundo» (1 Jn 4.1).

Personajes y lugares clave

Antioquía
Asia
Asia Menor
Betsaida
Bitinia
Mar Muerto
Capernaum
Capadocia
Clemente de Alejandría
Domiciano
Éfeso
Eusebio
Galacia
Galilea
Getsemaní
Ireneo
Jerusalén
Monte de la Transfiguration
Nerón
Palestina
Papías
Patmos
Policarpo
Ponto
Roma
Trajano
Turquía

Términos clave

el Didaqué
1 Clemente

---

lugar o época del escrito, puesto que se carece de evidencias suficientes. No sería muy errado ubicarlo en algún momento en PALESTINA, donde se cree que Judas ministró desde principios de la sexta década d.C. hasta comienzos de la octava.

Bosquejo
  I. **Salutación** (1-2)
  II. **Razón del escrito** (3-4)
  III. **Juicio de Dios en el pasado** (5-7)
  IV. **Advertencias contra falsos maestros** (8-16)
  V. **Llamado a perseverar** (17-23)
  VI. **Doxología** (24-25)

Propósito y enseñanza
Judas empieza la carta diciendo a sus lectores la razón de su escrito: «Exhortarles a que contiendan ardientemente por la fe que ha sido una vez dada a los santos» (3). Los creyentes debían estar a la ofensiva (¡pero sin ofender!), por lo que creian contra aquellos que negaban a Jesucristo como el Señor soberano (4). Por supuesto, la dei-

Muchos eruditos modernos niegan a Judas la autoría de esta carta, por la misma razón que 2 Pedro se asigna a una época posterior. Sin embargo, ni para Judas ni para 2 Pedro existe una razón que obligue a rechazar el testimonio directo del mismo libro. No es posible hablar con certeza del

Resumen

1. Las cartas de Pedro fueron escritas por el apóstol Pedro, uno de los personajes más conocidos del NT.

2. El tema de 1 Pedro es la salvación en medio del sufrimiento.

3. En 1 Pedro contrastan los caminos del cristiano y los del mundo.

4. 2 Pedro se centra en santificación, Escrituras, advertencias contra falsos maestros, y fin de los tiempos.

5. Mientras hay mucha discusión sobre la autoría de 1, 2 y 3 Juan, existen buenas razones para afirmar que el apóstol Juan fue el autor.

6. A los cristianos se les exhorta en 1 Juan a amarse unos a otros.

7. 2 Juan se dirigió a «la señora elegida» y sus hijos, y resalta los mismos aspectos que 1 Juan.

8. 3 Juan fue escrita a Gayo, a quien Juan elogia por ser fiel y caminar en la verdad.

9. Judas fue escrita para instar a los cristianos a luchar por la fe.

10. Judas enumera los pecados de los malhechores e insta a los cristianos a resistirlos.

dad de Cristo es un asunto crucial. Si alguien niega esto pierde la esencia misma del cristianismo. Pero Judas reconoce que el rechazo a Cristo raramente va solo. Con frecuencia incluye también al rechazo de la moral cristiana. En consecuencia, utiliza la mayor parte de su carta advirtiendo a sus lectores en contra de los malhechores impíos de su época (4-16). Esta sección es bastante similar a 2 Pedro 2.4-17 y es muy difícil decir si Judas refleja a 2 Pedro, si Pedro refleja a Judas, o si ambos están proclamando el material tradicional que han aprendido. Sin embargo, en cualquier caso la peculiaridad teológica permanece igual: se debe rechazar a toda costa a los malhechores, puesto que destruyen la Iglesia. La lista de sus pecados va desde calumnia y avaricia hasta inmoralidad sexual y perversión. No les importa para nada la Iglesia; solo buscan lo que satisface su indecente provecho. Pero los lectores de Judas saben que esto sucederá, por tanto deben resistir a tales personas y a sus tentaciones con toda la fuerza de Dios. Ellos deben edificarse unos a otros, orar en el Espíritu Santo, vivir en el amor de Dios, mostrar misericordia a los débiles y hacer todo lo posible para salvar a los perdidos (20-23).

Preguntas de repaso

1. El autor de 1 y 2 Pedro es _____.
2. La persecución a que se refiere 1 Pedro quizás se llevó a cabo en el gobierno de _____ o posiblemente antes.
3. El creyente se presenta en 1 Pedro como un _____.
4. Pedro declara que la meta suprema del cristiano debería ser seguir a _____.
5. Es probable que 2 Pedro se haya escrito en la ciudad de _____.
6. 2 Pedro 1.5-8 enumera las siguientes virtudes que fomentarán el crecimiento: fe, virtud, conocimiento, dominio propio, paciencia, _____, _____ y _____.
7. 1 Clemente, el Didaqué y Papías en el siglo primero, e Ireneo en el segundo, hablan de la existencia del libro de _____.
8. El libro más corto del Nuevo Testamento es _____.
9. 2 Juan asegura que la base para caminar en amor es permanecer en la _____.
10. El destinatario de 3 Juan es uno de los convertidos de Juan llamado _____.
11. Judas se convirtió en creyente de la verdad de Cristo como resultado de la _____.
12. Según Judas, un asunto crucial que enfrenta la fe es la _____.

Preguntas de estudio

1 Pedro
1. ¿Quién fue Pedro? Resuma su vida.
2. ¿Qué consuelo ofrece Pedro a sus amigos que sufren?
3. ¿Cómo es la vida del peregrino?
4. ¿Cuál es la meta suprema del creyente?

2 Pedro
1. ¿Qué nos da Dios para la vida cristiana?
2. ¿Qué dice Pedro acerca del fin del mundo?

1 John
1. ¿Quién fue Juan? Resuma su vida.
2. ¿Cuál es el «nuevo mandamiento» y qué dice Juan de él?
3. ¿Por qué no vive en pecado el creyente?

2 Juan
1. ¿Cómo resumiría la enseñanza de esta pequeña carta?

3 Juan
¿Cuáles son los puntos principales de 3 Juan?

Judas
1. ¿Quién fue Judas? Resuma brevemente su vida.
2. ¿Cómo resumiría la enseñanza de Judas?

Lecturas relacionadas

Meyer F.B., *Exposición de la primera epístola de Pedro*, Casa Bautista de Publicaciones, El Paso, TX. Comentario temático y devocional de 1 Pedro. Profundiza el tema del descanso que da al creyente la fe en el glorioso Señor.

Fickett Harold L., *Los principios del pescador: 1 y 2 de Pedro*, Editorial Clie, Barcelona, España, 1975. Un bosquejo capítulo por capítulo de las cartas de Pedro. Analiza devocionalmente su contenido. De mucha inspiración.

Rees Paul S., *Primera epístola de Pedro*, Junta Bautista de Publicaciones, Buenos Aires, Argentina, 1963. El autor, un destacadísimo exégeta, nos inspira con sus aceptados comentarios sobre los escritos de Pedro. Su estilo es vibrante y profundo.

Schwank Benedikt, *Primera carta de San Pedro*, Editorial Herder, Barcelona, España, 1979. Así como Cristo cargó la cruz, sus seguidores deben generar en su mente tal ánimo. Esta es parte intrínseca de la gracia que nos dejó Jesús el Cristo.

Stoger Alois, *Carta de Judas*, Editorial Herder, Barcelona, España, 1975. Breve estudio apologético de la fe cristiana basada en la carta de Judas.

Stoger Alois, *Segunda carta de Pedro*, Editorial Herder, Barcelona, España, 1975. Estudio exegético de los tres capítulos de 2 Pedro y análisis de sus doctrinas.

Barclay William, *«1, 2 y 3 de Juan»*, Editorial La Aurora, Buenos Aires, Argentina, 1974. Las Cartas de Juan no son las más leídas del Nuevo Testamento, por lo que el autor insta a los cristianos a conocer tales perlas de la revelación.

Hendricks W.L., *Las epístolas de Juan*, Casa Bautista de Publicaciones, El Paso, TX, 1970. El autor recomienda este texto como libro base de estudios bíblicos sencillos en la iglesia local. Su lenguaje es fácil de entender hasta por el menos preparado culturalmente.

24 Apocalipsis
¡Dios tiene el control!

Bosquejo

- **Escritor y fecha**
- **Bosquejo**
- **Teorías de interpretación**
- **Las enseñanzas de Apocalipsis**
  Dios
  El Hijo de Dios
  El pueblo de Dios
  Escatología

Objetivos
Después de leer este capítulo, usted podrá

- Identificar al escritor del Apocalipsis y apoyar con hechos específicos su identificación.
- Esbozar el contenido del libro del Apocalipsis
- Comparar las cuatro teorías utilizadas para interpretar al Apocalipsis
- Nombrar las cuatro ideas teológicas más importantes desarrolladas en Apocalipsis
- Ilustrar cómo está trabajando Dios entre el mundo sobrenatural y el temporal
- Dar los diferentes nombres dados a Dios en Apocalipsis

Para la mayoría de las personas, el Apocalipsis es un libro vedado. Nunca lo leen. Le tienen temor o piensan que no podrán entenderlo. Es lamentable, porque desde épocas primitivas de la Iglesia se ha recurrido a este libro como fuente de aliento en tiempos de persecución. Es de todos los libros de la Biblia el que abarca mejor la historia del mundo y el control que ejerce Dios. Las cosas podrán ser difíciles, pero Dios sabe lo que hace. Nos está dirigiendo a la Nueva Jerusalén, donde enjugará toda lágrima y moraremos con Él por siempre.

El libro es difícil de entender. Pero esto no debe ser un obstáculo para tratar de comprenderlo. Muchas cosas son difíciles de entender al principio, pero su significado se vuelve más claro después de hacer un esfuerzo. Esto pasa con *Four Quartets* de T.S. Eliot y algunos poemas de Gerard Manley Hopkins. El Apocalipsis cae en esta misma categoría.

Algunas pautas serán útiles. Primero, el libro consta de largas y complicadas series de más de sesenta visiones: se mezclan unas con otras, a veces se sobreponen, retroceden y empiezan de nuevo; escoge ciertos detalles o los expande, ofrece perspectivas generales de acontecimientos colosales y mucho más. Estos se deben leer como lo que son: relatos visionarios de la realidad que el Señor dio para describir profundas verdades espirituales y teológicas. Debemos recordar que las imágenes que Juan utilizó eran bien conocidas en su época, aunque no lo sean para nosotros. La mayoría de ellas se han tomado del Antiguo Testamento (hay casi 350 alusiones o referencias a él) y el resto vienen de otros libros que eran comunes en ese tiempo. Nos debemos imaginar en esa situación para encontrar sentido a lo que Juan dice.

Segundo, el estilo que Juan utiliza también era conocido de sus lectores. Se le llamó apocalíptico y los lectores sabían a lo que se refería, puesto que estaban acostumbrados a leer esa clase de literatura. Como estilo literario el apocalíptico era muy simbólico. Las semejanzas de las bestias y dragones apocalípticos e incluso de los universos que se desintegran, eran representaciones pictóricas de profundas realidades históricas y teológicas. Eran conocidas por los lectores de Juan; provenían de libros bien conocidos del Antiguo Testamento, como Éxodo, Salmos, Ezequiel, Daniel y Zacarías.

Finalmente debemos recordar que a lo largo del libro se teje la teología cristiana básica. Esto le proporciona coherencia interna y unidad. No permita que los símbolos lo dominen por completo; busque la verdad teológica que se presenta.

Escritor y fecha

El autor se llama a sí mismo Juan (1.1) y dice que estaba en la isla de Patmos como resultado de «ser copartícipe en la tribulación en el reino y en la paciencia», comunes a quienes están en Jesús (1.9). Patmos es una pequeña isla en la costa de Asia Menor en el mar Egeo. Era un lugar árido y Juan había sido exiliado allí, sin duda hasta su muerte. Hay firme testimonio antiguo (Justino Mártir, Ireneo, Tertuliano, Orígenes) de que se trata de Juan el apóstol, quien también escribió el Evangelio y las tres cartas. Aunque existe alguna antigua disensión a este respecto, se debe generalmente a razones dogmáticas. Por ejemplo a Dionisio de Alejandría, más tarde seguido por Eusebio, no le agradaba la enseñanza del libro sobre el milenio (opinión que no compartía), por tanto debatía en contra del origen apostólico del libro.

Gran parte de la intelectualidad contemporánea también rechaza el origen apostólico del Apocalipsis. Pero esta posición negativa se debe a razones internas, aludiendo que la teología y el griego del libro son tan distintos al Evangelio [Juan], que la misma persona no pudo haber escrito los dos. Puesto que la mayoría de estos eruditos modernos no aceptan la autoría juanina del Evangelio, es difícil aceptar la firmeza de su argumento. Sin embargo, incluso aceptando estas diferencias, no llegan a ser tan grandes como las hacen aparecer algunos eruditos contemporáneos. Quienes hablaban griego e históricamente estuvieron muy cerca de la situación, no tuvieron problema en reconocer a Juan el apóstol como el autor tanto del Evangelio como del libro de Apocalipsis.[1]

La fecha que comúnmente se asigna al Apocalipsis es durante las persecuciones del emperador Domiciano (81-96 d.C.), como lo asegura Ireneo, «hacia finales del

Monasterio San Juan en Patmos, Grecia.

régimen de Domiciano» (Against Heresies [Contra las herejías] 5.30.3). Sin embargo, algunos hoy día sugieren una fecha anterior, probablemente durante el régimen de Nerón (ca. 68 d.C.).[2] De ambas, la última fecha parece más adecuada principalmente debido a que el Apocalipsis parece implicar que Nerón ya estaba muerto. Por supuesto, esto pondría su origen después de Nerón, y durante una época de persecución, así que el régimen Domiciano encaja bien.

Bosquejo

I. Visión preliminar (1.1-20)
   A. Introducción temática y salutación (1.1-8)
   B. Visión divina de Cristo (1.9-16)
   C. Explicación abreviada de la visión (1.17-20)

II. Cartas a las siete iglesias de Asia (2.1–3.22)
   A. Carta a la iglesia de Éfeso (2.1-7)
   B. Carta a la iglesia de Esmirna (2.8-11)
   C. Carta a la iglesia de Pérgamo (2.12-17)
   D. Carta a la iglesia de Tiatira (2.18-29)
   E. Carta a la iglesia de Sardis (3.1-6)
   F. Carta a la iglesia de Filadelfia (3.7-13)
   G. Carta a la iglesia de Laodicea (3.14-22)

III. Visión de Dios en su trono (4.1–5.14)

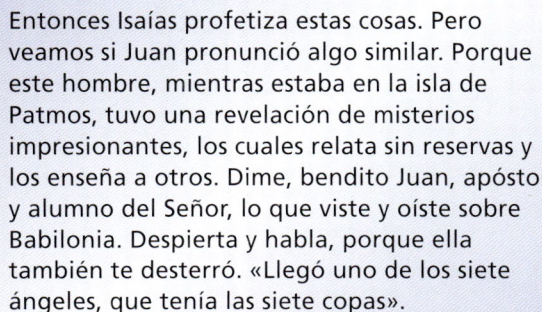

El misticismo de Juan

Entonces Isaías profetiza estas cosas. Pero veamos si Juan pronunció algo similar. Porque este hombre, mientras estaba en la isla de Patmos, tuvo una revelación de misterios impresionantes, los cuales relata sin reservas y los enseña a otros. Dime, bendito Juan, apóstol y alumno del Señor, lo que viste y oíste sobre Babilonia. Despierta y habla, porque ella también te desterró. «Llegó uno de los siete ángeles, que tenía las siete copas».

— Hipólito (ca. 170-236 d.C.)

El juicio final, Capilla Sixtina, Roma, de Miguel Ángel, pintado entre 1534-41.

    A. Visión de Dios (4.1-6a)
    B. Los cuatro seres vivientes (4.6b-11)
    C. El rollo del destino (5.1-5)
    D. Cristo como el cordero triunfante (5.6-10)
    E. Adoración universal a Dios (5.11-14)

IV. **Apertura de los sellos en el rollo del destino** (6.1-7)
    A. Apertura del primer sello (6.1-2)
    B. Apertura del segundo sello (6.3-4)
    C. Apertura del tercer sello (6.5-6)
    D. Apertura del cuarto sello (6.7-8)
    E. Apertura del quinto sello (6.9-11)
    F. Apertura del sexto sello (6.12-17)

V. **Interludio antes del séptimo sello** (7.1-17)
    A. Los 144.000 sellados de Israel (7.1-8)
    B. Visión de la multitud redimida del mundo (7.9-11)
    C. Explicación de la multitud (7.12-17)

VI. **El séptimo sello y las siete trompetas** (8.1–9.21)
    A. Apertura del séptimo sello y la visión del incensario (8.1-5)
    B. Se tocan las primeras cuatro trompetas (8.6-13)
    C. Se toca la quinta trompeta (9.1-12)
    D. Se toca la sexta trompeta (9.13-21)

VII. **Interludio y la séptima trompeta** (10.1–11.19)
    A. Visión del ángel fuerte y el rollo (10.1-11)
    B. Visión de los dos testigos (11.1-14)
    C. Se toca la séptima trompeta (11.15-19)

VIII. **Conflicto cósmico del bien y el mal** (12.1–13.1a)
    A. La mujer vestida del sol (12.1-6)
    B. Guerra en el cielo (12.7-12)
    C. Guerra espiritual en la tierra (12.13–13.1a)

IX. **Las bestias, los creyentes y el juicio de la tierra** (13.1b–14.20)
    A. La bestia del mar (13.1b-10)
    B. La bestia de la tierra (13.11-18)
    C. El Cordero y los 144.000 (14.1-5)
    D. Anuncios de los tres ángeles voladores (14.6-13)
    E. La cosecha de la tierra en juicio (14.14-20)

X. **Las siete últimas copas de la ira de Dios** (15.1–16.21)
    A. Cántico de Moisés y el Cordero (15.1-4)
    B. Los siete ángeles con las siete últimas plagas (15.5-8)
    C. Derramamiento de las siete copas de la ira de Dios (16.1-21)

XI. **Predicción de la caída de Roma** (17.1–18.24)
    A. Destrucción de la mujer sobre la bestia (17.1-18)
    B. Caída de Babilonia la grande (18.1-24)

XII. **El retorno de Cristo en gloria** (19.1-21)
    A. Regocijo de la multitud en el cielo (19.1-10)
    B. El jinete del caballo blanco destruye al diablo (19.11-21)

XIII. **El reino milenial de Cristo** (20.1-15)
    A. Reinado de mil años (20.1-6)
    B. Sentencia de Satanás (20.7-10)
    C. Juicio en el gran trono blanco (20.11-15)

XIV. **El nuevo orden eterno** (21.1–22.6)
    A. Un cielo nuevo y una tierra nueva (21.1-8)
    B. La nueva Jerusalén, la esposa del Cordero (21.9-27)
    C. El Río y el Árbol de la Vida (22.1-6)

XV. **Promesa del retorno de Jesús** (22.7-21)

    Como se puede apreciar del bosquejo, el contenido del Apocalipsis es complejo y a veces confuso. Sin embargo, se divide en tres secciones básicas: introducción y cartas (caps. 1-3), desarrollo de la historia hasta el retorno de Cristo (caps. 4-19), y el

anticristo

gran trono blanco

reino milenial de Cristo y el nuevo orden eterno (caps. 20-22).

La sección media empieza con la visión magnífica de Dios triunfante en su trono (caps. 4-5), a lo que siguen siete visiones (sellos, trompetas, copas) entremezcladas con varios interludios, retrocesos y sobreposiciones. Un gran número de comentaristas ven que estas tres series de visiones se desarrollan paralelas, y que cada una termina con una visión de la Segunda Venida (el final de los sellos en 6.1-17; las trompetas terminan en 11.15-18; las copas terminan en 16.17-21).

Teorías de interpretación

A través de la historia de la Iglesia ha habido muchas teorías de cómo interpretar el Apocalipsis.[3] Donald Guthrie enumera nueve teorías básicas; sin embargo, para nuestros propósitos se destacan cuatro como las más importantes: la histórica premilenial, la amilenial, la dispensatoria premilenial y la posmilenial.[4]

La perspectiva histórica premilenial se remonta a Papías, Ireneo, Justino Mártir e Hipólito, y sostiene que el libro relata la vida de la Iglesia. Los creyentes deben experimentar diversas persecuciones hasta el tiempo del fin, cuando serán liberados del poder del anticristo con el retorno de Cristo (descrito en el capítulo 19). Cuando Cristo regrese habrá una resurrección de creyentes, seguida de un milenio y luego de un juicio final de incrédulos en el «gran trono blanco» (descrito en 20.11-15). Después de eso se inicia un nuevo cielo y una nueva tierra; y empieza la eternidad.[5]

La perspectiva amilenial también se origina en los primeros días de la Iglesia y la defienden Orígenes y Agustín. La sostuvieron Lutero y Calvino y probablemente ha sido la opinión mayoritaria a lo largo de la historia de la Iglesia. Rechaza la idea de un Reino de Cristo literal de mil años luego de su regreso al final del siglo (de allí el nombre amilenialismo, no milenio). Cree que el milenio se está cumpliendo de manera espiritual en el ministerio de la Iglesia durante la presente era. Se cree que el Apocalipsis describe la vida de la persecución de la iglesia, que terminará con la Segunda Venida de Cristo, cuando se producirá una resurrección general de todos, salvos e incrédulos. Entonces se produce el juicio y se inauguran un cielo y una tierra nuevos como el hogar de los creyentes. Los perdidos serán lanzados al lago de fuego.[6]

La perspectiva dispensatoria premilenial es relativamente de origen reciente y es algo más complicada que las dos anteriores. Típicamente, en esta opinión los primeros tres capítulos de Apocalipsis tratan con la Iglesia (o la era de la Iglesia), después de lo cual los santos serán arrebatados (quitados) del mundo. Por lo general esto se sitúa en 4.1-2 con «sube acá», refiriéndose al rapto. La sección media del libro (caps. 4-19) trata con Israel en la tierra durante un período de siete años de gran tribulación, que no afecta a la Iglesia porque está en el cielo con Cristo. En la batalla de ARMAGEDÓN en el capítulo 19, Cristo trae consigo a los cristianos arrebatados y establece un milenio judío, en cumplimiento de las profecías del Antiguo Testamento. Los santos cristianos gobiernan con Cristo durante un período de mil años. Al final de este tiempo Satanás será liberado de su encierro para una rebelión final y en el **gran trono blanco**, él, sus ángeles y los perdidos serán lanzados al lago de fuego. Se crea un cielo nuevo y una tierra nueva y entramos en la eternidad. Esta perspectiva se denomina a veces la teoría del rapto pretribulación, puesto que la Iglesia desaparece de la tierra *antes* de la gran tribulación, o la teoría del rapto de cualquier momento, porque postula que el rapto de los santos puede ocurrir en cualquier instante y sin advertencia.[7] Existen variaciones de esta opinión; se postula un rapto de la Iglesia en medio de la tribulación o incluso uno postribulación.

El posmilenialismo es una perspectiva que data del siglo dieciocho y postula que a lo largo de la predicación del evangelio el mundo se irá ganando para Cristo de manera gradual. De este modo la idea milenial se cumple. La era de la Iglesia es el milenio, donde reina la justicia y la equidad y prevalece el bien en la tierra. La gran comisión se ha cumplido y el conocimiento del Señor cubre la tierra como las aguas cubren el mar. Después de que de este modo la tierra sea hecha digna de Cristo, Él regresa en gloria al mundo que ha salvado. De allí el nombre «posmilenialista», pues Cristo regresa después del milenio. Esta opinión es similar al amilenialismo en que a la Segunda Venida de Cristo le acompañarán tanto una resurrección general como un juicio general y la inauguración de la eternidad. El libro de Apocalipsis se interpreta de modo pretérito, es decir que se entiende en referencia a los acontecimientos del tiempo de Juan, y no como profético del futuro.[8]

Cristianos devotos han abrazado todas estas opiniones (y muchas más), sin embargo es trágico que el tema del regreso de Cristo se convierta en una controversia. Lo importante es que Jesús regresa, y no cuándo o exactamente cómo lo hará. Martín Lutero decía que deberíamos vivir como si Cristo hubiera sido crucificado ayer, hubiese resucitado hoy y regresara mañana. Si seguimos este sabio consejo estaremos listos para cuando Él venga.

Las enseñanzas del Apocalipsis

Aunque existen fuertes diferencias de opinión respecto al drama del tiempo final descrito en Apocalipsis, prácticamente hay unanimidad en cuanto a sus enseñanzas teológicas esenciales. El Apocalipsis es un documento teológico profundo. Hay muchas ideas que se desarrollan en él. Veamos cuatro de las más importantes.[9]

Dios

La verdad central del libro es que Dios existe, creó el universo, está dirigiendo el curso de la historia, venció al maligno y a su debido tiempo llevará todo a una conclusión triunfante. Muchas imágenes del Antiguo Testamento se tejen para ofrecer una rica descripción de Dios. La visión de poder de los capítulos 4 y 5 muestra a Dios en su trono, desde el que rige el universo, con todas las huestes celestiales y a los redimidos del mundo que se inclinan ante Él. Es importante que cuando el libro comienza a descifrar el curso de la historia futura, «todo lo creado que está en el cielo, y sobre la tierra, y debajo de la tierra, y en el mar, y todas las cosas que en ellos hay» se juntan en la doxología final a Dios que lo ha creado todo y al Cordero (4.11; 5.13). Esto prepara al lector para lo que viene. Las descripciones que no parecen las de una una creación que alaba a Dios, pero estaríamos totalmente equivocados si lo entendemos así. En realidad, la creación está alabando a Dios a su manera, inclusive los seres (sobrenaturales o humanos) que luchan contra la voluntad de Dios. Esto rememora un tema profundo del AT: Dios hace siempre su voluntad, y nadie puede escapar de Él.

Se presenta a Dios de modo trino. Primero como uno «que es y que era y que ha de venir», segundo como «los siete espíritus ante su trono» (simbólicamente representan a los siete ministerios enlazados del Espíritu Santo como se ve en Is 11.2-3), y tercero como «Jesucristo, quien es el testigo fiel, el primero de entre los muertos y el que gobierna sobre los reyes de la tierra». En cierto modo el Apocalipsis presenta limitadamente al Espíritu y su ministerio (2.7; 3.1; 4.2; 5; 14.13; 17.3; 21.10; 22.17), pero hace un énfasis fuerte en la gloria divina del Hijo.

Una de las pistas para entender el libro es captar la idea de la relación de Dios con el mundo. Vivimos en dos realidades: el orden sobrenatural donde Dios es el todo en todos, y el mundo temporal donde Dios está llevando a cabo sus propósitos para este mundo. Constantemente el libro se mueve entre estas dos direcciones y nos desafía a que miremos la mano de Dios actuando en el mundo que nos rodea, aunque este sea hostil para con Él. Dios es la realidad suprema; este mundo está subordinado a Él y es pasajero. Está llegando a su fin señalado, a pesar de cómo se vean hoy las cosas.

El Hijo de Dios

Ningún libro del NT habla de manera tan sublime de Jesucristo, el Hijo de Dios. Desde la aturdidora visión de 1.12-18 hasta su regreso como Rey de reyes y Señor de señores (19.16), se le ve nada menos que como un ser divino (1.18; 3.7; 22.13). Las doxologías del libro se dirigen a uno y otro. El Padre y el Hijo tienen las mismas cualidades (4.11; 5.12-13; 7.12). Dios se llama a sí mismo «el Alfa y la Omega, el principio y el fin» (1.8; 21.5-6) y Jesús se refiere a sí mismo de la misma forma (22.12-13).

La expresión favorita de Juan (veintiocho veces) para describir a Jesús es «el Cordero», recordando de su evangelio la obra redentora de Dios en Cristo (Jn 1.29).

Jesús es el Salvador del mundo. El Cordero recibe adoración de los santos (5.8) y gloria y honra eterna (5.13); Él trae la salvación de Dios (7.9-10); los santos tienen victoria a través de la sangre del Cordero y el Él es la gloria de Dios en la ciudad eterna en los cielos (21.23). Este Cordero es el León de la Tribu de Judá, que ha venido a destruir a las naciones y a gobernar con mano de hierro (5.5; 19.15).

El pueblo de Dios

Los redimidos de Dios juegan un papel destacado en el libro del Apocalipsis. Como iglesias individuales tienen sus virtudes y debilidades (vea caps. 2-3 para las siete iglesias), pero como redimidos de Dios, contra Satanás y el mundo, son «victoriosos sobre la bestia y su imagen y sobre el número de su nombre» (15.2), aun cuando les cueste la vida.

A los creyentes se les describe en Apocalipsis de diversas formas: como siervos de Dios (7.3); como un reino (1.6; 5.10); como sacerdotes (1.6; 5.10; 20.6); como santos (18.20); como los sin culpa (14.5); como los llamados y los escogidos (17.4); como la esposa del Cordero (19.7; 21.9); como quienes son redimidos como primicias para Dios y el Cordero, y como los que siguen al Cordero dondequiera que vaya (14.4). El deber de los creyentes es sujetarse al testimonio de Jesús y a la Palabra de Dios (6.9; 11.7; 12.11,17; 19.10; 20.4). Lo consiguen observando y guardando los mandamientos de Dios (3.8,10; 12.17; 14.12), manteniéndose puros (14.4) y haciendo la obra que Dios les ha asignado (2.2,13,19; 3.1,8; 14.13). Todo esto se resume como «la paciencia y la fe de los santos» (13.10).

Escatología

Los teólogos hablan de escatología personal (lo que sucede al final de nuestras vidas) y la escatología cósmica (lo que pasa en el fin del mundo). Ambas se encuentran abundantemente en Apocalipsis. Se describen: la certeza de vida después de la muerte (6.9-11); el bienestar del creyente en la presencia de Dios y Cristo (7.9-17); la resurrección y recompensa de los santos (20.4-6) y su glorioso estado eterno (21.6-8); la Segunda Venida de Cristo (6.12-17; 19.11-21); la asignación de un lugar eterno para todos (20.1-15); la creación de un nuevo cielo y una nueva tierra (21.1-17); y la promesa de que veremos personalmente a Dios, cara a cara

¿Irá todo el mundo al cielo?

El universalismo es la idea de que finalmente todo y todos serán salvos, incluyendo a Satanás, sus ángeles y demonios. Esta opinión se está volviendo más popular en nuestros días porque la Nueva Era resalta y enseña la divinidad esencial de todo ser humano sin que importe cuán deliberadamente rechace a Dios o su evangelio. Todos somos parte del Ser supremo, y Él es divino, lo que nos hace dioses en parte. Puesto que somos divinos en esencia, a la larga no nos podemos perder. Al final todas las cosas se volverán a unir en una armonía cósmica como una humanidad redimida.

Esta opinión tiene gran aceptación popular porque nos dice que a pesar de lo que hacemos o hagamos llegaremos al «cielo». Por desgracia esta no es la opinión de Jesús ni de la Biblia. Esta no nos dice que en esencia seamos salvos sino que en realidad estamos perdidos.

No somos parcialmente divinos sino más bien separados de Dios por nuestra condición pecaminosa. Nuestro pecado y perdición nos han colocado en estado de condenación, destinados al infierno y no al cielo. Solamente la gracia de Dios expresada en la muerte y resurrección de Jesús, el único ser humano poseedor de la deidad, es la única que nos salva de nuestra perdición y nos califica para el cielo.

El Nuevo Testamento es claro en el hecho de que entrarán al cielo solo quienes acepten a Jesús como su Salvador y como quien murió por ellos. El cielo es el regalo gratuito de Dios para quienes se arrepienten de sus pecados y abren sus corazones a su Hijo, quien nos amó y se entregó por nosotros. Algunas personas se pierden no porque Dios no les ofrezca salvación sino porque rechazan la oferta generosa que se les hace.

Apocalipsis

Enfoque 24: Un cielo nuevo y una tierra nueva

En Apocalipsis 21.1 leemos que en su visión en Patmos el apóstol Juan vio «*un cielo nuevo y una tierra nueva; porque el primer cielo y la primera tierra pasaron*». Su descripción de este nuevo universo está llena de simbolismo cuando habla de que la calle de la nueva Jerusalén es «*de oro puro, transparente como vidrio*» (21.21) y que el «*río limpio de agua de vida, resplandeciente como cristal*» (22.1). Este es un maravilloso panorama de lo que espera al creyente cuando Cristo regrese por su Iglesia y dé un dramático final a la historia.

El apologista y erudito cristiano C.S. Lewis escribió una serie famosa de libros para niños, *Las crónicas de Narnia*. Pero como cualquier adulto que los haya leído sabe, no son solo historias para niños. Más bien, relatan la historia de la creación de Dios y la redención de la humanidad, simbolizadas en los libros por el país de Narnia y sus habitantes. En el siguiente pasaje del último libro de la serie, *La última batalla*, Lewis muestra esta imagen de un cielo nuevo y una tierra nueva al término de los tiempos:

Es difícil explicar en qué sentido esta soleada tierra era diferente de la antigua Narnia, así como lo será decirle cómo saben las frutas de ese país. Quizás usted se haga alguna idea si le viene a la mente algo así: Tal vez ha estado en un cuarto cuya ventana mira hacia una maravillosa bahía o hacia un verde valle que se pierde en las montañas. Y en la pared de ese cuarto opuesta a la ventana hay un espejo. Y cuando usted da la vuelta desde la ventana, repentinamente ve de nuevo ese mar o aquel valle en el espejo. Y el mar en el espejo, o el valle en el espejo, eran en un sentido bien iguales a los verdaderos: pero al mismo tiempo son diferentes de cierta manera: más profundos, más maravillosos, más como lugares en una historia que nunca ha oído pero que ansía conocer. Así es la diferencia entre la antigua y la nueva Narnia. La nueva es una nación más profunda: cada roca y flor y brizna de hierba parecía con más significado. No puedo describirla de mejor manera. Si usted va a allí algún día comprenderá lo que quiero decir.

Fue el unicornio quien resumió lo que todos estaban sintiendo. Estampó en tierra su pezuña derecha, relinchó y entonces gritó:

«¡Al fin he llegado a mi hogar! ¡Este mi verdadero país! Soy de este lugar. Esta es la tierra que he estado buscando toda mi vida y que no había encontrado hasta ahora. Amaba la antigua Narnia porque a veces se parecía a esta. ¡Yu-ju-ju! ¡Sube más! ¡Entra más!»

Términos clave

anticristo
gran trono blanco

Personajes y lugares clave

Mar Egeo
Armagedón
Asia Menor
Dionisio de Alejandría
Domiciano
Hipólito
Ireneo
Justino Mártir
Nerón
Orígenes
Patmos
Tertuliano

y reinaremos con Él para siempre (22.1-6). El libro finaliza con la oración del corazón sincero de cada creyente: «Amén; sí, ven, Señor Jesús» (22.20).

Con buena razón el NT finaliza con el Libro del Apocalipsis. En él se desarrolla una filosofía de historia que muestra a Dios como supremo sobre todo el universo y en particular sobre el curso de los sucesos humanos. Además, de manera maravillosa y simbólica muestra los dos elementos del ministerio mesiánico de Cristo: el del siervo sufriente (el Cordero) y el de gobernante soberano (el León). El AT manifestó que el Mesías vendría en estas dos formas. Jesús fue rechazado por los suyos en su primera venida porque ellos deseaban que fuera su rey, a fin de poder gobernar el mundo junto con Él. No se dieron cuenta de que la cruz debía preceder a la corona, y de que la gloria vendría solo después de que los pecadores aceptaran su papel de siervos. Jesús mostró que esto es cierto y ordenó a sus seguidores tomar su cruz y vivir para Él (Mc 8.34). Apocalipsis nos muestra que nuestra vida aquí es de servicio y de gran tribulación. Pero tal como triunfó Jesús, también nosotros triunfaremos con Él.

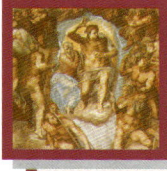

Resumen

1. Lo más probable es que el apóstol Juan escribiera el libro del Apocalipsis.

2. Las cuatro teorías sobresalientes de interpretación del Apocalipsis son: la histórica premilenial, la amilenial, la dispensatoria premilenial y la posmilenial.

3. Los temas centrales del Apocalipsis son: Dios existe y dirige el curso de la historia; Él ha vencido al diablo; Él llevará todo a una triunfante conclusión en su tiempo.

4. Una clave para entender Apocalipsis es captar la relación de Dios con el mundo.

5. La principal enseñanza teológica del Apocalipsis se enfoca en Dios, el Hijo de Dios, el pueblo de Dios y la escatología.

6. El simbolismo se utiliza en todo el Apocalipsis; el ministerio mesiánico de Cristo es un ejemplo: el Cordero representa al siervo sufriente y el León representa al gobernante soberano.

Preguntas de repaso

1. El Apocalipsis es difícil de estudiar debido a la cantidad de _____; hay más de _____ de ellas.

2. El estilo literario apocalíptico es muy _____.

3. El escritor del Apocalipsis se llama a sí mismo _____.

4. Apocalipsis refiere cartas escritas a siete _____ de Asia.

5. Los tres grupos de siete visiones son _____, _____ y _____.

6. La posición que rechaza la idea de un reinado literal de mil años de Cristo sobre la tierra se llama _____.

7. La teoría dispensatoria premilenial sostiene que Satanás y todos sus ángeles serán juzgados ante el _____ al final del milenio.

8. La enseñanza central del Apocalipsis es que Dios _____.

9. El nombre favorito de Juan para Jesús es el _____.

10. El libro de Apocalipsis ofrece mucho material para el estudio de la rama teológica conocida como _____.

Apocalipsis

Preguntas de estudio

1. ¿Por qué cree que la mayoría de personas no leen Apocalipsis?
2. ¿Cuáles son las teorías básicas para entender Apocalipsis?
3. ¿Qué enseña el Apocalipsis acerca de Dios?
4. ¿Qué enseña el Apocalipsis acerca del Hijo de Dios?
5. ¿Qué tiene que decirnos el tema de la escatología hoy en día para nuestra vida diaria?
6. Busque las referencias a Jesús como León y Cordero. Describa en detalle lo que significa cada mensaje.

Lecturas relacionadas

Foulkes Ricard, *El apocalipsis de San Juan,* Editorial Nueva Creación, Buenos Aires, Argentina, 1989. Una lectura latinoamericana del Apocalipsis. Su profunda exégesis enfoca aspectos contemporáneos de la vida latina afectada por la revelación.

Ironside H.A., *Notas sobre el Apocalipsis,* Imprenta Centroamericana, Guatemala. Una serie de prédicas sobre el Apocalipsis, que recopiladas se hicieron un texto. De índole devocional más que exegética.

Barclay William, *Apocalipsis,* Editorial La Aurora, Buenos Aires, Argentina, 1975. Sencillez y profundidad son la tónica de Barclay en todos sus escritos. En este trata los grandes temas, sin entrar en especulaciones propias del Apocalipsis.

Allen Cady H., *El mensaje de Apocalipsis.* Publicaciones El Faro, México D.F., 1967. Originalmente este libro data de 1939 y se escribió en Inglaterra en la antesala de la Segunda Guerra Mundial, por lo que el autor proclamó en sus páginas un mensaje de confianza en el Dios todopoderoso y en la victoria de la justicia como el fin de la historia humana.

Suárez Ernesto (traductor), *El Apocalipsis,* Ediciones Certeza, Buenos Aires, Argentina, 1977. Una clara exposición del Apocalipsis, combinando fidelidad a la Palabra y su relación a nuestros días. Interpretación basada en profunda exégesis.

Ladd George Eldon, *El Apocalipsis de Juan: Un comentario,* Editorial Caribe, Miami, Florida, 1978. Es una interpretación que procura educar más que plantear ideas personales. Un texto de consulta más que de lectura rápida. Combina lo didáctico con lo exegético, sin caer en lo dogmático.

Richard Pablo, *Apocalipsis: reconstrucción de la esperanza,* Editorial Tierra Nueva, Quito, Ecuador, 1997. Una serie de encuentros de análisis dieron vida a este texto que procura ser una interpretación ecuménica, donde participan expertos y gente sencilla.

Summers Ray, *Digno es el Cordero,* Casa Bautista de Publicaciones, El Paso, TX, 1966. Una guía didáctica de los modelos de interpretación del Apocalipsis para que los lectores mismos sean capaces de enfocar su interpretación en un modelo centrado. No entra en detalles sino en el mensaje general.

Neal Charles L., *Comentario sobre Apocalipsis,* publicado por el mismo autor, 386 páginas. Despliega la obra triunfante de Cristo desde la eternidad hasta la consumación de los siglos.

Epílogo
Un mensaje final

Bosquejo

- **La historia del Nuevo Testamento: Cumplida pero no concluida**
- **El legado de la era apostólica**
  Raíces del Antiguo Testamento
  Visión equilibrada
  Ejemplo autorizado
  Bases para reflexión y acción
- **Tarea inconclusa**
  Contextualización
  Iglesia y cultura
  Evangelio y Sociedad
  Mantener una fe viva
  ¿Gran avivamiento?

Objetivos

Después de leer este capítulo, usted podrá

- Nombrar la herencia de la Iglesia a partir de los escritos del Nuevo Testamento
- Dar ilustraciones de la continuidad entre el Antiguo y el Nuevo Testamentos
- Mostrar ejemplos de cómo el Nuevo Testamento brinda una visión equilibrada
- Explicar cómo el Nuevo Testamento nos da una norma para atraer la cultura contemporánea
- Identificar inquietudes que no se han respondido directamente en el Nuevo Testamento

La historia del NT: Cumplida pero no concluida

Toda buena historia tiene un comienzo, un desarrollo y un final. El NT comienza con el plan eterno de Dios para crear y redimir, como lo relata el AT. Su desarrollo es la historia de Jesucristo. Finaliza de manera amanazante pero gloriosa con el libro del Apocalipsis.

Sin embargo, la historia del NT no termina en el primer siglo. Piense en Abraham Lincoln y el valeroso liderazgo que ofreció a una inexperta nación durante un tiempo crucial. La sociedad todavía lucha por implementar los principios de justicia e igualdad por los cuales Lincoln quiso llevar a este país a su guerra más destructiva. Piense también en un estadista más moderno como Winston Churchill cuando unió a la Gran Bretaña en los sombríos días de la Segunda Guerra Mundial. Ambos hombres desaparecieron hace mucho, pero sus legados continúan.

Del mismo modo las vidas de Jesucristo y sus seguidores continúan mucho después de su muerte. ¿Qué han recibido las generaciones pasadas del rico depósito de visión y verdad que preservan las sagradas páginas del NT? Quizás deberíamos hacer más específica la pregunta: ¿Cuáles son algunas de las lecciones que deberíamos tomar a pecho en nuestra investigación de los escritos y épocas del NT?

El legado de la era apostólica

Raíces en el AT

Una lección es la importancia del AT. Esto no se debe a que el NT sea una continuación directa de la época y tradiciones del AT. Durante el primer siglo la vida judía en el mundo romano contrastaba fuertemente con el modo en que se llevaban las cosas bajo Moisés, David o Esdras muchos siglos antes. Ni la fe ni la historia del NT se pueden entender adecuadamente como una simple y directa proyección futurista del AT.

Sin embargo, existe una continuidad profunda. Los escritores del NT evidencian que el Dios de Jesucristo es idéntico al Dios de Abraham, Isaac y Jacob. La justicia de Dios no varía del AT al Nuevo. Su gobierno se extiende intacto desde el Edén hasta el final. En las dos divisiones más grandes de la Biblia, la naturaleza humana se considera caída y en necesidad de una transformación radical.

El uso del NT que desecha o malinterpreta al Antiguo corre el riesgo de convertirse en una filosofía, una religión abstracta o un simple drama moral. Las buenas nuevas de Jesucristo no son nada de esto. Los escritores del NT se basan en el fundamento de las primeras acciones y mensajes de Dios, como lo confirma el AT. Esta base permanece firme para todas las eras de la iglesia que desea permanecer fiel al mensaje de Jesús y sus primeros seguidores.

Visión equilibrada

En cierto grado todos nosotros vivimos según una visión superior. Si esa visión es falsa (por ejemplo si pensamos que lo más importante en la vida es hacer dinero o buscar placer sexual), como resultado nuestras vidas estarán fuera de foco. La visión del NT es equilibrada. Enfoca de tal modo verdades en contraste que cada una se preserva sin dar un énfasis inadecuado a ninguna.

Tome las verdades idénticas de esta era y de la por venir, del mundo y el cielo, de la historia y la eternidad. Aquí los teólogos hablan de «inmanencia» (que tiene que ver con la existencia puramente temporal y material) y «trascendencia» (que tiene que ver con el mundo espiritual invisible). Para el NT existen las dos. Ambas son parte del universo de Dios. Ambas tienen importancia por derecho propio. Pero no se resalta ninguna hasta el punto de excluir o minimizar a la otra. El hecho de que anhelemos el cielo no quiere decir que hagamos caso omiso de los deberes que Dios nos da en el mundo. Los cristianos en todas partes deben tratar de hacer de este mundo un lugar con menos miseria y mayor felicidad. Por otro lado, el que veamos las terribles necesidades actuales de las grandes naciones, de las ciudades y de los suburbios no quiere decir que podamos olvidarnos de la dimensión espiritual de la vida. Los problemas de po-

Epílogo

Billy Graham se dirige a una multitud aproximada de un millón cien mil personas en Yoido Plaza, Seúl, Corea, en 1973. Se calcula que fue una de las mayores reuniones religiosas de la historia.

breza, hambre, salud, o sensación de vida sin propósito no solo tienen que ver con dinero, alimento, medicinas y educación. Un mundo mejor necesita de gente mejor y solo el evangelio puede limpiar y cambiar el falso corazón humano. El NT mantiene ante nuestros ojos al mundo tangible y al intangible, y demanda que vivamos en diario reconocimiento de los dos.

La visión del NT es tan amplia como para incorporar por un lado lo que algunos ven como opuestos aparentes de fe religiosa, y por el otro los acontecimientos históricos que son la base de la fe. Esta resalta hechos como el nacimiento virginal, milagros y resurrección de Jesús. Sin embargo estos hechos no se presentan por sí solos como el mensaje. Por el contrario, se visualizan de tal manera que animan a confiar en el Dios que se encuentra detrás de ellos como su causa final y su intérprete. La fe y la realidad están entrelazadas. No pueden abstraerse la una de la otra sin anular el valor real de las dos. En el escenario moderno, donde se ha descuidado ampliamente la historia como medio idóneo para impartir la verdad, el NT nos regresa a una visión de claridad, a fin de ver la misma mano de Dios en determinadas personas, incidentes y palabras que han preservado varias fuentes bíblicas.

Ejemplo autorizado

Las historias conmovedoras nos pueden inspirar hechos nobles. El NT es algo más que una historia conmovedora. Sin embargo, a lo largo de la historia ha incitado a los lectores a alcanzar un plano más alto de existencia del que hubieran alcanzado de otro modo.

Por ejemplo, hay abundantes despliegues de entusiasmo mesurado, dedicación valerosa y compromiso a costa de sacrificio. Además, la mayor parte de esto se produjo en medio de persecución. Mientras Jesús soportó las afrentas de su tribulación con una confianza totalmente firme en Dios, y Pablo soportó los rigores del naufragio con extraordinaria esperanza, nosotros confrontamos nuestra lealtad para con la verdad y para con el mismo Dios que nos estimula a llevar vidas espirituales más vigorosas.

La santa valentía del NT es ejemplar de otras maneras. No se trata del fervor severo de un fanatismo odioso sino de la devoción activa del amor. Jesús, Pablo y otros se expusieron a sí mismos al ridículo, sin sumirse en la amargura como resultado. Jesús oró en la cruz por sus atormentadores (Lc 23.34). Esteban hizo lo mismo mientras moría cruelmente a pedradas (Hch 7.60). Pablo expresó dolor por sus compatriotas que impedían su misión y rastreaban sus pasos en todo lugar (Ro 9.2-3; 10.1). Esto es más que una simple resistencia sin violencia o una estrategia política defendida por Thoreau, Gandhi y Martin Luther King. Es la más grande y difícil de las gracias: poner toda la confianza en el Padre celestial cuando las circunstancias presentes parecen exigir medidas drásticas por el bien de la propia preservación. Por supuesto, que hay ocasiones para defenderse (Hch 25.11). Sin embargo, seguir a Jesús significa estar dispuestos a perder nuestras vidas a fin de ganar la verdadera vida. El lector del NT rara vez se encuentra lejos de un pasaje que señale esta soberana pero redentora verdad.

Otra peculiaridad que hace que el NT permanezca como un ejemplo sobresaliente es el fervor misionero y la eficacia que documenta. En unas pocas décadas el evangelio de Jesucristo se extendió en toda dirección y a docenas de grupos lingüísticos y étnicos distintos. ¡Los cristianos creían en el Reino de Dios! ¡Sus vidas habían cambiado por el evangelio de Jesucristo! ¡Sabían que este mismo mensaje podía llevar luz y vida a otros! Por tanto siguieron adelante con gozosa determinación, no para oprimir a los demás con una ideología gravosa sino para liberarlos de las cadenas del pecado mediante la verdad de la Venida de Cristo.

Actualmente las misiones cristianas de occidente se debilitan a causa del fracaso y descendientes niveles en las ofrendas de ayuda, y de las dudas que algunos tienen de que las personas sin Cristo estén realmente perdidas. Líderes religiosos de influencia cuestionan que Jesús y otros escritores bíblicos realmente hablen de un lugar de tormento eterno consciente llamado infierno. Algunos sugieren que fuera de Jesucristo hay otros nombres para el Dios salvador, así como otras religiones que pueden «funcionar» si la gente sinceramente cree en ellas. Por supuesto que Dios tiene libertad de salvar a quienes Él escoge. Sin embargo, el NT permanece como un monumento de una generación (o más) de hombres y mujeres que conocieron a Jesús, y que a gran costo dedicaron sus vidas para hacerlo conocer en todo lugar, ignorantes aún de su cruz y su resurrección. Su ejemplo puede darnos fuerzas al enfrentar actualmente desafíos similares en medio de iglesias a veces más preocupadas por su automejoramiento y por la preservación de la tradición o del estilo de alabanza, que por la comida básica de ir a los perdidos, sean pobres o ricos, con el evangelio que puede cambiar sus vidas y traer bendición y esperanza.

Un área final en que el NT es ejemplo para las vidas de hoy es la manera en que visualiza la verdad y la vida como una unidad. Para vivir íntegramente, como nos demanda el NT, debemos 1) conocer la verdad y 2) hacer lo correcto. Saber y no hacer es hipocresía. Hacer sin conocer es ceguera. El NT nos pone con firmeza ante estas dos prioridades. En términos más técnicos, mantiene la dimensión ética de la vida (hacer lo correcto), unida firmemente a las verdades que manifiestan sus escritos (doctrina). No solo presenta una materia de enseñanza que se debe aprender y afirmar. Tampoco llama por sí solo al activismo moral, buenas obras y mejoramiento social.

Puede ser tentador reducir la fe cristiana al intelectualismo. La doctrina llega a ser todo. La «verdad» (si lo es) toma el lugar central. Llevar realmente a cabo la verdad llega a ser algo secundario. Lo importante es tener la razón, no hacer lo correcto. «Fe» significa creencia correcta. Claramente esto no llega a la clase de «fe» que muestran los escritores del NT, con su objetivo explícito de amor activo por Dios y por los demás. La fe bíblica lleva los frutos de las buenas obras; no se satisface solo con perfeccionar buenas ideas.

Todavía existe otra tentación no menos peligrosa. Se trata de la tendencia de mofarse de la verdad y de minimizar la importancia del entendimiento correcto. Aquí se pone énfasis en la acción práctica, en «salir y hacer». No tienen importancia el estudio, la reflexión, el análisis crítico y el aprendizaje; lo que interesa son los hechos concretos de compasión e interés. Más aun, el activismo insensato no logra más al tomar la esencia de la obediencia del evangelio, que lo que consigue el intelectualismo estéril.

El ejemplo del NT es una enseñanza sólida y firme, y una comprensión creciente de las doctrinas bíblicas y su significado. Pero también demanda una respuesta obediente por medio de la atención desinteresada y progresiva hacia las necesidades humanas y su solución. La verdad y la vida, la teología y la práctica no están apartadas. Estuvieron perfectamente ligadas en la misma vida de Jesús, como lo expone el NT. A través de su Espíritu, la combinación oportuna de enseñanza y obediencia al evangelio ha sido desde entonces una característica recurrente en las vidas de sus fieles seguidores a través de los siglos.

Bases para reflexión y acción

El último legado de la era neotestamentaria que mencionaremos aquí es el NT como norma de pensamiento sobre el mundo y su relación con él. En los albores del siglo veintiuno, gran parte del mundo se encuentra sumido en el escepticismo respecto a la posibilidad de certeza, no solo de Dios sino de cualquier cosa. «No existe una forma de alcanzar la verdad sobre un fenómeno natural», afirma un manual de pensamiento moderno. Es más, «todo lo que conocemos es ... una adquisición temporal basada en información disponible al momento y una base útil de especulación y análisis, pero de ningún modo la verdad absoluta».[1] En esta opinión es fácil imaginar cuán desilusionante llega a ser la búsqueda de la verdad de Dios con la negación del pleno conocimiento de la materia física. No debe sorprendernos que florezca el relativismo religioso: la lógicamente desconcertante doctrina de que no existe religión verdadera, puesto que todas las religiones son verdaderas.

El NT (en combinación con el AT) provee una manera de separar la verdad del error. No significa que toda la verdad sobre todas las cosas se encuentre en la Biblia. Pero sí quiere decir que en sus páginas se encuentran las respuestas cabales y esenciales a las preguntas básicas, tales como: ¿Quiénes somos? ¿De dónde venimos? ¿Por qué estamos aquí? ¿Hacia dónde vamos? ¿Existe Dios? ¿Cómo es? ¿Cómo puedo conocerlo? ¿Qué espera Él de mí? Un breve vistazo a la sección de religión y filosofía de una biblioteca moderna revela un confuso conjunto de respuestas (o rechazo a las respuestas) a tales preguntas. ¿Cómo podemos desenmarañar la confusión?

El NT responde con veintisiete escritos que se unen al señalar a Jesucristo. Como testigos del mensaje culminante de Dios a la humanidad (Heb 1.1-2), estos escritos ofrecen una base para encontrar el rumbo en el mundo, tanto en terminos de entendimiento como de actuación. En verdad es solo una base; cada generación debe renovar y pulir la superestructura levantada en los cimientos del NT, por generaciones previas de cristianos fieles. Además se debe resaltar que es una tarea desalentadora descubrir, formar y transmitir el conocimiento confiable; decir que la verdad existe y que el NT nos ayuda a entenderla no quiere decir que siempre sea sencilla de comprender y fácil de aplicar. Sin embargo, persiste el hecho de que la Biblia sí da un conocimiento seguro en numerosas coyunturas claves (por ejemplo: ¿Qué nos sucederá después de la muerte?). Hay que recordar la modesta pero también alentadora misión cristiana de hacer conocer al mundo la verdad de Dios en Cristo como lo revela el NT. Este es una base y una constante compañía para esta misión.

Tarea inconclusa

Este libro es una investigación del NT y no un manual de vida cristiana para hoy. Sin embargo, existe un sinnúmero de aspectos claves que el NT suscita pero que difícilmente clarifica. En la naturaleza del caso se han tenido que dejar varias interrogantes a las generaciones postreras, entre ellas la nuestra.

Contextualización

Primero estaba el problema de cómo debía extenderse el evangelio más allá de las regiones de habla griega, aramica (o hebrea) y latina, donde llegó en un comienzo. Este es el principio de contextualización del evangelio para los nuevos entornos culturales. Desde un comienzo el evangelio debía establecerse con nuevas lenguas y expresarse en distintas formas, sin distorsionar el mensaje durante el proceso. Esta labor continúa hasta el día de hoy en que el evangelio penetra nuevas fronteras y las antiguas sociedades, que una vez fueron cristianas, deberían regresar al significado de un evangelio que han dejado de entender y en el que sobre todo han dejado de confiar.

Iglesia y cultura

Una segunda tarea inconclusa involucra la elaboración de una conexión entre el evangelio y el gobierno, la sociedad más grande fuera de la Iglesia, y entre el evangelio y la forma de pensamiento dominante de cada era sucesiva. ¿Cómo debe relacionarse la Iglesia y su mensaje con la cultura? El NT ofrece modelos y no una sola estrategia. Las respuestas a esta pregunta son muy desafiantes como para comprometer las mejores opiniones y recursos de cualquier generación de cristianos que trata de encontrarlas. (City of God [La ciudad de Dios], de Agustín, es un clásico ejemplo del siglo quinto.) Existe la necesidad de reconfigurar los sistemas de teología, manteniendo el paso (¡y estableciéndolo!) con el flujo y el constante crecimiento de la sociedad humana. De igual modo hay necesidad de reestructurar respuestas prácticas para los únicos desafíos de la influencia del evangelio, que presentan cada era y localidad. En todo esto el NT ofrece guía normativa; sin embargo, se ha dejado que los cristianos resuelvan mucho por sí mismos con la luz disponible que tienen tanto para el área bíblica como la extrabíblica.

Evangelio y sociedad

Tercero: Quedan por resolverse de manera más completa las dimensiones sociales del evangelio. Convertirse en cristiano necesariamente involucra decisión personal y cambio. Hasta cierto punto, el resultado es la transformación de la vida personal. Sin embargo, los cristianos individuales nunca deben contentarse solo con mejorar ellos mismos. La cruz de Cristo tiene aplicación para el mundo entero (1 Jn 2.2). El NT origina decisiones que involucran a toda la sociedad y no solo a una religión personal y a la vida de la Iglesia. Lo que dice el NT demanda atención al racismo, al ambiente, al materialismo, a la educación y a la lucha social por los huérfanos y los pobres, y no solo al estado de nuestros propios corazones.

Mantener una fe viva

Cuarto, el NT exige una lucha con el asunto de cómo manejar el éxito cuando Dios lo concede. El evangelio ha recibido históricamente gran aceptación y ha producido un impacto dramático cuando se ha predicado y aceptado a gran escala. Entonces lo que al principio constituyó un mensaje electrizante se convierte en un conocido sistema religioso. ¿Cómo se puede mantener latente la frescura de la desinteresada y magnífica confianza en el Dios viviente y pasarla a la próxima generación? Después de décadas o centurias de particular influencia del evangelio en una sociedad, ¿cómo se puede evitar la domesticación de Dios? ¿Cómo se puede mantener encendido el fuego del juicio divino y de la salvación, que consume a cualquiera que se acerque con la idea de utilizar a Dios para fines personales, nacionales o puramente humanos? A través de la historia, al igual que Israel en el AT, la Iglesia ha mostrado la tendencia a fallar en su fidelidad a la verdad y al amor que le dieron su origen. Con dicha actitud, ¿cómo puede entonces promover y proclamar este elemental mensaje de redención en Cristo, en lugar de apagarlo?

¿Gran avivamiento?

Esto trae un tema final: la renovación (o avivamiento, un término que debe definirse cuidadosamente). Antes que nada, el NT es un libro dado por Dios a su pueblo y para su pueblo. Dolorosamente, tanto el Antiguo como el NT muestran con claridad que el pueblo de Dios es con frecuencia su propio y peor enemigo, mucho más malo que el «mundo» fuera de la Iglesia, respecto a la apropiación fiel del mensaje del evangelio. Al momento muchos observadores ven al cristianismo en una situación crítica.

No es tanto la amenaza de oposición y persecución, como es el caso de países musulmanes como Sudán o fortalezas totalitarias como China, donde existe una maligna represión de la testificación cristiana. La Iglesia siempre ha florecido donde el sufrimiento en verdad ha purificado las vidas y la proclamación cristianas. Podemos estar seguros de que la sangre de los mártires seguirá constituyendo la semilla de la Iglesia del mañana.

La sobrevivencia del cristianismo es más bien cuestionable en áreas donde una vez se propagó la creencia cristiana, pero que en la actualidad se encuentran comprometidas por el materialismo y la torpe bús-

Resumen

1. El Antiguo Testamento da la base para el Nuevo, y hay una profunda continuidad entre los testamentos.

2. La visión del Nuevo Testamento siempre es equilibrada (aunque no domesticada). Esta sostiene verdades opuestas de tal manera que evitará que cualquiera de ellas reciba un énfasis desigual.

3. El Nuevo Testamento brinda ejemplos de santa valentía, fervor, dedicación y compromiso.

4. El Nuevo Testamento nos da ejemplos de fervor y eficacia misionera.

5. Verdad y vida se unifican en el Nuevo Testamento con teología y práctica.

6. La Biblia brinda pautas que nos ayudarán a separar la verdad del error.

7. El Nuevo Testamento en sí no establece todos los detalles sobre cómo deben recibir y aplicar el evangelio las nuevas generaciones.

8. El Nuevo Testamento no siempre nos instruye completamente en cómo deberíamos responder a los asuntos de la relación entre la Iglesia y la cultura, a los detalles de las dimensiones sociales del evangelio, o a las sugerencias sobre cómo mantener fresca la fe.

9. La iglesia moderna tiene que reevaluar cuán fielmente está siguiendo al Cristo que presenta el Nuevo Testamento.

---

queda (pensamiento aceptado ampliamente) de placer y autorrealización. Esto describe la situación de gran parte de lo que tradicionalmente se ha llamado occidente. La Iglesia no se ha opuesto de manera abierta; sencillamente se ha vuelto impotente, y el mundo pagano que la rodea la ha absorbido y neutralizado en gran parte. En ocasiones esto involucra arreglo de doctrinas cristianas, autodenominadas liberalismo. Pero las iglesias con creencias «conservadoras» están acosadas por la misma enfermedad. Por si fuera poco, se creen santas gracias a que no son como las otras; juzgan el pecado de las demás peor que el suyo propio. En verdad hay mucho que agradecer en todas partes. Sin embargo, la decadencia total de la sociedad (como se ve en el incremento de la violencia, el derrumbe de los modelos de educación, el aumento súbito de las tasas de nacimiento ilegítimo, las insoportables y altas estadísticas de divorcio, etc.) se refleja en la decadencia de las verdaderas creencias y obediencia cristianas en el mundo occidental (las condiciones son más alentadoras en muchas áreas del tercer mundo, como Corea, donde parece que el evangelio se está propagando rápidamente con buenos resultados). Es posible que la religión o espiritualidad sea saludable en algunos sectores de occidente, pero en la mayoría de ellos no hay precedentes de seguir a Cristo junto con los lineamientos del NT.

El NT ofrece esperanza. Si Jesús pudo revolucionar el mundo enfermo de la antigüedad clásica, desafiar al paganismo y hacer que los sectores claves de un judaísmo decadente retornaran a sus propias verdades y a su destino mesiánico, podemos estar seguros de que es posible un generalizado avivamiento de la Iglesia y de la sociedad actual. No obstante, Jesús dejó a sus discípulos con una desalentadora pregunta: «Cuando venga el Hijo del Hombre, ¿hallará fe en la tierra?» (Lc 18.8). Este es un tema sobre el que deberíamos reflexionar al finalizar una investigación del NT y entrar en un nuevo milenio.

Epílogo

Preguntas de repaso

1. La vida en la época de Moisés era muy diferente de la vida judía en el siglo _____.

2. El Dios de Abraham, Isaac y Jacob es el mismo de _____.

3. Todo ser humano vive por una _____.

4. Lo que pertenece únicamente a la existencia material se llama _____.

5. Leer ejemplos del NT de lealtad a la verdad y a _____ nos debería motivar a llevar mejores vidas cristianas.

6. Para seguir a Cristo es necesario estar listos a perder nuestra vida como lo mostró _____, quien murió apedreado.

7. El Nuevo Testamento enseña a los cristianos que para llevar vidas rectas deben conocer la _____ y hacer lo _____.

8. La misión cristiana es hacer que el _____ conozca la verdad de Dios.

9. El problema de cómo se debería presentar el evangelio a las nuevas culturas se denomina _____.

10. La iglesia siempre ha sobrevivido y crecido durante tiempos de _____.

Preguntas de estudio

1. ¿De qué manera el Nuevo Testamento refleja continuidad con el Antiguo?

2. ¿Cómo mantiene ante nuestros ojos el Nuevo Testamento a los mundos tangible e intangible?

3. ¿Cuáles son algunos ejemplos de santa valentía en el Nuevo Testamento?

4. ¿Cuáles son algunas de las preguntas concernientes a cómo nos involucramos con el mundo, que no tienen respuesta en el Nuevo Testamento?

5. ¿Qué preguntas no se responden del todo en el Nuevo Testamento, pero a las cuales los cristianos contemporáneos deberíamos formular respuestas?

6. ¿De qué manera está más comprometido el cristianismo moderno en occidente?

Glosario

a.C. Abreviación de «antes de Cristo». Vea también d.C.

Abba La íntima palabra aramea para padre, usada exclusivamente por Jesús (Mc 14.36) y los primeros cristianos para Dios (Ro 8.15; Gl 4.6). No se encuentra en los antiguos escritos judíos.

Adiáfora «Cosas indiferentes», que es moralmente neutral con respecto especialmente a la esfera pública religiosa. Cómo un individuo escoge tratar esas «cosas indiferentes» es un asunto de consciencia, puesto que ellas no están prohibidas ni ordenadas por la Biblia.

Aerópago Palabra que designaba una colina noroccidental de la acrópolis en Atenas o al concilio o tribunal que allí se reunía. Pablo llevó allí el caso del cristianismo (Hch 17.16-34).

Alegoría Recurso literario que da significado simbólico a los detalles de una historia. Filón de Alejandría interpretó de esta manera mucho del Nuevo Testamento. Jesús (Mt 13.1-9, 18-23; 24-30,36-43) y Pablo (Gl 4.21-31) algunas veces utilizan métodos parecidos a la alegoría.

Am ha-aretz Término hebreo que significa «personas de la tierra» y se refiere a las masas comunes e incultas, a quienes los más elevados niveles de la sociedad miraban con menosprecio. A ellos probablemente se refiere Juan 7.49. Su equivalente griego es hoi polloi.

Amén Una palabra griega (y hebrea) que significa «verdad» o «verdaderamente» y que se pone al final de las oraciones. Jesús empezaba de manera característica sus declaraciones «Amén les digo…» para resaltar su autoridad suprema. Cualquier cosa que dijera sería verdad.

Anciano Vea Obispo.

Anticristo El enemigo final de Cristo que aparece antes de su Segunda Venida, solo para ser derrotado. Hasta su aparición hay muchos «anticristos» en el mundo para luchar con los creyentes (1 Jn 4.1-3; 2 Jn 7).

Antinomianismo La opinión de que todos los creyentes en Cristo son liberados de todas las obligaciones morales, cualesquiera que sean. Tanto Pablo (1 Co 5.1-5) como Juan (1 Jn 3.7-10) la enfrentaron.

Apocalíptico Término que describe un movimiento teológico y su literatura. Sostiene el aumento del mal en el mundo, el fin cercano del tiempo y la contundente intervención de Dios para inaugurar la era venidera. Existe literatura apocalíptica judía y cristiana, y sus temas característicos se encuentran en el Nuevo Testamento (Mt 24–25).

Apócrifos Específicamente es una colección de catorce libros judíos escritos entre el 200 a.C. y el 100 d.C., que no se encuentran en el Antiguo Testamento hebreo, pero se incluyen en la Biblia católica romana. A veces se les llama deuterocanónicos del Antiguo Testamento. El término significa más generalmente «no auténtico» o «falso» y se refiere a un gran conjunto de escritos del Antiguo y del Nuevo Testamento, tales como los Salmos de Salomón (AT) y el evangelio de Tomás (NT). Vea también Apocalíptico; Pseudoepígrafo.

Apostasía El rechazo final de las creencias o prácticas religiosas anteriores de alguien. El libro de Hebreos advierte en contra de este pecado.

Apóstol Vocablo que significa «mensajero» o «el que es enviado», que se aplica a los doce líderes escogidos por Jesús (Mc 13.13-19). Los requisitos para apóstoles incluían haber visto al Señor resucitado (Hch 1.13-14). Por esto Pablo reclamó tal condición (1 Co 9.11). Algunas veces se les denomina sencillamente «los doce» (Jn 20.24; 1 Co 15.5).

Arameo Un lenguaje semítico relacionado con el hebreo que se hablaba comúnmente en Palestina durante los días de Jesús, quien lo utilizó en discursos ordinarios. Se remonta a la antigua Siria (Aram bíblico). Parte del Antiguo Testamento se escribió en Arameo.

Armagedón Una palabra hebrea que significa monte Megido y utilizada en Apocalipsis 16.16 para designar el lugar donde se realizará la última gran batalla de los siglos. El amplio valle al lado de Megido fue un lugar de históricas y decisivas batallas (p.ej. Jue 4–6; 1 S 31).

Ascensión Término utilizado para describir el regreso de Jesús al cielo cuarenta días después de su resurrección (Lc 24.50-53; Hch 1.9).

Asiarques Funcionarios romanos administrativos escogidos anualmente por una federación de ciudades en la provincia de Asia. Los asiarques estaban entre los ciudadanos más ricos y aristócratas. Uno de sus deberes era supervisar las actividades de culto patriótico a favor de Roma y el emperador. Hechos 19.31 describe algunos de ellos como amigos de Pablo.

Asmoneos Nombre familiar de los judíos (los macabeos) y sus descendientes que instigaron la revolución contra los sirios en el 167 d.C. (1 Mac 14.25-45; Josefo, Antigüedades 10.8.11). Vea también Macabeos.

Bautismo Ceremonia cristiana por la cual una persona se recibe públicamente en la iglesia por inmersión en agua (Hch 2.38-41). Juan el Bautista practicaba una clase de bautismo y otra los judíos antes de que la Iglesia lo adoptara.

Bema Sitio o tribunal de juicio de un funcionario romano. Denotaba una plataforma desde donde se pronunciaban decisiones judiciales o discursos políticos.

Biblia Término derivado del griego biblion (libro) que designa los 66 libros (39 AT y 27 NT) que constituyen las Escrituras cristianas como única regla de fe y práctica. Los católicos romanos agregan 14 libros apócrifos al Antiguo Testamento. Vea Apócrifos; Canon.

Bienaventuranzas Nueve bendiciones pronunciadas por Jesús a quienes viven en el Reino de Dios y practican los principios que Él demandó. Estas introducen del Sermón del Monte (Mt 5.3-12).

Caída, la Pérdida en la humanidad de su justicia original por la desobediencia consciente a los mandamientos específicos de Dios, cuyas consecuencias son muerte física y espiritual, separación de Dios, y pecaminosidad humana universal (Gn 3; Ro 5.12-21; 1 Co 15.22).

Calvario Vea Gólgota.

Canon Término que significa norma o base para juzgar. Se refiere en teología a las Escrituras recibidas por la Iglesia como autorizadas para su vida y pensamiento. Vea Biblia.

Carisma Palabra griega que significa «don concedido gratuitamente». Se refiere específicamente a los «dones del Espíritu», que Pablo y otros mencionan varias veces, dados por Dios a la Iglesia para su expansión, edificación y crecimiento (Ro 12.3-8; 1 Co 12; Ef 4.7-13; 1 P 4.10).

Cartas generales Véase Cartas universales.

Cartas universales Siete cartas (Santiago; 1 y 2 Pedro; 1, 2 y 3 Juan; y Judas) que no están dirigidas a iglesias específicas sino a cristianos en general. De allí que se llamen cartas «generales» o «católicas» (universales). Algunos incluyen Hebreos en este grupo.

Cefas Nombre arameo que significa «piedra», y su forma griega es «Pedro», dado a Simón uno de los doce apóstoles (Jn 1.42; 1 Co 1.12; Gl 1.18).

Cena del Señor La última comida de la Pascua que Jesús tuvo con sus discípulos la noche en que fue traicionado. Él estableció una cena ceremonial que consiste de pan (en recuerdo de su cuerpo) y vino (en recuerdo de su sangre), en confirmación del nuevo pacto profetizado por Jeremías (Jer 31.31-34; Mt 26.27-28). Se convirtió en la ceremonia central de hermandad en la iglesia primitiva (1 Co 11.17-32). También se le llama «comunión» y «Eucaristía».

Centurión Comandante de cien hombres (una «centena») en una legión romana. Típicamente era miembro prestigioso de una pequeña clase militar gobernante; un centurión de alto rango tenía una posición comparable a la de un caballero. Sus deberes eran: (1) instruir a sus soldados; (2) inspeccionarlos (armas, vestimentas, etc.); y (3) dirigirlos en el campamento y en el campo de batalla. Los escritores de los evangelios presentan a los centuriones bajo una luz favorable (vea Mt 8.5; Mc 15.39; Lc 23.47).

Cinismo Filosofía griega fundada por Antístenes, amigo de Sócrates en el siglo quinto d.C. Enseñaba que la virtud descansa en vivir de manera inteligente e independiente de cualquier cosa exterior al individuo, como costumbres o instituciones humanas. En los tiempos del Nuevo Testamento aún existían filósofos cínicos ambulantes.

1 Clemente Carta escrita en Roma a fines del siglo primero o principios del segundo y dirigida a la iglesia en Corinto con la intención de dirigir discusiones sobre el liderazgo.

Código mosaico Leyes dadas por Dios a Moisés en el monte Sinaí.

Concilio de Jerusalén Reunión entre delegados de la iglesia en Antioquía (Pablo, Bernabé y otros) y delegados de la iglesia en Jerusalén (Hch 15.1-35). Acordaron resolver el asunto de si los gentiles convertidos se podrían salvar fuera de los ritos mosaicos como la circuncisión. Este Concilio se realizó probablemente entre el primer y el segundo viaje misionero de Pablo.

Concurso Relación complementaria de trabajo entre Dios y los escritores humanos en la composición de la Biblia.

Contextualización Presentación del evangelio en varios entornos lingüísticos y culturales sin distorsionar su mensaje.

Corán Texto sagrado del Islam, sus seguidores creen que contiene la revelación de Alá (Dios) a Mahoma.

Corbán Término utilizado para declarar algo dedicado a Dios (Lv 1.2; Nm 7.13). En Mc 7.11-13, Jesús critica severamente a los judíos por la práctica de pronunciar algo como corbán y de ese modo invalidar la ayuda que la ley estipulaba para los padres ancianos.

Pacto Un acuerdo establecido por Dios con su pueblo, que deben cumplir las dos partes. En el Antiguo y en el Nuevo Testamento se mencionan varios pactos. Jesús establece un nuevo pacto basado en la promesa de Dios (Gn 12.1-3; Jer 31.31-34) y lo selló con su sangre expiatoria (Mc 14.22-25; 1 Co 11.23-26).

Credo niceno Breve declaración de fe cristiana redactada en el 325 d.C. por el Concilio de Nicea. El credo resalta la adecuada relación entre el Padre y el Hijo, así como con la humanidad de Jesús.

Cristo Vea Mesías.

Cristología Estudio de la persona y obra de Cristo Jesús. Cubre todos los aspectos de sus naturalezas divina y humana antes, durante y después de su encarnación, muerte y resurrección.

Crítica canónica Uno de los enfoques interpretativos relacionados con la naturaleza, función y autoridad del canon. Toma como su punto de partida la naturaleza revelada de las Escrituras por la crítica histórica, para preguntar luego cómo funcionan los textos bíblicos en la comunidad de fe que las han preservado y atesorado.

Crítica de la forma Método de análisis literario (especialmente de los

Evangelios) que clasifica el material escrito por la forma y que intenta investigar por medio de varias «situaciones de la vida», en un supuesto período oral anterior a la forma original de un dicho de Jesús. Se suponía que este método ayudara a separar lo principal de lo secundario en un texto, y colaborar en el proceso de exégesis. Vea Exégesis; Sitz im Leben.

Crítica de la fuente Método de estudio crítico de los Evangelios que intenta reconstruir las fuentes evangélicas que quizás utilizaron los escritores para escribir sus relatos.

Crítica de la redacción Método de estudio crítico de los Evangelios. Busca aislar las antiguas unidades tradicionales de los elementos editoriales (redaccionales) para colocarlos en su posición de vida adecuada (Sitz im Leben). En esta manera se puede reconstruir, en teoría, una historia de la tradición. Se refiere al editor como el redactor. Vea también Crítica de la forma; Sitz im Leben.

Crítica histórica Disciplina que trata con: el entorno histórico de un documento; el tiempo y lugar en que se escribió; sus fuentes (si las hay); los acontecimientos, fechas, personas y lugares mencionados en el texto o implícitos en él; y otros asuntos históricos. Algunas veces implica una posición filosófica hostil a las afirmaciones bíblicas acerca de las maneras en que Dios trata con los asuntos humanos.

Crítica interna Método de crítica textual y literaria que examina un texto en base a sus elementos internos (p.ej. nivel de cristología, orden de palabras dichas por Jesús, etc.).

Crítica literaria Estudio de libros bíblicos como literatura mediante el análisis de sus formas, estructura, figuras literarias, y características literarias generales. Está íntimamente relacionada con el análisis histórico, aunque hoy día se ejerce independientemente de este y utiliza las técnicas de estudio literario en general.

Crítica narrativa Un enfoque del Nuevo Testamento que intenta incorporar perspectivas modernas en el estudio de literatura antigua y moderna, dando todo el peso a la Biblia como una producción literaria. Se enfoca en técnicas literarias, argumento, estructura, orden de acontecimientos, tensiones dramáticas, impacto deliberado en el lector y en otros elementos. Hay menos énfasis en la presentación de ideas teológicas específicas, asuntos gramaticales y lexicográficos, y referencias históricas.

Crítica retórica Método desarrollado para entender mejor lo que el escritor bíblico intentó transmitir. Involucra el análisis del texto según los métodos de expresión, discusión y persuasión que se usaban en la época del escritor.

Crítica sociológica Método de interpretación que utiliza modernas teorías y opiniones sociales para examinar el entorno social en que se escribió el texto bíblico.

Crítica textual Estudio de textos y versiones antiguas de la Biblia para determinar lo que habían redactado los escritores o escribas originales. Hay más de cinco mil porciones del Nuevo Testamento en griego, y miles más en otros lenguajes antiguos. Juntos contribuyen a nuestro entendimiento del proceso que sirve de base a la copia y transmisión del texto original.

d.C. Descripción de tiempo que toma el nacimiento de Cristo como punto de referencia. Algunos prefieren usar A.D que se deriva del latín anno domini, «en el año del Señor». Vea a.C.

Deconstruccionismo Posición posmodernista que sostiene que cualquier intento de llevar un enfoque objetivo a los hechos de la experiencia conducirá a la conclusión paradójica de que tal enfoque es imposible. El lenguaje no se refiere a objetos como referentes; más bien, las palabras se refieren solo a otras palabras, o a la diferencia entre palabras. Entonces, el propósito en la teología es «deconstruir» los objetos tradicionales de pensamiento y los métodos tradicionales de disciplina.

Dedicación, Fiesta de la Un festival judío de ocho días que empezaba el 25 de kislev (noviembre/diciembre). Conmemoraba la rededicación del templo por Judas Macabeo en el 164 a.C. y el reencendimiento de las velas del templo (1 Mac 4.52-59). También se llamó Fiesta de las Luces y hoy día se conoce como Januká. Jesús asistió a esta fiesta (Jn 10.22-39).

Desmitologizar Reinterpretación de imágenes bíblicas para proporcionar aceptable autocomprensión a la moderna mente científica. Este término técnico, acuñado por Han Jonas, apareció en la hermenéutica bíblica de Rudolf Bultmann. Su tesis era que esa humanidad contemporánea, de la cual afirma tener una perspectiva científica del mundo, no puede aceptar la perspectiva mitológica de la Biblia (mito, para Bultmann, era el uso de símbolos o imágenes del lenguaje actual del mundo y del hombre como un todo cerrado para conceptualizar el mundo sobrenatural). Su interés era reinterpretar el lenguaje mitológico de la Biblia en categorías antropológicas (orientadas hacia el hombre) o existenciales (personal).

Día de reposo Séptimo día (sábado) de la semana judía, separado por Dios para descansar y como señal del pacto que hizo con Israel (Éx 20.8-11; Dt 5.12-15). Jesús dijo que el día de reposo fue hecho para beneficio de la humanidad (Mc 2.23-28). El libro de Hebreos ve en el reposo un anuncio de nuestro descanso en el cielo (Heb 4.9-11). Los cristianos adoran en el primer día de la semana (domingo) en honor a la resurrección de Jesús.

Diácono Transliteración de una palabra griega que significa «servidor». Un diácono en la iglesia primitiva era alguien dedicado al servicio. Los requisitos para el oficio se nombran en 1 Timoteo 3.8-13.

Diádocos Sucesores militares de Alejandro Magno que pelearon entre sí mientras se adueñaban de su imperio después de su muerte. Antígono el Cíclope se apoderó de *Asia Menor*; Tolomeo tomó Egipto y África del norte; Seleuco Nicator tomó el enorme territorio que se extiende desde Mesopotamia al oriente hasta la India; otros se quedaron con porciones más insignificantes.

Diáspora, Dispersión Términos que designan a aquellos judíos que vivían fuera de Palestina, diseminados y dispersos entre los gentiles.

Didaqué Un manual cristiano anónimo que trata con doctrina, ética y práctica de la Iglesia. Se le ha asignado distintas fechas entre el 85-135 d.C.

Diezmo Contribución al Señor de la décima parte de cualquier ingreso, en dinero o en posesiones, para ser utilizado como apoyo de las actividades religiosas de la nación (Lv 27.30-33; Dt 14.22-29; Neh 10.37,38). Jesús habló contra la distorsión en el énfasis de los diezmos (Mt 23.23), y Pablo habla de dar lo que cada uno pudiera (2 Co 8.3) según lo que propuso en su corazón (2 Co 9.7).

Dinastía seléucida Dinastía fundada por Seleuco I, general de Alejandro Magno, después de la muerte de este en el 323 a.C. Gobernó Siria desde casi el 312 a.C. hasta los tiempos romanos. La capital seléucida era Antioquía. Controlaban la Palestina del siglo segundo a.C. hasta que fueron expulsados por los macabeos después de derrotar a Antíoco IV.

Dinastía Tolomeica Familia que descendió del general Alejandro Magno, Tolomeo I. Gobernó Egipto aproximadamente del 323 al 30 a.C., cuando los romanos obtuvieron el dominio sobre esa parte del mundo.

Discípulo Del latín discipulus (griego *mathetes*) que significa «aprendiz, alumno», una palabra usada más de 250 veces en el Nuevo Testamento para referirse ampliamente a quienes siguen a Cristo y aprenden de Él (Mt 14.26; Hch 6.1). Algunas veces se usa limitadamente para referirse a los doce apóstoles (Mt 10.1-2; 11.1). Vea también Apóstol.

Doce, los Vea también Apóstoles.

Docetismo Herejía en el cristianismo primitivo relacionada con el gnosticismo. Afirmaba que Cristo solo parece ser humano y por tanto nunca sufrió realmente, murió, ni resucitó como un ser humano. Se basa en la premisa de que la materia es maligna, así que un ser divino no pudo haber tenido una verdadera encarnación.

Doxología Una expresión formal de alabanza, ofrenda de gloria y honra a Dios. Las doxologías en el Nuevo Testamento se ofrecían tanto al Hijo como al Padre (Ro 11.33-36; Jud 24-25; Ap 5.12-13).

Ekklesia Vea Iglesia.

Emanuel Nombre hebreo que significa «Dios con nosotros» y que se encuentra en Isaías 7.14. El cumplimiento final de este mensaje profético fue Jesucristo, quien nació de una virgen y por medio de la encarnación fue y es la presencia verdadera de Dios entre su pueblo (Mt 1.22,23).

Encarnación Voz del latín que significa «volverse carne». Teológicamente es la doctrina que la segunda persona de la Trinidad eterna se convirtió en ser humano al adoptar un cuerpo humano y nacer de la virgen María (Jn 1.14; Flp 2.6-8; 1 Ti 3.16). Vea Emanuel.

Epicureísmo Filosofía materialista del pensador griego Epicuro (342-270 a.C.). Enseñaba que el placer o la felicidad era el fin supremo de la vida, que todo estaba hecho de átomos materiales, y que nada sobrevive a la muerte. Pablo enfrentó epicúreos en Atenas (Hch 17.16-18).

Epístolas Pastorales 1 y 2 Timoteo y Tito. Estas epístolas fueron escritas por Pablo a los líderes (pastores) de dos grupos de iglesias: Timoteo en Éfeso y Tito en Creta.

Escatología División de la teología que trata de las últimas cosas (griego eschatos, último), tanto del fin de la vida humana como del mundo, entre ellas: muerte, vida después de la muerte, fin de los tiempos, Segunda Venida, resurrección de los muertos, juicio final, y estado eterno.

Escriba(s) Hombres originalmente capacitados para copiar textos quienes después del exilio y en los días de Jesús eran eruditos expertos en enseñar, copiar e interpretar al pueblo la ley judía. Estaban íntimamente asociados con los fariseos en oposición a la enseñanza de Jesús.

Escritos, los Tercera división de la Biblia hebrea. Contiene algunos libros históricos, Salmos, Proverbios y otros libros poéticos.

Escrituras Vea Biblia.

Esenios Secta del judaísmo en la época de Jesús que resaltaba lo apocalíptico, el ascetismo y la estricta obediencia a la ley. La comunidad Qumrán del Mar Muerto probablemente fue esenia. Vea Apocalíptico; Rollos del Mar Muerto; Qumrán.

Estoicismo Filosofía griega de materialismo panteísta popular en la época de Pablo. Entendía a «Dios» como un principio o razón inmanente en el universo que ordenó todas las cosas según principios racionales. El propósito de la vida es encontrar la felicidad mediante el dominio de sí mismo, de las pasiones y de las emociones, y vivir independientemente de las circunstancias. Pablo encontró filósofos estoicos en Atenas (Hch 17.18).

Estructura comunitaria Tendencia reciente en la historiografía neotestamentaria en la que se usan métodos y modelos de la ciencia social para describir las dinámicas de formación comunitaria en el cristianismo primitivo.

Estructuralismo Un enfoque hacia estudios bíblicos que afirma que el destacar toda expresión y relato es una estructura en nuestras mentes, una «estructura profunda», que determina los cursos que toman nuestros pensamientos y expresiones. La comprensión de tales estructuras profundas permite al lector entender el «verdadero» significado de cualquier relato o historia.

Etnarca Un gobernador subordinado. El significado específico de la palabra varió en toda la era grecorroma-

Eucaristía Vea Cena del Señor.

Evangelio Palabra griega que significa «buenas nuevas» y que describe el mensaje predicado por los primeros cristianos, relacionado con la vida, muerte y resurrección de Jesucristo (1 Co 15.1-8). Se utiliza también para nombrar cualquiera de los cuatro primeros libros del Nuevo Testamento.

Evangelios sinópticos Expresión aplicada a Mateo, Marcos y Lucas porque contenían material parecido y veían la vida de Jesús casi desde la misma perspectiva, resaltando el ministerio galileano de Jesús. El Evangelio de Juan relata principalmente el ministerio de Jesús en Jerusalén.

Exégesis Proceso de obtener el significado original e intención del autor a partir de un texto, al considerar todos los datos relacionados, como lenguaje, circunstancias al escribir, estilo, propósito, etc. Después de determinar esto se puede proseguir a la importancia y aplicación contemporánea.

Existencialismo Vocablo que denota una variedad de filosofías y actitudes hacia la vida que florecieron en Alemania desde la época de la Primera Guerra Mundial y en Francia durante e inmediatamente después de la Segunda Guerra Mundial. Su influencia se sintió también en Gran Bretaña, Estados Unidos y la cultura occidental en general. Se asocia en gran medida con importantes filósofos como Karl Jaspers y Martin Heidegger, pero algunos de sus principales proponentes fueron escritores (p.ej. Albert Camus, Jean-Paul Sartre). El interés del existencialismo está sobre todo en los problemas de la vida humana en el mundo moderno.

Expiación Hacer compensacion por el pecado. En el «Día de la Expiación» israelí se hacían sacrificios de sangre para restaurar la comunión entre Dios y la nación pecadora. La muerte de Jesús cumplió esa ceremonia al hacer la expiación mediante la cruz (Gl 3.13).

Expiación La acción de «hacer lo correcto» o completa purificación por el pecado. En el Nuevo Testamento, la muerte de Jesús es el sacrificio expiatorio que establece la paz entre los pecadores humanos y Dios (Ro 3.25; Heb 2.17; 9.11-14). Vea también Propiciación.

Expiación sustitutiva Se refiere a la muerte de Cristo en lugar de los pecadores y a la carga del castigo que debieron tener ellos.

Fariseos Uno de los grupos dominantes de pensamiento judío en la época neotestamentaria. Los fariseos aceptaban las Escrituras y la tradición como fidedignas; afirmaban las doctrinas teológicas tradicionales como providencia divina, ángeles, resurrección y vida después de la muerte; guardaban un estricto cumplimiento de las reglas judías legales (su nombre significaba «separados»); y se oponían a Jesús y al naciente cristianismo por, entre otras razones, el aparente desprecio de los cristianos a las reglas judías claves. Aunque pequeños en número (aproximadamente seis mil), su influencia estaba propagada y de varias maneras tipificaban el pensamiento judío de la época.

Fenomenología Movimiento filosófico que estudia la consciencia humana y sus apariencias objetivas.

Fiesta de las Luces Vea Dedicación, Fiesta de la.

Filacterias Pequeño recipiente de cuero que contenía copias de cuatro Escrituras del Antiguo Testamento (Éx 13.1-10; 11-16; Dt 6.4-9; 11.13-21). Lo usaban los hombres judíos en el brazo izquierdo o en la frente durante la oración. La tradición judía interpretaba Éxodo 13.9,16 y Deuteronomio 6.8; 11.18 como si requieran esto. Jesús criticó el uso inadecuado de filacterias (Mt 23.5).

Formgeschichte Vea Crítica de la forma.

Gehenna Palabra hebrea que significa «valle de los hijos de Hinom», un lugar al sur de Jerusalén donde en tiempos del Antiguo Testamento se ofrecían sacrificios paganos (2 Cr 28.1-3). En tiempos del Nuevo Testamento el área se convirtió en un basurero donde a menudo arde fuego. Jesús utilizó el término como sinónimo de juicio eterno (Mt 10.28; Mc 9.47-48) y generalmente se traduce «infierno».

Género Clase de literatura o «especie» literaria. En estudios bíblicos designa formas literarias, tales como evangelio, epístola, apocalipsis y narrativa histórica.

Gentil En el pensamiento judío, alguien que por raza no es judío y quien teológicamente hablando no está en relación pacto con Dios. Por lo general, los judíos consideraban «impuros» a los gentiles en la época de Jesús.

Getsemaní Un olivar y huerto en el Monte de los Olivos al este de Jerusalén, donde Jesús habitualmente llevaba a sus discípulos. Allí oró en agonía y fue arrestado la noche antes de su crucifixión (Lc 22.39; Jn 18.1-11).

Glosolalia Vea Lenguas, hablar en.

Gnosticismo Una mezcla esotérica de ideas cristianas, judías y griegas que enfrentó vigorosamente la iglesia como herejía durante el segundo y tercer siglos después de Cristo. Enseñaba la salvación por medio de conocimiento especial (gnosis), de una complicada serie de emanaciones divinas de «alguien» secreto, y de (en pocas versiones) un salvador divino que mostró el sendero secreto hacia el fundamento o ser divino.

Gnóstico Vea Gnosticismo.

Gólgota Palabra aramea que significa «calavera» y que designa el lugar en las afueras de Jerusalén en que Jesús fue crucificado (Jn 19.17). El término «calvario», como se llama a este lugar, se deriva de la palabra latina para calavera, calvaria.

Gran trono blanco Juicio final de Dios a la humanidad al finalizar el milenio (Ap 20.11-15). La teoría premilenial sostiene que Satanás y sus seguidores serán juzgados en este trono al final del reinado terrenal de mil años de Cristo.

Guemará Segunda parte en importancia del Talmud judío, consiste principalmente de extensos comentarios sobre la Misná. Vea Misná, Talmud.

Hades Lugar de los muertos, equivalente al seol del Antiguo Testamento (Hch 2.27,31). La Septuaginta traduce «seol» como «hades». En algunos casos su significado es parecido a «infierno» (Mt 16.18; Lc 16.3). Vea también Gehenna.

Hagada Voz hebrea que designa el material no oficial de literatura rabínica encontrado en el Talmud. Sus enseñanzas no se consideraron tan autorizadas como el Halaka. Vea también Halaka, Midras, Misná, Talmud.

Halaka Término hebreo que indica las porciones legales del Talmud que tratan con la conducta o la manera de vivir. Se mantenía por obligacion de los rabinos. Vea también Hagada, Midras, Misná, Talmud.

Hasidim Palabra hebrea que designa a los piadosos judíos que no abandonarían la fe, aunque esto significara su muerte, durante las persecuciones de Antíoco IV Epífanes, en el siglo segundo d.C. (1 Mac 2.42).

Helenistas Judíos que vivían a menudo fuera de Palestina, que hablaban griego, y que en mayor o menor grado adoptaron costumbres griegas (Hch 6.1; 9.29).

Helenización, helenístico Proceso que empezó con la conquista de Alejandro Magno (siglo cuarto d.C.) por el cual los pueblos no griegos fueron llevados, a menudo por la fuerza, a conformarse con las ideas y formas de vida griegas, incluyendo el uso del lenguaje. El proceso fue tan dominante que a este período se le llamó «la era helenística (griega)». El Nuevo Testamento está escrito en griego helenístico.

Herejía Falsa enseñanza que no se conforma a las normas oficiales de la comunidad religiosa. Algunos líderes judíos llamaron herejía al cristianismo (Hch 24.14). Pablo advierte a Timoteo (1 Ti 1.3-7) y a Tito (Tit 3.10) contra las falsas enseñanzas de los herejes.

Hermenéutica Término derivado de una palabra griega que significa «interpretar». Designa la ciencia y el arte de interpretar un texto. Incluye la exégesis y se interesa por lo que significó originalmente el texto y lo que significa hoy día. Vea también Exégesis.

Herodianos Partido judío en la época de Jesús que pretendía mantener en el poder la dinastía de Herodes. Sus ideas teológicas eran parecidas a las de los saduceos, pero se alinearon con los fariseos para tratar de desacreditar a Jesús con la pregunta de pagar impuestos al César (Mt 22.16; Mc 12.13). Algunos en realidad querían matarlo después de un milagro en Galilea (Mc 3.6).

Hijo de Dios Título mesiánico de Jesús usado en el Nuevo Testamento (Sal 2.7; Jn 1.49). Se usó también en un sentido más profundo de la relación única de Jesús hacia el Padre (Mt 11.25-27; Jn 1.14-18; 1 Co 1.9). A los creyentes también se les llama hijos de Dios, por virtud de haber sido adoptados dentro de la familia de Dios mediante su fe en Jesucristo (Jn 1.12; Gl 4.4-7).

Hipótesis marcana Hipótesis de que Marcos fue el primer Evangelio escrito y fuente principal para Mateo y Lucas.

Iglesia Traducción de la palabra griega *ekklesia* (asamblea), que se refiere a la congregación de creyentes en Cristo, ya sea como un todo (la Iglesia universal) o en particular (p.ej. la iglesia en Éfeso, Ap 2.1, o en Corinto, 1 Co 1.1). Pablo llama a la Iglesia el «Cuerpo de Cristo»: quienes orgánicamente están unidos a Él (1 Co 12.27-28; Ef 5.29-31).

Infierno Vea Gehenna.

Inspiración La verdad que la Biblia tiene se origina en Dios mismo. Detrás de cada escritor de las Escrituras está la iniciativa y actividad divina que le da a las palabras del autor una referencia fuera de sí mismo. Un clásico texto neotestamentario para esta doctrina es 2 Timoteo 3.16-17.

Intertestamental Término general que denota el período desde la terminación del Antiguo Testamento hasta los escritos del Nuevo.

Jamnia Pueblo a cuarenta kilómetros al occidente de Jerusalén que se convirtió en un sitio tradicional de aprendizaje judío después del año 90 d.C., cuando los romanos permitieron que floreciera allí una academia religiosa. Bajo el liderazgo de Johanan ben Zakkai se desarrollaron las bases para el judaísmo moderno.

Hanuká Vea Dedicación, Fiesta de la.

Judaísmo del segundo templo Expresión utilizada para describir la sociedad y cultura de los judíos después de su regreso del cautiverio en Babilonia y de la construcción del segundo templo. Esta era finalizó con la destrucción del templo en el 70 d.C.

Judaísmo Término general que denota el sistema religioso que mantenían los judíos; su teología, ética, y creencias y prácticas sociales se basaban en sus escritos autorizados, los cuales incluían comúnmente el Antiguo Testamento y sobre todo el Talmud. El judaísmo comenzó durante el cautiverio en Babilonia/Persia (586-539 a.C.). Hubo muchas formas divergentes de judaísmo durante la época neotestamentaria. Vea también Jamnia.

Judaizantes Judíos cristianos radicales que se opusieron a Pablo argumentando que según la ley de Moisés una persona se debe circuncidar para ser salva, haciendo las obras parte de la salvación. El Concilio de Jerusalén (ca. 50 d.C.) se pronunció en favor de Pablo sobre las preguntas que hicieron los judaizantes (Hch 15.1-21).

Justicia Cualidad de Dios (derivada a los seres humanos) que consta de rectitud moral, acciones totalmente justas, y relaciones adecuadas. Dios es la perfección moral absoluta en todo lo que es, hace y establece entre sí mismo y el orden creado. Los seres humanos son justos mediante la fe en Jesucristo y el poder renovador del Espíritu Santo.

Justificación Acto por el cual Dios declara a una persona justa y en una adecuada relación con Él. Se basa en la vida perfecta, muerte expiatoria, y resurrección de Jesucristo y se recibe por fe, dejando fuera cualquier obra o mérito de nuestra parte (Ro 3.21-26; 4.1-8; Ef 2.8,9).

Kerigma Palabra griega que significa «proclamación» y que utiliza la teología neotestamentaria para designar el mensaje de la iglesia primitiva relacionado con la vida, muerte y resurrección de Jesucristo, como se predicaba a quienes ya habían recibido a Cristo.

Koiné Palabra griega que significa «común». El griego koiné era el lenguaje de uso corriente en la época de Jesús. Evolucionó del clásico griego antiguo y se extendió en el mundo mediterráneo después de las conquistas de Alejandro Magno. El Nuevo Testamento se escribió en griego koiné (o helenista).

Leccionarios Libros que contienen breves selecciones (o perícopes) de las Escrituras del Nuevo Testamento (a excepción del Apocalipsis) para utilizar en cultos de adoración o devocionales privados organizados de acuerdo con el año eclesiástico.

Lenguas, hablar en Don espiritual conferido por el Espíritu Santo (1 Co 12.10,30) que capacita a alguien para hablar de manera ininteligible en otros lenguajes (Hch 2.1-12) o en lenguajes desconocidos o «angélicales» (1 Co 13.1). Pablo critica con dureza el uso inadecuado de las lenguas (1 Co 14.6-25) e insta a los creyentes a tener orden en los cultos de adoración (1 Co 14.26-33).

Levitas Funcionarios del templo que trabajaban juntamente con los sacerdotes, instruyendo al pueblo y ofreciendo sacrificios. Surgieron en la historia antigua de Israel y en los días de Jesús aún existían (Lc 10.30-35; Jn 1.19).

Ley Término con varios significados en el Nuevo Testamento. Se puede referir a las enseñanzas legales y morales del Antiguo Testamento (Jn 7.19) o a los cinco primeros libros de este, el Pentateuco (Mt 7.12). Puede indicar un principio general o norma en función dentro de las personas (Ro 7.23,25; Stg 2.12) o reglas judías en general (Hch 25.8).

Logos Vea Palabra.

LXX Vea Septuaginta.

Macabeo(s) Apodo que significa «el azote» y que se aplicó a Judas, hijo de Matatías, quien llevó a sus hermanos y a otros a una guerra triunfal contra los opresores sirios aproximadamente en el 167 a.C. Su familia, llamada la dinastía asmoneana, gobernó en Judá hasta la ocupación romana de Palestina en el 63 a.C. Vea también asmoneo.

2 Macabeos, Historia de la revolución macabeana escrita desde una perspectiva diferente a 1 Macabeos. Mientras 1 Macabeos se relaciona con la alabanza a Judas, Jonatán y Simón por su papel en la liberación judía de los opresores seléucidas, 2 Macabeos se enfoca en la ofensa al templo y su culto, reprochando a los judíos helenizantes.

Magos Astrólogos religiosos no judíos quienes, de sus observaciones de cuerpos celestiales y quizás del Antiguo Testamento, dedujeron el nacimiento de un gran rey judío. Llegaron a Belén para dar homenaje a Jesús (Mt 2.1-12).

Mamón Palabra aramea traducida al griego en el Nuevo Testamento con el significado de «riqueza» o «dinero» (Mt 6.24; Lc 16.13). En el Nuevo Testamento no se consideraba maligna a la riqueza, pero se condenaba cuando reemplazaba a Dios o lo alejaba.

Manuscrito Copia escrita a mano de toda la Biblia o parte de ella.

Mesías Voz hebrea que significa «el ungido». Se refería en el Antiguo Testamento a alguien que estaba especialmente señalado por Dios para desempeñar una tarea particular. Los profetas anunciaron la venida del Mesías que restauraría el reino de Israel (Sal 110; Dn 9.25-26). Jesucristo cumplió esas profecías al traer el Reino de Dios (Mt 16.13-20; Hch 17.3). «Cristo» es la palabra griega para Mesías y rápidamente se convirtió en un nombre adecuado para Jesús (vea p.ej, Gl 3.14,16,17,22,24,26).

Mezuzá Jamba de la puerta de una ciudad, santuario u hogar privado. En el judaísmo indicaba generalmente el recipiente puesto en una jamba en el que se colocaban pasajes de las Escrituras.

Midras Comentario de los rabinos sobre el texto hebreo del Antiguo Testamento. Tal comentario se remonta al año 50 a.C. Midras se apoya en dos categorías principales: haláquica, que trata con los asuntos legales, y hagádica, con los sermones en el texto. Vea también Hagada, Halaka.

Milenio Término del latín que significa un período de mil años. Se deriva de Apocalipsis 20.1-8, donde Cristo gobierna y reina por mil años después de que Satanás sea atado y los santos resuciten. Los amilenialistas y los posmilenialistas interpretan este pasaje como símbolo de la Iglesia y su ministerio, mientras que los premilenialistas lo ven como futuro y subsiguiente a la Segunda Venida de Cristo.

Minúscula Palabra utilizada por los críticos textuales para definir un gran grupo de manuscritos bíblicos griegos que datan del siglo noveno a principios del dieciséis d.C. Se escribieron en escritura corrida de letras minúsculas. El término «minúscula» (latín minusculus) significa «algo pequeño». Vea también Crítica textual, Uncial.

Misná Colección de enseñanzas legales judías que datan del siglo segundo a.C. al segundo d.C., cuando fueron codificadas por el rabí Jehudá (el patriarca). Por su tono eran fariseas y estaban diseñadas para extraer el significado total de la ley (Torá). Junto con el Guemará (comentario de ellas) constituye el Talmud. Vea también Guemará, Talmud, Tosefta.

Misterio Término usado para describir algunas religiones no cristianas cuyos ritos y doctrinas eran secretos. Jesús y Pablo lo utilizaron en el Nuevo Testamento para manifestar que las verdades espirituales ya no eran secretas sino reveladas. Jesús habla del misterio del reino que se dio a conocer a los discípulos (Mt 13.11; Mc 4.11; Lc 8.10). Pablo explica el misterio de Cristo (Ef 3.3,4), del evangelio (Ef 6.19), de la voluntad de Dios (Ef 1.9) y de la piedad (1 Ti 3.16). En esencia, es la gracia salvadora de Dios dada a conocer al mundo por medio del evangelio.

Monoteísmo Creencia de que hay un solo Dios.

Narrativa histórica Recuento consecutivo de sucesos, enfocado particularmente en su naturaleza e interrelación.

Neokantismo Movimiento filosófico de fines del siglo diecinueve. Se basó en la epistemología de Immanuel Kant y fue una reacción contra el hegelianismo y el materialismo.

Nisán Primer mes del año en el calendario hebreo; corresponde a marzo/abril. Jesús murió el catorce de nisán.

Obispo Líder de la iglesia primitiva, llamado algunas veces «supervisor» o «anciano». Los requisitos para este oficio se enlistan en 1 Timoteo 3.1-10 y Tito 1.5-9.

Papiro Papel hecho de cañas de junco y utilizado en la antigüedad. Los primeros manuscritos del Nuevo Testamento se escribieron sobre papiro.

Parábola Historia usada por antiguos maestros, profetas y a menudo por Jesús para expresar una profunda verdad espiritual. Tenía por lo general puntos de contacto con la vida diaria y a veces contenía elementos de hipérbole o sorpresa para captar la atención. Frecuentemente las parábolas requerían una decisión importante por parte del oyente. Su propósito principal en el ministerio de Jesús fue cambiar vidas, no solo entretener o informar.

Paráclito Transliteración de una palabra griega cuyo significado es «Uno llamado en ayuda de alguien» se tradujo de varias formas «consolador», «consejero» y «abogado». Su uso más frecuente era para el Espíritu Santo (Jn 14.16,26; 15.26; 16.13), pero también lo fue para Jesús en 1 Juan 2.1.

Paraíso Término utilizado en el Nuevo Testamento para describir el cielo, el lugar del muerto bendecido. Jesús dijo al ladrón que iba a morir: «Hoy estarás conmigo en el paraíso» (Lc 23.43); Pablo manifiesta haber sido «arrebatado al paraíso» en vida (2 Co 12.2-4), y Apocalipsis 2.7 describe un cuadro hermoso del paraíso como el lugar donde crece el árbol de la vida, para nunca más separarse de él otra vez.

Paranesis, paranética Indica las porciones de las cartas neotestamentarias que contienen instrucción moral, como Santiago 4.7-12.

Parousia Vea Segunda Venida.

Pascua, Fiesta de la Festival anual judío realizado en nisán (marzo/abril del calendario judío) que empezaba con la fiesta de siete días llamada los Panes sin Levadura. La original comida de Pascua incluía cordero asado, pan sin levadura e hierbas amargas (Éx 12.14-30; 13.3-10) y conmemoraba la noche anterior a la salida de Egipto, cuando el ángel de la muerte no tocó a los hijos de Israel porque la sangre del cordero expiatorio se rociaba sobre el marco de la puerta (Éx 12.12,13). Jesús celebró su última pascua con sus discípulos. Pablo llama a Jesús nuestro Cordero pascual, que fue sacrificado por nosotros (1 Co 5.7-8).

Pasión Palabra derivada de una expresión del latín que significa «sufrir». Se usa más a menudo para designar el sufrimiento de Jesús, especialmente el relacionado con su muerte expiatoria en la cruz (vea Hch 1.3).

Pax romana Expresión del latín que significa «la paz romana». Este período de paz, que duró trescientos años, empezó con la consolidación del Imperio Romano en el siglo primero a.C. La pax romana contribuyó a la rápida expansión del cristianismo a través del mundo mediterráneo.

Pecado Cualquier pensamiento, acción, palabra o estado de ser en contra de la ley o voluntad de Dios. Por lo tanto, el pecado rompe la comunión con Dios. Según el Nuevo Testamento, todos los seres humanos son pecadores (Ro 3.23), pero pueden conseguir el perdón por medio de la fe en Jesucristo, cuya muerte y resurrección consiguió la remisión del pecado (Ro 5.12-21).

Pentecostés, Fiesta de Fiesta judía de las primicias (Nm 28.26), también conocida como Fiesta de las Semanas (Éx 34.22; Dt 16.10). Se celebraba el día cincuenta después de la pascua: un día después de siete semanas. Fue en Pentecostés que el Espíritu Santo se derramó sobre los primeros creyentes en Jerusalén, iniciando así una nueva obra de Dios en la Iglesia (Hch 1.8; 2.1-41).

Perícope En la crítica de la forma, una unidad literaria de tradición, como parábola, historia de sanidad o relato de milagro. Según los críticos de la forma, estas unidades de tradición circularon de manera independiente antes de que fueran recopiladas para convertirse en nuestros Evangelios. Vea también Crítica de la forma.

Politarca Término griego que refiere al gobierno de una ciudad. Lucas lo utiliza en Hechos 17.6,8 para hablar de los funcionarios de Tesalónica.

Praeparatio evangelium Palabra que usan muchos padres de la Iglesia y teólogos contemporáneos; significa «preparación para el evangelio» y se usa para transmitir la idea de que toda historia anterior fue un preludio precedente a la venida de Cristo.

Presbítero Término del NT que se refiere a un funcionario o anciano de la iglesia. Vea también Obispo.

Problema sinóptico Indica el desafío planteado por el hecho de que los Evangelios de Mateo, Marcos y Lucas son similares entre sí; sin embargo, muestran también numerosas diferencias.

Procónsul Gobernador nombrado por el senado de Roma para administrar una provincia por un período de un año. Estas provincias senatoriales se consideraban bastante seguras como para no necesitar un organismo armado. En Hechos se mencionan dos procónsules: Sergio Paulo de Chipre (Hch 13.7-12) y Galión de Acaya (Hch 18.12-17).

Procurador Funcionario romano nombrado por el emperador para supervisar sus asuntos, especialmente económicos, en una de las provincias. En el caso de Judea, el procurador también actuaba como gobernador y administrador militar. El Nuevo Testamento menciona por nombre tres procuradores: Poncio Pilato (26-36 d.C.; Jn 18.19); Marco Antonio Félix (52-59 d.C.; Hch 23.24–25.14); Porcius Festo (59-62 d.C.; Hch 24.27 26.32).

Profeta Alguien llamado a proclamar la voluntad de Dios. Su tarea era denunciar el pecado, llamar al arrepentimiento, recordar al pueblo los hechos de Dios en el pasado, predicar advertencias de juicio venidero, predecir acontecimientos futuros y ofrecer misericordia a quienes respondían en fe. Hubo profetas en el Nuevo Testamento así como en el Antiguo, y tanto hombres como mujeres que profetizaron.

Propiciación Ofrenda que apartaba la ira de Dios. Él mismo apartó su ira en el Nuevo Testamento por medio de la ofrenda de sí mismo en la muerte de su Hijo, la segunda persona de la Trinidad eterna (1 Jn 2.2). Vea también expiación.

Proverbio Dicho breve y conciso que expresa una verdad o idea muy conocida. Los proverbios de las Escrituras relacionan por lo general verdades teológicas a la vida práctica, pero a veces se encuentran ideas doctrinales abstractas.

Pseudoepígrafo Libros religiosos muy imaginativos escritos entre los años 200 a.C. y 200 d.C., atribuidos falsamente a personajes muy conocidos del pasado como Elías, Moisés o Enoc. Algunas veces tales libros tienen algún contacto con el Antiguo o el Nuevo Testamento, pero no fueron aceptados como parte de la Biblia.

Publicano Individuo proveniente de la población judía que cobraba impuestos para Roma. Eran muy conocidos por su falta de honradez y despreciados como traidores. Jesús eligió a Mateo, un publicano o cobrador de impuestos, como uno de sus discípulos (Mt 9.9-13).

Q Del alemán Quelle, «fuente». Indica un documento hipotético que contiene principalmente dichos de Jesús. Según una teoría, Mateo y Lucas lo utilizaron cuando compusieron sus Evangelios. Se supone que gran parte de su contenido son los 230 versículos comunes en Mateo y Lucas que no se encuentran en Marcos.

Qumrán Sitio arqueológico cerca de Jericó en la esquina noroeste del Mar Muerto, donde vivía una secta esenia en estricto estilo comunitario. Los rollos del Mar Muerto se encontraron en las cuevas cercanas a las comunidades y quizás fueron parte de su biblioteca, escondida exactamente antes de que los romanos destruyeran los edificios de la comunidad en el 68 d.C. Vea también Rollos del Mar Muerto; Esenios.

Rabí o Rabino Título de respeto que significa «maestro» o «señor», dado en los días de Jesús a quienes sobresalían en la ley de Moisés y estaban capacitados para enseñarla. Los seguidores de Jesús se referían a Él como «Rabí» o «Maestro» (Mt 26.25; Mc 11.21; Jn 3.2). En determinado momento Él les dijo que no buscaran tales títulos de honor (Mt 23.7,8).

Redención Término que significa «compra» o «readquisición». Teológicamente es la doctrina de que Dios salva, libera y se entrega a su pueblo (Is 49.26; 60.16). La base neotestamentaria de la actividad redentora de Dios es la muerte y resurrección de Jesucristo (Ro 3.24,25; 1 P 1.18-21).

Reino de Dios Reino soberano o gobierno de Dios; era la esencia de la enseñanza de Jesús. Fue inaugurado por la primera venida de Jesús y será consumado en su Segunda Venida. Se refiere al alcance total de la actividad redentora de Dios.

Religiones misteriosas Religiones populares de la era helenista, algunas de las cuales se remontaban a tiempos anteriores, prometían una vida mejor después de la muerte, practicaban ritos secretos de iniciación y perseguían una relación íntima con los dioses. A menudo eran violentas y orgiásticas. Las más destacadas eran los misterios eleusianos y dionisianos.

Resurrección Ser traído a la vida después de muerto. El núcleo de la teología neotestamentaria es la resurrección de Jesús de entre los muertos y la promesa de que los creyentes resucitarán al fin de los tiempos a una nueva vida (1 Co 15.1-57). El cuerpo resucitado no se deteriorará sino que será espiritual (1 Co 15.42-44,49). Los incrédulos resucitarán para condenación (Jn 5.28,29).

Revelación Hacer conocer, dejar al descubierto, destapar. En general tenemos conocimiento de Dios solo porque Él decidió hacerse conocer, esto es, revelarse a nosotros. A veces Dios revela aspectos específicos que quiere que conozcamos (Gl 1.12; 2.2; Ef 3.3). Puesto que la Biblia es la Palabra de Dios en su totalidad, también es su revelación, como Jesucristo, quien dio a conocer a Dios. Juan empieza el último libro del Nuevo Testamento, «Apocalipsis», como «la revelación de Jesucristo, que Dios le dio» (Ap 1.1).

Rollos del Mar Muerto Grupo de documentos judíos escritos entre el 250 a.C., y el 68 d.C., encontrado en cuevas cercanas al Mar Muerto a finales de la década de los cuarenta. Hay fragmentos que representan más de ochocientos libros, que van desde libros del Antiguo Testamento (y probablemente del Nuevo) hasta bendiciones, himnos y oraciones. Vea también Qumrán.

Sacerdote Persona autorizada para ofrecer sacrificios rituales e interceder ante Dios en un sitio de adoración especialmente designado. En la época de Jesús se ofrecían tales sacrificios en el templo de Jerusalén. Jesús predijo la destrucción del antiguo sistema expiatorio (Mt 24.1,2). El cristianismo primitivo enseñaba que todos los creyentes eran «real sacerdocio» (1 P 2.9), que sus cuerpos eran el templo del Espíritu Santo (1 Co 6.19), y que la plenitud de vida es «olor fragante, sacrificio acepto, agradable a Dios» (Flp 4.18). Todos, no solo una clase sacerdotal, harían súplicas, oraciones e intercesiones (1 Ti 2.1).

Sacramento Señal visible expresiva de una gracia invisible y espiritual otorgada por Dios mediante Jesucristo. La mayoría de cristianos protestantes aceptan el bautismo y la Cena del Señor como sacramentos; los católicos romanos y ortodoxos agregan cinco más. Vea también Bautismo; Cena del Señor.

Sacrificio Ofrenda valiosa hecha a Dios en reconocimiento de su gloria y de nuestra dependencia en Él. En el Antiguo Testamento se estableció un complicado sistema de sacrificios de animales. Esto se cambió con la muerte de Jesús, quien se ofreció a sí mismo como el sacrificio final y definitivo (Heb 9.11-14; 10.10). Los creyentes se ofrecen a sí mismos como sacrificio vivo para que Dios los utilice en su servicio (Ro 12.1,2).

Saduceos Grupo de judíos en la época de Jesús compuesto principalmente de la aristocracia sacerdotal, quienes solo confiaban en los cinco primeros libros de la Biblia (Pentateuco). Rechazaban los conceptos de ángeles, vida después de la muerte, providencia y resurrección. Estaban deseosos de colaborar con los romanos para preservar la nación.

Salvación Acción de Dios, el único Salvador, por la cual los seres humanos son libres del poder y las consecuencias del pecado, la muerte y el diablo por medio de la obra expiatoria de Jesucristo. Podemos experimentar hoy día los beneficios de la salvación por la fe en Cristo; a la larga, la salvación es la esperanza futura del creyente.

Samaritano Residente de una región casi igual al Israel del Antiguo Testamento, situada al occidente del río Jordán y entre Galilea al norte y Judea al sur. Se separaron de los otros judíos alrededor del 400 a.C. y tenían su propia Biblia (Torá), su propio templo en los montes Gerizim, sus propios sacrificios y su propia adoración. Los judíos los acusaban implacablemente de apóstatas. La mayoría de judíos no se relacionaban con ellos (Jn 4.9).

Sanedrín Consejo supremo judicial del judaísmo. Comenzó alrededor del siglo cuarto a.C. En la época de Jesús consistía de setenta y un miembros divididos en tres categorías: los sumos sacerdotes, los ancianos y los escribas. Actuaba como mediador en asuntos de la ley judía y su decisión era definitiva. Jesús (Mt 26.59), Esteban (Hch 6.12-15) y Pablo (Hch 22.30–23.10) fueron juzgados de uno u otro modo por el sanedrín.

Santificación Acción continua de Dios por la cual el creyente se hace progresivamente santo. La justificación es un acto; la santificación, que le sigue, es un proceso.

Santo(s) Palabra derivada del latín sanctus. El Nuevo Testamento insta a los cristianos a ser santos, porque sirven al Dios santo, porque deben llevar vidas santas, y porque son llenos del Espíritu Santo (Ro 1.7). Debido a esto a veces se llama sencillamente «santos» a los creyentes (Col 1.4; 1 Ti 5.10).

Segunda Venida Regreso visible de Jesucristo a la tierra al final de los tiempos como Señor de todos (Hch 1.11; Ap 11.15; 19.11-16). Jesús profetizó su Segunda Venida (Mt 24.29-31), así como el resto del Nuevo Testamento (1 Ts 4.13-18; 2 P 3.3-13). También se le llama la «parousia» (de una palabra griega que significa «presencia» o «venida»). Algunos cristianos diferencian una venida de Cristo por los creyentes y una subsiguiente venida con ellos a la tierra.

Semanas, Fiesta de las Vea Pentecostés, Fiesta de.

Seminario Jesús Grupo de eruditos contemporáneos radicales que han trabajado por casi una década para responder la pregunta: ¿Qué dijo e hizo en realidad Jesús?

Seno de Abraham Una expresión que utiliza Lucas 16.19-31 para denotar la porción del hades donde los creyentes que morían en tiempos del Antiguo Testamento encontraban descanso en compañía del patriarca Abraham.

Seol Vea Hades.

Septuaginta Traducción griega del AT hebreo. Surgió entre el 250 a.C. y el 50 d.C. Fue usada por judíos de la dispersión que ya no hablaban hebreo como lengua materna. A veces se le llama la «setenta» (de allí LXX) porque según la tradición, setenta (o setenta y dos) eruditos la tradujeron en setenta y dos días. Vea también Apócrifos; Diáspora, dispersión; Jamnia.

Shema Suprema confesión judía de creencia como se encuentra en Deuteronomio 6.4-9; 11.13-21; Números 15.37-41, que expresa la fe monoteísta del judaísmo. Se recitaba en el hogar y en la sinagoga en días de Jesús. Él se refirió a ella al formular los dos grandes mandamientos (Mc 11.28-31). «Shema» es la primera palabra hebrea en Deuteronomio 6.4: «Oye».

Simonía Compra o venta de cargos o privilegios eclesiásticos. El término viene de Hechos 8.9-25, donde Simón ofreció dinero a Pedro y Juan para que compartieran con él sus poderes apostólicos.

Sinagoga Lugares de adoración y enseñanza del judaísmo. Se desarrollaron durante el período intertestamental y comenzaron después de la destrucción del templo en el 587 a.C., como lugares donde los judíos podían estudiar la ley, reunirse, adorar a Dios y administrar justicia según la ley. Cuando se reedificó el templo en el reinado de Herodes, las sinagogas continuaron existiendo porque muchas personas no podían viajar a Jerusalén para adorar en el templo. Habían numerosas sinagogas en todo el Imperio Romano, muchas de ellas en la misma Palestina. La adoración de los primeros cristianos era semejante a la de las sinagogas en muchos sentidos.

Sincretismo politeísta Combinación de

las creencias de diferentes religiones, que resulta en una nueva religión que incluye la adoración de muchos dioses. Vea también Sincretismo religioso.

Sincretismo religioso Combinar las creencias de religiones diferentes. Esta práctica era común en épocas helenistas debido a la idea popular de que a la larga todas las deidades y religiones vienen a ser lo mismo. Vea también Sincretismo politeísta.

Sitz im Leben Expresión alemana que significa «trasfondo de vida», usada por la crítica de forma para definir las situaciones hipotéticas a partir de las cuales crecen las unidades de tradición del evangelio. Una unidad de tradición podría pasar a través de varios «trasfondos de vida» (Sitze im Leben) antes de alcanzar su forma final. Vea también Crítica de la forma.

Soteriología Término teológico que significa «enseñanza acerca de la salvación». Se relaciona en la teología cristiana con: la pecaminosidad humana, las cualidades de Dios que definen cómo se relacionan con Él los pecadores, la muerte expiatoria de Cristo, la fe, el perdón, la justificación y la santificación.

Tabernáculos, Fiesta de los Uno de los tres festivales más importantes del año judío (Lv 23.33-43). Conmemoraba la finalización del año agrícola. En el Nuevo Testamento duraba ocho días, empezando en *tisrí* (septiembre/octubre). El pueblo vivía durante el festival en pequeños tabernáculos (tiendas), en recuerdo del tiempo en el desierto. Jesús asistió por lo menos a una Fiesta de los Tabernáculos (Jn 7.1-30).

Talmud Colección de tradiciones judías que forma la base de la vida y pensamiento del judaísmo. Se desarrolló en varios siglos y en los siglos cuarto y quinto d.C. se codificó en dos colecciones: palestina y babilónica. La de Babilonia es bastante más grande y completa. Ambas versiones constan de dos partes principales: (1) Misná (interpretaciones del Torá) y (2) Guemará (comentarios del Misná, así como otros tratados o capítulos).

Tannaim Rabinos del primero y segundo siglos que enseñaban el Misná. Su obra culminó con la compilación de enseñanzas misnaicas a finales del siglo segundo por el rabí Jehudá el patriarca (muerto en 217 d.C.).

Tárgum Paráfrasis aramea del Antiguo Testamento hebreo en la época en que no todos los judíos entendían el hebreo. El arameo, un lenguaje relacionado con el hebreo, se había convertido en la lengua común del Oriente Medio. Surgieron algunos tárgumes durante el período intertestamental. Aún existen muchos.

Teoría de Galacia del norte Opinión de que Pablo escribió Gálatas a las iglesias que fundó en su segundo viaje misionero en la parte centro-norte de Asia Menor.

Teoría de Galacia del sur Perspectiva de que Pablo escribió Gálatas a las iglesias en el sur de Asia Menor antes del Concilio de Jerusalén. Esto incluiría iglesias en ciudades que él y Bernabé visitaron en su primer viaje misionero: Pérgamo, Antioquía de Pisidia, Iconio, Listra y Derbe.

Teoría de respuesta del lector Teoría de interpretación que afirma que el significado de un texto no yace en el mensaje intencionado del escritor sino en los pensamientos y sentimientos del lector mientras se involucra en el texto.

Tephillin Pequeña caja de cuero que contenía Escrituras. Lo debían usar los hombres judíos cuando oraban.

Texto masorético Nombre dado al texto hebreo estandarizado del Antiguo Testamento que se estableció en los siglos siete y nueve d.C. Los masoretas eran un grupo de eruditos judíos que transcribieron el texto del Antiguo Testamento hebreo y añadieron vocales a las consonantes. El texto masorético en sí se remonta a la antigüedad, como lo evidencian los rollos del Mar Muerto. Su abreviatura es TM.

Theologia Crucis «Teología de la cruz»; una manera de entender el evangelio, que se enfoca en la debilidad, el sufrimiento y la muerte involucradas en la resistencia y la conquista mediante la fe en Cristo y la participación en su cruz.

Theologia Gloriae «Teología de gloria»; una manera de entender el evangelio que ve a Cristo principalmente como medio de automejoramiento, camino al éxito, vía al poder, afirmación de parte de los semejantes, y aceptación por Dios.

Tipología Método de interpretación bíblica que ve verdades en personas, acciones, acontecimientos o rituales proféticos del Antiguo Testamento asi como en el Nuevo Testamento, que anuncian a Jesucristo. Por ejemplo, Jesús vio en la serpiente de bronce un cuadro de su propia muerte venidera (Jn 3.14); Pablo vio un prototipo de Cristo en el agua de la roca (1 Co 10.1-4) y Hebreos ve a Jesús como un nuevo Melquisedec (Heb 6.19,20).

Torá Palabra hebrea que significa «guía», «ley» o «enseñanza», usada más comúnmente para referirse a los cinco primeros libros de la Biblia: el Pentateuco. El «Torá» también se usa ampliamente para mostrar todas las enseñanzas de Dios en combinación para formar una manera de vivir.

Tosefta Colección de escritos judíos legales análogos al Misná. Este material se escribió aproximadamente al mismo tiempo que el Misná, pero no se consideró fidedigno, por lo que se excluyó del canon misnaico. La palabra «Tosefta» significa «suplemento». Vea también Misná.

Tradición Enseñanzas religiosas que iban paralelas a las Escrituras canónicas y que en algunos casos se consideraban igualmente autorizadas. Los fariseos en tiempos de Jesús honraban sus tradiciones junto con las Escrituras del Antiguo Testamento, pero los saduceos no lo hacían. En nuestros días los católicos romanos basan su doctrina en la Biblia y la tradición, mientras los protestantes intentan cimentar su doctrina en la sola Biblia.

Tradición oral Tradiciones de un grupo que pasan de persona en persona o de generación en generación en forma oral antes de escribirse. En el período neotestamentario en que la tradición oral se transmitía de boca en boca era muy escasa. Durante el proceso aún vivían testigos presenciales (Lc 1.1-4).

Transfiguración Transformación de Jesús en un elevado monte palestino (tal vez el monte Hermón), durante la cual Pedro, Santiago y Juan alcanzaron a ver su deidad. Moisés y Elías también estaban allí conversando con Jesús. Dios el Padre cerró la conmovedora escena con estas palabras: «Este es mi Hijo amado, en quien tengo complacencia» (Mt 17.1-13).

Trinidad Doctrina que Dios es al mismo tiempo uno y tres. El único y solo Dios existe eternamente como Padre, Hijo y Espíritu Santo. La revelación de este misterio se descubre en el Antiguo Testamento y se ve más claramente en Jesucristo, el Hijo de Dios (Mt 3.16,17; 28.19; 1 Co 12.4-6; 2 Co 13.14; 1 P 1.2). El Padre es Dios (1 Co 8.6), el Hijo es Dios (Jn 1.18) y el Espíritu Santo es Dios (Ef 4.4,5). La Trinidad es vital en la fe cristiana y prácticamente toda doctrina depende de su lógica.

Última cena Vea Cena del Señor.

Uncial Término usado por críticos textuales para definir un enorme grupo de manuscritos bíblicos griegos escritos en letras grandes y cuidadosamente formadas, como nuestras mayúsculas. Los manuscritos unciales datan de entre los siglos tercero y noveno d.C. Ver también Minúscula; Crítica textual.

Verbo Juan 1.1-14 y Apocalipsis 19.13 se refieren a Jesús como el Verbo (del griego logos). De ahí que los cristianos hablan a menudo de Jesús como el Logos o el Verbo de Dios. Exactamente como las palabras expresan las más recónditas profundidades de nuestros corazones y mentes, así Jesús es la expresión perfecta de cómo es realmente Dios. A las Escrituras se les refiere también como la Palabra de Dios porque también hacen conocer infaliblemente la mente y el corazón de Dios.

Vía dolorosa «Camino (o trayectoria) de sufrimiento». Prácticamente, el camino que Jesús anduvo a través de Jerusalén en su camino al Gólgota. De manera figurada es un recordatorio de que la verdadera gloria (para Dios, no para el hombre) en el servicio cristiano llega en parte por medio del sufrimiento.

Vía Ignacia Principal carretera comercial de este a oeste del mundo romano. La ciudad de Filipos, que Pablo visitó, debió mucho de su importancia a su localización en esta carretera.

Virginal, nacimiento Quizás esta doctrina se declara mejor como la concepción virginal de Jesús. Sostiene que María concibió a Jesús por un acto milagroso de Dios, independiente de cualquier intervención humana (Mt 1.18-25; Lc 1.26-35).

Vulgata Voz derivada del latín vulgatus («común» o «popular»). Se refiere a la traducción de la Biblia al latín hecha por Jerónimo casi al final del siglo cuarto d.C. Se convirtió en la versión católica romana autorizada.

Yavé Interpretación moderna del divino nombre de Dios como se revela en el Antiguo Testamento (Gn 4.26; Éx 6.2-4). La forma hebrea es YHWH, a veces traducida «Jehová». Se llamó también Tetragrammaton porque contiene cuatro letras. Se deriva del verbo griego «ser», de ahí el significado «Yo soy» o «el que causa ser» , resaltando a Dios como creador y sustentador del universo.

Zelotes Partido judío de extremo nacionalismo en la época de Jesús que abogaban por la rebelión armada para introducir el Reino de Dios. Sus acciones precipitaron la Guerra Judía del 66-70 d.C. que culminó con la destrucción de Jerusalén por Tito, el general romano y futuro emperador. Simón, uno de los discípulos de Jesús, era antes un zelote (Mc 3.18; Hch 1.13).

Respuestas a las preguntas de repaso

Capítulo 1: ¿Por qué estudiar el Nuevo Testamento?

1. Biblia
2. Torá
3. testamento
4. apócrifos/deuterocanónicos
5. educación cultural
6. Mateo, Marcos, Lucas y Juan
7. Josefo
8. canon
9. concurso
10. papiro

Capítulo 2: El Medio Oriente en los días de Jesús

1. cinco
2. Galilea
3. Alejandro Magno
4. Herodes Antipas
5. Tito
6. estilo de vida
7. sinagoga
8. fariseos
9. esenios
10. Antiguo Testamento

Capítulo 3: El evangelio y los cuatro Evangelios

1. Jesús
2. kerigma
3. ochenta
4. ordenado
5. memorias
6. biografía
7. Imperio Romano
8. tres

Capítulo 4: El Evangelio de Mateo

1. Mateo
2. John Wenham
3. Siria, Antioquía de Siria, Palestina
4. Jesús
5. profecía
6. David, Abraham
7. autoridad suprema
8. Cesarea de Filipo

Capítulo 5: El Evangelio de Marcos

1. dieciséis
2. 325
3. narrativa
4. Pedro
5. gentiles
6. Hijo de Dios
7. sobrenatural
8. confesión
9. líderes religiosos
10. muerte, resurrección

Capítulo 6: El Evangelio de Lucas

1. Teófilo
2. Marción
3. Hechos
4. Jerusalén
5. historia
6. María su madre
7. Espíritu Santo

Capítulo 7: El Evangelio de Juan

1. tres
2. Éfeso
3. Antiguo Testamento
4. Trinidad
5. Israel
6. humanidad
7. fe

Capítulo 8: La vida de Jesucristo

1. Evangelios del Nuevo Testamento
2. 30
3. Nazaret
4. Doce
5. Betania, más allá del Jordán
6. demonios
7. entrenarlos
8. Cesarea de Filipo
9. Jerusalén
10. líderes judíos

Capítulo 9: La enseñanza de Jesucristo

1. maestro, predicador
2. Antiguo Testamento
3. comunicadores
4. parábola
5. Dios
6. arrepentirse
7. humano
8. igualdad
9. Hijo del Hombre
10. Isaías

Capítulo 10: Crítica histórica y hermenéutica

1. Josefo
2. Hijo de Dios
3. escepticismo
4. hermenéutica
5. revelación
6. autoridad
7. oración
8. misiológicos
9. exégesis
10. toda la vida

Capítulo 11: El estudio moderno de los Evangelios

1. Agustín
2. J.J. Griesbach
3. Marcan Hypothesis
4. Problema sinóptico
5. Forma
6. comunidades
7. compiladores, escritores
8. de respuesta del lector
9. Q

Capítulo 12: La búsqueda moderna de Jesús

1. Europa
2. acerca de
3. sobrenatural
4. Bultmann
5. desmitologizar
6. tercera búsqueda
7. 82
8. Testimonio de fuente múltiple

Capítulo 13: El mundo y la identidad de la iglesia primitiva

1. Imperio Romano
2. Antioquía
3. Nerón, Domiciano
4. griego
5. helenización
6. ocultismo
7. filosofía
8. destino
9. Pentecostés
10. Trinidad

Capítulo 14: Hechos 1–7

1. Lucas
2. geografía
3. 25
4. excelente
5. Jesucristo
6. Pedro
7. milagros
8. cohesión social
9. Saulo

Capítulo 15: Hechos 8–12

1. judíos
2. Felipe
3. Pedro
4. Tabita, gacela
5. Cornelio

6. Bernabé
7. Ágabo
8. Santiago (hermano de Juan)
9. Simón el mago
10. Juan, Pedro, Pablol

Capítulo 16: Hechos 13–28
1. Pablo
2. Antioquía
3. Pablo, Bernabé
4. Antioquía
5. Concilio de Jerusalén
6. Silas, Timoteo, Lucas
7. «gentiles»
8. Cesarea
9. César, Roma
10. Efesios, Filipenses, Colosenses

Capítulo 17: Vida y enseñanzas del apóstol Pablo
1. Tarso
2. Saulo
3. misionera
4. arrestado
5. divino
6. uno
7. legalismo
8. abrahámico
9. adoración
10. Jesús
11. rescate
12. resurrección

Capítulo 18: Romanos
1. Romanos
2. buenas nuevas
3. Agustín
4. fe
5. Grecia
6. salutación
7. buenas nuevas
8. estilo de vida
9. dieta, costumbres
10. Juan Calvino

Capítulo 19: Corintios y Gálatas
1. Corinto
2. inmoralidad
3. segundo
4. inscripción de Erasto
5. 1 Corintios
6. carismático
7. alabar
8. sufrimiento
9. ofrenda para Jerusalén
10. Bernabé, primer
11. sus advertencias
12. judaizantes

Capítulo 20: Efesios, Colosenses, Filipenses y Filemón
1. Artemisa o Diana
2. poder
3. protección divina y revestimiento de poder
4. Silas
5. comunión
6. egocentrismo
7. Épafras
8. helenística
9. herejía colosense
10. personal
11. Onésimo
12. Cristo

Capítulo 21: Tesalonicenses, Timoteo y Tito
1. segundo
2. Salónica
3. oposición
4. instrucción
5. Dios, Dios
6. más corta
7. inscripción de Galión
8. 1 Timoteo, 2 Timoteo, Tito
9. preocupación pastoral
10. Éfeso
11. Roma
12. Creta

Capítulo 22: Hebreos y Santiago
1. longitud
2. Pablo, Apolos
3. 40, 60
4. saludo formal
5. sermónica
6. Jesucristo, Moisés, Aarón
7. permanecer en Cristo
8. obras
9. judíos cristianos
10. profecía

Capítulo 23: Pedro, Juan y Judas
1. Simón Pedro
2. Nerón
3. peregrino
4. Cristo
5. Roma
6. piedad, afecto fraternal, amor
7. 1 Juan
8. 2 Juan
9. verdad
10. Gayo
11. resurrección
12. deidad de Cristo

Capítulo 24: Apocalipsis
1. visiones, sesenta
2. simbólico
3. Juan
4. iglesias
5. sellos, trompetas, copas
6. amilenialismo
7. gran trono blanco
8. existe
9. Cordero
10. escatología

Epílogo
1. primero
2. Jesucristo
3. visión
4. inmanencia
5. Dios
6. Esteban
7. verdad, lo correcto
8. el mundo
9. contextualización
10. persecución

Notas

Capítulo 1: ¿Por qué estudiar el Nuevo Testamento?

1. W.H.C. Frend, *The Rise of Christianity*, Fortress, Filadelfia, 1984, 457-60.

2. Más de cincuenta traducciones o revisiones del Nuevo Testamento aparecen en la última mitad del siglo veinte, para hablar solo de la situación del idioma inglés. Vea Bruce M. Metzger, «Al lector» en *The New Revised Standard Version*, Oxford University Press, Nueva York/Oxford, 1989, xii.

3. Para información sobre esas líneas, vea por ejemplo, Peter R. Ackroyd eds., *The Cambridge History of the Bible*, 3 vols., Cambridge University Press, Cambridge/Nueva York, 1963-70.

4. Allan Bloom, *The Closing of the American Mind*, Simon & Schuster, Nueva York, 1987, 60.

5. Íbid.

6. Jaroslav Pelikan, *Jesus through the Centuries: His Place in the History of Culture*, Harper & Row, Nueva York, 1987 [1985], 1.

7. Ver en Frend, *The Rise of Christianity*, 184, una valentía similar de parte de Blandina, una joven cristiana en Lyons, Francia, en el siglo segundo.

8. *The New Testament: Its Background, Growth, and Content*, 2da ed., Abingdon, Nashville, 1983, 276.

9. Para la elaboración de este punto de vista, vea Herman N. Ridderbos, *Redemptive History and the New Testament Scriptures*, trad. H. De Jongste, Rev. Richard B. Gaffin, hijo, Presbyterian & Reformed, Phillipsburg, NJ, 1988.

10. *Biblical Hermeneutics*, trad. Robert W. Yarbrough, Crossway, Wheaton, IL, 1994, 130-131.

11. Para un análisis más extenso de la doctrina de inspiración, vea René Pache, *The Inspiration and Authority of Scripture*, trad. Helen I. Needham, Sheffield, Salem, 1992 [1969].

12. William Wrede, «Tarea y métodos de la "teología neotestamentaria"», en *The Nature of New Testament Theology*, ed. y trad. Robert Morgan, SCM, Londres, 1973, 71.

13. Robert M. Grant, *Heresy and Criticism: The Search for Authenticity in Early Christian Literature*, Westminster/John Knox, Louisville, 1993, 293 n. 93: «Para hablar de una proclamación de un canon del Nuevo Testamento para la Iglesia universal, se debe ver ... la cuarta sesión del Concilio de Trento, febrero 14, 1546».

14. Metzger, *The New Testament*, 276.

15. Bruce M. Metzger, *The Text of the New Testament: Its Transmission, Corruption, and Restoration*, 3ra ed. Oxford University Press, Nueva York/Oxford, 1992, 35.

16. Carsten P. Thiede y Matthew D'Ancona, *Eyewitness to Jesus: Amazing New Manuscript Evidence About the Origin of the Gospels*, Doubleday, Nueva York, 1996.

17. Dewitt Matthews, *Capers of the Clergy: The Human Side of Ministry*, Baker, Grand Rapids, 1976, 34-35.

Capítulo 2: El Medio Oriente en la época de Jesús

1. Hay veintiuna epístolas propiamente (trece de Pablo y ocho de otros). Lucas, Hechos y Apocalipsis en realidad no son epístolas, aunque parecen serlo por la manera en que se dirigen a sus remitentes.

2. Para análisis, vea George Adam Smith, *The Historical Geography of the Holy Land*, 4ta ed., Hodder & Stoughton, Nueva York/Londres, 1896; Denis Baly, The Geography of the Bible, ed. rev. Harper & Row, Nueva York, 1974; y Yohanan Aharoni, *The Land of the Bible: A Historical Geography*, Westminster, Filadelfia, 1979, 21-63.

3. George Adam halla siete regiones al agregar el plan de Esdraelón en el norte y el Negev en el sur. Smith, *The Historical Geography of the Holy Land*, 50-51.

4. Para un análisis más completo, vea Sean Freyne, *Galilee, from Alexander the Great to Hadrian 323 BCE to 135 CE: A Study of Second Temple Judaism*, Michael Glazier/University of Notre Dame Press, Notre Dame, IN, 1980.

5. William M. Thompson, *The Land and The Book,* 3 vols. Harper & Bros., Nueva York, 1882, 2:110.

6. Josefo da un resumen de las opiniones de ellos en *Antigüedades* 18.1.3. Vea también Jacob Neusner, *From Politics to Piety: The Emergence of Pharisaic Judaism*, Prentice Hall, Englewood Cliffs, NJ, 1972; Louis Finkelstein, The Pharisees: The Sociological Background of Their Faith, 2 vols., 3ra ed., Jewish Publication Society of America, Filadelfia, 1962; John W. Bowker, Jesus and the Pharisees, Cambridge University Press, Cambridge, 1973.

7. Josefo resume las opiniones de ellos en *Antigüedades* 18.1.4.

8. Josefo da un resumen de los esenios en *Antigüedades* 18.1.5. Vea también Allen H. Jones, *Essenes: The Elect of Israel and the Priests of Artemis*, University Press of America, Lanham, MD, 1985; J. Murphy-O'Connor, «Los esenios y su historia», Revue Biblique 81, 1974, 215-44.

9. Para un estudio completo de este grupo, vea Martin Hengel, *The Zealots: Investigations into the Jewish Freedom Movement in the Period from Herod I until 70 AD,* trad. David Smith, T. & T. Clark, Edimburgo, 1989.

10. Vea H.H. Rowley, *The Relevance of Apocalyptic: A Study of Jewish and Christian Apocalypses from Daniel to the Revelation*, ed. rev., Lutterworth, Londres, 1963; y D.S. Russell, *The Method and Message of Jewish Apocalyptic, 200 BC-AD 100*, Westminster, Filadelfia, 1964.

11. Stanley E. Porter, «¿Enseñó Jesús alguna vez en griego?» *Tyndale Bulletin*, 44, # 2, 1993, 199-235.

12. G. Gordon Stott, «Am Ha'arez», en *A Dictionary of Christ and the Gospels*, ed. James Hastings, John Selbie y John Lambert, 2 vols., T. & T. Clark, Edimburgo, 1906, 1:52.

13. Vea R.J. Coggins, *Samaritans and Jews: The Origins of Samaritanism Reconsidered*, John Knox, Atlanta, 1975; y Alan D. Crown, ed., *The*

Samaritans, J.C.B. Mohr [Paul Siebec], Tübingen, 1989.

14. Para un análisis más completo de esto, vea R.T. France, *Jesus and the Old Testament: His Application of Old Testament Passages to Himself and His Mission,* InterVarsity/Tyndale, Downers Grove/Londres, 1971; John W. Wenham, *Christ and the Bible,* 3ra. ed., Baker, Grand Rapids, 1994; R.V.G. Tasker, *The Old Testament in the New Testament,* Eerdmans, Grand Rapids, 1963; E. Earle Ellis, *The Old Testament in Early Christianity: Canon and Interpretation in the Light of Modern Research,* Baker, Grand Rapids, 1992.

15. Para un estudio más amplio, vea L.H. Brockington, *A Critical Introduction to the Apocrypha,* Duckworth, Londres, 1961; Bruce M. Metzger, *An Introduction to the Apocrypha,* Oxford University Press, Nueva York, 1957; George W.E. Nickelsburg, *Jewish Literature between the Bible and the Mishnah: A Historical and Literary Introduction,* Fortress, Filadelfia, 1981.

16. Para análisis y los textos mismos, vea Nickelsburg, *Jewish Literature between the Bible and the Mishnah,* James H. Charlesworth, ed., *The Pseudepigrapha and Modern Research,* Scholars, Missoula, MT, 1976; James H. Charlesworth, ed., *The Old Testament Pseudoepigrapha,* 2 vols., Doubleday, Garden City, NY, 1983-85; Michael E. Stone, ed., *Jewish Writings of the Second Temple Period: Apocrypha, Pseudepigrapha, Qumran, Sectarian Writings, Philo, Josephus,* Van Gorcum/Fortress; Assen, Netherlands/Filadelfia, 1984.

17. Para mayor estudio, vea Joseph A. Fitzmyer, *The Dead Sea Scrolls: Major Publications and Tools for Study,* Scholars, Missoula, MT, 1975.; J.T. Malik, *Ten Years of Discovery in the Wilderness of Judaea,* trad. J. Strugnell, SCM, Londres, 1959; Geza Vermes, *The Dead Sea Scrolls in English,* 4ta. ed., Penguin, Baltimore, 1995; Hershel Shanks, ed., *Understanding the Dead Sea Scrolls: A Reader from the Biblical Archaelogy Review,* Random House, Nueva York, 1992; Hershell Shanks et al., *The Dead Sea Scrolls after Forty Years,* Biblical Archaeology Society, Washington D.C., 1992.

18. Vea Hermann Strack y Günther Stemberger, *Introduction to the Talmud and Midrash,* trad. y ed. Markus Bockmuehl, 2da ed., Fortress, Filadelfia, 1996; Abraham Cohen, *Everyman's Talmud,* Dutton, Nueva York, 1949; C.G. Montefiore y H. Loewe, *A Rabbinic Anthology,* Doubleday, Nueva York, 1974 [1938]; Jacob Neusner, *Introduction to Rabbinic Literature,* Doubleday, Nueva York, 1994.

19. Herbert Danby, *The Mishnah,* Oxford University Press, Londres, 1933; David W. Halivini, *Midrash, Mishnah, and Gemara: The Jewish Predilection for Justified Law,* Harvard University Press, Cambridge, MA, 1986.

20. Vea Jacob Neusner, *Rabbinic Literature and the New Testament: What We Cannot Show, We Do Not Know,* Trinity Press International, Valley Forge, PA, 1994.

21. Para un completo análisis, vea John W. Bowker, *The Targums and Rabbinic Literature: An Introduction to Jewish Intepretations of Scripture,* Cambridge University Press, Londres, 1969; Martin McNamara, *The New Testament and the Palestinian Targum to the Pentateuch,* Biblical Institute, Roma, 1978; Geza Vermes, *Scripture and Tradition in Judaism,* E.J. Brill, Leiden, 1961.

22. Vea también Jacob Neusner, *What Is Midrash?,* Fortress, Filadelfia, 1987; Gary G. Porton, *Understanding Rabbinic Midrash: Texts and Commentary,* Ktav, Hoboken, NJ, 1975 [1903].

23. Samuel Sandmel, *Philo of Alexandria: An Introduction,* Oxford University Press, Nueva York, 1979; Harry A. Wolfson, *Philo,* 2 vols., Harvard University Press, Cambridge, MA, 1947; Ronald Williamson, *Jews in the Hellenistic World: Philo,* Cambridge University Press, Cambridge/Nueva York, 1989; C.D. Yonge, trad., *The Works of Philo,* ed. rev., Hendrickson, Peabody, MA. 1993.

24. Tessa Rajak, *Josephus: The Historian and His Society,* Fortress, Filadelfia, 1984; Shayne J.D. Cohen, *Josephus in Galilee and Rome: His Vita and Development as a Historian,* E.J. Brill, Leiden, 1979; F.J. Foakes-Jackson, *Josephus and the Jews: The Religion and History of the Jews as Explained by Flavius Josephus,* Baker, Grand Rapids, 1977 [1930]; William Whiston, trad., *The Works of Josephus,* Hendrickson, Peabody, MA, 1987 [1893].

Capítulo 3: El evangelio y los cuatro Evangelios

1. Sobre este tema, vea Charles H. Talbert, *What Is a Gospel? The Genre of the Canonical Gospel,* Mercer University Press, Macon, GA, 1985 [1977].

2. Vea Robert H. Gundry, «Últimas investigaciones en el género literario del "evangelio"», en *New Dimensions in New Testament Studies,* ed. Richard N. Longenecker y Merrill C. Tenney, Zondervan, Grand Rapids, 1974, 101-13; Ralph P. Martin, *Mark: Evangelist and Theologian,* Zondervan, Grand Rapids, 1973, 17-24; R.T. France, *Matthew: Evangelist and Teacher,* Zondervan, Grand Rapids, 1989, 123-27.

3. David E. Aune, *The New Testament in Its Literary Environment,* Westminster, Filadelfia, 1987, 17-76.

4. C.H. Dodd, *The Apostolic Preaching and Its Developments,* 2da ed., Harper & Bros, Nueva York, 1951.

Capítulo 4: El Evangelio de Mateo

1. *Studies in the Gospel of Mark,* trad. John Bowden, SCM, Londres, 1985, 64-84.

2. Para una defensa moderna de la autoría de Mateo, vea Edgar J. Goodspeed, *Matthew, Apostle and Evangelist: A Study of the Authorship of the First Gospel,* Winston, Filadelfia, 1959; Robert H. Gundry, *Matthew: A Commentary on His Handbook for a Mixed Church Under Persecution,* 2da ed., Eerdmans, Grand Rapids, 1994; C.F.D. Moule, «Evangelio de San Mateo: Algunas características olvidadas», en *Essays in New Testament Interpretation,* Cambridge University Press, Cambridge/Nueva York, 1982, 67-74; R.T. France, *Matthew: Evangelist and Teacher,* Zondervan, Grand Rapids, 1989, 50-122.

3. Paul S. Minear, *Matthew, the Teacher's Gospel,* Darton, Longman y Todd, Londres, 1984, 23-24.

4. *Redating Matthew, Mark and Luke,* Hodeer & Stoughton, Londres, 1991.

5. *Redating the New Testament,* Westminster, Filadelfia, 1976.

6. Wenham, *Redating Matthew, Mark and Luke,* 243.

7. Vea Burnett H. Streeter, *The Four Gospels,* Macmillan, Londres, 1924, 500. Vea también Benjamin W. Bacon, *Studies in Matthew,* Constable, Londres, 1930, 3-23.

Capítulo 5: El Evangelio de Marcos

1. Kirsopp Lake, *Eusebius: Ecclesiastical History,* Heinemann, Londres, 1953, 1:297.

2. Sobre todo este asunto, vea Martin Hengel, *Studies in the Gospel of Mark,* SCM, Londres, 1985. Para la opinión negativa, vea D.E. Nineham, *St. Mark,* Westminster, Filadelfia, 1977 [1963].

3. Adolf von Harnack, *The Date of the Acts and the Synoptic Gospels,* trad. J.R. Wilkinson, Putnam/Williams & Norgate, Nueva York/Londres, 1911, 126.

4. Willougby C. Allen, *The Gospel According to St. Mark,* Rivingtons, Londres, 1915, 5-8.

5. John A.T. Robinson, *Redating the New Testament,* Westminster, Filadelfia, 1976, 116.

6. John W. Wenham, *Redating Matthew, Mark and Luke,* Hodder & Stoughton, Londres, 1991, 238.

7. Benjamin Bacon, *The Gospel of Mark: Its Composition and Date* Yale University Press, New Haven, CT, 1925, 73.

8. S.G.F. Brandon, *The Fall of Jerusalem and the Christian Church: A Study of the Effects of the Jewish Overthrow of AD 70,* SPCK, Londres, 1957, 185ff.

9. Royce G. Gruenler, «Marcos», en *The Evangelical Commentary on the Bible,* ed. Walter A. Elwell, Baker, Grand Rapids, 1989, 765.

10. William Wrede, *The Messianic Secret,* trad. J.C.G. Greig, Attic Press, Greenwood, SC, 1971. Contra esta perspectiva, vea Ralph P. Martin, *Mark: Evangelist and Theologian,* Zondervan, Grand Rapids, 1973, 91ff; y James D.G. Dunn, «El secreto mesiánico en Marcos», *Tyndale Bulletin 21,* 1970, 92-117.

Capítulo 6: El Evangelio de Lucas

1. Para un análisis detallado, vea Donald Guthrie, *New Testament Introduction,* 4ta. ed., Apollos/InterVarsity, Leicester/Downers Grove, 1990, 113-31.

2. Thomas R. Schreiner, «Lucas», en *The Evangelical Commentary on the Bible,* ed. Walter A. Elwell, Baker, Grand Rapids, 1989, 804-5.

3. Para un resumen de la teología de Lucas, vea Michael Wilcock, *The Savior of the World: The Message of Luke's Gospel,* InterVarsity, Downers Grove, 1979; Leon Morris, *New Testament Theology,* Zondervan, Grand Rapids, 1986, 144-221.

Capítulo 7: El Evangelio de Juan

1. Plutarch, *The Lives of the Noble Grecians and Romans,* trad. John Dryden, rev. Arthur H. Clough, The Modern Library, Nueva York, 1932, 293. Vea también su comentario sobre la vida de Alejandro, 801.

2. Robert M. Grant lo dice de esta manera: «Después del siglo segundo ningún escritor cristiano dudó de que el evangelio fuera escrito por un apóstol». *A Historical Introduction to the New Testament,* Collins, Londres, 1963, 148.

3. D. Moody Smith, «Estudios juaninos» en *The New Testament and Its Modern Interpreters,* ed. Eldom J. Epp y George W. MacRae, Fortress/Scholars, Filadelfia/Atlanta, 1989, 273.

4. Irenaeus, *Against Heresies* 3.1.1. Vea también declaraciones similares en 3.16.5; 3.22.2; 5.1.8.2.

5. Irenaeus, Íbid 3.3.4.

6. Eusebius, *Ecclesiastical History* V, 20, 5-6.

7. Brooke F. Westcott, *An Introduction to the Study of the Gospels,* Macmillan, Londres/Cambridge, 1860, 240.

8. Robert Kysar, «Comunidad y evangelio: Vectores en la crítica a los cuatro evangelios», en *Interpreting the Gospels,* ed. James L. Mays, Fortress, Filadelfia, 1981, 277.

9. Grant, *A Historical Introduction to the New Testament,* 159.

10. Werner G. Kümmel, *Introduction to the New Testament,* Abingdon Nashville, 1972, 146.

11. Vea por ejemplo, John A.T. Robinson, *Redating the New Testament,* Westminster, Filadelfia, 1976, 254-311, o F. Lamar Cribbs, «Un nuevo estudio de la fecha de origen y destinatarios del Evangelio de Juan», *Journal of Biblical Literature* 89, 1970, 38-55. Cribbs lo calcula a finales de la quinta década o principios de la sexta.

12. Para más estudio sobre los temas del evangelio, vea D.A. Carson, *The Gospel According to John,* InterVarsity/Eerdmans, Leicester/Grand Rapids, 1991, y las fuentes que allí se citan.

Capítulo 8: El hombre de Galilea

1. Vea F.F. Bruce, *Jesus and Christian Origins outside the New Testament,* Eerdmans, Grand Rapids, 1974; James H. Charlesworth, *Jesus within Judaism: New Light from Exiting Archaeological Discoveries,* Doubleday, Nueva York, 1988; R. Travers Herford, *Christianity in Talmud and Midrash* Ktav, Hoboken, NJ, 1975 [1903]; Gary R. Habermas, *Ancient Evidence for the Life of Jesus,* Thomas Nelson, Nashville, 1984.

2. Para el desarrollo moderno del tratamiento de los Evangelios y la búsqueda intelectual de Jesús, vea los capítulos 11 y 12.

3. Se han escrito numerosos libros sobre la vida de Jesús en nivel básico; se sugieren los siguientes: John W. Shepard, *The Christ of the Gospels: An Exegetical Study,* 3ra. ed., Eerdmans, Grand Rapids, 1946; Ferdinand Prat, *Jesus Christ: His Life, His Teachings and His Work,* trad. John J. Heenan, 2 vols., Bruce, Milwakee, 1950; F.F. Bruce, *Jesus: Lord and Savior,* InterVarsity, Downers Grove, 1986; Alfred Edersheim, *The Life and Times of Jesus the Messiah,* 2 vols., Eerdmans, Grand Rapids, 1943 [1883]; James S. Stewart, *The Life and Teaching el Jesus Christ,* Abingdon, Nashville, 1978.

4. Si usted se pregunta cómo pudo Jesús haber nacido «a.C.», es porque un cronometrista cristiano llamado Dionisio Exigus calculó erróneamente, a principios de la sexta década, la época del nacimiento de Jesús en el calendario romano.

5. Para un completo análisis, vea Jack Finegan, *Handbook of Biblical Chronology: Principles of Time Reckoning in the Ancient World and Problems of Chronology in the Bible,* Princeton University Press, Princeton, 1964, 259-301; George Ogg, *The Chronology of the Public Minstry of Jesus,* Cambridge University Press, Cambridge, 1940; Harold Hoehner, *Chronological Aspects of the Life of Christ,* Zondervan, Grand Rapids, 1977.

6. Sobre los magos, vea Edwin M. Yamauchi, *Persia and the Bible,* Baker, Grand Rapids, 1990, 467-91.

7. Sobre Juan el Bautista, vea Ben Witherington, III, «Juan el Bautista» en el *Dictionary of Jesus and the Gospels*, ed. Joel B. Green, Scot McKnight e I. Howard Marshall, InterVarsity, Leicester/Downers Grove, 1992, 383-91; Walter Wink, *John the Baptist in the Gospel Tradition* Cambridge University Press, Londres, 1968; Carl H. Kraeling, *John the Baptist*, Scribner, Nueva York, 1951.

8. Una excelente fuente de listados sobre milagros y otros sucesos en el ministerio de Jesús se puede encontrar en William Graham Scroggie, *A Guide to the Gospels*, Kregel, Grand Rapids, 1995 [1948].

9. Este aspecto del ministerio de Jesús se resalta en una obra sobre su vida escrita por A.B. Bruce, *The Training of the Twelve*, Keats, New Canaan, CT, 1979 [1871].

10. Para un buen resumen del juicio de Jesús, vea Bruce Corley, «El juicio de Jesús» en *Dictionary of Jesus and the Gospels*, ed. Joel B. Green, Scot McKnight e I. Howard Marshall, InterVarsity, Downers Grove, Leicester, 1992, 841-54; Stephen S. Smalley, «Arresto y juicio de Jesucristo» en *International Standard Bible Encyclopedia*, ed. Geoffrey W. Bromiley, 4 vols., Eerdmans, Grand Rapids, 1979-1988, 2:1049-55. Para un análisis más extenso, vea David R. Catchpole, *The Trial of Jesus: A Study in the Gospels and Jewish Historiography from 1770 to the Present Day*, E.J. Brill, Leiden, 1971.

11. Algunas veces se afirma que los relatos de la resurrección de Jesús son desesperanzadamente confusos. Una solución razonable de todas las dificultades se encuentra en John W. Wenham, *Easter Enigma: Are the Resurrection Accounts in Conflict?*, 2da ed., Baker, Grand Rapids, 1992. Ver también Michael Green, *The Empty Cross of Jesus*, InterVarsity, Downers Grove, 1984.

Capítulo 9: Enséñanos Señor

1. Para una presentación general, vea Robert H. Stein, *The Method and Message of Jesus' Teachings*, Westminster, Filadelfia, 1978; Roy B. Zuck, *Teaching as Jesus Taught*, Baker, Grand Rapids, 1995; Herman H. Horne, *Jesus the Master Teacher*, Association Press, Nueva York, 1920; Joel B. Green y Max Turner eds., *Jesus of Nazareth: Lord and Christ*, Eerdmans/Paternoster, Grand Rapids/Carlisle, Inglaterra, 1994; Claude C. Jones, *The Teaching Methods of the Master*, Bethany, St. Louis, 1957; Robert H. Stein, *A Basic Guide to Interpreting the Bible: Playing by the Rules*, Baker, Grand Rapids, 1994; Joachim Jeremias, *New Testament Theology: The Proclamation of Jesus*, SCM, Londres, 1971, 8-29.

2. Hoy día existe mucho interés en los difíciles dichos de Jesús. Vea en particular, Robert H. Stein, *Interpreting Puzzling Texts in the New Testament*, Baker, Grand Rapids, 1996; F.F. Bruce, *The Hard Sayings of Jesus*, InterVarsity, Downers Grove, 1983; William Neil y Stephen H. Travis, *More Difficult Sayings of Jesus*, Eerdmans, Grand Rapids, 1979; William Neil, *What Jesus Really Meant*, Mowbrays, Londres, 1975.

3. Sobre las parábolas, vea Craig L. Blomberg, *Interpreting the Parables*, InterVarsity, Downers Grove, 1990; C.H. Dodd, *The parables of the Kingdom*, ed. rev., Scribner, Nueva York, 1961; Archibald M. Hunter, *Interpreting the Parables*, SCM, Londres, 1969; Joachim Jeremias, *The Parables of Jesus*, trad. S.H. Hooke, Scribner, Nueva York, 1963; Robert H. Stein, *An Introduction to the Parables of Jesus*, InterVarsity, Downers Grove, 1989.

4. Hay disponibles muchos libros sobre las enseñanzas de Jesús. Para una buena presentación, vea Norman Anderson, *The Teaching of Jesus*, Hodder & Stoughton, Londres, 1983; Thomas W. Manson, *The Teaching of Jesus: Studies of Its Form and Content*, Cambridge University Press, Cambridge, 1963; Thomas Walker, *The Teaching of Jesus*, George Allen y Unwin, Londres, 1923; J. Jeremias, New Testament Theology, 1971; Donald Guthrie, *New Testament Theology*, InterVarsity, Downers Grove, 1981; George E. Ladd, *A Theology of the New Testament*, ed. Donald A. Hagner, ed. rev., Eerdmans, Grand Rapids, 1993; Leonard Gopelt, *Theology of the New Testament*, trad. John E. Assup, ed. Jürgen Roloff, 2 vols, Eerdmans, Grand Rapids, 1981-82; Leon Morris, *New Testament Theology*, Zondervan, Grand Rapids, 1986, 91-286.

5. Vea G.R. Beasley-Murray, *Jesus and the Kingdom of God*, Eerdmans, Grand Rapids, 1986; Bruce Chilton y J.I.H. McDonald, *Jesus and the Ethics of the Kingdom*, Eerdmans, Grand Rapids, 1987; John Gray, *The Biblical Doctrine of the Reign of God*, T. & T. Clark, Edimburgo, 1979; John Bright, *The Kingdom of God: The Biblical Concept and Its Meaning for the Church*, Abingdon, Nashville, 1953; Werner G. Kümmel, *Promise and Fulfillment: The Eschatological Message of Jesus*, 2da ed., SCM, Londres, 1961.

6. Sobre el tema, vea B.B. Warfield, *The Lord of Glory: A Study of the Designations of Our Lord in the New Testament with Especial Reference to His Deity*, Zondervan, Grand Rapids, n.f., 1-173; Oscar Cullmann, *The Christology of the New Testament*, trad. Shirley C. Guthrie y Charles A.M. Hall, ed. rev., Westminster, Filadelfia, 1963; Murray J. Harris, *Jesus as God: The New Testament Use of Theos in Reference to Jesus*, Baker, Grand Rapids, 1992; Murray J. Harris, *3 Crucial Questions About Jesus*, Baker, Grand Rapids, 1994, 65-103; Vincent Taylor, *The Person of Christ in New Testament Teaching*, Macmillan/St. Martin's, Londres/Nueva York, 1958; D.M. Billie, *God Was in Christ: An Essay on Incarnation and Atonement*, Faber & Faber, Londres, 1948, 106-56; Robert L. Raymond, *Jesus, Divine Messiah: The New Testament Witness*, Presbyterian & Reformed, Phillipsburg, NJ, 1990.

7. Vea George B. Stevens, *The Theology of the New Testament*, Scribner, Nueva York, 1907, 187-98; Manson, *The Teaching of Jesus*, 116-70, 285-312.

8. Vea T.F. Glasson, *The Second Advent: The Origin of the New Testament Doctrine*, 2da ed., Epworth, Londres, 1947; William Strawson, *Jesus and the Future Life: A Study in the Synoptic Gospels*, Epworth, Londres, 1959; Leon Morris, *The Biblical Doctrine of Judgment*, Eerdmans, Grand Rapids, 1960; artículos relacionados en Joel B. Green, Scot McKight e I. Howard Marshall, eds., *Dictionary of Jesus and the Gospels*, InterVarsity, Downers Grove, 1992.

Capítulo 10: Enfoques modernos del Nuevo Testamento

1. Martin Albertz, *Die Botschaft des Neuen Testaments,* vol II/2, Evangelischer Verlag, Zollikon-Zürich, 1957, 14. En las páginas iniciales del vol. II/1 se honra al joven pastor caído y a Ilse Friedrichsdorff.

2. Helmut Koester, *Introduction to the New Testament,* 2 vols., Fortress/Walter de Gruyter, Filadelfia, Berlín y Nueva York, 1982, xviii, advierte a los estudiantes contra la espera de «inmensos y seguros resultados». Vea también la declaración de Russell Pregeant, *Engaging the New Testament: An Interdiciplinary Approach,* Fortress, Minneapolis, 1995, 36. Esta introducción al Nuevo Testamento lleva finalmente al estudiante al texto de la p. 174. Ya antes se ha inundado con teoría, métodos e hipótesis.

3. En relación al peligro del llamado simplista a «la superficie del texto», vea Grant R. Osborne, *The Hermeneutical Spiral: A Comprehensive Introduction to Biblical Interpretation,* InterVarsity, Downers Grove, 1991, 9.

4. Para una defensa de este enfoque, vea Gerald Bray, «La Biblia y la confesión: Doctrina como hermenéutica» en *A Pathway into the Holy Scripture,* ed. Philip E. Satterthwaite y David F. Wright, Eerdmans, Grand Rapids, 1994, 221-35.

5. *The New Testament and Criticism* Eerdmans, Grand Rapids, 1967, 37.

6. «Crítica histórica» en I. Howard Marshall, ed., *New Testament Interpretation: Essay on Principles and Methods,* Eerdmans, Grand Rapids, 1977, 127-32.

7. Esta reseña de la crítica histórica de la Ilustración se extrajo de Francis Watson, «Ilustración», en *A Dictionary of Biblical Interpretation,* ed. R.J. Coggins y J.L. Houlden, SCM/Trinity Press International, Londres/Valley Forge, PA, 1990, 191-94.

8. Íbid., 194.

9. Vea el apéndice de Martin Hengel, *Acts and the History of Earliest Christianity,* trad. John Bowden, Fortress, Filadelfia, 1980.

10. Vea, por ejemplo visión general esclarecedora de escuelas de pensamiento crítico de la teología neotestamentaria en Leonhark Goppelt, Theology of the New Testament, trad. John E. Alsup, ed. Jürgen Roloff, 2 vols., Eerdmans, Grand Rapids, 1981-82, 1:251-81.

11. Robert W. Funk y Roy W. Hoover, eds., *The Five Gospels: The Search for the Authentic Words of Jesus,* Macmillan, Nueva York, 1993. Las mismas opiniones en corte más radical se encuentran en Robert W. Funk, *Honest to Jesus: Jesus for a New Millennium,* Harper San Francisco, San Francisco, 1996.

12. James L. Price, *The New Testament: Its History and Theology,* Macmillan/Collier Macmillan, Nueva York/Londres, 1987, 4.

13. «Crítica histórica», en Marshall, *New Testament Interpretation,* 133.

14. Para una investigación moderada (e ingeniosa) de fallo en el procedimiento crítico histórico, vea David R. Hall, *The Seven Pillories of Wisdom,* Mercer University Press, Macon, GA, 1990.

15. «Menos que ideal» es quedarse corto. Muchos piensan que tiene mucho que ver con el dramático rechazo de las naciones occidentales hacia la fe cristiana en generaciones recientes. Se ha sugerido que la crítica histórica ayudó a preparar el terreno para el Tercer Reich en Alemania (vea William R. Farmer, *The Gospel of Jesus: The Pastoral Relevance of the Synoptic Problem,* Westminster/John Knox, Louisville, 1991, 8). Esta ha hecho que millones se desalienten en tomar el evangelio de Jesucristo tan en serio como lo habrían hecho de otra manera. Plantea dudas provocadoras y aun brillantes, pero es menos eficaz para reemplazar lo que derriba.

16. *The Scope and Authority of the Bible,* SCM, Londres, 1980, 8-9.

17. Donald A. Hagner, «Historia y método histórico crítico del Nuevo Testamento» en *New Testament Criticism and Interpretation,* ed. David Alan Black y David S. Dockery, Zondervan, Grand Rapids, 1991, 88.

18. Joseph Cardinal Ratzinger, «Interpretación bíblica en crisis: Interrogante de hoy sobre las bases y enfoques del de la exégesis», en *Biblical Interpretation in Crisis: The Ratzinger Conference on Bible and Church,* ed. Richard John Neuhaus, Eerdmans, Grand Rapids, 1989, 1.

19. Gerhard Maier, *Biblical Hermeneutics,* trad. Robert W. Yarbrough, Crossway, Wheaton, IL, 1994, 256-60.

20. Erich Heller, «El peligro de la poesía moderna», artículo de *The Dishinherited Mind: Essays in Modern German Literature and Thought,* 4ta. ed., Bowes & Bowes, Londres, 1975, 261-300.

21. Íbid., 273.

22. Osborne, *Hermeneutical Spiral,* 5.

23. Maier, *Biblical Hermeneutics,* cap. 6.

24. Para un análisis valioso, vea Craig L. Blomberg, «La diversidad de géneros literarios en el Nuevo Testamento», en *New Testament criticism and Interpretation,* ed. Black y Dockery, 507-32.

25. *Knowing Scripture,* InterVarsity, Downers Grove, 1977, 63-99. Igualmente valioso y más detallado es Daniel Doriani, *Getting the Message,* Presbyterian & Reformed, Phillipsburg, NJ, 1996.

26. A cada uno de estos enfoques se dedican capítulos en *New Testament Criticism and Interpretation,* ed. Black y Dockery.

27. Un ejemplo destacado aquí podría ser Stephen Mitchell, *The Gospel according to Jesus: A New Translation and Guide to His Essential Teachings for Believers and Unbelievers,* HarperCollins, Nueva York, 1991.

28. Maier, *Biblical Hermeneutics,* 402-9.

29. Osborne, *Hermeneutical Spiral,* 6, 12.

30. Íbid., 6.

31. Robert Morgan y John Barton, *Biblical Interpretation,* Oxford University Press, Nueva York/Oxford, 1988, 196.

Capítulo 11: El estudio moderno de los Evangelios

1. Latin and Greek: *A History of the Influence of the Classic on English Life from 1600 to 1918,* Archon, Hamden, CT, 1964, xiv.

2. Klaus Scholder, *The Birth of Modern Critical Theology: Origins and Problems of Biblical Criticism in the Seventeenth Century,* trad. John Bowden, SCM/Trinity Press International, Londres/Filadelfia, 1990.

3. Obras de calidad que tratan con todo este asunto son: William Baird, *History of New Testament Research*, Fortress, Minneapolis, 1992; Stephen Neil y Tom Wright, *The Interpretation of the New Testament 1861-1986*, Oxford University Press, Nueva York/Oxford, 1988; Werner G. Kümmel, *Introduction to the New Testament*, Abingdon, Nashville, 1972.

4. Frederick C. Grant, *The Gospels: Their Origin and Growth*, Harper & Bros, Nueva York, 1957, 51.

5. Para una visión general, vea Edgar V. McKight, *What Is Form Criticism?* Fortress, Filadelfia, 1969.

6. Vincent Taylor, *The formation of the Gospel tradition*, Macmillan, Londres, 1933, 51.

7. Martin Hengel, *Acts and the History of Earliest Christianity*. trad. John Bowden, Fortress, Filadelfia, 1980, 25.

8. Para una perspectiva general, vea Norman Perrin, *What Is Redaction Criticism?* Fortress, Filadelfia, 1969; Joachim Rohde, *Rediscovering the Teaching of the Evangelists,* trad. Dorothea M. Barton, SCM, Londres, 1968.

9. Günther Bornkamm, *Tradition and Interpretation in Matthew,* trad. Perri Scott, Westminster, Filadelfia, 1963, escrito con dos de sus estudiantes: Gerhard Barth y Heinz J. Held.

10. Willi Marxsen, *Mark the Evangelist: Studies on the Redaction History of the Gospel,* Abingdon, Nashville, 1969, 21.

11. Perrin, *What Is Redaction Criticism?* 33-34.

12. Robert H. Stein, *Gospels and Tradition: Studies in Redaction Criticism of the Synoptic Gospels,* Baker, Grand Rapids, 1991, 15.

13. Tales como Helmut Koester. «¿Cómo podemos saber cuándo la fuente de esas citas y alusiones son documentos escritos?. La crítica de redacción es la respuesta. Sin embargo, esta labor se ha vuelto mucho más difícil de lo que me pareció hace cuarenta años», *Journal of Biblical Literature,* 113, # 2, [1994]: 297.

14. Vea Daniel Patte, *What Is Structural Exegesis?* Fortress, Filadelfia, 1976.

15. Vea Norman R. Petersen, *Literary Criticism for New Testament Critics,* Fortress, Filadelfia, 1978.

16. Consulte Robert Alter, *The Art of Biblical Narrative,* Basic, Nueva York, 1981; Wesley A. Kort, *Story, Text and Scripture: Literary Interests in Biblical Narrative,* Pennsylvania State University Press, University Park, 1988; Patrick Grant, *Reading the New Testament,* Eerdmans, Grand Rapids, 1989. Una buena investigación general es Christopher M. Tuckett, *Reading the New Testament: Methods of Interpretation,* Fortress, Filadelfia, 1987.

17. Vea Robert C. Holub, *Reception Theory: A Critical Introduction,* Routledge, Chapman y Hall, Nueva York, 1984; Jane P. Tompkins, ed., *Reader-Response Criticism: From Formalism to Post-Structuralism,* Johns Hopkins University Press, Baltimore, 1980.

18. Vea George A. Kennedy, *New Testament Interpretation through Rhetorical Criticism,* University of North Carolina Press, Chapel Hill, 1984.

19. Vea David M. May, ed., *Social Scientific Criticism of the New Testament: A Bibliography,* Mercer University Press, Macon, GA, 1984.

20. M.P. Parvis, «Crítica al Nuevo Testamento en el período de guerras mundiales» en *The Study of the Bible Today and Tomorrow,* ed. Harold R. Willoughby, University of Chicago Press, Chicago, 1947, 63.

21. James H. Charlesworth, ed., *Jesus' Jewishness: Exploring the Place of Jesus in Earley Judaism,* Crossroad, Nueva York, 1991.

22. William R. Farmer, *The Synoptic Problem,* Mercer University Press, Macon, GA, 1964.

23. Hans-Herbert Stoldt, *History and Criticism of the Marcan Hypothesis,* trad. y ed. Donald L. Niewyk, Mercer University Press/T.& T. Clark, Macon, GA/Edimburgo, 1980.

24. William R. Farmer, *Jesus and the Gospel:* Tradition, Scripture, and Canon, Fortress, Filadelfia, 1982; *The Gospel of Jesus: The Pastoral Relevance of the Synoptic Problem,* Westminster/John Knox, Louisville, 1994.

25. John W. Wenham, *Redating Matthew, Mark and Luke,* Hodder & Stoughton, Londres, 1991; Bo Reicke, *The Roots of the Synoptic Gospels,* Fortress, Filadelfia, 1986; Bruce Chilton, *Profiles of a Rabbi: Synoptic Opportunities in Reading about Jesus,* Scholars, Atlanta, 1989.

26. A.M. Farrer, «Prescindir de Q» en Studies in the Gospels, ed. D.E. Nineham, Blackwell, Oxford, 1955, 55-88.

27. Una buena investigación es Graham N. Stanton, «Q», en *Dictionary of Jesus and the Gospels,* ed. Joel B. Green, Scot McKnight, e I. Howard Marshall, InterVarsity, Leicester/Downers Grove, 1992, 664-50. Para una perspectiva distinta, vea Eta Linnemann, «¿Hay un evangelio de Q?» *Bible Review 2, # 4,* agosto de 1995, 19-23, 42, 43. Vea también David R. Catchpole, *Studies in Q,* T. & T. Clark, Edimburgo, 1992; John S. Kloppenborg, *The formation of Q: Trajectories in Ancient Wisdom Collections,* Fortress, Filadelfia, 1987.

Capítulo 12: La búsqueda moderna de Jesús

1. Markus Bockmuehl, *This Jesus: Martyr, Lord, Messiah,* T. & T. Clark, Edimburgo, 1994, ix.

2. Hay muchas investigaciones básicas de este tópico. Vea Chester C. McCown, *The Search for the Real Jesus: A Century of Historical Study,* Scribner, Nueva York, 1940; Charles C. Anderson, *Critical Quests of Jesus,* Eerdmans, Grand Rapids, 1969; y *The Historical Jesus: A Continuing Quest,* Eerdmans, Grand Rapids, 1972; Gustav Aulén, *Jesus in Contemporary Historical Research,* Fortress, Filadelfia, 1976; John Macquarrie, *Jesus Christ in Modern Thought,* SCM/Trinity Press International, Londres/Valley Forge, PA, 1990.

3. En Hans Werner Bartsch, ed., *Kerygma and Myth,* 2 vols. 2da ed., SPCK, Londres, 1962, 1-14.

4. Marcus J. Borg, *Jesus: A New Vision,* Harper & Row, San Francisco, 1987.

5. Burton L. Mack, *A Myth of Innocence: The Gospel of Mark and Christian Origins,* Fortress, Filadelfia, 1988.

6. S.G.F. Brandon, *Jesus and the Zealots: A Study of the Political Factor in Primitive Christianity,* Scribner, Nueva York, 1967.

7. Morton Smith, *Jesus the Magician,* Harper & Row, Nueva York, 1978.

8. A.N. Wilson, *Jesus: A Life*, W.W. Norton, Nueva York/Londres, 1992.

9. John Dominic Crossan, *The Historical Jesus: The Life of a Mediterranean Jewish Peasant*, Harper, San Francisco, 1991.

10. Milan Machovec, *A Marxist Looks at Jesus*, Darton, Longman y Todd, Londres, 1976.

11. Barbara E. Thiering, *Jesus the Man: A New Interpretation from the Dead Sea Scrolls*, Doubleday, Londres/Nueva York, 1992.

12. Vea Donald Guthrie, *Jesus the Messiah: An Illustrated Life of Christ*, Zondervan, Grand Rapids, 1972; Everett Harrison, *A short Life of Christ*, Eerdmans, Grand Rapids, 1968; B.F. Meyer, *The Aims of Jesus*, SCM, Londres, 1979; Bockmuehl, *This Jesus*.

13. *The New Testament and Its Modern Interpreters*, ed. Eldon J. Epp y George W. MacRae, Fortress/Scholars, Filadelfia/Atlanta, 1989, 520-24.

14. Íbid., 524.

15. Marcus J. Borg, «Enseñanza de Jesús» en *Anchor Bible Dictionary*, ed. David Noel Freedman, 6 vols., Doubleday, Nueva York, 1992, 3:804-812.

16. John Riches, «Palabras de Jesús» en *Anchor Bible Dictionary*, ed. David Noel Freedman, 3:802-804.

17. Robert W. Funk y Roy W. Hoover, eds., *The Five Gospels: The Search for the Authentic Words of Jesus*, Macmillan, Nueva York, 1993.

18. Para una buena investigación de cómo se utilizan esos criterios, vea D.G.A. Calvert, «Un examen del criterio para distinguir las auténticas palabras de Jesús», *New Testament Studies of History and Tradition in the Four Gospels*, ed. R.T. France y David Wenham, JSOT, Sheffield, 1980-86, 1:225-63; M.D. Hooker, «Cristología y metodología», *New Testament Studies*, 17, 1970, 480-87.

19. Esto fue cierto desde el principio, empezando con obras tales como August Neander, *The Life of Jesus Christ*, trad. John M'Clintok y Charles E. Blementhal, 3ra ed., Harper & Row, Nueva York, 1849; Samuel J. Andrew, *The Life of Our Lord upon the Earth*, Scribner, Nueva York, 1862. Hoy continúa siendo cierto con escritores como Graham N. Stanton, *The Gospels and Jesus*, Oxford University Press, Oxford/Nueva York, 1989; N.T. Wright, *Who Was Jesus?*, Eerdman, Grand Rapids, 1992; Bockmuehl, *This Jesus*; Richard A. Burridge, *Four Gospels, One Jesus?* Eerdmans, Grand Rapids, 1994.

20. Rudolf Bultmann, «¿Es posible la exégesis sin suposiciones?» en *Existence and Faith: Shorter Writings of Rudolf Bultmann*, ed. Schubert M. Ogden, Meridian, Nueva York, 1960, 289-96.

21. Como se cita en John A.T. Robinson, *Reading the New Testament*, Westminster, Filadelfia, 1976, 360.

22. Vea Peter Stunhlmacher, *Jesus of Nazareth, Christ of Faith*, trad. Siegfried S. Schatzmann, Hendrickson, Peabody, MA, 1988, 1-38; I. Howard Marshall, *The Origins of New Testament Christology*, 2da ed., InterVarsity, Downers Grove, 1990; C.F.D. Moule, *The Origin of Christology*, Cambridge University Press, Cambridge/Nueva York, 1977.

Capítulo 13: El mundo y la identidad de la iglesia primitiva

1. La forma y tono del mundo de Julio César se preserva en su propio y apasionado relato: *The Battle for Gaul*, trad. Anne y Peter Wiseman, David R. Godine, Boston, 1980. Vea también el estudio biográfico de Plutarco en su *Caída de la república romana*, trad. Rex Warner, Penguin Books, Baltimore, 1958, 217-76.

2. Tratamientos históricos de esta y otras eras romanas se dan por ejemplo en William G. Sinnigen y Arthur E.R. Boak, *A History of Rome to 565 d.C.* 6ta ed., Macmillan/Collier Macmillan, Nueva York/Londres, 1977; Michael Grant, *History of Rome*, Scribner, Nueva York, 1978.

3. Penguin, Nueva York, 1989.

4. Tyndale, Wheaton, IL, 1976.

5. Vea, por ejemplo, Frederick Copleston, *A History of Philosophy*, vol 1, pto. 2: Greece and Rome, Image, Garden City, NY, 1962; Eduard Lohse, *The New Testament Environment*, trad. John E. Steedy, Abingdon, Nashville, 1984, 222-52.

Capítulo 14: Hechos 1–7

1. Vea John W. Wenham, *Redating Matthew, Mark and Luke*, Hodder & Stoughton, Londres, 1991, 186, 230-37.

2. Vea I. Howard Marshall, *Luke: Historian and Theologian*, Zondervan, Grand Rapids, 1989.

3. Para un análisis más completo, vea Gordon Fee y Douglas Stuart, *How to Read the Bible for All Its Worth*, ed. rev., Zondervan, Grand Rapids, 1993, cap. 6.

Capítulo 15: Hechos 8–12

1. Robert H. Gundry, *Mark: A Commentary on His Apology for the Cross*, Eerdmans, Grand Rapids, 1993, 1034-35.

Capítulo 16: Hechos 13–28

1. John McRay, *Archaeology and the New Testament*, Baker, Grand Rapids, 1991, 227.

2. Para un bosquejo de su establecimiento allí, vea Barry J. Beitzel, *The Moody Atlas of Bible Lands*, Moody, Chicago, 1985, 178.

3. F.F. Bruce, *Paul: Apostle of the Heart Set Free*, Eerdmans, Grand Rapids, 1977, 475.

4. Según cálculos en Andrew E. Hill, *Baker's Handbook of Bible Lists*, Baker, Grand Rapids, 1981, 235.

Capítulo 17: Vida y enseñanzas del apóstol Pablo

1. Martin Hengel, *The Prechristian Paul*, trad. John Bowden, SCM/Trinity Press, International, Londres/Valley Forge, PA, 1991, 3.

2. Richard N. Longenecher, *Biblical Exegesis in the Apostolic Period*, Eerdmans, Grand Rapids, 1975, 104-32; David Instone Brewer, *Techniques and Assumptions in Jewish Exegesis before 70 d.C.*, J.C.B. Mohr [Paul Siebeck], Tübingen, 1992.

3. Hengel, *The Pre-Christian Paul*, 63.

4. Vea S. Kim, *The Origins of Paul's Gospel*, 2da ed., J.C.B. Mohr [Paul Siebeck], Tübingen, 1984.

5. Vea p.e. Stephen E. Fowl, *The Story of Christ in the Ethics of Paul: An Analysis of the Function of the Hymnic Material in the Pauline Corpus*, JSOT, Sheffield, 1990, 211.

6. V. Furnish, «Estudios paulinos» en *The New Testament and Its Modern Interpreters*, ed. Eldon J. Epp y George W. MacRae, Fortress/Scholars, Filadelfia/Atlanta, 1989, 331.

7. Vea la admirable investigación ordenada en Bruce W. Winter, ed., *The Book of Acts in Its First Century Setting*, 6 vols. Eerdmans, Grand Rapids, 1993-.

8. Stephen Mitchell, *The Gospel according to Jesus: A New Translation*

and Guide His Essential Teachings for Believers and Unbelievers, HarperCollins, Nueva York, 1991, 41.

9. I. Howard Marshall, «Jesús, Pablo y Juan» en *Jesus the Saviour*, InterVarsity, Downers Grove, 1990, 35-36; David Wenham, *Paul: Follower of Jesus or Founder of Christianity?* Eerdmans, Grand Rapids, 1995.

10. *Paul and Palestinian Judaism*, Fortress, Filadelfia, 1977; *Paul, the Law, and the Jewish People*, Fortress, Filadelfia, 1983.

11. Baker, Grand Rapids, 1993.

12. En Hechos 7.1-8, Esteban (cf. Pedro en Hechos 3.25) asimismo ubica el mensaje del evangelio en la promesa de Dios a Abraham; ¿Es Pablo la fuente de Lucas para lo que Esteban dijo en esa ocasión? ¿Tuvo que ver Esteban en la enseñanza de Pablo?

13. Vea Philip E. Satterthwaite, Richard S. Hess y Gordon J. Wenham, eds., *The Lord's Anointed: Interpretation of Old Testament Messianic Texts*, Paternoster/Baker, Inglaterra/Grand Rapids, 1995.

14. J. Alec Motyer, *The Prophecy of Isaiah*, InterVarsity, Downers Grove, 1993, 85.

15. Vea Alister E. McGrath, *The Mystery of the Cross*, Zondervan, Grand Rapids, 1988.

16. Vea Gary R. Habermas y Anthony G.N. Flew, *Did Jesus Rise from the Dead?*, ed. Terry L. Miethe, Harper & Row, San Francisco, 1987; J.P. Moreland, *Scaling the Secular City: A Defense of Christianity*, Baker, Grand Rapids, 1987, 159-83.

17. M. Seifrid, «En Cristo» en *Dictionary of Paul and His Letters*, ed. Gerald F. Hawthorne y Ralph P. Martin, InterVarsity, Leicester/Downers Grove, 1993, 436.

18. Ver p.e. Philip H. Towner, *The Goal of Our Instruction: The Structure of Theology and Ethics in the Pastoral Epistles*, JSOT, Sheffield, 1989.

Capítulo 18: Romanos

1. *The Confessions of St. Augustine*, bk 7, cap. 21.

2. Íbid., bk 7, cap. 6.

3. Íbid., bk 7, cap. 12.

4. Roland H. Bainton, *Here I Stand: A Life of Martin Luther*, Abingdon, Nashville, 1950, 49.

5. *The Works of John Wesley*, 14 vols., 3ra ed., Baker, Grand Rapids, 1991 [1872], 1:103.

6. Bainton, Here I Stand, 49-50.

7. Michael Grant, *History of Rome*, Scribner, Nueva York, 1978, 247.

8. Vea Hechos 18.2, relacionado generalmente con la expulsión de los judíos de Roma por el emperador Claudio (41-54 d.C.) debido a los «disturbios que provocaban los crestos» (judíos u otros que predicaban a Cristo). Vea Suetonio, *Los doce césares*, trad. Robert Graves, Penguin, Nueva York, 1989, 202.

9. Vea Kark P. Donfried, ed., *The Romans Debate*, ed. rev. Hendrickson, Peabody, MA, 1991.

10. Íbid., xiv.

11. Íbid.

12. Acerca de la forma de cartas antiguas, vea Stanley K. Stowers, *Letter Writing in Greco-Roman Antiquity*, Westminster, Filadelfia, 1986.

13. Vea Leon Morris, *The Apostolic Preaching of the Cross*, Eerdmans, Grand Rapids, 1955, 125-85.

14. William Sanday y Arthur C. Headlam, *A Critical and Exegetical Commentary on the Epistle to the Romans*, 5ta ed., T. &. T. Clark, Edimburgo, 1902, i.

15. John Calvin, *Commentaries on the Epistle of Paul the Apostle to the Romans*, trad. y ed. John Owen, Baker, Grand Rapids, 1981 [1849], xxiv.

16. Vea Donfried, *The Romans Debate*.

17. Vea E. Earle Ellis, *Paul's Life Use of the Old Testament*, Oliver and Boyd, Edimburgo, 1957; Richard B. Hays, *Echoes of Scripture in the Letters of Paul*, Yale University Press, New Haven, CT, 1989.

18. Para orientarse en la discusión, vea Stephen Westerholm, *Israel's Law and the Church's Faith: Paul and His Recent Interpreters*, Eerdmans, Grand Rapids, 1988.

19. Vea p.e. Gerd Lüdemann, *Paul, Apostle to the Gentiles: Studies in Chronology*, trad. F. Stanley Jones, Fortress, Filadelfia, 1984.

20. Vea p.e. Wayne A. Meeks, *The First Urban Christians: The Social World of the Apostle Paul*, Yale University Press, New Haven, CT, 1983.

21. Howard Clar Kee, «Contexto, nacimiento y primeras raíces del cristianismo», en *Christianity: A Social and Cultural History*, Macmillan, Nueva York, 1991, 13-74. Se cubre Romanos en solo un párrafo (pp. 58-59). Vea otros puntos importantes de investigación intelectual sobre Romanos y otros escritos paulinos en V. Furnish, «Estudios paulinos» en *The New Testament and Its Modern Interpreters*, ed. Eldon J. Epp y George W. McRae, Fortress/Scholars, Filadelfia/Atlanta, 1989, 321-40.

Capítulo 19: Corintios y Gálatas

1. Vea John McRay, *Archaeology and the New Testament*, Baker, Grand Rapids, 1991, 315-17.

2. Vea J. Murphy-O'Connor, «Pablo y Gayo», *Journal of Biblical Literature* 112, # 2, 1993, 315.17.

3. McRay, *Archaeology and the New Testament*, 335.

4. Íbid., 331f.

5. J.E. Bassler, «1 Corintios» en The *Women's Bible Commentary*, ed. Carol A. Newsom y Sharon H. Ringe, SPCK/Westminster/John Knox, Londres/Louisville, 1992, 327.

6. Íbid., 328.

7. Por un análisis muy diferente de 1 Corintios 11, vea Peter Cotterell y Max Turner, *Linguistics and Biblical Interpretation*, InterVarsity, Downers Grove, 1989, 316-28. Sobre 1 Corintios 14.33b-36, vea D.A. Carson, «Silencio en las iglesias», sobre el papel de las mujeres en 1 Corintios 14.33b-36 en *Recovering Biblical Manhood and Womanhood: A Response to Evangelical Feminism*, ed. Wayne A. Grudem y John Piper, Crossway, Westchester, IL, 1990, 140-153, 487-90.

8. Craig S. Keener, *Paul, Women, and Wives: Marriage and Women's Ministry in the Letters of Paul*, Hendrickson, Peabody, MA, 1992, rechaza la teoría de que 1 Co 14.33b-36 es una inserción posterior.

9. Vea p.e. F.F. Bruce, *Paul: Apostle of the Heart Set Free*, Eerdmans, Grand Rapids, 1977, 318; D.A. Carson, Douglas J. Moo y Leon Morris, *An Introduction to the New Testament*, Zondervan, Grand Rapids, 1992, 264-83.

10. Vea Carson, Moo y Morris, *An Introduction to the New Testament*, 267-72.

11. John W. Drane, *Introducing the New Testament*, Harper & Row, San Francisco, 1986, 322.

12. Para mayor análisis sobre este punto básico y profundo, vea Alister E. McGrath, *The Mystery of the Cross*, Zondervan, Grand Rapids, 1988.

13. Vea p.e. Stephen L. Carter, *The Culture of Disbelief: How American Law and Politics Trivialize Religious Devotion*, Basic, Nueva York, 1993; Robert W. Funk, *Honest to Jesus: Jesus for a New Millennium*, Herper San Francisco, San Francisco, 1996.

14. Muchas objeciones «modernas» al evangelio ya se mencionaron en la Biblia misma. Para un ataque retórico y filosófico importante hacia el cristianismo, que se remonta al siglo segundo, vea Celsus, *On the True Doctrine: A Discourse Against the Christians*, trad. R. Joseph Hoffmann, Oxford University Press, Nueva York/Oxford, 1987.

15. Sobre la llamada interpolación de teorías relativas a 2 Corintios y otros escritos paulinos, se encuentra importante consejo en Frederick W. Wisse, «Límites textuales a la teoría redaccional en la obra de Pablo» en Gospel Origins and Christian Beginnings: In Honor of James M. Robinson, ed. James E. Goehring et al., Polebridge, Sonoma, CA, 1990, 167-78.

16. Carson, Moo y Morris, *An Introduction to the New Testament*, 282.

17. Sobre esta relación, vea el útil resumen en E. Earle Ellis, *Paul and His Recent Interpreters*, Eerdmans, Grand Rapids, 1961, 16-17.

18. F.F. Bruce defiende la perspectiva del sur de Galacia en *The Epistle to the Galatians*, Eerdmans, Grand Rapids, 1982, 3-18; Werner G. Kümmel rechaza la perspectiva del sur de Galacia y defiende la del norte en *Introduction to the New Testament*, trad. Howard Clark Kee, ed. rev., Abingdon, Nashville, 1975, 296-304. Luke Timothy Johnson, *The Writings of the New Testament: An Interpretation*, Fortress, Filadelfia, 1986, 302, afirma que la discusión no es importante para nuestra comprensión de Gálatas, pero esto minimiza la luz que Hechos 13–14 derrama sobre Gálatas si prueba que la teoría del sur de Galacia es correcta.

19. Se presentan fechas arqueológicas en McRay, *Archaeology and the New Testament*, 235-41.

20. Vea p.e. Martin Luther, *The Bondage of the Will*, trad. Henry Cole, Baker, Grand Rapids, 1979, que se debe leer antes de consultar el *Discourse on the Free Will* de Erasmo, trad. y ed. Ernst F. Winter, Frederick Ungar, Nueva York, 1966. Vea también los ensayos importantes en *The Grace of God and the Bondage of the Will*, ed. Thomas R. schreiner y Bruce A. Ware, 2 vols., Baker, Grand Rapids, 1995.

21. *Galatians*, Fortress, Filadelfia, 1979.

22. Más importante aquí es *Paul and Palestinian Judaism: A Comparison of Patterns of Religion* de Sanders, Fortress, Filadelfia, 1977.

23. Para nombrar solo dos estudios contrarios: Robert H. Gundry, «Gracia, obras y permanecer salvo en Pablo», *Biblica* 66, 1985, 1-38; Frank Thielman, *From Plight to Solution: A Jewish Framework for Understanding Paul's View of the Law in Galatians and Romans*, E.J. Brill, Leiden, 1989.

Capítulo 20: Efesios, Colosenses, Filipenses y Filemón

1. Algunos han sugerido que una o más de las epístolas de la prisión datan de la detención de Pablo por dos años en Cesarea marítima (Hch 24.27) o incluso un encarcelamiento en Éfeso (2 Co 1.8-10). Estas son posibilidades que aun no ganan amplia aceptación. Para mayor análisis, vea D.A. Carson, Douglas J. Moo y Leon Morris, *An Introduction to the New Testament*, Zondervan, Grand Rapids, 1992, 319-21.

2. Arthur C. Lehmann y James E. Myers, *Magic, Witchcraft, and Religion: An Anthropological Study of the Supernatural*, 2da ed., Mayfield, Mountain View, CA, 1989, 254.

3. Clinton E. Arnold, *Power and Magic: The Concept of Power in Ephesians*, Baker, Grand Rapids, 1992 [1989].

4. Lehmann y Myers, *Magic, Witchcraft, and Religion* ofrece numerosos ejemplos de todas partes.

5. Vea Arnold, *Power and Magic*, especialmente el cap. 3.

6. John McRay, *Archaeology and the New Testament*, Baker, Grand Rapids, 1991, 256f.

7. Werner G. Kümmel, *Introduction to the New Testament*, ed. rev., trad. Howard Clark Kee, Abingdon, Nashville, 1975, 357.

8. Vea p.e. Aart van Roon, *The Authenticity of Ephesians*, E.J. Brill, Leiden, 1975. Vea también Arnold, *Power and Magic*, 171.

9. Vea p.e. Ralph P. Martin, *Carmen Christi: Philippians 2:5-11 in Recent Interpretation and in the Setting of Early Christian Worship*, Eerdmans, Grand Rapids, 1983.

10. Para un estudio avanzado de este tópico, vea Jeffrey T. Reed, «Filipenses 3.1 y las fórmulas de duda epistolar: Además, la integridad de Filipenses», *Journal of Biblical Literature* 115, # 1, 1996, 63-90.

11. Stephen W. Fowl, *The Story of Jesus in the Ethics of Paul: An Analysis of the Function of the Hymnic Material in the Pauline Corpus*, JSOT, Sheffield, 1991, 31-45.

12. *Twilight of a Great Civilization: The Drift Toward Neo-Paganism*, Crossway, Westchester, IL, 1988, 23.

13. Sin embargo, vea Clinton E. Arnold, *The Colossian Syncretism: The Interface between Christianity and Folk Belief al Colossae*, Baker, Grand Rapids, 1996.

14. Vea Craig A. Evans, *Noncanonical Writings and New Testament Interpretation*, Hendrickson, Peabody, MA, 1992, 166f.

15. Vea la comparación entre la carta de Pablo a Filemón y una carta no neotestamentaria en McRay, *Archaeology and the New Testament*, 365.

16. Íbid., 247.

17. Vea F.F. Bruce, *Paul: Apostle of the Heart Set Free*, Eerdmans, Grand Rapids, 1977, 400.

18. William Baird, «La carta de Pablo a Filemón» en *Harper's Bible Dictionary*, Harper & Row, San Francisco, 1985, 784-85.

19. Xavier Léon-Dufour, *Dictionary of the New Testament*, trad. T. Pendergast, Harper & Row, Nueva York, 1983, 40.

20. Everett Ferguson, *Backgrounds of Early Christianity*, Eerdmans, Grand Rapids, 1987, 46.

21. Seneca, De Clementia, 1.24.1; vea *Seneca: Moral Essays*, vol.1, trad. John W. Basore, Heinemann/Putmam, Londres/Nueva York, 1927, 421.

22. Suponemos que Pablo se dirige a la esclavitud y las leyes que la go-

bernaban en un marco romano y helenista, no a uno específicamente hebreo o judío; vea Francis Lyall, *Slaves, Citizens, Sons: Legal Metaphors in the Epistles,* Zondervan, Grand Rapids, 1984, 238.

23. Bruce, Paul, 401.

Capítulo 21: Tesalonicenses, Timoteo y Tito

1. R.N. Bellah, et al., *Habits of the Heart: Individualism and Commitment in American Life,* Harper & Row, San Francisco, 1985, 143.

2. Cf. John McRay, *Archaeology and the New Testament,* Baker, Grand Rapids, 1991, 289.

3. Vea D.A. Carson, Douglas J. Moo y Leon Morris, *An Introduction to the New Testament,* Zondervan, Grand Rapids, 1992, 350-51.

4. McRay, *Archaeology and the New Testament,* 295.

5. John A.T. Robinson hace el intento en *Redating the New Testament,* Westminster, Filadelfia, 1976, 67-85.

6. Eusebius, *Ecclesiastical History* 2.22.

7. Quizás de Nicópolis; vea McRay, *Archaeology and the New Testament,* 338.

8. Eusebius, *Ecclesiastical History* 2.25.

9. E. Earle Ellis, «La autoría de las pastorales: Un resumen y evaluación de las tendencias recientes» en *Paul and His Recent Interpreters,* Eerdmans, Grand Rapids, 1961, 49-57.

10. *The Writings of the New Testament: An Interpretation,* Fortress, Filadelfia, 1986, 381-89. Para bibliografía en todo el asunto, vea íbid., 406-7.

11. Vea Carson, Moo y Morris, *An Introduction to the New Testament,* 371 n. 38.

12. Sobre Nicópolis, vea McRay, *Archaeology and the New Testament,* 338-40.

13. J. Edwin Orr, Campus Aflame: *A History of Evangelical Awakenings in Collegiate Communities,* ed. rev., International Awakening Press, Wheaton, IL, 1994.

14. Un estudio completo y reciente del asunto es *Women in the Church: A Fresh Analysis of 1 Timothy 2.9-15,* ed. Andreas J. Köstenberger,

Thomas R. Schreiner y H. Scott Baldwin, Baker, Grand Rapids, 1995.

Capítulo 22: Hebreos y Santiago

1. Vea p.e. William L. Lane, *Hebrews 1 8,* Word, Dallas, 1991, xlix-clvii.

2. Para un examen más completo, vea D.A. Carson, Douglas J. Moo y Leon Morris, *An Introduction to the New Testament,* Zondervan, Grand Rapids, 1992, 405.

3. Eusebius, *Ecclesiastical History,* 2.23.

4. Vea Carson, Moo y Morris, *An Introduction to the New Testament,* 415.

5. Vea p.e. Carolyn Osiek, *What Are They Saying about the Social Setting of the New Testament?* ed. rev., Paulist, Nueva York, 1992.

Capítulo 23: Pedro, Juan y Judas

1. Vea *Sib. Orac* 5:139; 143; 2 Baruch 10:1,2; 67:7; 4 Esdras 3:1-2; Ap 14.8; 17.5; 18.2,10,21.

2. Se encuentran excelentes tratamientos de estos asuntos en Herbert B. Workman, *Persecution in the Early Church,* Oxford University Press, Oxfor, 1980 [1906]; y W.H.C. Frend, *Martyrdom and Persecution in the Early Church: A Study of a Conflict from the Maccabees to Donatus,* Baker, Grand Rapids, 1981 [1965]. Para un relato de primera mano brutalmente gráfico de la persecución en la iglesia primitiva, vea la narración que hace Eusebio de los mártires en Galia (Francia), *Ecclesiastical History* 5.1.

3. El análisis sociológico contemporáneo toma la palabra «peregrino» de una manera más literal, con el significado de «extranjero residente», en vez de tomarla como una descripción de aquellos cuyo hogar es el cielo. Pedro se dirige a personas desplazadas. Vea John H. Elliot, *A Home for the Homeless: A Sociological Exegesis of First Peter, Its Situation and Strategy,* Fortress, Filadelfia, 1981, 24-37.

4. Vea p.e. Werner G. Kümmel, *Introduction to the New Testament,* Abingdon, Nashville, 1972, 302; o Robert M. Grant, *A Historical Introduction to the New Testament,* Collins, Londres, 1963, 228-31. Para un análisis de los seudónimos, vea D.A. Carson, Douglas J. Moo y Leon Morris, *An Introduction to the New Testament,* Zondervan, Grand Rapids, 1992, 367-71; E.M.B. Green, 2

Peter Reconsidered, Tyndale, Londres, 1961; Ralph P. Martin *New Testament Foundations: A Guide for Students,* 2 vols., Eerdmans, Grand Rapids, 1975-78, 2:281-87, 383-88.

5. Carson, Moo y Morris, *An Introduction to the New Testament,* 450.

6. Eusebio menciona esto en su *Historia Eclesiástica.* 3.5.3.

7. Ireneo dice: «Él [Juan] permaneció entre ellos [los discípulos] hasta la época de Trajano (98-117 d.C.)». *Against Heresies.* 2.22.5.

Capítulo 24: Apocalipsis

1. Para un buen análisis de esto, vea Donald Guthrie, *New Testament Introduction,* InterVarsity, Chicago, 1964, 929-85; Carson, Moo y Morris, *An Introduction to the New Testament,* Zondervan, Grand Rapids, 1992, 465-86; I.T. Beckwith, *The Apocalypse of John,* Baker, Grand Rapids, 1967, 343-93.

2. Vea p.e. Carson, Moo y Morris, *An Introduction to the New Testament;* John A.T. Robinson, *Redating the New Testament,* Westminster, Filadelfia, 1976, 221-53.

3. Vea Ned B. Stonehouse, *The Apocalypse in the Ancient Church* (disertación impresa en 1929); J Paulien, «Descubrimientos recientes del Apocalipsis», Andrews University *Seminary Studies* 26, 1988, 159-70. R.H. Charles, *Studies in the Apocalypse,* T. &. T. Clark/Scribner, Edimburgo/Nueva York, 1913, 1-78.

4. Para un análisis de estas perspectivas, vea Robert G. Clouse, ed., *The Meaning of the Millennium: Four Views,* InterVarsity, Downers Grove, 1977; Guthrie, *New Testament Introduction,* 970-77.

5. Vea Robert H. Mounce, *The Book of Revelation,* Eerdmans, Grand Rapids, 1977; George E. Ladd, *A Commentary on the Revelation of John,* Eerdmans, Grand Rapids, 1972; y Leon Morris, *The Revelation of St. John: An Introduction and Commentary,* InterVarsity/Eerdmans, Leicester/Grand Rapids, 1987, para comentarios que representan este punto de vista.

6. Michael Wilcock, *I Saw Heaven Opened: The Message of Revelation,* InterVarsity, Downers Grove, 1975; y William Hendriksen, *More Than Conquerors: An Interpretation of the Book of Revelation,* Baker, Grand Rapids, 1940, representan este punto

de vista. Una variedad ligeramente distinta de esta opinión se encuentra en William Milligan, *The Book of Revelation,* 8va ed., Hodder & Stoughton, Londres, 1903.

7. Hoy día hay variedad de dispensacionalismo. *The Scofield Reference Bible*; este punto de vista lo representan John F. Walvoord, *The Revelation of Jesus Christ,* Moody, Chicago, 1966, y Dwight Pentecost, *Things to Come: A Study in Biblical Eschatology,* Zondervan, Grand Rapids, 1958. Para el renovado «dispensacionalismo progresivo», vea Craig S. Blaising y Darrell L. Bock, *Progressive Dispensationalism,* Baker, Grand Rapids, 1993; Robert L. Saucy, *The Case for Progressive Dispensationalism: The Interface between Dispensational and Non-Dispensational Theology,* Zondervan, Grand Rapids, 1993.

8. Vea Loraine Boettner, *The Millenium,* Presbyterian & Reformed, Filadelfia, 1957; J. Marcellus Kik, *An Eschatology of Victory,* Presbyterian & Reformed, Phillipsburg, NJ, 1974.

9. Para un análisis más detallado, vea Henry Barclay Swete, *The Apocalypse of St. John,* 2da ed., Macmillan, Londres/Nueva York, 1922, clix-clxxiii; Leon Morris, *New Testament Theology,* Zondervan, Grand Rapids, 1986, 292-97.

Epílogo

1. Kenneth McLeish, «Método científico» en *Key Ideas in Human Thought,* ed. Kenneth McLeish, Prima, Rocklin, CA, 1995 [1993], 662-63.

Índice de temas

Acra, 47
adiáfora, 282
alegoría, 140
Am ha-Aretz, 60
anticristo, 380
Antigüedades judías, 119
Antiguo Testamento, 61-62
    antigua devoción al, 25
    Biblia hebrea, divisiones y contenido, 62
    y el judaísmo, 61-62
Antioquía, 79, 228, 239–240, 256
Apocalipsis
    escritor, 376
    fecha, 377
    escatología, 382-383
    Dios en el, 381
    interpretación, teorías de, 380-381
        amilenial, 380
        dispensacional premilenial, 380
        histórica premilenial, 380
        posmilenial, 380
    bosquejo, 377-378
    pueblo de Dios en el, 382
    Hijo de Dios en el, 381-382
    características, 59
apocalíptica, literatura, 376
apocalíptico, movimiento, 59-60
apócrifos, 32, 62
    libros, 21
apostasía, 352
apóstoles, 124, 211
    autoridad apostólica, 295-296
    vea también Doce, los
apóstoles, Credo de los, 203
Armonía de los Evangelios, 170
ascetismo, 319
asmoneos, 47, 48
aspectos ambientales, 319
astrología, 200

Babilonia, 363
búsqueda del Jesús histórico, La, 183

canon
    precedente del Antiguo Testamento, 25-26
    reconocimiento en la Iglesia, 27-228
canon muratorio, 88, 211, 334
Cena del Señor, 129
centrado en Dios, 332
Cesarea de Filipo, 50, 125
cielo nuevo y tierra nueva, 383
cinco Evangelios, Los, 157, 185-186, 187
Cinismo, 200–201

Colosas, 317
Colosenses
    sobre la supremacía de Cristo, 318-320
    aspectos críticos, 320
    y Efesios, 320
    mensaje, 318
    bosquejo, 317-318
    propósito, 318
    trasfondo, 318
Concilio de Trento, 62
concurso, 27
contextualización, 276, 391
«controversia del Jesús histórico, La», 184
Corán, 20
Corinto, 288-290
    y correspondencia con Pablo, 290
Corintios, 1
    autor, 290
    fecha, 290
    en la iglesia primitiva, 290
    aspectos, 292-293
    mensaje, 291-292
    motivo, 290-291
    bosquejo, 291
    lugar de escritura, 290
Corintios, 2
    y autoridad apostólica, 295-296
    aspectos críticos, 296
    en la iglesia primitiva, 290
    ofrenda de Jerusalén, 296
    mensaje, 294-295
    bosquejo, 294
    propósito, 293-294
    trasfondo, 293-294
credo niceno, 144, 149
cristianos, primer siglo, 201-204
    excelencias de, 263-264
    creencias comunes con los judíos, 202
Cristo. *Vea también* Jesús; Mesías
crítica científica social, 175, 358
crítica de la forma, 72, 89, 172-174
crítica de la fuente, 171
crítica de redacción, 173-174
crítica histórica
    contribuciones y limitaciones, 157-159
    críticas, 158
    necesidad, 155-156
    raíces, 156-157
crítica literaria, 174
crítica narrativa, 174-75
crítica retórica, 175
crítica textual, 29
cruz, 265

palabras finales de Jesús desde la, 130
Vea también theologia crucis
cuatro Evangelios, Los, 171
Cuerpo de Cristo. *Vea* Iglesia
cultura de la incredulidad, 301

Damasco, 225-226, 256
De la tradición al evangelio, 172
Decápolis, 41, 42
Declaraciones de que «yo soy» 112
deconstruccionismo, 175
deidades paganas, 318
desmitologizar, 184
deuterocanónicos, libros, Vea apócrifos
diádocos, 45
diáspora, 56, 354
Dios
    enseñanzas de Pablo sobre, 259-260
    descripción en Apocalipsis, 381
    obra universal, 101-102
discipulado, 126, 146-147, 365
Doce, los, 124
doce césares, Los, 197
dones espirituales, 292
doxologías, Nuevo Testamento, 259

educación literaria, 23-25
Efesios
    y Colosenses, 320
    aspectos críticos, 312
    declaraciones/exhortaciones, 310-312
    bosquejo, 309
    propósito, 309-310
Éfeso, 308-309
«en Cristo», 266
encarnación, la, 112, 188
Epístola a Diogneto, 264
epístolas, grupos de, 274. *Vea también* epístolas generales; epístolas pastorales; epístolas de la prisión; epístolas específicas
epístolas pastorales, 258, 334
    aspectos críticos, 341-343
    en la iglesia primitiva, 334
    sabiduría de las, 340-341
    Vea también Timoteo, 1; Timoteo, 2; Tito
epístolas universales. *Vea* epístolas generales
«escándalo de la particularidad», 40
escatología, 268, 331. *Vea también* tiempos finales
escepticismo, 201
esclavos, 326
Escrituras
    géneros, 160
    lectura bíblica coherente, 161
    unidad de las, 160
escritos, Los, 20
esenios, 42, 57-58
Espíritu Santo
    en Hechos, 104, 213
    en el Evangelio de Lucas, 104
    ministerio del, 104
    equivocada dependencia en, 31

estoicismo, 200
estructura comunitaria, 173
Estudios de Oxford en el problema sinóptico, 171
estructuralismo, 174
Estudios, 176
ética paulina, 267-268
Etiopía, 225
evangelio, 70
    verdadero versus falso, 298-299
Evangelios sinópticos, 108, 171
evangelio social, 301
Evangelios
    contenido del mensaje, 70
    forma, 72-73
    razones para escribirlos, 73-75
    confiabilidad, 75-76
¿Existe en problema sinóptico? 175-176
expiación sustitutiva, 265

fariseos, 48, 56-57
fe
    en el Evangelio de Juan, 113
    y obras, 280, 357
    Véase también justificación por fe
Fiesta de la Dedicación, 47
Filemón
    dudas literarias e históricas, 322-324
    bosquejo, 321
    lecciones prácticas, 324
    propósito, 321-322
Filipos, 313
Filipenses
    cristología, 315-316
    aspectos críticos, 316
    sobre los enemigos del evangelio, 314-315
    bosquejo, 313-314
    propósito, 314
filosofía. *Vea* cinismo; escepticismo; estoicismo
Formación de la tradición evangélica, 173
Formgeschichte. Vea crítica de la forma

Gálatas
    aspectos críticos, 302-303
    bosquejo, 298
    en la iglesia primitiva, 297
    ética, 301-302
    en el evangelio, 298-299
    en la gracia y la ley, 300-301
    y los judaizantes, 299-300
    propósito, 298
    teorías, 296-298
Galilea, 41
Galión, inscripción de, 334
género, 160
gentiles, 81-82, 227-228, 232
    en el Antiguo Testamento, 101-102
    y Pablo, 232
    y Pedro, 232
gnosticismo, 112
gracia
    y fe, 280

y ley, 300-302
    y redención, 281
guarida del león, La, 302
Guemará, 63

Hasidim, 47
Hebreos
    escritor, 348
    aspectos críticos, 353
    fecha, 348-349
    en la iglesia primitiva, 348
    exhortación, 351-353
    puntos centrales, 350
    género, 349
    y el Antiguo Testamento, 350-351
    modelos de fe del Antiguo Testamento, 350
    bosquejo, 349-350
    propósito, 349
    destinatarios, 349
Hechos
    escritor, 210
    capítulos 1–7, 213-219
    capítulos 8–12, 224-234
    capítulos 13–28, 238-248
    características, 211–212
    fecha, 210-211
    división, 212
    en la historia de la iglesia primitiva, 211
    el Espíritu Santo en, 213
    importancia, 211-212
    interpretación, 212-213
    características literarias, 212
    bosquejo, 213, 224, 238-239
    propósito, 210
    título, 211
helenización, 47, 197-199
herejía colosense, 319, 320
hermenéutica, 159-165
    propósitos, 161-163
    condiciones, 159-160
    métodos, 160-161
    Vea también interpretación
herodianos, 60
Hexapla, 170
hijos de Dios, 262
«Hijos del trueno», 368
Hipótesis marcana, 171, 176
Historia eclesiástica, 89
Historia de la guerra judía, 66
Historia de la tradición sinóptica, 172-173
homosexualidad, 279
Horae Synopticae, 171

Iglesia, 266-267
    y cultura, 391-392
    en el Evangelio de Mateo, 84
Imperio Romano, 194-197
    emperadores del primer siglo, 195-197
infierno, 333
inscripción de Erasto, 290
inspiración, 26-27, 76, 341

interpretación
    alegórica, 65
    histórica-teológica, 32-34
    Vea también hermenéutica
ira de Dios, 352

Jamnia, 57
Jerusalén, 239
    caída de, 52-54, 99
ofrenda de Jerusalén, 244, 293, 294, 296
Concilio de Jerusalén, 202, 240-242
Jesús
    ascensión, 133, 213-224
    bautismo, 121
    muerte, 92-93
    como mensajero divino, 112
    condición de hijo divino, 90-92
    cualidades y esencia divinas, 110-111
    como cumplimiento de la profecía, 80-81, 112, 122
    como sanador, 83-84, 123, 128
    oposición a líderes judíos, 123-124
    legado, 213-214
    como hacedor de milagros, 94, 123
    vida
        principio del ministerio, 120-122
        nacimiento y juventud, 102-103, 119-120
        ministerio en Galilea, 122-124
        bosquejo, 119
        pasión y crucifixión, 129-132
        ministerio pereano/judeano, 126-129
        descripción en los Evangelios, 118
        resurrección y ascensión, 132-133
        viajes fuera de Galilea, 124-126
        verdadero significado, 133-135
    como el nuevo Moisés, 84
    descripción en Apocalipsis, 381-382
    como predicador, 83, 94, 139-140
        la forma de su mensaje, 139-140
        su uso del lenguaje, 139
    relación con Dios, 144
    relación con seres humanos, 144-145
    resurrección, 92-93, 204-205, 266
    como Salvador, 81-82
        del mundo, 102
    búsqueda del verdadero Jesús, 182-184
        «búsqueda nueva», 184
        «búsqueda antigua», 184
        «tercera búsqueda», 184
    búsqueda de sus verdaderas palabras, 185-188
        criterios utilizados, 186
    sentido de misión, 145-146
    como siervo, 93-94
    como autoridad suprema, 82-83, 318-319
    ministerio de enseñanza, 138-139, 146-148
    como maestro, 83, 94, 140-145
    tentación, 121
    títulos, 82-83, 145
    transfiguración, 91, 92, 126
    singularidad, 134, 143-145, 203-204
Jesús y la Palabra, 183
Jesús de Nazaret, 184

Jope, 226-227
Juan, 1
    escritor, 367-368
    bosquejo, 368
    propósito, 368-369
    enseñanza, 368-369
Juan, 2
    escritor, 367-368
    bosquejo, 369
    propósito, 369
    enseñanza, 369
Juan, 3
    escritor, 367-368
    bosquejo, 369
    propósito, 370
Juan, Evangelio de
    escritor, 109-110
    características, 110
    fecha, 110
    bosquejo, 110
    lugar en que se escribió, 110
    descripción de Jesús en, 110-112
    principio de fe en, 113
    propósito, 110
    temas, 113-114
judaísmo
    literatura, 61-66
    grupos religiosos, 56-61
    y tradiciones, 65
    factores unificantes, 54-56
judaísmo del segundo templo, 54-61
judaizantes, 300
Judas
    bosquejo, 371
    propósito, 372
    enseñanza, 372
Judea, 41-42
juicio del gran trono blanco, 380
justificación por fe, 261, 279-281

Kerigma. *Vea* evangelio
koinonía. Ver movimiento celular de la Iglesia

latinismos, 90
leccionarios, 29
lector, hermenéutica de respuesta del, 175, 176
lectura de espejo, 290
legalismo, 260-261, 319
«lenguaje de poder», 309-310
ley, en los escritos de Pablo, 260-261, 284, 293, 300-302
ley y su cumplimiento, La, 261
Lida, 226
Llanura de Getsemaní, 41
Llanura de Sharon, 226
llaves del Reino, 84
Lucas, Evangelio de
    escritor, 98-99
    características, 101
    fecha, 99-100
    Espíritu Santo en el, 104
    bosquejo, 100-1
    lugar donde se escribió, 100
    descripción de Jesús en el, 101-3
    propósito, 101
    estructura, 100

magos, 120
maligno, 260
manuscrito, 28
Maqueronte, 43
Mar de Galilea, 41
Mar Muerto, 42
Mar Muerto, rollos del, 42, 58, 63
Marcos, Evangelio de
    escritor, 88-89
    características, 90
    fecha, 89
    bosquejo, 90
    lugar donde se escribió, 89-90
    descripción de Jesús en el, 90-96
    propósito, 90
Marcos el evangelista, 173
Masada, 53, 54
Mateo, Evangelio de
    escritor, 78-79
    características, 80
    la Iglesia en el, 84
    fecha, 79
    bosquejo, 79-80
    lugar donde se escribió, 79
    descripción de Jesús en el, 80-84
    propósito, 80
Mateo, Marcos y Lucas, 176
Mesías, 55-56, 263-264
    comprensión de Juan el Bautista, 121
mezuzá, 60
Midras, 65
minúsculas, 29
milagros, 123, 164, 216-217
misiones, imperativo por, 246
Misná, 57, 63
monte Gerizim, 61
movimiento celular de la Iglesia, 219
mujeres
    en el ministerio de Jesús, 103
    en el Nuevo Testamento, 341

Nueva Era, movimiento de la, 382
nueva búsqueda del Jesús histórico, Una, 184
Nuevo Testamento
    versiones antiguas, 29-30
    áreas de controversia, 155
    canon, 25-28
    manuscritos griegos, 29
    integridad del texto, 28-30
    raíces en el Antiguo Testamento, 388
    razones para su estudio, 22-25, 30-34
norte de Galacia, teoría del, 297

ocultismo, 199-200, 308
oración, poder protector de la, 322
Originalidad de San Mateo, 176

pacto abrahámico, 262
Palestina
    geografía, 40-43
    desde el retorno hasta la destrucción de Jerusalén, 43-48
    bajo el dominio romano, 48-54
papiro, 28
parábola, 140
parousia. *Vea* Segunda Venida
pastores, requisitos para, 338
Pablo
    arresto y encarcelamiento, 244-246
    y Jesús, 259
    cartas, 256, 258-259
    viajes misioneros, 256, 258
        primero, 239-240
        segundo, 242-243
        tercero, 243-244
        cuarto, 334-336
    perspectiva de su vida, 254-256
    en Roma, 246-248
    temas, 259-268
Patmos, 376
pax romana, 197
paz, 283
pecado, 146, 278-279
Perea, 42-43
perícope, 172
persecución, 124, 218-219, 225, 302
Pedro, 1
    bosquejo, 363
    temas, 363-364
Pedro 2
    bosquejo, 366
    propósito, 366
    enseñanza, 366
pensamiento de la Ilustración, 156, 183, 259
Pentecostés, 214-216
peregrino, creyente como, 363-365
período macabeo/asmoneo, 47-48
politarca, 334
Poncio Pilato, 197
praeparatio evangelium, 40
prioridad de Marcos. *Vea* hipótesis marcana
prisión, epístolas de la, 247, 258, 308
    en la iglesia primitiva, 308
probar los espíritus, 370
problema sinóptico, 176
profetas, los, 20
profetas en la era neotestamentaria, 228-229
prosélito, 299
prosélitos piadosos, 299-300
proverbio, 140
pseudoepígrafo, 59, 62-63
pueblo de Dios, opinión de Pablo sobre el, 261-262

Q, 88, 171, 176-177
¿Qué es el cristianismo? 185
Qumrán, 58, 63

Redaktionsgeschichte. Vea crítica de redacción, *173-174*

redención, 262-265
Reino de Dios, 126, 141-143
relatividad, 23
resurrección de creyentes, 148, 266
revelación y la Biblia, 262
riqueza, 365
Romanos
    argumento, 278-283
    aspectos críticos, 284-285
    en la iglesia primitiva, 276
    importancia, 283-284
    motivo, 276
    bosquejo, 277-278
    propósito, 276
    preguntas y respuestas en, 280
    razones para estudiar, 274-275
Roma, 275-276

saduceos, 57
salutación, 278
salvación, gloria de, 364
Samaria, 41, 225
samaritanos, 61
Santiago
    escritor, 354
    aspectos críticos, 358
    fecha, 354
    y Jesús, 356, 358
    bosquejo, 354-355
    y Pablo, 353-355
    sabiduría profética, 355-356
    propósito, 354
    destinatarios, 354
santificación, 266
sanedrín, 245
secreto mesiánico, 94-96
Segunda Venida, 145
    acontecimientos precedentes, 148
Seminario Jesús, 185-186, 187
Seminario Sinóptico de la Sociedad para Estudios del Nuevo Testamento, 176
Septuaginta (LXII), 62
Sermón del Monte, 123, 356
simonía, 230
Sitz im Leben, 172, 173–174
sur de Galacia, teoría del, 297
sufrimiento, 294-295, 338-339, 363-364. *Vea también theologia crucis*
sufrimiento del siervo, 145, 226
sinagoga, 56, 240
sincretismo, 198-199
Sinopsis de los Evangelios de Mateo, Marcos y Lucas, 171
Su sangre clama, 302

Talmud, 63, 118
tárgumes, 64-65
Tarso, 254
templo, 56
    patio de los gentiles, 93
    limpieza que hizo Jesús, 56
tefillin, 60

theologia crucis, 294
theologia gloriae, 294
Teología del Nuevo Testamento, 183-184
Teología de San Lucas, 173
terapeutas, los, 60
Tesalonicenses, 1
   mensaje, 330-332
   origen, 328-329
   bosquejo, 329-330
   propósito, 330-332
Tesalonicenses, 2
   aspectos críticos, 333-334
   mensaje, 333
   origen, 328-329
   bosquejo, 332-333
   propósito, 333
Tesalónica, 328
Timoteo, 1
   motivo, 336
   bosquejo, 336
Timoteo, 2
   ocasión, 338-339
   bosquejo, 336, 338
Tito
   motivo, 339-340
   bosquejo, 339
Torá, 20
Tosefta, 65
tradición de sabiduría, 356
Trasfondo económico del Nuevo Testamento, 175
tiempos finales, 147-148. *Vea también* Segunda Venida
Trinidad, doctrina de la, 111-112, 203-204

Última Cena, 129
unciales, 28-29
universalismo, 382

verdad, 390-391
verdadero Jesús, El, 187
via dolorosa, 294
vida de Cristo examinada críticamente, La, 183
vida de Jesús, La, 183
voluntad de Dios, 316
Vulgata, 62

Zelotes, 58-59

Índice de textos bíblicos

Génesis
1.27 341
2.24 279
3 397
3.1 84
3.4 84
3.5 84
4.26 406
12.1-3 215, 261, 396
12.3 266
15.1-21 261

Éxodo
3.14 144
4.22 318
6.2-4 406
11–16 401
12.12 401
12.13 401
12.14-30 401
13.1-10 401
13.3-10 401
13.9 401
13.16 401
20.8-11 403
34.22 401

Levítico
1.2 396
11.39-40 227
11.44 267
18.22 279
19.18 238
19.34 238
20.13 279
23.33-43 405
27.30-33 405

Números
7.13 396
15.37-41 60, 404
21.8-9 265
28.26 401

Deuteronomio
5.12-15 403
6.4 404
6.4-6 61
6.4-9 60, 401, 404
6.8 401
7.7 20
9.4-6 351
11.13-21 60, 401, 404
11.18 401
14.22-29 405
16.10 401
16.16 214
21.23 265
29.29 23

Josué
1.6 349

Jueces
4–6 395

1 Samuel
12 355
15.22 260, 351
31 395

2 Reyes
17.8-24 101

2 Reyes
5.1-14 101
17.29 61
17.33 61

2 Crónicas
28.1-3 398

Esdras
4.3-4 61

Nehemías
8–10 61
10.37 405
10.38 405

Salmos
2.7 404
14.1-3 260
22.1 130
27.14 349
40.6-8 261
51.16-17 260
89.21 318
110 400

Proverbios
3.6 316
5.15-19 279
14.12 333
18.2 31

Isaías
1.11-15 261
6.9-10 20
7.14 20, 399
9.1-2 20
9.6-7 144
11.5 312
29.13 21
40.3 20, 90
42.1-4 145
42.1-14 20
45.22 233
49.1-7 145
49.26 402
52.13–53.12 145
53 225, 226
53.4 84
53.5 145
53.6 145
53.8-9 145
59.17 312
60.16 402
61.1-2 104, 122

Jeremías
29.11 316
31.31-34 120, 396, 400
31.32 350

Ezequiel
2.1-3 145
3.1 145
3.3 145
3.4 145
3.17 145

Daniel
7.13-14 145, 404
9.25-26 400
11.31 47

Miqueas
5.2 20
6.6-8 261

Zacarías
13.7 21

Malaquías
1.10 351

Mateo
1.1 118
1.1–2.23 79
1.1–4.16 79
1.16 118

427

Índice de textos bíblicos

1.17 81
1.18 80
1.18-25 406
1.20 80
1.21 81
1.22 80, 399
1.22-23 81
1.23 399
2.1-12 81, 120, 400
2.6 81
2.12 80
2.13 80
2.13-15 81
2.15 80
2.17 80
2.23 80
2.19-23 120
2.22 80
2.22-23 50
3.1–4.16 79
3.3 20
3.15 121, 145
3.16 405
3.17 80, 82, 405
4.1 81
4.3 84
4.5 355
4.6 84
4.8-9 84
4.11 81
4.13-16 41
4.14-16 80
4.17 83
4.17–16.20 79
4.17-25 80
4.20 82
4.22 82
4.23 83
4.23-25 83, 123
4.25 42
5–7 84, 94, 123
5.1-2 83
5.1–7.29 80
5.3-12 396
5.3-9 142
5.4 146
5.10-12 124
5.12 146, 148
5.13-14 317
5.13-16 358
5.17 81, 144
5.18 61
5.20 142
5.21-24 142
5.27-28 142
5.43-45 143
5.48 141, 143
6.10 143
6.12 143
6.13 121
6.14-15 143

6.16 147
6.19-21 146, 148
6.24 400
6.25-26 146, 147
6.25-30 319
6.28-29 146, 147
6.33 141, 143, 147
6.34 356
7.1 143
7.3-5 139
7.11 146
7.12 399
7.13 148
7.21 143
7.21-23 82, 142
7.24-27 143, 148
7.28 83, 84
7.28-29 83, 140
8.1 82
8.1–9.34 80
8.3 82
8.5 396
8.6 82
8.10 81
8.10-11 148
8.10-12 148
8.11-12 81, 262
8.13 82
8.16-17 84
8.17 80
8.19 83, 145
8.23-27 82
8.31-32 82
9.2 82, 146
9.5 146
9.9-13 402
9.22 82
9.27-31 123
9.30 82
9.33 81
9.35 83
9.35–11.1 80
9.36 82
9.36-38 83
10 84
10.1 82, 84
10.1-2 397
10.1-20 176
10.1-42 123
10.6 60, 81
10.24-25 83
10.28 148, 398
10.30 146, 147
11.1 83, 84, 397
11.2–12.50 80
11.12 142
11.19 146
11.21-22 42
11.21-24 146
11.25 141
11.25-27 404

11.27 82, 108, 144
11.28-30 64, 83, 146
12.1-8 82, 83
12.3-6 82
12.8 145
12.12 146, 147
12.15-21 20, 81
12.17 80
12.22-30 123
12.28 143
12.31 146
12.33-37 146
12.39-42 146
12.46-50 370
12.47 29
13 84
13.1-3 83
13.1-9 395
13.1-53 80
13.7 148
13.11 400
13.13-15 20
13.18-23 140, 395
13.19 141
13.24-30 148, 395
13.35 80
13.36-43 140, 395
13.36-52 83
13.38-42 148
13.39-40 147
13.40-43 82
13.42 148
13.43 148
13.44 140
13.45 140
13.47-50 148
13.49 147
13.53 84
13.54 83
13.54–16.20 80
13.55 354, 370
14.9 51
14.14 82
14.23-33 123
14.26 397
14.33 82, 144
14.34-36 83
14.35 82
14.36 82
15.3-9 21
15.21-28 81
15.22 145
15.24 81
15.28 82
15.29-31 83
15.30-31 125
15.31 81
15.32 82
16.13-20 400
16.13-27 50
16.13-28 42, 404

Índice de textos bíblicos

16.16   82, 125
16.17   81
16.17-19   84
16.18   84, 398
16.21   82, 145
16.21–17.27   80
16.21–18.35   80
16.25   139
16.27   145, 148
17.1-13   405
17.5   81, 83
18   84
18 20   145
18.1-35   80
18.3-4   142, 143
18.8-9   142
18.15-17   84
18.18   84
18.19-20   82
19.1   84
19.1-3   83
19.1–20.34   80
19.1–25.46   80
19.2   128
19.4-6   279, 341
19.6   141
19.16   83, 145
19.17   141
19.28   81
20.17-19   82, 83, 145
20.23   230
20.28   145
20.29-34   128
20.30-31   145
20.34   82
21.1-11   129
21.1-22   80
21.4   80
21.9   145
21.14   83
21.15   145
21.18   143
21.18-19   82
21.23   83
21.23–23.39   80
21.33-45   81
21.43   147
22.13   148
22.16   60
22.16   83, 398
22.18-21   140
22.23-32   57
22.24   83
22.33   83
22.36   83
22.37   142, 146
23   241, 261
23.3   57, 64
23.4   64
23.5   401
23.7   402

23.8   402
23.10   83
23.23   405
24   59, 84
24–25   83, 395
24.1   402
24.1–25.46   80
24.2   402
24.3   147
24.3–25.46   83
24.5   148
24.6   148
24.7   148
24.9   148
24.10   148
24.11   148
24.12   148
24.14   148
24.15   47
24.23   148
24.24   148
24.26   148
24.26-31   145
24.29   148
24.29-31   82, 403
24.30   148
24.31   148
27.46   130
24.35   23, 144
24.36   148
24.42   148
24.44   148
25   84
25.13   148
25.29-30   148
25.31-33   333
25.31-46   143, 148
25.34   148
25.41   148
26.1   84
26.1-4   83
26.1–28.20   80
26.1-46   80
26.18   83, 145
26.25   402
26.26   187
26.26-29   129
26.27-28   400
26.27-29   145
26.31   21
26.32   21
26.36-45   130
26.42   145
26.45-46   82
26.47–27.26   80
26.53-54   80
26.55   83
26.59   403
26.62-64   404
26.63-64   81
26.64   82, 130, 145

26.69-75   130
27.9   80
27.24   130
27.27-56   80
27.38   143
27.51   132
27.51-53   81
27.57–28.20   80
27.62-66   132
28.2-7   81
28.8-10   132
28.9   82
28.16-20   133
28.17   82, 144
28.18   82
28.18-20   82
28.19   405
28.19-20   83, 239, 248, 262
28.20   82, 145

Marcos
1.1   90
1.1-15   90
1.2-8   90
1.7   91
1.8   90
1.9-11   90
1.10-11   121
1.11   90
1.12-13   90
1.13   91
1.14-15   90, 94, 122, 142
1.16-18   362
1.16-20   91, 367
1.16–3.6   90
1.21-27   94
1.24   90
1.27   92
1.32-34   94, 95
1.35-38   123
1.38   72, 94
1.39   72, 123
1.40-45   123
1.44   95
1.45   95
1.29-31   123
2.1-12   144
2.2   94
2.5   91
2.8-10   91
2.10   145
2.11   226
2.12   92
2.14   91
2.15   146
2.16   227
2.20   92
2.23-28   403
2.28   91
3.5   143
3.6   60, 398

429

3.7–6.29   90
3.10-11   94
3.11   91
3.11-12   95
3.13-14   94
3.13-16   362
3.13-19   367, 395
3.17   40, 368
3.18   406
3.21   354
3.22   92
3.29   232
4.1   94
4.11   400
4.11-12   92
4.36-41   123
4.38   94, 145
4.41   92
5.1-20   42, 123
5.7   91
5.19   95
5.25-34   123
5.27-30   91
5.35   94
5.37-40   227
5.40-42   91
5.41   90
5.42   92
5.43   95
6.2   92, 94
6.3   354, 370
6.6   94
6.12-13   94
6.17-29   43, 51
6.20   51
6.30-32   123
6.30–7.23   90
6.34   60, 94
6.34-35   331
6.34-44   123
6.35-41   94
6.39-44   91
6.47-50   91
6.51   92
6.54-56   94
7.1-13   139, 261
7.6-7   92
7.8   57
7.9   241
7.11   90
7.11-13   396
7.15-23   231
7.24–8.10   90
7.31   42
7.34   90
7.36   95
7.37   91, 92
8.2   143
8.11-26   90
8.12   143
8.27–10.52   90

8.27–15.47   90
8.29   91, 92
8.29-30   96
8.31   92, 94, 126
8.31-32   145
8.32   92
8.34   384
8.34-38   126, 144
8.35-36   146
8.35-37   147
8.38   140, 145, 148
9.2-7   91
9.5   145
9.5-6   92
9.9-10   96
9.9-12   92
9.12   145
9.15   92
9.17   94
9.30-31   92,126
9.31   145
9.31-32   96
9.38   94
9.42-48   139
9.47-48   398
10.1   83
10.6   141, 146, 147
10.21   143, 148
10.24   92
10.26   92
10.27   141
10.31   139
10.32   92
10.32-34   92, 404
10.33-34   145
10.38   121
10.45   92
11.1–13.37   90
11.15-18   129
11.18   92
11.21   402
11.27–12.40   129
11.27-33   91
12.1-12   91
12.13   60, 398
12.13-14   94
12.17   92
12.26-27   148
12.28-31   404
12.29-31   267
12.30   146, 147
12.31   147
12.34   92
12.35-37   91
12.37   61, 92
12.41-44   103
12.42   90
13.1   56, 94
13.6   148
13.7   148
13.8   148

13.9-13   148
13.10   148
13.12   148
13.17-19   148
13.19   141
13.21-23   148
13.22   148
13.24-27   404
13.26   148
13.27   148
13.33-36   147
14.1–15.47   90
14.12-16   129
14.21   92
14.22-25   396
14.33   367
14.36   90, 395
14.43-46   130
14.62   91
14.66-72   362
15.2   91
15.16   90
15.34   90
15.39   90, 91, 396
16.1-8   90
16.6   132
16.6-7   92

Lucas
1.1   71
1.1-4   72, 100, 110, 210, 259, 401
1.3   71
1.5-20   119
1.5–2.52   100
1.5 4.13   100
1.5-56   100
1.15   104
1.26-35   406
1.26-38   102, 119
1.30-33   102
1.35   104
1.36   102
1.39-45   103
1.41   104
1.46-55   103
1.57-80   103
1.57–2.52   100
1.67   104
2.1   196
2.1-2   101
2.5-27   104
2.8-20   103
2.11   102
2.14   101, 119
2.21   103
2.22-24   103
2.25-38   103
2.32   101
2.36-38   103
2.39   120
2.40   103

Índice de textos bíblicos

2.41-50   103, 120
2.49   145
2.52   143
2.51-52   103
2.52   120
3.1   196
3.1–9.50   100
3.1-20   100
3.7-8   55
3.16   104
3.17   121
3.21-23   119
3.21–4.13   100
3.22   104
3.23-38   118
4.1   104
4.14   104, 122
4.14–5-16   100
4.14–9.50   100
4.15   122
4.16-19   102
4.16-21   122
4.18   104
4.19   141
4.20-21   144
4.24-30   122
4.25-27   101
4.34   218
4.40   72
4.42   143
5.1-11   122
5.4   140
5.14   140
5.17-26   123
5.17–6.11   100
5.24   145
5.31   140
5.32   146
6.1   218
6.12–8.3   100
6.15   59
6.16   370
6.27-28   296
6.31   238
6.35   238
7.11-17   103, 123
7.36-50   103
7.44-50   144
8.1-3   103
8.3   103
8.4-21   100
8.10   400
8.11-12   148
8.18   140
8.22–9.50   100
8.23   143
8.51   367
9.1-2   214
9.10-17   123
9.22   102
9.23   295, 315

9.23-25   147
9.28   367
9.35   126
9.44   102
9.46-48   140
9.51–13.21   101
9.51–19.27   100
9.57-62   128
9.60   139
10.1   29
10.1-17   43
10.1-24   127
10.18   143
10.20   148
10.21   104
10.25-37   61, 102
10.29-37   147
10.30-35   399
10.38-42   103
11.1-13   128
11.1–18.17   128
11.13   104
11.29   128
11.31-32   102
11.37   128
11.37-54   261
11.38   128
11.42   141
11.49   141
11.53   128
11.39-52   128
12.1   128
12.1-3   128
12.6-7   141
12.10   104
12.12   104
12.15-21   146
12.21   356
12.22-34   128
12.24   141
12.28   141
12.35-40   148
12.49-50   121, 128
12.54-59   128
13.1   51
13.10   128
13.10-17   103, 128
13.14   128
13.20-21   103
13.22   128
13.22–17.10   101
13.32-33   102
13.32-35   128
14.1   128
14.1-4   128
14.1-14   128
14.6   128
14.12-14   147
14.15-24   128
14.25   128
14.25-33   128

14.25-35   146
15.1   128
15.1-2   128
15.1-32   128
15.8-10   103
15.11-24   146
16.3   398
16.10-12   316
16.10-17   99
16.13   400
16.15   141
16.19-31   146, 395
17.11–19.27   101
17.20-21   141
17.20-37   128
17.11-19   128
18.1-8   103, 128
18.8   393
18.9-14   128
18.15   128
18.22   148
18.31-33   102
19.10   264
19.28–24.53   100, 101
19.28-48   101
19.41   315
19.43   99
19.44   99
20.1–21.4   101
20.2   295
20.5–21.18   99
20.37-38   148
21.1-4   103, 341
21.5-6   55, 147
21.5-38   101
21.11   148
21.16   148
21.20-24   54, 55, 99, 147
21.25-26   148
21.28   264
22.1-38   101
22.29-30   148
22.39–23.25   101
22.39-53   398
23.1-2   130
23.5   130
23.6-12   51
23.12   51
23.14   130
23.18-19   130
23.24   132
23.26-52a   101
23.27   341
23.34   217
23.43   130, 289, 401
23.46   130
23.47   396
23.49   341
23.56b–24.53   101
24.2   341
24.13-32   132

431

Índice de textos bíblicos

24.33-35   133
24.34   362
24.36-43   133
24.39   214
24.44   62
24.45-46   21
24.46-47   102
24.47   21
24.49   213
24.50-53   133, 395
27.1–28.16   99

Juan
1.1   111
1.1   144
1.1   144
1.1-14   65
1.1-14   144
1.1-14   406
1.1-18   110
1.1-5   118
1.10   112
1.12   111
1.12   113
1.12   404
1.14   40, 111, 112, 399
1.14-18   404
1.17   111
1.18   111, 112, 318, 405
1.19   399
1.19–12.50   110
1.19-28   121
1.19-51   110
1.28   43
1.29   112, 382
1.34   111, 113
1.35   112
1.4   111
1.40-42   362
1.41   112
1.42   396
1.44   362
1.45   112
1.49   111, 112, 145, 404
1.5   111
1.51   112
1.9   111
2.1–4.54   110
2.11   111
2.12   112
2.13   119
2.16   145
2.19   56
2.20   119
2.22   113
2.23   113
2.4   145
3.13   108
3.13-14   112
3.14   265, 406
3.15-16   148

3.16   70, 113, 155, 333
3.16-18   111
3.18   113, 148
3.19   111
3.2   112, 145, 402
3.3   142
3.31   112
3.34   112
3.36   111, 113, 148
3.5   142
4.1-42   61
4.10   141
4.20   61
4.21   55
4.21-24   54
4.22   26, 263
4.23   122
4.23-24   55
4.24   122, 141
4.25-26   112
4.28-29   113
4.34   145
4.39   113
4.41   113
4.41-42   113
4.42   112
4.44   112
4.53   113
4.7   112
4.9   61, 225, 403
5.1   119
5.1–10.42   110
5.18   108, 111, 204
5.2-47   123
5.21   111, 148
5.22   112
5.24   112
5.25   111, 148
5.26   111
5.27-30   112
5.28   403
5.28-29   148
5.29   148, 403
5.30   145
5.39   112
5.45-47   112
5.46   144
5.46-47   113
5.47   23
6.1   112
6.14   112
6.25   145
6.27   112
6.29   113
6.32-33   112
6.35   112, 145
6.35-48   112
6.38   112, 145
6.38-40   146
6.39   112
6.39-40   148

6.4   119
6.50   112
6.51   112
6.53   112
6.54   112
6.57   111
6.58   112
6.61   112
6.68   112
6.69   113
7.1   124
7.1-39   405
7.1-5   370
7.19   399
7.21   113
7.3-5   354
7.30   145
7.31   113
7.40   112
7.41   112
7.46   140
7.49   60, 395
7.53–8.11   29, 146
8.12   111, 112, 145
8.16   112
8.18   112
8.20   145
8.23   112
8.31   113
8.36   112
8.42   112
8.45-46   113
8.56   112
8.57-58   111
8.58   144
9.1-41   128
9.5   112
9.6   112
9.17   112
9.25   127
9.35-38   113
9.38   113
10.10   147
10.11   112, 145
10.14   112
10.22   47
10.22-39   397
10.24-25   112
10.28   112
10.28-29   148
10.30   108, 111, 144, 204
10.33   111
10.35   23, 263
10.36   111
10.37-39   111
10.38   113
10.40   43, 128
10.42   113
10.7   112, 145
10.9   112
11.1–12.50   110

Índice de textos bíblicos

11.1-44   128
11.4   111
11.21-25   148
11.25   111
11.25   112
11.25   112
11.25   112
11.25   145
11.25-26   134
11.26   113
11.27   112
11.27   113
11.35   112
11.35   143
11.40   141
11.47-48   113, 128
11.48   57, 218
11.53   128
11.54   129
12.1   119
12.1-8   129
12.11   113
12.19   113
12.20-24   262
12.23   145
12.25   295
12.26   148
12.27   145
12.41   111, 112
12.42   113
12.44   113
12.46   112
13.1   145
13.1–20.31   110
13.1-30   110
13.13   109, 310
13.13-14   112
13.14   111
13.2-17   140
13.3   112
13.31   112
13.31–17.26   110
13.5   112
14–17   94, 129
14.1   113
14.1-4   148
14.10   113
14.11   111, 113
14.15   341
14.16   213, 401
14.21   280
14.26   26, 112, 401
14.6   111, 112, 145, 239
15.1   112, 145
15.20   218
15.21   112
15.26   112, 401
15.26-27   26
15.5   112
16.1-4   330
16.12-14   26
16.13   401
16.27   113
16.28   112
16.31   113
16.33   11, 141, 145
17.17   23
17.18   112
17.20   113
17.24   111, 148
17.3   141
17.5   108, 111
17.8   113
18.1-11   398
18.1–19.42   110
18.15-16   367
18.19   402
18.36   142
18.37   111, 112
19.11   145
19.12-16   130
19.17   398
19.19   112
19.26-27   130, 367
19.28   130, 143
19.30   112, 130
19.31-42   132
19.36-37   112
19.42   112
19.7   111
19.8-12   130
20.1-29   110
20.1-8   367
20.10-18   132
20.19-28   367
20.20   112
20.24   395
20.26-31   133
20.27   112
20.28   111
20.29   113
20.30   108
20.30-31   73, 110
20.31   110, 113
20.6-7   362
21.1-14   110
21.1-24   133, 368
21.1-25   110
21.15-23   110
21.18-19   365
21.22   114
21.24-45   110
21.25   72, 108
21.7   111

Hechos
1   209, 212, 231
1.1   99
1.1-2   98
1.1–2.47   8
1.1–2.47   213
1.17-60   213
1.1-8   231
1–7   5, 8, 209, 213, 224, 225, 231, 407, 415
1.1-11   8, 209, 213
1–12   209, 212, 221
1.2   104, 213
1.3   401
1.3-8   133
1.5   104
1.6   213
1.7-9   362
1.8   61, 104, 201, 212, 213, 224, 225, 248, 262, 401
1.9   395
1.9-11   133, 213
1.11   214, 403
1.12-13   362
1.12-14   371
1.12-26   213
1.12–2.47   8, 209, 214
1.13   224, 406
1.13-14   214, 395
1.16   104
1.26   214
2   212, 220, 225, 239
2.1   214
2.1-12   405
2.1-41   401
2.1-47   213
2.2-4   214
2.4   104
2.9-11   214
2.10   276, 317
2.11   214
2.13   214
2.14-36   70
2.14-41   362
2.17   104
2.18   104
2.27   398
2.31   398
2.32   214
2.33   104, 214
2.38-41   395
2.39   215
2.40   215
2.42-47   215
2.45   230
2.47   216
3   231
3–7   209
3.1.   212
3.1   299
3.1–4-35   213
3.1–7.60   8, 209
3.1–7.60   216
3.11-16   362
3.17-26   70
3.19-23   217
3.6   217
3.8   217

433

4   231
4.4   215
4.4   218
4.5-21   403
4.8-12   70, 362
4.12   102, 204, 212, 217, 230
4.36   240
4.36–5.16   213
4.37   228
5.5   217
5.10   217
5.14   218
5.15   217
5.16   217
5.17-18   362
5.17-42   213
5.19   217
5.29   144
5.29-31   218
5.29-32   70
5.33   362
5.35-37   56
5.41   362
5.42   218
6.1   397, 398
6.1-7   213
6.5   224
6.7   211, 217, 218
6.8   217
6.8–7.60   213
6.12-15   403
6.14   219
7   212, 219
7.1-8   415
7.2-53   70, 218
7.51-53   218
7.55   217
7.58   219, 255
7.60   389
8   231
8–12   5, 8, 223, 224, 230, 231, 231, 234, 235, 249, 250, 407, 415
8.1   225, 235, 255
8.1-3   8, 223, 232
8.1 12.25   224
8.1-40   224
8.4-5   235
8.5-13   8, 223, 224
8.7   225
8.9-25   8, 223, 230, 404
8.13   225
8.14   226
8.14-25   8, 223, 231
8.17   231
8.24   230
8.25   231
8.26   225
8.26-40   8, 223, 224, 225
8.32-43   8, 231
8.36   225
8.39   225

9   250
9.1   255
9.1-2   226, 256
9.1-3   232
9.1-19   246
9.1-31   8, 223, 224, 232
9.4   262
9.9-16   227
9.10-16   226
9.10-19   8, 223, 225
9.15   259
9.17-18   233
9.23   233
9.26   233
9.27   228
9.29   398
9.31   211
9.32   226
9.32–11.18   224
9.32-43   223
9.33-35   8, 223, 226
9.35   226
9.36-42   8, 223, 226
9.38   225, 227
9.43   8, 223, 227
10–11   262
10.1–11.18   8, 223, 227, 231
10.1-48   362
10.2   227, 300
10.6   223, 227
10.17   223, 227
10.22   300
10.24   227
10.28   227
10.32   223, 227
10.33   144
10.34   232
10.34-35   228
10.34-43   70
10.37   71
10.39   71
10.44   228
10.45   232
10.47   228
10.48   232
11.2   241
11.3   232
11.16   232
11.17-18   228
11.18   232
11.19-21   239, 256
11.19-30   224
11.20   228
11.22   228
11.22-26   239
11.22-30   8, 223, 228
11.25   228, 256
11.25-30   8, 223, 232, 233
11.26   196, 228, 234
11.28   8, 223
11.28   196

11.28   228
11.28   231
11.28   231
11.30   234
12.1   51
12.1-4   52, 230
12.1-5   362
12.1-23   8, 223, 230
12.1-25   224
12.2   8, 223, 230, 231
12.3   230, 232
12.3-18   8, 223, 231
12.12-14   88
12.16   232
12.17   232
12.19   230
12.21-23   52
12.22   231, 232, 245
12.23   245
12.24   211
12.25   8, 223, 232, 234
13   299
13–14   240, 256, 297, 298, 416
13–28   5, 8, 212, 221, 237, 238, 248, 408
13.28-31   238
13.1-13   297
13.1–14.28   8, 237, 238, 239
13.1–28.31   415
13.1-3   240
13.4-12   240
13.5   88
13.7-12   402
13.9   255
13.13   88
13.13–14.25   297
13.15   349
13.15-41   299
13.16   300
13.16-22   299
13.16-41   70, 240, 298
13.17   261
13.23-25   299
13.26   300
13.26-31   299
13.32-37   299
13.34   266
13.37   266
13.38-42   299
13.43   299, 300
13.45   300
13.48   240, 300
14.1   240
14.2   240, 300
14.5   300
14.12   199, 318
14.12-13   318
14.15   260
14.19   240, 300
14.23   240, 300
14.26   299

Índice de textos bíblicos

14.27   240
15   232, 354
15.1   241
15.1-21   399
15.1-35   8, 237, 238, 399
15.5   241
15.6-11   362
15.7   232
15.11   241
15.12   241
15.13-21   241
15.15-18   242
15.22   370
15.23-29   241, 242
15.28   242
15.35   328
15.36   242
15.36–18.22   8, 237, 238
15.40   242
15.41   242, 328
16   312
16.1   328
16.1-5   242
16.5   211
16.6   8, 328
16.7   8
16.8   242
16.10   242
16.10-17   211, 246
16.12   328
16.12-40   312, 313
16.13   328
16.14   300
16.16   200
16.19-21   313
16.30   23
16.32   8
17   212
17.1   328
17.1-9   328
17.3   400
17.4   300
17.6   334, 402
17.8   402
17.10   328, 329
17.15-34   329
17.16-18   397
17.16-34   395
17.17   300, 328
17.18   266, 404
17.22-31   40
17.23   318
17.24-28   54, 67
17.26   30, 31
17.27   22
17.31   266
17.32   266, 292
18–21   258
18.1-18   289
18.2   196, 289, 415
18.4   328

18.5   329
18.7   300
18.7-8   289
18.11   242, 288
18.12   334
18.12-17   402
18.19-21   243
18.23   243
18.23–21.14   8
18.23–21-15   237, 238, 243
19   308
19.1   243
19.8   243, 328
19.10   290, 317
19.11-12   243
19.13-16   243
19.13-19   310
19.17-20   243
19.20   211
19.21   276, 308
19.21-22   244
19.23-41   244
19.24   318
19.26   243
19.27   244, 318
19.28   199, 318
19.29   276, 309
19.31   308, 395
19.34   318
19.35   318
20.1-2   314
20.2-3   244, 276
20.4   276
20.5-15   246
20.5–21.28   211
20.16-38   308
20.17-38   244
20.32   144
21.1-18   246
21.8   225
21.10   232
21.10-11   244
21.15–26.32   8, 237, 239, 244
21.17   244
21.20-25   244
21.27-36   245
21.37-38   56
22.2-12   256
22.3   56, 255
22.4   262
22.4-16   233, 246
22.21   245
22.25-29   245
22.30–23.10   403
22.30–23.11   245
23.6   57, 203, 266
23.11   245, 276
23.12-35   245
23.24–25.14   402
24.1-22   245
24.14   262, 398

24.15   266
24.21   266
24.23   245
24.26-27   246
24.27   416
24.27–26.32   402
25.1-5   246
25.3   245
25.6-11   246
25.8   399
25.10-12   196
25.11   390
25.12   246
25.13–26.32   52, 246
26.2-18   256
26.9-18   233
26.11   262
26.22-23   246
26.23   266
26.30-32   246
27.1 28.10   237
27.1   246
27.1–28.10   8, 239, 246
27.1–28.16   211
27.13-26   247
27.22-25   247
27.24   196
27.27-44   247
27.33-35   347
28   258
28.1-7   247
28.11   318
28.11-31   8, 237, 239, 247
28.16   247, 312
28.17   247
28.23   247
28.30   210, 247
28.30   247
28.31   247

Romanos
1–11   281
1.1-7   278
1.1-18   9, 273, 277, 278
1.2   262
1.2-4   277
1.4   266
1.5-7   277
1.7   276
1.7   278
1.7   403
1.8-13   278
1.8-15   277
1.13   247, 308
1.15   276
1.16   278, 328
1.16-18   277
1.17   275
1.18   268
1.18-23   278, 319
1.19-32   277

435

1.19–3.20   9, 273, 277, 278
1.24-32   278
1.26-27   279
1.28-31   279
2.1-11   268
2.1-16   277
2.1 3.20   279
2.16   210
2.17–3.8   277
3.2   262
3.3   280
3.5   280
3.5-6   260
3.9   280
3.9-20   277
3.10-11   260
3.19   279
3.21   260
3.21-26   399
3.21-31   277
3.21–8.17   9, 273, 277, 279
3.23   260, 279, 404
3.24   266, 279, 402
3.24-25   264
3.25   280, 397, 402
3.27-31   280
3.28   260, 341, 353
3.31   261
4   280
4.1-8   399
4.1-25   277
4.6-8   280
4.25   266
5.1   283
5.1-21   277
5.2   144
5.7   264
5.8   144, 264, 310
5.12   266
5.12-21   280, 397, 404
6.1   280
6.1-14   277, 280
6.13   266
6.15   280
6.15-23   277
6.15–7.6   280
6.19   280
6.22   280
7.1-6   277
7.7-25   277, 280
7.11   280
7.12   261, 300
7.14   261
7.23   399
7.25   399
8   280, 281
8.1   281
8.1-17   277, 280
8.4   280
8.9   144
8.11   266, 279

8.13   280
8.15   395
8.15-17   268
8.16   262, 280
8.17   262, 281
8.18   268
8.18–11.36   9, 273, 277, 281
8.18-27   277
8.19-22   281
8.21   262
8.23   264, 268
8.23-25   281
8.26-27   281
8.28-39   277, 281
9–11   268, 281
9.1-6   281
9.1-33   277
9.2-3   389
9.3   276, 315
9.4-5   262, 263
9.5   144
9.8   262, 281
9.20   264
10.1   276, 315, 389
10.1-2   277
10.9   144, 204
10.17   205
11   262
11.1-36   277
11.13-24   296
11.14   296
11.25-29   54
11.32   54
11.33-34   23
11.33-36   259, 281, 397
12   292
12.1   403
12.1–15.13   9, 273, 277, 281
12.1-2   268, 277, 282
12.2   324, 403
12.3   262
12.3-5   266
12.3-8   277, 282
12.9-13   278
12.9-21   282
12.13   282
12.14   282
12.14-21   278
13.1-7   278, 324
13.11-14   278
13.12   268
13.13-14   274
13.8-10   278
14   242
14.1–15.13   278
14.10-12   144, 268
14.15-21   282
15.1-7   282
15.9-12   282
15.13   282
15.14–16.27   9, 273, 278, 282

15.14-22   278, 282
15.15   262
15.17   144
15.19   244
15.23   247, 308
15.23-29   282
15.23-33   278
15.24   276, 334
15.28   334
15.30-33   282
16   276
16.1   276, 341
16.1-16   283
16.1-27   278
16.3   266, 341
16.6   341
16.7   341
16.12   341
16.17-20   283
16.20   260
16.21-24   283
16.22   276
16.23   290
16.25   210
16.25-26   262
16.25-27   283, 311
16.26   259
16.27   259

1 Corintios
1.1   290
1.1   396
1.1-9   291
1.2   144
1.4-9   291
1.9   404
1.10-12   291
1.10–4.20   291
1.10–6.20   291
1.11   290
1.14   276
1.18   265
1.18-31   291
1.20   291
1.23   265
1.23   292
1.24   144
1.26   292
1.30   264
1.30   291
2.1-16   295
2.2   265
2.9   268
3.10   262
3.11   292
3.12-15   268
3.17   267
3.18   292
4.3   291
4.9-13   295
4.17   291

Índice de textos bíblicos

4.19 291
5.1 288, 292
5.1-58 291
5.1–6.20 291
5.2 288
5.7 267
5.7-8 401
5.9 290
5.9 290
5.13 292
6.9 289
6.9-11 279
6.11 289
6.12-20 267
6.15 266
6.19 402
7 292
7.1 290
7.1-40 291
7.1–16.14 291
7.17 366
7.40 262
8–10 292
8.1–11.1 291
8.6 405
8.9-13 242
9.1 395
10.1-4 406
11 293
11–14 292
11.2–14.40 291
11.17-32 400
11.2-16 293
11.23-26 396
12–14 266, 293
12 292, 396
12.3 144
12.10 405
12.27-28 396
12.30 405
12.4-6 405
12.7 292
13 268
13.1 405
13.13 267, 292
14.1 292
14.6-25 405
14.26-33 405
14.33b-36 293
14.37 366
15 292
15.1-8 398
15.1-57 403
15.6-7 133
15.7 370
15.9 262
15.14 266
15.22 397
15.42-44 403
15.49 403
15.5 262, 395

15.50-54 148
15.58 349
16.1-4 293
16.1-9 291
16.8 290
16.10-18 291
16.17 290, 292
16.19 290
16.19-24 291
16.21 291

2 Corintios
1–9 294
1.1-11 294
1.12-14 294
1.12–2.13 294
1.15 2.2 294
1.18 259
1.21-22 260
1.22 268
1.3 259
1.3-7 295
1.8-10 295, 406
1.9 259
2.1 293
2.12-13 294
2.14–3.3 305
2.14–3.6a 294
2.14–3.12 295
2.14–5.21 294
2.3 290
2.3-9 293
2.3-11 294
3.6b–4.6 294
4.5 256
4.7–5.10 294
4.8-9 302
4.1-18 295
4.11 295
5.1-5 395
5.5 268
5.7 316
5.10 144
5.11-21 294, 295
6.1–7.4 294
6.1–13.10 294
6.4-10 295
6.7 144
7.5-7 293
7.5-16 294
7.8 290
7.8-12 293
7.9-10 295
8–9 293, 294, 296
8.1–9.15 294
8.3 405
8.18 210
9.7 405
10 294
10–13 296
10.1-11 295

10.1-18 294
10.5 144
11.1–12.13 294
11.9 314
11.12-15 260
11.13 288
11.22 261
11.30 295
12.3-4 401
12.9 144
12.10 295
12.14–13.10 294
12.19 295
13.1 294
13.4 265
13.5 295
13.10 294
13.11-14 294
13.14 405

Gálatas
1.1-10 298
1.1-5 298
1.2 298
1.5 259
1.6 144, 298
1.6-9 298
1.7 298, 300
1.8 298
1.10 298
1.11-14 298
1.11-21 298
1.11–2.21 298
1.12 298, 403
1.13 262
1.15-17 298
1.15-21 256
1.17 233
1.18-24 298
1.23 262
2 354
2.1-10 298
2.2 403
2.6-9 262
2.6-10 368
2.7-9 298
2.8 232
2.9 231, 262
2.11-21 298
2.16 260
2.20 144, 301
3 203, 299
3.1 300
3.1–4.7 298
3.1-5 298
3.6-14 299
3.6-18 298
3.6-9 301
3.8-9 261
3.11-13 300
3.13 395

3.13-14   265
3.14   400
3.16   400
3.17   400
3.19-25   298
3.22   400
3.24   260, 400
3.26   400
3.26-29   298
3.28   262, 324, 341
3.31   262
4.1-7   298
4.4-5   262
4.4-7   404
4.6   395
4.8-11   298, 300
4.8-31   298
4.12-20   298
4.17   300
4.19-20   301
4.21-31   298, 395
5–6   298
5.1   298, 300
5.1–6.10   298
5.2-12   298
5.4   300
5.6   267, 301
5.12   299, 300
5.13-26   298
5.14   261
5.16   302
5.19-21   302
5.22-23   302
5.23   302
5.24   265
6.1-10   298
6.2   261
6.10   301
6.11-18   298
6.12   300
6.14   265

Efesios
1   310
1.1   312
1.1-2   309
1.3-14   309
1.3-23   310
1.3–3.21   309
1.4   267
1.7   264
1.9   400
1.11   144
1.14   268
1.15-23   309
1.18   310
1.19   310
1.20   310
1.20-23   264
1.21   310
1.21-22   310

1.21-23   310
1.22   267, 310
1.22-23   267
2   311
2.1   310
2.1-10   309
2.2   260
2.4   310
2.8   299
2.8-9   310
2.9   299
2.10   310, 354
2.11-13   266
2.11-22   239, 296, 309
2.14   144, 311
2.15-16   266
2.19   311
2.20   176
3   311
3.1   312
3.1-13   309
3.2-13   311
3.3   400, 403
3.4   400
3.4-9   262
3.7   310
3.7-8   262
3.10   310
3.14-19   309
3.14-21   311
3.16   310
3.20-21   309
3.20-21   310
3.21   259
3.21   259
3.25-27   311
3.29   311
4   267, 292, 311
4.1   267, 311
4.1-16   309, 311
4.1–6.20   309
4.4   405
4.5   405
4.7-11   311
4.7-13   396
4.11   228
4.15   267, 310
4.17-21   311
4.17-24   309
4.22-32   311
4.25–5.5   309
5   159, 311
5.1   262, 267, 324
5.1-21   311
5.2   311
5.6   268
5.6-21   309
5.8   262, 267
5.17   144
5.22-33   267, 311
5.22–6.9   309

5.23   310, 311
5.25   341
5.29-31   396
6   311, 312
6.1-4   311
6.5-9   311
6.10   349
6.10-17   310
6.10-20   309, 312
6.11-12   260
6.12   200, 312
6.18   322
6.19   400
6.21-24   309, 312

Filipenses
1   314
1.1-2   313
1.1-11   313
1.2   144
1.3-11   313
1.4   315
1.12-14   248
1.12-18a   313
1.12-26   313
1.15   314
1.17   314
1.18   314, 315
1.18b-26   313
1.19   144
1.19   315
1.25   315
1.25-26   315
1.27   315
1.27–2.30   313
1.27-30   313
2   314, 316
2.1-11   313
2.2   315
2.2-4   315
2.5-11   144, 267, 315, 316, 320, 417
2.6   204, 316
2.6-8   399
2.6-11   263
2.7   316
2.8   316
2.9   316
2.9-10   264
2.9-11   316
2.11   144
2.12-13   316
2.12-16   313
2.13   316
2.14   315
2.15   262
2.16   268
2.17   315
2.17-30   313
2.18   315
2.19   314
2.24   314

438

Índice de textos bíblicos

2.25-26 314
2.28 315
2.29 315
3 314
3.1 315, 316
3.1-16 313
3.1–4.1 313
3.2 315
3.2–4.19 316
3.3 315
3.5 255
3.6 262
3.17 315
3.17–4.1 314
3.18 315
3.19 315
3.20 268
4 314
4.1 315
4.2 315
4.2-3 314
4.2-9 314
4.3 341
4.4 266, 315
4.4-7 314
4.8-9 314
4.10 315
4.10-14 314
4.10-20 314, 316
4.11-13 308, 319
4.15 314
4.15-20 314
4.18 402
4.20 259
4.21-22 314
4.21-23 314
4.23 314

Colosenses
1.1 317, 323
1.1-2 317
1.2 144
1.2a 317
1.3-14 317
1.3-8 317
1.4 403
1.7 318
1.9-14 317
1.13 144, 319
1.14 264
1.15 318
1.15-20 264, 318, 320
1.15-23 318
1.15–3.4 317
1.16 318, 319
1.16-17 264
1.18 267
1.19-20 264
1.20 265, 318
1.24–2.5 318
1.26 317

2.1 318
2.2-3 318
2.4 318
2.6-19 318
2.8 318, 319
2.9 204
2.9-15 319
2.10 267
2.13 144
2.16-23 319
2.19 267, 319
2.20–3.4 318
2.23 319
3.3 268
3.5 319
3.5-11 318
3.5–4.6 318
3.6 268
3.8 320
3.9-10 320
3.12 320
3.12-17 318
3.18–4.1 318, 320
4.2-4 318
4.2-6 320
4.5-6 318
4.7-17 318
4.7-17 320
4.7-18 318
4.9 321, 323
4.10 88, 240
4.12 318
4.14 99, 209, 210
4.16 318
4.18 318

1 Tesalonicenses
1.1 329
1.2-10 329
1.2-3 329
1.3 331
1.3 354
1.4 332
1.4-6 329
1.6 330
1.7-10 329
1.8 331
1.9 332
1.10 332
2.1-2 329
2.1-12 329
2.2-5 332
2.3-12 331
2.3-6 330
2.7-9 330
2.10-12 330
2.12 332
2.13 331, 332, 366
2.13-16 330
2.14 293, 332
2.17-20 330

2.17–3.13 330
2.19 332
3.1-5 330
3.11-13 330
3.13 268, 332
3.2 329
3.3 330
3.4 330
3.6 331
3.6-10 330
4.1-2 330
4.1-12 330
4.2 331
4.3-8 330, 331, 332
4.9-10 331
4.9-12 330
4.9-12 331
4.13-17 148
4.13-18 330, 332, 403
4.13–5.11 330
5.1-11 330, 332
5.12-13 330
5.12-24 330
5.14-15 330
5.16-18 330
5.19-22 330
5.23-24 330
5.24-28 330

2 Tesalonicenses
1.1-2 332
1.3 333
1.3-5 332
1.3-12 332
1.4 333
1.4-10 333
1.5-10 268, 333
1.6-10 332
1.7 333
1.8 333
1.8-10 260
1.9 333
1.10 333
1.11 332
1.11-12 332
2.1-2 332
2.1-3 333
2.1-11 333
2.1-12 332
2.3 332
2.3-7 332
2.8-9 334
2.8-12 332
2.13-14 332
2.13-17 332
2.14 332
2.15 332, 333
2.16-17 332
3.1-2 332
3.1-5 332

439

3.2-4   333
3.3-4   332
3.5   332
3.6-10   333
3.6-15   332, 333
3.11-13   333
3.14   366
3.14-15   333
3.15   333
3.16   333
3.16-18   333
3.17   333
3.18   333

1 Timoteo
1.1-2   336
1.3   334, 336
1.3-7   336, 398
1.5   267
1.8-11   336, 342
1.12-17   336
1.17   259, 260
1.18-20   336
2   336, 344
2.1   402
2.1-8   336
2.6   265
2.8-13   396
2.9-10   336
2.9-15   336
2.11-12   341, 342
2.11-15   336
2.15   343
3   336
3.1-7   336
3.1-10   396
3.1-16   336
3.2-7   338
3.8-13   336
3.14-16   336
3.16   149, 263, 364, 399, 400
4   336
4.1-5   336
4.3-5   279
4.6-16   336
4.12   340
5   336, 343
5.1-2   336
5.1–6.2   336
5.3-16   336
5.10   403
5.17-25   336
6.1-2   336
6.3-5   336
6.6-10   336
6.6-12   319
6.11-16   336
6.15-16   260
6.17-19   336

6.18   356
6.20-21   336

2 Timoteo
1.1-2   336
1.3-18   336
1.3-5   336, 338
1.6-14   336
1.8   335, 338
1.9   267
1.15-18   336, 338
2.1-3   336
2.1-13   336
2.3   339
2.4-7   338
2.5   339
2.6   339
2.8   210
2.8-10   338, 339
2.9   266, 335
2.11-13   338, 339
2.14-19   338, 339
2.14-26   338
2.19   260
2.20-21   338
2.22   341
2.22-26   338, 339
2.26   260
3.1-9   338, 339
3.10-17   339
3.10-17   338
3.11   300
3.12   364
3.15   23
3.15   161
3.16   23, 27, 28, 33, 76
3.16-17   341, 399
4.1   144
4.1-5   338, 339
4.6-8   338
4.6-22   339
4.8   339
4.9-18   338
4.11   88, 99
4.11-13   339
4.13   334
4.16   196
4.16-18   338
4.17   196
4.18   259
4.19   338
4.19-22   338
4.20   334
4.21   338

Tito
1.1-4   339
1.5   334, 339
1.5-9   339, 396
1.6-9   338, 339
1.10-16   339
1.12   339

1.16   268
2.1-2   339
2.1-6   339
2.1-10   339
2.3-5   339
2.5   339
2.6-8   339
2.7   268
2.7   268, 341
2.7-10   339
2.9-10   339
2.10   339
2.11-15   339
2.13   144
2.14   268, 341
3.1   268, 340, 341
3.1-2   339
3.1-8   339
3.3   340
3.3-8   339
3.4-8   340
3.8   268, 341
3.9-11   339
3.10   398
3.12   335, 339
3.12-15   339
3.14   268, 340, 341

Filemón
1   322, 323
1-3   321
2   321
4-7   321
8-22   321
9   322, 323
10   322, 323
13   323
19   322
21   322
22   322
23-25   321
24   99

Hebreos
1.1-2   391
1.1-4   349
1.1–10.18   349, 350
1.3   350
1.5 2.18   350
2.1-4   351
2.2-3   351
2.3   248
2.4   351
2.14   143
2.17   397
2.18   351
3.1–4.13   350
3.12-13   351
3.12-14   351
3.14   351
4   353

Índice de textos bíblicos

4.1-2   351
4.9-11   403
4.14–10.18   350
4.15-16   351
4.16   350
5.11–6.8   351
6.9-12   352
6.12   352
6.19   406
6.20   406
7.11   349
8.7   349
8.8   350
9.11-14   397, 403
9.27   22
10.1-2   349
10.2   348
10.10   403
10.19–12.29   350
10.19-31   350
10.23   50
10.26-27   352
10.26-31   350, 352
10.31   352
10.32-34   215, 349
10.32-39   349
10.33-34   293
10.35   349
10.38   353
10.39   349
11   350
11   350
11.1-40   350
12   201
12.1-4   350
12.5-13   350
12.14-29   350
13.1-9   350
13.13   349
13.20-25   350
13.22   349
13.22-25   349
13.23   348

Santiago
1.1   354
1.2   355
1.2-13   354
1.2-18   354
1.5   356
1.10   356
1.11   356
1.13-18   354
1.16   355
1.19   355
1.19-20   355
1.19–2.26   355
1.21-27   355
1.22   356
1.25   354, 356
2.1   355

2.1-4   356
2.1-13   355
2.2   354
2.5   355
2.8-13   354
2.12   399
2.14   357
2.14-26   355
2.15-16   356
2.19   354
2.20   355
2.24   353
3.1   355
3.1-12   355
3.1–4.12   355
3.10   355
3.12   355, 356
3.13–4.3   355
4.4   355
4.4-10   355
4.7-12   401
4.8-9   355
4.11   355
4.11-12   355
4.13   356
4.13-17   355
4.13–5.11   355
5.1   356
5.1-6   355
5.7   355
5.7-11   355
5.9   355, 358
5.10   355
5.12   355
5.12-20   355
5.13-18   355
5.19-20   355
7.16   356
7.26   356

1 Pedro
1.1   362, 363, 364
1.1–2.10   363
1.1-9   363
1.2   405
1.3-6   364
1.6   364
1.8-9   364
1.10–2.3   363
1.11   364
1.13   365
1.14   365
1.15   365
1.18-21   402
1.22   365
1.24   364
2.1   365
2.4-10   363
2.9   402
2.11   364, 365
2.11-12   363

2.11–3.12   363
2.13   365
2.13–3.7   363
2.15   365
2.16   365
2.17   365
2.21   365
3.1   365
3.1-7   365
3.7   365
3.8-12   363
3.13-22   363
3.13–4.19   363
3.15   365
3.16   365
3.16-17   365
3.17   364
4.1   365
4.2   365
4.4   364
4.7   363, 365
4.8   365
4.9   365
4.10   396
4.10-11   365
4.11   365
4.12   330
4.12-19   363
4.13   144, 364
4.14   364
4.19   364
5.1   365
5.1-4   365
5.1-14   363
5.5   365
5.6   365
5.8   365
5.10   365
5.12   362
5.13   88, 362, 363

2 Pedro
1.1   362, 365
1.1-2   366
1.3   366
1.3-11   366
1.5-8   366, 372
1.12   365
1.12-21   366
1.13-15   365
1.16   362
1.18   362
1.20-21   22, 341
1.21   23, 27, 76, 366
2.1-3   366
2.1-22   366
2.3   365
2.4-10   366
2.4-17   372
2.9   366
2.10-16   366

441

2.12 365
2.17-22 366
2.21 366
3.1-16 366
3.3-8 366
3.3-13 403
3.4 366
3.9 366
3.10-12 60, 366
3.13 366
3.14 366
3.15 365
3.15-16 76, 341
3.16 290, 365, 366
3.17-18 366
3.18 366

1 Juan
1.1-2 40, 368
1.1-3 188
1.1-4 110, 368
1.3-4 368
1.4 368
1.5–2.2 368
1.5–5.17 368
1.9 162
1.9–2.2 368
2.1 368, 401
2.2 392, 402
2.3-27 368
2.4 162
2.7-8 368
2.15-17 368
2.18-19 368
2.26-27 368
2.28–4.6 368
3.7-10 395
4.1 370
4.1-3 395
4.1-6 368
4.2 368
4.4 368
4.7-12 368
4.7–5.5 368
4.8 368
4.15 368
4.16 368
5.1 368
5.4 368
5.6-17 368
5.13 36, 368
5.18-21 368

2 Juan
1-3 369
4 369
5-6 369
7 395
7-8 369
7-11 369

12 369
12-13 369

3 Juan
1 369
2-8 369
2-12 369
3-4 370
8 370
9-10 369, 370
11-12 369
13-14 369, 370

Judas
1-2 371
1.1 370
3 372
3-4 371
4 372
4-16 372
5-7 371
8-16 371
17-23 371
20-23 372
24-25 371, 397

Apocalipsis
1–3 378
1.1 403
1.1-20 377
1.1-8 377
1.4-5 381
1.6 382
1.8 381
1.9 368
1.9-16 377
1.12-18 381
1.17-20 377
1.18 381
2–3 382
2.1 396
2.1–3.22 377
2.1-7 377
2.2 382
2.7 381, 401
2.8-11 377
2.12-17 377
2.13 382
2.18-29 377
2.19 382
3.1 381, 382
3.1-6 377
3.7 381
3.7-13 377
3.8 382
3.10 382
3.14-22 377
4–5 380
4–19 380
4.1 380
4.1 5.14 377
4.1-6a 377

4.2 380, 381
4.6b-11 377
4.11 381
5 381
5.1-5 377
5.5 382
5.6-10 378
5.8 382
5.10 382
5.11-14 378
5.12-13 381, 397
5.13 381, 382
6.1-2 378
6.1-17 378
6.3-4 378
6.5-6 378
6.7-8 378
6.9 382
6.9-11 378, 382
6.12-17 378, 380, 382
7.1-8 378
7.1-17 378
7.3 382
7.9-10 382
7.9-11 378
7.9-17 382
7.12 381
7.12-17 378
8.1-5 378
8.1–9.21 378
8.6-13 378
9.1-12 378
9.13.21 378
10.1-11 378
10.1–11.19 378
11.1-14 378
11.2-3 381
11.7 382
11.15 403
11.15-18 380
11.15-19 378
12.1–13.1a 378
12.1-6 378
12.11 382
12.13–13.1a 378
12.17 382
12.7-12 378
13.11-18 378
13.1b-10 378
13.1b–14.20 378
14.1-5 378
14.4 382
14.5 382
14.6-13 378
14.8 417
14.12 382
14.13 381, 382
14.14-20 378
15.1-4 378
15.1–16.21 378
15.2 382

15.5-8 378	19.7 382	21.1-17 382
16.1-21 378	19.10 382	21.1–22.6 378
16.15 382	19.11-16 403	21.5-6 381
16.16 395	19.11-21 378, 382	21.6-8 382
16.17-21 380	19.13 144, 406	21.9 382
17.1-18 378	19.15 382	21.9-27 378
17.1–18.24 378	19.16 142, 381	21.10 381
17.3 381	20–22 380	21.21 383
17.5 417	20.1-6 378	21.23 382
17.14 382	20.1-8 400	22.1 383
18.1-24 378	20.1-15 378, 382	22.1-6 378, 383
18.2 417	20.11-15 378, 380, 398	22.7-21 378
18.10 417	20.4 382	22.12-13 381
18.20 382	20.4-6 382	22.13 381
18.21 417	20.6 382	22.17 381
19 380	20.7-10 378	22.20 383
19.1-10 378	21.1 383	
19.1-21 378	21.1-8 378	

Índice de nombres

Aarón 350, 358
Abel 350
Abraham 43, 55, 81, 85, 101, 102, 111, 118, 144, 203, 215-218, 228, 253, 261, 262, 263, 265-277, 270, 281, 284, 299, 301, 341, 350, 388, 394
Acaico 290
Adán 31, 101, 105, 118, 277
Agabo 223, 228, 230, 231, 233, 234, 244
Agripa I. *Vea* Herodes Agripa I
Agripa II. *Vea* Herodes Agripa II
Agripina 196, 205
Agustín 156, 170, 171, 176, 274, 275, 283, 286, 380, 391, 393
Aland, Kurt y Bárbara 29
Albertz, Martin 154, 163, 166, 173
Albino 52, 245, 354
Alejandra 48, 49, 56, 57
Alejandro 49
Alejandro Janneo 48, 49, 64
Alejandro Magno 45, 64, 197, 205, 313, 324
Allen, W.C. 89
Ana 103
Ananías 53, 223, 226
Ananus 354
Anás 101, 130
Anderson, C.C. 190
Anderson, Norman 151
Andrew 362, 363
Antígono I, el Cíclope 45
Antígono II 48, 49, 64
Antíoco III, el Grande 45, 47, 64
Antíoco IV Epífanes 25, 26, 34, 47, 64
Antipas. *Vea* Herodes Antipas
Antípater 48, 49, 64
Antonio 49
Apolos 348
Aretas 51
Aristarco 335
Aristóbulo 48, 49, 51
Aristóbulo II 48, 64
Aristóteles 138
Arquelao 39, 49, 50, 61, 64, 66, 120, 133
Arrecinius Clemens 198
Artemas 339
Artemisa 243, 244, 308, 309, 324
Atanasio 27
Atenágoras 109, 114
Aune, D.E. 76
Bacon, B.W. 89
Bailey, James L. 179
Balch, D.L. 179

Baldwin, S. 344
Baly, Denis 68
Báquides 47
Bar Kocba 54
Barac 350
Barjesús 240
Barr, James 158
Barrabás 130
Barsabás. *Vea* Judas Barsabás
Barth, Crisoph 202
Barth, Marcus 326
Barthes, Roland 174
Bauckham, Richard 373
Baur, F.C. 156, 163
Beasley-Murray, G.R. 116, 151
Bengel, J.A. 154, 162
Berenice 51
Bernabé 88, 223, 224, 228, 233, 239-243, 255, 256, 296, 297, 299, 300, 348, 359, 370
Betteson, Henry 211
Betz, H.D. 302, 303
Bevon, Françoise 106
Black, David A. 35
Bloesch, D.G. 344
Blomberg, Craig 76, 167
Bloom, Allan 23, 249
Bock, Darrell 406
Bockmühl, Marcus 136
Boice, J.M. 151
Bonhoeffer, Dietrich 308
Borg, M.J. 185
Bornkamm, Günther 136, 173, 184, 236
Bowder, Diana 207
Boyd, G.A. 190
Braaten, C.E. 344
Brandon, S.G.F. 89
Brauch, M.T. 271
Bray, Gerald 167
Bréhier, Émile 207
Briidge, R.A. 76, 190
Bromiley, G. 202
Brown, R.E. 373
Bruce, F.F. 35, 68, 136, 151, 211, 221, 259, 271, 305, 373
Bruto 49
Bunyan, John 362
Burge, Gary 116, 360
Burton, Richard 204
Butler, B.C. 176
Bultmann, Rudolf 109, 172, 173, 176, 179, 183, 184, 186, 189, 217
Caifás 93, 101, 130
Caird, G.B. 106

Calígula 51, 64, 196, 205
Calvino, Juan 156, 170, 171, 284, 326, 380
Carrington, P. 96, 236
Carson, D.A. 35, 116, 305, 326, 344, 360
Carter, Stephen 301
Casio 49
Ceesay, Momodou 322
Cefas 298. *Vea también* Pedro
Celso 170, 176
César Augusto 40, 49, 50, 53, 64, 78, 101, 105, 120, 130, 133, 196, 205, 246, 278
Chadwick, H. 236
Chamblin J.K. 271
Chapman, Dom John 176
Charlesworth, J.H. 63
Churchill, Winston 388
Chuza 103
Ciro 43, 45, 64
Clarke, A. 236
Clarke, Samuel 164
Claudio 52, 64, 196, 205, 228, 230, 231, 234, 304, 313, 324
Clayton, C. 167
Clemente de Alejandría 65, 88, 89, 94, 98, 105, 211, 276, 290, 297, 308, 328, 334, 348, 367, 371
Clemente de Roma 29, 34, 276, 290, 297, 304, 348, 359
Clouse, R.G. 35, 385
Clowney, E.P. 373
Conzelmann, Hans 173
Cornelio 71, 223, 227, 228, 232, 233, 234
Crisóstomo, Juan 156
Cristo. *Vea* Jesucristo
Cumano 245
Daniel 32, 47, 59, 64
Daniel-Rops, H. 236
David 20, 48, 59, 81, 91, 101, 118, 129, 145, 150, 280, 318, 350, 355, 388
Davies, W.D. 68, 286
de Saussure, Ferdinand 174
Deissmann, Adolf 310
Demetrio 369, 370
Derrida, J. 157
Descartes, R 156
Dibelius, Martin 172, 179
Diogneto 264
Dionisio de Alejandría 376, 383
Dios 11, 13, 19, 20, 22, 23, 25-28, 30-34, 40, 48, 52, 54-61, 63, 64, 66, 67, 70, 71, 73, 74, 76-78, 80-86, 90-97,

Índice de nombres

101-105, 110-114, 116, 118, 120-126, 129-131, 134, 137-148, 150, 155, 156, 160-162, 164, 165, 170, 171, 177, 182, 185-188, 196, 199, 201-206, 212, 214-221, 226-228, 230-235, 237-241, 247, 249, 250, 253, 259-268, 270-271, 275-284, 288, 291-293, 295, 296, 298-303, 308-312, 315, 316, 318, 319, 322-324, 328, 330-333, 334, 336, 339-343, 350-358, 362-366, 368-373, 375-378, 380-385, 388-392, 394
Diótrefes 370
Dodd, C.H. 76, 187
Domiciano 196-198, 205, 362, 371, 376, 377, 383
Donfried, K.P. 271, 326
Doty, William G. 271
Drane, John 136
Duchesne, L. 236
Dunn, J. 261
Eleazar 53
Elías 59, 92, 126
Eliot, T.S. 376
Elisabet 102-104
Ellis, E.E. 106, 258, 271
Eneas, 223, 226, 227, 235
Enoc 59, 62, 350
Epafroditas 313, 314
Erasto 290
Erickson, Millard J. 167
Esdras 61, 62, 64, 388
Espíritu Santo 22, 23, 26-28, 31, 33, 70, 71, 76, 81, 82, 90, 97, 104, 105, 112, 114, 121, 134, 159, 161, 201, 203, 204, 211-213, 215, 221, 228, 231, 232, 239, 242, 248, 268, 281, 282, 302, 310, 332, 341, 366, 372, 381
Esteban 212, 213, 217-221, 224, 225, 239, 240, 389
Estéfanas 290
Eusebio 78, 84, 85, 88, 89, 94, 98, 99, 105, 211, 276, 290, 297, 308, 328, 334, 348, 371, 376
Eva 31, 84
Evans, Craig A. 35, 106
Ezequiel 59
Fado 52, 245
Farmer W.R. 176, 179, 190
Fasael 49
Fascher Erich 173
Febe 276
Fee, Gordon 167
Felipe (Herodes). *Vea* Herodes Felipe
Felipe 202, 223-226, 230, 231, 233-235
Felipe II 313, 324
Félix 52, 245, 246, 248, 249, 262
Ferguson, Everett 207
Festo 52, 245, 256, 248, 249, 354
Filemón 321, 322-325
Filón de Alejandría 56, 57, 60, 64, 65, 138
Finegan, Jack 207

Finkelstein, L. 68
Fitzmyer, J.A. 106
Fortunato 290
France R.T. 86
Fredrichsdorff, Ilse 154
Frend, W.H.C. 236
Funk, R.W. 190
Gabriel 102, 119
Gadamer 157
Galba 196
Galileo 156
Galión 289, 295, 334, 342
Gamaliel 74, 64, 255, 270
Gasque W. 221
Gayo 369-371
Gayo/Calígula. *Vea* Calígula
Gedeón 350
Geivett, R.D. 217
Gesio Floro 52, 53, 64, 245
Ghandi 390
Gilbert, Lela 302
Gooding, D. 106, 236
Goodspeed, E.J. 86
Goppelt, L 373
Goulder, Michael 175
Graham, Billy 389
Grant, F.C. 171, 172, 175
Grant, Michael 207
Grant, R.M. 167, 207
Green, C. 373
Green, E.M.B. 360
Green, J.B. 76, 136
Green, Michael 136, 236
Greimas, A.J. 174
Griesbach, J.J. 171, 177
Grudem, Wayne 360
Guelich, Robert 76
Gundry, R.H. 96
Guthrie, Donald 207, 258, 305, 373, 380, 385
Habermas, G.R. 217
Hafemann, S.J. 305
Hagner, Donald 86
Hanson A.T. 286
Harris, Horton 159
Harrisville, R.A. 179
Hawkins, Sir John 171
Hawthorne, G. 271
Hayes, John H. 190
Hegel, G.F.W. 157
Heidegger, M. 157, 184
Heller E. 158
Hemer, Colin J. 211, 221, 259, 385
Hengel, Martin 78, 96, 173, 211, 221, 259
Henry, Carl F.H. 316
Hermes 199
Herodes Agripa I 39, 50, 51, 52, 64, 66, 223, 230, 232, 234
Herodes Agripa II 39, 51, 52, 64, 66, 246, 248, 249, 354
Herodes Antipas 39, 41, 43, 49-51, 60,

64, 66, 103, 121, 122, 130, 133, 135
Herodes el Grande 39, 41, 48, 49, 51-53, 57, 58, 60, 64, 66, 67, 79-81, 101, 103, 119, 120, 122, 311
Herodes Felipe 39, 41, 42, 49, 51, 64, 66, 105
Herodías 51, 64, 121, 230, 234
Hill, David 86
Hillel 56, 64, 66
Himmelfarb, Martha 385
Hipólito 57, 376, 377, 380, 383
Hircano II 48, 49, 64
Holtzmann, H.J. 171
Hopkins, Gerard Manley 376
Horacio 170
Horton, Michael S. 305
Horus 200
Hubbard, Robert 167
Hughes, R. Kent 360
Hunter, A.M. 96, 116
Hurtado, L.W. 76
Ignacio 79, 84, 109, 114, 290, 304
Ireneo 29, 34, 78, 82, 84, 85, 88, 94, 98, 105, 109, 114, 115, 211, 276, 290, 297, 304, 308, 309, 324, 328, 334, 348, 367, 371, 372, 376, 380, 383,
Isaac 218, 262, 263, 350, 388, 394
Isaías 20, 59, 377
Isis 200
Jackman, D. 373
Jacob 218, 262, 263, 350, 388, 394
Jairo 91, 92, 367
Jefté 350
Jeremias, J. 151
Jeremías 355
Jerónimo 88, 94, 98, 105
Jesús 11, 15, 17, 20-23, 25-29, 31, 32, 33, 37, 39, 40-43, 50-52, 54-88, 90-105, 107-130, 132-151, 154-158, 162-166, 172, 173, 175, 176-178, 181-189, 193-196, 201-204, 206, 209-221, 224-228, 230-233, 234, 238-242, 246-248, 253-256, 259, 261-268, 270, 271, 273-275, 277-280, 282-285, 288, 289, 291, 292, 295, 296, 298-301, 308, 310-316, 318-320, 322, 323-325, 330, 332, 333, 336, 338, 339, 341, 347-351, 354-356, 358, 359, 362-372, 376, 377, 378, 380-385, 388-391, 390-393, 394
Joel 214, 220
Johanan ben Zakkai 56-57
Johnson, L.T. 187, 190, 207, 305, 326, 335, 344, 360
Jonatán 64
José 50, 80, 81, 118, 120, 350, 370
José de Arimatea 132
Josefo 25, 34, 43, 48, 50, 53, 54, 56, 61, 64, 65, 118, 119, 218, 354
Juan 71, 72, 75, 82, 88, 91, 107-113, 115, 116, 118, 119, 132, 133, 182, 211, 217, 223, 227, 230, 231, 234, 235, 309, 366-373, 376, 377, 380, 382-384

Índice de nombres

Juan el Bautista 20, 43, 51, 55, 58, 66, 70, 90-92, 101-104, 110, 113, 119-122, 134, 135, 202, 212, 230, 232, 256, 367
Juan Hircano I 48, 56, 57, 61, 64
Juana 103
Judá el patriarca (Rabino) 57, 63, 64
Judas (hermano de Jacobo) 370
Judas (hermano de Jesús) 370-373
Judas Barsabás 370
Judas el galileo 58, 64
Judas Iscariote 129, 130, 176, 241, 242, 370
Judas «Macabeo» 64
Julio César 48, 49, 64, 195, 205, 265
Justino, Mártir 29, 34, 72, 74, 109, 114, 211, 276, 290, 297, 308, 328, 376, 380, 383
Kaiser, Walter C., hijo 167
Kant, I. 156, 157, 159
Käsemann, Ernst 184
Kassian, Mary A. 344
Keener, Craig 344
King, Martin Luther., hijo 308, 390
Klapproth, Erich 154
Klein, William W. 167
Köstenberg, A. 344
Kümmel, Werner 110, 154, 163, 166, 179, 312
Kysar, Robert 109
Ladd, George E. 155, 156, 385
Lane, W. 360
Larkin, W.J. 236
Lázaro 116, 164
Lessing, G.E. 156
Leung, Martin 340
Leví 91
Lévi-Strauss, Claude 174
Lewis, C.S. 383
Lewis, J.P. 35
Lidia 313
Lightfoot, J.B. 264
Lincoln, Abraham 211, 388
Linnemann, E. 176
Lisania 51, 101, 105
Locke, John 156, 164
Loewe, H. 68
Longenecker, Richard 286
Longman, Tremper III 179
Lucas 28, 71, 75, 80, 82, 97-105, 118, 119, 128, 171, 182, 210, 211, 213, 214, 216, 218, 221, 231, 259, 339, 348, 359
Lucas, D. 373
Lutero, Martín 284-286
Machen, J. Gresham 271, 305
Mahoma 134
Maier, Gerhard 27, 158, 167, 179
Maier, Paul 159, 162, 197, 207, 354
Malaquías 22, 351
Manson, T.W. 96, 151
Manson, William 106
Maqueronte 43, 64, 121, 133
Marción 98, 105, 290, 304

Marco Sestio Filemón 323
María 20, 50, 71, 80, 102-105, 118-120, 129, 149, 203, 367, 371
María Magdalena 103, 128, 132, 135
Mariamne 49, 51, 64
Marshall, I. Howard 76, 136, 155-157, 259, 326, 373
Marshall, Paul 302
Marta 128, 134
Martin, R.P. 96, 271
Martínez, Florentino 68
Marxen, Willi 173
Matatías 47, 64, 220
Mateo 29, 71, 75, 77-86, 101, 118, 122, 124, 170, 171, 176, 182
Matías (rabí) 49
McCartney, D. 167
McDonald, H.D. 35
McGrath, Alister 167, 271
McKnight, S. 76, 136, 179
McRay, John 68
Melquisedec 353
Metzger, Bruce M. 26, 35, 385
Meyer, Ben F. 136
Meyer, F.B. 373
Miguel Ángel 378
Miller, Fergus 68
Minear, Paul 79
Moisés 20, 23, 25, 26, 34, 57, 61, 84, 92, 111, 125, 134, 218, 241, 246, 261, 265, 299, 350, 351, 358, 378, 388, 394
Montefiore, C.G. 68
Moo, Doug 286, 305, 326, 344, 360, 373
Moreland, J.P. 190
Morgan, G. Campbell 96, 136
Morris, L. 86, 116, 151, 286, 305, 326, 344, 360
Moule, C.F.D. 76
Mounce, R.H. 86, 385
Muratori, L.A. 211
Murphy, Frederick J. 68
Naamán el sirio 101
Natán 355
Nehemías 64
Neill, Stephen 179
Nerón 53, 64, 99, 105, 196, 204, 205, 255, 258, 269, 302, 335, 342, 354, 363, 364, 371, 377, 383
Nerva 196
Newman, Carey C. 236
Newsome, James D. 207
Nicanor 47
Nickelsburg, G.W.E. 68
Nicodemo 132
Niebuhr, H. Richard 352
Niemöller, Martin 31
Nineham, D.E. 96
Noé 350
O'Brien, P.T. 326
Octavio 49, 205
Octavio. Vea César Augusto

Ogilvie, R.M. 170
Onesíforo 338
Onésimo 321, 322-324, 325
Orígenes 29, 65, 78, 84, 85, 88, 94, 98, 105, 170, 176, 211, 276, 290, 297, 308, 328, 334, 376, 380, 383
Orr, J. Edwin 340
Ortlund, Raymond C. 286
Osborne, Grant 162, 167
Otón 196
Ovidio 170
Pablo 15, 17, 23, 27-29, 31, 40, 52, 54, 56, 57, 64, 65, 67, 76, 88, 89, 98, 99, 100, 102, 155, 159, 195, 197, 200, 202, 204, 210, 211, 219, 220, 223-226, 228, 231-234, 235, 238-248, 254-256, 258-268, 274-284, 288-303, 348, 351, 353, 354, 362-364, 366, 368, 370, 389
Paine, Tom 156, 166
Papías 88, 94, 380
Pedro 23, 24, 28, 52, 60, 70, 71, 76, 80, 82, 84, 88-92, 95, 99, 110, 125, 129, 130, 132, 133, 135, 170, 182, 196, 202, 204, 211, 212, 214, 216, 217, 223, 224, 226-228, 230–235, 237, 240-242, 248-253, 255, 262-264, 268-271, 276, 279, 280, 283-287, 290, 292, 301-303, 305, 316, 319, 322, 323, 325, 333, 335, 338, 340-343, 356, 359, 362-366, 371-373
Pelikan, Jaroslav 182, 190
Perring, Norman 173
Platón 138, 170, 210
Plinio 57
Plutarco 108
Policarpo 109, 114, 276, 290, 297, 308, 328, 334, 371
Pompeyo 48
Poncio Pilato 50, 51, 64, 67, 91, 119, 130, 132, 133, 135, 142, 143, 145, 149, 197
Poythress, Vern S. 167
Prat, Ferdinand 136
Prisco 313
Propp, Vladimir 174
Quirinio 101, 105
Rabin, Yitzhak 283
Rahab 350
Ramsay, William M. 211, 221, 256, 259, 385
Reicke, B. 68, 179, 373
Reid, D.G. 271
Renan, E. 183
Reumann, John 184
Richardson, Peter 68
Riches, John 185
Ricoeur, Paul 157
Robinson, John A.T. 79, 89
Rufo 313
Salomé 367
Salomón 48, 62
Samuel 350, 351
Sanders, E.P. 68, 190, 261, 302

447

Sansón 350
Santiago (hermano de Jesús) 66, 214, 244, 354-356, 358, 370
Santiago (hijo de Zebedeo) 52, 91, 223, 227, 230, 232, 367, 368
Sarepta 101
Satanás 59, 91, 121, 123, 125, 134, 143, 260, 308, 355, 378, 380, 382, 384
Saulo. *Vea* Pablo
Schlatter, Adolf 256, 286, 357
Schreiner, T. 261, 271, 344
Schürer, Emil 68
Schweitzer, Albert 183, 188, 190, 261
Schweizer, E. 96
Scott, J.J. 68
Scroggie, W. Graham 136
Séforis 50
Seleuco Nicator 45, 64
Semler 156
Séneca 324
Senior, Donald 86
Serapio 232
Sergio Paulo 240, 248
Shakespeare 15
Shammai 56, 64, 66
Shea, Nina 302
Shelton, J.B. 236
Shepard, J.W. 136
Sherwin-White, A.N. 221
Shuler, Philip L. 76
Silas 241, 242, 255, 256, 312, 313, 323, 328, 329, 362, 370
Silva, Moisés 167
Simeón, 101, 103, 104
Simón (el macabeo) 48, 64
Simón (mago) 225, 231
Simón el curtidor 223, 231
Simón Pedro. *Vea* Pedro
Sixto de Siena 62
Smalley, Stephen S. 116
Smith, James B. 250, 385
Sócrates 210
Solzhenitzyn, Alexander 308
Sóstenes 289, 304
Sproul, R.C. 161, 167
Spurgeon, Charles Haddon 233
Stambaugh, J.E. 179
Stanton, Graham 86, 190
Stein, R.H. 151, 174, 179, 190
Stewart, James S. 136, 286
Stoldt, H. 176
Stonehouse, N.B. 96, 106
Stott, J.R.W. 151, 360
Strachan, L.R.M. 310
Strauss, D.F. 156, 183
Streeter, B.H. 171, 172
Stuart, Douglas 167
Stuhlmacher, P. 76, 179, 190, 286
Stulac, George 360
Suetonio 197, 198, 205, 207, 265
Sundberg, W 179

Susana 103
Tabita/Dorcas 223, 227, 233, 234
Tácito 118
Talbert, C.H. 76
Tasker, R.V.G. 86
Tatiano 109, 114
Taylor, G.A. 106
Taylor, Vincent 173, 179
Tcherikover, V. 68
Tenney, Merrill C. 116, 352, 353, 385
Teófilo 71, 72, 98, 101, 105, 111, 114, 211
Teófilo de Antioquía 109
Tertuliano 71, 88, 98, 105, 211, 276, 290, 297, 308, 328, 334, 348, 364, 376, 383
Tevye 64
Thielman, Frank 286
Thiselton, Anthony C. 167
Thompson, William 41
Thoreau 390
Tiberio Alejandro 245
Tiberio César 40, 50, 51, 64, 101, 105, 196, 205
Tiberio Julio Alejandro 52
Timoteo 88, 242, 256, 291, 293, 313, 314, 321, 323, 329-331, 333, 334, 336, 338-341, 343, 348
Tíquico 312, 339
Tito (emperador) 196
Tito 53, 64, 268, 293, 334, 339, 341-343
Tolomeo 45, 64
Tomás 133
Towner, Philip H. 344
Tracy, D. 167
Trajano 196, 362
Troeltsch 157
Tucídides 218
Turner, H.E.W. 190
Twelftree, G.H. 136
Ustinov, Peter 204
Vander Brock, L.D. 179
Vander Kam, James C. 68
Ventidio Cumano 52
Verhoeven, Paul 187
Vermes, Geza 68
Vespasiano 53, 64, 196
Vitelio 196
Voltaire 156, 157, 166
von Harnack, Adolf 89, 185
Wagner 15
Wainwright, A.W. 385
Walvoord, J.F. 385
Wanamaker, C.A. 344
Washington 211
Wells, David F. 136
Wenham, David 151, 271
Wenham, John 35, 79, 89, 136, 179
Wesley, John 154, 275, 283
Westall, Richard 130
Westcott, B.F. 109

Wilcock, M. 106, 385
Wilkins, M.J. 190
Winston, J.C. 86
Winter, Bruce 236, 259
Witherington, Ben 187, 190, 305
Woolston, Thomas 156, 164, 166
Wrede, W. 261
Wright, N.T. 179, 190
Yarbrough, Robert W. 116, 158, 357
Young, Brad H. 151
Zacarías 59, 104, 119
Zebedeo 108-110, 116, 231, 367
Zuck, R.B. 151